普通高等学校车辆工程专业卓越特色系列规划教材

轨道车辆电力电子技术

吴　鑫　主编

科学出版社

北　京

内 容 简 介

本书作为普通高等学校车辆工程专业卓越特色系列规划教材之一，主要内容包括：轨道车辆中常用的电力电子元器件、相控整流电路、直直变换器、逆变技术、PWM 脉冲整流器、软开关技术、轨道车辆主电路等。本书内容在理论上偏重基础，在实践上与轨道车辆的具体主电路和电力电子装置相结合。

本书可作为轨道车辆专业及相关专业的本科生教材，也可为从事轨道车辆中主电路及电力电子装置等设备检修及维护的工程技术人员提供参考。

图书在版编目(CIP)数据

轨道车辆电力电子技术/吴鑫主编. —北京：科学出版社，2016.3

普通高等学校车辆工程专业卓越特色系列规划教材

ISBN 978-7-03-046017-2

Ⅰ. ①轨… Ⅱ. ①吴… Ⅲ. ①轨道车辆-电力电子技术-高等学校-教材 Ⅳ. ①U270.9

中国版本图书馆 CIP 数据核字（2015）第 246204 号

责任编辑：毛 莹 朱晓颖 张丽花/ 责任校对：郭瑞芝

责任印制：张 伟 / 封面设计：迷底书装

科学出版社出版

北京东黄城根北街 16 号

邮政编码：100717

http://www.sciencep.com

北京虎彩文化传播有限公司印刷

科学出版社发行 各地新华书店经销

*

2016 年 3 月第 一 版 开本：787×1092 1/16

2022 年 3 月第五次印刷 印张：23

字数：557 000

定价：79.00 元

（如有印装质量问题，我社负责调换）

前　言

电力电子技术(Power Electronics)是以电力为对象的电子技术，是一门利用电力电子器件对电能进行转换与控制的新兴学科，是电气工程中电力、电子和控制三大主要领域之间的边缘学科。主要内容包括电力电子器件(Power Electronic Device)、电力电子(功率)变流技术(Power Conversion Technique)(包括改变电压、电流、频率及变换相数等)和控制技术。电力电子技术与微电子技术、材料科学、电机工程、自动控制技术等相辅相成、快速发展，成为电气工程领域最为活跃的一个分支。在太阳能、风能等清洁能源发电，直流输电，轨道车辆，船舶推进，电机节能应用，交直流供电电源，弧焊电源、电镀及电加工，中频感应加热，机器人控制等领域，乃至社会日常生活等诸多方面有应用。电力电子学是电气工程学科的基础平台课程，是电力电子装置、轨道车辆牵引传动系统、轨道车辆装备、开关电源、自动控制、变频调速等课程的先行课程。

“轨道车辆电力电子技术”是轨道车辆系列课程中的先行基础课程，是为更好地理解“轨道车辆供电牵引系统与设备”、“轨道车辆辅助电气系统与设备”等轨道车辆后续课程打下一定的基础。本书也是《轨道车辆供电牵引系统与设备》、《轨道车辆辅助电气系统与设备》等教材的配套教材。随着动车组的引进和国产化，以及轨道车辆中电力电子装置所占比重的大幅提高，对其内部结构及关键技术的消化、吸收和再创新的需求也日益迫切。本书旨在对轨道车辆中常见的电路结构进行基础性和原理性的讲解，有利于电力电子技术在轨道车辆上的普及和推广。

本书学时为32～48，介绍一些常用的电力电子知识，包括电力电子器件、相控式整流技术、直直变换技术、逆变技术、PWM脉冲整流器以及这些技术在轨道车辆上的应用。主要内容包括：

第1章　电力电子元器件

本章主要介绍电力电子器件的基本概念、半导体物理基础、电力二极管、晶闸管(SCR)、门极可关断晶闸管(GTO)、电力场效应晶体管(电力MOSFET)、绝缘栅双极型晶体管(IGBT)、智能功率模块(IPM)以及电力电子中常用的电阻、电感、电容元件和电力电子的一些基本名词和概念。本章应重点掌握IGBT及其在轨道车辆上的应用。各种电力电子器件的特性曲线是学生最费解的，也是最不愿意学的，但对于电力电子装置的维修工作却至关重要，因此本章增加了一些半导体的基础知识，并且要求学生初步学会从半导体器件的内部结构和基本原理去理解一些典型器件的特性曲线，提高学习兴趣。由于电感、电容元件在电力电子中经常使用，与电力电子器件特性曲线也紧密相连，如密勒效应、位移电流等，因此增加了该小节。

第2章　相控整流技术

相控整流是各种电能变换电路的基础，其实内容最简单，学生却往往认为内容最多、最难。本章主要介绍相控整流技术的基本概念、单相不可控整流电路、单相半波整流电路、单相桥式全控整流电路、单相桥式半控整流电路、三相半控整流电路和三相桥式整流电路、变压器漏感的影响及相控有源逆变的条件等。本章的重点是波形分析，然后才是电量计算和电路性能的评价。难点是负载的不同导致输出波形的变化，特别是R-L负载。本章还增加了整流电路的触发电路和同步问题的讲解，与学生的电力电子实验和实验台相对应。此外，还介绍了轨道车辆电力电子装置经常出现的倍流整流电路等。另外，讨论了相控整流的谐波及功率因数，便于与后面轨道车辆的脉冲整流产生的谐波相联系和对比。由于篇幅所限，对于整流电路的保护及元件选择计算等工程设计内容未写入本章。

第 3 章　直直变换技术

本章主要介绍电力电子技术中直流斩波电路的工作原理，基本斩波电路(降压、升压、升降压变换)、多象限直流变换器、多相多重直直变换器、带隔离变压器的直直变换器、斩波电路的控制方式以及直直变换器在轨道车辆上的应用。其中基本直直变换器是基础，尤其要掌握电路的工作原理和电感的伏秒特性等基本原理和推导方法。

第 4 章　逆变技术

本章主要介绍无源逆变的原理、分类、SPWM 技术、特性谐波消去 PWM 控制、电流滞环跟踪 PWM 控制、电压空间矢量 PWM 控制、多重化逆变电路、两点式和三点式逆变器，以及轨道车辆中逆变器的典型结构和控制功能。为进一步理解轨道车辆的电机逆变器和辅助逆变器打下基础。

第 5 章　PWM 脉冲整流器

本章介绍脉冲整流器的基本原理及分类、相控式和斩控式整流及有源逆变的区别，重点介绍轨道车辆上常见的电压型 PWM 脉冲整流器的工作原理，包括整流、有源逆变、升压的工作原理，两电平和三电平 PWM 脉冲整流器的特点及在轨道车辆上的典型应用。由于篇幅所限，对脉冲整流器的参数计算、中点电位平衡、瞬态电流控制仿真等没有写入本章。

第 6 章　软开关技术

本章介绍软开关的基本概念，并对动车组中出现的软开关技术，如零电压开关 PWM 变换器(ZVS-PWM)和零电流开关 PWM 变换器(ZCS-PWM)及其在轨道车辆设备中的应用进行了介绍。

第 7 章　轨道车辆主电路

本章介绍轨道车辆主电路的基本结构和牵引变流器的组成，包括 CRH_1~CRH_5 几种车型的主电路的基本结构及主变流器，以及脉冲整流器、电机逆变器及直流环节电路的工作原理。还介绍了 HXD_1～HXD_3 等型号的电力机车的主电路。并简单介绍了一些主电路的共性问题，如直流环节的共用问题、保护问题、多重化及载波移相技术、接地故障检测问题、电磁兼容性及接地问题。目的是让读者了解电力电子技术在轨道车辆应用的一些基本知识。由于篇幅所限，对主电路各个部件参数的选择、计算和仿真没有写入本章。

本书是针对轨道车辆专业的本科生教材。本书的写作确实有一定的难度，由于车辆专业学生电气基础较差，需要在基础方面写得比较详细，又要与轨道车辆电力电子装置结合，还要与学生实验相结合，而且篇幅又有限。因此本书力求既偏重基础，又与轨道车辆相结合，同时与学生电力电子实验结合。本书也适合于其他与车辆专业相关的教学和动车组高技班等学员的培训，可根据学时选讲本书内容。

由于电力电子技术博大精深，涉及的领域和内容非常广泛，不可能面面俱到。本书旨在有限的篇幅中，介绍一些与轨道车辆电力电子技术有关的最基本概念和基础知识，如轨道车辆的牵引变流器等装置的电路结构及元器件，力求读者对轨道车辆电力电子技术有一定的了解并掌握一些最基本的概念。

多年的教学经验表明，教材过于精简不适合电气基础较差的车辆专业本科生。学生反映偏难，也会使他们过多地去查找资料，并失去学习兴趣。本书为了给读者提供较为详尽和完整的参考资料，在基础理论部分引用了许多著名专家学者已有的论文、著作等文献和成果，在参考文献中均已注明。另外，原铁道部、青岛四方机车车辆股份有限公司等提供了很多资料，在此表示衷心的感谢。尤其要感谢北京交通大学电气工程学院的刘志刚老师。青岛四方机车车辆股份有限公司的龚明、焦京海、余进等电气专家也对本书的写作帮助很大，指定本人从事动车组主电路的参数计算及脉冲整流器、电机逆变器等牵引传动控制仿真的课题，并给予了指导意见，对本书的编写起到了较大的促进作用，在此表示衷心的感谢。

由于编者水平有限、时间仓促及篇幅的限制，书中难免有疏漏和不妥之处，恳请读者批评指正。

编　者

2015年9月

目　录

第1章 电力电子元器件

电力电子技术是与电力学、电子学和控制理论三个学科关系十分密切的边缘学科。它横跨电子、电力和控制三个领域，如图 1-1 所示。电力电子技术是主要研究如何有效地使用电力电子器件，应用电路和设计理论及分析开发工具，实现对电能的高效能变换和控制的一门技术，它包括对电压、电流的频率和波形的变换。其中，计算机是电子学中最大的一个分支学科，并逐步自成体系，在轨道车辆的复杂电力电子装置的控制中广泛应用。

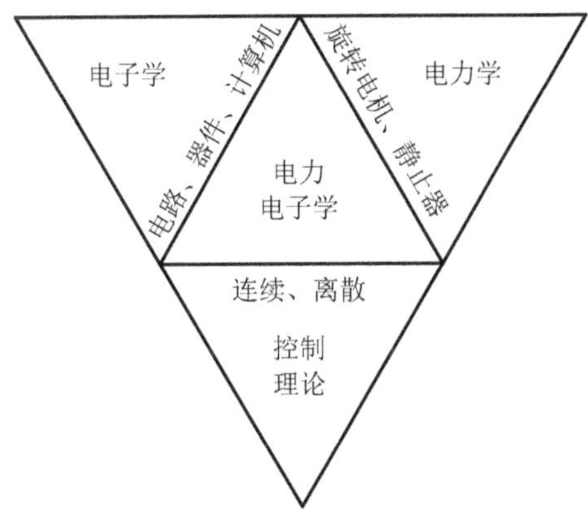

图 1-1 电力电子学与其他学科的关系

电力电子技术的两大分支是电力电子器件的制造技术和电力电子器件的应用技术，即变流技术。电力电子技术的主要内容包括电力电子器件、电力电子的变流技术和控制技术。

轨道车辆电力电子技术的主要内容是研究电力电子技术及其在轨道车辆上的应用。

1.1 基本概念

电力电子器件是指可直接用于处理电能的主电路，实现电能变换或控制的电子器件，通常专指电力半导体器件。和普通半导体器件一样，目前电力半导体器件所用的主要材料仍然是硅。由于电力电子器件具有体积小、重量轻、功耗小、效率高、响应快等特点，用它构成的变流装置可靠性高、寿命长、容易维护，特别是它可节约能源，所以得到飞速的发展。

1. 电力电子器件的特征

电力电子器件，也称为(功率或电力)开关管，与信息电子中的半导体器件相比，电力电子器件有如下特点：

(1) 功率远大于信息电子器件，从毫瓦级到兆瓦级。电压和电流等级是其最重要的参数。

(2) 电力电子电路与信息电子电路不同，因电压、电流等级高，为减小功率损耗，在电力电子电路中，电力电子器件都工作在开关状态(相当于普通晶体管的饱和与截止状态)，因而动态特性(开关特性)也是很重要的参数，有时甚至是最重要的参数。电力电子技术中，电力半导体器件的工作方式为开关方式，工作状态分为：①静态，分为通态(on)和断态(off)；②动态，分为开通(Turn on)和关断(Turn off)。半导体开关管与接触器等金属开关的区别是：

①金属开关的导通电阻很低，通态电压降几乎为 0V，而半导体开关管通态时有 1V 以上的电压降；②金属开关断态时基本无漏电流，而半导体器件断态时有一定漏电流；③金属开关频率低，一般一秒只能通断几次，而半导体开关频率可以达到数千赫兹到数兆赫兹；④金属开关电流是双向流动的，而通常半导体开关管电流是单方向流动的。

(3) 需要用驱动电路进行驱动。

(4) 需要散热器冷却，包括风冷、水(油)循环强迫式风冷、相变式(沸腾)冷却等。

2. 主要损耗

电力电子器件的功率损耗包括静态损耗和开关损耗。静态损耗又包括通态损耗和断态损耗。

(1) 通态损耗：导通时器件上有一定的通态压降。

(2) 断态损耗：阻断时器件上有微小的断态漏电流流过。通常电力电子器件的断态漏电流极小，因而通态损耗是器件功率损耗的主要因素。对于某些器件，驱动电路向其注入的功率也是造成器件发热的原因之一。

开关损耗包括开通损耗和关断损耗。

(1) 开通损耗：在器件开通的转换过程中产生的损耗。

(2) 关断损耗：在器件关断的转换过程中产生的损耗。

当器件开关频率较高时，开关损耗会随之增大而可能成为器件功率损耗的主要因素。

3. 分类

1) 按开关控制性能分类

(1) 不控型器件：无控制极，器件的导通与关断完全由其在主电路中承受的电压和电流决定，正偏置导通、反偏置关断，如电力二极管(D)。

(2) 半控型器件：控制极(门极)只能控制管子导通而不能控制管子关断，器件的关断完全由其在主电路中承受的电压和电流决定，如晶闸管(SCR)及其家族器件(FST、RCT、TRIAC、LCT)。

(3) 全控型器件：通过控制极(门极或称基极或称栅极)是否施加驱动信号，既能控制管子导通，又能控制管子关断，如 GTO、GTR、IGBT、MOSFET 及其他新型场控器件 MCT、IGCT、SIT、SITH、IPM 等。

与不控型器件对应，半控型和全控型器件都称为可控器件。

2) 按器件内部载流子参与导电的种类分类

(1) 单极型器件：开关频率高，只有一种载流子(空穴或自由电子)参与导电，如 MOSFET、SIT 等。缺点是导通电阻大、容量小，优点是开关频率高，通常是电压驱动型。

(2) 双极型器件：有两种载流子参与导电，如二极管、晶闸管、GTO、GTR、IGCT、SITH 等。因为双极型器件存在电导调制效应，所以容量大，但存在载流子的扩散和复合等问题，开关频率低。

(3) 复合型器件：由 MOSFET 与晶体管、晶闸管等双极型器件复合而成，如 IGBT、IPM、MCT 等。它把单极型器件的高开关频率、电压驱动的优点与双极型器件的具有电导调制效应和大容量的优点结合起来，是对开关频率和容量的折中，因此整体性能最好。

3) 按门极驱动信号的种类(电流、电压)分类

(1) 电流控制型器件：如晶闸管、GTO、GTR、IGCT、SITH 等。

(2) 电压控制型器件：如 MOSFET、IGBT、IPM、SIT、MCT 等。

电压控制型器件的驱动功率要远小于电流控制型器件，驱动电路也简单，工作频率高。

此外，按照施加在电力电子器件的控制端和公共端的有效信号的波形分类，分为脉冲触发型(晶闸管)和电平控制型(MOSFET、GTR、IGBT 等)。

4. 常见的电力电子器件的开关频率和容量

各种常见的电力电子器件的开关频率和容量，如图 1-2 所示。开关频率和容量不同，应用的场合就不同。例如，晶闸管虽然开关频率低，还是半控型器件，但目前还是容量最大的器件，发电厂依然在使用。而电力 MOSFET 开关频率高，但容量小。目前容量和开关频率的乘积比较高的是 IGBT，而且是电压驱动型器件，在各领域得到了广泛的应用。

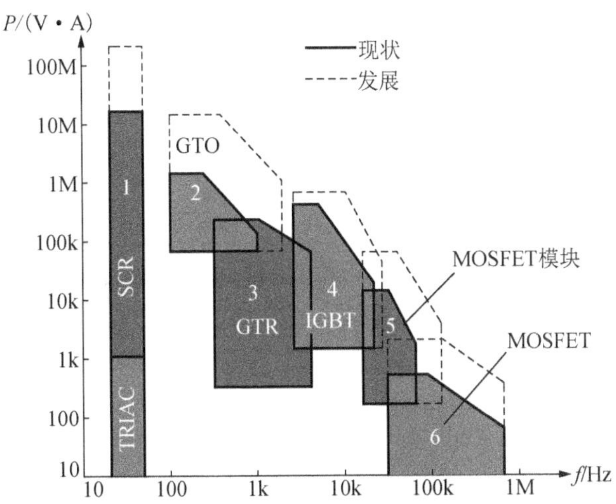

图 1-2　各种常见电力电子器件的容量和开关频率

5. 电力电子器件的发展与电力电子学的发展的关系

电力电子技术包括电力电子器件的制造技术和电力电子器件的应用技术(变流技术)两部分。电力电子器件制造技术的发展决定着电力电子技术的发展。电力电子器件性能越优越，电力电子电路就越简单、可靠。同时，电力电子技术的发展又促进了电力电子器件制造技术的发展。晶闸管诞生前，称为电力电子技术的史前期或黎明期。电力电子技术还没有完全独立为一门学科，属于模拟电路的范畴。

晶闸管诞生后(1957 年美国 GE 公司发明)，电力电子技术逐渐形成了独立的理论，并逐渐从模拟电路中独立出来，成为一门独立的学科。电力电子技术进入传统的电力电子技术时代，电能的变换从此进入以电力半导体器件组成的变流器时代。传统的电力电子学的特点是以低频技术为主，以晶闸管(SCR)为核心。晶闸管属于第一代电力电子器件，缺点是开关频率低，是门极不可关断的半控型器件，但主要优点是目前仍然是容量最大的器件，在低频、大容量的场合如发电厂，仍然采用晶闸管。晶闸管及其派生器件仍广泛应用于各种变流器，并且还在发展中，其派生器件如快速 SCR、逆导 SCR(RCT)、双向 SCR(TRIAC)、不对称 SCR(ASCR)形成一个 SCR 大家族，在相当长的一段时间不会退出历史舞台。

随着变流技术的发展和应用的需求，迫切需要门极可关断的电力电子器件(全控型器件)，因此出现了第二代电力电子器件，包括电力晶体管(GTR)、可关断晶闸管(GTO)、电力场效应晶体管(MOSFET)等。第二代电力电子器件的优点是门极可关断，属全控型器件，缺点是高容量和高频率的矛盾没有解决。例如，MOSFET 是单极型，电压驱动，开关频率高，缺点是其属于单极型器件，无电导调制效应，导通电阻大，只适合小容量的场合，而且这个矛盾无法解决。而 GTO 和 GTR 是双极型全控型器件，优点是具有电导调制效应，导通电阻小，容量大，可以通大电流；缺点是因为两种半导体载流子的扩散和复合，开关频率低，电流越大开关频率越低，这个矛盾始终无法解决。例如，GTO 虽然开关频率高于 SCR，但容量小于 SCR，而且是电流驱动型，驱动电路复杂。

此后，电力电子器件朝全控型、高频化方向不断发展，出现了集高频、高压和大电流于一身的复合型电力电子器件，即第三代电力电子器件，包括性能优异的复合型器件如 IGBT 和智能器件(Intelligent Power Module，IPM)、MCT、HVIC 等，其中最具代表性的是绝缘栅极双极型晶体管(IGBT)(1983 年诞生)。第三代电力电子器件的特点是把单极型器件的高开关频率、电压驱动等优点和双极型器件的大容量的优点结合在一起，互相取长补短，在开关频率和容量方面折中。例如，IGBT 是单极型 MOSFET 和双极型 GTR 的复合，通过 MOSFET 驱动 GTR，兼有 MOSFET 的高开关频率和 GTR 的容量大两方面的优点，而且 IGBT 容量大于 GTR。而 MOS 控制晶闸管(MOS Controlled Thyristor，MCT)是 MOSFET 驱动晶闸管的复合器件，集场效应晶体管与晶闸管的优点于一身，被认为是性能最好、最有发展前途的一种新器件，但目前还未广泛应用。未来的电力电子器件将在理论、结构和工艺等方面不断创新，电压、电流和开关频率三大参数将不断提高。

IGBT 的诞生标志着电力电子技术从传统的电力电子技术时代已经完全进入现代电力电子技术时代。现代电力电子技术的特点是以高频技术为主，以高频化、全控型器件为基础，朝着模块化、高频化、控制技术数字化和绿色化方向发展。以可关断晶闸管(GTO)、电力晶体管(GTR)、电力场效应晶体管 (电力 MOSFET)、绝缘栅极双极型晶体管(IGBT)、静电感应晶体管(SIT)、静电感应晶闸管(SITH)、集成门极换流晶闸管(IGBT)、MOS 控制晶闸管(MCT)等形成一个新型的全控型电力电子器件的大家族。

6. 电力电子器件的发展趋势

电力电子器件的发展趋势主要体现在以下几方面。

1)制作材料新型化

以硅晶体为基础的电力开关管随结构设计和制造工艺的不断完善，其开关性能接近由材料特性决定的理论极限。依靠新型材料来提高性能，如砷化镓(GaAs)、镓铝砷(GaAlAs)、碳化硅(SiC)和金刚石等是未来电力器件发展的一个主要趋势。其中以碳化硅最有前途。研究表明，用碳化硅制作的电力电子器件的性能要比硅器件优良得多。有人预言，SiC 是 21 世纪最好的电力电子半导体材料。SiC 有如下优点：①SiC 的禁带宽度宽，其固有的最高工作结温可达到 600℃；②对于相同掺杂浓度的材料，其 PN 结耐压可以做得更高，易于达到 5～10kV，也就是说，对于相同耐压的器件，其导通电阻可以做得更小，可以通更大的电流；③SiC 的导热性更好；④SiC 的本征载流子密度比硅小很多，故 SiC 器件承受反向高压时漏电流小。但由于 SiC 材料和功率器件的机理、理论和制造工艺方面还有许多问题，目前仍未能普遍采用 SiC 材料制造电力电子器件。

2)各种电力电子器件将朝着大容量和高频率方向发展

20 世纪 70 年代，电力电子器件评价的主要标准是大容量；20 世纪 80 年代，器件的发展追求高频化，评价器件的主要标准是功率与频率的乘积；20 世纪 90 年代，器件的发展追求高性能化，即大容量、高频率、易驱动、低损耗，因此评价器件的主要标准是容量、开关速度、驱动功率、通态压降、芯片利用率等。为了实现这一高性能化目标，出现了许多重要的工艺，如平面工艺、大规模集成工艺、多层金属化、厚膜技术和高能量技术，工艺和技术将得到突飞猛进的发展，并可望有新的突破。在中、高压功率应用中，高压 IGBT 正逐步取代传统 GTO，而传统 GTO 的巨大改进，则产生了集成门极换流晶闸管(IGCT)技术。

3)各种电力电子器件将向模块化、复合化方向发展

目前先进的模块(如 IPM)包括开关元件、与其反并联的续流二极管、驱动、自保护等多个单元，一致性和可靠性越来越高。模块的电压、电流及频率都将进一步提高，体积可望随新材料的出现而减小，功率集成模块能以较低的成本或更高的可靠性深入各个领域，进而取代一大批分立式电力电子器件。

7. 电力电子器件和电力电子技术在轨道车辆上的应用

电力电子器件的典型应用是在电解(有色金属和化工原料需要直流电解)、牵引(动车组、电力机车、电传动的内燃机车、地铁机车、城市无轨电车等轨道车辆)和直流传动(轧钢、造纸等)三大领域。

随着电力电子器件和电力电子技术的发展，轨道车辆电传动也随着发展，从最早出现的蒸汽机车，逐渐发展为内燃机车、电力机车和现在的动车组。从早期的直-直传动(直流发电机或直流供电→直流电动机)发展到交-直传动(交流发电机或交流供电→硅整流→直流电动机)。早期的交-直传动采用功率二极管整流，晶闸管问世后，便被成功地应用在内燃机车或电力机车的交-直系统的相控调压与地铁车辆的直流系统的斩波调压。交-直机车的缺点是直流或脉流牵引电机的功率限制，功率因数低，谐波大，制造、维护困难。

随着全控型器件的进步和发展，特别是 GTO 的发展，又出现了先进的交-直-交传动系统(交流供电→硅整流→逆变器→交流电动机)，并逐步取代交-直系统。与交-直系统相比，交-直-交传动系统的交流电机功率大、转矩高、功率因数高、启动过载能力强，簧下重量轻，黏着性能好，维修工作量小。利用脉冲宽度调制(PWM)技术，可实现变压变频(VVVF)和能量的双向流动。目前，GTO、IGBT/IPM 等高频大功率器件广泛地应用在交流传动电力机车和动车组中。日本新干线动车组就是最好的实例，从 1964 年的 0 系列到 2004 年的 800 系列，其间经历了二极管、SCR、GTO、IGBT/IPM 等器件应用技术的不断更新和进步，动车组性能也不断提高。德国 ICE 系列主要采用 GTO 元件，后在 ICE3 车上的变流器采用 IGBT。

大功率器件的高频化使整流器从功率因数低、谐波大的相控式整流转变为功率因数高(接近±1)、谐波小的斩控式整流(四象限脉冲整流器)。电机逆变器体积越来越小，效率越来越高，控制方式也从模拟式、数字式发展到计算机控制(包括嵌入式计算机、DSP、CPLD 等)。大功率器件的高频化也促进了电机逆变器控制系统的发展，从标量控制发展到矢量控制(VC)和直接转矩控制(DTC)系统，控制精度不断提高。使轨道车辆朝更加高效节能、变流装置小型轻量化、机电一体化和智能化方向发展。

在轨道交通领域，新型大功率半导体器件 IGBT/IPM 具有开关频率高、损耗小、无二次击穿、可不用吸收电路、控制简单、开关频率高，变频器和滤波器体积、重量小等优点，取代 GTO 已成为趋势。“中华之星”动车组的主变流器采用 GTO 元件，而国产的动车组 “蓝箭”、“中原之星”和“先锋”采用的都是 IGBT/IPM 元件。目前，国内通过引进技术、消化、吸收并再创新的 CRH_1～CRH_5 系列、CRH_{380} 系列动车组和 HXD 系列电力机车的牵引变流器都采用 IGBT/IPM 器件，进一步改善了牵引传动系统的性能。

总之，电力电子器件是电力电子技术发展的决定性因素，而电力电子技术的发展，又为动车组等轨道车辆的变流和传动技术的发展不断注入新的生机。

1.2 半导体物理基础

1.2.1 导体、半导体、绝缘体

半导体，顾名思义，就是导电能力介于导体(金属)和非导体(绝缘体)之间的物质，如硅、锗、硒、灰锡、金刚石及大多数金属氧化物和硫化物都是半导体。其中砷化镓和碳化硅是很有前途的功率器件半导体材料。

人们通常用电阻率ρ来区分导体、半导体和绝缘体，导体的电阻率为$10^{-8}\sim10^{-6}\Omega\cdot m$；绝缘体的电阻率为$10^{8}\sim10^{12}\Omega\cdot m$；而半导体的电阻率为$10^{-6}\sim10^{8}\Omega\cdot m$。

实际上，这种粗略的分类不太严谨。例如，绝缘体的电压超过一定范围时，可能在绝缘体表面发生闪络现象或在绝缘体内部发生击穿现象，也可以导电。又如，某些结构完整且不含杂质的半导体也具有与绝缘体不相上下的高电阻率，而当它们含有足够浓度的某些特殊杂质时，电阻率又会下降到金属电阻率的范围，甚至比有些导电性欠佳的金属导体的电阻率还要低。半导体的导电能力还与某些外部条件有关。与金属和绝缘体相比，半导体的电阻率对环境温度、光照、外加磁场和电场、通电电流的大小都有一定关系。半导体的电阻率有一定的可变性和可控性，人们通过掺杂、外加电场、光照等手段控制其导电性，而金属导体可控性却很小，这也是电力电子器件都采用半导体的原因。

二极管就是一个PN结，在半导体上利用掺杂工艺形成PN结，掺杂工艺通常包括合金法、扩散法和离子注入法等。平衡状态的PN结通常由P区、N区和中间的空间电荷区(也称为势垒区、阻挡层或耗尽层)组成。通常PN结内部包括P区的大量掺杂载流子-空穴(多子)和少量本征载流子-电子(少子)及少量本征空穴，N区的大量掺杂载流子-电子(多子)和少量本征载流子空穴(少子)及少量本征电子，空间电荷区的正离子(N区)和负离子(P区)。空穴和电子是可移动的载流子，而正、负离子是不可移动的。

金属中的载流子为自由电子，是金属原子结合成固体时释放出来供全体原子共有的最外层电子，即价电子。为了将这些外层价电子与被各原子束缚着、不能导电的内层电子相区别，人们将这些外层价电子称为载流子。这些价电子即便是在热力学零度下也是自由的，密度较大，与原子密度同数量级，且不随温度变化而明显改变，典型值为$10^{28}\sim10^{29}/m^{3}$。

载流子在电场中的定向运动叫漂移运动，如图1-3所示，根据微分形式的欧姆定律：电流密度$J=\gamma E$，而

$$\gamma=\frac{1}{\rho}=\frac{J}{E}=\frac{I}{S\cdot E}=\frac{Q}{S\cdot E\cdot\Delta t}=\frac{q\cdot S\cdot d\cdot n}{S\cdot E\cdot\Delta t}=\frac{q\cdot n\cdot\bar{u}}{E}=q\cdot n\cdot\mu \tag{1-1}$$

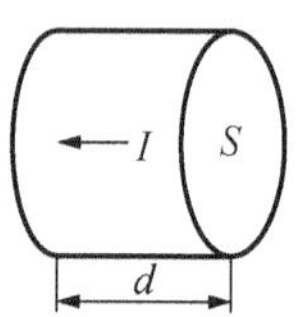

图1-3　单位时间电流流过的圆柱体

其中，γ为电导率，为电阻率ρ的倒数；J为电流密度；E为电场强度；S为导体横截面积；Q为单位时间流过的电荷量；Δt为单位时间；d为单位时间流过电荷的圆柱体的长度；q为电子的电量；n为电子密度；$\bar{u}$为电子定向运动平均速度。

因此金属导体的电导率γ为

$$\gamma=q\cdot n\cdot\mu \tag{1-2}$$

其中，q为电子的电量；n为导电电子的密度；μ为导电电子的迁移率。迁移率为导电电子

在单位电场中的漂移速度，是一个在电场不太强时与场强无关的物理量，反映材料对其载流子定向运动的阻尼大小，单位是 $m^2/(V\cdot s)$。

1.2.2　本征半导体、P 型半导体、N 型半导体

完全纯净的、结构完整的半导体晶体称为本征半导体。纯净硅晶体中，硅原子间的键合状态的二维模型如图 1-4 所示。硅原子有 4 个价电子，所以将它用 4 条结合键来表示。一个硅原子的周围有 4 个硅原子，由于它们各有一个价电子与之共有，这样，每个硅原子周围刚好配置了 8 个电子，从而形成稳定的状态，这种结合称为共价键。

本征半导体在热力学零度下是不导电的。在常温下，可以激发出少量的自由电子，并出现了相应数量的空穴。本征半导体内，自由电子和空穴总是成对出现的，称为本征电子-空穴对，如图 1-5 所示。这两种不同极性的带电粒子统称为载流子。空穴的出现是半导体区别于导体的一个显著特点。但由于载流子数量极少，所以导电性能很差，因此用纯净的硅单晶作为半导体器件使用是不合适的。但是随着温度的升高，其数量将发生变化，其载流子浓度随温度的增加按指数规律增大，因此半导体的导电能力将随温度的增加而显著增加，这是半导体的一个重要特性。

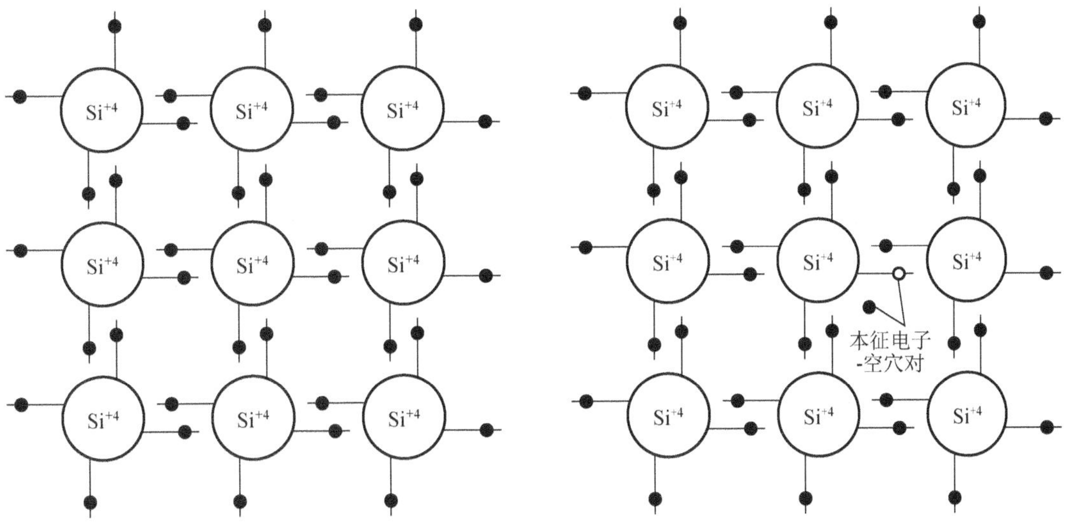

图 1-4　本征半导体　　图 1-5　本征半导体热激发产生的本征电子-空穴对

为使半导体性能稳定，同时提高载流子的浓度，一般通过加入杂质原子人为地改变半导体中载流子的浓度(每单位体积中的载流子数)，使在温度少量地变化时半导体中载流子浓度基本不变，这样就可以制造性能较稳定的半导体器件。为了实现进一步的目的，制造出了 N 型和 P 型半导体。

用适当的方法(如合金法、扩散法、外延生长法、离子注入法等)在本征半导体内掺入微量的杂质，就会使半导体的导电能力发生显著的变化，这种半导体称为杂质半导体。杂质半导体分为电子型(N 型)半导体和空穴型(P 型)半导体两类。半导体器件中使用的就是 N 型和 P 型半导体材料。N 型半导体中载流子以电子占多数，而 P 型半导体中载流子则以空穴占多数。

P 型半导体中的杂质为三价元素(如硼元素(B))，如图 1-6 所示。它能在半导体晶体中接受电子，使晶体中产生了空穴，使其中的空穴数远大于自由电子数。在 P 型半导体中，空穴为多数载流子(简称多子)，自由电子为少数载流子(简称少子)。

而 N 型半导体中的杂质为五价元素(如磷元素(P))，如图 1-7 所示。它在半导体晶体中能给出一个多余的电子。由于增加了许多额外的自由电子，因此，自由电子数远大于空穴数。在 N 型半导体中，自由电子为多数载流子，空穴为少数载流子。

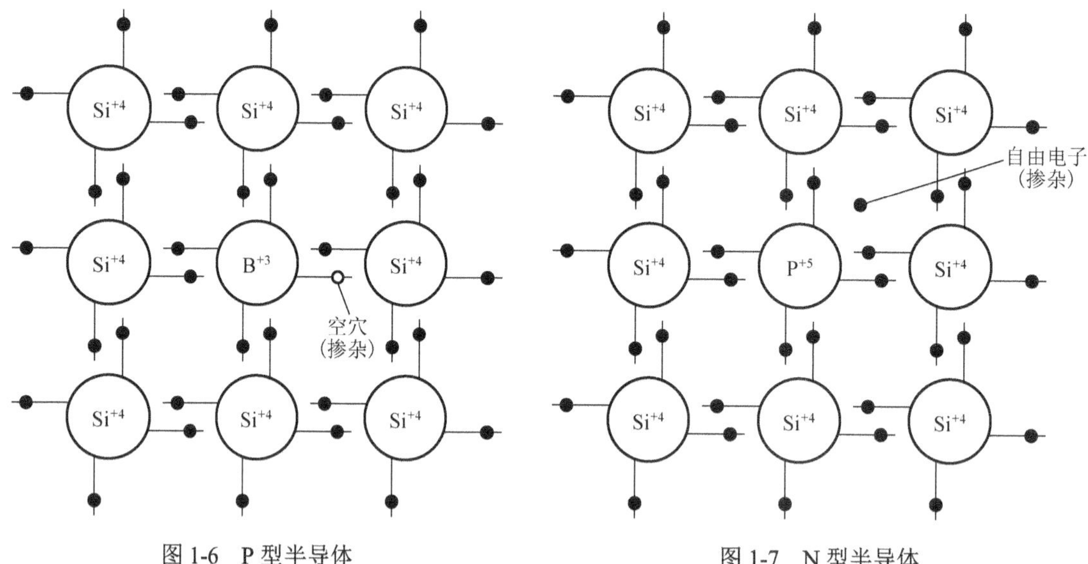

图 1-6　P 型半导体　　　图 1-7　N 型半导体

控制掺入杂质的多少，便可控制多数载流子数目的多少，即控制多数载流子浓度的高低。不管掺杂多少，半导体中的正负电荷数总是相等的，保持电中性。

1.2.3　PN 结原理

将 PN 结作为半导体器件使用时，称为二极管。PN 结是二极管的心脏，而且研究 PN 结的特性对于研究其他器件如晶闸管、GTO、IGBT 等的特性及一些现象有重要的价值。

1. PN 结半导体工艺

一块 P 型半导体和一块 N 型半导体的机械接触难以实现原子间的连接，不能形成 PN 结。通常通过异型的掺杂方法局部改变材料导电类型，或通过晶体的外延生长法新生一层导电类型相反的材料层的方法形成 PN 结。其中利用掺杂方式形成 PN 结的主要工艺方法有合金法、扩散法、离子注入法、外延法。

1) 合金法

在半导体表面积淀一层异型掺杂物，然后在适当的温度下加热，使界面处形成杂质与半导体的熔融薄膜，此合金膜在随后的冷却过程中形成与主体具有连续晶体结构的异型掺杂层。其特点是杂质分布具有突变性，也称突变结。

2) 扩散法

利用固体中的原子扩散原理，将 N 型半导体片(或 P 型半导体片)置于 P 型掺杂剂(或 N 型掺杂剂)的环境中，让杂质原子从半导体的表面向体内缓慢扩散。其特点是掺入杂质的浓度总是表面高、体内低，分布比较平缓，称为缓变结。杂质分布与扩散过程中温度高低及时间长短等因素有关。

3) 离子注入法

离子注入法是目前最理想的掺杂方法之一，但所用设备复杂。通过离子注入设备离化杂质原子，然后令其瞄准半导体片加速，杂质原子在击中半导体前的动能可高达 10keV，因而能穿透半导体表面并渗入体内一定深度。目前最高能渗入 20μm 左右。其特点是掺杂均匀性好、精确性和重复性高。但设备复杂昂贵，限制了使用范围。

4) 外延法

外延法是半导体器件和集成电路制造业中普遍采用的一种半导体薄膜生长技术。晶体薄膜的外延生长分气相外延和液相外延两种。硅膜的外延生长通常采用气相外延，就是让含有一定比例的磷烷或硼烷的硅烷(或三氯硅烷)气体从约 1100℃的高温硅片的表面流过，气体热分解出来的硅原子和微量杂质原子就会沉积在硅片表面并按照硅晶体的原子排列规则延续生成新的结晶层。使用磷烷掺杂剂时生成 N 型外延层；使用硼烷掺杂剂时生成 P 型外延层。外延层中的杂质含量可由掺杂剂的浓度和其他工艺参数精确控制。外延生长法不仅可以在一块半导体的表面延续一层异型掺杂薄膜(PN 结)；也可延续一层浓度不同的同型掺杂薄膜(PP^+结或 NN^+结)，也称为高低结。其中，“+”表示高浓度。外延法的特点是比较容易获得较为理想的突变结，但生长层越厚，晶体结构的完美性越不容易保证，因此在高耐压器件的制造中较少使用，但在功率集成电路和一些新型的电力电子器件中普遍采用。

2. PN 结的基本特性

在 N 型半导体与 P 型半导体结合后，即物理上的原子距离接触在一起，在不施加电压(平衡态)时，由于交界处出现了电子和空穴的浓度差别，存在着浓度梯度，载流子在无规则的热运动中，将由高浓度区向低浓度区扩散。一些自由电子会从 N 区向 P 区扩散，也有一些空穴从 P 区向 N 区扩散。此过程首先在 PN 结界面两侧附近进行，如图 1-8 所示。

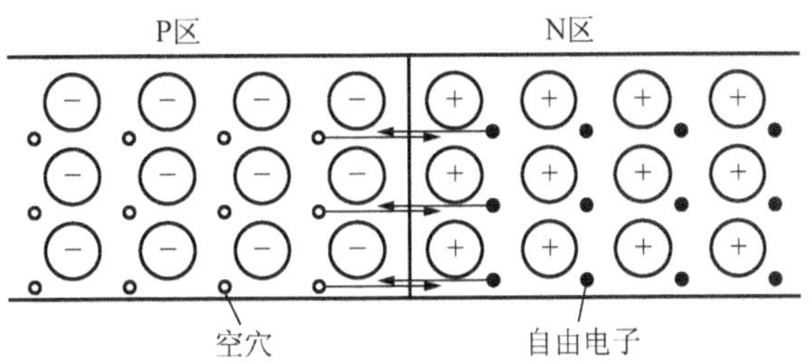

图 1-8　电子、空穴的扩散

在 N 区，当电子离开 N 区后，留下了的带正电荷的杂质离子(不能移动)，形成了一层带正电荷的区域(正离子区)；同理在 P 区，电子与空穴复合后，留下了不能移动的带负电荷的杂质离子，形成了一层带负电荷的区域(负离子区)。这些杂质离子虽然带电，但不能任意移动，因此并不参与导电。这些不能移动的正、负离子叫作空间电荷。

由于在 PN 结界面两侧正、负空间电荷的出现，形成了由 N 区指向 P 区的电场，这个电场是由载流子扩散运动在半导体内部形成，而不是外加电压形成的，所以叫作内电场。这个内电场的方向阻止了电子和空穴的进一步扩散，同时形成反向漂移电流。即有电子沿逆电场方向漂移回 N 区，而空穴沿电场方向漂移回 P 区。漂移运动的方向正好与扩散运动的方向相反。

这样，扩散运动和漂移运动互相联系又互相矛盾。在一定温度下，当两者达到动态平衡时，正、负空间电荷量达到稳定值，总量不再变化，形成了一个稳定的由空间电荷构成的区域，称为空间电荷区，这个空间电荷区就是 PN 结，如图 1-9 所示。

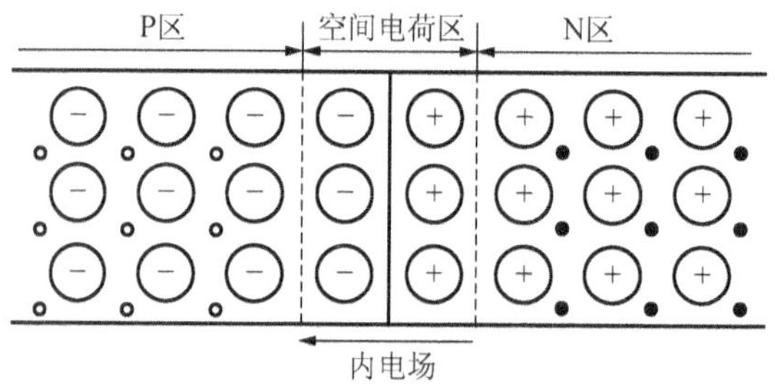

图 1-9 空间电荷区的形成

而在整个空间电荷区范围内，正、负电荷数量相等，仍保持电中性。在空间电荷区中，多数载流子已扩散到对方并复合掉了，因而载流子浓度比 P 区和 N 区的多数载流子浓度低得多，像是被消耗尽了一样。因此，空间电荷区又称为耗尽层。由于内电场对载流子的扩散运动具有阻挡作用，使载流子的扩散能力降低，所以空间电荷区又称为阻挡层。内电场的存在说明 N 区电位高于 P 区电位，这个电位差是由于电子势能变化引起的，称为接触电位差。电子要从 N 区到 P 区必须越过这个被称为势垒的能量高坡，因此又把空间电荷区称为势垒区。

3. PN 结的单向导通原理

PN 结的主要特征是具有单向导电性，这一特征在平衡状态时表现不出来，只有在外加电压时才显示出来。当 PN 结加上正向外加电压 U_F（图 1-10）即 U_F 的正端接 P 区、负端接 N 区时，外加电场与 PN 结内电场方向相反。在这个外加电场作用下，扩散运动大于漂移运动，形成扩散电流，由于中和的结果使空间电荷量减少，即 PN 结变窄；而在外电路上形成一个流入 P 区的电流，称为正向电流 I_F。当外加电压 U_F 升高时，PN 结内电场被进一步削弱，扩散电流随之增加。正向的 PN 结表现为一个很小的电阻，可以流过较大的正向电流，称为正向导通。

当 PN 结加上反向外加电压 U_R（图 1-11）即 U_R 的正端接 N 区、负端接 P 区时，外加电场与 PN 结内电场方向一致，进一步阻止扩散运动的进行，而少数载流子更容易产生漂移运动。载流子都将进一步离开空间电荷区，使空间电荷区变宽。此时漂移电流成为主导因素，但由于少数载流子的浓度很小，漂移电流的大小与温度关系密切，在一定温度下，漂移电流的数值趋于恒定，表现在外电路上是一个流入 N 区的反向电流 I_R，该电流称为反向饱和电流，用 I_s 表示，一般为微安数量级。反向的 PN 结表现为一个很大的电阻，几乎没有电流流过，称为反向截止。这就是 PN 结的单向导电性，这种非线性的关系是由阻挡层的存在并且其厚度随外加电压的变化而变化造成的。

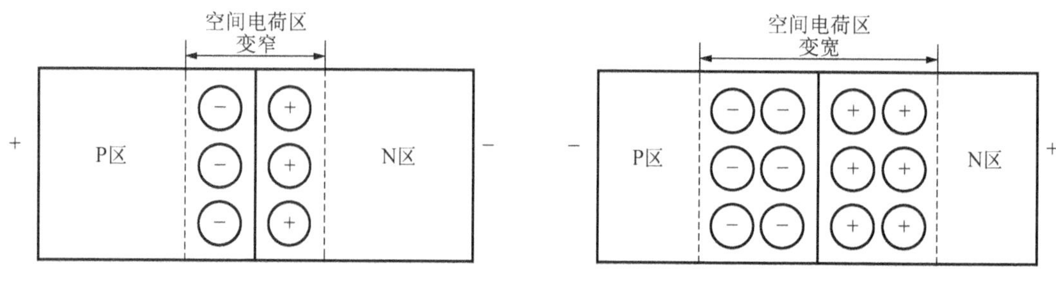

图 1-10 正向电压时的 PN 结

图 1-11 反向电压时的 PN 结

此外，由于 P 区和 N 区是电中性的，因此反向电压都落在空间电荷区。空间电荷区越宽，承受反向耐压能力就越强。而空间电荷区的宽窄与掺杂浓度有关，掺杂浓度越低，空间电荷区越宽，承受反向电压能力就越强。因此电力二极管与普通二极管相比，为提高反向耐压性能，掺杂浓度较低。

根据理论分析，PN 结的电流-电压关系可表示为

$$I = I_s(e^{U/U_T} - 1) = I_s(e^{qU/(kT)} - 1) \tag{1-3}$$

其中，I 为 PN 结的电流，A；I_s 为反向饱和电流，A；U 为外加电压，V；U_T 为温度的电压当量=(kT/q)；e 为自然对数的底；q 为电子电荷量；k 为玻耳兹曼常量，$k = 1.38\times10^{-23}\,\mathrm{J/K}$；$T$ 为热力学温度，K。

由式(1-3)可以看出，当 PN 结为正向偏置时，电压U为正，只要U远大于U_T(常温下(300K) $U_T = 0.026\mathrm{V}$)，式中的e^{U/U_T}远大于 1，因此 PN 结中的电流I_F随正偏电压U的增加按指数规律上升。而当 PN 结为反向偏置时，电压U为负，随着电压U的绝对值的增加，指数项很快趋近于零，于是I约等于$-I_s$，此时从 N 型一侧向 P 型一侧只流过幅值微小的电流I_s。即反向饱和电流是一常数，不随外加电压变化，但与温度有关。

PN 结的温度特性如下。

(1) 在 PN 结导电横截面相同的情况下，当电流较小时，PN 结温度升高时($T_2 > T_1$)：①PN 结在同样的正偏压下，本征激发的少子数量急剧增加，反向饱和电流I_s随温度的升高迅速增大，远远超过$e^{qU/(kT)}$的减小，因此温度越高正向电流I越大，如图 1-12(a)所示的正向特性，PN 结的正向电压U_F(通态压降)降具有负的温度系数(硅 PN 结的正向电压典型温度系数值为$-2.4\times10^{-3}\mathrm{V/K}$)；②当 PN 结承受反偏电压时，如图 1-12(a)所示的反向特性，可知反向漏电流增大。同时因为温升使点阵原子的振动加剧，载流子在空间电荷区与点阵原子的碰撞机会相应地增加，在两次连续碰撞之间所能经历的加速路程缩短，要使载流子还能获得足够的电能使原子电离，空间电荷区内的峰值电场必须更高。因此温度升高使 PN 结的雪崩击穿电压 U_B 提高($U_{B2}>U_{B1}$)。因此 PN 结反偏时电压具有正的温度系数。从总体上看，随着温度的升高，PN 结的伏安特性曲线左移。

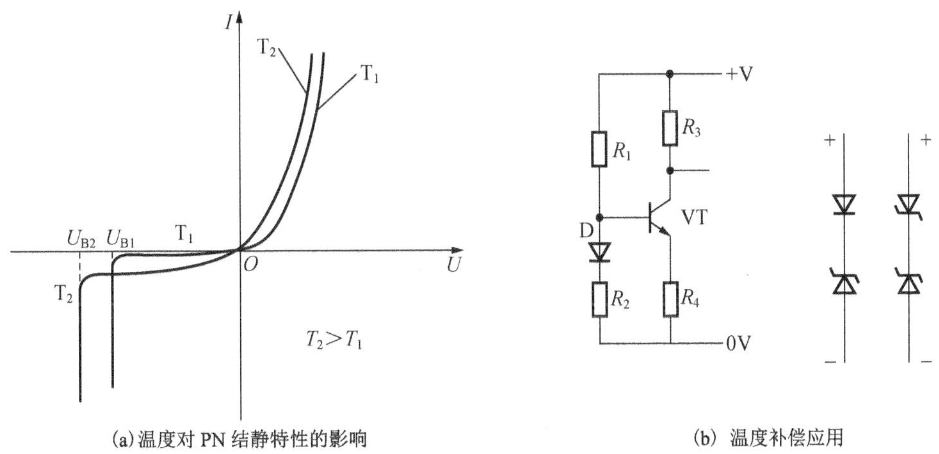

(a) 温度对 PN 结静特性的影响　　(b) 温度补偿应用

图 1-12　PN 结的温度特性及温度补偿应用

(2) 当电流较大时，载流子的迁移率在高温时变小，使中性区的电阻增大，U_F 随温度上升而增大，其温度系数为正。从图 1-12(a)所示的正向特性可以看出，电流较大时，U_F 的温度系数有改变成正温度系数的趋势。如图 1-50(f)中也可以看出，电流很大时，IGBT 反并联二极管的 U_F 温度系数为正。

利用电流较小时，PN 结在正负偏压具有正、负不同的温度系数的特点，经常用来进行温度补偿，如图 1-12(b)所示。图中三极管 VT 具有与温度有关的不良特性，即温度升高时，三极管 VT 的基极电流会增大，温度越高基极电流越大，反之越小。当温度升高时，图中的二极管 D 正向电压降低，可以使 VT 的基极电流减小，反之二极管 D 正向电压升高，可以使 VT 的基极电流增大，所以二极管 D 可以起温度补偿的作用，来稳定三极管的基极电流。同样两个正、反向的二极管和稳压管串联也可以起到温度补偿的作用。

4. PN 结的穿通及反向击穿

穿通和击穿都是反偏压超过一定限度时发生的反向电流急剧上升现象，不过二者又有一定的区别。

1) 穿通

穿通是指空间电荷区随着反偏压的升高而展宽到与电极接通时发生的短路现象。穿通通常发生在一侧为重掺杂，一侧为轻掺杂的 PN 结。当承受反向电压较高，而正向导通的电流容量又很大时，经常发生穿通。此时空间电荷区主要在轻掺杂一侧展开，外加电压主要由轻掺杂的一侧承受。因为轻掺杂区的电阻率高，为减少体电阻在正向导通时造成的功率消耗，通常低掺杂区厚度要尽量减小。但由于掺杂不均匀，存在局部的更低掺杂区，在高反偏压下空间电荷区就会在这些区域超前，极易在这里与电极接通，这时空间电荷区中的强电场得以直接从电极抽取载流子，于是反向电流急剧增大。

2) 击穿

击穿是指空间电荷区的电场随着反偏压的升高而增强到某一临界值时，空间电荷区的点阵原子会被电离，直接成为少数载流子的抽取源而使反向电流急剧升高的现象。PN 结具有一定的反向耐压能力，如果反向电压增加过大，达到反向击穿电压 U_{BR} 时，反向电流将会急剧增大，破坏了 PN 结反向偏置为截止的工作状态，这种状态称为反向击穿。反向击穿有时会造成 PN 结损坏。

PN 结反向击穿有三种形式：雪崩击穿、齐纳击穿和热击穿。

(1) 雪崩击穿。当加于 PN 结的反向电压增加时，使空间电荷区的电场强度增大，通过空间电荷区的电子和空穴的漂移运动被加速，其动能增大。这些高能量、高速度的载流子不断地与晶体原子相碰撞，使共价键中的原子激发形成自由电子-空穴对，这种现象称为碰撞电离。新产生的载流子在强电场的作用下也被加速，并获得能量，产生新的碰撞电离，伴随大量的热效应，导致载流子迅速成倍地增加，故称为雪崩倍增效应。一旦发生雪崩倍增效应，载流子浓度将急剧增加，使反向电流急剧增大，从而导致 PN 结反向击穿。

(2) 齐纳击穿。齐纳击穿亦称隧道击穿，它与雪崩击穿的机理不同，雪崩击穿通常发生在空间电荷区较宽的轻掺杂侧，使载流子有足够的加速距离。齐纳击穿多发生在掺杂浓度高的器件中，空间电荷区较窄，电场很强，空间电荷区中的点阵原子直接电离，释放被束缚的价电子。这些价电子在强电子的帮助下直接进入 N 区。另外，根据能带理论，在高掺杂浓度的 PN 结中，P 区与 N 区之间能带的间距较窄，再加上反偏电压使电场强度增强，进一步使该间距减小，P 区中的某些电子则可能穿通空间电荷区进入 N 区，变为自由电子，并形成反向电流，即发生了齐纳击穿。齐纳击穿主要决定于空间电荷区内的最大电场，一般约为 $2\times10^5\,V/cm$。

(3) 热击穿。上述两种形式的击穿过程都是可逆的，只要在外电路中采取适当措施，把反向电流限制在一定范围内，保证反向电流和反向电压的乘积不超过 PN 结容许的耗散功率，那么当反向电压降低后，PN 结仍可恢复原来的状态。如果超过了容许的耗散功率，就会因热量散发不出去而导致 PN 结温度上升，直至过热而烧毁，这种现象称为热击穿。雪崩击穿和齐纳击穿一般是可恢复的，而热击穿是不可恢复的，必须尽可能避免。

5. PN 结的电容效应与电导调制效应

1) PN 结的电容效应

PN 结中的电荷量随外加电压而变化，呈现电容效应，称为结电容 C_J，又称为微分电容，其等效电路如图 1-13 (a) 所示。结电容影响 PN 结的工作频率，特别是在高速开关状态时，使其单向导电性变坏，甚至不能工作。结电容具体细分为势垒电容 C_B 和扩散电容 C_D，其大小相对关系如图 1-13 (b) 所示。结电容影响 PN 结的工作频率。

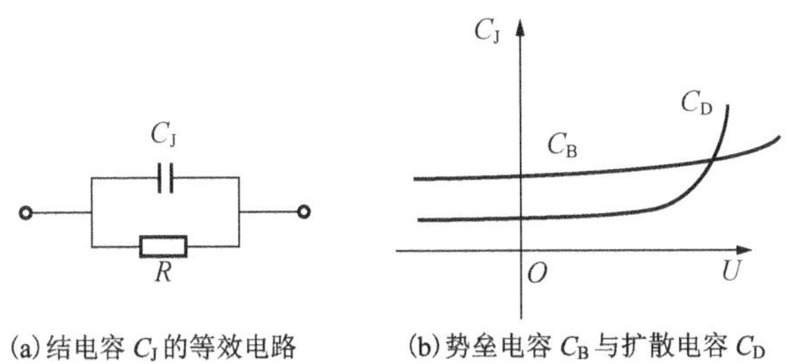

(a) 结电容 C_J 的等效电路　　(b) 势垒电容 C_B 与扩散电容 C_D

图 1-13　结电容 C_J 的基本构成和等效电路

(1) 势垒电容 C_B。

PN 结交界处形成的势垒区，即空间电荷区，是积累空间电荷的区域。极性不同的电荷分别处于界面两侧(P 区和 N 区)，就好像平行板电容器的极板一样。这两个区域能够存放电荷(载流子)，即充电；也能够被取走电荷，即放电。于是，当 PN 结两端电压变化时，将引起 PN 结空间电荷的改变，表现为电容效应，同时引起势垒层的变化，可以用势垒电容 C_B 来描述这种效应。势垒电容可表示为

$$C_B = \frac{\varepsilon_s \varepsilon_0}{d} A \tag{1-4}$$

其中，ε_s 为半导体相对电容率；ε_0 为真空电容率，$\varepsilon_0 = 8.854 \times 10^{-12} \mathrm{F/m}$；$d$ 是耗尽层宽度，m；A 为结的截面积，m^2；C_B 的单位为法 (F)。

当 PN 结处于正向偏置状态且正向电压升高时，N 区和 P 区中的多数载流子便进入阻挡层并与其中部分相反极性的空间电荷中和，就好像把这些载流子存放在空间电荷区一样，这种现象称为载流子的存储效应。存储电荷量随正偏压的增加而增加，相当于载流子向势垒电容充电。当外加正向电压降低时，又会有一部分载流子离开阻挡层，像被从 PN 结中取出一样，即相当于势垒电容的放电。应当注意，势垒电容不是一个固定不变的值，其大小随外加电压而改变，当外加电压保持不变时，阻挡层中空间电荷的数目也保持不变，势垒电容也停止了充放电。可见，势垒电容只在外加电压变化时才起作用，外加电压频率越高，势垒电容的作用越显著。势垒电容 C_B 的大小与 PN 结截面积成正比，与阻挡层厚度成反比。外加正向电压时，PN 结变窄；加反向电压时，PN 结变宽，因此正向 PN 结的 C_B 大，如图 1-13 (b) 所示。

(2) 扩散电容 C_D。

PN 结的正向电流是由 P 区中的空穴和 N 区中的电子相互扩散造成的。当 PN 结外加正向电压时，大量电子由 N 区进入 P 区，空穴由 P 区进入 N 区；但电子进入 P 区后并不是立即与

空穴复合而消失，而是在靠近耗尽层的一定距离内(通常称为扩散长度)，一面继续扩散，一面与空穴复合后消失，反之类同。因此，在P区和N区形成了少数载流子的浓度差，越靠近PN结浓度越大，离PN结越远浓度越小。如图1-14所示，其中ρ_n、ρ_p分别代表P区和N区少数载流子浓度。可见，在扩散长度内存储了一定数量的电荷，正向电流越大，存储电荷越多。它们随正向电压的变化也具有电容的性质，即扩散电容C_D。

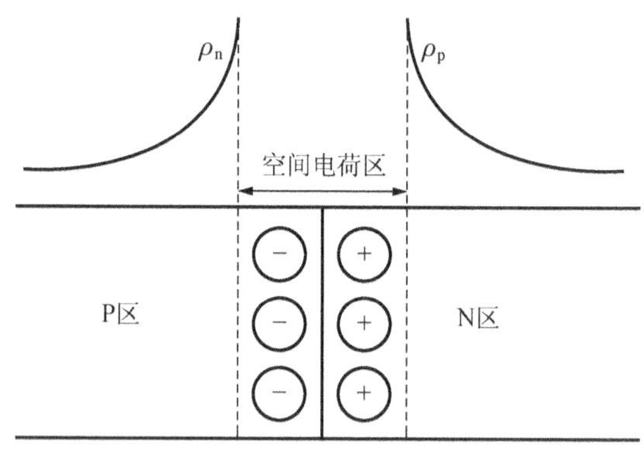

图1-14　P区和N区少数载流子分布

综上所述，PN结结电容C_J的两种成分在不同外加电压条件下所占的份额不同。在正向偏置状态下，当正向电压较低时，因扩散运动较弱，扩散电容比较小，势垒电容占主要成分；正向电压较高时，扩散运动加剧，使扩散电容按指数规律上升，成为PN结电容的主要成分。在反向偏置状态下，因扩散运动被抑制，因而表现出较小的扩散电容，因此结电容以势垒电容为主，如图1-13(b)所示。

PN结的电容效应一方面会使开关频率降低，另一方面，对于一些器件如晶闸管的PN结，如果施加的正向电压du/dt过大，则会产生位移电流$i_{C_J}=C_J du_C/dt$，并通过结电容C_J对门极充电，产生类似于门极触发电流的作用，使器件误导通。

2) PN结的电导调制效应

当PN结上流过的正向电流较大时，注入并积累在低掺杂N区的少子空穴浓度将很大。为了维持半导体电中性条件，其多子浓度也相应大幅度增加，使其电阻率明显下降，即电导率大大增加。正是电导调制效应，使空穴和自由电子都参与导电的双极型器件的电流等级要远高于单极型器件。

1.3　电力二极管

二极管通常由P区、N区和中间的空间电荷区(也称为势垒区、阻挡层或耗尽层)组成。电力二极管(功率二极管)的电压、电流等级都比较高，通常分为螺栓型(图1-15(a))和平板型(图1-15(b))，符号见图1-15(c)。电流等级的大小与PN结的面积成正比，因此平板型的电流等级要大于螺栓型的。

与信息电子电路的二极管不同，因电力二极管的电压、电流等级比较高，为提高反向耐压性，掺杂浓度要低于普通二极管，为减小因掺杂浓度低造成的工作电压降高的问题，内部采取了以下措施：①采用垂直导电结构(电流在硅片内流动的总体方向与硅片表面垂直)，而不是信息电子电路中的横向导电结构(电流在硅片内流动的总体方向与硅片表面平行)，这样可以提高电流的导通面积和通流能力；②采取 P-i-N 结构（PN^-N），如图 1-16 所示，即在 P 区与 N 区之间多了一层低掺杂 N^- 区（浓度接近于无掺杂的本征半导体），N^- 越厚，反向耐压就越高。这些措施不但提高了电力二极管的反向耐压能力而且不会使工作电压降过高。二极管的电阻主要是作为基片的低掺杂 N^- 区的欧姆电阻，其阻值较高且为常量。

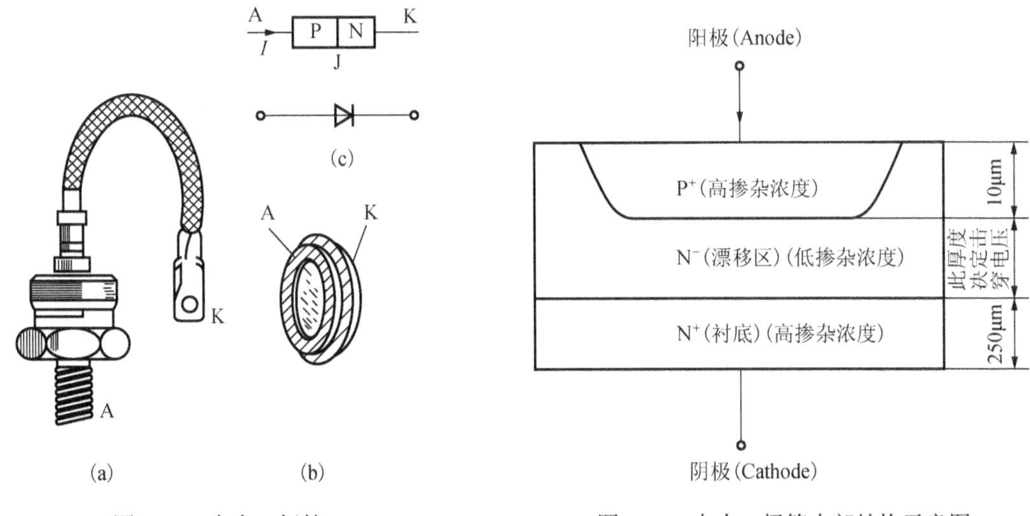

图 1-15　电力二极管　　　　图 1-16　电力二极管内部结构示意图

因空穴和电子是可移动的载流子，而正负离子是不可移动的，因此二极管的电流是由空穴和电子的运动形成的。半导体的电导率为

$$\gamma = \frac{1}{\rho} = q(n\mu_n + p\mu_p) \tag{1-5}$$

其中，γ 为电导率；ρ 为电阻率；n 为电子浓度；p 为空穴浓度；μ_n 和 μ_p 分别为电子和空穴的迁移率。由于空穴的运动本质是束缚电子的运动，与自由电子的运动在难易程度上不可能完全一样，因而半导体的 μ_n 和 μ_p 不相等，通常 μ_n 大于 μ_p。在 P 型半导体很薄的情况下，如电力二极管，如图 1-16 所示，通常 P 区为 10μm（掺杂浓度为 $10^{19}cm^{-3}$），而 N 区在 250μm 以上（其中 N^+区的掺杂浓度为 $10^{19}cm^{-3}$，N^- 区的掺杂浓度为 $10^{14}cm^{-3}$，）。电导率主要由 N 型半导体（低掺杂 N^- 区）决定，此时式（1-5）可简化为 $\gamma \approx qn\mu_n$。

电力二极管的 PN 结通常有两种显著的效应，即 PN 结的电容效应和电导调制效应。电容效应限制了电力二极管工作频率的提高。

电力二极管在使用时，正向导通时要流过很大的电流，其电流密度较大，因而额外载流子的注入水平较高，电导调制效应比较明显，因此电力二极管工作电压在 1V 左右；引线和焊接电阻的压降等都有明显的影响；因承受的电流变化率 di/dt 较大，其引线和器件自身的电感效应也要考虑。

1.3.1　电力二极管的基本特性

1. 静态特性

图 1-17(a)和(b)所示为电力二极管的电路符号和静态伏安特性。当二极管处在正向电压作用下，正向电压高于开启电压时，二极管开始导通，此时电流比较小，呈指数规律增加。当正向电压进一步提高时，二极管电流以非常陡的斜线规律增大，此时二极管完全导通，工

作电压降在 1V 左右。若二极管两端加以反向电压时，在被击穿前仅有极小的可忽略不计的漂移电流或称漏电流流过器件；因此正常工作时，加在二极管上的反向电压应小于击穿限定电压值。因此根据二极管正向导通电压低、反向漏电流小的特点，实际分析时可采用理想伏安特性，如图 1-17(c)所示。该理想特性可用于变流器的基本结构和工作原理分析。

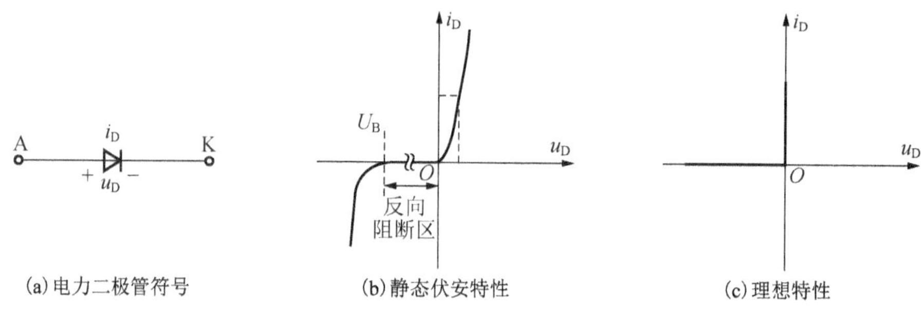

(a)电力二极管符号　(b)静态伏安特性　(c)理想特性

图 1-17　电力二极管的基本特性

2. 动态特性

通常在多数整流场合，由于二极管的导通速度相对电力电路的暂态变化过程来说要快得多，因此可把二极管看成理想开关。但在高频或大电流通断的场合，二极管的动态特性显得非常重要。

1)电力二极管的开通过程

在电力二极管从断态到稳定导通状态的过渡过程中，其正向电压会随着电流的上升首先出现一个过冲，然后才逐渐趋于稳定，如图 1-18(a)所示。电压过冲的主要机制有两个，一个是阻性机制，一个是感性机制。

(1)阻性机制是指少数载流子注入的电导调制效应。在导通初期，二极管的电阻主要是低掺杂 N 区的欧姆电阻，其阻值较高且为常量。因而管压降随着电流的上升而升高，但电流上升到一定数值时，由 P 区注入并积累在低掺杂 N 区的少数载流子空穴不断增加，使其电阻率明显下降，这就是电导调制效应。电导调制效应使 N 区的有效电阻随着正向电流的上升而下降，管压降随之降低，从而形成峰值 U_{FP}。

(2)感性机制是由器件内部电感形成的。器件内部电感由硅片电感和电极连接件电感两部分组成。峰值 U_{FP} 是电流上升率 di/dt 的函数，di/dt 越大，U_{FP} 越高。而 U_{FP} 的阻性分量只在 di/dt 较小时才起主要作用。图 1-18(a)中的 t_{fr} 称为正向恢复时间，定义为正向电压从零经极大值 U_{FP} 降至接近稳态压降的某个瞬时值(通常定为 2V)所需要的时间。结温升高会使导通过程的瞬态特性变坏，t_{fr} 和 U_{FP} 都会增大。

2)二极管的关断过程

当在二极管 A、B 两端施加负电压 u_R 时，二极管关断时的电压、电流波形如图 1-18(b)所示。在关断过程中，当电流 I_F 在反向电压的作用下逐渐下降到 0 后，由于正向导通时在对方区域因扩散而积累的少子在反向电压下会形成一个较大的反向恢复电流，持续一段时间后才衰减为 0。从二极管正向电流过零到反向电流下降到其峰值 10%时的时间间隔称为反向恢复时间 t_{rr}。含有线路及引线电感(L)的电路发生过电压，在不同时段的等效电路如图 1-18(c)和(d)所示。

根据反向恢复时间 t_{rr} 的大小，二极管又可分为整流二极管($t_{rr}>5\mu s$，反向阻断电压数千伏和工作电流数千安)、快速恢复二极管(t_{rr} 为几十或几百纳秒，一般 $t_{rr}<5\mu s$ 二极管的反向阻

断电压水平在几百伏左右)和肖特基二极管(t_{rr}=10～40ns，反向阻断电压水平为 50～100V)。由于二极管是双极型器件，空穴和电子两种载流子都参与导电，由于少子的累积效应和扩散电容等因素的影响，电流等级越大，二极管的开通关断时间越长。

(a) 二极管的开通特性　　(b) 二极管的关断特性

(c) 关断过程中的t_0~t_1时间段　　(d) 关断过程中的t_1~t_2时间段

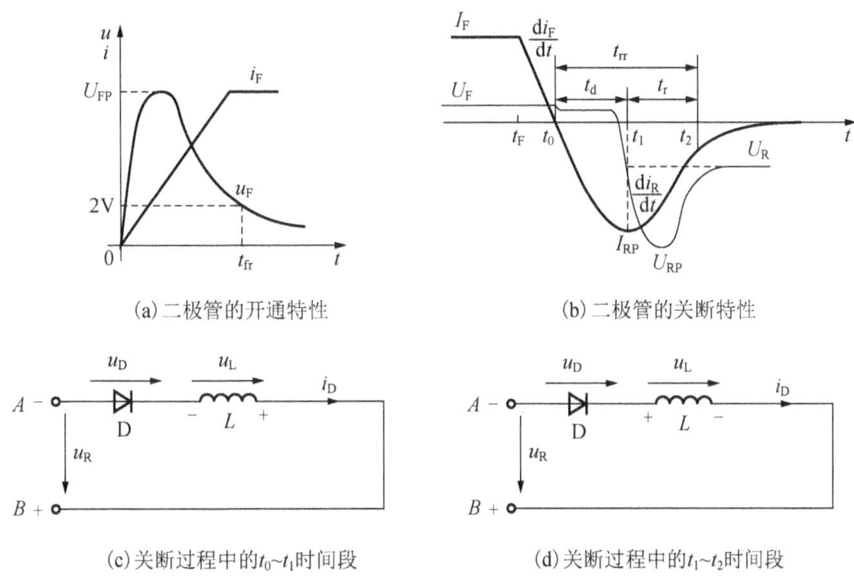

图 1-18　电力二极管动态特性

1.3.2　二极管在轨道车辆上的主要应用

1. 整流

如图 1-19 所示，利用二极管正偏时导通、反偏时截止的不对称非线性特性实现整流变换，这是二极管最基本的应用。

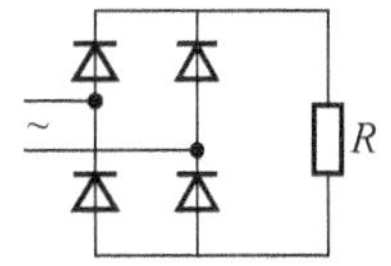

图 1-19　二极管整流

2. 续流

如图 1-20(a)所示。在负载电流较大时，当开关管 S 关断时，电感 L 会产生很高的感应电动势 $e_L=-L\cdot di/dt$，假设 u_d=100V，$|e_L|$=700V，则此时 u_S=800V，此时开关管可能被击穿而损坏。

(a) 无续流二极管　(b) 有续流二极管　(c) 用电阻 R 续流　(d) 合理的续流方法　(e) 不合理的续流方法

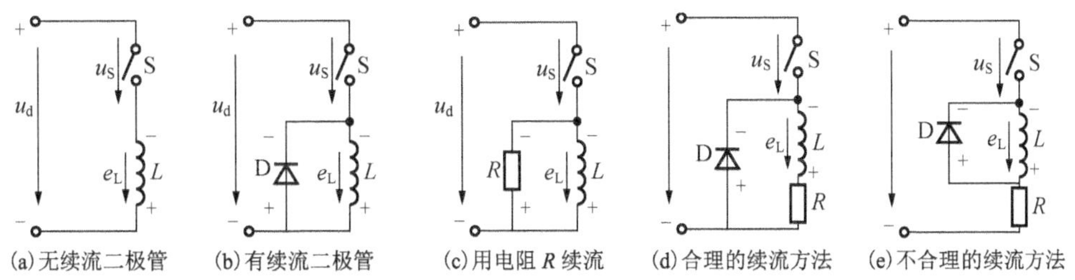

图 1-20　二极管的续流应用

如图 1-20(b)所示，如果接入一个二极管 D，电感经过二极管进行续流，此时$|e_L|$=1V，u_S=101V，使开关管 S 避免了因电感电流突然中断而在开关器件两端出现高压。

如图 1-20(c)所示，如果续流时用电阻 R 来代替二极管，此时续流由电感 L 和电阻 R 构成 R-L 回路，设初始电流为 I_0，则续流时电流的变化规律为 $i_L(t)=I_0e^{-\frac{t}{\tau}}$，续流电阻 R 两端的电压为$u_R(t)=RI_0e^{-\frac{t}{\tau}}$，方向如图 1-20(c)所示。其中时间常数$\tau=L/R$，电阻越大，放电越快，如图 1-21 所示，但 t=0 时刻，电阻两端电压RI_0也越大，特别是在I_0为大电流时，使开关管 S 关断时也会产生高压$u_S=u_d+RI_0$，开关管有可能被击穿。而在电流I_0较小时，比如轨道车辆的继电器或接触器等金属开关的通电线圈两端经常接一个比较大的电阻来给通电线圈放电(也可在大电阻上方串联一个反向阻断二极管，消除 S 接通时电阻的泄漏电流)，目的是快速放电，虽然产生高压，但对金属开关影响不大，还可以在电阻两端并联一个电容来抑制断开瞬间产生的高压。而对于半导体的电力电子器件，过高的电压会产生击穿。

图 1-20(d)对于大电流负载是比较合理的续流方法，既能够保证开关管 S 关断瞬间的电压较低，电阻 R 还能使电感续流放电很快结束。

图 1-20(e)是不太合理的续流方法，电感只经过二极管 D 续流，u_D=1V，此时电感电流减小量$\Delta i_L=\frac{u_L}{L}\Delta t=\frac{1}{L}\Delta t$，电感放电速度很慢，如图 1-21 所示，经过几个周期后，电感电流依然还会很大。但这种方法在某些场合有特殊应用，例如，CRH$_1$动车组中主变压器检测油位的油位继电器，就是利用二极管放电慢的原理，防止液面波动时在波峰和波谷间的油位继电器触头来回频繁跳动。

3. 隔离

利用二极管的单向导电性，进行隔离。如图 1-22 所示，在动车组主电路中经常出现的充电机及蓄电池与 110V/DC 电缆的隔离，就是利用二极管的单向导电性，防止一旦蓄电池电压过低，从 110V/DC 电缆向蓄电池充电，损坏蓄电池，因为蓄电池充电需要恒流或限流充电来满足充电曲线要求，只能由蓄电池充电机来保证。充电机内部电路上也经常装有隔离二极管，防止断电时蓄电池经过充电器放电。在轨道车辆上还有其他隔离方法，如光电隔离、隔离变压器等。

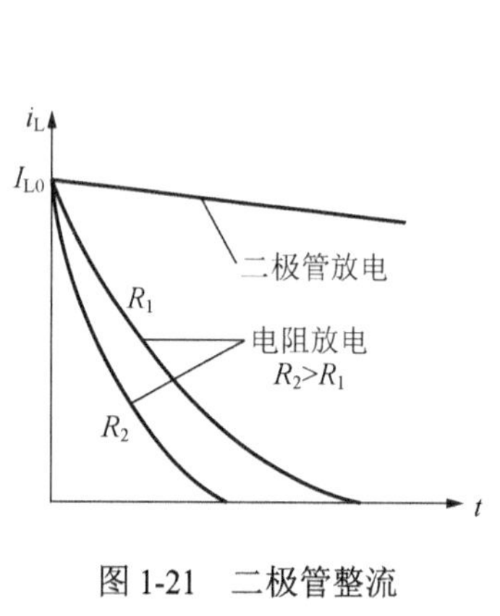

图 1-21　二极管整流

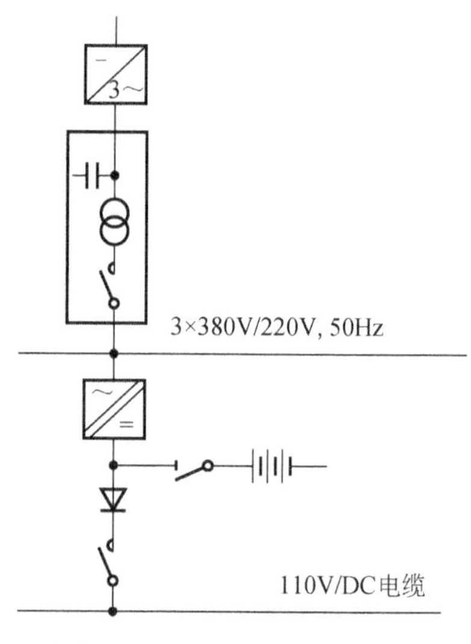

图 1-22　二极管的隔离应用图

此外，二极管还有钳位和稳压(稳压管)的作用。

1.4 晶 闸 管

晶闸管(Thyristor)也称可控硅(SCR)。电力晶闸管的电压、电流等级都比较高，通常分为螺栓型(图 1-23(a))和平板型(图 1-23(b))，符号如图 1-23(c)所示，A(Anode)为阳极，K(Cathode)为阴极，G(gate)为门极或控制极。电流等级的大小与 PN 结的面积成正比，因此平板型的电流等级(>200A)要大于螺栓型(<200A)的晶闸管。无论螺栓型还是平板型晶闸管，通常离门极 G 近的是阴极 K，离门极 G 远的是阳极 A。

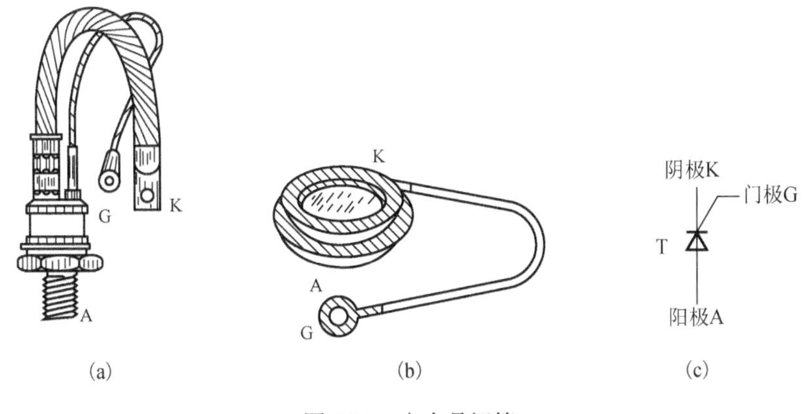

图 1-23 电力晶闸管

1.4.1 晶闸管的结构与工作原理

晶闸管是三端四层半导体开关器件，共有 3 个 PN 结，J_1、J_2 和 J_3，如图 1-24(a)所示。晶闸管可以看成由两个三极管 $T_1(P_1N_1P_2)$ 和 $T_2(N_1P_2N_2)$ 构成，如图 1-24(b)所示。其等值电路可表示成图 1-24(c)中虚线框内的两个三极管 T_1 和 T_2，对于三极管 T_1，P_1N_1 为发射结 J_1，N_1P_2 为集电结 J_2；对于三极管 T_2，P_2N_2 为发射结 J_3，N_1P_2 仍为集电结 J_2；因此 $J_2(N_1P_2)$ 为公共的集电结。当 A、K 两端加正电压时，J_1、J_3 结为正偏置，中间结 J_2 为反偏置，晶闸管未导通时，外加反偏电压由 J_2 结承担。当 A、K 两端加反电压时，J_1、J_3 结为反偏置，中间结 J_2 为正偏置，外加反偏电压则由 J_1、J_3 结承担。

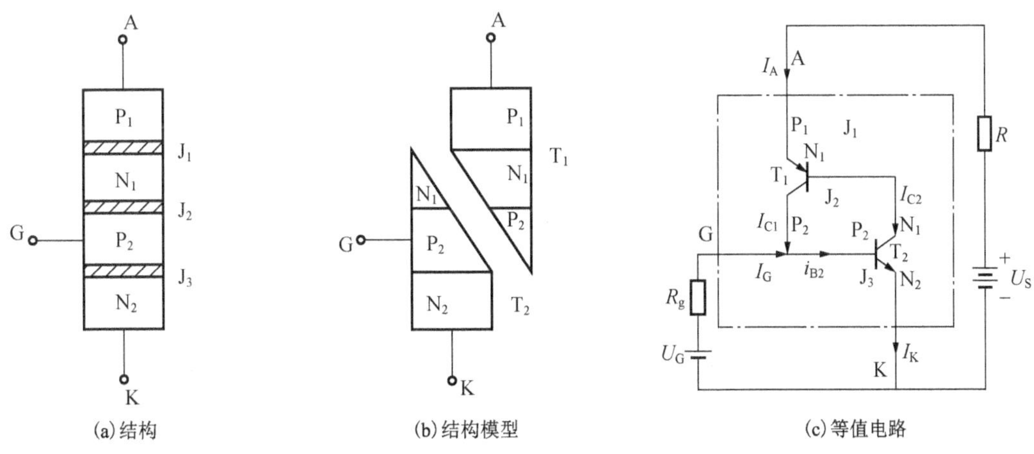

图 1-24 晶闸管的结构、电路符号、结构模型及等值电路

如果晶闸管接入图 1-24(c)所示外电路，如果 $T_1(P_1N_1P_2)$ 的共基极电流放大系数为 α_1，$T_2(N_1P_2N_2)$ 的共基极电流放大系数为 α_2，那么对于 T_1 而言，T_1 的发射极电流 I_A 的一部分电流 $\alpha_1 I_A$ 将穿过集电结 J_2。此外，J_2 受反偏电压作用，要流过共基极漏电流 i_{CBO1}，因此，图 1-24(c)中的 I_{C1} 可表示为

$$I_{C1}=\alpha_1 I_A+i_{CBO1} \tag{1-6}$$

同理，对于 T_2，T_2 的发射极电流 I_K 的一部分 $\alpha_2 I_K$ 将穿过集电结 J_2。此外，J_2 受反偏置电压作用，要流过共基极漏电流 i_{CBO2}，因此图 1-24(c)中的 I_{C2} 可表示为

$$I_{C2}=\alpha_2 I_K+i_{CBO2} \tag{1-7}$$

在图 1-24(c)中，把 T_1 看成一个节点，根据基尔霍夫电流定律，应有

$$I_A=I_{C_1}+I_{C_2}=\alpha_1 I_A+\alpha_2 I_K+i_{CBO1}+i_{CBO2}=\alpha_1 I_A+\alpha_2 I_K+I_0 \tag{1-8}$$

其中，$I_0=i_{CBO1}+i_{CBO2}$ 为 J_2 结的反向漏电流之和。

在图 1-24(c)中，再把整个晶闸管外部(虚框)看成一个节点，应有

$$I_A+I_G=I_K \tag{1-9}$$

由式(1-6)～式(1-9)可得到阳极电流为

$$I_A=\frac{I_0+\alpha_2 I_G}{1-(\alpha_1+\alpha_2)} \tag{1-10}$$

从式(1-10)中可以看出晶闸管的阳极电流 I_A 的数值与 $(\alpha_1+\alpha_2)$ 的值密切相关。晶闸管内部的两个晶体管的共基极电流放大系数 α_1 和 α_2 通常随各管中发射极电流 $I_A(I_{E1})$ 和 $I_K(I_{E2})$ 的变化而变化，如图 1-25 所示。在 I_A、I_K 很小时，晶闸管中共基极电流放大系数 α_1 和 α_2 也很小，α_1 和 α_2 都随工作电流 I_A、I_K 的增大而增大。

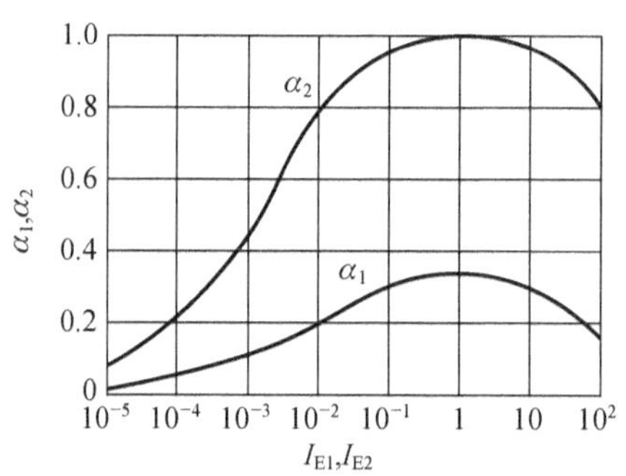

图 1-25　SCR 电流放大系数 α_1、α_2 与发射极电流的关系示意图

(1)当晶闸管关断时，门极电流 I_G=0 时，无法形成正反馈，晶闸管不能导通。由于 I_0 很小，工作电流 $I_A=I_K$ 仅为很小的漏电流，$\alpha_1+\alpha_2$ 很小。

$$I_A=I_K=I_0/(1-(\alpha_1+\alpha_2)) \tag{1-11}$$

此时 I_A 比 I_0 略大，晶闸管处于阻断状态。

(2)当施加门极电流 I_G 时，设某型号晶闸管开通过程的工作电流 I_A 与 $\alpha_1+\alpha_2$ 的关系示意如图 1-26 所示，图中 I_G 将使 I_A、I_K 增大，这将使共基极电流放大系数 α_1、α_2 变大，α_1、α_2 变大后，式(1-10)的分母变小，I_A、I_K 进一步变大，电流变大又使 α_1、α_2 变得更大。在这种正反馈作用下使 $\alpha_1+\alpha_2$ 接近于 1，晶闸管很快从断态转为通态。内部的两个等效三极管很

快由截止区，经过放大区进入饱和区，晶闸管的等效电阻变得很小，其通态压降仅为 1V 左右。晶闸管进入饱和导通状态后，工作电流 I_A 只由外电路电源 U_S 和负载电阻 R 决定。

(3) 一旦晶闸管导通后，因 I_A、I_K 已经很大，此时即使撤消门极电流 I_G，但由于 $\alpha_1+\alpha_2 \geqslant 1$，由式(1-10)可知，$I_A$ ($=I_K$) 仍然会很大，晶闸管仍能继续饱和导通，因此门极电流 I_G 只起到一个触发作用。为保证门极电流 I_G 撤销后 SCR 能继续饱和导通，应保证 $I_A \geqslant I_H$。当 $I_A=I_H$ 时，$\alpha_1+\alpha_2=1$，称为临界饱和导通状态。

当撤掉门极电流 I_G 后，设某型号晶闸管自然关断过程的工作电流 I_A 与 $\alpha_1+\alpha_2$ 的关系示意如图 1-27 所示，图中当干扰使初始工作电流 $I_{A1}<I_H$ 时，也由于正反馈作用，电流越来越小，直到 SCR 完全关断。示意图 1-26 和图 1-27 能较好地解释很多现象，比如为什么门极电流 I_G 过小，晶闸管也无法形成正反馈而导通；或在有门极电流 I_G 时，即使因外界干扰使 $I_{A1}<I_H$，晶闸管也不会自动关断。

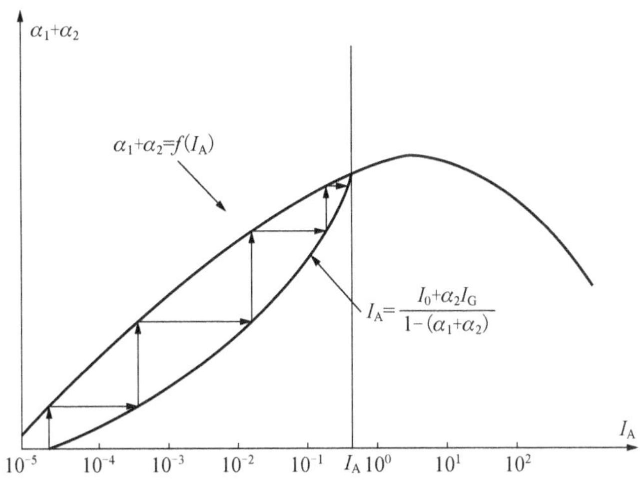

图 1-26　SCR 开通过程示意图

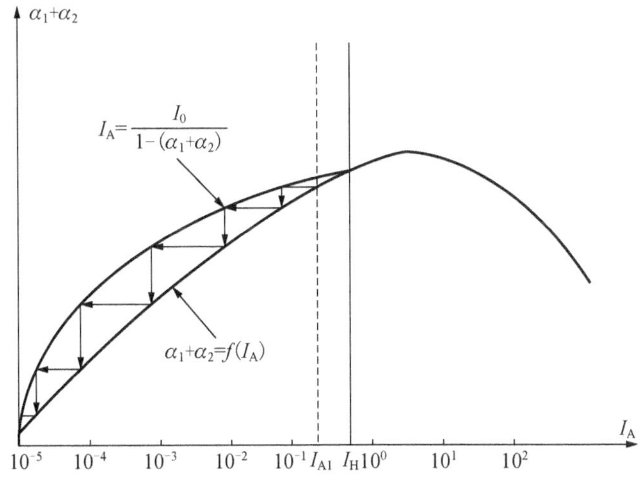

图 1-27　SCR 自然关断过程示意图

总之，当 SCR 承受反向阳极电压($U_{AK}<0$)时，不论是否有门极触发电流 I_G，SCR 均处于阻断状态；当 SCR 承受正向阳极电压($U_{AK}>0$)时，仅在门极承受正向电压(有门极触发电流)时 SCR 才能导通；SCR 在导通后，门极触发电流 I_G 就可以撤掉，只要有一定的维持导通的电流，SCR 仍能导通；门极电流 I_G 撤掉以后，当流过 SCR 的电流 I_A 减小到小于维持电流 I_H 或承受反向阳极电压($U_{AK}<0$)时，SCR 会关断。

1.4.2　晶闸管的基本特性

1. 晶闸管的阳极伏安特性

晶闸管的阳极伏安特性是指阳极与阴极电压 U_{AK} 和阳极电流 I_A 的函数关系。如图 1-28 所示，晶闸管的伏安特性位于第一象限的是正向伏安特性，位于第三象限的是反向伏安特性，其主要特性表现如下。

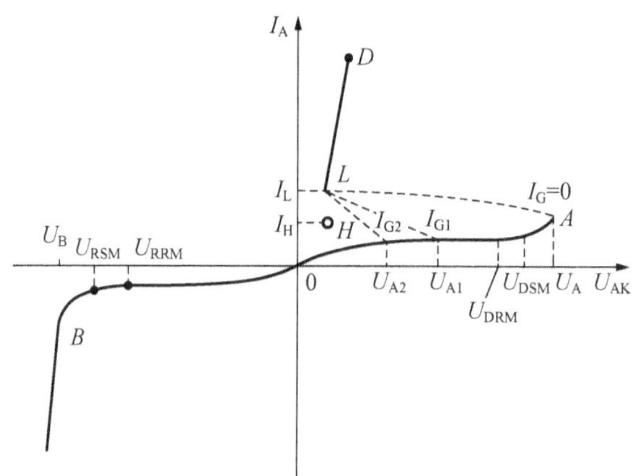

图 1-28　晶闸管的伏安特性曲线示意图

0A-正向阻断状态；LD-导通状态；U_A-转折电压；L-擎住点；I_L-擎住电流；H-关断点；I_H-维持电流；U_B-反向击穿电压

1)正向特性

(1)晶闸管的开通。

① 在正向偏置($U_{AK}>0$)下，当 I_G=0 时，SCR 处于正向阻断状态，只有很小的正向漏电流(J_2 结形成)。

② 当 $U_{AK}=U_A$ 时，正向电压超过临界极限(正向转折电压 U_A)发生转折，J_2 结击穿，电流急剧增大，器件开通。此时 SCR 经过负阻区由阻断状态进入导通状态，此情况应避免。

③ 随着门极电流 I_G 幅值的增大，正向转折电压降低。如图 1-28 所示，当 $I_{G2}>I_{G1}>I_G$ 时，$U_{A2}<U_{A1}<U_A$。

④ 一旦 SCR 触发导通后，当工作电流 $I_A>I_L$ 时，即使去掉门极信号，器件仍能维持导通状态不变。这是晶闸管特有的性质，称为自锁或擎住特性。晶闸管一旦导通，门极就失去控制作用。因此，门极电流 I_G 只起到一个触发的作用，因此 SCR 为脉冲触发型器件，而不是电平控制型。触发电流常采用脉冲电流，不需要采用直流电流。

⑤ 导通后的晶闸管特性和二极管的正向特性相仿，晶闸管导通压降很小，在 1V 左右。

(2)晶闸管的关断。

SCR 的关断有两种方法：强迫关断和自然关断。

① 强迫关断是在 A、K 极加反偏电压($U_{AK}<0$)进行关断。

② 自然关断是在 SCR 导通期间(I_G=0)，当流过 SCR 的电流逐渐减小到维持电流 I_H($I_A < I_H$)，SCR 又恢复到正向阻断状态。

2) 反向特性

晶闸管上施加反向电压时，伏安特性和二极管的相同。此时晶闸管处于反向阻断，只有极小的反相漏电流(J_1、J_3结形成)。当反向电压超过反向击穿电压 U_B 后，反向漏电流急剧增加。外电路若无限制措施，会导致晶闸管发热损坏。

2. 晶闸管的门极伏安特性

晶闸管的门极伏安特性是指门极的电压与电流的关系。由于门极 G 和阴极 K 之间只有一个 PN 结 J_3，所以门极电压、电流的关系呈现出二极管的伏安特性，如图 1-29 中的曲线 *B* 所示。当门极触发电压低于 J_3 结的门槛电压 U_{TO} 时，流过 J_3 结的电流很小，主要表现为电阻特性，如图 1-29 中的曲线 *A* 所示，在正向电压降中，电阻性压降占很大比例。由于工艺原因，不同晶闸管门极特性的分散度很大，不同的晶闸管的门极特性相差较大，因而门极伏安特性对应着一个相当宽的区域，常用高阻特性曲线 *A* 和低阻特性曲线 *B* 作为边界来表示。

(1) 图 1-29 中左下方的一个小范围内(无阴影部分)称为不可触发区，是在额定结温时各晶闸管均不能被触发导通的区域。相应的电压与电流称为门极不触发电压 U_{GD} 和门极不触发电流 I_{GD}。不触发时，触发电路输出电压应低于门极不触发电压 U_{GD}(0.2V)。为提高抗干扰能力，避免误触发，必要时可加负偏压(1～3V；不超过 10V)，但负偏压过大，会使器件触发灵敏度下降，不利于快速导通，门极损耗增大。

(2) 晶闸管触发导通时，门极触发电压、电流应处于可靠触发区内(图 1-29 中的矩形虚框外)，即触发电压、电流应大于 U_{GT} 和 I_{GT}，方可保证可靠触发。

(3) 门极触发信号又不宜过高，既要受门极正向峰值电压 U_{FGM} 的限制，也要受门极正向峰值电流 I_{FGM} 的限制，还要受门极峰值功率耗散 P_{GM} 的限制。触发功率过大，会使 SCR 结温上升，影响正常工作，甚至会烧坏门极。

因此，晶闸管的门极特性实际上是由曲线 *A*、*B*、*C*、*D*、*E* 曲线所包围的阴影区域。

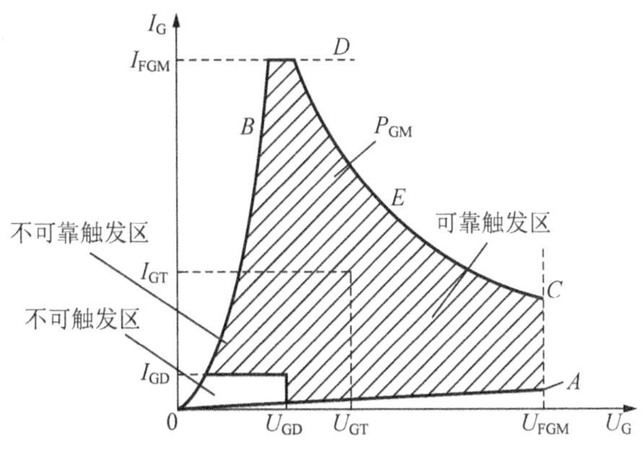

图 1-29　晶闸管门极伏安特性

U_{GD}-门极不触发电压；I_{GD}-门极不触发电流；U_{GT}-最小门极触发电压；I_{GT}-最小门极触发电流；U_{FGM}-门极正向峰值电压；I_{FGM}-门极正向峰值电流

3. 晶闸管的动态特性

1) 开通过程

如图 1-30 所示，当触发断态的且承受正向电压作用的晶闸管时，当门极触发电流到来时，由于载流子渡越到基区 P_2 需要一定时间，阳极电流 I_A 要延迟 t_d 才开始上升，而后再经过 t_r（使基区载流子浓度足够），I_A 才达到由外电路决定的阳极电流稳定值。晶闸管从断态到通态的开通时间 t_{on} 定义为 $t_{on}=t_d+t_r$，其中，t_d 为延迟时间，t_r 为上升时间。

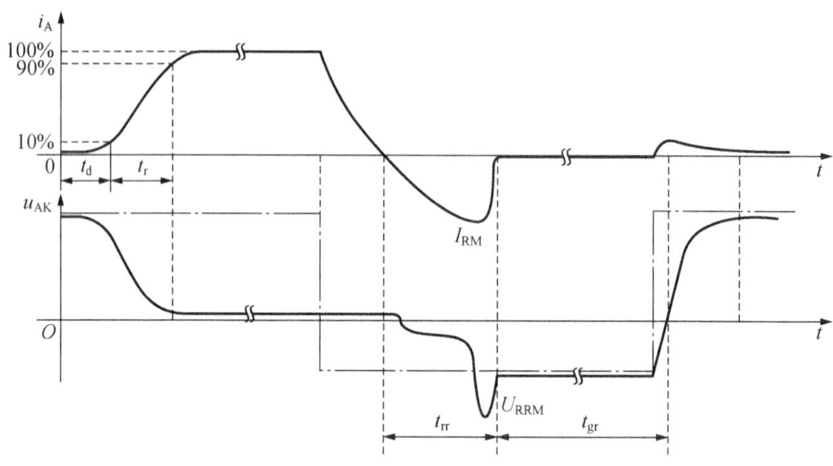

图 1-30　晶闸管开通、关断过程

延迟时间 t_d：从门极电流阶跃时刻开始，到阳极电流上升到稳态值的 10%的时间（载流子渡越需要一定的时间）。普通晶闸管延迟时间 t_d 为 0.5~1.5μs。

上升时间 t_r：阳极电流从 10%上升到稳态值的 90%所需的时间，普通晶闸管的上升时间 t_r 为 0.5~3μs。

开通时间 t_{on}：$t_{on}=t_d+t_r$ 。

2) 关断过程

已导通的晶闸管在 A、K 两端施加反向电压时，使阳极电流 I_A 从稳态值开始下降为 0 后，SCR 各层区的载流子需要经过一段时间才能消失，才能恢复其正向阻断能力。

反向阻断恢复时间 t_{rr}：从正向电流降为零到反向恢复电流衰减至接近零（载流子复合）的时间。

正向阻断恢复时间 t_{gr}：晶闸管要恢复其对正向电压的阻断能力（J_2 结建立新的阻挡层）需要的一段时间。

关断时间 t_{off}：$t_{off}=t_{rr}+t_{gr}$ 。

晶闸管的关断时间 t_{off} 定义为从阳极电流 I_A 下降到 0 开始，到晶闸管恢复阻断正向电压的能力，并能承担规定的 $\mathrm{d}u/\mathrm{d}t$ 而不发生误导通所需的时间。晶闸管的关断时间与元件的结温、关断前的阳极电流大小及所加的反向阳极电压有关。普通晶闸管的 t_{off} 通常约为几十微秒以上。为缩短关断时间，应适当加大反压，并保持一段反压作用时间，以使载流子充分复合而消失。快速晶闸管的 t_{off} 可减小到10～20μs 以下，高频晶闸管的关断时间更短（小于10μs），可用于高频开关电路。但通常频率越高，容量越小。

4. 晶闸管的主要特性参数

1) 晶闸管的电压定额

(1) 额定电压 U_R。如图 1-28 所示，在门极开路（I_G=0）和器件额定结温度时，断态（正向）不重复峰值电压 U_{DSM} 定义为施加于晶闸管的正向阳极电压上升到正向伏安特性曲线急剧弯曲处所对应的电压值（再次持续时间≤10ms）；反向不重复峰值电压 U_{RSM} 定义为施加于晶闸管的反向电压并对应于反向伏安特性曲线急剧弯曲处的电压值(持续时间≤10ms)。U_{DSM} 低于转折电压 U_A，U_{RSM} 低于反向击穿电压 U_B。断态重复峰值电压 U_{DRM} 是在门极断路而结温为额定值时，允许重复加在器件上的正向峰值电压(图 1-28)；反向重复峰值电压 U_{RRM} 是在门极断路而结温为额定值时，允许重复加在器件上的反向峰值电压(图 1-28)。规定断态重复峰值电压 U_{DRM} 为断态(正向)不重复峰值电压(即断态最大瞬态电压)U_{DSM} 的 90%；规定反向重复峰值电压 U_{RRM} 为反向不重复峰值电压(反向最大瞬态电压)U_{RSM} 的 90%。取 U_{DRM} 和 U_{RRM} 这两个电压中较小的一个电压值规定为该晶闸管的额定电压 U_R。

实际应用中，通常选取晶闸管正常工作峰值电压的 2～3 倍的电压值选定为晶闸管的额定电压，以确保足够的安全电量，防止可能偶然出现较大的瞬时过电压而损坏晶闸管。

(2) 通态峰值电压 U_{TM} 规定为晶闸管通以某一规定倍数的额定通态平均电流时的瞬态电压峰值，一般为 1.5～2.5V，且随着阳极电流的增大而略微增加。额定电流时的通态平均压降一般为 1V 左右。

2) 晶闸管的电流定额

(1) 晶闸管的额定电流 I_R。

定义为在环境温度为 40℃和规定的散热冷却条件下，晶闸管在电阻性负载的单相工频正弦半波导电，结温稳定在额定值 125℃时的通态平均电流值。额定电流也是根据功耗发热不超过结温允许值而限定的，而功耗发热与电流的有效值有关。

设正弦半波电流的峰值为 I_m，则平均值为

$$I_{AV}=\frac{1}{2\pi}\int_0^{\pi}I_m\sin(\omega t)\mathrm{d}(\omega t)=\frac{I_m}{\pi} \tag{1-12}$$

正弦半波的有效值(均方根值)为

$$I=\sqrt{\frac{1}{2\pi}\int_0^{\pi}(I_m\sin(\omega t))^2\mathrm{d}(\omega t)}=\frac{I_m}{2} \tag{1-13}$$

则正弦半波的有效值与平均值的关系为

$$I=\frac{1}{2}\pi I_{AV}=1.57I_{AV}=1.57I_R \tag{1-14}$$

根据有效值相等的任意电流波形(交流正弦、三角波、方波等)，其通过晶闸管的发热量相等。而手册中规定 SCR 的额定电流是以正弦半波的平均值为依据的，因此应先计算实际电流波形的有效值，再将此有效值除以波形系数 1.57 换算为正弦半波的平均值，作为选择晶闸管额定电流的依据。因晶闸管热容量很小，过电流又不可避免，实际应用中通常留有 1.5～2.0 倍的电流安全裕量。通常先求出通过晶闸管的电流波形的有效值 I，例如，当晶闸管通过的方波有效值为 157A 时，I_R=(157/1.57)×(1.5~2.0)=150～200A。

(2) 浪涌电流 I_{TSM}。

浪涌电流是指晶闸管在规定的极短时间内所允许通过的冲击性电流值，通常 I_{TSM} 比 I_R 大 4 倍浪涌电流有上下两个级别，这个参数可作为设计保护电路的依据。例如，100A 的元件，其值为 1.3～1.9kA；1000A 元件，其值为 13～19kA。

(3) 维持电流 I_H。

维持电流是指使晶闸管维持导通所必需的最小阳极电流。当通过晶闸管的 I_A 小于维持电流 I_H 的值时，晶闸管由通到断，属于自然关断。

(4) 擎住电流 I_L。

断态的晶闸管在触发电流作用下被触发导通，只要管子中的电流 I_A 达到某一临界值时，

就可以把触发电流撤除，晶闸管仍然自动维持导通，这个临界电流值称为擎住电流 I_L。擎住电流 I_L 和维持电流 I_H 都随结温的下降而增大。

擎住电流 I_L 和维持电流 I_H 在概念上是不同的，I_H 用在晶闸管由通到断的过程；而 I_L 用在晶闸管由断到通时的过程。晶闸管导通瞬间，最开始会从门极附近小区域先导通，然后扩散到整个 PN 结面积，而扩散需要额外的能量，能量由工作电流 I_A 来提供，因此通常擎住电流 I_L 要比维持电流 I_H 大 2～4 倍。

例 1-1　如图 1-31 所示，E=50V，R=0.5Ω，L=0.5H，晶闸管的擎住电流 I_L=15mA，要使晶闸管完全导通，门极触发电流脉冲宽度至少应为多少？

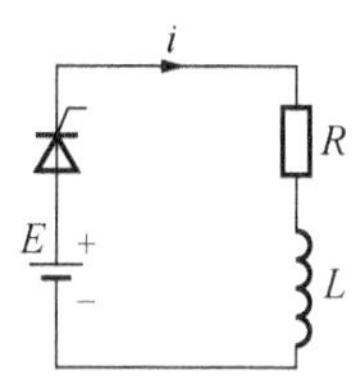

图 1-31　电路图

解　当晶闸管门极有触发信号时，晶闸管开通，回路方程为

$$L\frac{\mathrm{d}i}{\mathrm{d}t}+Ri=E$$

解得 $i=\frac{E}{R}(1-\mathrm{e}^{-\frac{R}{L}t})$。晶闸管要维持导通状态，$i$ 需要达到擎住电流 I_L 以上，在此之前必须一直给门极施加触发信号，因此，$i=\frac{E}{R}(1-\mathrm{e}^{-\frac{R}{L}t})>15\times10^{-3}$，且根据 $\mathrm{e}^t=1+t+\frac{t^2}{2!}+\frac{t^3}{3!}+\cdots$，忽略高次项，因此 $\mathrm{e}^t\approx1+t$。所以

$$i=\frac{E}{R}(1-\mathrm{e}^{-\frac{R}{L}t})=\frac{E}{R}.\frac{R}{L}t=\frac{E}{L}\cdot t>15\times10^{-3}$$

即

$$t>150\times10^{-6}\mathrm{s}=150\mu\mathrm{s}$$

因此，门极触发电流脉冲宽度最小也要大于150μs。

3) 动态参数

(1) 开通时间 t_{on} 和关断时间 t_{off}。如前所述，$t_{on}=t_d+t_r$，其中，t_d 为延迟时间，t_r 为上升时间；$t_{off}=t_{rr}+t_{gr}$，其中 t_{rr} 为反向阻断恢复时间，t_{gr} 为正向阻断恢复时间。

(2) 断态电压临界上升率 $\mathrm{d}u/\mathrm{d}t$。其是指在规定条件下，不会导致晶闸管从断态到通态转换的最大阳极电压上升率。即使 SCR 阳极电压低于转折电压 U_A，但在过大的 $\mathrm{d}u/\mathrm{d}t$ 下也会引起误导通。因为对断态的晶闸管施加较大的 $\mathrm{d}u/\mathrm{d}t$ 时，$\mathrm{d}u/\mathrm{d}t$ 主要由 SCR 内部的 J_2 结承担，J_2 的结电容会有较大充电电流，这个过大的电流流经 J_3 结时，起到触发电流的作用，使晶闸管正向阻断能力下降，严重时会导致晶闸管的误触发导通。$\mathrm{d}u/\mathrm{d}t$ 数值对于不同等级(共 7 级)的晶闸管是不同的，最差的 A 级器件为25V/μs，最好的 G 级晶闸管高达1000V/μs，一般的是(100～200)V/μs。

(3) 通态电流临界上升率 $\mathrm{d}i/\mathrm{d}t$。其是指在规定的条件下，晶闸管能够承受而不致损害的通态电流的最大上升率。过大的 $\mathrm{d}i/\mathrm{d}t$ 可使晶闸管内部局部过热而损坏。晶闸管开通瞬间电流先集中在靠近门极的阴极表面较小的区域，局部电流密度很大，然后电流以约 $0.1\mathrm{m}^2/\mu\mathrm{s}$ 的扩展速度扩展到整个阴极面。若晶闸管开通时电流上升率 $\mathrm{d}i/\mathrm{d}t$ 过大，很大的电流将全部在门极附近的小区域内通过，造成局部过热而烧坏。目前最差的 A 级晶闸管为25A/μs，最好的 G 级晶闸管为500A/μs，一般的是(100～200)A/μs。

(4) 电流上升率、电压上升率的抑制保护。

① 电流上升率 $\mathrm{d}i/\mathrm{d}t$ 的抑制。为了将晶闸管的电流上升率限制在合适的范围，通常采用在晶闸管的阳极回路串联电感(空心电抗器或母线上套磁环)，如图 1-32(a)所示。

② 电压上升率 du/dt 的抑制。为了限制 du/dt，可以在晶闸管阳极与阴极间并上一个 R-C 阻容吸收电路(缓冲电路)，利用电容抑制电压突变的特性来限制晶闸管 A、K 两端电压上升率。电阻 R 又可限制 SCR 再次导通时电容 C 的放电电流。图 1-32(b)、(c)、(d)分别为小容量、中等容量和大容量的吸收电路。

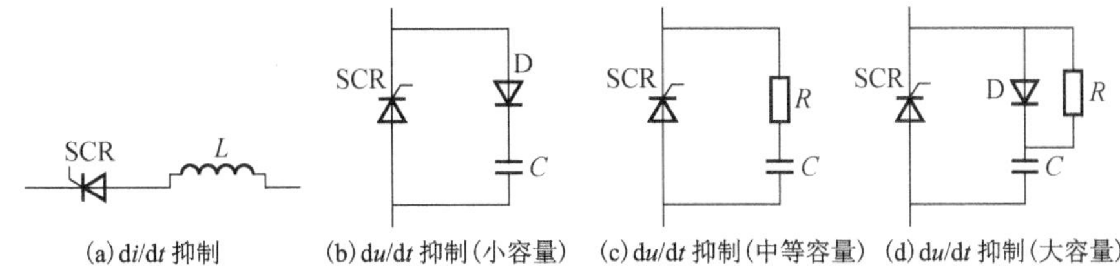

图 1-32　电流上升率和电压上升率的抑制回路

4) 门极参数

(1) 门极触发电压 U_{GT}：在规定条件下(规定条件指规定的环境温度和阳极与阴极间加一定的正向电压的条件)，使晶闸管触发导通需要的最小门极直流电压，一般为 1~5V。

(2) 门极反向峰值电压 U_{RGM}：门极所加反向峰值电压一般不超过 10V，以免损坏控制结(J_3结)。

(3) 门极触发电流 I_{GT}：在规定条件下，触发晶闸管导通所需要的最小门极直流电流，一般为几十到几百毫安。

1.4.3　晶闸管的驱动

晶闸管门极驱动电路又称为触发电路。触发信号可以是交流、直流或脉冲，常采用脉冲形式；触发脉冲的相位必须与主电路电源电压保持固定相位关系，即同步，而且触发时必须 $U_{AK}>0$；移相范围与主电路形式、负载性质及变流装置的用途有关。

1) 触发脉冲的基本要求

(1) 正向脉冲：门极对阴极为正电压。

(2) 脉冲形式：宽脉冲、窄脉冲、脉冲列均可。

(3) 与主电路同步：保持固定相位关系。

(4) 与主电路隔离：高、低压电源隔离。

(5) 抗干扰能力：防止误触发。

2) 触发脉冲的参数要求

① 触发脉冲需要有足够的功率。触发电压和触发电流应大于晶闸管的门极触发电压 U_{GT} 和门极触发电流 I_{GT}。因为晶闸管的特性有较大的发散性，且特性随温度而变化，故在设计触发电路时触发信号的功率应留有裕量，一般触发电流取额定触发电流的 3～5 倍，以保证晶闸管可靠触发。当然，触发信号也不能超过门极的极限参数(一般 $U_{Gm}<10$V，$I_{Gm}<10$A)。

② 触发脉冲的宽度和陡度。触发脉冲的宽度一般应保证晶闸管阳极电流在脉冲消失前能达到擎住电流 I_L，具体宽度与主电路形式和负载性质有关；而触发脉冲的前沿越陡，越有利于并联或串联晶闸管的同时触发。要求触发电压前沿陡度大于 10V/μs；触发电流前沿陡度达到 1～2A/μs。

3) 常见的晶闸管触发电路和触发脉冲波形

理想的触发脉冲电流波形如图 1-33(a)所示。常见的晶闸管触发电路如图 1-33(b)所示，其中触发电路中 T_1、T_2 构成脉冲放大环节；脉冲变压器 TM 和附属电路构成脉冲输出环节。

当 T_1、T_2 导通时，通过脉冲变压器向晶闸管的门极 G 和阴极 K 之间输出触发脉冲，电流较大；当 T_1、T_2 关断时，脉冲变压器 TM 经过 D_1 和 R_3 释放其储存能量，电流维持较小的水平，TM 能量释放完后，触发脉冲结束。

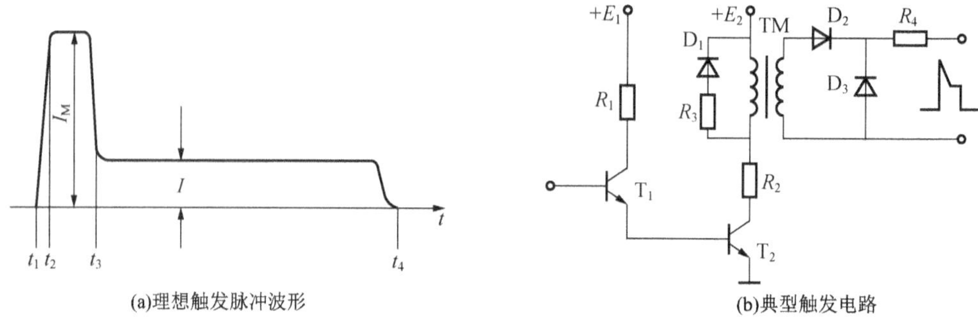

图 1-33　晶闸管理想触发脉冲波形及典型触发电路

此外，晶闸管要工作可靠，还要加各种保护措施，防止如交流侧和直流侧的过压、过流、限流、元件损坏、缺相、桥臂过热、防雷击、控制电路失控等。

在普通晶闸管的基础上还派生出许多新型器件，如快速晶闸管(Fast Switching Thyristor，FST)、逆导晶闸管(Reverse Conducting Thyristor，RCT)、双向晶闸管(TRIAC)、门极可关断晶闸管(Gate Turn off Thyristor，GTO)、门极辅助关断晶闸管(Gate Assisted Turn off Thyristor，GATO)及用光信号触发导通的光控晶闸管(Light Triggered Thyristor，LTT)等。

1.5　门极可关断晶闸管

门极可关断晶闸管是一种具有自断能力的电流驱动型晶闸管。GTO 由门极正脉冲信号控制导通，负脉冲控制关断。开通时与 SCR 相似，关断时则完全不同。处于断态时，如果有阳极正向电压，在其门极加上正向触发脉冲电流后，GTO 可由断态转入通态；已处于通态时，门极加上足够大的反向脉冲电流，GTO 由通态转入断态。与 SCR 相比，不需要用外部电路强迫关断，或使阳极电流为 0 而使之关断，仅由门极加负脉冲电流就可以关断，简化了电力变换主电路，减少了关断损耗，因此，GTO 是一种比较理想的大功率开关器件。

1. GTO 与普通晶闸管的比较

(1)与普通晶闸管的相同点：GTO 为 PNPN 四层半导体结构，外部引出阳极、阴极和门极，如图 1-34(a)所示，等效电路基本相同。与普通晶闸管一样，可以用图 1-34(b)所示的双晶体管模型来等效。当 $\alpha_1+\alpha_2=1$ 时，器件临界导通；当 $\alpha_1+\alpha_2>1$ 时，两个等效晶体管过饱和而使器件导通；当 $\alpha_1+\alpha_2<1$ 时，不能维持饱和导通而关断。与 $\alpha_1+\alpha_2=1$ 状态对应的阳极电流为临界导通电流，定义为 GTO 的擎住电流。其图形符号如图 1-34(c)所示。

(2)与普通晶闸管的区别：①GTO 是一种多元的功率集成器件，内部包含数十个甚至数百个共阳极的小 GTO 元，这些 GTO 元的阴极和门极在器件内部并联在一起，如图 1-35 所示。多元集成结构使每个 GTO 元阴极面积很小，门极、阴极间距很短，使 P_2 基区横向电阻很小，能从门极抽出较大电流，易于 GTO 关断。②普通晶闸管的 $\alpha_1+\alpha_2 \geqslant 1.15$，这样有利于饱和导通；而 GTO 被设计成 $\alpha_1+\alpha_2 \approx 1.05$，导通时饱和不深，接近临界饱和，有利门极控制关断，但导通时管压降增大。③设计 α_2 较大，使晶体管 T_2 控制灵敏，易于 GTO 关断。正是因为 GTO 采用了有利于关断的特殊结构及工艺，才使其在关断上与 SCR 有很大不同。

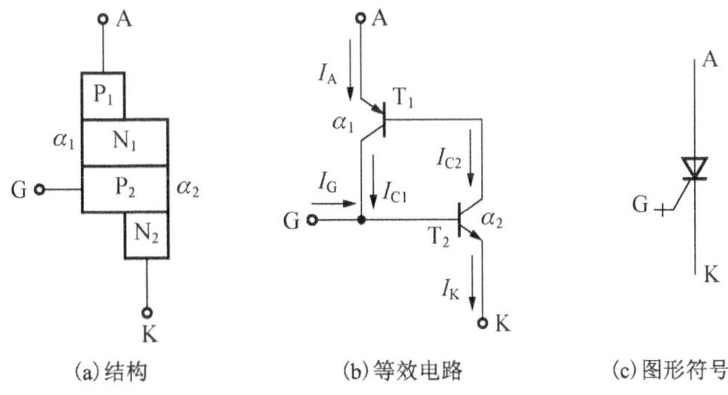

图 1-34　GTO 的结构、等效电路及图形符号

2. GTO 的基本特性

(1) 阳极伏安特性。GTO 的阳极伏安特性如图 1-36 所示。当外加电压超过正向转折电压 U_{DRM} 时，GTO 即正向开通，这种现象称为电压触发。此时不一定破坏器件的性能，但是若外加电压超过反向击穿电压 U_{RRM} 之后，则发生雪崩击穿现象，极易损坏器件。将 90% U_{DRM} 值定义为正向额定电压，将 90% U_{RRM} 值定义为反向额定电压。

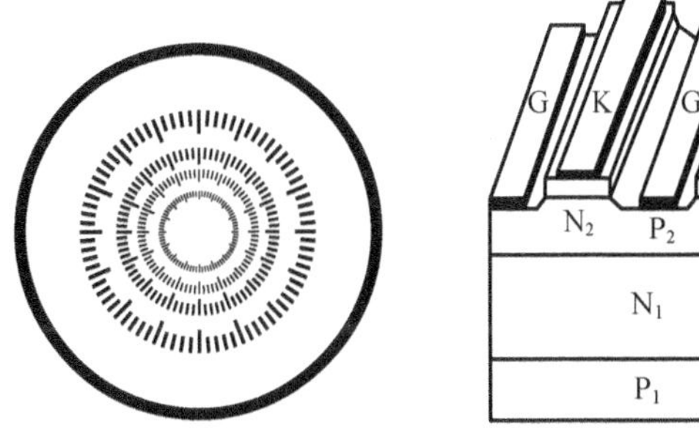

图 1-35　GTO 的内部结构

(2) GTO 的阳极耐压还与门极状态有关，门极电路中的任何毛刺电流都会使阳极耐压降低，开通后又会使 GTO 擎住电流和管压降增大。图 1-37 为门极状态对 GTO 阳极耐压的影响，图中门极电流 $I_{G0}<I_{G1}<I_{G2}$。显然，当门极出现 I_{G2} 或 I_{G1} 时，GTO 正向转折电压大大降低，因而器件的阳极耐压相应降低。

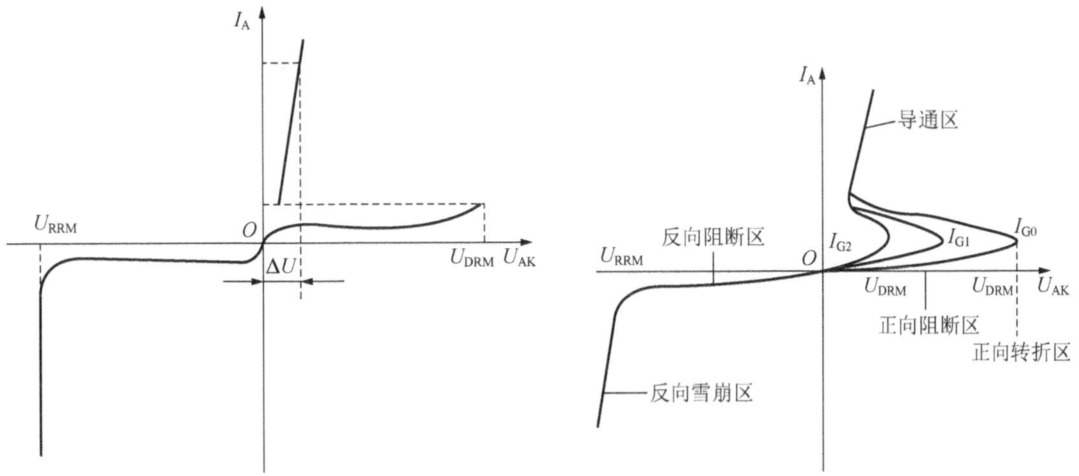

图 1-36　GTO 的阳极伏安特性

图 1-37　门极状态对 GTO 阳极耐压的影响

(3) GTO 的通态压降 U_A 随着阳极通态电流 I_A 的增加而略有增加。

(4) GTO 的阳极耐压与结温和门极状态有着密切的关系，随着温度的升高，GTO 的耐压降低，阳极耐压与结温的关系如图 1-38 所示。当 GTO 结温高于 125℃时，激发的本征载流子加大，漏电流增加，使 α_1 和 α_2 大大增加，自动满足了 $\alpha_1+\alpha_2>1$ 的条件，即使不加触发信号，GTO 也可自行开通。为减小温度对阻断电压的影响，可在其门极与阴极之间并联一个电阻，即相当于增设了一个短路发射极。GTO 的通态电压降随着通态电流的增加而增加，而且与温度有一定的关系，如图 1-39 所示。

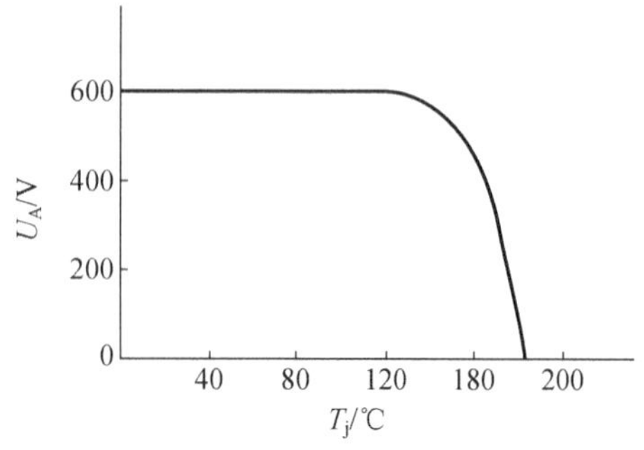

图 1-38　GTO 的阳极耐压与结温的关系

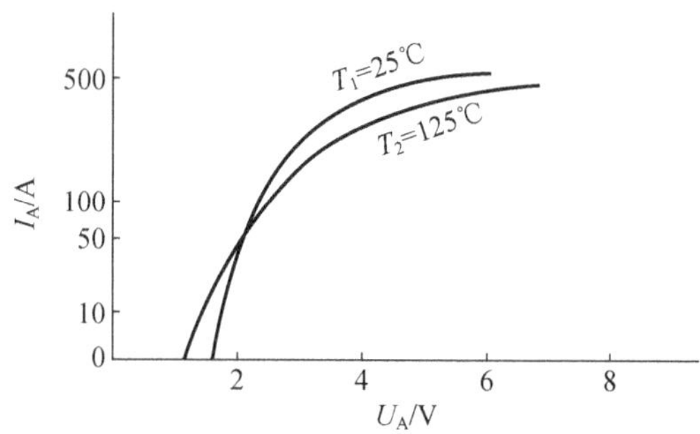

图 1-39　GTO 的通态压降特性

(5) GTO 失效是由某一 GTO 元过电流损坏引起的。通常容易导通的 GTO，难于关断；难导通的 GTO 易关断。大容量 GTO 为防止失效，采用特殊的工艺，如大面积扩散工艺，提高少子寿命的均匀性。

3. GTO 的主要参数

许多参数和普通晶闸管相应的参数意义相同，如维持电流、擎住电流等。以下只介绍几个意义不同的参数。

(1) 最大可关断阳极电流 I_{ATO}，是标称 GTO 额定电流的参数，表示 GTO 的容量，这与普通晶闸管的通态平均电流作为额定电流是不同的。

(2) 电流关断增益 β_{off}。最大可关断阳极电流与门极负脉冲电流最大值 I_{GM} 之比称为电流关断增益。

$$\beta_{off}=\frac{I_{ATO}}{|-I_{GM}|} \tag{1-15}$$

β_{off} 一般很小，只有 5 左右(一般为 3～8)，这是 GTO 的一个主要缺点。1000A 的 GTO 在关断时门极负脉冲电流峰值约为 200A。

4. GTO 的驱动控制

1) 开通控制及波形要求

影响 GTO 导通的主要因素有阳极电压、阳极电流、温度和开通驱动信号的波形。阳极电压越高，GTO 越容易导通；阳极电流较大时易于维持大面积饱和导通；温度低触发困难，温度高容易触发。

门极触发电流波形的要求是脉冲的前沿陡、幅度高、宽度大、后沿缓，如图 1-40 所示。

(1) 脉冲前沿对结电容充电，前沿陡充电快，正向门极电流建立迅速，有利于 GTO 的快速导通。一般取门极开通电流变化率 $\mathrm{d}I_{GF}/\mathrm{d}t$ 为 $5\sim10\mathrm{A}/\mu\mathrm{s}$。

(2) 门极触发电流的幅值不同，相应的开通时间也不同。门极正脉冲幅度高可以实现强触发，一般该值比额定直流触发电流大 3～10 倍，为了快速开通也可提高该值。强触发有利于缩短开通时间，减小开通损耗，降低管压降，适于低温触发并易于 GTO 串并联运行。

(3) 触发电流脉冲的宽度用来保证阳极电流的可靠建立，一般定为 10～60μs。

(4) 触发电流脉冲后沿则应尽量缓一些，后沿过陡会产生振荡。

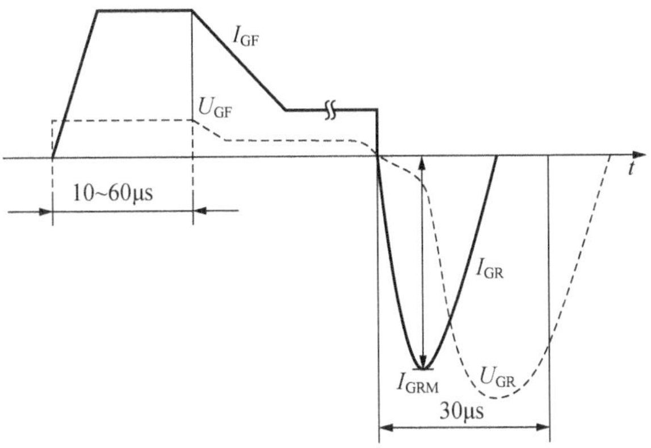

图 1-40　GTO 的典型驱动信号波形

2) 关断控制及波形要求

GTO 的门极控制技术的关键在于关断。影响 GTO 关断的主要因素有被关断的阳极电流的大小、负载阻抗性质、温度、工作频率、缓冲电路和关断控制信号波形等。阳极电流越大，关断越困难；电感性负载较难关断；结温越高越难关断，结温过高甚至会出现关不断的现象；工作频率高关断也困难。

如图 1-40 所示的驱动电流波形，对关断 GTO 的驱动电流波形的特殊要求是前沿陡(缩短关断时间，减小关断损耗)、后沿缓(减小结电容产生的门极电流)，幅度较高(关断时间短、关断损耗小，提高可关断能力)，宽度足够(保证抽出足够载流子)。

(1) 关断脉冲前沿陡可缩短关断时间，减少关断损耗；但前沿过陡会使 GTO 关断增益降低，阳极尾部电流增加。一般关断脉冲电流的上升率 dI_{GR}/dt 取10～50A / μs 。

(2) 门极关断控制电压脉冲的后沿要尽量平缓一些。如果坡度太陡，由于结电容效应，尽管门极电压是负的，也会产生一个门极电流。这个正向门极电流有使 GTO 开通的可能。即使这个正向门极电流时间短或幅度小，不足以使 GTO 开通，也会使刚刚关断的 GTO 耐压和阳极承受 du/dt 的耐压量降低，影响 GTO 的正常工作。

(3) 关断电流脉冲的幅度 I_{GRM} 一般取为(1/3～1/5) I_{ATO}，由关断增益的大小来确定。在 I_{ATO} 一定的条件下，I_{GRM} 越大，关断时间越短，关断损耗越小，而关断增益下降。若关断增益保持不变，增加 I_{GRM} 可提高 GTO 的阳极可关断能力。

(4) 门极关断负电压脉冲必须具有足够的宽度，既要保证在下降时间 t_f 内能继续抽出载流子，又要保证剩余载流子的复合有足够的时间。特别是在 GTO 关断过程中尾部时间过长时，必须用足够的门极负电压脉冲宽度保证 GTO 可靠关断。

5. 典型的 GTO 驱动电路

如图 1-41 所示，GTO 典型的驱动电路一般有两种方式：采用直接驱动电路和脉冲变压器的驱动电路。

(1) 对于直接驱动方式，如图 1-41(a) 所示，当 T_3、T_4 导通时，GTO 门极有正向触发电流，GTO 开通；要关断 GTO 时，使 T_3、T_4 截止，晶闸管 T_1、T_2 开通，由电源 E 提供较大的反向关断门极电流，使 GTO 关断。当反向门极电流接近 0 时，晶闸管也自然关断。实际使用时，直接驱动方式的控制和驱动之间用光耦或光纤进行隔离，并且要求电气上有足够的隔离耐压。驱动电路与 GTO 的 G、K 两端连线要短，而且要双绞或平行。

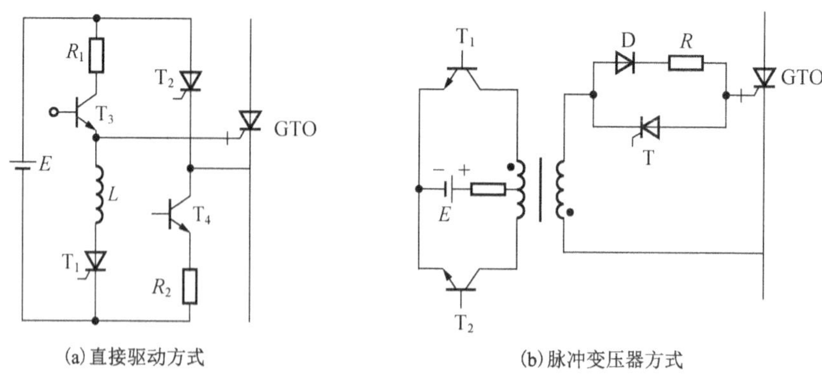

(a) 直接驱动方式　　(b) 脉冲变压器方式

图 1-41　GTO 的驱动基本原理图

(2) 对于脉冲变压器方式，如图 1-41(b) 所示，当 T_1 开通、T_2 关断时，GTO 门极有正向触发电流，GTO 开通；当 T_1 关断，T_2、T 开通时，提供反向关断门极电流，使 GTO 关断。实际电路中还可以采用两台脉冲变压器。脉冲变压器是关键部件，不仅电气上要有足够的隔离电压，而且其漏感和耦合电容要很小，对其制作要求很高。这两种 GTO 驱动电路在一些电力机车和地铁进口车辆的辅助逆变器和牵引变流器有一定应用，如上海地铁一号线。

此外，缓冲电路参数的合理选择，可以抑制 GTO 关断过程中的尖峰电压和电压上升率 du/dt、降低开关损耗，抑制因结温上升引起 α_1、α_2 增大而导致 GTO 难以关断。同时，GTO 再次开通时，缓冲电容通过 GTO 放电，容易达到擎住电流，尤其是主电路为电感负载时，有利于 GTO 的开通。

GTO 的出现有力地推动了铁道牵引变流技术的发展，自 20 世纪 80 年代第一台 GTO 交流传动机车问世后，直到今天，世界上大多数交流传动机车、部分动车仍采用 GTO 元件。由于是全控型器件，它简化了牵引变流器的主电路结构，确定了电压型变流系统的优势地位。一些原来采用晶闸管的机车，在后续生产中也改用 GTO 元件，例如，德国 ICE 高速动车，第一批交货的高速动车采用晶闸管牵引变流器，第二批在机车基本性能参数不变的情况下改用 GTO 牵引变流器，整车质量减少了 3.5t。由于取消了换流回路和减少了元件数量，简化了控制系统，提高了机车运行可靠性和效率。近年来，GTO 的性能不断提高，可关断电流达 6000A，阻断电压达 6000V 以上，开关速度也有所提高。但 GTO 的不足在于，电流关断增益 β_{off} 小，对门极驱动装置要求高。此外，由于 GTO 通断时，电流、电压变化率及应力很大，还需要性能良好的吸收电路和冷却系统。虽然目前轨道车辆的 GTO 逐步被更高性能的高压 IGBT 取代，但 GTO 具有更高的电压/电流等级和更低的导通压降，仍有其独特的优点。

1.6　电力场效应晶体管

1.6.1　电力场效应管(电力 MOSFET)的结构与工作原理

电力 MOSFET 有 3 个电极：栅极(控制极) G(Gate)、漏极 D(Drain) 和源极 S(Source)。由栅极控制漏、源极之间的等效电阻，使场效应管处于截止或导通状态。电力 MOSFET 属全控型器件，具有驱动功率小、开关频率高、安全工作区宽等特点。电力 MOSFET 无反向阻断能力。

场效应晶体管有两大类：结型场效应管和绝缘栅型场效应管。结型场效应管是利用 PN 结反向电压对耗尽层的控制来改变漏极、源极之间导电沟道的宽度，从而控制等效电阻的大小。绝缘栅型场效应管则是利用栅极、源极之间电压形成电场来改变半导体表面感生电荷的多少，改变导电沟道的导电能力和等效电阻。

1. 电力 MOSFET 的优点

(1) 电压型驱动器件，栅极驱动电流在 100nA 量级，几乎不消耗功率，它的输入阻抗是纯电容性的。驱动功率小，驱动电路简单。

(2) 正的电阻温度特性，易并联均流。单极型的电力 MOSFET 具有正的电阻温度系数。在电流加大时，温度上升，电阻加大，对电流起自限流作用；多只管子并联时，有自动均流作用，这是巨型晶体管(GTR)所没有的，而且热稳定性优于 GTR。

(3) 开关速度很快，工作频率很高。MOSFET 是单极型器件，无少数载流子的存储效应，通常它的开关时间为 10～100ns，典型值为 20ns，工作频率可达 100kHz 以上，是主要电力电子器件中最高的。而双极型器件的开关时间为微秒级，甚至达到几十微秒。

(4) 多元集成结构。新型的电力 MOSFET 采用多元集成结构，将成千上万个 MOSFET 单元并联连接形成，使每个 MOSFET 单元沟道长度大大缩短。与单管的电力 MOSFET 相比，并联后沟道电阻大大减小，降低了通态电阻，有利于电流提高。多元集成结构使沟道缩短，减小了载流子的渡越时间，并联结构允许很多载流子同时渡越，开通时间也大大缩短(纳秒级)，因而提高工作频率，改善器件的性能。

2. 电力 MOSFET 的缺点

MOSFET 的主要缺点是通态电阻较大，通态损耗也大，尤其是随着器件耐压的提高，通态电阻随之加大；电流容量小、耐压低，只适合小功率高频率的电力电子装置(10kW 以下)。但如果把 MOSFET 作为驱动器件和其他电流容量大的双极型电力电子器件复合起来，就可制造出性能优越的新型场控器件，如 IGBT、MCT 等。

图 1-42 为一种最常用的绝缘栅型 MOSFET 的基本结构。平面导电结构主要用在信息电子电路中，而电力电子主要采用垂直导电结构。

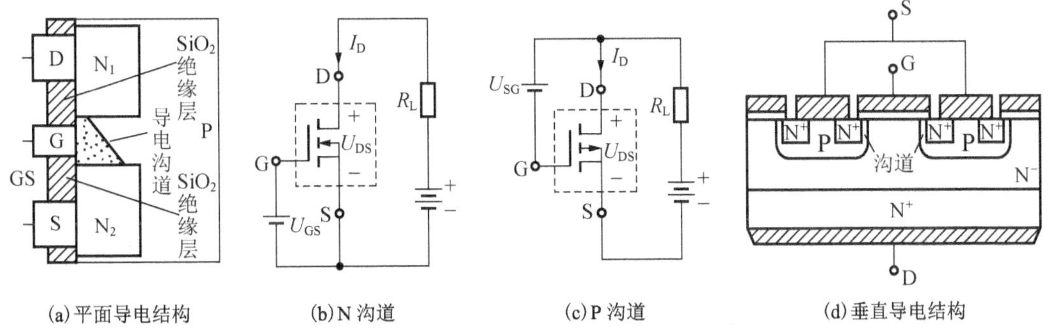

(a) 平面导电结构　(b) N 沟道　(c) P 沟道　(d) 垂直导电结构

图 1-42　最常用的电力 MOSFET 基本结构

如图 1-42 (a) 所示，MOSFET 有三个电极：栅极(控制极或门极) G、漏极 D 和源极 S。它是以一块杂质浓度低的 P 型材料作为底衬，其上有两处高掺杂 N 型区(自由电子多)分别引出作为源极 S 和漏极 D，相互隔离的两个 N 区的表面覆盖着金属氧化物 SiO_2 绝缘层，栅极 G 与两个 N 区被 SiO_2 绝缘层隔开，故 G 被称为绝缘栅极。N_1 为漏极 D，N_2 为源极 S，N_1、N_2 之间的是 P 型半导体。

图 1-42(b)为 N 沟道增强型绝缘栅金属氧化物电力场效应晶体管的典型外接电路。

(1)当 $U_{GS}=0$ 时，漏极的 N 型半导体与 P 型半导体之间阻挡层构成反向 PN 结，漏-源极之间也不可能导电。

(2)当 $U_{GS}>0$ 时，U_{GS} 通过 SiO_2 绝缘层在 G-P 之间形成电场，在电场力的作用下，栅极 G 的正电位吸引 P 区的电子至邻近栅极的一侧，形成 N 沟道。

(3)当 $U_{GS}>U_{GSth}$ (开启电压，一般为 2～4V)时，由栅极正电位所形成的这个 N 型半导体表层感生了大量的电子载流子。栅极 G 下面吸引的电子数超过该处的空穴数以后，原空穴多的 P 型半导体表面就变成电子数目多的 N 型半导体表层。它是一个电子浓度很高的沟道(称为 N 沟道)，这个 N 沟道将 N_1 和 N_2 两个区连在一起，成为 D 和 S 之间的导电沟道，一旦 D-S 极之间施加正向电压 U_{DS}，就会形成漏极电流 I_D。因为 D 和 S 之间的电位呈梯度分布，因此 N 沟道上窄下宽。改变 U_{GS} 可以改变沟道的宽度和导通电阻，从而可以调节 I_D。

小功率电力 MOSFET 采用平面工艺的横向导电结构，采用平面工艺的 MOSFET 结构将源极、漏极、栅极均安排在硅片的同一侧，在 MOSFET 中的电流是横向流动的，因此电流容量和耐压均受到了限制。要获得大功率，可增大沟道宽/长比(*W*/*L*)，但沟道长度受工艺限制，不能很小；增大管芯面积，又不经济，因此管子功率小，大功率难实现。因此大功率的电力 MOSFET 为减小导通电阻，采用垂直导电结构，并增加一个 N^- 区提高耐压能力。如图 1-42(d)所示。垂直导电结构具体包括 VVMOSFET、VDMOSFET、沟槽型 MOSFET (Trench MOSFET)以及多元集成结构。它使用多个基本单元并联起来，可以降低通态电阻，提高工作效率，改善器件的其他性能。

电力 MOSFET 虽然增加管芯面积能降低导通电阻，但将会引起成本的增加；引入少数载流子导电虽能降低导通电阻，但付出的代价却是开关速度的降低和形成拖尾电流，导致开关损耗增加，失去了 MOSFET 高开关速度的特点。近年来出现的一种新结构的低导通电阻、低发热的 CoolMOS，通过采用新方法建立内部横向电场，提高阻断电压，降低导通电阻，其导通电阻仅为传统 MOSFET 的 1/5～1/10。

1.6.2 电力 MOSFET 的特性与参数

1. 静态特性与参数

1)转移特性

转移特性是指在一定的漏源电压 U_{DS} 下，漏极电流 I_D 与栅源电压 U_{GS} 之间的关系。如图 1-43(a)所示，图中特性曲线的斜率 $\Delta I_D/\Delta U_{GS}$ 表示 MOSFET 的栅极电压对漏极电流的控制能力。MOSFET 是电压驱动型，绝缘栅极的输入电阻很高而等效于一个电容；故仅在突加 U_{GS} 时需要不大的输入电流，因此 MOSFET 驱动功率很小。通常电力 MOSFET 的开启电压 $U_{GSth}\approx 2\sim 4V$。同样输出电流下，U_{GS} 越高，管压降 U_{DS} 也越小，通态时 MOSFET 的等效电阻越小。为保证通态时漏极、源极之间的等效电阻、使管压降尽可能小，栅极电压 U_{GS} 通常设计为大于 10V。

2)输出特性

图 1-43(b)是 MOSFET 的输出特性曲线，由图可见该特性曲线分为 4 个区，截止区(Ⅰ)、线性导电区(Ⅲ)、饱和恒流区(Ⅱ)和雪崩击穿区(Ⅳ)。

(1)截止区(Ⅰ)。当 $U_{GS}<U_{GSth}$ (开启电压)时，电力 MOSFET 处于截止，$I_D=0$。当外加电压 U_{DS} 超过击穿转折电压 U_{BR} 时，器件将击穿，使 I_D 急剧增大。

(2)线性导电区又称为可调电阻区(Ⅲ)。$U_{GS} > U_{GSth}$时，由于区域内U_{DS}较小，U_{DS}对导电沟道的影响可忽略不计。①U_{DS}一定时，MOSFET漏-源电阻R_{DS}与U_{GS}成反比。U_{GS}增加时导电沟道变宽，等效调制电阻R_{DS}线性变小，$I_D = U_{DS}/R_{DS}$线性增大。②U_{GS}一定时，导电沟道宽度不变，沟道电子迁移率μ_n也不变，使漏-源电阻R_{DS}一定，$I_D \approx U_{DS}/R_{DS}$随$U_{DS}$而线性增大。

(3)饱和恒流区(Ⅱ)。当U_{GS}一定、U_{DS}较大时，随着U_{DS}增大，此时沟道靠近漏极的一侧会变窄直至被完全夹断，另一方面，沟道电子达到散射极限速度，不再增加。使I_D达到饱和值，并基本恒定。即漏极电阻R_{DS}随U_{DS}而加大，I_D保持不变。

(4)雪崩击穿区(Ⅳ)。当U_{DS}增大到U_{BDS}时，I_D突增并进入雪崩击穿区，I_D随着U_{DS}的增加急剧增加，直至器件损坏。在应用中应该避免出现这种情况。

3)饱和导通特性

MOSFET是单极型器件，没有载流子的存储效应和电导调制效应。导通时，沟道电阻较大，饱和压降较大。一般增大U_{GS}电压，可使沟道电阻减小，电流增大，如图1-43(c)所示。

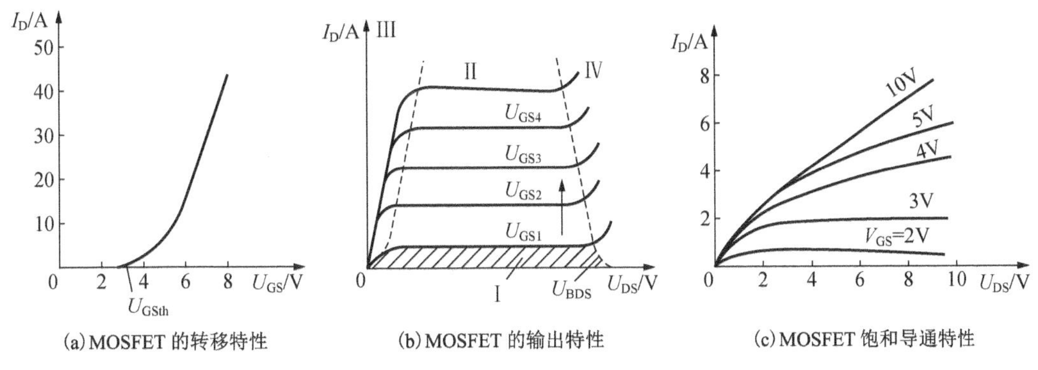

(a)MOSFET的转移特性　(b)MOSFET的输出特性　(c)MOSFET饱和导通特性

图1-43　电力MOSFET的特性

4)静态参数

(1)正态导通电阻R_{on}。通常规定在一定的U_{GS}下，MOSFET由可调电阻区(Ⅲ)进入饱和恒流区(Ⅱ)时的直流电阻。它决定管子发热，影响输出功率和通态压降。器件耐压越高，R_{on}越大；随着温度升高，R_{on}逐渐增大，具有正的温度系数，常将多个MOSFET并联使用，可以实现自动均流。

(2)跨导g_m。转移特性曲线的斜率$g_m = di_D / du_{GS}$。在$U_{GS} = U_{GSth}$点附近变化很大，过了此点以后近似常数。

(3)栅极开启电压U_{GSth}。也称阈值电压，在转移特性上为特性曲线与横轴的交点，是使漏极刚开始有电流的栅-源电压。U_{GSth}随结温T_J变化，一般呈负温度系数。

(4)漏极击穿电压U_{BDS}。电力MOSFET的最高工作电压，是为了避免器件进入雪崩区而设的极限参数。在选定工作电压时要依据器件的U_{BDS}，并留有充分的余量。U_{BDS}的大小与漏极PN结的雪崩击穿电压、漏区反偏结耗尽层电场分布等因素有关。U_{BDS}是N^-型漂移区(外延层)电阻率和厚度的函数，而电阻率随温度不同而变化，所以U_{BDS}也随温度而变化，大约结温每升高100℃，U_{BDS}增加10%；结温下降时U_{BDS}也随之而下降。

(5)栅极击穿电压U_{BGS}。二氧化硅绝缘层很薄，栅源电压过高而发生介电击穿，一般将栅源电压的极限值定为±20V。

(6)最大漏极电流I_{DM}。表征电力MOSFET的电流容量，主要受器件沟道宽度的限制。

2. 动态特性与参数

1)开关特性

动态特性主要影响电力MOSFET的开关过程，电力MOSFET驱动电路和输入、输出电压的波形关系如图1-44所示。

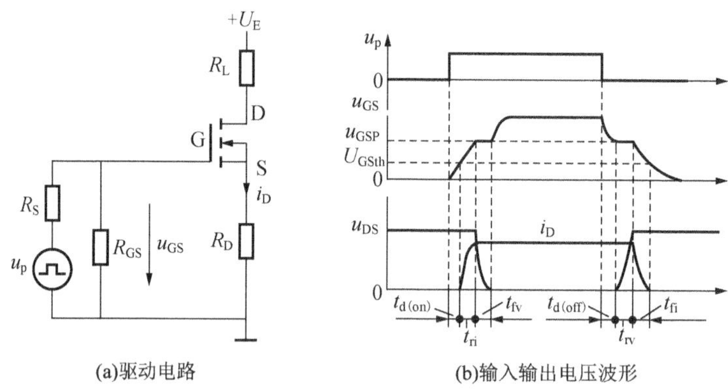

(a)驱动电路　(b)输入输出电压波形

图1-44　电力MOSFET输入输出电压波形

定义开通时间t_{on}为开通延迟时间、电流上升时间及电压下降时间之和，即$t_{on}=t_{d(on)}+t_{ri}+t_{fv}$；关断时间$t_{off}$定义为关断延迟时间、电压上升时间和电流下降时间之和，即$t_{off}=t_{d(off)}+t_{rv}+t_{fi}$。开通时间$t_{on}$与电力MOSFET的开启电压$U_{GSth}$、栅源间电容$C_{GS}$和栅漏间电容$C_{GD}$有关，也受驱动信号源的上升时间和驱动电路内阻$R_S(R_G \approx R_S // R_{GS})$的影响。关断时间$t_{off}$则由电力MOSFET漏源间电容$C_{DS}$和负载电阻$R_D$来决定。

2)动态参数

(1)极间电容。

电力MOSFET的极间电容对开关过程有直接影响，其等效电路如图1-45(a)所示。

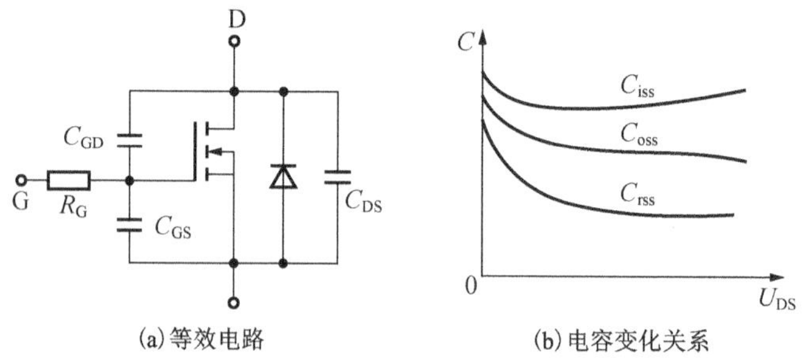

(a)等效电路　(b)电容变化关系

图1-45　电力MOSFET极间电容与U_{DS}的关系

这些电容分为两类。C_{GS}、C_{GD}是由MOS结构形成的，它们的大小决定于几何形状和绝缘层的厚度，其数值很稳定，几乎不随电压和温度变化；C_{DS}则是由PN结形成的，其大小决定于沟道面积和有关结构的反偏宽度，它将会受到电容和温度变化的影响。在应用中常用输入电容C_{iss}、输出电容C_{oss}和反馈电容C_{rss}的概念。电力MOSFET极间电容的关系可表示为

$$\begin{cases} C_{iss} = C_{GS} + C_{GD} \\ C_{oss} = C_{DS} + C_{GD} \\ C_{rss} = C_{GD} \end{cases} \tag{1-16}$$

极间电容与U_{DS}的关系如图 1-45(b)所示，极间电容对 MOSFET 的动态性能影响较大，比如影响 MOSFET 的开通、关断时间等；MOSFET 开关需要的栅极驱动电流虽很小，但在开关过程中也需要对输入电容C_{iss}充放电，仍需要一定的驱动功率；MOSFET 的开关速度和动态损耗与温度关系不大，但和C_{iss}充放电有很大关系，使用者虽无法降低C_{iss}，但可降低R_G减小时间常数，加快开关速度；在 MOSFET 断态期间，寄生电容还容易将U_{DS}耦合到栅极，形成误导通；过大的 du/dt 还容易在寄生电容中产生较大的位移电流，易导致器件损坏；寄生电容与线路或引线电感容易发生振荡。

(2) 漏-源电压上升率$\mathrm{d}u_{DS}/\mathrm{d}t$。

电力 MOSFET 的动态性能还受到漏-源电压变化速度的限制，使电路性能变差或引起器件损坏。①静态$\mathrm{d}u_{DS}/\mathrm{d}t$：在电力 MOSFET 的断态期间，加在 D、S 间的电压可以经过漏栅寄生电容形成U_{GS}，耦合到栅极，此U_{GS}有可能升高到U_{GSth}附近而使器件误导通。可以通过改变栅源间阻抗R_{GS}的大小来避免，特别应防止电力 MOSFET 在使用过程中栅极开路。②二极管恢复期$\mathrm{d}u_{DS}/\mathrm{d}t$：在电力 MOSFET 关断时，$U_{DS}$快速上升，$\mathrm{d}u_{DS}/\mathrm{d}t$ 很大。如图 1-46 所示，寄生二极管 D_b 在反向恢复期间的存储电荷迅速消失，形成反向恢复电流将增大电流密度和电场强度。这种反向电流使寄生晶体管基极里的存储电荷很大，可能在漏极电压连接的地方引起雪崩击穿，像晶体管的二次击穿那样使器件损坏。晶体管的二次击穿是指大功率晶体管因$U_{CE}>U_{(BR)CEO}$发生一次击穿后，若电流不加限制，由于管内结面不均匀、晶格缺陷等原因，在某些薄弱点上电流密度增大，引起这些局部点温度升高，从而使电流密度更大，温度更高，形成正反馈反复，导致局部过热点的晶体熔化，在 C、E 间形成低阻抗通道，导致U_{CE}下降，i_C剧增，最终管子尚未发烫就已损坏，导致不可逆的损坏。主要原因是电流集中(开通时的集边效应和关断时的夹紧效应)和雪崩注入(当集电结电流密度继续增大到临界值时，依照基区扩展理论，集电结空间电荷移向N^-N^+结，N^-N^+结在强电场作用下发生雪崩注入，而导致二次击穿)。③动态$\mathrm{d}u_{DS}/\mathrm{d}t$：电力 MOSFET 关断时，因突然切断电流或极快地升高电压时，会出现动态$\mathrm{d}u_{DS}/\mathrm{d}t$问题。过高的动态$\mathrm{d}u_{DS}/\mathrm{d}t$会导致位移电流$i_{C1}$、$i_{C2}$变大，位移电流过大可能导致器件的误导通。$i_{C1}$变大引发的误导通如下所述：在 MOSFET 的关断时刻，设u_G=0；当u_{DS}上升时，由于密勒效应，C_{GD}中的位移电流i_{C1}将完全流经R_G，并作为正栅压，$u_{GS}=i_{C1}R_G$，而$i_{C1}=C_G\mathrm{d}u_{DG}/\mathrm{d}t=C_{GD}\mathrm{d}(u_{DS}-u_{GS})/\mathrm{d}t\approx C_{GD}\mathrm{d}u_{DS}/\mathrm{d}t$（其中$\mathrm{d}u_{GS}/\mathrm{d}t\ll \mathrm{d}u_{DS}/\mathrm{d}t$）。这个公式表明，$u_{DS}$上升率越高$i_{C1}$越大，当$i_{C1}$在$R_G$上压降超过$U_{Gsth}$时，器件将导通。$\mathrm{d}u_{DS}/\mathrm{d}t$的临界值为$\dfrac{\mathrm{d}u_{DS}}{\mathrm{d}t}\geqslant\dfrac{U_{Gsth}}{R_G C_{GD}}$。为防止器件误导通，首先要避免栅源极处于开路状态工作，且驱动电路应具有低输出阻抗；其次要避免器件在高温运行，因为U_{Gsth}随温度上升而下降。i_{C2}变大引发的误导通如下所述。位移电流$i_{C2}=C_{DS}\mathrm{d}u_{DS}/\mathrm{d}t$，$\mathrm{d}u_{DS}/\mathrm{d}t$越高$i_{C2}$

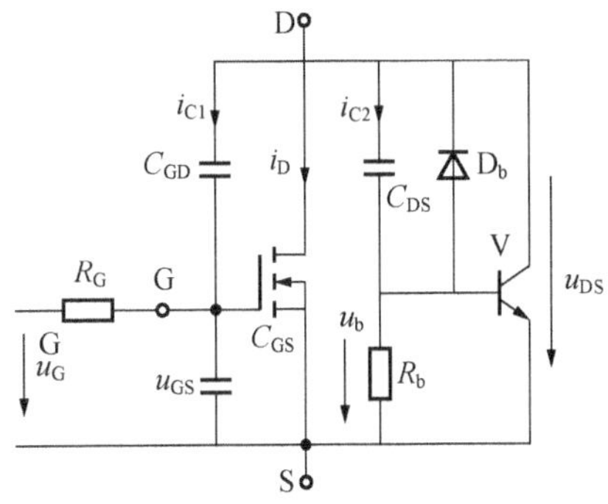

图 1-46　电力 MOSFET 的寄生结构

越大。当它流过沟道体区分布电阻 R_b，并足以使发射极正向导通时（$i_{C2}R_b = C_{DS}R_b du_{DS}/dt$ 大于寄生晶体管 V 的 U_{BE}），寄生晶体管 V 导通，主器件漏源极间流过电流。i_{C2} 引起的误导通所对应的 du_{DS}/dt 临界值为 $\frac{du_{DS}}{dt} \geqslant \frac{U_{BE}}{R_b C_{DS}}$。而且当 u_{DS} 上升到使寄生晶体管 V 的反偏集电结雪崩击穿时，又会导致发射结被误导通，发射区注入基区的电子会在集电结的空间电荷区中加入雪崩倍增过程，雪崩过程中产生的空穴倍增电流又经过 R_b 流入发射极，使基极电位进一步升高，发射结的注入量又进一步增大，形成电流正反馈。器件将会因电流正反馈形成的二次击穿效应而损坏。因此电阻 R_b 一方面决定 du_{DS}/dt，一方面决定寄生晶体管 V 的二次击穿电压。器件设计时必须尽可能减小 R_b 值。R_b 值也与器件耐压和结温有关，耐压越高，R_b 越大；器件结温越高，R_b 也越大。

如果在高速开关时负载的感抗较大，器件容易受到高漏极电压、大漏极电流和寄生电容的位移电流的共同作用，容易导致器件损坏。

3. MOSFET 的安全工作区

安全工作区（Safe Operating Area，SOA）是指电力 MOSFET 在漏极电流 I_D 与漏-源电压 U_{DS} 平面上的一个安全区域。正偏安全工作区（FBSOA）是指器件处于通态下容许的工作范围；反偏安全工作区（RBSOA）是指器件关断时容许的工作范围。

1）正向偏置安全工作区（FBSOA）

正向偏置安全工作区如图 1-47(a) 所示。它是由四条边界线在漏极电流 I_D、漏-源电压 U_{DS} 平面围成的区域。四条边界线分别为最大漏极电压极限线 1（由最大漏极击穿电压决定）、最大漏极电流极限线 2（由最大漏极电流决定）、漏-源导通电阻线 3（由漏-源导通电阻决定）、最大耗散功率线 4（由最大耗散功率决定）。最大耗散功率是由器件的热响应特性、最大允许结温和器件热阻抗决定的，对应不同的工作持续时间有不同的耐量，时间越短，耐量越高。电力 MOSFET 的导通电阻较大，在低压时更大，自身导通损耗也大，因此在低压侧形成了漏-源导通电阻限制线 3。

2）反向偏置安全工作区（RBSOA）

反向偏置安全工作区或称开关安全工作区（SSOA）表示器件阻断工作状态的参数极限范围，也表示器件工作的极限范围，如图 1-47(b) 所示。它由最大漏极电流 I_{DM}、最大漏极击穿电压 U_{BDS} 和最大结温 T_{jM} 决定。

3）转换安全工作区（CSOA）

由于电力 MOSFET 的工作频率较高，常处于不停的开关状态中。CSOA 曲线为电力 MOSFET 寄生二极管反向恢复性能所决定的状态转换安全工作区。如图 1-47(c) 所示，图中 CSOA 也是以电压、电流为轴线，上方被寄生二极管最大正向电流所限制，右方被最大允许重复电压所限制，还受转换速度（di/dt）限制。因电力 MOSFET 的开关频率较高，MOSFET 体内的寄生晶体管会影响 MOSFET 的开关状态的转换。CSOA 的影响因素包括栅-源间阻抗、器件结温以及线路引线电感。①栅-源间电阻 R_{GS} 或寄生电感 L_{GS} 的影响。如果栅-源间电阻 R_{GS} 或寄生电感 L_{GS} 太大，由于二极管反向恢复 dU_{DS}/dt 变化会引起栅-源电压 U_{GS} 的变化，可能会使功率 MOSFET 误导通。有时 U_{GS} 较小虽不能使 MOSFET 饱和导通，但可能使其进入放大状态，延长二极管反向恢复时间，增加反向恢复损耗。但 R_{GS} 过大可使重加峰值电压降低，减少电力 MOSFET 的过电压击穿的可能性。②结温的影响。电力 MOSFET 的漏极击穿电压 U_{BDS}、最大漏极电流 I_{DM} 都受结温影响，因此结温升高会造成 CSOA 的缩小。③线路引线电感的影响。引线电感在二极管的反向恢复过程中会产生较高的感应电压，使器件承受很高的峰值电压。引线电感越大，二极管换向速度越快（di/dt 越大），器件承受的峰值电压越高，CSOA 越小。因此应尽可能减小线路引线电感。

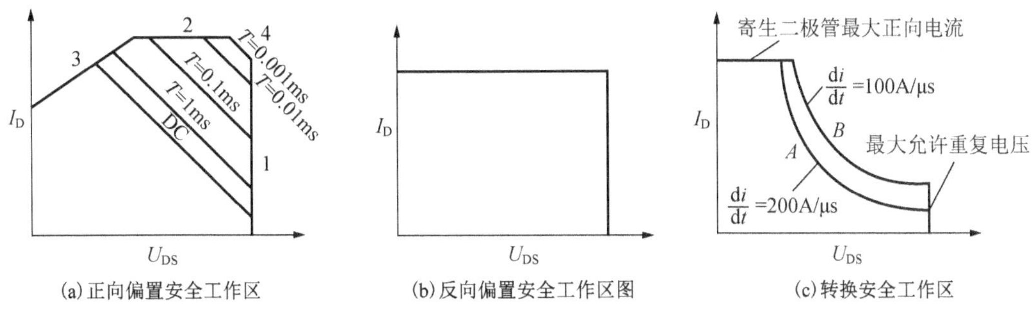

(a) 正向偏置安全工作区　(b) 反向偏置安全工作区图　(c) 转换安全工作区

图 1-47　电力 MOSFET 的安全工作区

1.6.3　电力 MOSFET 使用中的保护措施

1. 防止静电击穿

由于电力 MOSFET 的栅极的 SiO_2 绝缘层很薄，容易被击穿，且电力 MOSFET 输入电容 C_{iss} 较小，静电荷很少就会导致电压升得很高，容易引起静电击穿。造成静电击穿的电荷源可能是器件本身(如 U_{DS} 通过反向转移电容 C_{rss} 耦合到 U_{GS} 或 G、S 间没有电荷泄放路径)；或者是外部带电体，如人体在干燥的环境中，人体表面的电位可能达到数千伏乃至上万伏，是引起电力 MOSFET 静电击穿的主要电荷源之一。

为防止静电击穿需要注意以下几点。①在对 MOSFET 操作时，人体最好戴护腕带，另外一端通过大电阻接地。②注意栅-源间电压不允许超过其极限范围(通常为±20V)。③因电力 MOSFET 输入阻抗很高，难以泄放电荷，通常在器件的栅极外接 10kΩ左右的电阻，也可在栅-源间并联约为 0.5μF 的电容，或再串联一个小电阻来衰减振荡。④在测试和接入电路之前，器件应存放在静电防护包、导电材料或金属容器中，或用铝箔包裹，不要放在塑料盒或塑料袋中，取用时带防静电手套，应拿管壳部分而不是引脚部分。将器件接入电路前，电烙铁和工作台都必须良好接地；测试器件时，测量仪器和工作台都必须良好接地。

2. 防止过电压

防止过电压包括 U_{GS} 和 U_{DS} 的过电压保护，具体措施如下。①U_{GS} 过电压的保护。如果 G、S 间的阻抗过高，则 U_{DS} 的变化会通过反向转移电容 C_{rss} 耦合到栅极 G，可能会产生较高的 U_{GS} 尖峰，通常在 G、S 间并接电阻或并接 15～20V 的稳压管。②U_{DS} 过电压的保护。当器件关断瞬间，较大的 di/dt 会使主电路的分布电感产生很高的电压尖峰，施加在 D、S 两端，容易导致器件损坏，可用缓冲吸收电路等加以抑制。

3. 防止过电流

负载的切换、负载的启动冲击等因素产生的冲击电流会导致 MOSFET 超过最大漏极电流极限值，可以通过电流传感及控制，及时封锁 MOSFET 的驱动信号，从电路中断开。

4. 防止过热

电力 MOSFET 管芯结温过高容易损坏，一般电力 MOSFET 需要安装在散热器上。除了采用散热器外，还可以通过检测结温来设计过热保护电路，当结温超过设定值时，应封锁 MOSFET 驱动信号，也可以通过检测过电流的方式进行保护。

5. 消除寄生二极管影响

电力 MOSFET 无反向阻断能力，在漏-源极间加反向电压时器件导通；在应用时若必须承受反压，则 MOSFET 电路中应串入快速二极管。一般电力 MOSFET 寄生二极管的反向恢复时间较长，对于桥式开关电路需要并联快速恢复二极管。

1.7 绝缘栅双极型晶体管(IGBT)

1.7.1 IGBT 的工作原理与特性

电力 MOSFET 是单极型器件，虽然是电压驱动型，驱动简单、开关频率高，但容量小，通电流能力差，阻断电压也低；巨型晶体管、晶闸管 SCR 等是双极型器件，电流容量大，阻断电压也高，但它是电流驱动型，控制电路复杂，开关频率低，而且电流越大开关频率越低。这始终是一对无法解决的矛盾。二者各有优缺点，因此人们发明了复合型器件，将单极型器件和双极型器件各自的优点结合起来，取长补短，产生了 IGBT、MCT 等新型大功率全控型复合器件，兼有单极型和双极型器件的优点，具有电压驱动型、开关频率较高、容量较大、通态压降较低等优点，达到频率和容量的折中，整体性能更加优越。目前尤以绝缘栅双极型晶体管(IGBT)最为突出。

绝缘栅双极型晶体管(简称 IGBT)是由 MOSFET 和晶体管复合而成的。IGBT 将电力三极管的电导调制效应引入垂直导电结构的电力 MOSFET(VDMOS)的高阻漂移区(N^-区)，大大改善了器件的导通特性，同时它还具有 MOSFET 的栅极高输入阻抗的特点，为电压驱动器件。IGBT 的开通和关断时均具有较宽的安全工作区。IGBT 所能应用的范围基本上替代了传统的功率晶体管，输出特性的放大区曲线比晶体管要平，既可应用在电力电子电路上，也可应用在模拟电路的功率放大上。根据封装形式通常分为单只 IGBT、半桥(两单元)IGBT、单相全桥 IGBT、三相全桥 IGBT 等。

1. IGBT 的工作原理

图 1-48 为 IGBT 的结构剖面图。IGBT 是在电力 MOSFET 的基础上发展起来的，两者结构十分类似，不同之处是 IGBT 多一个 P^+ 层发射极，可以形成双极型器件的电导调制效应，使导通压降下降。通常 IGBT 的最高允许结温为 150℃。

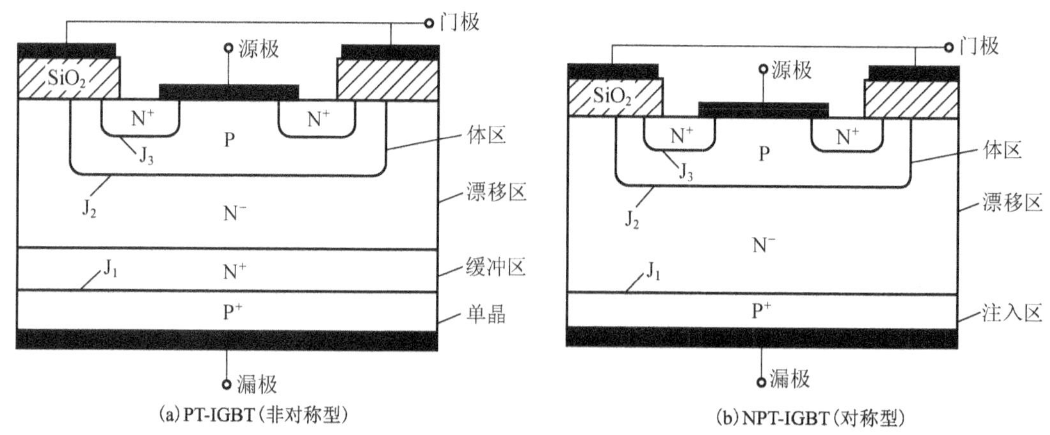

图 1-48　IGBT 的结构剖面图

IGBT与电力MOSFET虽然都属于电压控制型，但因为MOSFET是单极型器件，它的电特性类似于纯电阻。为使 MOSFET 在阻断时能够承受高电压，必须加厚漂移区N^-层，使MOSFET导通电阻变大，因此高耐压的电力MOSFET具有较大的导通电阻，实现大容量很困难。IGBT比电力MOSFET增加了P^+层，当IGBT栅极外加正向电压时，P^+层向N^-漂移区注入空穴，漂移区得到电导调制，从而使IGBT具有较小的通态电阻。因此，IGBT比MOSFET更容易实现高耐压和大容量化。

IGBT 的缓冲区是介于P^+发射区和N^-漂移区之间的N^+层。无缓冲区N^+的称为对称型IGBT，如图 1-48(a)所示，因高阻N^-相对较厚，穿通(是指空间电荷区随着反偏压的升高而展宽到与电极接通时发生的短路现象，往往发生在低掺杂区，因掺杂不均匀而存在局部的更低掺杂区，导致空间电荷区的扩展在这些区域超前，直接与电极接通，使反向电流急剧增大)电压高于雪崩击穿电压，在加阻断电压发生雪崩击穿前不会发生穿通击穿，也称非穿通型IGBT(Non Punch Through-IGBT，NPT-IGBT)。有N^+缓冲区的称为非对称型IGBT，如图1-48(b)所示，因N^-浓度较低而且N^-层较薄，且还有一个N^+缓冲层，所以它的穿通电压低于雪崩击穿电压，在加阻断电压发生穿通前不会发生雪崩击穿，也称穿通型IGBT(PT-IGBT)。

两种IGBT因为结构不同造成其特性亦不同，PT-IGBT由于存在N^+区，其主要优点是通态压降低(N^-可以设计得较薄)但反向阻断能力弱(应用于600V及以下场合)，芯片厚度较厚(P^+层较厚)，散热性差。在高温高频下工作时，拖尾电流随温度升高而明显增大，拖尾时间增长，极易造成应用时上下桥臂直通，通态压降、阈值电压及关断时间等关键参数随温度升高而恶化，参数变化一致性差，安全工作区收缩较大，失效率明显增加。

NPT-IGBT虽然通态压降和通态损耗比PT型略高一些，但优点是具有较大正反向电压阻断能力(N^-层较厚，可应用于600V以上场合)，NPT型厚度较薄(NPT型P^+层采用在轻掺杂N^-型单晶片背面、用P^+离子注入形成集电极，厚度远小于PT-IGBT的P^+层厚度，PT-IGBT的P^+层是单晶结构，是在重掺杂P^+型单晶片上生长外延层N^+区缓冲层和N^-区漂移层)，热量容易从芯片发热区传出，且通态压降是正温度系数，易于并联。在工作温度范围内开关速度相对稳定，关断拖尾电流随温度变化很小。随着技术的进步，采用更精细的线条工艺，使元胞密度大幅度增加，现在NPT型的饱和压降已经与PT型的基本相同。而且NPT-IGBT的生产成本低于PT-IGBT，而且耐压越高，成本相差越大，因此NPT型具有最优的性价比。

IGBT的图形符号如图1-49(b)所示。在本书中，U_{DS}、U_{GS}(延用MOSFET名称)和U_{CE}、U_{GE}(延用巨型晶体管名称)等效。C(D)称为集电极或漏极，E(S)称为发射极或源极，G称为栅极或门极。简化等效电路如图1-49(a)所示。IGBT模块如图1-49(c)所示。IGBT的开通和关断是由门极电压来控制的，门极施以正电压($U_{GE}>U_T$)时，MOSFET内形成N沟道导通，并为PNP晶体管提供基极电流，从而使IGBT导通。在门极上施以负电压时，MOSFET 内的沟道消失，PNP晶体管的基极电流被切断，IGBT关断。但由于N^-漂移区中注入了大量的电子、空穴对，因而漏极电流不会马上为零，会出现一个拖尾时间。在图1-49(a)中，电阻R_{dr}介于PNP晶体管基极和MOSFET漏极之间，代表N^-漂移区电阻，是厚基区GTR的基区扩展电阻；电阻R_{br}为GTR的集电极P区的体区电阻。表1-1是IGBT常见的一些分类。

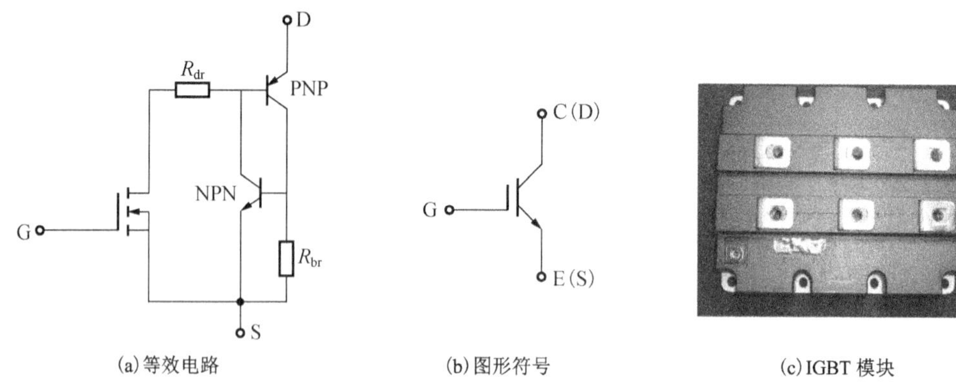

(a)等效电路　(b)图形符号　(c)IGBT 模块

图 1-49　IGBT 的简化等效电路与图形符号

表 1-1　IGBT 的一些分类

种类	说　明
低功率 IGBT	一般用于微波炉、电子整流器、电磁炉、照相机、洗衣机等产品
沟槽结构 U-IGBT	U-IGBT 是硅片正面上刻许多浅而密的沟槽，芯片元胞内形成沟槽式栅极。该类型的 IGBT 具有可缩小元胞尺寸、减小沟道电阻、提高电流密度的优点，可以使导通电阻明显变小。该类型 IGBT 可用于低电压驱动、表面贴装场合。缺点是短路电流过大，承受短路能力低一些；栅极电容也大一些，影响开关速度；技术上实现表面光滑的槽壁比较困难，不光滑的表面会影响击穿电压
电子注入增强型栅极晶体管 IEGT	分为沟槽栅 IEGT 和平面栅 IEGT。沟槽栅 IEGT 是从沟槽型 Trench-IGBT 派生而来的，但采用窄而深的沟槽栅，沟道密度大大增加；p^+ 发射极为浅结，N^- 漂移区较厚；只有部分 P 基区与发射极相连，其余的 P 基区仅与沟道相连，使 p^+ 区注入 N^- 区的空穴在 N^- 区堆积，N^- 区为保持电中性，迫使 N^+ 发射区的电子注入增强，产生注入增强(IE)效应，使 N^- 区受到强烈的电导调制效应，导通电阻大大降低。平面栅 IEGT 的栅极宽度很宽，也可引起 N^- 高阻层的 IE 效应，使 IEGT 具有与 GTO 相当的低通态压降
穿通型 PT-IGBT	PT-IGBT 是穿通型结构的 IGBT，该类型的 N^- 和 p^+ 区间存在一个高扩浓度的 N^+ 缓冲层，这是与 NPT-IGBT 结构的基本区别所在
非穿通型 NPT-IGBT	NPT-IGBT 采用薄硅片技术，离子注入发射区代替高复杂、高成本的厚层高阻外延，无 N^+ 缓冲层，具有高速、低损耗、正温度系数、无锁定效应等特点。NPT-IGBT 是 IGBT 的发展方向
场终止 FS-IGBT	相对于 NPT 型，在 N^- 漂移区和 p^+ 区引入一层更薄的 N^- 场终止层，作用是在关断状态下把电场降低到零值。与 NPT-IGBT 有同样的击穿电压；导通电阻更小；导通时存储的过剩载流子总量减小，关断时间缩短，关断损耗小。各厂家名称不同，如 FS-IGBT、软穿通 SP-IGBT、薄片 PT-IGBT 等
硅片直接键合 SDB-IGBT	该类型 IGBT 是利用硅片直接键合技术将一块 p^{+-} 硅片和一块 N^- 硅片在高温高压下直接键合得到集电极侧的 PN 结，不用外延即可获得与 PT-IGBT 相似的浓度结构，制作出高速 IGBT 及模块系列产品，特点为高速、低饱和压降、低拖尾电流、正温度系数、易于并联。分为 UF、RUF 两大系统
快超速 IGBT	该类型 IGBT 可以减少 IGBT 的拖尾效应，使其能快速关断，该类型 IGBT 可在电机控制、大功率电源变换器中应用
快速恢复二极管 IGBT/FRD 结合型	IGBT/FRD(快速恢复二极管)有效结合，将转换状态的损耗减少，可用于电机驱动和功率转换中，便于器件并联，在多芯片模块中实现更平均的温度，提高整体可靠性
IGBT 功率模块	该类型 IGBT 一般采用集成电路驱动，具体包括复合功率模块、智能功率模块 IPM、电力电子积木 PEBB、电力模块 IPEM
RC-IGBT	逆导型，有续流二极管，可以反向导通的 IGBT
RB-IGBT	逆阻型，具有反向阻断能力的 IGBT
IGBT 单管	一般单管 IGBT 模块的额定电流比较大，而且具有多个 IGBT 芯片和快恢复二极管(FRD)芯片在模块内部并联而成的特点

续表

种类	说　明
IGBT 模块	具有半桥 IGBT 模块(即 2 单元模块，可构成 1 相)、高端模块、低端模块、智能模块
IPM 模块	IGBT 与外围电路内置成的一块功率模块 IPM。IPM 一般具有栅极驱动、内置驱动电路、内置保护电路(过流保护)、短路保护(SC)、控制电源欠压保护(UV)、过热保护(OH)及报警输出(ALM 均为内置)等功能。IPM 具有四种封装形式：单管封装、双管封装、六管封装和七管封装
N-IGBT	MOS 管为 N 沟道的 IGBT
P-IGBT	MOS 管为 P 沟道的 IGBT

2. 基本特性

1)静态特性

IGBT 的静态特性包括伏安特性、饱和电压特性、转移特性和反向二极管的正向特性。

图 1-50(a)为 N 沟道 IGBT 的伏安特性曲线示意图，表示器件的端电压U_{CE}与电流I_C的关系。由图可知，IGBT 的伏安特性与 GTR 基本相似，不同之处是，控制参数是门源电压U_{GE}，而不是基极电流。伏安特性分饱和区(Ⅰ)、放大区(Ⅱ)、击穿区(Ⅲ)和正向阻断区(Ⅳ)。当U_{GE}小于$U_{GE(th)}$，且U_{CE}为正时，在正向阻断区一般存在一个I_{CES}，该I_{CES}随着U_{CE}的增大略有增大，当U_{CE}达到一定的数值($U_{(BR)CES}$)，IGBT 会出现击穿。当U_{GE}大于$U_{GE(th)}$时，IGBT 导通，此时的输出电流由门源电压U_{GE}控制，U_{GE}越大，输出电流I_C越大。由图 1-48(a)看出，当 IGBT 关断后，J_2结阻断正向电压；反向阻断电压由J_1结承担。对于 NPT-IGBT，无N^+缓冲区，正、反向阻断电压可以做到同样水平。对于 PT-IGBT，加入N^+缓冲区后，伏安特性中的反向阻断电压只能达到几十伏，因此，NPT-IGBT 具有正、反向阻断电压的能力，而 PT-IGBT 几乎没有反向阻断能力，限制了 IGBT 在需要阻断反向电压场合的应用。

如图 1-50(b)所示，IGBT 内部通常带有反并联二极管，可在逆变电路中续流。

图 1-50(c)为 IGBT 的饱和输出特性，IGBT 在饱和区的电流较大，饱和导通输出越高，而且门极电压U_{GE}越小，越容易从饱和区进入到放大区。与电力 MOSFET 相比，IGBT 具有电导调制效应，通态压降要小得多，通常 IGBT 有 2～5V 的通态压降，饱和电流越大，通态压降越高。

IGBT 通态电压为$U_{CE(on)}=U_{J1}+U_{dr}+I_C R_{on}$，其中，$U_{J1}$为$J_1$结的正向电压，$U_{J1}$=0.7～1V；$U_{dr}$为扩展电阻$R_{dr}$上的压降；$R_{on}$为 P 体区的等效导通电阻，也称沟道欧姆电阻。

通常 IGBT 的通态电流I_C由 MOSFET 的电流I_{MOS}和P^+NP中的电流I_{BJT}两部分构成。在高压 IGBT 中，内部结构决定了I_{MOS}要大于I_{BJT}。

图 1-50(d)为通态电压与温度的关系。因为 IGBT 中 MOSFET 部分的压降是正温度系数，而 PNP 晶体管部分的压降是负温度系数，两者相结合使 IGBT 的通态压降$U_{CE(on)}$随温度变化较小，具有良好的温度特性。对于 FZ600R65KF1 型 IGBT，通态电压的温度系数为正，与 MOSFET 类似，易于并联。

通常 NPT-IGBT 中无电导调制的 MOS 占支配地位，由于 MOS 的作用，使它具有饱和压降正温度系数，因此 NPT-IGBT 具有类 MOSFET 的特性；而 PT-IGBT 中是以 MOS 控制的双极型为主导，由于双极型具有饱和压降负温度系数，因此 PT-IGBT 具有类双极型特性。

图 1-50(e)为转移特性曲线，即I_C与U_{GE}的关系曲线。与功率 MOSFET 的转移特性相似。当门源电压U_{GE}小于开启电压$U_{GE(th)}$时，IGBT 处于关断状态。当门源电压U_{GE}大于开启电压

$U_{GE(th)}$时，IGBT 即开通。加在U_{GE}的最高电压由流过集电极的最大电流限定。一般门源电压的最佳值可取15V 左右。门极开启电压 $U_{GE(th)}$随温度的增加而减小。

图 1-50(f) 为 IGBT 反并联续流二极管的正向特性。二极管压降在小电流时为负温度特性，大电流时为正温度特性。

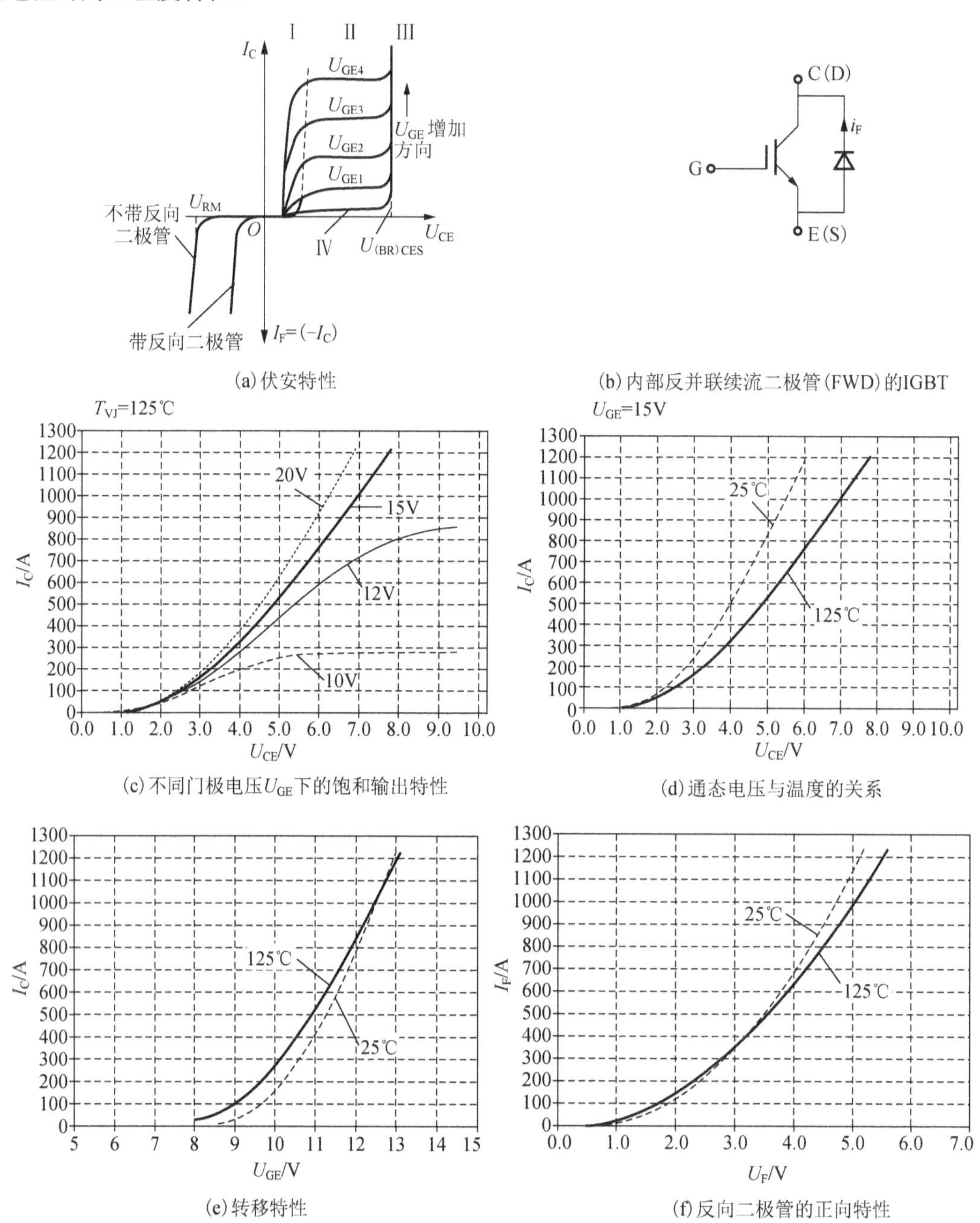

图 1-50　动车组 CRH$_5$ 变流器的 Eupec 的 FZ600R65KF1 的输出特性与转移特性

2) 动态特性

IGBT 的动态特性包括开通过程和关断过程两个方面。

IGBT 开通瞬间的电流、电压波形如图 1-51 所示，U_{GE} 为门源电压。图中 $t_{d(on)}$ 为开通延迟时间，t_{ri} 为电流上升时间，t_{fv1} 为 IGBT 中 MOSFET 单独工作时的电压下降时间，t_{fv2} 段曲线为 MOSFET 和 PNP 管两个器件同时工作时的电压下降时间。t_{fv2} 时间较长是因为 t_{fv1} 后期(与 MOSFET 类似)，反馈电容 C_{GD} 和输出电容 C_{oss} 都变大，使电压下降时间变长，而且 PNP 晶体管从放大状态转为饱和状态要有一个过程，在 t_{fv2} 曲线的末尾才进入饱和阶段。在 U_{GE} 的波形图中，从 $t_{d(on)}$ 开始到 t_{ri} 结束阶段，门源电压按指数规律增加。如图 1-51 所示，在从 t_{ri} 末尾至 t_{fv2} 结束这段时间内，$U_{GE}(t)$ 下降，导致 C_{GC} 有充电电流，根据 C_{GC} 的密勒效应(见 1.9.3 节)导致输入电容 $C_{iss}=C_{GE}+C_{GC}$ 变大，使 U_{GE} 在这段时间基本保持不变，所以 U_{GE} 出现一个平台，称为密勒平台。当 IGBT 完全导通后，驱动结束，$U_{GE}(t)$ 又重新按指数规律上升但趋势较缓，最终达到 V_{GG+} 值。

IGBT 的关断电流、电压波形如图 1-52 所示。$t_{d(off)}$ 为关断的延迟时间；t_{rv} 为电压 U_{CE} 的上升时间；t_{fi1} 为 MOSFET 决定的电流下降时间，时间较短；t_{fi2} 为由 PNP 晶体管中存储电荷决定的电流下降时间，在 t_{fi1} 末尾 MOSFET 已关断，IGBT 又无反向电压，体内的存储电荷难以被迅速消除，因此 t_{fi2} 时间较长。通常 t_{fi} 远大于 t_{rv}。通常 NPT-IGBT 中无 N^+ 层缓冲区，下降时间较短。反之，PT-IGBT 下降时间则较长。

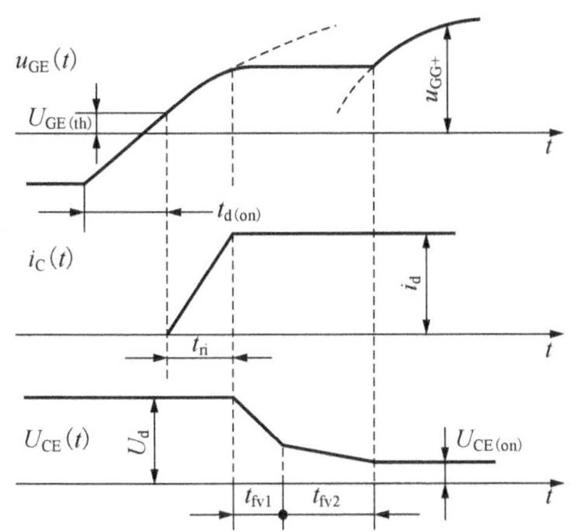

图 1-51　开通时 IGBT 的电流、电压波形

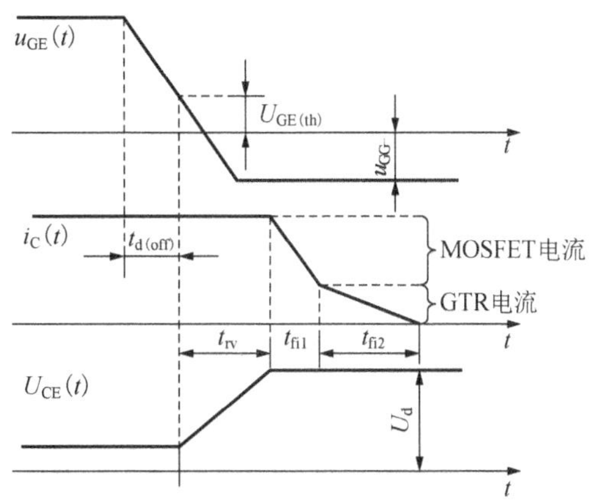

图 1-52　关断时 IGBT 的电流、电压波形

实际通常用集电极电流的动态波形来确定 IGBT 的开关时间。集电极电流的开通时间和上升时间分别用 t_{on} 和 t_r 表示，$t_{on}=t_{d(on)}+t_{ri}+t_r$，上升时间 $t_r=t_{fv1}+t_{fv2}$；集电极电流的关断时间和下降时间分别用 t_{off} 和 t_f 表示，关断时间 $t_{off}=t_{d(off)}+t_{rv}+t_f$，下降时间为 $t_f=t_{fi1}+t_{fi2}$。

IGBT 的开关时间与集电极电流、门极电阻及结温等参数有关。图 1-53 为某种型号 IGBT 的开关时间与集电极电流、门极电阻的关系曲线，随着集电极电流和门极电阻的增加，开通时间 t_{on}、上升时间 t_r、关断时间 t_{off}、下降时间 t_f 都趋向增加，尤以门极电阻 R_G 对开关时间的影响更大。

开关时间的延长会导致开关损耗增加。图 1-54 为 IGBT 的开关损耗与电流的关系曲线，开关损耗包括开通损耗 E_{on}、关断损耗 E_{off} 和反并联二极管的反向恢复损耗 E_{rr}。此外，开关损耗与温度有关，IGBT 的开关损耗随温度上升而增加。

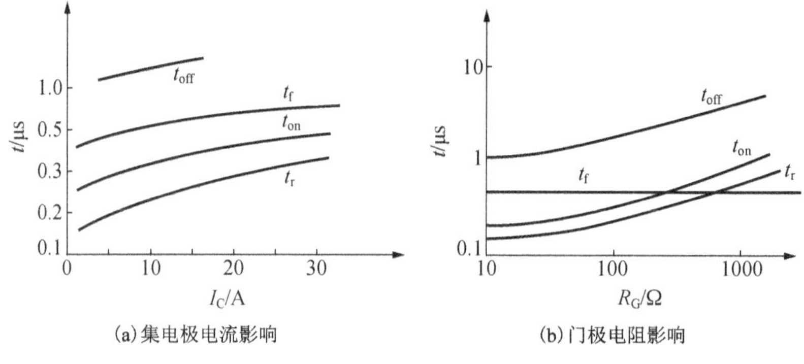

图 1-53　开关时间与 I_C、R_G 的关系曲线示意图

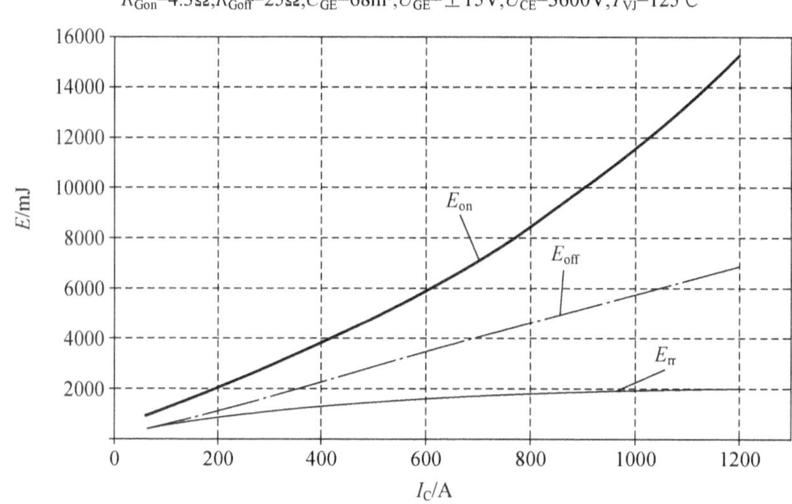

图 1-54　Eupec 的 FZ600R65KF1 的开关损耗

3) IGBT 的结电容特性

如图 1-55(a)所示，IGBT 的各个电极之间都有一定的寄生电容存在，C_{ies} 是指栅极 G 与发射极 E 之间的输入电容，$C_{ies}=C_{GE}+C_{GC}$；C_{oes} 是指集电极 C 与发射极 E 之间的输出电容，$C_{oes}=C_{CE}+C_{GC}$；C_{res} 是指集电极 C 与栅极 G 之间的反向传输电容，$C_{res}=C_{GC}$。这些电容的大小对驱动电路和缓冲电路的设计及 IGBT 开关特性都非常重要。

图 1-55(b)为 IGBT 结电容与 U_{CE} 的关系示意图，与 MOSFET 结电容类似，U_{CE} 越小，结电容越大。

图 1-55(c)为某型号 IGBT 结电容与驱动电阻 R_G 的关系，随着驱动电阻的增加，IGBT 的等效寄生电容有减小的趋势。

图 1-55(d)为在一定的工作条件下，栅极充电电量 Q_G 与栅极驱动电压之间的关系。IGBT 的输入电容为 $C_{ies}=C_{GE}+C_{GC}$，当在 IGBT 的 G 与 E 之间加正向电压后，驱动电路开始对 C_{GE} 充电，电压 U_{GE} 上升，因 C_{GE} 较小，U_{GE} 上升较快。U_{GE} 一旦达到门槛电压，IGBT 就开始导通。IGBT 开通以后，U_{CE} 迅速下降，开始给 C_{GC} 电容充电，C_{GC} 开始有充电电流。当 U_{GE} 到达一定值后，因为密勒效应的存在，输入电容 C_{ies} 增加，栅极驱动电压将有一段时间上升很缓慢，出现一段密勒平台。直到充电电量 Q_G 达到某个幅值后，U_{GE} 才继续随着充电电量 Q_G 的

增加而上升，直到达到驱动电路的正向驱动电压 U_{GE+}，IGBT 栅极驱动充电过程结束。这时栅极充电电量 Q_G 表示开通 IGBT 所需要的电荷量，是设计 IGBT 驱动电路时的重要参数。在设计栅极驱动时，通常不以输入电容 C_{ies} 为设计参数，而以栅极电荷 Q_G 为设计依据。

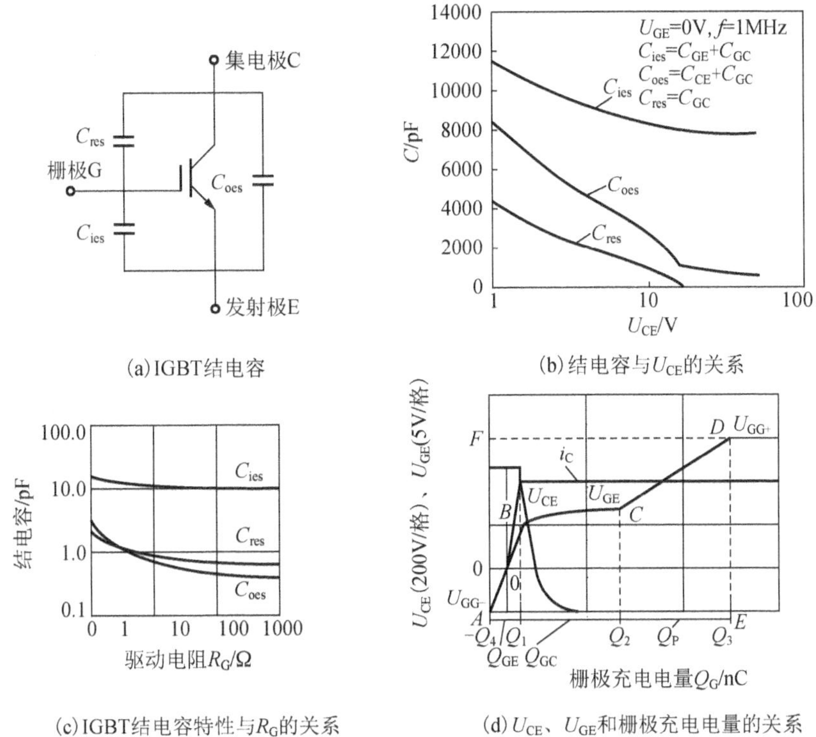

图 1-55 IGBT 结电容示意图

开关过程中栅极时间常数 $\tau_i = R_G \cdot C_{iss}$ 是影响开关速度的重要参数，而 τ_i 与器件极间电容有关，因输入电容值与 U_{CE} 有关(见图 1-55(b))，故 τ_i 在开关过程时为变值，因而给开关时间的计算带来很大的麻烦。为方便设计，生产厂家在器件手册中给出了 IGBT、MOSFET 等电压驱动型器件的栅极电荷特性，利用它计算开关速度和设计驱动电路比电容值方便得多。一般是在 $i_G \equiv I_G$ 和 $i_C \equiv I_0$ 条件下测得。由于 $i_G \equiv I_G$，u_{GE} 与栅荷 Q_G 之间的关系等同于图 1-51 中 u_{GE} 与时间 t 的关系曲线。图 1-55(d) 中，A 点为关断时的栅极工作点，D 点为导通时的栅极工作点，电荷 Q_{GE} 是器件由关断到导通并使电流 i_C 升至 I_0 所需的电荷可对比图 1-51；Q_{GC} 是器件端压 U_{CE} 由 U_d 下降为 0 所对应的电荷，而 Q_P 是 u_{GE} 由 C 点对应的 U_{GE0} 上升至 U_{GG+} 的附加电荷。栅极总充电电量为 $Q_G=Q_{GE}+Q_{GC}+Q_P$。

面积 $ABCDEA$ 为器件输入电容 C_{ies} 在开通时存储的能量，这部分能量将在关断时消耗在门极驱动电阻 R_G 上；面积 $ABCDFA$ 则表示开通时消耗在门极驱动电阻 R_G 上的能量（$u_{RG} = i_G \cdot R_G = U_{GG+} - u_{GE}$，其中 $u_{GE} \in U_{GG-} \sim U_{GG+}$）。于是面积 $AEDFA$ 代表一个开关周期所消耗的能量。$P_G = (U_{GG+} + U_{GG-})(Q_3 + Q_4) f_S$。设 $U_{GG+} + U_{GG-}$ =20V，$Q_3 + Q_4$ =30nC，f_S=100kHz，则 $P_G = 50\text{mW}$，平均功耗很小。

4) IGBT 的擎住效应

IGBT 的擎住效应是由内部结构决定的。分为静态擎住效应(通态时产生)和动态擎住效应(关断时产生)，由此决定了 IGBT 的安全工作区。

(1) 静态擎住效应。由图 1-48 和图 1-49 可知，IGBT 复合器件内有一个寄生 NPN^+ 晶体管，NPN^+ 和 PNP 晶体管构成一个寄生晶闸管，并且在基极与发射极之间并有一个体内电阻 R_{br}，P 型体区的电流会产生一定压降，成为施加在 J_3 结上的正偏置电压。当集电极电流 i_C 大到一定程度时，这个正偏置电压足以使 NPN^+ 晶体管导通，此时，NPN^+ 和 PNP 晶体管处于饱和状态，寄生晶闸管开通，此时门极失去控制作用，难以通过关断 MOSFET 来关断 PNP 晶体管，这就是静态擎住效应。因此，集电极电流有一个临界值 I_{CM}，连续值超过临界值 I_{CM} 时会产生静态擎住效应，损耗过大会导致器件损坏。器件制造厂必须规定并且尽可能提高集电极电流的最大值 I_{CM}。

(2) 动态擎住效应。在 IGBT 的关断过程中，U_{CE} 快速上升，$\mathrm{d}U_{CE}/\mathrm{d}t$ 越大，在 J_2 结引起的位移电流 $C_{J2}\mathrm{d}U_{CE}/\mathrm{d}t$ 也越大，电流从 C 端流向 E 端，当电流流过体区电阻 R_{br} 且 $\mathrm{d}U_{CE}/\mathrm{d}t$ 很大时，可产生足以使 NPN^+ 晶体管开通的正向偏置电压，产生擎住效应。

为避免 IGBT 发生静态、动态擎住现象而烧坏 IGBT，设计电路时应保证 IGBT 中电流不超过 I_{CM} 值；或者用加大门极电阻 R_G 的办法延长 IGBT 的关断时间，减小重加 $\mathrm{d}U_{CE}/\mathrm{d}t$。

5) IGBT 的安全工作区

IGBT 的安全工作区是指在不损坏 IGBT 的前提下，器件在开通或关断时，集电极电流 I_C 和集电极-发射极电压 U_{CE} 所围成的区域。与 MOSFET 相比，IGBT 导通时的正向工作区和关断时的反向工作区都大很多。

(1) 正向偏置安全工作区(Forward-Bias SOA，FBSOA)。FBSOA 是 IGBT 通态时的安全工作区。如图 1-56(a)所示，由最大集电极电流 I_{CM}(包括额定直流电流 I_C 和 1ms 脉宽最大电流 I_{cp})、最大集电极-发射极电压 U_{CEM}(U_{CES})和最大集电极功耗 P_{CM}(正常工作温度下允许的最大功耗)三条边界极限包围而成。最大集电极电流 I_{CM} 是由避免 IGBT 发生擎住效应所限制，动态擎住效应比静态擎住效应所允许的集电极电流还要小，因此所允许的最大集电极电流 I_{CM} 实际上是根据动态擎住效应确定的；最大集电极-发射极电压 U_{CEM} 是由 IGBT 中 PN 结 J_2 能承受的击穿电压所限制的；最大功耗 P_{CM} 则是由最高允许结温决定的。器件导通时间越长，发热越严重，安全工作区则减小。直流工作导通时间最长，安全工作区最小。

最大门极电压 U_{GEM} 一般不超过 15V，防止 SiO_2 绝缘层击穿，并限制集电极电流 I_C 不超过 IGBT 允许的最大集电极电流 I_{CM}。当 IGBT 发生短路故障时，将从饱和状态进入放大状态，此时 I_C 基本恒定，应尽快关断 IGBT，避免过热导致器件损坏。只要 $U_{GE} < U_{GEM}$，当门源电压 U_{GE} 在 10～15V 内工作时，集电极电流可在 5～10μs 内超过额定电流的 4～10 倍，此时仍能用反向偏置的 U_{GE} 进行关断。如果 $U_{GE} > U_{GEM}$，I_C 超过此极限，IGBT 容易损坏。

(2) 反向偏置安全工作区(Reverse-Bias SOA，RBSOA)。FBSOA 表示驱动电压为零或负值时，器件关断瞬态的限制区域。如图 1-56(b)所示，其是由最大集电极电流 I_{CM}、最大集电极-发射极电压 U_{CEM} 和允许的最大集电极-发射极电压上升率 $\mathrm{d}U_{CE}/\mathrm{d}t$ 确定。当 $\mathrm{d}U_{CE}/\mathrm{d}t$ 增加时，易产生动态擎住效应，RBSOA 减小，应适当选择门源电压和门极驱动电阻。

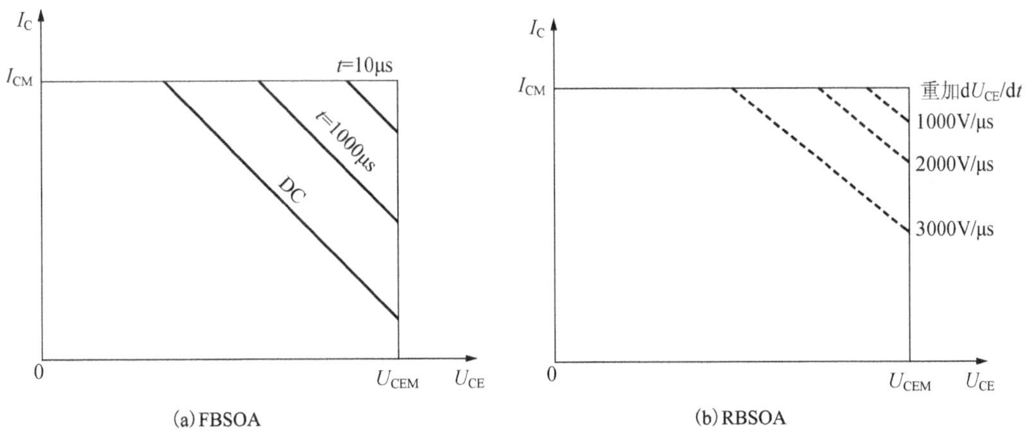

(a) FBSOA　　(b) RBSOA

图 1-56　IGBT 的安全工作区

1.7.2　IGBT 的门极驱动

1. 驱动条件

IGBT 的门极驱动条件是指门极电路的正偏压 U_{GE}、负偏压 $-U_{GE}$ 和门极电阻 R_G 的大小，与静态和动态特性密切相关。门极正电压 U_{GE} 对 IGBT 开通特性（t_{on}、E_{on}）、负载短路能力和 dU_{CE}/dt 电流有较大影响；负偏压 $-U_{GE}$ 影响关断特性；门极电阻 R_G 对开关特性（t_{on}、t_{off}、E_{on}、E_{off}）和 dU_{CE}/dt 电流影响较大。在门极驱动电路设计中，必须注意这些参数对开通特性、负载短路能力和由 dU_{CE}/dt 电流引起的误触发的影响。门极驱动电路如图 1-57(a) 所示。

1) 正偏电压 U_{GE} 的影响

如图 1-57(b) 所示，当 U_{GE} 增加时，通态压降 U_{CE} 下降，通常选择 U_{GE} 为 15V 较为合理，通态电压 U_{CE} 接近饱和值，是 IGBT 的最佳工作点。此外，IGBT 的 I_C 增加，U_{CE} 也增加。

如图 1-57(c) 所示，因为 U_{GE} 增加时，因开通时间 t_{on} 缩短，开通损耗 E_{on} 也减小。

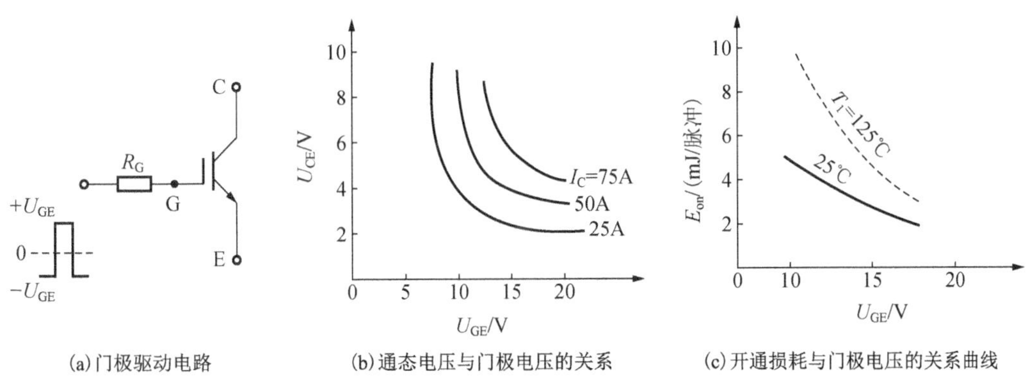

(a) 门极驱动电路　　(b) 通态电压与门极电压的关系　　(c) 开通损耗与门极电压的关系曲线

图 1-57　通态电压与门极电压的关系曲线

U_{GE} 的增加虽然对减小通态电压 U_{CE} 和开通损耗 E_{on} 有利，但会使负载短路能力降低，dU_{CE}/dt 电流增加，而且 U_{GE} 过大容易使 I_C 超出 IGBT 的最大集电极电流 I_{CM}。

2) 负偏电压 $-U_{GE}$ 的影响

负偏电压 $-U_{GE}$ 是很重要的门极驱动条件，图 1-58(a)为实验电路示意图，T_2 关断，T_1 周期性地开通、关断。当 T_1 开通时，电流流过负载，电感储能；当 T_1 关断时，电感 L_0 经过二极管 D_2 续流，T_2 压降近似为 0。当 T_1 再次开通时，电感 L_0 再次充电，二极管 D_2 因承受反压而迅速关断，而 T_2 就会有很高的电压上升率 dU_{CE}/dt。过高的 dU_{CE}/dt 会在 T_2 产生较大的位移电流，使 G、E 间的电压上升，并可能超过 IGBT 的门极阈值电压，产生一个较大的集电极脉冲浪涌电流，过大的浪涌电流会使 IGBT 容易发生不可控的擎住现象。通过在 T_2 门极加反向偏置电压，可减小浪涌电流，避免 IGBT 误触发。

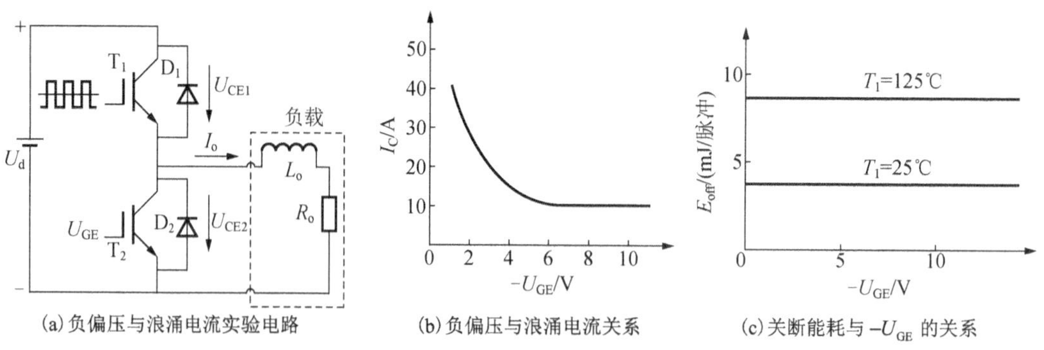

(a) 负偏压与浪涌电流实验电路　(b) 负偏压与浪涌电流关系　(c) 关断能耗与 $-U_{GE}$ 的关系

图 1-58　集电极浪涌电流及关断能耗与 $-U_{GE}$ 的关系

图 1-58(b)为某种型号 IGBT 的负偏压与 dU_{CE}/dt 产生的浪涌电流的关系，负偏置电压越负，浪涌电流越小，U_{GE} 应为−5V 或幅值更大。

如图 1-58(c)所示，关断能耗 E_{off} 随 $-U_{GE}$ 的增加变化较小。

3) 门极电阻 R_G 的影响

图 1-59 为 E_{on} 与 E_{off} 和门极电阻 R_G 的关系。当门极电阻 R_G 增加时，IGBT 的开通时间 t_{on} 与关断时间 t_{off} 增加，开通能耗 E_{on} 和关断能耗 E_{off} 也增加。因此 R_G 要小。

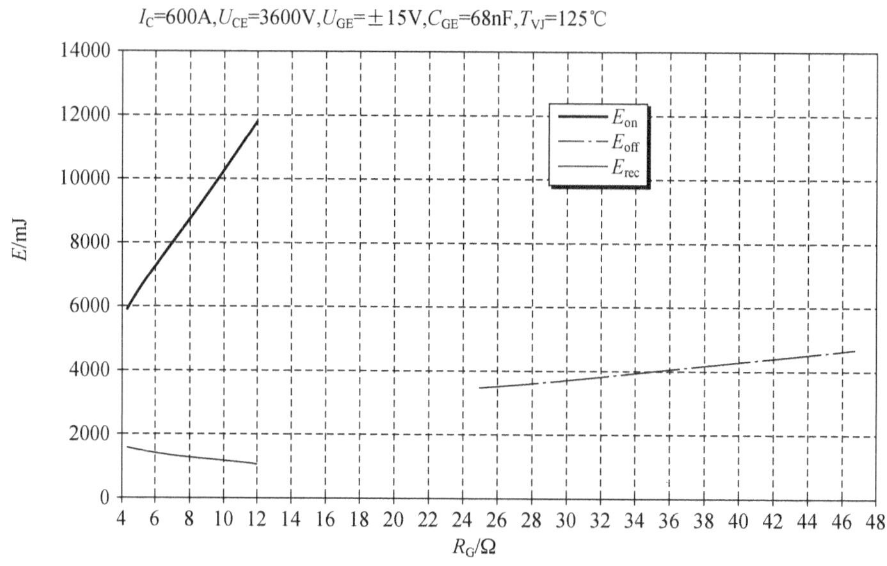

图 1-59　Eupec 的 FZ600R65KF1 的损耗 E 与 R_G 的关系

如图 1-60 所示，当 R_G 减小时，开关时集电极电流变化率 di_C/dt 增大，因线路存在电感，使关断时容易产生电压尖峰，特别是短路保护时，电压尖峰更大，这又会引起 IGBT 的误导通或击穿损坏，同时电阻 R_G 上的损耗也增加。

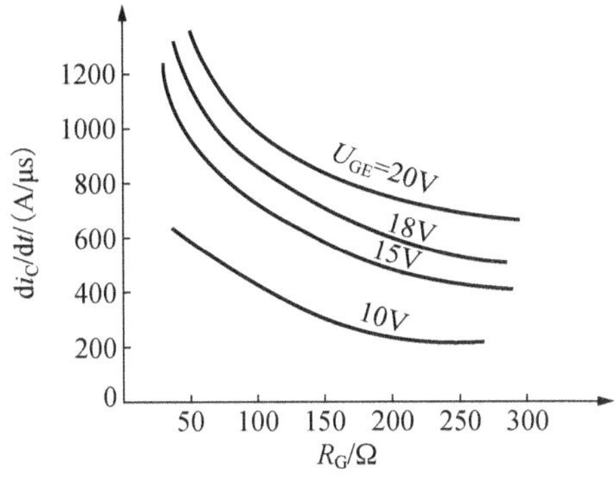

图 1-60　di_C/dt 与 R_G 的关系示意图

R_G 的选择原则是，在开关损耗不太大的情况下，应选用较大的门极电阻 R_G。通常 R_G 以几欧姆至几十欧姆为宜。还要根据 IGBT 的电流容量和额定电压及开关频率综合考虑。

2. 驱动电路

1) 基本驱动电路

为了使 IGBT 能够可靠地工作，要求 IGBT 的驱动电路采用正负偏压双电源的工作方式。驱动电路要接在 IGBT 的辅助发射极端子上；正确放置或屏蔽门极驱动电路，防止功率电路和控制电路之间的耦合。图 1-61 所示为 CRH_1 的 IGBT 门极驱动板，驱动电路和控制电路要电气隔离，比如通过光纤隔离；驱动电路和 IGBT 门极相连时，应使用双绞线连接，门极和发射极的引线应尽量短，尽可能地把驱动电路包围的面积减到最小，将驱动电路的输出和 IGBT 之间的寄生电感减至最低；用于栅极保护的钳位元件要尽量靠近 G-E 极。

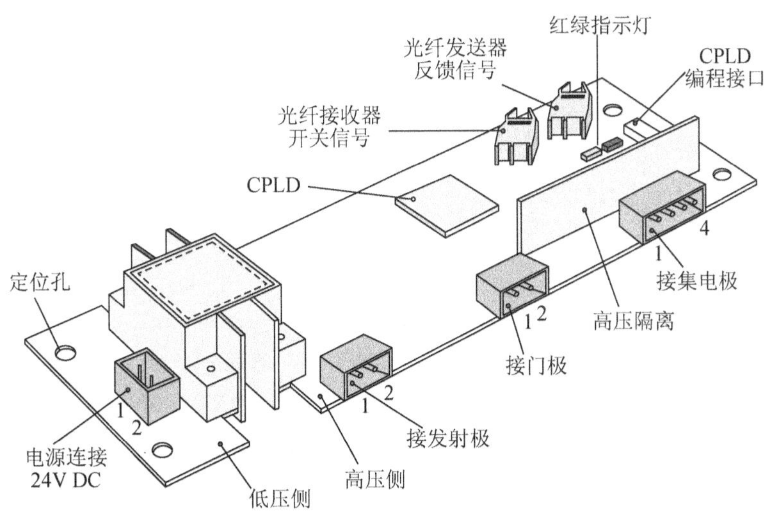

图 1-61　CRH_1 的 IGBT 门极驱动板（GDU）

IGBT 有多种基本门极驱动方式。图 1-62(a)为直接驱动，通常在 G、E 端并联一个阻尼网络来抑制输入信号的振荡，通常由 1Ω的电阻和 0.33μF 电容器组成阻尼滤波器来滤除高频尖峰干扰，而在双绞线比较长，自感较大时，可在 IGBT 输入端串一只 1Ω的门极电阻来衰减振荡。图 1-62(b)为采用光电隔离的方法，使控制电路与门极驱动电路进行隔离。光电隔离通常包括光耦和光纤等。应采用抗噪声能力强，信号传输时间短的光耦合器件。输出级采用互补电路降低驱动源的内阻，并加速 IGBT 的关断过程。图 1-62(c)为脉冲变压器隔离驱动电路，属于电磁隔离。变压器 T 隔离耦合后经稳压管 VS_1、VS_2 限幅后驱动 IGBT。隔离变压器的优点是工作频率较高，可达 100kHz 左右，而且驱动不需要专门的直流电源，简化了电源结构。缺点是由于漏感和集肤效应的存在，绕组的绕制工艺复杂，易于出现振荡。

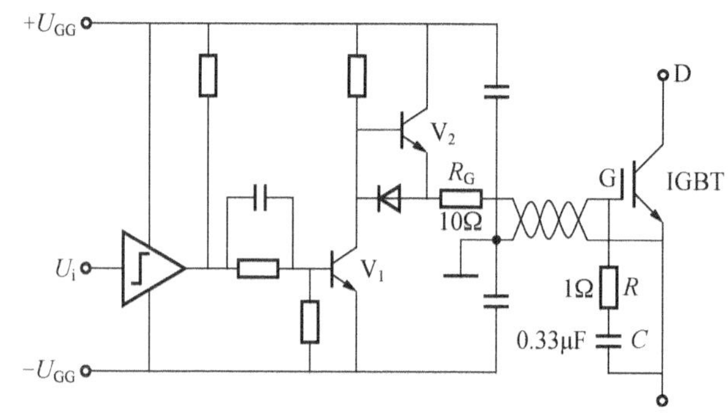

(a)直接驱动(阻尼滤波)

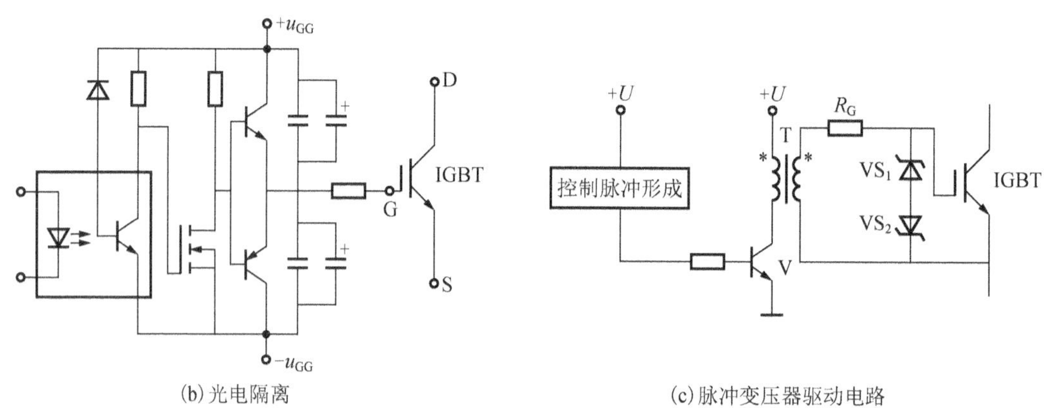

(b)光电隔离　　(c)脉冲变压器驱动电路

图 1-62　IGBT 门极基本驱动电路

2)IGBT 专用驱动模块

专用驱动电路具有抗干扰能力强、集成化程度高、速度快、保护功能完善可靠、使用简单方便等优点。比较典型的有日本富士公司的 EXB 系列(EXB840/841、EXB850/851)、美国摩托罗拉的 MPD 系列(MPD1205)、三菱电器公司的 M57 系列(M57962L)、三社电机公司的 GH 系列(GH038/039)、Unitrode 公司的 UC37 系列(UC3726/3727)以及国产的 HL 系列(HL402)、德国 IXYS 公司的 SKH 系列(SKH121/122)、美国 IR 公司生产的 IR 系列(IR2130)，以及国产的 HL 系列(HL402)等。

其中，EXB841 是日本富士公司生产的 IGBT 驱动模块，提供一个+20V 单电源，内部自己产生-5V 反偏电压。模块采用高速光耦合器隔离，并有短路保护及慢速关断功能。功能原理框图如图 1-63(a)所示，EXB841 典型应用如图 1-63(b)所示，图中 C_1、C_2 用于吸收高频噪声，通过外接快速二极管 D_1 检测 IGBT 的 C、E 间的电压。当 $U_{CE}>7V$ 时，过电流保护控制内部放大电路，输出软关断信号，在 10μs 将脚 3 电平降为 0。因 EXB841 本身无自锁功能，一旦过流可通过外接光耦 TLP521 输出过流保护信号，保证软关断和防止误动作，然后由外部触发器锁定，实现保护。

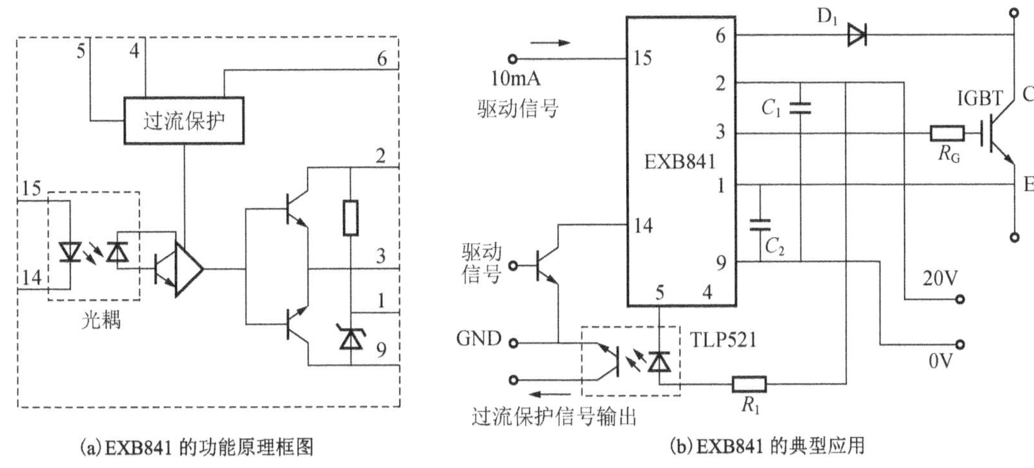

(a) EXB841 的功能原理框图　　(b) EXB841 的典型应用

图 1-63　IGBT 门极驱动电路 EXB841

EXB841 的电路原理如图 1-64 所示，内部结构分为三个部分：放大部分、过电流保护部分、基准电源(5V)部分。

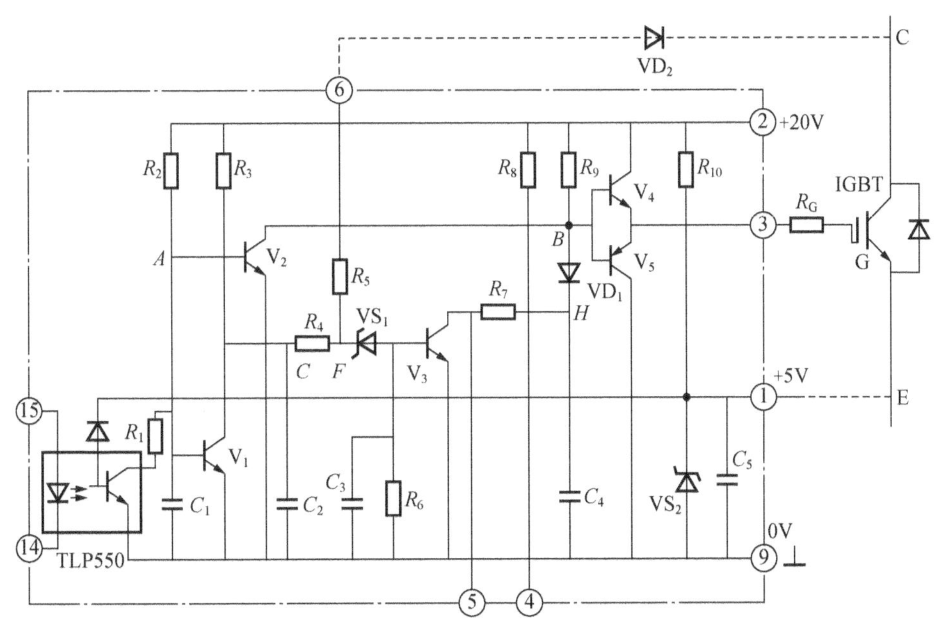

图 1-64　EXB841 的电路原理图

①接 IGBT 发射极；②电源+20V；③驱动输出；④外接电容，防止过电流电路误动作(可不接)；⑤过流保护输出；⑥集电极电压监视；⑦、⑧、⑩～⑬不接；⑨接电源地；⑭　⑮驱动信号输入

(1)放大部分由 TLP550 光耦、晶体管 V_2、V_4、V_5 和阻容元件 R_1、C_1、R_2、R_9 组成，其中光耦起隔离作用，V_2 为中间放大级，V_4、V_5 组成互补式推挽输出。

(2)过电流保护部分用来实现过电流检测和延时保护功能。由晶体管 V_1、V_3 和稳压管 VS_1 以及阻容元件 $R_3 \sim R_8$、$C_2 \sim C_4$ 组成。模块的⑥脚通过外接快速二极管 VD_2 接至 IGBT 的集电极 C，以检测 V_{DS} 的高低来判断是否发生短路。

(3)基准电源(5V)部分由 VS_2、R_{10} 和 C_5 组成，它既为驱动 IGBT 提供-5V 反偏压，同时为输入光耦的三极管的基极提供电源。

下面介绍 EXB841 驱动模块的工作原理。

(1)正常开通过程。

当控制电路使 EXB841 输入端⑭　⑮脚有 10mA 的电流流过时，TLP550 光耦饱和导通，A 点电位迅速下降至 0V，使晶体管 V_1、V_2 截止，B 点电位为 20V，V_4 导通，V_5 截止，EXB841 通过 T_4 及门极电阻 R_G 向 IGBT 提供电流，使之迅速导通，U_{CE} 下降至 3V。与此同时，V_1 截止使+20V 电源通过 R_2 (2.2kΩ)向电容 C_2 (1100pF)充电，充电时间常数为 $\tau_1 = R_3C_2 = 2.42\mu s$。$C$ 点电位由零升到 13.7V(稳压管 VS_1 击穿导通的电压)的时间可由 $20(1-e^{-t/\tau_1}) = 13.7V$ 求得，解得 $t = 2.8\mu s$。

但由于⑭　⑮脚接高电平 1μs 后，IGBT 就已导通，U_{CE} 下降至 3V，VD_2 的钳位作用使⑥脚、C 点和 F 点电位在 8V 左右(稳压管 VS_2 的电压 5V 与 IGBT 导通压降 3V 的和，相对于⑨端地电位)，这个过程时间为 $1.24\mu s$，故 C 点和 F 点电位不会上升到 13.7V 而击穿稳压管 VS_1。因此 V_3 不通，E 点电位仍约为 20V，二极管 VD_1 截止，V_4 仍然导通，V_5 仍然截止。

(2)正常关断过程。

当控制电路使 EXB841 输入端⑭　⑮脚无电流流过时，光耦合器 TLP550 不通，A 点电位上升，使 V_1 和 V_2 导通(电容 C_2 通过 V_1 快速放电，C 点和 F 点电位钳在 0V，稳压管 VS_1 不导通)；B 点电位为 0，V_4 截止、V_5 导通，IGBT 的门极电荷通过 V_5 迅速放电，使 EXB841 的③脚电位迅速下降至 0V，由于稳压管 VS_2 的稳压值为+5V，此时 U_{GE} 为-5V，IGBT 可靠关断。由于 IGBT 的集电极(C)电位迅速上升，此时 EXB841 的⑥脚经 VD_2 对高电压 U_{DS} 隔离。

(3)保护动作。

当 IGBT 正常导通时，C 点和 F 点电位稳定在 8V 左右，稳压管 VS_1 不被击穿，V_3 不导通，H 点电位保持为 20V，二极管 VD_1 截止。当 IGBT 发生短路时，根据 IGBT 的输出特性，V_{DS} 上升很多，EXB841 的⑥脚电位上升，二极管 VD_2 截止，C 点和 F 点电位也开始由 8V 上升，一直到 13.7V，VS_1 和 V_3 导通上升时间可由 $20(1-e^{-t/\tau_1}) - 8e^{-t/\tau_1} = 13.7$ V 求得，解得 $t = 1.6\mu s$。

当 C 点和 F 点电位上升至 13.7V 时，VS_1 被击穿，但此时由于电容 C_3 初始电压为 0V，当 C_3 充电至 V_3 的开启阈值后，使 V_3 导通，整个充电过程大概需要 3.5μs。电容 C_4 通过 R_7 和 V_3 放电，H 点和 B 点电位逐步下降，从而使 EXB841 的③脚电位也逐步下降，开始慢慢关断(软关断)IGBT。当 E 点电位降到 3.6V 时(E 点电位最终能降到 3.53V，由 R_7、R_8、R_9 和 U_{V3} 共同确定)，IGBT 的栅极偏压 U_{GE} 约为-5V(VS_2 压降)+3.6V(H 点电位)+0.7V(VD_1 压降)+0.7V(V_5 结压降)= 0V。此时慢关断过程结束。

由 R_7 (220Ω)、C_4 (2.2nF)组成的时间常数为 $\tau_2 = C_4R_7 = 4.84\mu s$，则 H 点由 20V 下降到 3.6V 的时间可由 $20e^{-t/\tau_2} = 3.6$ V 求得，解得 $t = 8.3\mu s$。

E 点电位降到最低后，这种状态一直持续到控制信号使 EXB841 中 TLP550 光耦截止，此时 V_1 和 V_2 导通，V_1 导通使 C_2 迅速放电、V_3 截止；V_2 导通，使 *B* 点电位下降至 0V，从而 V_4 完全截止，V_5 完全导通，IGBT 门极所受偏压由慢关断时的 0V 迅速下降到-5V，IGBT 完全关断。

若故障排除，20V 电源通过 R_9（2.2kΩ）对 C_4（2.2nF）充电，时间常数为 $\tau_3 = R_9C_4 = 48.4\mu s$，则 *E* 点由 3.53V 充至 19.3V 的时间可由 $20(1-e^{-t/\tau_3})+3.53e^{-t/\tau_3}=19.3$ V 求得，解得 $t=136\mu s$。即故障排除后至少经过 $136\mu s$ 后 IGBT 才能正常工作。

(4) 专用驱动模块的优缺点。

专用驱动模块的种类很多，虽然在原理及电路上相似，但各有优缺点。

EXB841 系列只需要单电源供电(+20V)，但 EXB841 有如下缺点。①关断电压-5V，负偏压不足，在环境恶劣情况下，关断显得不可靠；②从过流到保护需要 3.5μs 的时间，在此期间无法保护；③软关断时间约为 8.3μs，U_{GE} 才降到 0V，使软关断不可靠；而且软关断时间无法调节；④内部稳压管 VS_2 容易损坏，当 IGBT 由断到通时，20V 电源由 V_4、R_G、C_{GS}、VS_2 充电，如当 R_G=20Ω时，充电电流为 1A，VS_2 最大瞬时功耗为 5W，远大于其额定功耗，容易导致其损坏；⑤过流保护阈值高，如当 IGBT 短路时，EXB841 的⑥脚电位上升到 13.7V 时才开始进行保护动作，假设外接的 VD_2 压降为 0.7V，此时 IGBT 的 U_{CE} 为 13.7V-0.7V-5V=8V，此时 IGBT 已严重过流；⑥过电流保护无自锁功能，需要外接自锁电路。

M57959L 是日本三菱电器公司生产的驱动模块，驱动及保护功能比较完善，如图 1-65 所示，具有自锁及软关断功能，可输出-10V 的负偏压，使 IGBT 可靠关断。但 M579 系列对过电流保护仅对 IGBT 软关断，软关断时间虽然可外部调节，不能进行降栅压保护，另外驱动模块需要双电源供电(+15V，-10V)。

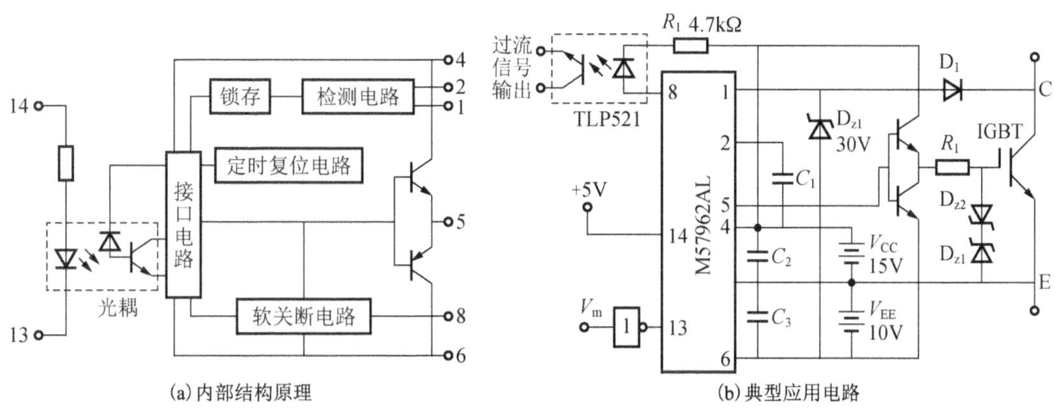

图 1-65 M57959L 内部结构图及典型应用

因此，EX841 和 M57959L 都无降栅压保护功能，而且工作频率和控制精度受到一定限制。HL402 保护功能优于前两者，如图 1-66 所示。不但能进行软关断保护，其工作频率、保护功能和负载驱动能力优于前两者，而且能进行降栅压保护，其栅压延迟时间、降栅压时间、软关断斜率均可以通过外接电容由用户方便调节。缺点是使用中外部元件较复杂，是目前国内的 IGBT 驱动器中性能较好的。

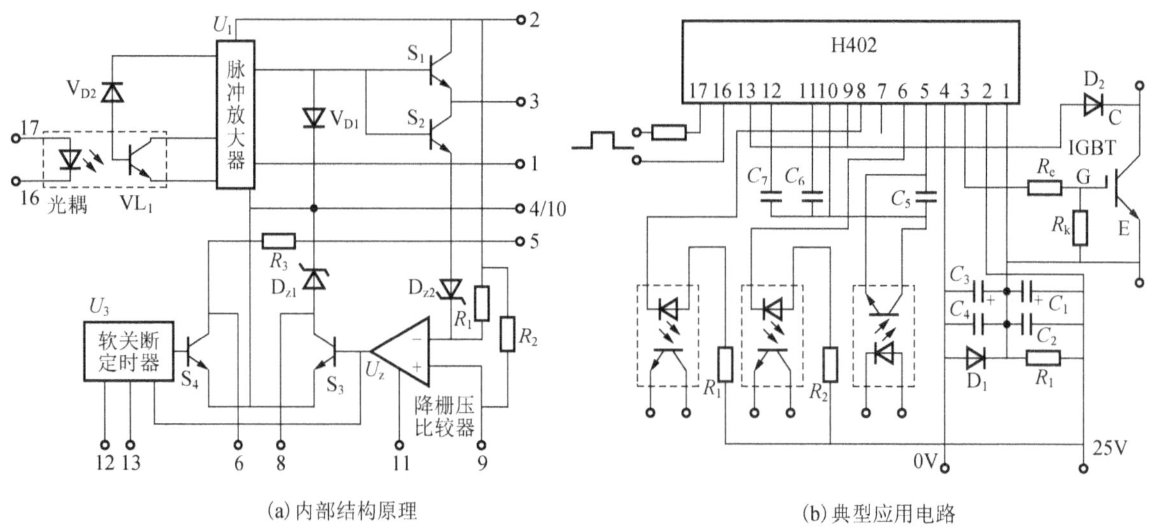

(a) 内部结构原理　　(b) 典型应用电路

图 1-66　HL402 内部结构图及典型应用

1-驱动信号输出端，接 IGBT 的 E；
2-接直流电源+25V；
3-驱动信号输出端，接 IGBT 的 G；
4-接直流电源 0V；
5-软关断斜率电容器 C_5 的接线端及驱动信号封锁引入端；
6-软关断报警信号输入端；
7-空脚；
8-降栅压报警信号输出端；
9-降栅压输入信号端；
10-与 4 端相连，作为 C_5、C_6、C_7 的公共连接端；
11-降栅压延迟动作电容 C_6 接入端；
12-软关断定时电容 C_7 接入端；
13-过流或短路保护检测信号输入端；
14-未引出；
15-未引出；
16-接输入信号；
17-接输入信号，幅值为 10～12mA

1.7.3　IGBT 的使用与维护

IGBT 的结构与 MOSFET 类似，从等效电路和工作机理方面来看，可以认为 IGBT 是 MOS 输入的达林顿晶体管，其输入级是 MOSFET，输出级是 PNP 晶体管。将 IGBT 用于电力变换器时，应考虑采取保护措施以防损坏器件，如图 1-67 所示，常用的保护措施有过电流保护、过电压及过 du/dt 保护，还有过热保护、静电防护等。

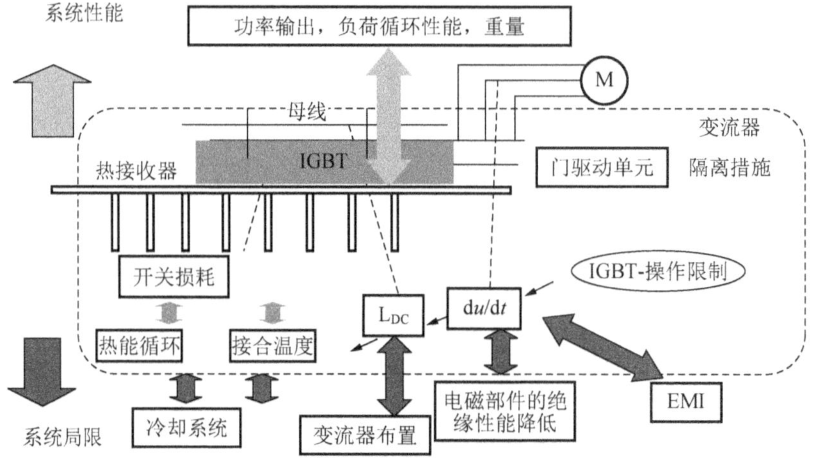

图 1-67　使用 IGBT 需考虑的因素

1. 防静电对策

由于 IGBT 模块为 MOSFET 结构与晶体管复合而成，IGBT 的栅极通过一层氧化膜(SiO_2)与发射极实现电隔离。SiO_2 氧化膜很薄，其击穿电压一般是 20～30V。因此，因静电而导致栅极击穿是 IGBT 失效的常见原因之一。

通常静电击穿有两种形式。①电压型：因 U_{GS} 过高导致栅极的 SiO_2 绝缘层发生击穿形成针孔，导致 G-S 极短路或断路。②电流(功率)型：即 SiO_2 绝缘层外的金属薄膜铝电极(G 极)，由于电荷重新分布(如人触摸)形成的电流，导致过热而熔断，造成栅极开路。

在 IGBT 模块上加上超出保证值的电压(规定为±20V)有损坏的危险，因而可以在栅极-发射极之间接一只 10kΩ左右的电阻器，以放掉静电荷。因此使用中要注意防止人体直接触摸 G 极和 E 极。当没有采取适当的防静电措施时，应先将人体上的静电放电后再进行操作，设备一定要可靠接地，IGBT 的 G 极和 E 极之间不能开路。

人体放电模型分为两类，一类是带电人体通过手指直接对电子产品产生放电，即人体模型，如图 1-68(a)所示。另一类是带电人体通过手持的金属物件，如螺丝刀等对电子产品放电，即人体-金属模型，如图 1-68(b)所示。其中人体模型最常用。典型的人体电容为 $C_B = 100 \sim 150\text{pF}$，$R_B = 1.5\text{k}\Omega$。假设人体电容 $C_B = 150\text{pF}$，门极输入电容 C_{iss} 为 1500pF。根据人体放电模型，当人身体带 2200V 电压时，人直接触摸 IGBT 的 G 极，U_{GE} 将达到近 200V 电压，而 IGBT 的门极电压不能超过±20V，这样可能使 IGBT 门极的二氧化硅绝缘层击穿而损坏。同时因为电荷的重新分布产生的电流可能使 IGBT 的门极局部烧坏。

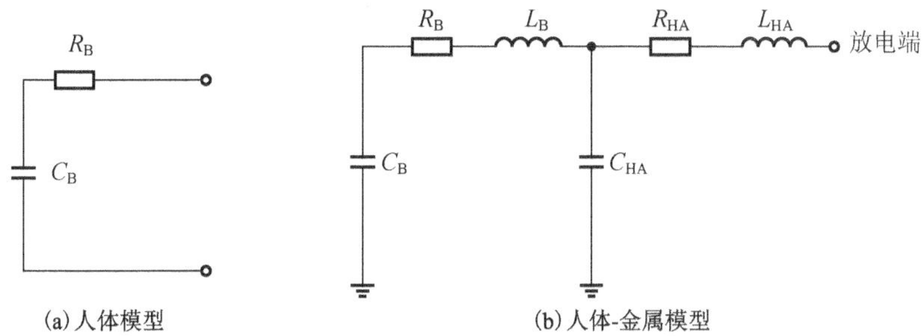

图 1-68　人体模型及人体-金属模型

轨道车辆的各种变流器中的 IGBT、GDU 板、DCU 板等部件都是对静电很敏感的，不用时应放在静电防护包中保存。一般 IGBT 在运输和组装过程中都要注意静电防护。例如，IGBT 在运输过程中门极(G)和发射极(E)之间要用短路带进行短路，如图 1-69 所示，防止静电荷产生过高的 U_{GE}。在安装操作过程中，将短路片拆掉后，一般要用 WAGO 型短路子将门极(G)和发射极(E)短路。在维修作业时，必须戴防静电护腕带，腕带电阻 1MΩ，维修时不能直接接触 IGBT 等电子元器件的引脚，最好带防静电手套插拔电子件，焊接电子件时，烙铁要接地良好。

图 1-69　IGBT 的短路带保护

IGBT 的保管应注意一般保存 IGBT 模块的场所，装 IGBT 模块的容器，应选用不带静电的容器，要注意静电防护；不要在 IGBT 模块上堆放重物；尽量远离有腐蚀性气体或灰尘较多的场合；应保持常温常湿状态，不应偏离太大。在冬天特别干燥的地区，需用加湿机加湿；在温度发生急剧变化的场所，IGBT 模块表面可能有结露水的现象，IGBT 模块应放在温度变化较小的地方。

2. 驱动电路设计

是否充分利用 IGBT 器件的性能，关键取决于驱动电路的设计。IGBT 驱动电路必须能提供适当的正向栅压、足够的反向栅压、足够的输入输出电隔离能力以及栅压限幅电路等。根据前面介绍的 IGBT 驱动条件，在设计 IGBT 的驱动电路时，需注意以下方面：

1）驱动电路的栅极电压

门极电压参数 U_{GE} 的选择：IGBT 的门极电压与短路耐压、集射极间电压（$U_{CE(sat)}$）关系密切。当栅极正向驱动电压太小时，则会使 IGBT 退出饱和导通区而进入放大区，通态电压增大，静态损耗要增加，则 IGBT 可能会过热而损坏；当栅极正向驱动电压增大时，则 IGBT 的导通电阻下降，开通损耗减小。但栅极正向驱动电压太大，则当负载短路时，短路电流随 U_{GE} 增大而增大，可能使 IGBT 出现擎住效应，门控失效，IGBT 损坏。因此需要考虑门极电压的最大极限与集电极电流的使用范围，还要考虑门极电路与器件参数的分散性。

IGBT 的 U_{GE} 的耐压值一般为±20V，使用时不要超出耐压值的范围，否则会导致损坏，一般为 12V≤U_{GE}≤18V 比较合适，选 15V 较佳。

IGBT 的栅极负偏置电压可防止由于关断时浪涌电流过大而使 IGBT 误导通。一般负偏置电压选-5～-15V，通常为-10V。若为大电感负载，IGBT 的关断时间不宜过短，以限制 $\mathrm{d}i_C/\mathrm{d}t$ 所形成的尖峰电压，保证 IGBT 的安全。

2）驱动电路的栅极电阻和电容参数选择

（1）栅极串联电阻 R_G 的选择。当 R_G 较大时，则可以抑制 $\mathrm{d}U_{CE}/\mathrm{d}t$ 和 $\mathrm{d}i_C/\mathrm{d}t$，能减少 IGBT 开通时续流二极管的反向恢复过电压，并减少通态时出现短路的冲击电流；但却带来 IGBT 的开关时间的增加与开关损耗的增大，延长开通和关断时间。当 R_G 较小时，栅射极之间的充放电时间常数比较小，则开通瞬间电流较大，开通和关断时 $\mathrm{d}i_C/\mathrm{d}t$ 也大，也容易引起 IGBT 的误导通及损坏。R_G 取值一般为几欧～几十欧。具体数据与 IGBT 的容量、驱动电路的结构等有关，小容量的 IGBT 的 R_G 值较大。通常 R_G 的选择原则是：在开关损耗不太大的情况下，应尽量选用较大的门极电阻 R_G，而且有时需要分别配置两个电阻器，即 $R_{G(on)}$ 和 $R_{G(off)}$，在实际设计时应考虑具体的应用要求。如在高压二极管的恢复时间较长，$R_{G(on)}$ 应比推荐值大 2～4 倍。

（2）栅射电容 C_G 的选择。合适的 C_G 有利于抑制 $\mathrm{d}i_C/\mathrm{d}t$。$C_G$ 太小，则抑制 $\mathrm{d}i_C/\mathrm{d}t$ 效果不明显；C_G 太大，则带来开通时间延时。

3）驱动电路的开关频率

IGBT 一般快速导通、快速关断，开关频率比较高。不过，大电感负载应用情况下，IGBT 开关频率应合适，否则会产生很高的尖峰电压，造成 IGBT 损坏。

4）驱动电路的电源要求

驱动的电源一定要稳定，符合一定要求。IGBT 导通后，驱动电路需要提供一定的电压和电流，并提供足够的功率，使 IGBT 不致退出饱和而损坏。驱动源的内阻要低，以保证门极控制电压 U_{GE} 有足够陡峭的前后沿，使 IGBT 的开关损耗尽量小。当 IGBT 的栅极驱动电路出现高压尖峰，使 U_{GE} 超出保证值±20V 时，可能会损坏 IGBT，因此在 IGBT 的驱动电路中应当设置栅压限幅电路。可以在 G-E 间并接两只稳压值应与正负栅压相同的反向串联的稳压二极管。

驱动电路必须很可靠，由于 IGBT 是容性输入阻抗，对门极电荷集聚很敏感。应避免栅极-发射极开路。当 IGBT 栅极回路不正常或损坏导致栅极-发射极间开路时，若在集电极与发射极间加上电压，栅极电压很容易受 IGBT 和电路寄生电容等参数的影响，会随着集电极 C 电位的变化，栅极 G 电位升高，引起器件误导通，集电极则有电流流过。如果此时集电极 C 与发射极 E 间存在高电压，则有可能使 IGBT 发热直至损坏。因此要保证驱动电路具备一条低阻抗的放电回路，以免门极电荷集聚。可以在栅极与发射极之间并联一只 R_{GE}=10kΩ左右的电阻。

5) 驱动电路的隔离

隔离措施通常包括：脉冲变压器隔离、光耦或光纤隔离。如图 1-70 所示，CRH_1 牵引变流器的门极驱动电路(GDU)通常与 IGBT 放在功率箱中，属强电部分，对弱电控制部分干扰很强，需要和控制电路(DCU)之间要进行光电隔离。

6) 驱动电路的抗干扰

门极驱动电路应具有对 IGBT 的自然保护功能，并有较强的抗干扰能力。在应用中有时虽然保证了栅极驱动电压没有超过栅极最大额定电压，但栅极连线的寄生电感和栅极与集电极间的耦合电容，也会产生使氧化层损坏的振荡电压。为此，通常采用双绞线来传送驱动信号，以减少寄生电感。如图 1-70 所示的 CRH_1 牵引变流器门极驱动电路 GDU，并且在 G-E 端接上一个小电容来滤除高频干扰，防止误触发导通。频率越高，电容选择越小。在双绞线比较长时，需考虑引线电感 L，还可以用电容串联一个小电阻来抑制 L-C 的振荡。

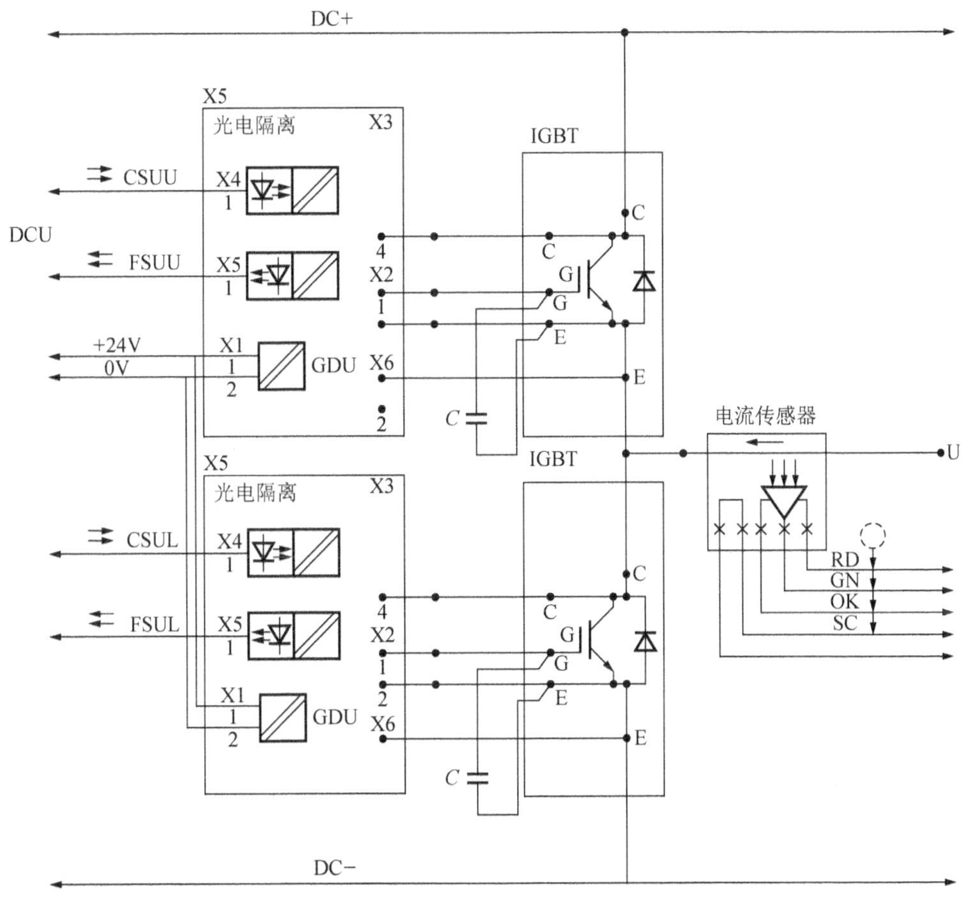

图 1-70　CRH_1 的门极驱动单元(GDU)与 IGBT 的连接

3. 保护电路的设计

IGBT 模块因过电流、过电压等异常现象有可能损坏。因此，必须在对器件的特性充分了解的情况下，设计出与器件特性相匹配的过电压、过电流、过热等保护电路。例如，在轨道车辆的变流器中都配有温度传感器(布置在 IGBT 的散热片上)、电压、电流传感器等各种传感器。

1)防过流损坏

一般设计电路要将 IGBT 的集电极电流 i_C 的最大值控制在其额定电流以下使用。图 1-71(a)表示在正常工作时，IGBT 的通态饱和电压降 $U_{CE(on)}$ 与集电极电流 I_C 呈近似线性变化的关系，在饱和区的大电流情况下，通态饱和压降增加，识别 $U_{CE(on)}$ 的大小即可以判断 IGBT 集电极电流的大小。根据此原理，对 IGBT 的过电流保护可采用集电极电压的识别方法，如图 1-71(b)所示，将集电极电压与门极驱动信号相“与”后输出过电流信号，将此过电流信号反馈至主控电路，切断门极信号，以保护 IGBT 不受损坏。

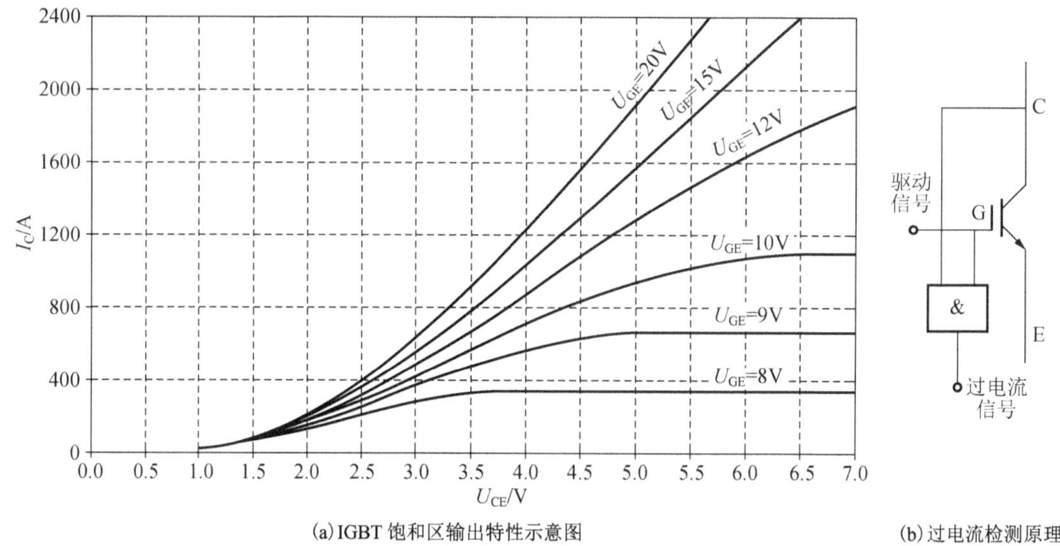

(a) IGBT 饱和区输出特性示意图　　(b) 过电流检测原理

图 1-71　IGBT 饱和区输出特性及检测原理

IGBT 由于寄生晶闸管的影响，当流过 IGBT 的电流过大时，会产生不可控的擎住效应。实际应用中应使 IGBT 的集电极电流不超过额定电流，以避免出现擎住现象。一旦主电路发生短路事故，如图 1-50(a)所示，IGBT 由饱和导通区进入放大区，集电极电流 I_C 增大到正常电流的几倍后不再增加，但通态电压 U_{CE} 却继续上升到很高，使IGBT的功耗很大而损坏。IGBT 的允许短路时间 t 则由集电极功耗决定。这段时间与集电极电源电压 $U_{DD}(=U_{CE})$、门极电压 U_{GE} 以及结温 T_j 密切相关。

图 1-72(a)为实验电路，图 1-72(b)为某种型号的 IGBT 允许短路时间 t 与电源电压 U_{DD} 的关系曲线。由图可知，随着电源电压的增加，允许短路过电流时间 t 减小，但实际轨道车辆的电压型变流器在短路瞬间，直流环节电压 U_d 很难改变，使用价值不大。图 1-72(c)为 IGBT 允许短路时间与门极电压 $+U_{GE}$ 的关系，随着 $+U_{GE}$ 的增加，短路允许时间 t 缩短，因此在短路瞬间，可以降低 $+U_{GE}$ (从+15V 降到+8V)来延长短路允许时间 t，从而能赢得 10μs 左右的短路允许时间，便于短路保护，并且能区分真短路和假短路。

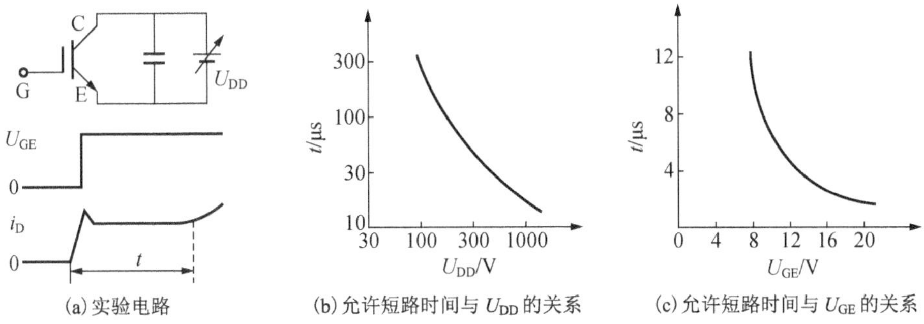

(a) 实验电路　(b) 允许短路时间与 U_{DD} 的关系　(c) 允许短路时间与 U_{GE} 的关系

图 1-72　IGBT 允许短路时间与 U_{DD}、U_{GE} 的关系示意图

如图 1-73(a) 所示的一个半桥，门极电压 U_{GE} 为+15V，假设在开通 T_2 前，负载电流 I_d 经过二极管 D_1 续流(T_1 已关断)，当开通 T_2 时，电流 I_d 流经 T_2，此时二极管 D_1 因承受反向电压而关断，由于二极管在关断瞬间有较大的反向恢复电流 I_{rr}(假设反向恢复时间为1～2μs)，此时，I_{rr} 也会流经 T_2，T_2 电流很大，短路保护就会误动作，切断 IGBT，但这种情况是“假短路”，不是真正的短路，2μs 过后，电流又恢复到正常水平 I_d，因此如果此时将 U_{GE} 从+15V 降到+8V，短路允许时间 t 就会从 2μs 延长至 12μs 左右，保护电路动作就可以延时10μs，可以判断是否是真短路。从而既可有效保护 IGBT，又不误动作。根据此原理，用稳压管 VS 来实现 IGBT 故障电流限制电路如图 1-73(b) 所示。当短路时，A 点电位上升，直到 V_F 导通，电路中稳压管 VS 用来产生理想钳位电压，将栅极电压钳位到一个低电平，从而延长了器件的短路允许时间。二极管 D_2 用来截止断态负栅极偏置。

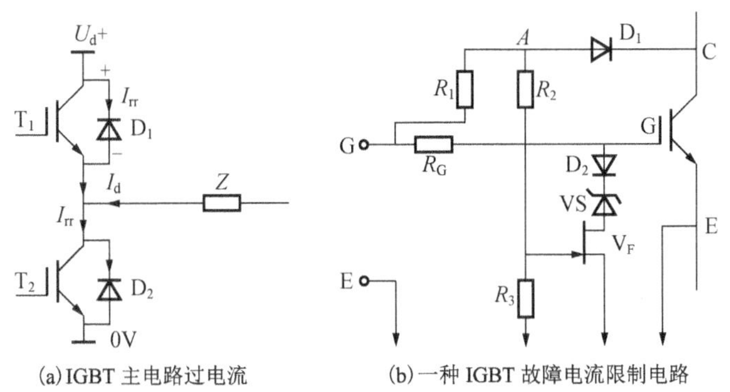

(a) IGBT 主电路过电流　(b) 一种 IGBT 故障电流限制电路

图 1-73　IGBT 过电流保护原理与电路

一旦发生真短路需要关断 IGBT 时，由于 IGBT 过电流时电流幅值较大，加之 IGBT 关断速度很快，如果按正常时的关断速度，就会造成线路电感 L 产生的 $L\mathrm{d}i/\mathrm{d}t$ 过大形成很高的尖峰电压，极易损坏 IGBT 和设备中的其他元器件，因此有必要让 IGBT 在允许的短路时间内采取措施使 IGBT 进行“慢速关断”(软关断)。原理如图 1-74(a) 所示，图中 V_3 平时是导通的，电阻 R_1 不被引入；一旦需要慢速切断，则 V_3 截止，IGBT 输入电容通过 R_G、R_1 放电，时间常数加大，放电速度降低。图 1-74(b) 为常态快速切断与过电流慢速切断两种情况下的集电极电流波形变化示意图。

2) 防过压损坏

当 U_{CE} 超出 IGBT 的集电极-发射极间耐压值 U_{CES} 时，IGBT 可能损坏。遇到这种情况可以通过以下措施解决。

(1) 可通过调整 IGBT 驱动电路的 R_G，使 di/dt 尽可能小。

(2) 加装缓冲保护电路，抑制高频浪涌电压。

(3) 电容尽量靠近 IGBT 安装，以减小分布电感。

(4) 选取 IGBT 时考虑设计裕量。

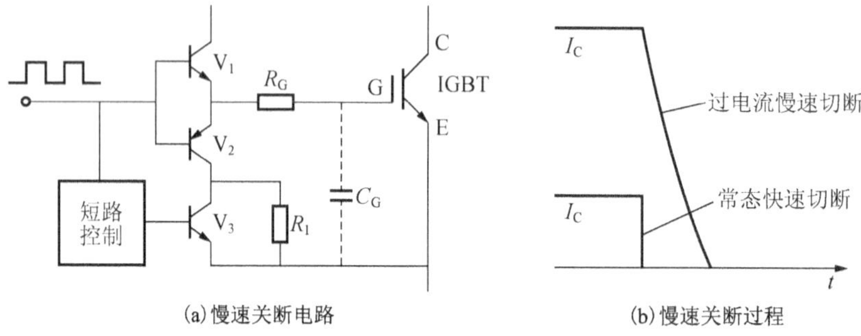

(a) 慢速关断电路　(b) 慢速关断过程

图 1-74　IGBT 短路过电流慢速切断原理示意图

如图 1-75(a)所示，逆变器的 IGBT 关断时，IGBT 的集电极电流 i_C 急剧下降，很小的线路电感 L 就会引起较大的 Ldi/dt，从而产生电压尖峰危及 IGBT 安全；而 IGBT 开通时，负载电流与半桥上互补管的反并联续流二极管的反向恢复电流，使 i_C 出现尖峰 i_{CP}，而且在反向恢复电流消失使 i_C 回落时，同样会引起电压尖峰。因此典型的缓冲电路如图 1-75(b)所示，串联的 L_S 能抑制器件开通时的 i_C 尖峰和 di_C/dt，通常 L_S 很小，并联的 C_S 用于吸收器件关断时由线路电感和 L_S 引起的 u_{CE} 电压尖峰。当器件再次开通时，C_S 的能量经过 R_S 泄放并限制放电电流。

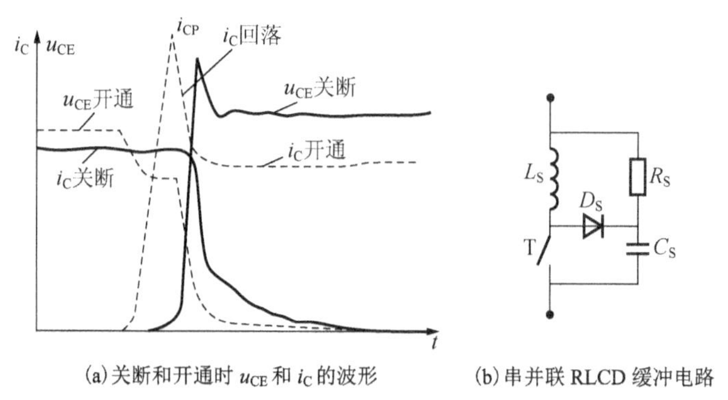

(a) 关断和开通时 u_{CE} 和 i_C 的波形　(b) 串并联 RLCD 缓冲电路

图 1-75　IGBT 关断和开通时 u_{CE} 和 i_c 的波形及基本缓冲电路

简化的并联 RCD 缓冲电路如图 1-76(a)所示。这种 RCD 缓冲电路普遍应用在 GTR、GTO、电力 MOSFET 和 IGBT 构成的各种变流器中。但缓冲电路的杂散电感 L'_T 和 L'_S 必须限制，如图 1-76(b)所示。当开关管 T 关断时，I_T 迅速减小，I_S 迅速增加，杂散电感 L'_T 和 L'_S 引起的感应电压方向如图 1-76(b)所示。L'_T 和 L'_S 引起的感应电压尖峰都加在开关管 T 上，且缓冲电路无法吸收，因此一般为消除 L'_T 引起的过电压的影响，缓冲电路都直接接在开关管两端(如 IGBT 的 C、E 两端)，越近越好，而且最好每个器件单独使用缓冲电路。杂散电感 L'_S 也必须限制到最小，以防止开关管关断时出现电压尖峰和杂散电感 L'_S 与缓冲电路 C_S 构成的谐振回路产生的振荡。L'_S 产生的电压尖峰如图 1-76(c)所示，开关管 T(以 GTO 为例)关断瞬间，随着阳极电流 I_T 迅速下降，C_S 快速充电，I_S 迅速增加，L'_S 会产生 $U_P = L'_S di_S/dt$ 的电压尖峰加在开关管 T 上，L'_S 越大或负载电流越大（$\mathrm{d}i_s/\mathrm{d}t$ 越大），U_P 也越大，管耗 P_{off} 越严重。缓冲电路的 R_S、C_S、D_S 等元件也应力求采用无感元件。

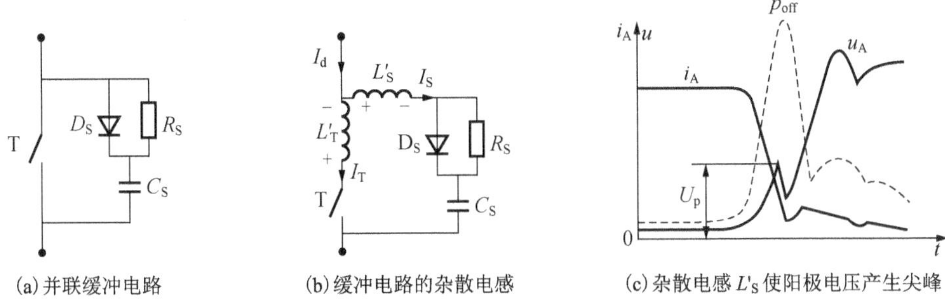

(a) 并联缓冲电路　　(b) 缓冲电路的杂散电感　　(c) 杂散电感 L'_S 使阳极电压产生尖峰

图 1-76　缓冲电路杂散电感对关断波形的影响

利用缓冲电路抑制过电压的接线方式如图 1-77 所示。其中图 1-77(a)适用于 50A 以下的小容量 IGBT；图 1-77(b)适于 200A 以下中等容量的 IGBT；图 1-77(c)适于 200～400A 以上的大容量 IGBT。

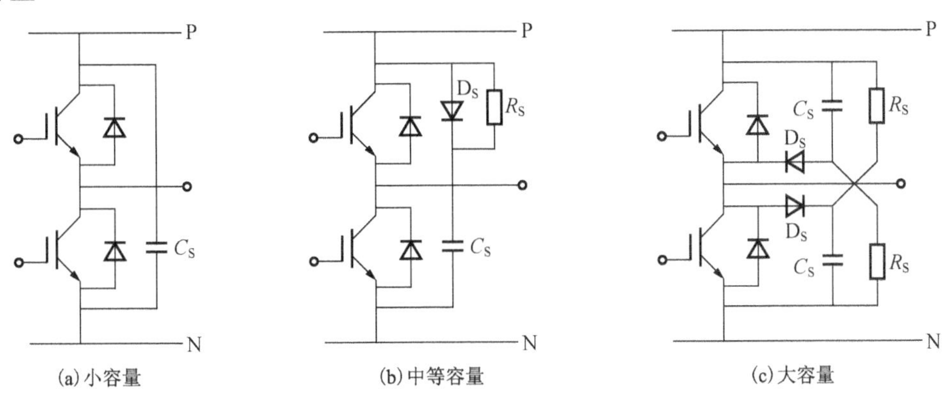

(a) 小容量　　(b) 中等容量　　(c) 大容量

图 1-77　IGBT 的缓冲电路

三种缓冲电路的共同特点是吸收电容的电压等于 P、N 两端电压 U_d，都能限制 IGBT 关断时承受的浪涌电压，而过冲能量由电容吸收。在 IGBT 下次关断前，吸收电容上电压过冲部分的能量一部分回馈电源，另一部分消耗在电阻上。

不同点是图 1-77(a)所示电容抑制瞬变电压有效，但电容直接放电电流大，所以适合小容量。而且因缓冲电路无阻尼，电容 C_S 还容易与直流母线的寄生电感产生振荡，为此 C_S 中可串入 R_S 加以抑制。图 1-77(b)是把 RCD 吸收电路用于由 2 只 IGBT 组成的半桥上，经过二极管和电容能抑制瞬变电压，抑制振荡发生，放电时电阻 R_S 限制放电电流。但缓冲电路的吸收功能较每个器件单独使用 RCD 时略差，尤其功率进一步增加时，吸收回路的寄生电感会变大，导致不能有效控制瞬变电压，所以适合中等容量；图 1-77(c)所示的 R_S 交叉连接的缓冲电路，当器件关断时，C_S 经缓冲二极管 D_S 充电，抑制 $\mathrm{d}u/\mathrm{d}t$。当器件开通前，C_S 经电源和 R_S 释放电荷，同时部分能量得到反馈。由于缓冲电路直接连接到每个 IGBT 的集电极和发射极，结构对称紧凑，寄生电感 L'_S 较小，吸收效果好，可以有效抑制振荡和过电压，适合大功率电路的吸收。这种电路适合大容量的场合。若同时与 1-77(a)所示的缓冲电路并联使用，可减小缓冲二极管的应力，增强缓冲吸收效果。

如图 1-78 所示，在 CRH_2 的三电平主变流器中，为降低 IPM（智能 IGBT 功率模块）元件关断时的过电压，就采用了如图 1-77（c）与图 1-77（a）相结合的缓冲电路来吸收线路因电流急变而产生的振荡电压。其中电容器和二极管用于吸收断开时的振荡电压，电阻用于释放电容器的充电量，抑制放电电流。同时采用层压板母线（低感母排）将 IPM 和支撑电容间配线的母线折叠成板状，减小配线电感，降低关断时的尖峰电压。

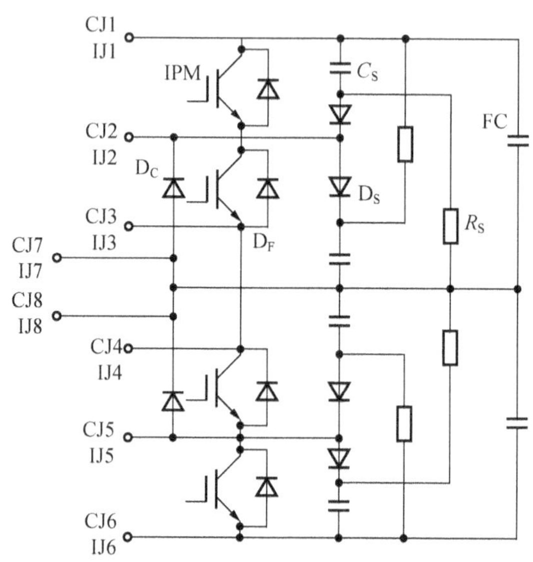

图 1-78　CRH2 功率器件吸收电路

4. 散热设计

IGBT 实际工作的结温 T_j 如果超过最大容许结温，则 IGBT 会过热损坏。一般 IGBT 的最大结温 T_{jmax} =150 ℃、第三代 IGBT（IGBT3）技术的 T_{jmax} =175 ℃。IGBT 需要散热系统才能可靠工作，因此需要根据器件的损耗进行散热设计，保证结温 T_j 不超过容许值。因此，在设计或检修时，T_j 参数的选择是防止过热的重要措施，在此基础上的散热系统与热回路设计自然也是重要的。

IGBT 内部散热结构如图 1-79 所示。首先，需要计算出 IGBT 在电路中的损耗。IGBT 工作时的损耗包括两部分：一个是 IGBT 内部 MOSFET 和晶体管的损耗，另外则是 IGBT 的反并联二极管上的损耗。如图 1-80 所示，IGBT 的开关损耗主要包括 IGBT 的开通损耗 E_{on}、关断损耗 E_{off}（软开关电路中这两个损耗可能为零）和反并联二极管的反向恢复损耗 E_{rr}，总损耗为

$$E_{sw} = E_{on} + E_{rr} + E_{off}$$

选择最大的总损耗进行热设计，IGBT 工作时的结温可以由下面的热方程得到

$$T_j = P_{总}\left\{R_{thjc} + R_{thcs} + R_{thsa}\right\} + T_a \tag{1-17}$$

其中，$P_{总}$ 为 IGBT 的最大损耗功率；R_{thjc} 为 IGBT 结到外壳间的热阻；R_{thcs} 为外壳到散热器间的热阻；R_{thsa} 为散热器到周围空间之间的热阻；T_a 为外界温度。根据上述公式，确定结温 T_j 在容许值范围内并选择合适的散热器，使损耗导致的温升在允许值以下。

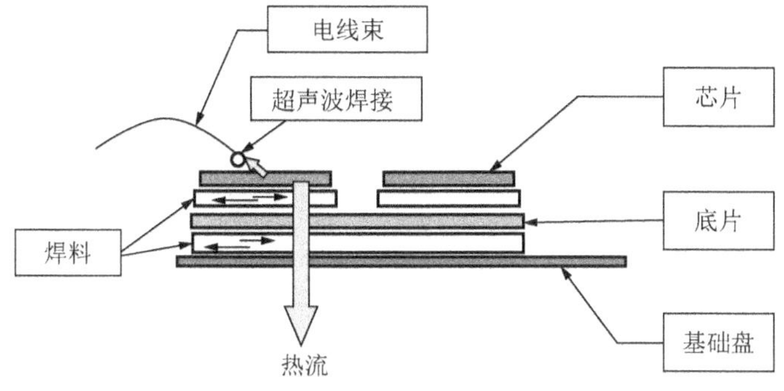

图 1-79 IGBT 的内部散热结构

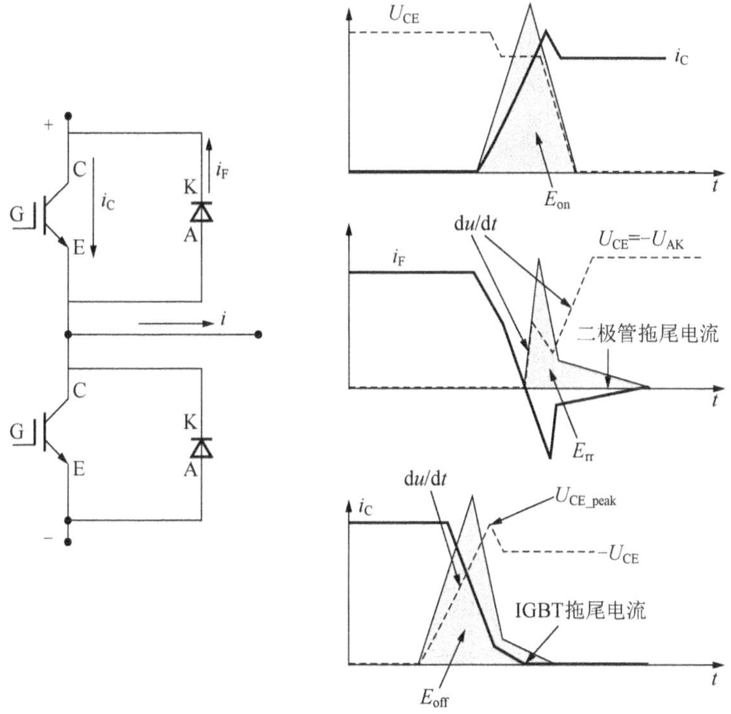

图 1-80 IGBT 的开关损耗示意图

IGBT 通常放到变流器的散热片上，如图 1-81 所示。在散热设计不充分的场合，实际运行在中等水平时，就有可能超过器件允许温度而导致器件损坏。为保证充分的接触面积，减小热阻，需要中间涂热传导化合物(HTC)以增大散热面积，减小热阻，并且 HTC 不能太厚。否则热阻反倒增加。通常小功率变流装置可采用强迫式风冷，而大功率变流装置采用水冷或沸腾冷却。

在安装或更换 IGBT 模块时，要十分重视 IGBT 模块与散热片的接触面状态和拧紧程度。要用气动扳手而不能用手拧，气动扳手可以设定力矩。而且要注意上螺丝的顺序，应该是对角线的，防止因为应力导致的翘起，减小接触面积。一般散热片底部安装有散热风扇，当散热风扇损坏使散热片散热不良时将导致 IGBT 模块发热而发生故障。因此对散热风扇应定期进行检查。一般在散热片上靠近 IGBT 模块的地方安装温度感应器，当温度过高时将报警或停止 IGBT 模块工作。

5. IGBT 的组装或更换的注意事项

(1) 如果 IGBT 模块更换，新的 GDU 板号要检查，因为驱动程序中如死区时间可能不同。

(2) 当处理 IGBT 模块而门极 G 和发射极 E 没有短路时要用 ESD 保护。

(3) 在接线连接前，不要从 IGBT 上移走短路带。

(4) IGBT 半导体在同一半桥中应该有相同的动态特性，也就是说同一制造商，同一批号。如果两个 IGBT 没有同一类型号，它必须经过测试。

(5) 当更换 IGBT 和 GDU 时，用 ESD 防护。

(6) 如果要触摸 IGBT，手上必须用护腕带接地，如图 1-82 所示，先用手连接发射极 E 端，使 E 端与身体等电位，因为 E 端抗静电能力强，然后才用手接触栅极 G 端。

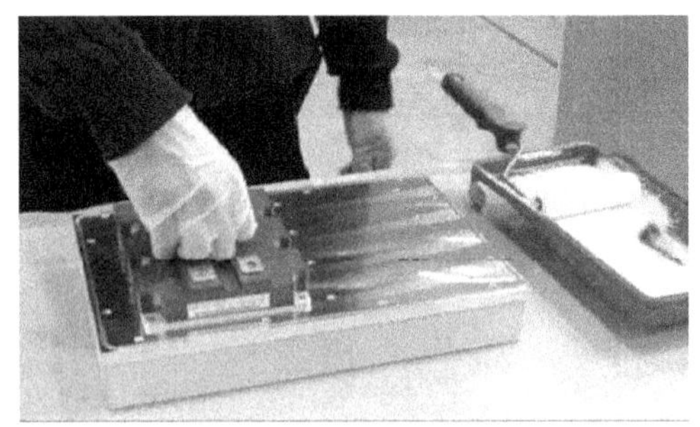

图 1-81　IGBT 的散热片和 HTC

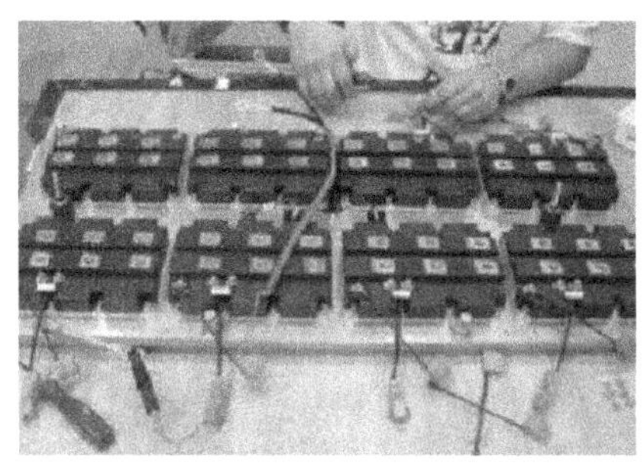

图 1-82　人体用护腕带接地

6. IGBT 损坏及失效的原因及对策

通常半导体器件失效的原因包括：①与使用有关的失效，占全部失效器件的绝大部分，包括过电应力损伤、静电损伤、器件选型不当、使用线路设计不当、机械过应力、操纵失误等；②器件固有缺陷引起的失效，包括表面问题、金属化问题、压焊丝键合问题、芯片键合问题、封装问题、体内缺陷等。在这几种原因中，对器件可靠性影响较大的是表面问题、键合问题和芯片工艺及黏结问题引起的失效，它们均带有批次性，且经常重复出现。

进口器件与国产器件相比，器件固有缺陷引起器件失效的比例明显较低，说明进口器件工艺控制得较好，固有可靠性水平较高。其中 IGBT 使用中失效的主要原因包括如下几方面：

1) 过电流损坏

IGBT 长时间过流或者短路超时 (大于10μs) 引起 IGBT 损坏。

原因：擎住效应(静态、动态)、上下直通。

措施：①静态擎住，限流措施；②动态擎住，增加驱动电阻 R_G，延长关断时间；③上下直通，采用上下模块互锁，留出死区时间；④短路保护方法，短路瞬间降低 U_{GE}，延长短路允许时间 t，区分真短路和假短路。

2) 过电压损坏

过压即电压超过各电极、各结的耐压等，主要是集射过压、栅极过压、集电极-发射极上的浪涌电压过高。

原因：逆变电路存在电感成分，关断瞬间产生电压尖峰。

措施：①优化主电路的工艺结构、缩小电流回路的路径、减小寄生电感；②适当增加门极驱动电阻 R_G、加缓冲电路。

3) 过热损坏

IGBT 的结温 T_j 如果超过晶片的最大温度限定，则 IGBT 过热损坏。一般 IGBT 的

T_{jmax} =150 ℃、IGBT3 技术的 T_{jmax} =175 ℃。

原因：散热系统出问题或过高的开关频率。

措施：散热良好(冷却系统要工作正常)，中间涂热传导化合物(HTC)的厚度和安装(IGBT 与散热片的接触面状态和拧紧程度)要严格要求，以增大散热面积，减小热阻。散热片上还要有温度传感器配合，运行过程中一旦温度过高，报警或停止 IGBT 工作。

4)静电损坏

原因：由于门极(G)和发射极(E)是 MOSFET，抗静电能力差，门极电压 U_{GE} 不能超过 ±20V。

措施：注意静电防护，手上戴护腕带或带防静电手套，将人体或衣服上的静电用大电阻(1MΩ左右)放掉；防止直接触摸 G 极。工具也要注意静电防护。为了防止静电的产生，应使电力电子装置处于良好的接地状态。

5)人员原因

人员原因主要是检修时防止对各保护电路擅自取掉，焊接不良，安装不妥等情况。

7. IGBT 的简单测试

如图 1-83 所示，以两单元(半桥)的某种型号 IGBT 模块为例，用模拟万用表和数字万用表均可测量。测量前首先要将 IGBT 的各引脚导线拆除，并且短路放电，避免影响检测的准确度。

将模拟万用表拨在 R×1kΩ挡，测量黑表笔(连接内部电池“+”端)接 1 端子(C2E1)、红表笔接 2 端子(E2)，显示电阻应为无穷大；表笔对调，显示电阻值较小(本型号为 4kΩ左右)。用同样的方法，测量黑表笔接 3 端子(C1)、红表笔接 1 端子(C2E1)，显示电阻应为无穷大；表笔对调，显示电阻值较小(本型号为 4kΩ左右)。若符合上述情况，表明此 IGBT 的两个单元没有明显的故障。

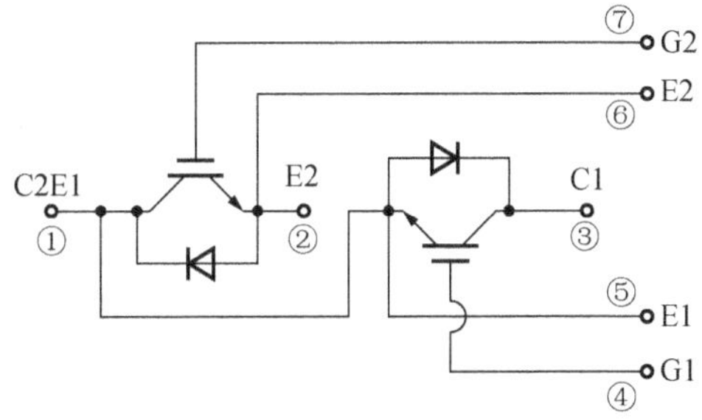

图 1-83　两单元(半桥)的 IGBT

将数字万用表拨到二极管测试挡，红表笔(连接内部电池“+”端)接 3 端子(C1)，黑表笔接 1 端子(C2E1)，万用表显示数值为最大；红表笔接 1 端子(C2E1)，黑表笔接 3 端子(C1)，万用表显示数值为 400 左右。同样也可以测试 2 端子(E2)和 1 端子(C2E1)的关系。IGBT 的两个单元的正反向特性应相同，若出现差别说明 IGBT 模块性能变差，应予更换。

用数字万用表的红、黑两表笔分别测 G-E 之间的正反向特性，万用表两次所测的数值都为最大，这时可判定 IGBT 模块门极正常。如果有数值显示，则门极性能变差，此模块应更换。当正反向测试结果同时为零时，说明所检测的 1 相门极(G-E)已被击穿短路；门极损坏时 IGBT 驱动电路板保护门极的稳压管也将击穿损坏。用同样的方法也可以测量 C-E 是否击穿和 G-C 是否击穿。比如 G-E 正向特性数值为最大，而反向特性数值为 400 左右(或用模拟万用表的 R×1kΩ挡测 G-E 端，正向电阻无穷大，反向电阻 4kΩ左右)，则是 G-C 击穿。当然也可以直接测量 G-C 端。

8. IGBT 的生产厂家及参数

1)IGBT 的生产厂家

IGBT 的生产厂家较多，部分主要厂家的中英名称对照如表 1-2 所示。

表 1-2　部分主要 IGBT 生产厂家的中英文名称对照

名称	中文	名称	中文
ABB	瑞士 ABB	International Rectifier	国际整流器公司
Advanced Power Technology Inc	美国 APT 公司	INTERSIL	美国英特矽尔
EUPEC	德国欧派克公司	MITSUBISHI	日本三菱
FUJI	日本富士	SEMIKRON	德国西门康
HITACHI	日本日立	SIEMENS	德国西门子
INFINEON	德国英飞凌	TOSHIBA	日本东芝

除了上述厂家外，IGBT 还有其他厂家，用户可以灵活选择 IGBT 厂家。通过部分厂家 IGBT 命名规则(不同厂家的符号和命名规则不同)，可以识别出其 IGBT 的功能、特性、内部结构、相关参数等。例如，EUPEC 公司 FZ600R65KF1 型号的 IGBT，符号的含义如下。①EUPEC 的前缀：FZ 表示 1 单元模块，有 1 个 IGBT 与 1 个 FWD；FF 表示 2 单元半桥模块，有 2 个 IGBT 与 2 个 FWD；FP 表示七单元模块(功率集成模块)；FD/DF 表示斩波模块；F4 表示四单元模块；FS 表示六单元模块；DD 表示二极管模块。②EUPEC 的后缀：KF 表示高频型(主要在大模块上使用)；KL 表示低饱和压降(主要在大模块上使用)；KT 表示低饱和压降高频型；KE 表示低饱和压降型；KS 表示短拖尾高频型。③600 表示 80℃时额定电流(逆导型的 I_F 通常小于 I_C，额定电流主要由 I_F 决定)。④R 表示逆导型，带反并联续流二极管(FWD)；⑤65 表示额定电压(由 U_{CES} 决定)为 6500V。

2) IGBT(IPM)的参数

IGBT 的选择主要有三个方面需要考虑:额定电压、额定电流和开关速度。选用 IGBT 时，首先根据电路中开关器件的电压、电流应力确定 IGBT 应该有的电压、电流容量。

IGBT 参数分为极限参数和电参数。其中极限参数也称为最大额定值，是 IGBT 运行的绝对保证，在任何情况下都不能超过其范围，否则会损坏管子。

电参数又叫作特性参数、电气参数等。一般表示在一定条件下的特性参数，具有附带规定的条件。不管有无标注，都有规定的测试条件。又分为静态特性参数和动态(开关)特性参数。

表 1-3 给出了 IGBT 的部分极限参数。表 1-4 给出了 IGBT 的部分静态电特性参数。表 1-5 给出了 IGBT 的部分开关特性参数，反映了 IGBT 的动态特性，是驱动电路设计、开关频率设计的重要依据。此外，IGBT 热阻参数，前面已经给出，是热设计的重要依据。表 1-6 给出了德国 EUPEC 公司几种 IGBT 的参数，EUPEC 公司的 IGBT 在动车组中应用比较广泛。

表 1-3　IGBT 的部分极限参数

符号	项　目	说　明
U_{CES}	集电极-发射极间电压(Collector-to-Emitter Voltage)，也称最大集射极间电压	在栅极短路状态下，集电极-发射极之间能够施加的最大电压，由内部 PNP 晶体管的击穿电压决定
I_C	集电极电流(Continuous Collector Current)	集电极上容许通过的最大电流
I_{CP}	集电极脉冲电流(Pulsed Collector Current)	集电极上容许的最大脉冲电流，一般为 1ms 脉宽
I_{LM}	钳位感性电流(Clamped Inductive Load Current)	带电感性负载，有钳位电路时的容许最大负载电流
U_{GE}	栅极-发射极电压(Gate-to-Emitter Voltage)	在集电极-发射极间处于短路状态时，栅极-发射极间能够外加的最大电压
E_{ARV}	反向雪崩能量(Reverse Voltage Avalanche Energy)	承受反向电压的最大雪崩能量
P_D	最大功率损耗(Maximum Power Dissipation)	IGBT 所允许的最大功率损耗，也经常写成 P_C
T_j	结温(Junction Temperature)	连续性工作时的最高芯片温度
T_{stg}	储存温度(Storage Temperature Range)	不通电时可以储存或运输的温度范围

表 1-4　IGBT 的部分静态特性参数（结温为 25℃）

符号	项　　目	说　　明
$U_{(BR)CES}$	集电极-发射极击穿电压（Collector-to- Emitter Breakdown Voltage）	在栅极短路状态下，集电极-发射极之间能够施加的最大电压
$\Delta U_{(BR)CES}/\Delta T_j$	击穿电压温度系数（Temperature Coeff of Breakdown Voltage）	击穿电压的温度系数
$U_{CE(sat)}$	集电极-发射极间的饱和电压（Collector- to-Emitter Saturation Voltage）	在指定的 U_{GE} 下，流过额定集电极电流时的 U_{CE} 值，有些厂家资料经常写成 $U_{CE(on)}$
$U_{GE(ON)}$	栅极-发射极电压（Gate-to-Emitter Voltage）	在指定的集电极电流和集电极-发射极间的电压下的栅极-发射极间的电压
$U_{GE(th)}$	栅极的阈值电压（Gate Threshold Voltage）	在指定的集电极电流和集电极-发射极间电压下的栅极-发射极间的电压(集电极发射极间有微小电流开始通过时的栅极-发射极间的电压)
$\Delta U_{GE(th)}/\Delta T_j$	门槛电压温度系数（Temperature Coeff of Threshold Voltage）	门槛电压的温度系数
g_{fe}	正向传输阻抗（Forward Transconductance）	正向导通时的集电极电流与驱动电压之间的比值
I_{CES}	集电极-发射极间漏电流（Zero Gate Voltage Collector Current）	栅极-发射极间处于短路状态时，在集电极间外加指定电压时的集电极-发射极间的漏电流
I_{GES}	栅极-发射极间的漏电流（Gate-to-Emitter Leakage Current）	集电极-发射极处于短路状态时，在栅极-发射极间外加指定电压时栅极-发射极间的电流
I_F	二极管正向电流(DC Forward Current)	反向续流二极管最大允许直流电流

表 1-5　IGBT 的部分开关特性参数（结温为 25℃）

符号	项　　目	说　　明
Q_G	栅极充电电量（Total Gate Charge（Turn-on））	为了使 IGBT 开通，栅极充电的电荷量
Q_{GE}	栅极-发射极充电电量（Gate-Emitter Charge（Turn-on））	IGBT 单次开通时，栅极-发射极间充电的电荷量
Q_{GC}	栅极-集电极充电电量（Gate-Collector Charge（Turn-on））	IGBT 单次开通时，栅极-集电极间充电的电荷量
$t_{d(on)}$	开通延迟时间（Turn-on Delay Time）	IGBT 开通时，U_{GE} 上升到 0V 后，集电极电流上升到最大值的 10%时的时间
t_r	上升时间(Rise Time)	IGBT 开通时，从集电极电流上升到最大值的 10%开始，到 U_{CE} 下降到最大值的 10%为止的时间
t_{ri}	上升时间（Rise Time）	IGBT 开通时，从集电极电流上升到最大值的 10%时开始，到 90%为止的时间
$t_{d(off)}$	关断延迟时间（Turn-off Delay time）	IGBT 关断时，从 U_{GE} 下降到最大值的 90%开始，到集电极电流下降到 90%为止的时间
t_f	下降时间（Fall Time）	IGBT 关断时，集电极电流从最大值的 90%开始，下降到 10%为止的时间
E_{on}	开通损耗（Turn-on Switching Loss）	IGBT 单次开通的能量损耗
E_{off}	关断损耗（Turn-off Switching Loss）	IGBT 单次关断的能量损耗
E_{ts}	总开关损耗（Total Switching Lose）	IGBT 一次开关过程中的总损耗
C_{ies}	输入结电容（Input Capacitance）	栅极和发射极之间的电容
C_{oes}	输出结电容（ Output Capacitance）	集电极和发射极之间的电容
C_{res}	反向传输结电容（Reverse Capacitance）	集电极和栅极之间的电容

表 1-6　EUPEC 公司 IGBT（模块）技术参数

型号	U_{CES}/V	U_{GE}/V	I_C(@25℃)/A	I_C(@100℃)/A	$U_{CE(sat)}$ max/V	$t_{d(on)}$/μs	$t_{d(off)}$/μs	t_f/μs
FF200R33KF2C	3300	±20	330	200	5	0.28	1.55	0.2
FF400R33KF2C	3300	±20	660	400	5	0.28	1.55	0.2
FZ200R65KF1	6500	±20	400	200	5.9	0.75	5.5	0.4
FZ400R65KF1	6500	±20	800	400	5.9	0.75	5.5	0.4
FZ600R65KF1	6500	±20	1200	600	5.9	0.75	5.5	0.4

绝缘门极双极型晶体管（IGBT）兼有电力 MOSFET 高输入阻抗特性（电压控制型）及双极型器件优良的通态特性，同时开关频率也远高于 GTO 元件，是一种比较理想的适用于铁道牵引变流器的器件。GTO 元件和 IGBT/IPM 元件的基本性能比较如表 1-7 所示。

表 1-7　GTO 与 IGBT/IPM 元件基本性能比较

项目	GTO 元件	IGBT 元件	IPM 元件
电压	9000V	6500V	3300V
电流	3000～4000A（可关断电流）	1200A	1200A
开关频率、开关损耗	200～300Hz、大	1～2kHz、小	1～2kHz、小
通态压降、通态损耗	不高，约 3V、小	略高，大于 3V、大	略高，大于 3V、大
吸收回路体积、价格、功耗	大、高、大	小、低、小	小、低、小
驱动方式、功耗	电流控制型，驱动复杂、体积大、功耗大	电压控制型，体积小，功耗小	电压控制型，集成在模块内功耗小
di/dt，du/dt 限制	需要吸收回路和限流电抗器	可不需要吸收电路和限流电抗器	可不需要吸收电路和限流电抗器
保护功能	平板式，需外设绝缘	绝缘式模块	绝缘式模块
抗短路能力	靠外部检测，能力差	驱动模块直接检测 U_{CE}，能力强	模块内有短路检测，能力强

IGBT（或 IPM）迅速发展，在轨道车辆上已形成替代 GTO 的趋势。在结构上，IGBT 将复合型、模块化；在性能上，IGBT 容量和工作频率不断提高，通态压降不断降低。目前常用于轨道车辆的牵引变流器的 IGBT 器件容量为 3300V/1200A、6500V/600A 等多个等级。IGBT 逆变器的体积与重量要比 GTO 逆变器的减少一半，总损耗也低，IGBT 的耐压不如 GTO 时，可采用主电路的三点式代替两点式，如 CRH_2 动车组主变流器。而且 IGBT 的耐压也在不断提高，如 CRH_5 动车组采用的 IGBT 额定电压为 6500V。

需要指出的是，IGBT 开关频率的提高，带来了很多好处。例如，PWM 调制频率提高，在电机侧，可使电机电流的高次谐波减少，使电机的损耗，噪声下降；在电网侧，可降低电网电流的谐波，减小等效干扰电流，减少变压器的损耗和噪声。

目前，IGBT 牵引变流器的输出功率超过 1200kW，各种不同功率等级的 IGBT 变流器几乎覆盖了从城市轻轨、地铁动车，直到干线电力机车、动车组及内燃机车等各种轨道车辆。可以预见，在轨道车辆牵引领域，IGBT 替代 GTO 是必然趋势。

IGBT 技术的发展趋势向高开关频率、高电压、大电流、智能化方向发展。目前已经发展到第五代 IGBT，目的是力争使开关特性与 MOSFET 相同，饱和导通压降与晶闸管相同。主要通过采用下列技术来实现：①加工工艺更精细，现在功率器件主要采用 1μm 以下的加工尺寸，向亚微米工艺发展；②采用沟槽式栅极结构缩小芯片尺寸，提高电流密度；③采用新材料来替代硅。IGBT 相继出现了 U-IGBT、NPT-IGBT、FS-IGBT、IEGT、SDB-IGBT、超快速 IGBT、IGBT/FRD 和 IGBT 大功率智能模块，包括智能功率模块 IPM、电力电子积木 PEBB、电力模块 IPEM 等。

新的智能 IGBT 模块通常包括：①连接功率器件和控制电压的接口电路；②过电流保护电路、过热保护电路；③上、下桥臂的信号分配电路(防上、下桥臂间短路)；④电路用电源；⑤PWM 控制电路；⑥过载变换(负载和模块自身保护电路)；⑦过电压保护电路(直流电压异常增加时，模块本身的保护电路)等。

1.8　智能功率模块

智能功率模块(Intelligent power Module，IPM)是先进的混合集成功率器件，其功能框图如图 1-84 所示。IPM 以 IGBT 为基础，内部集成了逻辑、控制、检测和保护电路。而在普通 IGBT 模块的使用中，单单这些保护功能，就使电路十分复杂、体积大，而且其可靠性也差。与普通 IGBT 相比，在系统性能和可靠性上均有很大的提高，而且通态损耗和开关损耗较小，体积也小。它本身具有短路、过流、过热、欠压及电流实时控制等完善的保护功能，使用 IPM 模块，仅需要提供各桥臂对应 IGBT 的驱动电源和相应的开关控制协作，系统的可靠性得到进一步提高，大大方便了系统的设计和应用。目前，日本新干线 E2 系高速动车和 CRH_2 动车组的牵引变流器即采用 IPM 元件。

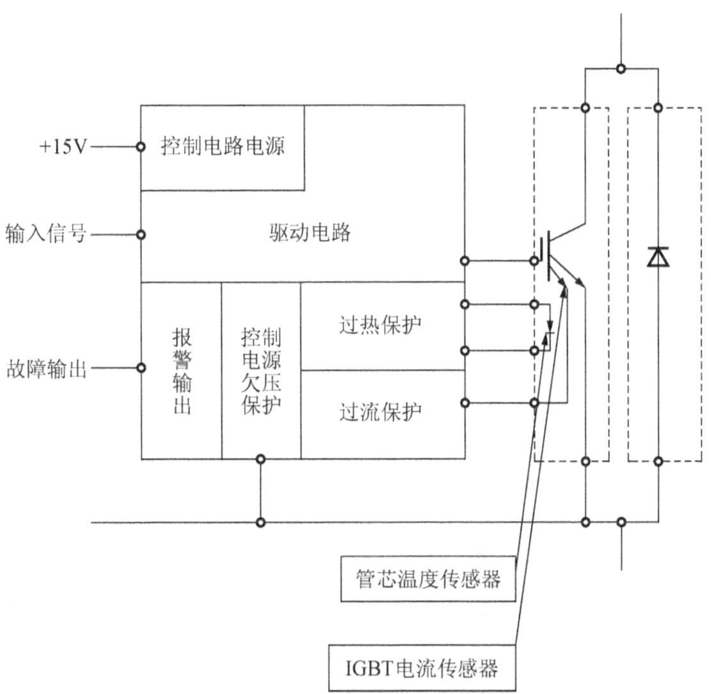

图 1-84　智能功率模块 IPM 的功能框图

与 IGBT 器件相比，IPM 具有以下结构特点及优点：IPM 由高速低功耗的管芯、优化的门极驱动电路及快速保护电路构成。IPM 内的 IGBT 芯片都选用高速型，而且 IGBT 导通压降小，功耗小；驱动电路紧靠 IGBT 芯片，驱动延时小，开关速度快；元件数目少，体积小；驱动回路、故障检测保护均为专用集成回路，配备在功率芯片附近，器件布局合理，无外部驱动线，抗干扰能力强，工作可靠性高。

IPM 中的 IGBT 是具有电流传感功能的 Sense IGBT，实现了高效的过流保护和短路保护，IPM 结构示意图如图 1-85 所示。IGBT 是由许多元胞集成并联而成的，并且在一定的电流以上具有通态压降的正温度系数。利用这些结构和性能上的特点，将 IGBT 的 n 个元胞中的一个引出一个传感电流的电极，即图 1-85 中的 Sense 电极(E_s：检测电流输出)。流过该 Sense 电极的电流就应该大约保持为 $1/n$ 的总集电极电流。较小的传感电流流过较大的电阻 R_S，即可获得适当幅值的传感电流信号，但在电阻 R_S 上的功耗并不大。用这种方法进行过流及短路电流检测比较准确，成本也比较低，并且在 IGBT 的物理近端来实现过流保护的栅极信号处理，效果最好。

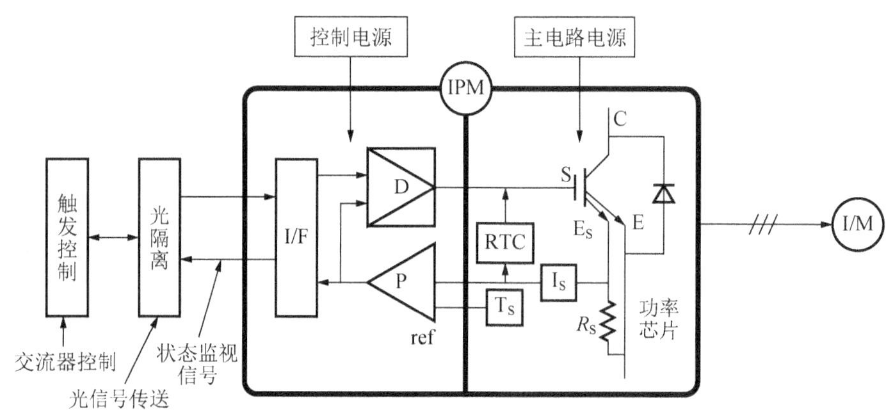

图 1-85　IPM 结构示意图

D-驱动单元；P-状态检测；I_S -电流检测；T_S -温度检测；RTC-电流实时控制；E_S -检测电流输出；I/F-输入/故障输出信号；I/M-逆变器/电机

IPM 还具有以下保护功能。

(1)过流保护(OC)。与 IGBT 使用外部的电流传感器不同，IPM 过流保护通过内置的电流传感器，若电流较大，超过一定阈值，并持续大于一定时间 $t_{off(OC)}$，内部的 IGBT 就会被软关断，并且输出故障信号。为避免发生过大的 di/dt，IPM 通常采用软关断。保护动作闭锁期间，即使有控制信号输入，IGBT 也不工作。

(2)短路保护(SC)。如果发生短路，比如负载短路或控制系统故障使上下桥臂直通，IPM 的短路保护会将 IGBT 关断，流过 IGBT 的电流值超过短路动作电流，则立刻发生短路保护，封锁门极驱动电路，同时输出一固定宽度的故障信号。跟过流保护一样，为避免发生过大的 di/dt，IPM 通常采用软关断。由于使用内置的电流检测，相比普通 IGBT 使用外部熔丝或传感器的短路保护，可靠性得到提高。通常，新型 IPM 为减小短路保护的电流检测和故障动作间的响应时间，IPM 内部采用电流实时控制电路(RTC)，使响应时间小于 100ns，从而有效抑制了电流和功率峰值，提高了保护效果。

(3)过热保护(OT)。过热保护内置在 IPM 模块内，在靠近内部的 IGBT 的绝缘基板上安装一个温度传感器，当 IGBT 管芯过热时，IPM 将封锁门极驱动电路，输出故障信号。通常直到温度恢复正常，低于过热复位值时，才恢复正常工作。

(4) 驱动电源欠压保护(UV)。当驱动信号低于驱动电源电压(一般为+15V)一定值并超过一定时间时，发生欠电压保护，封锁门极驱动电路，输出故障信号。小毛刺干扰时间需要小于规定的时间 t_{dUV}，欠压保护电路在控制电源上电和掉电期间都要保持工作。

(5) 上下桥臂互锁保护。同一半桥的上下 IPM 桥臂的驱动信号互锁，防止发生直通。IPM 的使用比较方便，IPM 的触发信号可和 TTL 电平兼容，通常只需要一个+15V 的单电源即可，不需要反偏电源。IPM 具有自动保护和自动恢复的功能，并可输出故障信号。一般通过光电耦合集成电路将脉冲输入信号隔离。图 1-85 中的 IPM 仅有一路 IGBT，实际上，IPM 往往含有多个 IGBT，可以构成一相或三相逆变器的专用功能模块，尤其适合于电动机变频调速装置的需要。其内部有多路 DC/DC 变换器，并采用单正电源 IGBT 物理近端栅极驱动技术，IPM 只需要一个电源即可驱动其内部的 IGBT。但存在着内部死区时间及过流、短路保护阈值不可由用户调节的缺陷，往往用于定型逆变器类产品。

IPM 与 IGBT 在使用上的区别还在于，若 IGBT 损坏，通常损坏到 IGBT 的电压电流一定能将电源驱动板上隔离电路上的光耦损坏，而不再起保护作用，必须同时更换。因为 IPM 内置了驱动电路，若 IPM 损坏，则电源板不一定损坏。IPM 与 IGBT 相比，结构紧凑，设计简化，维修简单，但集成的东西多，故障出错的概率反倒大，因为内部一旦有一个小故障，往往整个模块不能使用。例如，一旦内置的过流保护部分损坏，即使内部 IGBT 是好的，IPM 也不能用。而且普通 IGBT 的好坏易于测量和判断，而 IPM 的测量却难以测量和判断。

综上所述，电力半导体技术的进步，为高速列车牵引动力的发展不断注入生机。

1.9 电阻元件、电感元件与电容元件

电阻、电感、电容是构成整流电路、直流斩波电路、逆变电路的重要元件。例如，不同的负载形式(R 负载、R-L 负载等)对整流电路输出波形的影响很大，同时还会影响功率因数等参数；在直流斩波电路中，如果不加电容或电感，输出波形会有很大变化，电路甚至不能正常工作；在逆变电路中，为保证电感的续流通道，必须要在开关元件反并联二极管；还有用 LC 组成的滤波器、PWM 整流电路中的 LC 二次谐振滤波器及在软开关电路中的 LC 谐振等。电感、电容对功率开关元件的开关特性、缓冲电路等保护电路也有一定的影响。因此很有必要对它们的特性进行介绍。

电阻元件是具有消耗电能的性质(电阻性)。对于电感元件具有通过的电流要产生磁场进而存储磁场能量的性质(电感性)。电容元件具有在其上加了电压要产生静电场进而存储电场能量的性质(电容性)。电阻元件是耗能元件，而电感和电容是储能元件。

1.9.1 电阻

作用在电阻上的电压 u 和电流 i 服从欧姆定律：

$$u = i \cdot R \text{ 或 } i = G \cdot u \text{ (欧姆定律的积分形式)}$$

其中，R 为电阻，单位是欧姆(Ω)；G 为电导，是电阻的倒数，单位是西门子(S)，也称姆欧，取电阻单位欧姆倒数之意。

设交流电流的表达式为 $i = I_m \sin(\omega t + \phi)$，则电阻电压的表达式为

$$u = RI_{\mathrm{m}}\sin(\omega t + \phi) = U_{\mathrm{m}}\sin(\omega t + \phi)$$

作用在电阻元件的电压u和电流i同相位，且呈线性关系。

功率表达式为$P = ui = i^2R$，始终为正。在一个周期T内消耗的电能表示为

$$Q = \int_0^T ui\mathrm{d}t = \int_0^T i^2R\mathrm{d}t = I^2T \text{（焦耳定律）}$$

其中，I为有效值，电能Q全部消耗在电阻上，转换为热能。

金属导体的电阻与导体的尺寸及材料的导电性能有关，即

$$R = \rho\frac{l}{S}$$

其中，ρ为电阻率，单位为欧姆·米（Ω·m）；l为电阻的长度；S电阻的横截面积。电阻率和电阻是两个不同的概念，电导率ρ是描述导体本身的性质，只取决于导体的材料(铜、铝、铁等)及温度；电阻则描述一段导体的性质，除依赖导体的材料和温度外，还与该导体的形状、长短及粗细有关。电阻率的倒数称为电导率，表示为

$$\gamma = \frac{1}{\rho} = qn\mu$$

其中，γ为电导率，为电阻率的倒数，单位是西门子每米（S/m）；q为电子的电量；n为导电电子的密度；μ为导电电子的迁移率(导电电子在单位电场中的漂移速度)。

$$J = \gamma E \text{(欧姆定律的微分形式)}$$

其中，J为电流密度；E为电场强度。

1.9.2 电感

电力电子中的各种电能变换电路都广泛使用电感，如整流电路中的平波电抗器、直流斩波器、脉冲整流器等，用来完成滤波、储能放能、能量吸收、改善波形或电路性能等功能。

设有一个单匝线圈，当它的磁通Φ发生变化时，线圈中就要产生感应电动势。由实验测得，感应电动势e的大小等于磁通的变化率，并且感应电动势e的方向与磁通Φ的正方向之间符合右螺旋定则，即

$$e = -\frac{\mathrm{d}\Phi}{\mathrm{d}t}$$

磁通Φ的单位是伏·秒，通常称为韦伯(Wb)。如果线圈有N匝，并且绕得比较集中，可以认为各匝的磁通相同，整个线圈的感应电动势为单匝感应电动势的N倍，即

$$e = -N\frac{\mathrm{d}\Phi}{\mathrm{d}t} = -\frac{\mathrm{d}\psi}{\mathrm{d}t}$$

其中，$\psi = N\Phi$，称为磁链，即与线圈各匝相链的磁通的总和。通常磁链或磁通是由线圈的电流i产生的，当线圈中没有铁磁材料时，ψ或Φ与i呈正比的关系，即

$$\psi = N\Phi = Li \quad \text{或} \quad L = \frac{\psi}{i} = \frac{N\Phi}{i}$$

其中，L称为线圈的电感，也常称为自感，单位是亨利(H)、毫亨(mH)或微亨(μH)。由$\psi = Li$可以得出电感的电动势为

$$e_{\mathrm{L}} = -\frac{\mathrm{d}\psi}{\mathrm{d}t} = -L\frac{\mathrm{d}i}{\mathrm{d}t}$$

由电磁场理论的毕奥-萨伐尔定理可以推出(通过安培环路定理也同样可以推出)，对于细

长螺线管内部的磁场均匀分布，且 $B \approx \mu n i = \mu \dfrac{N}{l} i$，因此 $H = \dfrac{B}{\mu} = \dfrac{Ni}{l}$，其中，$H$ 为磁场强度；B 为此感应强度；$n = \dfrac{N}{l}$ 为单位长度的匝数。由 $\Phi = BS = \mu HS$ 及上述关系，可以推出

$$L = \frac{\psi}{i} = \frac{N\Phi}{i} = \frac{NBS}{i} = \frac{N\mu HS}{i} = \frac{N\mu NiS}{li} = \frac{\mu N^2 S}{l} = \mu n^2 V$$

其中，$V = Sl$，因此电感的表达式为

$$L = \frac{\mu S N^2}{l} = \frac{\mu_0 \mu_r S N^2}{l}$$

其中，μ 为介质磁导率，单位是亨每米(H/m)；μ_0 为真空的磁导率；μ_r 为介质的相对磁导率；S 为电感线圈的截面积(m^2)；N 为匝数；l 为长度(m)。

设电流的表达式为 $i = I_m \sin(\omega t + \phi)$，则电感的电动势表达式为

$$e_L = -L\frac{\mathrm{d}i}{\mathrm{d}t} = -L\frac{\mathrm{d}(I_m \sin(\omega t + \phi))}{\mathrm{d}t} = -\omega L I_m \cos(\omega t + \phi) = \omega L I_m \sin\left(\omega t + \phi - \frac{\pi}{2}\right)$$

电感电压 u_L 与电感电动势 e_L 大小相等，方向相反，因此电感电压 u_L 为

$$u_L = -e_L = L\frac{\mathrm{d}i}{\mathrm{d}t} = \omega L I_m \sin\left(\omega t + \phi + \frac{\pi}{2}\right)$$

因此电感的电压与电流相比，相位角超前 90°，用矢量可以表示为

$$\dot{U}_L = \dot{I}_L \cdot \mathrm{j}X_L = \dot{I}_L \cdot \mathrm{j}\omega L = \dot{I}_L \cdot \omega L \angle 90^\circ$$

设 t 时刻电感电流为 I，电感的能量可以表示为

$$\int_0^t u_L i\,\mathrm{d}t = \int_0^t L\frac{\mathrm{d}i}{\mathrm{d}t} i\mathrm{d}t = \int_0^I Li\mathrm{d}i = \frac{1}{2}LI^2$$

当电感元件中的电流增大时，磁场能量增大。在此过程中，电能转换为磁能，电感元件从电源吸取能量。$\dfrac{1}{2}LI^2$ 就是磁场能量。当电流减小时，磁场能量减小，磁能转换为电能，电感元件向电源释放能量。

电感串联的表达式：电感串联，电流 i_L 相等，电感的电压 u_L 是相加的关系。根据 $u_L = L\dfrac{\mathrm{d}i_L}{\mathrm{d}t}$ 的关系，可以推出

$$L_S = L_1 + L_2 + L_3 + \cdots$$

电感并联的表达式：电感并联，电压 u_L 相等，而电流 i_L 是相加的关系，根据 $i_L = \dfrac{1}{L}\int_0^t u_L \mathrm{d}t$ 的关系，可以推出

$$\frac{1}{L_P} = \frac{1}{L_1} + \frac{1}{L_2} + \frac{1}{L_3} + \cdots$$

在电力电子装置中，常用的电感包括滤波电感、储能电感、磁珠、高频变压器等。

1)储能电感

通常 DC/DC 变换器常用电感 L 作为储能电感。储能电感的选择与具体的电流结构有关。例如，对于升压(Boost)变换器，电感电流临界连续的临界电感为 $\dfrac{D(1-D)^2 R}{2f_s}$。进一步当已知

输出电压U_o、输入电压U_d、开关频率f_s、纹波电流为ΔI_L(峰-峰)时，可以进一步确定电感为

$$L = \frac{U_d}{\Delta I_L} DT_s = \frac{U_o D(1-D)}{\Delta I_L f_s}$$

2)磁珠

磁珠的全称为铁氧体磁珠滤波器，普通的电感是由铁心和线圈组成，而磁珠是铁氧体材料(或非晶合金)与导线在高温下烧结而成的，磁珠具有高频损耗大、高电阻率、高磁导率和通低阻高的特点，将磁珠串联在信号或电源的通路中，能在极宽的频带范围内有效抑制噪声干扰。

在电路功能上磁珠和普通电感原理相同，只是频率特性不同。电感是一种储能元件，用于 L-C 振荡电路，中低频的滤波电路等；而磁珠专用于抑制信号线、电源线上的高频噪声和尖峰干扰，还具有吸收静电脉冲的能力，一般用来吸收超高频信号。磁珠有很高的电阻率和磁导率，磁珠可等效为电感与电阻的串联电路，其等效电感和等效电阻与磁珠的长度呈比例关系，Z表示阻抗，R为损耗电阻，X_L为感抗。其中，$X_L = 2\pi fL$，$Z = \sqrt{R^2 + X_L^2}$。电阻值和电感值随频率而变化。在低频时呈感性，高频时呈阻性。在低频段，R 很小，磁心的磁导率较高，电感量很大，L 起主要作用，电磁干扰受到抑制，而不会影响数据线或信号线上的信号传输，整个器件是一个低损耗、高特性的电感；到高频段，随频率的升高，磁导率降低，电感量减小，感抗成分减小，磁心损耗增加，电阻成分增加。比如在 10MHz 以上的高频段，其感抗很小，但等效电阻却迅速增加，导致总阻抗增大，使高频电磁干扰被吸收并转换成热能的形式消耗掉。而此时对低频信号的阻抗可忽略不计，不影响电路的正常工作。因此，磁珠可等效为低通滤波器，允许直流电流通过而将高频噪声滤掉。

磁珠/磁环滤波器性能优于普通滤波电感。滤波电感容易产生谐振而形成新的干扰源，电磁干扰滤波器中共模电感的作用是将电磁干扰反射回信号源，属于反射型滤波器；磁珠不会产生谐振，而对高频成分具有吸收作用，通过磁珠内部的等效电阻而将谐波的能量消耗掉，也称为吸收型滤波器。滤波电感是把交流电能存储起来，缓慢地释放；而磁珠是将高频能量转换为电涡流并以热量的形式散发掉，也称耗能器件，涡流损耗与噪声频率的平方成正比。因此磁珠是按照它在某一频率产生的阻抗来度量的，单位是Ω，而不是 H。而普通电感为存储能量的元件，也称储能元件。磁珠的最高工作频率可达 1GHz，而电感的工作频率一般不超过 50MHz。

磁珠/磁环一般接在产生尖峰脉冲的主回路(输出回路)中，利用其电感抑制尖峰电流的上升率，从而抑制开关噪声，也称为主动抑制型。而电磁干扰滤波器只能被动地抑制干扰，也称为被动抑制型。多个磁珠可以串联或并联使用，磁珠应安装在靠近干扰源的地方。在电磁兼容性(EMC)设计中，磁珠/磁环在抑制高频干扰中很常用。磁珠分为管状、片状、排状(磁珠阵列，俗称磁珠排)等多种类型。管状磁珠又分为单孔珠、双孔珠、多孔珠，其外形呈管状，引线穿心而过。片状磁珠分通用型、尖峰型和大电流型三种类型。磁珠阵列是将多个(如 2、4、6、8 个)磁珠封装在一起而制成的集成化片式器件。

此外，电感按照导磁体性质又分为空心线圈、铁氧体线圈、铁心线圈、铜心线圈等。其中空心线圈电感不会发生磁链饱和现象。而其他几种线圈当励磁电流很大时，可能发生磁链饱和现象。

高频变压器的特性在第 3 章介绍。

1.9.3　电容

电容器极板上(由绝缘材料隔开的两个金属导体)上所储存的电量Q与其上电压u_C成正比，即

$$C=\frac{Q}{u_C}$$

其中，C称为电容，电容的单位为法拉(F)、微法(μF)或皮法(pF)。电容的大小与极板的尺寸及其间介质的绝缘性能有关。电容的大小为

$$C=\frac{\varepsilon S}{d}$$

其中，S为极板面积(m^2)；d为极板间距离(m)；ε为介质的介电常数(F/m)。

当极板上的电量Q或电压u_C发生变化时，在电路中就要引起电流：

$$i_C=\frac{dQ}{dt}=C\frac{du_C}{dt}$$

$$u_C=\frac{1}{C}\int_0^t i_C dt$$

设t时刻，电容电压为U，电容上储存的能量为

$$\int_0^t ui dt=\int_0^U Cu du=\frac{1}{2}CU^2$$

$\frac{1}{2}CU^2$就是电容元件极板间的电场能量。当电容电压升高时，电场能量增加，电容元件从电源取用能量(充电)；当电压降低时，电场能量减小，电容向电源释放能量(放电)。

当电容上通交流电压时，设电容电压的表达式为$u=U_m\sin(\omega t+\phi)$，则电容电流的表达式为

$$i_C=C\frac{du_C}{dt}=C\frac{d(U_m\sin(\omega t+\phi))}{dt}=CU_m\cos(\omega t+\phi)=\omega CU_m\sin\left(\omega t+\phi+\frac{\pi}{2}\right)$$

$$=\frac{U_m}{\frac{1}{\omega C}}\sin\left(\omega t+\phi+\frac{\pi}{2}\right)=\frac{U_m}{X_C}\sin\left(\omega t+\phi+\frac{\pi}{2}\right)$$

因此，电容的电流i_C与电压u_C相比，相位角超前90°，用矢量可以表示为

$$\dot{I}_C=\dot{U}_C\cdot jX_C=\dot{U}_C\cdot j\frac{1}{\omega C}$$

$$\dot{U}_C=\dot{I}_C\cdot\frac{1}{j\omega C}=\dot{I}_C\cdot(-j)\frac{1}{\omega C}=\frac{\dot{I}_C}{\omega C}\angle-90^\circ$$

对于角频率为ω的交流电流$\dot{I}$，电阻R、电感L、电容C产生的交流电压的矢量关系如图1-86所示。

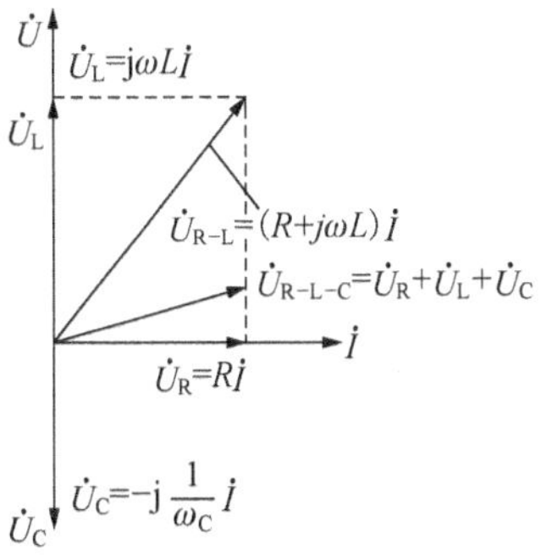

图1-86　电阻、电感、电容电压与交流电流的矢量关系

电容串联的表达式：电容串联，电流i_C相等，电容的电压u_C是相加的关系。根据$u_C=\frac{1}{C}\int_0^t i_C dt$的关系，可以推出串联电容$C_S$为

$$\frac{1}{C_S}=\frac{1}{C_1}+\frac{1}{C_2}+\frac{1}{C_3}+\cdots$$

电容并联的表达式：电容并联，电压u_C相等，而电流i_C是相加的关系，根据$i_C=C\frac{du_C}{dt}$的关系，可以推出并联电容C_P为

$$C_P=C_1+C_2+C_3+\cdots$$

电力电容器可以进行无功功率补偿、提高功率因数，降低电网的有功损耗，同时还能提高变压器和电力线路的容量利用率，减少电压降，在电力系统中得到广泛的应用。而在电力电子装置中也大量地使用电容来实现滤波、稳压等功能。

1) 电容的用途

电容的用途非常广泛，如输入滤波电容器、输出滤波电容器、耦合电容器、旁路电容器、退耦电容器、消噪电容器、振荡电容器、软启动电容器、频率补偿电容器、如体电容、安全电容器(含 X 电容器和 Y 电容器)等。

电力电子装置产生的电磁干扰(EMI)，按导电回路又分为差模 EMI 和共模 EMI。差模 EMI 的回路由相线与回线(信号地线)构成；而共模 EMI 的回路是相线或回线与地线(大地、金属箱体、参考地线板等参考电位)构成的。差模 EMI 是由电力电子装置产生的脉动电流引起的干扰信号，叠加在被测信号上，通过测量输入通道一起进入测量系统；而共模 EMI 的产生原因如下：①不具有对地电位的双端输出的差分放大器和不平衡电桥等信号源产生；②电场或磁场通过分布电容、电感、互感感应到双输入线；③被测信号与测量仪器距离较远，不共地或接地系统的导体电阻较大或电流较大造成两接地点的电位差，产生共模干扰电压。

对于电力电子装置的传导干扰中，除差模干扰引起电路故障外，更要考虑共模干扰。原因是共模电压在电路不平衡时，会在信号地线上产生不同幅度的共模电流，从而形成差模电压形成干扰，并且共模电流经大地构成回路，容易形成天线效应，产生比差模噪声更严重的辐射型 EMI。特别是与机车相比，采用动力分散的动车组电缆线距离比较长。因此通常采用安装 EMI 滤波器或采用屏蔽电缆的方法来抑制共模 EMI。

一种抑制差模干扰信号和共模干扰信号普遍有效的方法是在输入电路中加装 EMI 滤波器。EMI 滤波器通常是由电感、电容组成的低通滤波器，对差模干扰和共模干扰都有很好的衰减作用。一种典型的输入 EMI 滤波器的电路结构如图 1-87 所示，通常包括共模扼流圈(共模电感)、差模电容C_x和共模电容C_y，(能滤除电网线之间串模干扰(也称作差模干扰)的电容器，称作 X 电容器。能滤除共模干扰的电容器，称为 Y 电容器；X 电容器和 Y 电容器统称为安全电容器)。其中共模扼流圈是在一个铁氧体磁环(闭磁路)的上下两个半环上，分别绕制相同匝数但绕向相反的两根导线(如直流供电的电源线和地线，或交流供电的火线和零线)，两个线圈的磁通方向一致，两根导线中流进和流出的电流在磁心中产生的磁力线方向相反、强度相同，磁心中总的磁感应强度为零，磁心不会饱和；当共模干扰出现时，磁心中产生的磁力线方向相同，总电感迅速增大产生很大的感抗。从而可以抑制共模干扰，但对差模干扰及工作电流不起作用，因此称为共模扼流圈。

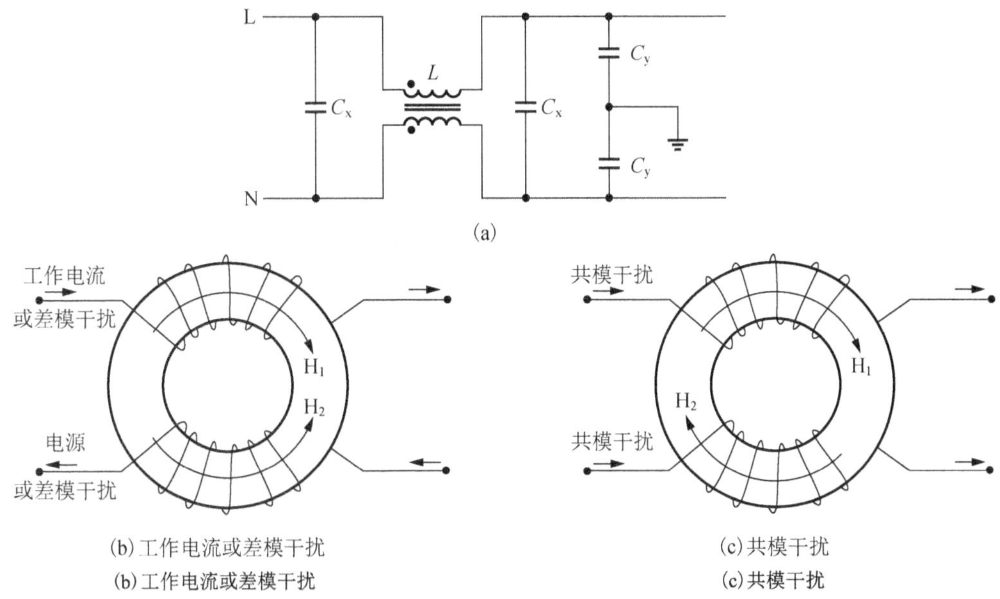

(b) 工作电流或差模干扰
(c) 共模干扰

图 1-87　一种典型的 EMI 滤波器结构

图 1-88 和图 1-89 是 CRH_5 充电机的输入输出滤波原理和布局，EMI 输入滤波器的功能是减少充电机的三相电源线的 EMI 输入/输出干扰；EMI 输出滤波是减小充电机输出的高频干扰。

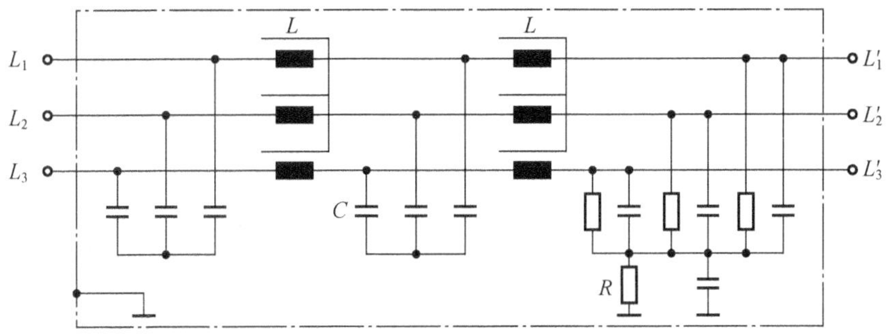

图 1-88　CRH_5 充电机 EMI 输入滤波器的原理图

在动车组上采用动力分散，110V 电缆连接线比较长，为防止产生天线效应，需要同时滤除 110V 直流电缆的 110V 和 0V 之间的差模和共模干扰，经常采用 3 针 EMC 电容，如图 1-90 所示，左边的 1 个电容滤除差模干扰，右边的 2 个电容分别滤除 110V 与地之间、0V 与地之间的共模干扰。

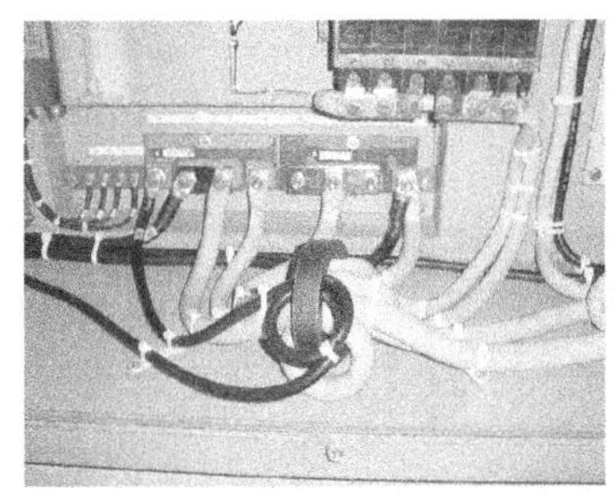

图 1-89　CRH_5 充电机 EMI 中压输出滤波器布局

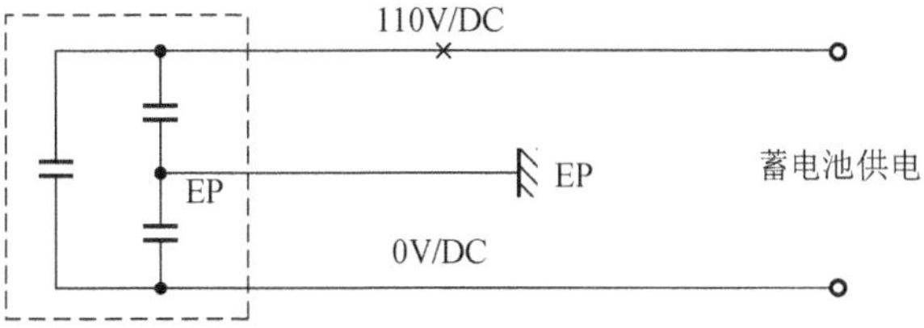

110V/DC
EP
EP
蓄电池供电
0V/DC

图 1-90　动车组采用的三针 EMC 电容

此外，电力电子电路中，经常采用电容或 L-C 滤波器来滤波。轨道车辆的交直交传动系统中，还大量采用支撑电容来保持直流环节电压的稳定。

2) 电容的分类

电容器一般可以分为无极性的普通电容器和有极性的电解电容。普通电容器分为固定电容器、半可变电容器(微调电容器)、可变电容器。按照电容器介质材料来划分，主要有纸介电容器、铝电解电容器、钽电容器、陶瓷电容器(含多层陶瓷电容器)、薄膜电容器、涤纶电容器 、聚苯乙烯电容器和贴片电容器等。纸介电容器的高频交流损耗大，一般限于低频滤波电路。铝电解电容器价格低廉，常用作输入或输出滤波电容器及旁路电容器。钽电容器的高频特性远优于铝电解电容器，但价格较高、容量范围较窄(几百微法以下)，额定电压较低。振荡电容器和旁路电容器可选陶瓷电容器。多层陶瓷电容器的等效串联电阻(R_{ESR})很低且容量可达几百微法，可代替钽电容。薄膜电容器是以塑料为介质的电容器，常见的有涤纶电容器、聚乙烯电容器、聚苯乙烯、聚丙烯、聚四氟乙烯电容器、聚碳酸酯电容器等，其中聚丙烯电容器的质量较好。贴片电容器的体积较小，适用于低压领域。

3) 电容器的损耗

电容器的损耗有两种。

(1) 一种为介质损耗，即绝缘材料在电场作用下由于介质电导和介质极化的滞后效应引起的能量损耗。介质损耗可用损耗角正切($\tan\delta$)来表示，等于电容器的有功功率与无功功率之比。普通电解电容器的 $\tan\delta$ 为 0.1～0.2；纸介电容器为 0.005～0.05；云母电容器为 0.0002～0.002， $\tan\delta$ 越小，损耗越低。高频电路应选 $\tan\delta$ 小的电容器。

(2) 另一种是电容器的等效串联电阻(R_{ESR})造成的损耗。由于 R_{ESR} 的存在，电容器在充、放电过程中产生功率损耗 I^2R_{ESR}，引起电容器发热，电力装置效率降低。R_{ESR} 与频率、温度、额定电压及连接方式有关。

假定某电力装置开关频率为 100kHz，要求输出纹波电流为 1A(峰-峰值)，纹波电压为 50mV(峰-峰值)，其电荷变化量为 $\Delta Q=\Delta I\cdot T=1\text{A}\times(1/100\text{kHz})=10\mu\text{C}$。若不考虑 R_{ESR}，则所需电容量 $C=\Delta Q/\Delta U=10\mu\text{C}/50\text{mV}=200\mu\text{F}$。假定单只电容器在室温下的 R_{ESR} 典型值为 100mΩ，则纹波电压为 $\Delta U=\Delta I\cdot R_{ESR}=100\text{mV}>50\text{mV}$。虽然电容容量能满足要求，但由于 R_{ESR} 的原因，显然不能满足要求。因此考虑到为了降低 R_{ESR}，经常采用多个电容并联，如用 2 个 R_{ESR}=100mΩ 的 100μF 电容并联，既可以得到所需的电容，同时降低了 R_{ESR}。

4) 电解电容器的老化问题

电解电容正常工作时，漏电流很小。当电解电容器接近老化时，其容量下降，漏电流增大，输出纹波增大，成为影响电力电子设备寿命的主要因素之一。主要原因是内部电解质干涸而导致容量减小，当容量超出容差范围时即可判定电容器的寿命终止。电解电容器的寿命还与工作温度(平均温度)密切相关。安装电解电容器时应尽量远离功率器件等热源，并保持通风良好，多只电解电容器安装在一起时，电容器之间应留有间隙。例如，外径超过 Φ40mm 的电解电容器，空气间隙应大于 5mm。

5) 电容器的使用环境温度

一般纸介电容器的使用温度不宜超过 80℃，玻璃釉电容器可达 125℃，电解电容器受温度影响最大，0℃以下会使电解质结冰，电容量减小甚至消失。超过 60℃时电解液中水分蒸发，氧化膜变坏，漏电流增大。

6) 电容器损坏的原因

电容在过电压、过电流、温度过高、通风不良、老化、谐波分量过大或本身质量差等情况下，都容易损坏甚至爆浆。例如，电力电容器在投切时如果 du_C/dt 过大，会引起较大的电容充电电流容易损坏；或电容在滤波或谐振时，谐波电流过大也容易损坏，因此动车组的高压系统在车顶的 R-C 滤波器前往往加上快速熔断器以保护电容。操作过电压或分压不均也容易造成电容损坏，当均压电阻中有一个损坏时，互相串联的两组电容器上的电压分配不均，则电压较高的电容器容易损坏。如果电容器老化，漏电流将增大，使电容器将因严重发热而损坏。或由于电容器本身的质量较差(外壳绝缘损坏、密封不良和漏油、鼓肚和内部游离)等原因，容易造成电容的击穿或爆炸。电力电容器如果残留有电荷而带电荷合闸也容易引起电容的爆炸。此外还与具体电路有关，如当整流桥中有一个整流管被击穿时，整流后的电压将出现交流成分，滤波电容器如有极性的电解电容器上出现反向电压，滤波电容器因此而损坏。

7) 电容器的漏电流和漏电阻

一般非电解电容器的漏电阻很大，漏电流很小；而电解电容器的漏电流较大，因此常用漏电流来表示漏电阻的大小。例如，对于耐压值是 450V 的电解电容，当电容量为 10μF 时，允许漏电流为 0.5～0.75mA，对应的漏电阻为 600～900kΩ；当电容量为 30μF 时，允许漏电流为 1.0～1.5mA，对应的漏电阻为 300～450kΩ。

8) 电容的串、并联

(1) 电容的串联。当电容器的耐压值不能满足要求时，可采用串联的方法解决。总容量减少一半，耐压值却提高一倍，如图 1-91 所示。但因为串联的每个电容的漏电阻可能不同，造成的分压也不同，如果电容耐压值较低，可能把分压较高的那只电容先击穿，然后击穿另外一只电容。因此当电容串联时，要加均压电阻(也称均衡电阻)。均压电阻的大小应为电容器漏电阻的 1/10～1/3，使通过均压电阻的电流为电容器漏电流的 3～10 倍。高压滤波电容器的均压电阻一般取 100～500kΩ。

(2) 电容的并联。电容器并联可使电容的容量增加，同时使等效串联电阻 R_{ESR} 减小，但电容并联后的耐压值必须以最低的电容器为准。并联时同极性相接。例如，将 100μF/50V 的电解电容器与 50μF/150V 的电容并联，得到了相当于 150μF/50V 的电容。

9) 开关电容

基本开关电容单元可以等效为一个电阻。图 1-92 所示为开关电容单元，其中 ϕ_1 和 ϕ_2 为在一个开关周期 T_c 中不重叠的两相对时钟脉冲，在时钟周期 T_c 中，经过电容 C 从 1 端向 2 端传递的电荷量为

$$\Delta Q_C = C(U_1(t) - U_2(t))$$

而电流为

$$i_C(t) = \frac{\Delta Q_C}{T_c} = \frac{C(U_1(t) - U_2(t))}{T_c} = \frac{U_1(t) - U_2(t)}{T_c / C} = \frac{U_1(t) - U_2(t)}{R}$$

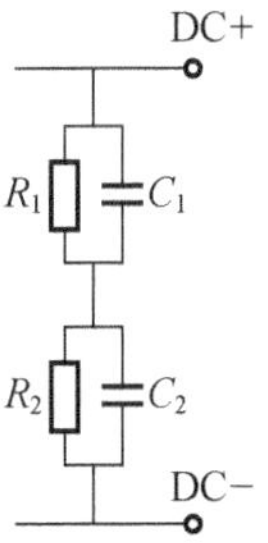

图 1-91　电容的串联及并联均压电阻

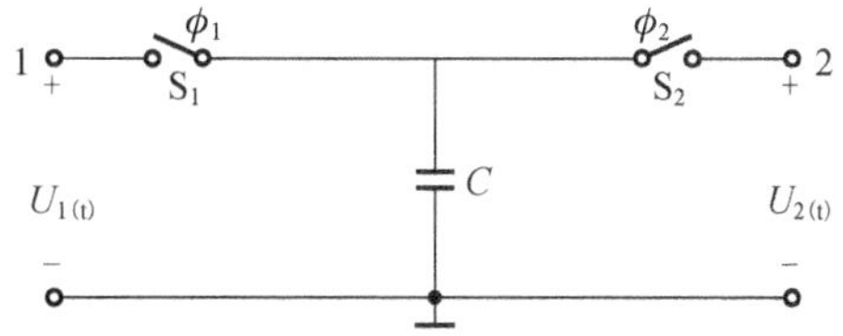

图 1-92　开关电容原理图

基本开关电容单元可以等效为一个电阻 $R \approx T_{c}/C$ 。因此有些场合可以用开关电容代替电阻。

10）电容对电感过电压的作用

图 1-93 为电感在开关 S 通电一段时间，电流上升到 I_0 后，开关 S 断开，此时电感的能量为 $W_{L}=\frac{1}{2}LI_{o}^{2}$ 。根据能量守恒的原理，电感的能量不会突然消失，此时电感会产生感应电压，u_{L} 的大小和线路的分布电容、线路电阻有关，遵循一个微分方程。为了简化分析问题，忽略电感和电路的电阻，此时电感和电容将形成振荡。经过半个周期，假设电感的能量全部转移到电容中，此时有 $W_{L}=\frac{1}{2}LI_{o}^{2}=\frac{1}{2}Cu_{C}^{2}$ ，电感的感应电压的大小与分布电容 C 有关，电感越大，分布电容 C 越小，电感产生的电压越高。此电压加到开关 S 上，有可能使开关 S 击穿产生电火花或电弧放电，形成电流，此时电感的最高电压由开关管的最高击穿电压决定，即使不击穿，也会降低开关器件的性能。所以常在电感两端反并联一个二极管进行续流来保护开关管。此外，实际上电感的能量还有一部分通过电感和电容的振荡，以电磁辐射的形式向外发射出去。

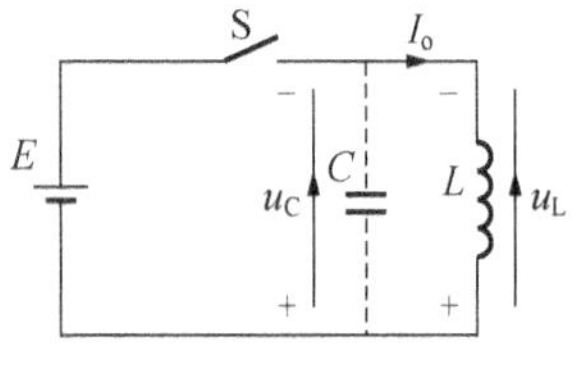

图 1-93　电路图

11）密勒(Miller)效应

在电子学中，在如图 1-94 所示的反相放大电路中，当有输入电流 I_i 时，输入与输出之间的分布电容或寄生电容由于放大器的放大作用，其等效到输入端的电容值会扩大 1+K 倍，其中 K 是该级放大电路的电压放大倍数。虽然一般密勒效应指的是电容的放大，但是任何输入与其他高放大环节之间的阻抗也能够通过密勒效应改变放大器的输入阻抗。

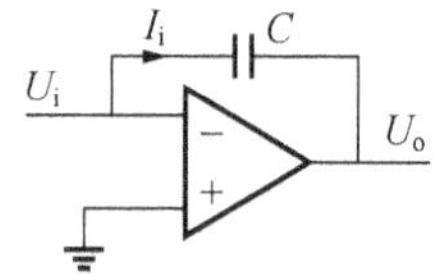

图 1-94　反向放大器的密勒效应

设反向放大器

$$U_{o}=-KU_{i}$$

$$Z=\frac{1}{\mathrm{j}\omega C}$$

$$I_{i}=\frac{U_{i}-U_{o}}{Z_{i}}=\frac{U_{i}(1+K)}{Z}=\frac{U_{i}(1+K)}{1/(\mathrm{j}\omega C)}$$

$$Z_{i}=\frac{U_{i}}{I_{i}}=\frac{Z}{1+K}=\frac{1}{(1+K)\mathrm{j}\omega C}=\frac{1}{\mathrm{j}\omega C_{M}}$$

$$\therefore C_{M}=(1+K)C$$

密勒效应的好处：①采用较小的电容来获得较大的电容，这种技术在集成电路设计中，可以减小芯片面积；②获得可控(受电压或电流控制)电容。

在电力电子器件分析中，密勒效应对 MOSFET 和 IGBT 的动态特性有一定的影响。例如，对于 MOSFET 和 IGBT：栅极 G 与漏极 D 之间的电容 C_{GD} 是密勒电容，C_{GD} 正好跨接在输入端(栅极)与输出端(漏极)之间，故密勒效应使等效输入电容增大。

12）电容的充放电电流

根据电容与电阻组成的一阶微分方程的解，或根据电容电阻组成的一阶线性电路的暂态分析的三要素法，即 $f(t)=f(\infty)+[f(0_{+})-f(\infty)]\mathrm{e}^{-\frac{t}{\tau}}$ ，其中 $\tau=RC$ ，可以得出电容电压 $u_{C}(t)$ 和

充电电流 $i_C(t)$ 的变化规律。

(1) 当电容充电时：

$$u_o(t) = U_d - U_d e^{-\frac{t}{\tau}}$$

$$i_o(t) = C\frac{du_o(t)}{dt} = \frac{CU_d e^{-\frac{t}{\tau}}}{\tau} = \frac{U_d}{R}e^{-\frac{t}{\tau}}$$

(2) 当电容放电时：

$$u_o(t) = U_d e^{-\frac{t}{\tau}}$$

$$i_o(t) = C\frac{du_o(t)}{dt} = -\frac{U_d}{R}e^{-\frac{t}{\tau}}$$

可以看出，当电容刚充电或放电的瞬间，电容的充电或放电电流的幅值最大为 U_d / R 。通常线路阻抗 $R_{线}$ 很小，因而充电电流很大，容易造成电容爆浆或损坏开关管。为了抑制充电瞬间的电流过大，在电力机车或动车组中的直流环节刚开始上电时，通常采用充电接触器和充电电阻 $R_{充}$ 来限制最开始的充电电流，如图 1-95 所示。有时也可考虑加装串联电抗器。

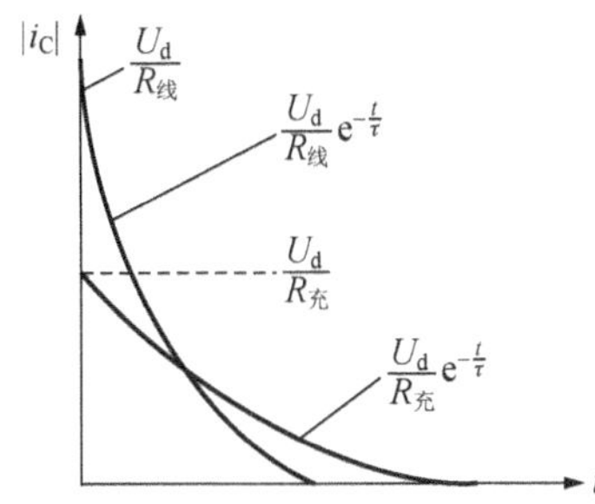

图 1-95　电容充放电时的电流曲线

思　考　题

1-1　电力电子与信息电子的根本区别是什么？

1-2　电力电子器件是如何分类的？

1-3　导致电力电子器件发热的主要原因是什么？

1-4　试解释 IGBT 在开通和关断时的门极电压波形。

1-5　说明电力二极管和信息电路中的普通二极管的区别？电力二极管是如何提高抗反向耐压能力和减少导通阻抗的？

1-6　试解释电力二极管开通和关断时的波形曲线。

1-7　单极型电力电子器件和双极型电力电子器件性能上有何区别？举例说明单极型、双极型和复合型器件有哪些？

1-8　试举例说明带有电导调制效应和不带电导调制效应的电力电子器件？

1-9　举例说明二极管在轨道车辆电力电子中的主要应用？

1-10　简述晶闸管门极触发导通和关断的机理。

1-11　简述晶闸管开通和关断的条件。

1-12　说明晶闸管的擎住电流 I_L 和维持电流 I_H 的区别和联系。

1-13　如题 1-12 图所示晶闸管电路，当 K 接通并触发 SCR 时，SCR 正常导通，电压表 V 读数正常。在断开 K 时，发现电压表 V 读数不正常，为什么(触发脉冲始终正常工作)？

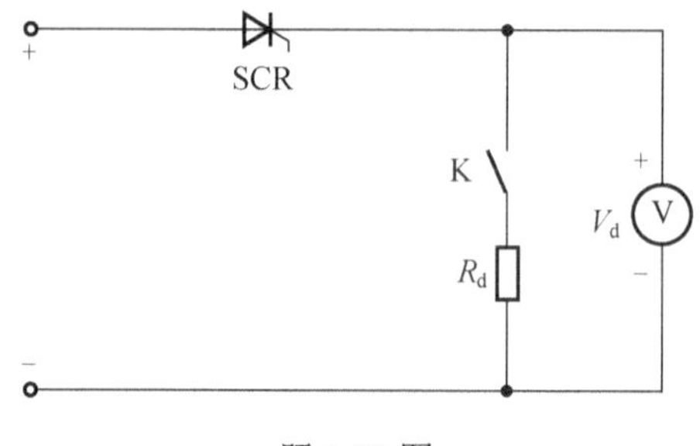

题 1-13 图

1-14　如题 1-14 图所示一种维修用电镀电源，此设备主要用来修补铝膜缺损的钢板。基本工作原理是铝轮由电动砂轮带动旋转，当旋转的铝轮与钢板接触时，传感器触发 U_G 发出触发脉冲电压，经 3 个电阻 R 变成门极触发电流 I_G 触发晶闸管 SCR 导通，从而铝轮与钢板的接触面熔化，熔化的铝就镀在钢板上。现设备发生故障，经测试晶闸管 SCR 完好，钢板接地及主电路线路也正常，接触传感器及门极触发电压脉冲 U_G 也完好，但铝膜无法熔化并镀在钢板上。试从晶闸管特性曲线的角度去分析可能存在的原因。

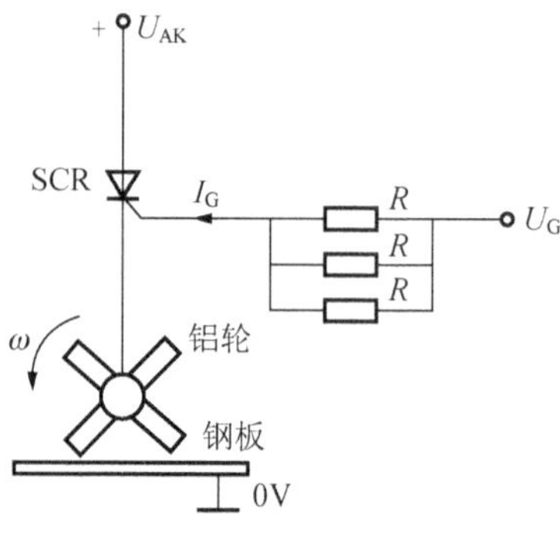

题 1-14 图

1-15　说明 GTO 与 SCR 在内部结构和性能上的区别。

1-16　电力 MOSFET 与 IGBT 在结构和性能上有何联系和区别？

1-17　简述 GTO、IGBT、IPM 各种性能的对比。

1-18　以 EXB841 为例，说明 IGBT 驱动电路的基本原理。

1-19　PT-IGBT 和 NPT-IGBT 有何区别？

1-20　如何区分 IGBT 的真短路和假短路？

1-21　简述 IGBT 的静态擎住效应和动态擎住效应的含义。

1-22　简述 IGBT 的伏安特性曲线的含义。

1-23　解释 IGBT 的正向安全工作区(FBSOA)和反向安全工作区(RBSOA)的含义？

1-24　IGBT 的最大集电极电流 I_{CM}、最大集射极电压 U_{CEM} 和最大功耗指标是由什么确定的？

1-25　IGBT 有哪些重要的参数指标？

1-26　说明 IGBT 在维修和安装中应注意的问题。

1-27　CRH_1 的主电路中的高压系统电路如题 1-27 图所示，请说明：图中⑨瞬态电抗器的作用，⑦R-C 滤波器和⑪～⑫网侧谐波滤波器(LHF)的作用；⑨瞬态电抗器的产生的高压如何吸收？

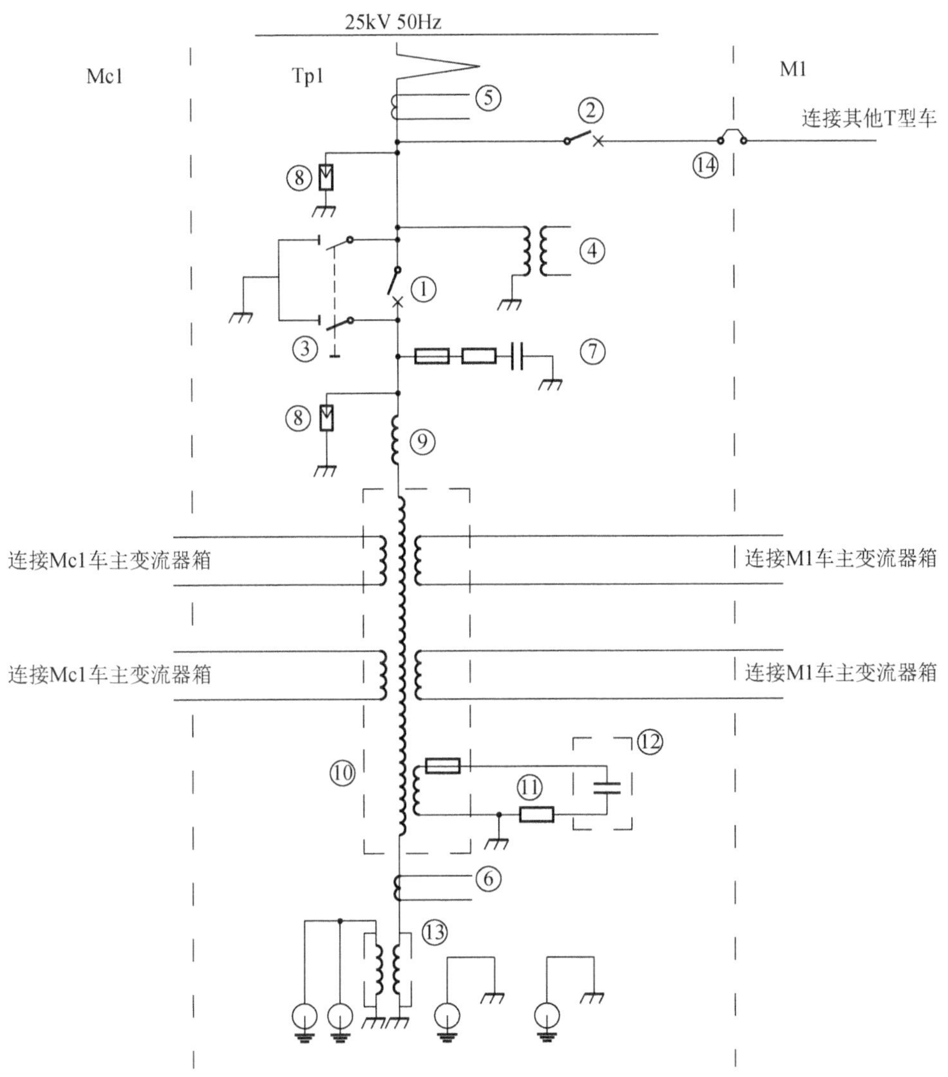

题 1-27 图　CRH_1 动车组 Tp 车的高压系统原理框图

①-变压器网侧断路器；②-高压总线网侧断路器；③-接地开关；④-网侧电压互感器；⑤-过电流互感器；⑥-网侧电流互感器；⑦-R-C 滤波器；⑧-避雷器；⑨-瞬态电抗器；⑩-主变压器；⑪-网侧谐波滤波器；⑫-高压控制箱；⑬-接地变压器；⑭-跳线

第 2 章　相控整流技术

2.1　概　　述

相控整流电路是出现最早的电力电子电路，是一种将交流电压变换成直流电压的电路。整流电路是后面所有电路的基础。本章将介绍一些典型相控整流电路的结构、基本工作原理和基本的电量关系。

2.1.1　整流电路的分类

1. 按组成电路的器件分类

(1)不可控整流电路：电路完全由不可控器件(如二极管)组成，整流输出电压(平均值)大小和极性不可变。

(2)半控整流电路：电路由不可控器件(如二极管)和可控器件(全控或半控器件，如 SCR、GTO 等)组成，整流输出电压(平均值)大小可调，极性不能改变。

(3)全控整流电路：电路完全由可控器件组成，整流输出电压平均值的大小和极性都可变。这种电路既可由电源向负载提供能量，也可由负载反馈能量给电源，即有源逆变。

半控整流电路和全控整流电路都是可控整流电路。

2. 按电路结构分类

(1)零式电路：又称半波电路或单拍电路，负载只在一个半波中有电流流过。

(2)桥式电路：又称全波电路或双拍电路，负载在正、负两个半波中都有电流流过。

3. 按交流输入相数分类

(1)单相整流：变压器单相输入。

(2)多相整流：变压器多相输入。

4. 按控制方式分类

(1)相控式整流：通过改变控制角α的相位而改变输出平均电压 U_d 大小的整流电路。

(2)斩控式整流：也就是本书第 5 章将要介绍的脉冲整流器，采用 PWM 控制原理通过直流环节中开关管的开通、关断来实现斩控式整流。

2.1.2　整流电路的一些基本概念

1. 容量(S_N)

容量 S_N 是额定电压 U_N 和额定电流 I_N 的乘积，单位为伏安(V·A)或千伏安(kV·A)。

通常，交流电气设备是按照额定电压 U_N 和额定电流 I_N 来设计和使用的。变压器的容量是额定电压和额定电流的乘积，即额定视在功率 $S_N = U_N I_N$。

2. 视在功率(S)

在交流电路中，平均功率一般不等于电压与电流有效值的乘积，将实际变压器电压有效值和电流有效值相乘，则得到所谓的视在功率 S，即

$$S = UI = I^2 |Z| = I^2 \sqrt{R^2 + (X_L - X_C)^2} \tag{2-1}$$

其中，I 为电流有效值。

3. 有用功(P)

有用功也称为平均功率，定义为

$$P=\frac{1}{T}\int_0^T p\mathrm{d}t=\frac{1}{T}\int_0^T ui\mathrm{d}t \tag{2-2}$$

对于电压、电流均为正弦波形的变压器，有功功率 $P=UI\cos\varphi$，其中，U、I 为电压或电流的有效值，φ 为正弦电压和电流的相位差。

而对于其他负载，根据平均功率的定义，当电压或电流有一个为直流电压或直流电流时，有功功率 $P=U_\mathrm{d}I_\mathrm{d}$，其中 U_d 为平均电压，I_d 为平均电流。

无功功率

$$Q=U_\mathrm{L}I-U_\mathrm{C}I=(U_\mathrm{L}-U_\mathrm{C})I=I^2(X_\mathrm{L}-X_\mathrm{C})=UI\sin\varphi \tag{2-3}$$

视在功率 S 与有用功率 P、无用功率 Q 的关系为

$$S=\sqrt{P^2+Q^2} \tag{2-4}$$

4. 功率因数(λ)

整流电路的功率因数定义为整流电路电网侧(变压器侧)有功功率与视在功率之比。

$$\lambda=\frac{P}{S}=\xi\cos\varphi \tag{2-5}$$

$$P=S\lambda=S\xi\cos\varphi \tag{2-6}$$

其中，$\cos\varphi$ 为位移因数(也称为相位移因数或基波功率因数)，是电流基波与正弦电压波形的相移角 φ 的余弦，二者必须同频率才能产生有用功。当电流是正弦波时，功率因数 $\lambda=\cos\varphi$。ξ 为电流畸变因数，当电流是非正弦波时，ξ 为电流基波有效值与电流有效值的比值。ξ 反映了电流波形对正弦的偏离程度，电流波形越接近正弦波，ξ 越接近于 1，λ 也越大。

2.1.3 可控整流电路的一般结构和特点

可控整流电路是一种应用广泛的电能变换电路，可控性使电路的输出功率可根据给定信号而变化，其电路一般结构如图 2-1 所示。可控整流电路通常由交流电源、整流主电路、滤波器、负载及控制电路构成。

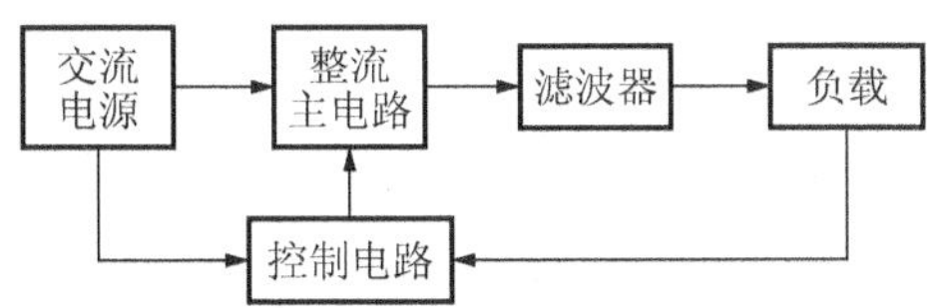

图 2-1　可控整流电路的一般结构

交流电源通常包括工频电网或整流变压器；整流主电路有各种形式，包括单相、三相半波可控整流、桥式全控和半控整流电路等；滤波器是为滤除输出交流分量，得到输出直流分量，通常采用大电感 L 滤波器、电容 C 滤波器、L-C 滤波器等；负载包括阻性(R)负载、阻感性(R-L)负载、反电势(R-E 或 R-L-E)负载等；控制电路通常包括模拟控制、数字控制等。

通常，整流电路输入为工频交流电，为使分析问题简化，忽略某些非本质的因素，可以按理想条件来研究整流电路。可以假设：①理想电力电子器件：正向导通时阻抗为零，断态时阻抗为无穷大，整流变压器绕组无漏感，无内阻，无铁耗，铁心的磁导率为无穷大；②理想电源：整流电路的交流输入电压为对称、无畸变的正弦波。整流电路应具有如下特点。

(1) 输出电压的可调范围要大，脉动要小，因此尽量提高整流后的直流分量和波头数量，三相或多相整流要比单相整流脉动小。

(2) 变压器和功率管的利用率要高，导电时间要尽可能长，承受正反向电压要低，这样可以降低选用变压器或功率管的电压电流等级，降低成本。

(3) 变压器要尽量防止直流磁化，否则变压器容易发热甚至烧毁，通常半波整流存在直流磁化的问题，对于全波或桥式整流一般不存在直流磁化。

(4) 交流电源功率因数要高，谐波电流要小。

对于不需要再生的场合，可以将全控整流器件作半控运行，可以提高ξ和 $\cos\varphi$；采用熄灭角或对称角控制的强迫换相方法以减小φ，提高位移因数 $\cos\varphi$，或采用串联变流器的顺序控制也可以提高ξ和 $\cos\varphi$，进而提高功率因数λ。

在相同电路结构下，不同的负载(R 负载、R-L 负载、R-E 负载或 R-L-E 负载)所输出的电压和电流波形会有很大不同。

(1) 电阻负载(R 负载)。首先，它是一个耗能元件，它只能消耗电能，而不能储存或释放电能；其次，负载两端的电压和通过的电流总是成正比的，电压和电流的波形具有相同的形状和相位。生活中用的白炽灯、电炉和电炊具，生产中用的电解、电镀和电焊等，通常都认为是电阻性负载。

(2) 阻感性负载(R-L 负载)。各种电机的激磁绕组、经大电抗器滤波的负载都属于阻感性负载。根据电感电压公式 $u_L=L\mathrm{d}i_L/\mathrm{d}t$，可以得到 $\mathrm{d}i_L/\mathrm{d}t=u_L/L$。当 $L\to\infty$时，$\mathrm{d}i_L/\mathrm{d}t\to0$，因此 $i_L\to C$(常数)，因此，其特点是当电抗值比串联的电阻值大得多时，负载电流波形易于连续且较平直。

(3) 反电势负载(R-E 负载、R-L-E 负载)。整流装置输出端给蓄电池充电或带动直流电动机时，属于反电动势负载。其特点是，对于 R-E 负载，只有当电源电压大于反电动势时器件才可能导通，电流波形脉动大；R-L-E 负载与 R-L 负载比较类似，但电流波动要大。

(4) 电容性负载。输出端接大电容滤波后，其负载呈电容性，但因为器件刚导通时电容往往流过很大的充电电流尖峰，电流波形呈尖峰状，易损坏开关器件，所以一般不宜在输出端直接接大电容器。

实际上，很少有单一性质的负载，对于具体负载应突出其主要和本质的特点，以便使分析和解决问题的方法得到简化。

2.1.4　整流电路的通用分析方法

1. 波形分析方法

根据电源电压 u_2 和控制角α以及负载性质，绘出负载电压 u_d、负载电流 i_d 和整流元件的电压、电流波形，从而导出基本电量的计算公式及数量关系。

具体步骤如下。

(1) 绘出主电路原理图，标出各电量和元件序号。

(2) 画出相(线)电压波形图，确定自然换相点。

(3) 根据控制角α绘出触发脉冲的相应位置，并标明相应序号。

(4) 根据可控整流电路的工作原理，绘出负载电压 u_d、负载电流 i_d、SCR(或 D)电流 i_T(或 i_D)等波形，其中 u_d 最容易画出，应先绘出 u_d 波形。对于大电感波形，输出电流 i_d 接近平直。

(5) 根据波形图，导出基本电量的计算公式。

(6) 对整流电路进行综合评价。如电路的优缺点，变压器是否存在直流磁化，变压器或功率管的利用率、电路的可控移相范围，负载电流是否连续，整流元件承受的最大正反向电压值等。

2. 基本电量计算

(1) 输出电压(负载电压)平均值 U_d、有效值 U，其中有效值公式为

$$U=\frac{1}{2\pi}\sqrt{\int_0^{2\pi}u(\omega t)^2\,\mathrm{d}(\omega t)} \tag{2-7}$$

(2) 输出电流(负载电流)平均值 I_d、有效值 I；

(3) SCR 电流平均值 I_{dT}、有效值 I_T；SCR 电流定额 $I_{TAV}=(1.5\sim2)I_T/1.57$；

(4) 电源(变压器副边)电压有效值 U_2、电流有效值 I_2、视在功率 $S=U_2I_2$，对于原边和次边功率因有直流分量而不等时，$S=\frac{U_1I_1+U_2I_2}{2}$；

(5) 电阻负载功率 $P=I_2^2R$；直流电源负载功率 $P=I_dE$；

(6) 功率因数 $\lambda=P/S$。

2.2　单相整流电路

由于整流电路种类较多，限于篇幅，本节只对单相整流电路进行简单介绍，基本电量部分未完全给出结果，包括单相半波不可控整流电路、单相半波可控整流电路、单相桥式全控整流电路、单相桥式半控整流电路。

2.2.1　单相半波不可控整流电路

图 2-2 是一种最简单的整流电路。它由变压器、整流二极管 D 和负载电阻 R 组成。变压器把市电(220V/AC)变换为所需要的交流电压 u_2，二极管 D 再把交流电整流。

如图 2-3 所示的波形图，变压器次边电压 u_2 是一个方向和大小都随时间变化的正弦波电压，它的波形如图 2-3(a)所示。在 0～π时间内，u_2 为正半周(上正下负)，此时二极管承受正向电压而导通，u_2 通过它加在负载电阻 R 上；在π～2π时间内，u_2 为负半周，变压器次边为下正上负。这时 D 承受反向电压，不导通，R 上无电压，u_d=0。在 2π～3π时间内，重复 0～π时间的过程；而在 3π～4π时间内，又重复π～2π时间的过程。这样反复下去，交流电的负半周就被“削”掉了，只有正半周通过 R，在 R 上获得了一个单一方向(上正下负)的电压，如图 2-3(b)所示，电压的平均值大于 0，达到了整流的目的。

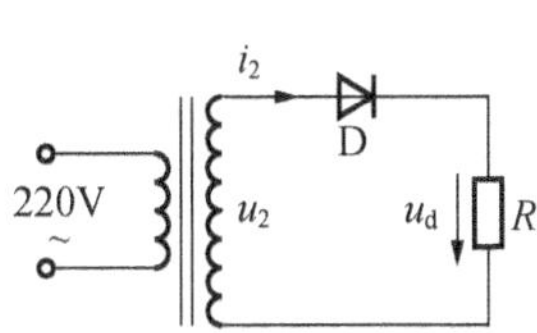

图 2-2　单相半波不可控整流电路

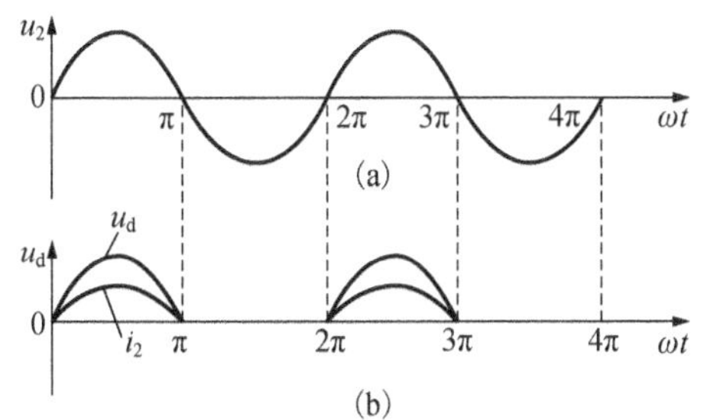

图 2-3　单相半波不可控整流电路波形

这种只有半波通过的整流方法称为半波整流。不难看出，半波整流只有半波通过，利用

率低（计算表明，整流得出的半波电压在整个周期内的平均值，即负载上的直流电压U_d=0.45U_2），而且变压器副边电流 i_2 存在直流分量，易导致变压器的直流磁化问题，因此常用在小功率的场合。由于采用的整流元件是不可控的，而且采用的是单相变压器，因此又可称为单相半波不可控整流电路。

2.2.2 单相半波可控整流电路

如果将图 2-2 中的二极管换成可控的晶闸管，则称为单相半波可控整流电路。电路和波形如图 2-4 所示，设 $u_2=\sqrt{2}U_2\sin\omega t$。电压关系为$u_2=u_T+u_d$，其中$u_d=i_dR$。

正半周：① $0<\omega t<\omega t_1$，$u_g=0$，T 正向阻断，$i_d=0$，$u_d=0$，$u_T=u_2$；② $\omega t=\omega t_1$ 时，触发脉冲 u_g 到来，T 导通，忽略其正向压降，$u_T=0$，$u_d=u_2$，$i_d=u_d/R$。

负半周：$\pi\leqslant\omega t<2\pi$，当 u_2 过零时，T 承受反向电压而强迫关断，此时 $i_d=0$，$u_d=0$。

0～ωt_1 的电度角为α，称为控制角。ωt_1～π的电度角为θ，称为导通角，显然$\alpha+\theta=\pi$。当α=0°，θ=180°时，可控硅全导通，与不可控整流一样，当α=180°，θ=0°时，可控硅全关断，输出电压为零。波形如图 2-4(b)所示。

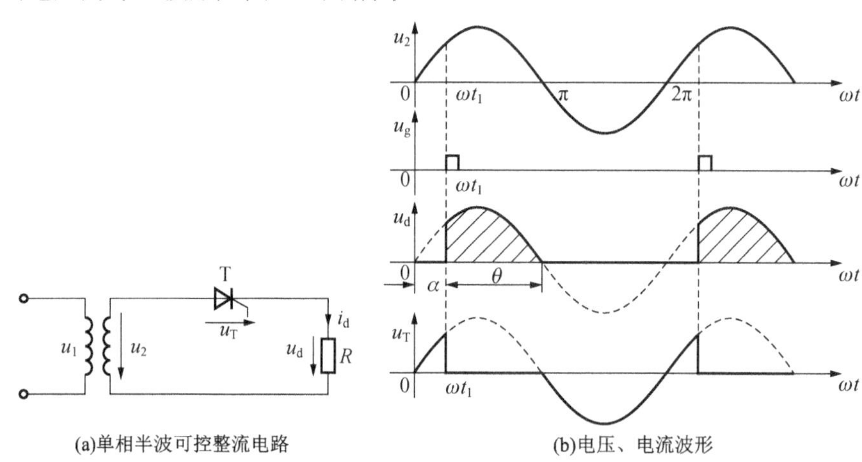

图 2-4　单相半波可控整流电路及波形

单相半波可控整流电路输出电压平均值为

$$U_d=\frac{1}{2\pi}\int_{\alpha}^{\pi}\sqrt{2}U_2\sin\omega t\mathrm{d}(\omega t)=0.45U_2\frac{1+\cos\alpha}{2} \tag{2-8}$$

整流电路常用术语如下：

(1)控制角α：从晶闸管开始承受正向电压到被触发导通的这一角度称为控制角。

(2)导通角θ：晶闸管在一个周期内导通的电角度称为导通角。θ的大小与负载性质有关。

(3)移相：改变控制角的大小，即改变触发脉冲电压出现的相位，称为移相。

(4)移相控制：通过改变控制角α的相位可以调节输出电压U_d，因此简称为相控。

(5)移相范围：控制角α允许调节范围，当α从 0°到最大角度α_{max}变化时，整流输出电压平均值完成最大到最小的变化。移相范围和电路结构及负载性质有关。

(6)同步：要求触发脉冲信号和电源电压在频率和相位上要协调配合，如晶闸管承受正向电压时，触发脉冲才起作用，这种相互协调配合的关系，称为同步。

(7)自然换相点。当电路中的可控元件全部由不可控元件代替时，各元件的导电转换点称为自然换相点。自然换相点是和控制角α紧密联系的，控制角α是从自然换相点算起的。

此外还要注意，在整流电路分析中，小写的 u_d、i_d、i_{dT} 都表示瞬时值，波形分析时经常采用；而大写的 U_d、I_d 等表示平均值，在电量计算时经常采用；而 U_2、I_2 或 U 等经常表示有效值，要注意区分。

2.2.3　单相桥式全控整流电路

由于单相半波整流电路中变压器输出电流存在直流分量，容易造成变压器的直流磁化问题；且变压器和晶闸管的通电流时间短、利用率低；而且输出电压脉动较大，输出电压平均值也偏低。实际应用中，采用桥式电路比较普遍。根据负载的不同，分别介绍 R 负载、R-L 负载、R-E 负载及 R-L-E 负载几种典型电路。

由于桥式半控整流电路与桥式全控整流电路不同，同时用到了晶闸管或二极管换流，为更好地理解后面的内容，需要对几种理想条件下并联的二极管支路的电流导通路径进行分析。图 2-5(a)所示为二极管共阳极接法，且阴极电位 $U_A > U_B$，此时电流 I 将只能从阴极电位低的 D_2 流通，忽略两个二极管管压降，而 D_1 因承受反压而关断。图 2-5(b)是二极管共阴极接法，且阳极电位 $U_A > U_B$，此时电流 I 只能从阳极电位高的 D_1 流，忽略两个二极管管压降，D_2 因承受反压而关断。图 2-5(c)是每个并联支路的二极管个数不同，则电流只能从二极管个数少的 D_3 支路流，而 D_1、D_2 因电压低而关断。因此可以总结出如下规律：①对于共阳极接法的并联二极管，阴极电位低的二极管导通；②对于共阴极接法的并联二极管，阳极电位高的二极管导通；③对于并联支路，二极管数量少的支路导通。总之，实际上由于二极管的静态特性曲线中的正向导通特性很陡，两个特性完全相同的二极管，承受电压的微小差别，就会导致电流相差很多，实际管压降大的二极管电流也很大，最容易导通。图 2-5(d)是左边的支路带有电动势 E(E 可正可负)。E 在何范围时左边的支路导通，E 在何范围时右边的支路导通，请读者自行分析。

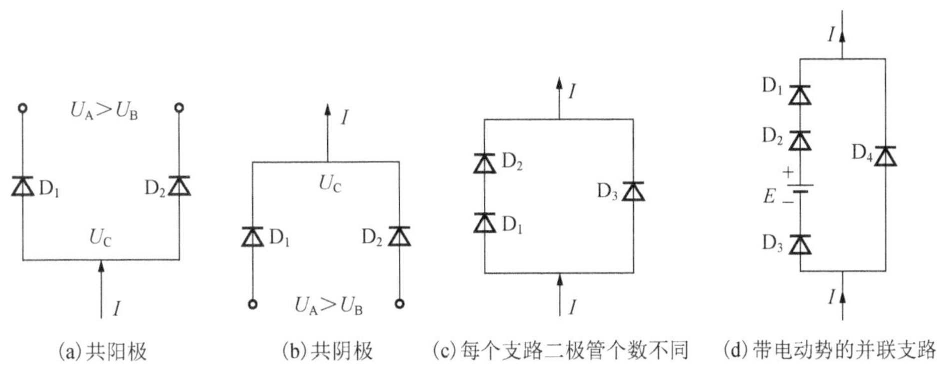

图 2-5　几种二极管并联的电路

1. 电阻性(R)负载单相桥式电路

图 2-6 为电阻性负载的单相桥式全控整流电路原理及波形图，分析中均作理想化假设。

1)变压器电压正半周(α～π之间)

当变压器电压为正半周时，为 a 正 b 负，晶闸管 T_1 和 T_4 承受正向电压，当 T_1、T_4 的触发脉冲在控制角α到来时，在α～π期间，T_1、T_4 立即导通，电流经 T_1、R、T_4 形成通路。也可以这样理解，按照图 2-5 所示，T_1、T_2 为共阴极接法，阳极电位 $U_a > U_b$，因此，T_1 导通、

T_2关断；而T_3、T_4为共阳极接法，阴极电位$U_a>U_b$，因此T_4导通、T_3关断。忽略T_1、T_4的管压降，此时等效电路如图 2-6(c)所示，此时电压满足$u_2=u_{T1}+u_{T4}+u_d$，忽略管压降得$u_2=u_d$。而T_2、T_3此时承受反向电压而截止。当电源电压从正半周降到0时，T_1、T_4立即关断。因此在α～π区间，T_1、T_4导通。

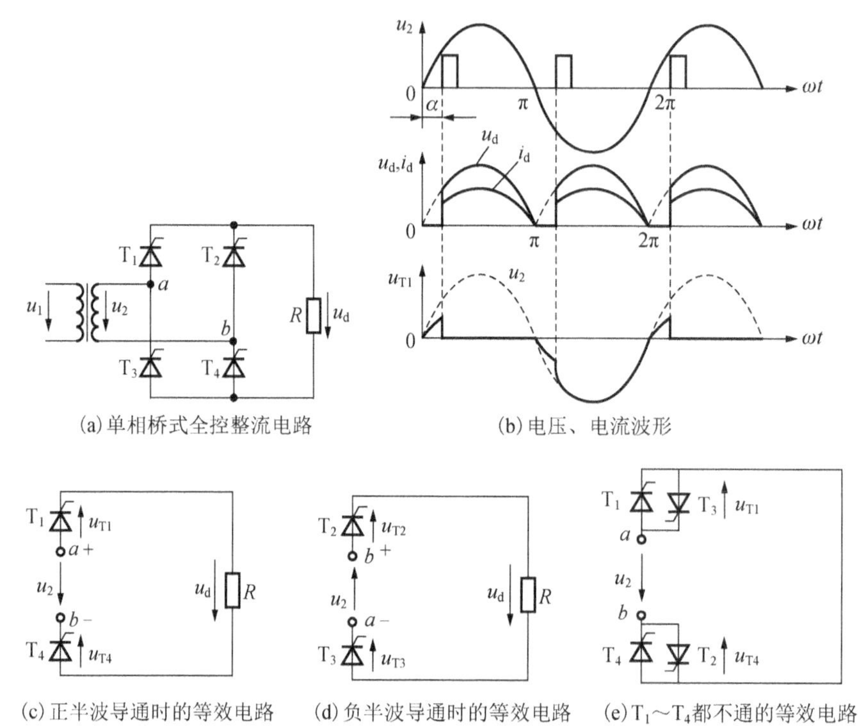

(a)单相桥式全控整流电路　　(b)电压、电流波形

(c)正半波导通时的等效电路　　(d)负半波导通时的等效电路　　(e)T_1～T_4都不通的等效电路

图 2-6　电阻性负载单相桥式全控整流电路原理及波形

2)变压器电压负半周(π+α～2π)

当变压器电压为负半周时，为 b 正 a 负。此时晶闸管T_2、T_3承受正向电压，当T_2、T_3的触发脉冲在控制角为α时到来，T_2、T_3立即导通，电流经T_2、R、T_3形成通路。忽略T_2、T_3的管压降，等效电路如图 2-6(d)所示，电压满足$u_2=-u_{T2}-u_{T3}-u_d$，忽略管压降得$u_2=-u_d$。而T_1、T_4此时承受反向电压而截止，T_1、T_4承受的电压为u_2。当电源电压从负半周变为0时，电流也降到0，T_2、T_3立即关断，波形如图 2-6(b)所示，其他晶闸管波形的分析方法相同。又开始下一周期，T_1、T_4的触发脉冲在控制角α到来时，重新开始导通，如此循环。因此在(π+α)～2π区间，T_2、T_3导通。

3)0～α和π～π+α区间

此时T_1、T_4关断，T_2、T_3也不导通。忽略管子的漏电流，认为$i_d=0$，所以$u_d=Ri_d=0$。此时等效电路如图 2-6(e)所示。对于晶闸管T_1承受的电压，假设T_1~T_4特性完全相同，因此$u_2=u_{T1}+u_{T4}=2u_{T1}$。$T_1$、$T_4$每个管承受的电压为$u_2/2$。

由于负载在电源电压的正负半波中均有电流流过负载，形成全波整流，一个周期内整流电压脉动两次，改善了波形，而且提高了输出电压。从整流变压器副边绕组来看，由于正负半周内，变压器副边电流大小相等，方向相反，直流分量为0，因此不存在半波整流电路中的变压器直流磁化问题，也提高了变压器和晶闸管的利用率，在要求输出同等功率时，可以选择小型号的变压器，降低了成本、体积和重量。

在实际维修中，经常在不停机的情况下通过直接观察输出电压或管压降的波形来判断是否出现故障。例如，①当晶闸管 T_1 断开时，输出电压 u_d 的波形少了一半；此时可参考图 2-6(e)，晶闸管 T_1 承受的电压约为 u_2，而不是 $u_2/2$；T_4 的电压约为 0，而不是 $u_2/2$；②当晶闸管 T_1 短路时，在正半周时，T_1、T_4 依然导通；而在负半周 T_2 导通时，整流电路会短路，变压器过热甚至烧毁。

基本电量计算如下：

(1) 整流电压输出平均值

$$U_d = \frac{1}{\pi}\int_\alpha^\pi \sqrt{2}U_2 \sin\omega t \mathrm{d}(\omega t) = 0.9U_2 \frac{1+\cos\alpha}{2} \tag{2-9}$$

(2) 负载电流平均值

$$I_d = \frac{U_d}{R} = \frac{0.9U_2}{R}\cdot\frac{1-\cos\alpha}{2} \tag{2-10}$$

(3) 晶闸管平均电流值

$$I_{dT} = \frac{I_d}{2} \tag{2-11}$$

(4) 负载电阻电压有效值

$$U = \sqrt{\frac{1}{\pi}\int_\alpha^\pi (\sqrt{2}U_2 \sin\omega t)^2 \mathrm{d}(\omega t)} = U_2\sqrt{\frac{\sin 2\alpha}{2\pi}+\frac{\pi-\alpha}{\pi}} \tag{2-12}$$

(5) 变压器副边电流有效值

$$I_2 = \frac{U}{R} = \frac{U_2}{R}\sqrt{\frac{\sin 2\alpha}{2\pi}+\frac{\pi-\alpha}{\pi}} \tag{2-13}$$

2. 阻感性(R-L)负载单相桥式电路

阻感性负载是指串联的电阻和电感组成的负载。假设电感很大，与电阻性负载相比，阻感性负载桥式整流电路有两个显著特点：输出电流连续而基本平直，输出电压 u_d 波形中出现负面积。

1) 输出电流连续而基本平直

在电感很大的 R-L 负载中，输出电压 u_d 的交流分量全部落在电感 L 上，输出电压 u_d 的直流分量全部落在电阻 R 上，R 上的电流为基本平直，因电感 L 上电流与电阻 R 上的电流相等，因此负载电流 i_d 连续而基本平直。原因可以从以下两个角度来理解。

(1) 根据电感公式 $u_L = L\dfrac{\mathrm{d}i}{\mathrm{d}t}$，可以变换成 $\dfrac{\mathrm{d}i}{\mathrm{d}t}=\dfrac{u_L}{L}$。当 $L\to\infty$ 时，u_L 是个有限值，所以 $\dfrac{\mathrm{d}i}{\mathrm{d}t}\to 0$，电流 $i\to C$（常数）。

(2) 如图 2-7 所示，已知电阻的直流阻抗是 R，交流阻抗还是 R；而理想电感 L 的直流阻抗是 0，而交流阻抗是 ωL，且电感电压相位超前电流 90°。因此当直流电压分量 U_d 和交流分量 U_ω（交流矢量关系参见图 1-86）同时加在 A、B 两点时，分压如表 2-1 所示。

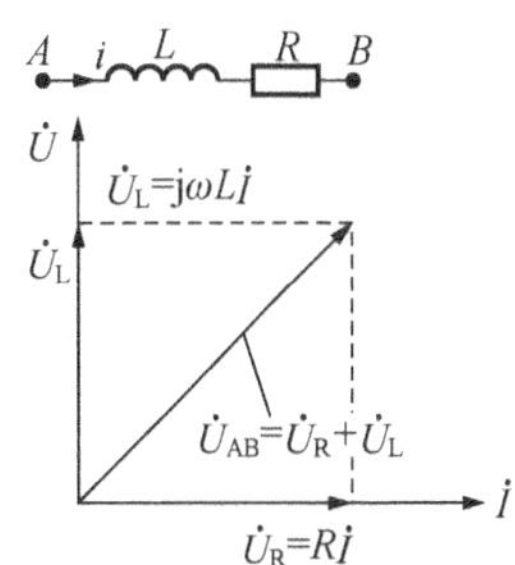

图 2-7　R-L 负载及矢量关系

可见，当电感 L 很大时，电感 L 与电阻 R 串联，电流相等，二者的电流为$i=\frac{U_d}{R}$，为直流电流，因此大电感相当于一个恒流源电路。因此流过每个晶闸管的电流为方波，而变压器输出电流波形也为正、负方波。而当电感L不大时，电流在直流的基础上有一定波动。

表 2-1　R-L 负载分压值

A、B 两点电压	L 分压值	R 分压值
直流分量 U_d	0	U_d
交流分量 U_ω	$\frac{\omega L\lvert U_\omega\rvert}{\sqrt{(\omega L)^2+R^2}}\to\lvert U_\omega\rvert$（$L\to\infty$）	$\frac{R\lvert U_\omega\rvert}{\sqrt{(\omega L)^2+R^2}}\to 0$（$L\to\infty$）

2）输出电压u_d波形中出现负的面积

当输入电压 u_2 为正半周时，T_1 和 T_4 均承受正向电压，设在控制角为α时触发 T_1 和 T_4，电流经 T_1、L_d、R、T_4 形成通路，给电感 L_d 充电。此时满足$u_2=u_{T1}+u_{T2}+u_d$。当 u_2 过 0 变负时，电流有减小的趋势，电感储能需要得到释放，因此在电感 L_d 上会产生感应电动势，方向与原来电流的方向相同，使 T_1 和 T_4 仍承受正向电压而继续导通，因此晶闸管 T_1 和 T_4 中仍流过电流。忽略管压降，此时仍然满足$u_d=u_2$，而此时u_2为负半波，因此u_d波形中出现电源电压负值。

在电源电压u_2过 0 变负后，电感释放出的能量，一部分给负载R供电，另一部分经变压器返回电网，如图 2-8(a)所示。此时晶闸管 T_2 和 T_3 虽然承受正向电压，但触发脉冲尚未到来，所以两管均不导通，假设 L_d 很大，此状态会一直持续到$\omega t=\pi+\alpha$时刻，T_2 和 T_3 的触发脉冲到来，此时 T_2 和 T_3 导通，T_1 和 T_4 承受反压而强迫关断，电流从 T_1 和 T_4 转移到 T_2 和 T_3，使负载电流得以连续流通，其电压、电流波形如图 2-8(b)所示。

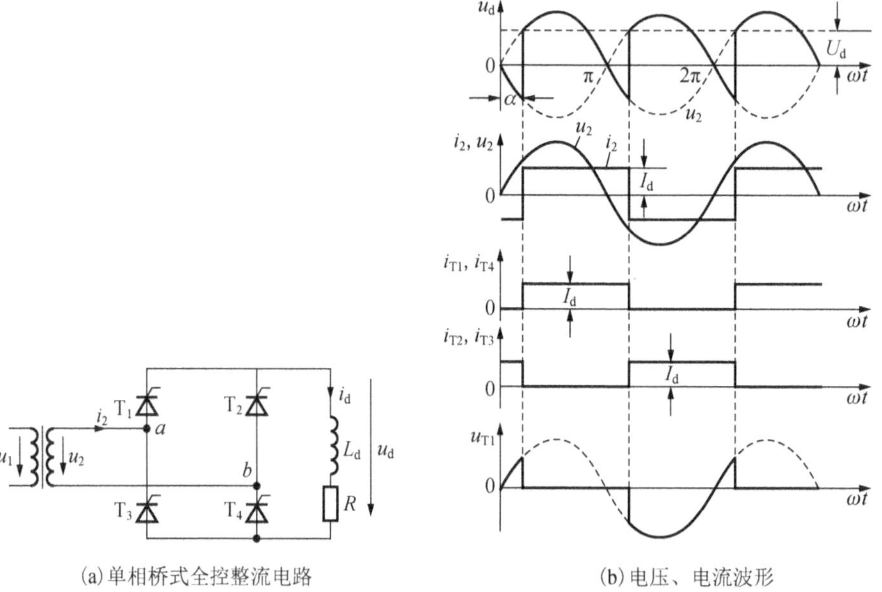

(a) 单相桥式全控整流电路　　(b) 电压、电流波形

图 2-8　大电感性负载单相桥式全控整流电路原理及波形

如果 L_d 较小或 R 比较大，此状态就不会一直持续到$\omega t=\pi+\alpha$时刻，会发生电流断续，请读者自行分析。

3) 基本电量

(1) 整流电压平均值(负载电流连续时)

$$U_d = \frac{1}{\pi}\int_{\alpha}^{\alpha+\pi}\sqrt{2}U_2\sin\omega t\mathrm{d}(\omega t) = \frac{2\sqrt{2}}{\pi}U_2\cos\alpha = 0.9U_2\cos\alpha \tag{2-14}$$

(2) 负载电流平均值

$$I_d = \frac{U_d}{R} = \frac{0.9U_2}{R}\cos\alpha \tag{2-15}$$

(3) 移相范围。当α=0°时，U_d=0.9U_2，当α=90°时，U_d=0；因此，适应大电感负载的移相范围为 0°～90°，晶闸管承受的最大正反向电压都是$\sqrt{2}\,U_2$。

3. 反电势(R-E)负载及(R-L-E)负载单相桥式电路

蓄电池、直流电机电枢等作为整流电路的负载时，这些负载的电动势均有阻止负载电流的作用，故称为反电动势负载。反电动势负载使电流的波动变大。图 2-9(a)为反电势负载(R-E 负载)单相桥式全控整流电路及波形图。根据晶闸管的导通条件，只有整流输出电压大于负载反电动势时，即晶闸管承受正向电压时，才可能导通而流过电流。因而晶闸管导通时间缩短了。其最小起始导电角或停止导电角δ可以用下式求出

$$\delta = \arcsin\frac{E}{\sqrt{2}U_2} \tag{2-16}$$

从图 2-9(a)可知，对于 R-E 负载只有当变压器副边电压 u_2 瞬时值大于负载反电势 E 时，晶闸管才承受正向电压，才有可能被触发导通，因此，半个周期内，晶闸管导通范围为α～π−δ($\alpha>\delta$)或δ～π−δ($\alpha<\delta$)，并且触发脉冲要足够宽，保证ωt=δ时，触发脉冲尚未消失。R-E 负载的波形如图 2-9(b)所示。

主要电量计算如下。

(1) 直流输出电压平均值

$$U_d = E + \frac{1}{\pi}\int_{\alpha}^{\pi-\delta}(\sqrt{2}U_2\sin\omega t - E)\mathrm{d}(\omega t) \quad (\alpha>\delta) \tag{2-17}$$

$$U_d = E + \frac{1}{\pi}\int_{\delta}^{\pi-\delta}(\sqrt{2}U_2\sin\omega t - E)\mathrm{d}(\omega t) \quad (\alpha<\delta) \tag{2-18}$$

(2) 直流输出电流平均值

$$I_d = \frac{1}{\pi}\int_{\alpha}^{\pi-\delta}\frac{\sqrt{2}U_2\sin\omega t - E}{R}\mathrm{d}(\omega t) \quad (\alpha>\delta) \tag{2-19}$$

如果负载是直流电机，由于晶闸管导通角变小，电流波动较大且可能断续，使电动机的机械特性变得很软。为改善电机运行条件，一般常在负载回路中串联一个大电感 L_d(通常称为平波电抗器)，构成 R-L-E 负载，如图 2-9(c)所示，大电感 L_d 用来减小电流波动和延长晶闸管导通时间。平波电抗器 L_d 的电感量是按低速轻载时保证电流连续来选择的。加了平波电抗器 L_d 后，整流电路的工作情况就接近 R-L 负载了，但电流比 R-L 负载波动略大，因此要求大电感 L_d 更大。因此，R-L-E 负载的整流输出电压、电流波形及输出电压平均值的计算($U_d = 0.9U_2\cos\alpha$)都和阻感性负载(R-L)相同，如图 2-9(d)所示，但负载平均电流的计算与 R-L 负载不同，平均电流 I_d 为

$$I_d = \frac{U_d - E}{R} \tag{2-20}$$

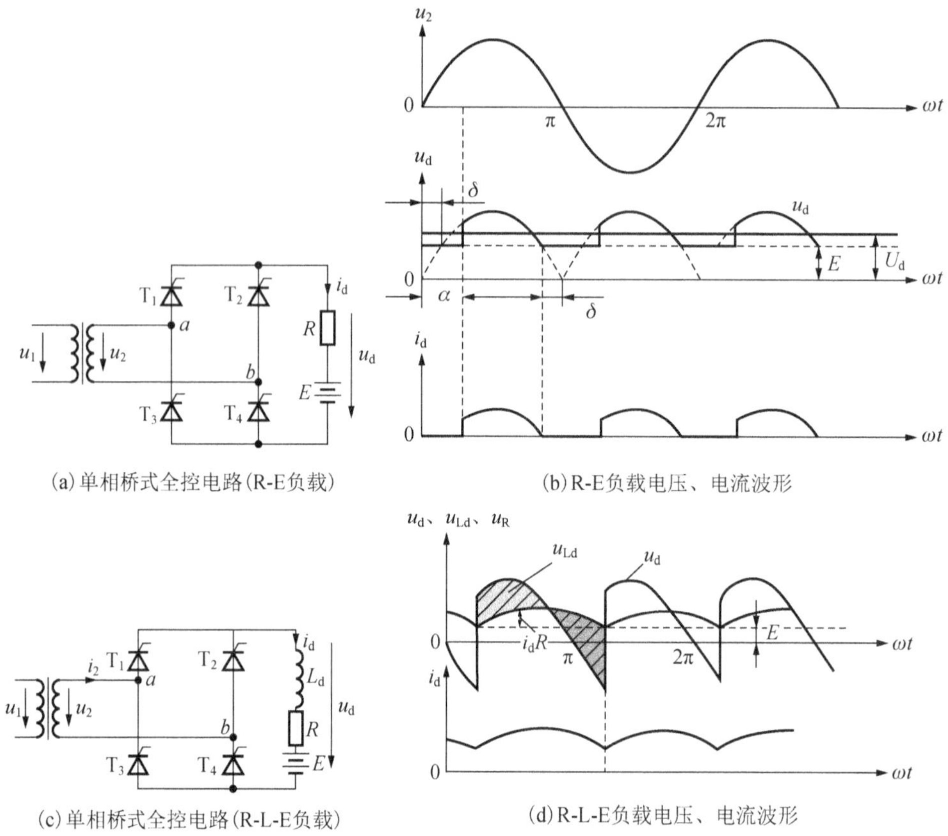

图 2-9　R-E 负载及 R-L-E 负载单相桥式全控整流电路原理及波形

2.2.4　单相桥式半控整流电路

阻感性负载单相桥式半控整流电路原理及波形如图 2-10 所示。主电路由两只晶闸管和两只二极管组成，晶闸管采用共阴极接法。如果负载是纯电阻，则单相桥式半控整流电路与全控整流电路运行情况完全相同，而半控桥的触发控制电路要比全控桥简单很多，由于半控桥简单、经济、可靠，可采用半控桥代替全控桥。而如果负载为电感性负载，分析时假定负载电感感抗远大于电阻阻抗，负载电流波形连续且为一条水平直线。

在电源电压 u_2 的正半周，控制角为α时触发 T_1，电流经 T_1、L_d、R、D_2 形成通路，电感 L_d 储能。电源电压 u_2 过 0 变负时，由于电感需要释放能量，负载电流 i_d 维持不变，与全控桥的不同之处在于，由于 D_1、D_2 为共阳极接法，此时阴极电位 b 点高于 a 点电位，整流管 D_2 自然换流到 D_1，并使 D_2 承受反压而截止。电感经 T_1、D_1 与负载续流，此时 U_d=0。直到 T_2 触发脉冲出现，T_2 导通而使 T_1 承受反压强迫关断，负载电流经 T_2、L_d、R、D_1 形成新的通路。而当电源电压 u_2 再次过 0 变正时，由于 a 点电位高于 b 点电位，负载电流 i_d 由 D_1 自然换流到 D_2，D_1 承受反压截止，T_2、D_2 与负载形成通路续流，直到 T_1 触发脉冲再次出现，如此往复，电路正常工作。波形如图 2-10(b)所示。

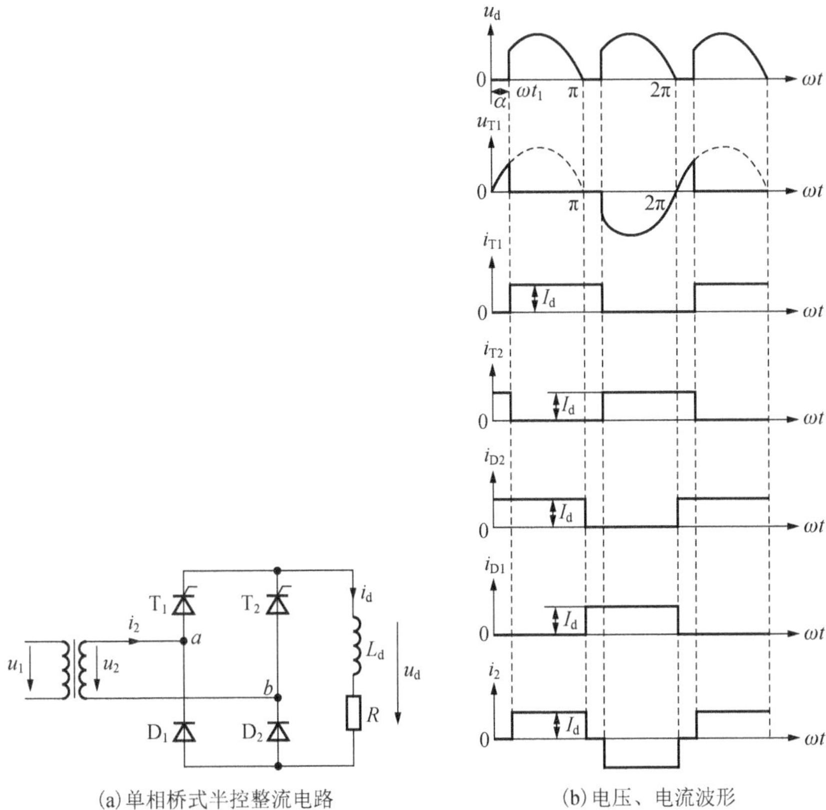

(a) 单相桥式半控整流电路　　(b) 电压、电流波形

图 2-10　电感性负载单相桥式半控整流电路原理及波形

由于 D_1、D_2 过 0 自然换流，输出电压 u_d 中不再出现负值。因此，由波形图可知，其直流平均电压 U_d、平均电流 I_d 和负载有效值 U 的计算，均与单相全控桥电阻性负载时相同。而电流 i_d 的波形是直流，却与单相全控桥电阻性负载不同。

桥式半控的缺点是容易产生“失控”现象。例如，在触发脉冲缺失或触发脉冲控制角增大到π时，电路就会产生“失控”现象。以 T_1 为例说明失控现象是如何发生的。电源电压 u_2 正半周 T_1 导通时，T_1、D_2 导电构成通路。如果 T_2 触发脉冲丢失，负半周时，则 T_2 不可能导通，此时 T_1、D_1 构成续流通路，T_1 继续导通。当下个周期的正半周再次到来时，T_1、D_2 又重新导通。此时 T_1 触发脉冲已不起作用，T_1 一直在工作，造成 T_1 关不断而失控。而 D_1、D_2 总在电源电压过 0 时自然换相，轮流导通。输出电压 u_d 成为不可控的正弦半波电压，这就是失控现象。在失控情况下工作的晶闸管，由于连续导通，很容易因过载而烧坏。

为避免失控现象的发生，可在电路中加一个续流二极管，如图 2-11(a) 所示，其波形如图 2-11(b) 所示。由于有续流二极管存在，续流时电流都经过单个的续流二极管，因晶闸管和二极管两个管串联，根据图 2-5(c) 的原理，晶闸管会关断，从而避免了失控现象的发生。

单相桥式半控整流电路还有其他形式。图 2-12 为两晶闸管串联的单相桥式半控整流电路，该电路的优点是两个串联的二极管起到了续流二极管的作用，使电路不会出现失控现象。只是触发电路比图 2-11 略复杂一些。图 2-13 中只用了一个晶闸管 T，主电路成本更低，但如果

不加 D_5 续流二极管，则 T 经过一个周期后，会发生失控状态，成为不可控的单相桥式整流电路，而加续流二极管 D_5 后，就能避免失控现象。波形请读者自行分析。

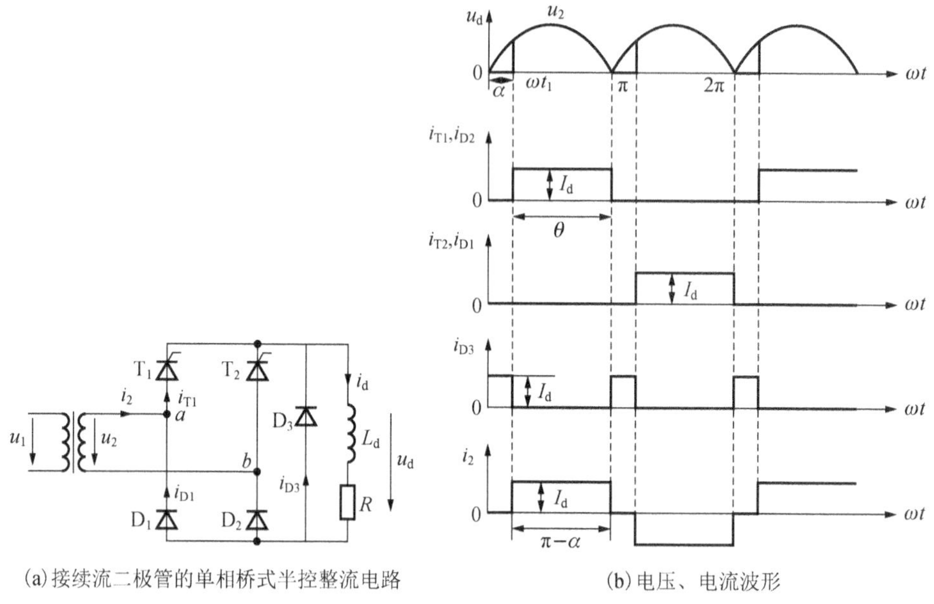

(a) 接续流二极管的单相桥式半控整流电路　　(b) 电压、电流波形

图 2-11　电感性负载接续流二极管的单相桥式半控整流电路及波形

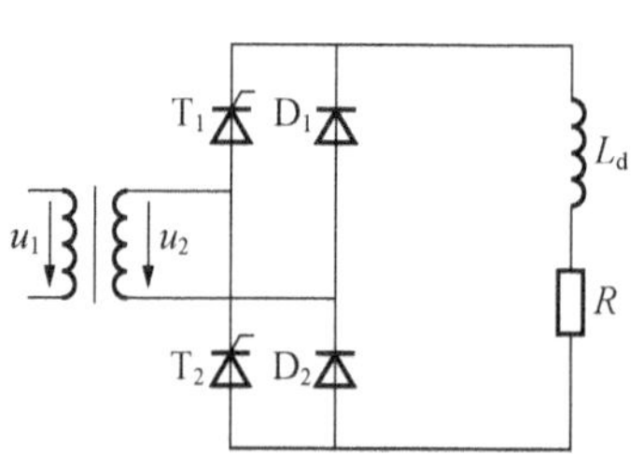

图 2-12　用两晶闸管串联的单相半控桥式电路

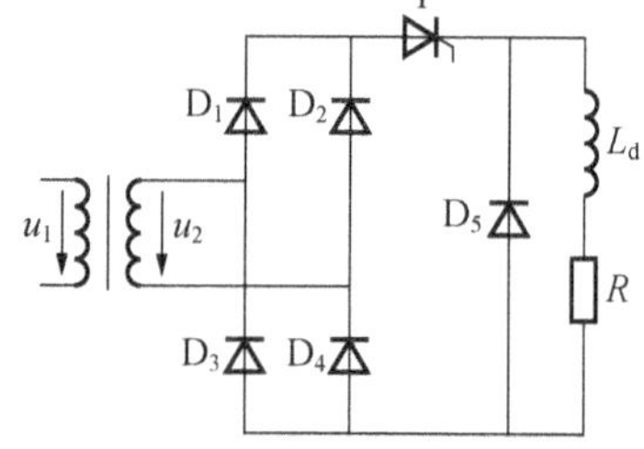

图 2-13　只用一个晶闸管的单相桥式半控电路

单相桥式半控与桥式全控相比，平均输出电压要高，$U_d = 0.9U_2 \dfrac{1+\cos\alpha}{2}$，电流波动小，主电路成本低、触发电路简单，因此在电力机车的充电机或其他装置广泛采用。图 2-14 所示为一种常用的电力机车充电机。请读者自己分析各个部件的作用及此处应用单相桥式半控整流电路而没有采用单相桥式全控的好处。

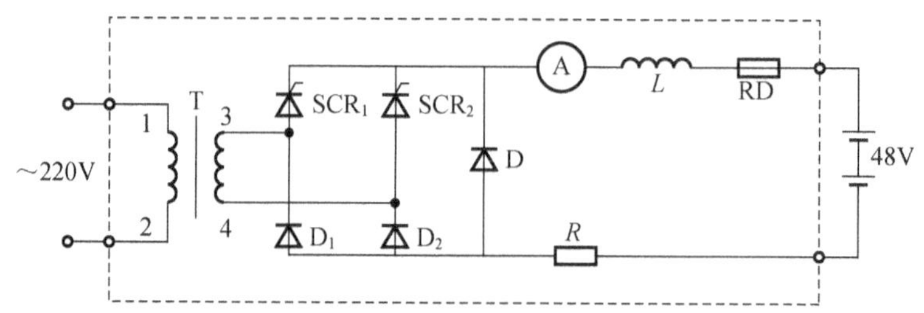

图 2-14　一种常用的电力机车充电机

2.2.5　单相全波整流电路

单相全波整流电路与单相桥式全控整流电路输出电压、电流波形相同，如图 2-15 所示。计算公式也相同，而且变压器无直流磁化现象。全波整流电路不但常用在低频整流，而且经常用在高频开关整流上，如 CRH_1 的蓄电池充电机上。

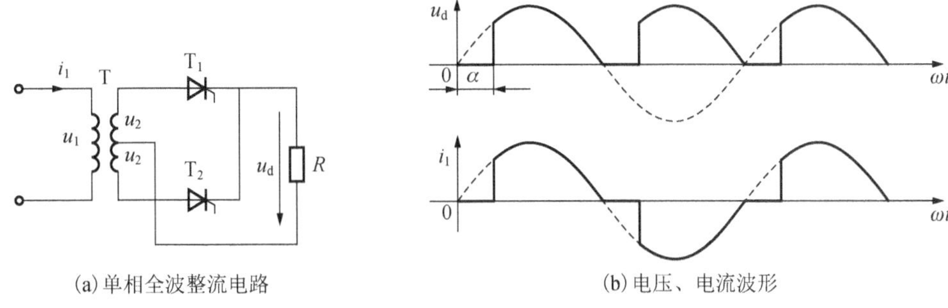

(a) 单相全波整流电路　(b) 电压、电流波形

图 2-15　单相全波整流电路及其电压、电流波形

单相全波整流电路的优点如下。

(1) 单相全波整流电路的导通电路只有一个晶闸管，比全桥少一个，因此功率损耗小，适合用在低电压、大电流的应用场合；

(2) 只驱动两个共阴极或共阳极接法的晶闸管，门极驱动电路比单相全桥的驱动电路简单，与单相桥式半控类似。

单相全波整流电路的缺点如下。

(1) 晶闸管关断时承受的电压峰值比较大，为 $2\sqrt{2}U_2$。例如，当晶闸管 T_1 导通时，T_2 承受的最大电压是 $2\sqrt{2}U_2$；

(2) 单相全波整流变压器为二次绕组带中心抽头，结构复杂；绕组及铁心对铜、铁等材料的消耗比单相全桥的多。

总之，单相电路结构简单，但因输出直流电压脉动较大，因此一般用在 4kW 以下的中小容量设备上，大容量设备多采用三相整流电路。

2.3　三相整流电路

2.3.1　三相半波可控整流电路

1. 电阻性负载

图 2-16 为电阻负载三相半波可控整流电路原理，变压器副边采用星形接法以得到零线。为了去掉变压器原边绕组中的三次谐波，原边绕组常采用三角形接法。三个晶闸管采用共阴极接法。当然也可以采用共阳极接法，两种接法各有特点，这里只介绍共阴极接法。

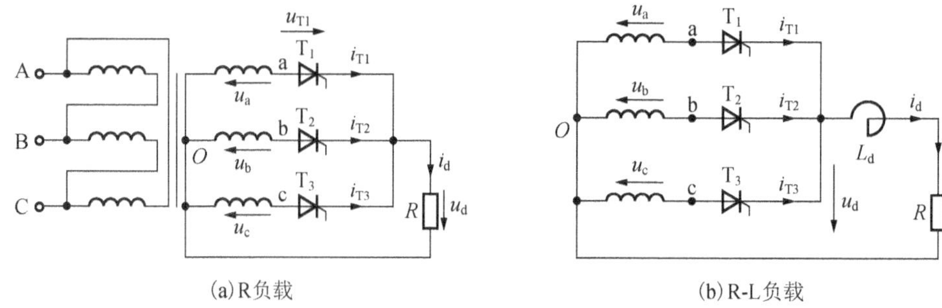

(a) R负载　　(b) R-L负载

图 2-16　电阻负载三相半波可控整流电路

如图 2-17(a)所示，a 相、b 相、c 相的三个晶闸管的自然换相点就在 ωt_1、ωt_2、ωt_3 处。过 ωt_1 点后，a 相电压高于 b 相和 c 相，此时给 T_1 触发脉冲，则 T_1 导通，T_2、T_3 承受反压截止，负载电压 u_d 等于 a 相电压 u_a，过 ωt_2 点后，b 相电压高于 a 相和 c 相，此时给 T_2 触发脉冲，则 T_2 导通，T_1、T_3 承受反压截止，负载电压 u_d 等于 b 相电压 u_b。过 ωt_3 点后，c 相电压高于 a 相和 b 相，此时给 T_3 触发脉冲，则 T_3 导通，T_1、T_2 承受反压截止，负载电压 u_d 等于 c 相电压 u_c。各晶闸管按同样规律依次触发导通，因此，ωt_1、ωt_2、ωt_3 位置处就是三相半波可控整流电路计算触发控制角 α 的起点，即该点的 $\alpha=0°$，也称为自然换相点。$\alpha=0°$ 的三相半波可控整流电路与三相半波不可控(二极管)整流电路波形完全一样。

图 2-17(a)实际画出的是 $\alpha=0°$ 的波形图。各晶闸管上的触发脉冲相序为各相触发脉冲依次间隔 120°，每个晶闸管导通 120°，输出整流电压是三相交流相电压正半周的包络线，一个周期内有三次脉动。负载电流波形与整流电压波形形状相同。

当 $\alpha=30°$ 时，负载电压、电流波形及晶闸管承受电压、电流波形如图 2-17(b)所示，晶闸管导通角 $\theta=120°$，输出电流处于连续和断续的临界状态。

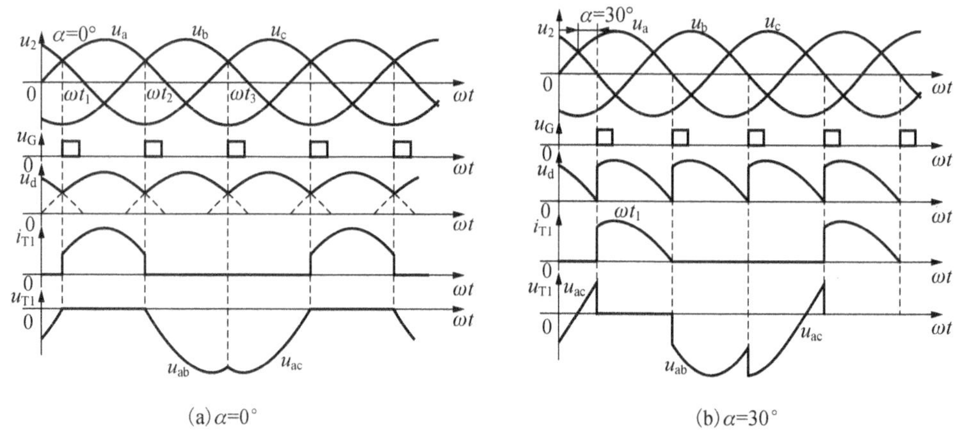

(a) $\alpha=0°$　　(b) $\alpha=30°$

图 2-17　电阻性负载三相半波可控整流电路的波形

当 $\alpha>30°$ 时，负载电压、电流波形均出现断续情况，晶闸管导通角度 $\theta=150°-\alpha$，小于 120°，直到 $\alpha=150°$ 时，负载电压、电流均减为 0。所以电阻负载时移相范围为 0°～150°。当 $\alpha>30°$ 时的 u_d 和 u_{T1} 波形与 $\alpha\leqslant30°$ 时的波形有何不同？请读者自己分析。

当 $\alpha\leqslant30°$ 时，输出电压波形连续，输出电压平均值和有效值分别为

$$U_d=\frac{1}{2\pi/3}\int_{\alpha+\frac{\pi}{6}}^{\alpha+\frac{5\pi}{6}}\sqrt{2}U_2\sin\omega t\,\mathrm{d}(\omega t)=1.17U_2\cos\alpha \tag{2-21}$$

$$U=\sqrt{\frac{3}{2\pi}\int_{\alpha+\frac{\pi}{6}}^{\alpha+\frac{5\pi}{6}}(\sqrt{2}U_2\sin\omega t)^2\mathrm{d}(\omega t)}=U_2\sqrt{\frac{3}{2\pi}\left(\frac{2\pi}{3}+\frac{\sqrt{3}}{2}\cos 2\alpha\right)} \tag{2-22}$$

当 30° $<\alpha\leqslant$150° 时，输出电压波形断续，输出电压平均值和有效值分别为

$$U_\mathrm{d}=\frac{3}{2\pi}\int_{\alpha+\frac{\pi}{6}}^{\pi}\sqrt{2}U_2\sin\omega t\mathrm{d}(\omega t)=0.675U_2\left[1+\cos\left(\frac{\pi}{6}+\alpha\right)\right] \tag{2-23}$$

$$U=\sqrt{\frac{3}{2\pi}\int_{\alpha+\frac{\pi}{6}}^{\pi}(\sqrt{2}U_2\sin\omega t)^2\mathrm{d}(\omega t)}=U_2\sqrt{\frac{1}{2\pi}\left(\frac{5\pi}{6}-\alpha+\frac{\sqrt{3}}{4}\cos 2\alpha+\frac{1}{4}\sin 2\alpha\right)} \tag{2-24}$$

三相半波可控整流电路 U_d/U_2 随α变化的关系如图 2-18 所示。

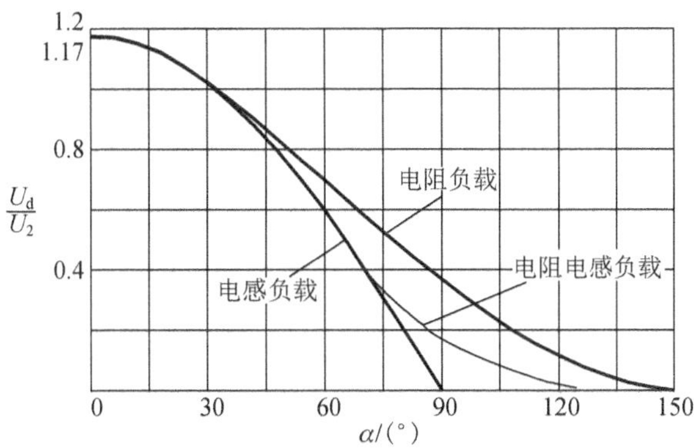

图 2-18　三相半波可控整流电路 U_d/U_2 随α变化的关系

2. 阻感性负载

图 2-19 为阻感性负载三相半波可控整流电路的波形图。假设电感值远大于电阻值，负载电流连续，简单分析时认为输出电流近似为一条直线。

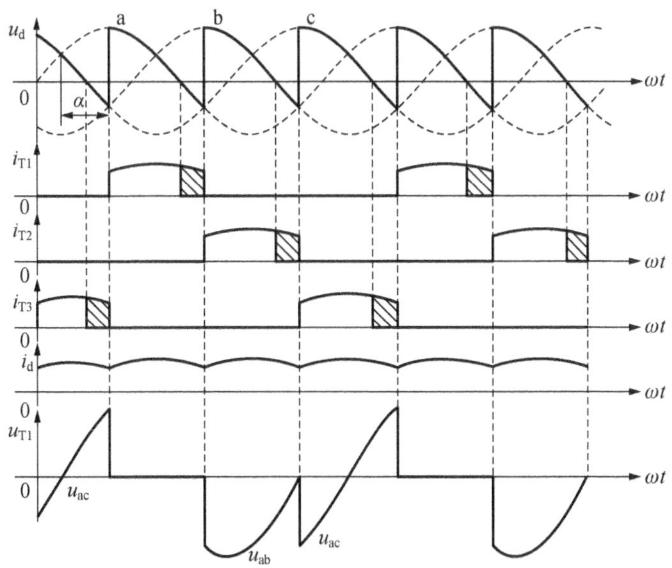

图 2-19　电感性负载三相半波可控整流电路的波形

当$\alpha\leqslant$30° 时，输出电压波形与电阻性负载完全相同。当$\alpha>$30° ，输出电压过 0 变负时，

由于电感的作用，原来导通的晶闸管不会关断，直到另一晶闸管触发导通为止才将其强迫关断，各晶闸管导通角θ=120°，保证输出电流连续。虽然整流电压脉动较大，而且出现负值，但整流电流脉动很小。

输出电压平均值为 $U_d=1.17U_2\cos\alpha$。当α=90°时，U_d=0，因此，大电感性负载的移相范围为0°～90°。输出电流平均值为$I_d=U_d/R$。

三相半波可控整流电路结构简单，所用元件较少，但存在变压器直流磁化问题，因此多用在中等偏小功率设备上。大功率设备多采用三相桥式电路。

2.3.2　三相桥式全控整流电路

三相桥式整流电路相当于1个三相共阴极接法的半桥和1个三相共阳极接法的半桥的组合。图2-20为阻感性负载三相桥式全控整流电路原理图，整流桥由a、b、c三相组成，每相上、下2个桥臂，共阴极组(上组)为T_1、T_3、T_5，共阳极组(下组)为T_4、T_6、T_2，共6个晶闸管组成。ωt_1、ωt_3、ωt_5分别为共阴极组T_1、T_3、T_5的自然换相点(α=0°)，ωt_2、ωt_4、ωt_6分别为共阳极组T_2、T_4、T_6的自然换相点(α=0°)，两组自然换流点对应相差60°，如图2-21(a)所示。

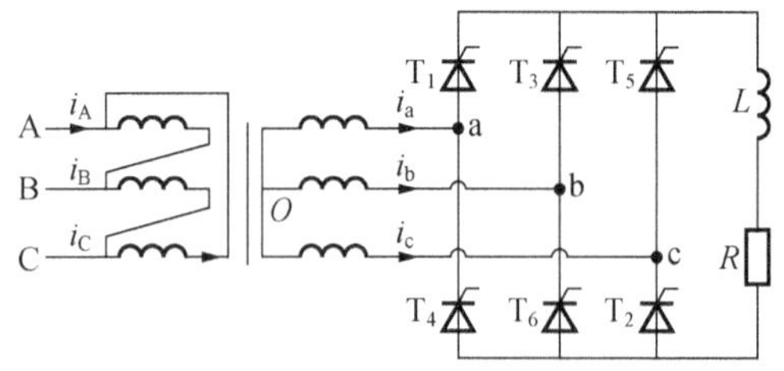

图2-20　阻感性负载的三相桥式整流电路

为了使电流通过负载与电源形成通路，上下两组晶闸管中必须各有一只同时导通。T_1~T_6的触发脉冲相位依次相差60°。为保证启动时或工作过程中的可靠触发，常采用在共阴极组和共阳极组的晶闸管用宽脉冲或双窄脉冲同时触发，如图2-21(b)和(c)所示。采用双脉冲进行上下管同时触发的原因是使触发更加可靠，否则可能会造成不能触发导通。

例如，α=0°时，如图2-21所示，在ωt_1时刻，同时触发T_1和T_6。

(1) ωt_1～ωt_2期间，a相电压最高，b相电压最低，在触发脉冲作用下，T_1、T_6同时导通，电流从a点经T_1→负载→T_6回到b点，与线电压u_{ab}形成通路，负载电压为u_{ab}。

(2) ωt_2～ωt_3期间，a相电压最高，c相电压最低，在触发脉冲作用下，T_1、T_2同时导通，T_6承受反压而截止，电流从a点经T_1→负载→T_2回到c点，与线电压u_{ac}形成通路，负载电压为u_{ac}。

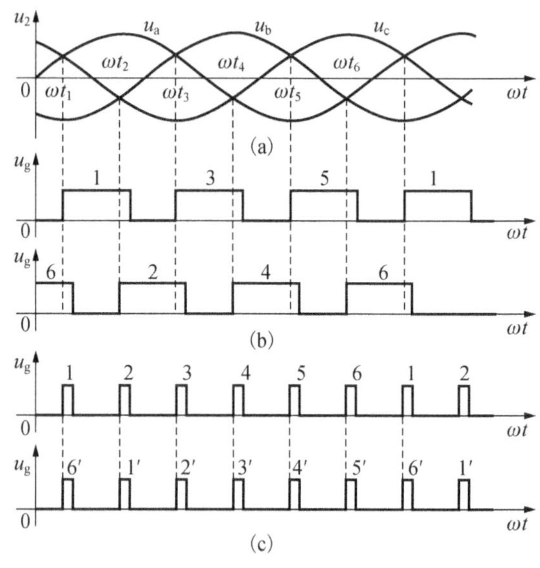

图2-21　三相桥的触发脉冲

(3) $\omega t_3 \sim \omega t_4$ 期间，b 相电压最高，c 相电压最低，在触发脉冲作用下，T_2、T_3 同时导通，T_1 承受反压而截止，电流从 b 点经 T_3→负载→T_2 回到 c 点，与线电压 u_{bc} 形成通路，负载电压为 u_{bc}。

(4) $\omega t_4 \sim \omega t_5$ 期间，T_3、T_4 导通，负载电压为 u_{ba}。

(5) $\omega t_5 \sim \omega t_6$ 期间，T_4、T_5 导通，负载电压为 u_{ca}。

(6) $\omega t_6 \sim \omega t_7$ 期间，T_5、T_6 导通，负载电压为 u_{cb}。

(7) $\omega t_7 \sim \omega t_8$ 期间，T_6、T_1 导通，负载电压又变为 u_{ab}。

由此可见，三相桥式全控整流电路中晶闸管的导通顺序为 T_6T_1、T_1T_2、T_2T_3、T_3T_4、T_4T_5、T_5T_6、T_6T_1、T_1T_2。α=0° 时，输出电压为线电压 u_{ab}、u_{ac}、u_{bc}、u_{ba}、u_{ca}、u_{cb} 正半周的包络线，每个周期脉动 6 次。假设电感值较大，负载电流为平滑直流，变压器副边电流 i_a、i_b、i_c 均为正负方波，其波形如图 2-22 所示。

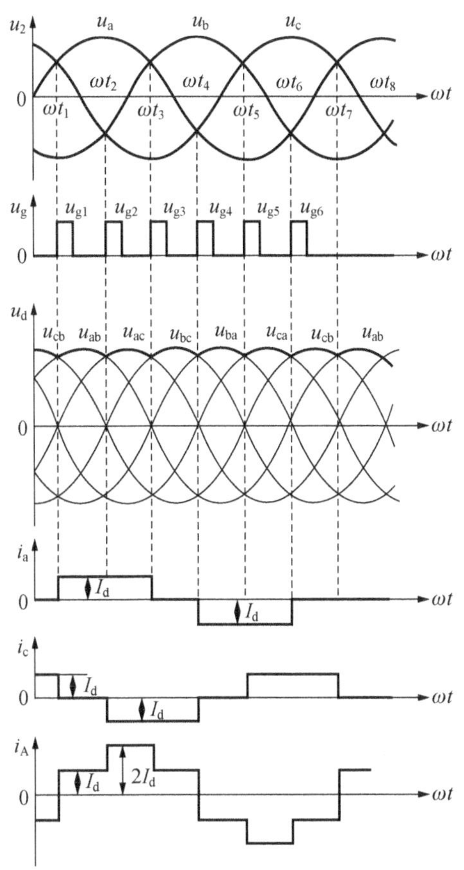

图 2-22　大电感负载三相桥式全控整流电路原理及α=0° 波形

假设电感感抗值远大于电阻阻抗值，当控制角α>0° 时，α=60°、α=90° 的输出电压 u_d 的波形如图 2-23 所示。对于大电感负载，α>90° 时，i_d 发生断续。三相桥式整流电路输出的平均电压 $U_d = 2.34U_2\cos\alpha = 1.35U_{线}\cos\alpha$。可见三相桥式整流与单相桥式整流相比，输出电压的幅值提高，电压、电流的脉动减小。因而在大功率整流电路中得到广泛的应用。

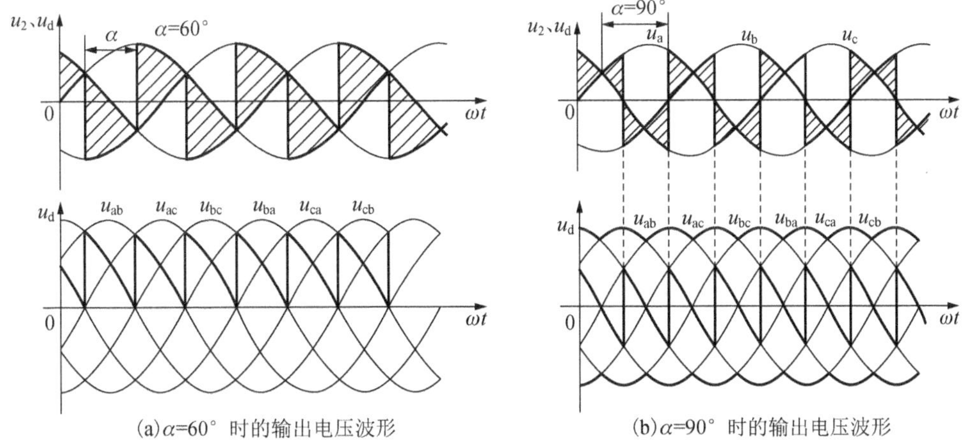

(a) α=60° 时的输出电压波形　(b) α=90° 时的输出电压波形

图 2-23　三相桥式全控整流电路大电感负载在不同α时的波形图

2.4　相控整流的滤波

为了滤除整流电路的交流成分，得到直流分量。一般在整流后，需要利用滤波电路将整流后脉动的输出电压变为平滑的直流电压。实现滤波的电路很多，常用的有电容滤波电路、电感滤波电路和L-C滤波电路。

2.4.1　电容C滤波电路

为稳定输出电压u_d，一般取C较大，一般在1000pF以上，这样RC越大，电容放电速度越慢。而电容越大，冲击电流就越大。从图2-24中可以看出电容滤波的冲击电流比较大(忽略电容放电电流)，充电电流i_c幅值为$\sqrt{2}U_2C\omega\cos\delta$，过大的冲击电流会损坏开关管和电容。因此电容滤波不适合大容量的场合。

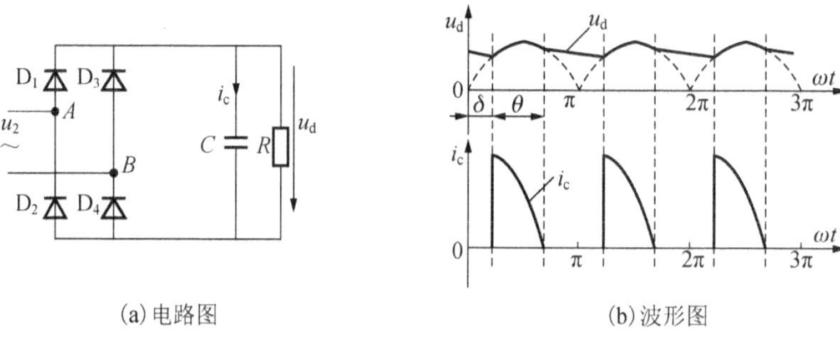

(a) 电路图　　(b) 波形图

图2-24　电容C滤波电路及输出电压、电流波形

一般取$RC \geqslant (3\sim5)\dfrac{T}{2}$。而且$u_d$与负载$R$有关，$R$越大，输出电压越高；而$R$越小，输出电压越低。当$RC$很大时，输出平均电压$U_d \approx \sqrt{2}U_2$；而$RC$很小时，输出平均电压$U_d \approx 0.9U_2$。通常取$U_d \approx (1.1\sim1.2)U_2$。因此电容滤波虽然电路简单，但输出特性差，且与负载有关，适合于负载变动不大的场合。

2.4.2　电感L滤波电路

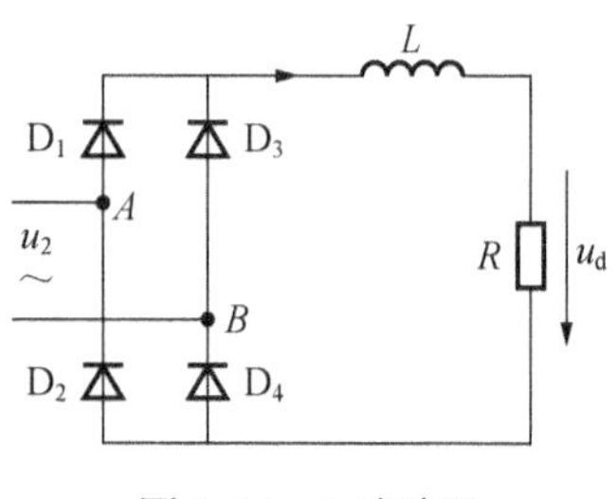

图2-25　L滤波器

如图2-25所示，电感滤波器是在负载的前面加上一个大电感，利用电感的电流不能突变的原理，当电感极大时，电感的交流阻抗很大，而电感直流阻抗却很小，因此交流电压大都落在电感上，而直流电压都在负载电阻上。电感L对于工频交流电，一般取值较大，在几亨以上，L越大，滤波效果越好，但体积就越大。当电感比较大时，输出平均电压$U_d = 0.9U_2$，电流平直。

因此电感滤波器的主要优点是带负载能力强，缺点是体积大、成本高，且电磁辐射较强。电感元件本身的直流阻抗还会引起电压损失和较大的功率损耗。而负载对输出电压影响相对较小。因此L滤波器适用于大容量的场合，但电感体积比较大。

2.4.3 L-C 滤波电路

如果只用电容滤波，可以看出冲击电流比较大，对电容、晶闸管及变压器的容量要求都很高，而为了抑制电流冲击，在直流侧常常串入一个电感 L，与负载侧电容形成 L-C 滤波电路，如图 2-26 所示。L-C 滤波器实质是一个低通滤波器，截止频率 $f_L = \dfrac{1}{2\pi\sqrt{LC}}$，通过改变 L、C 的大小可以改变截止频率的大小。

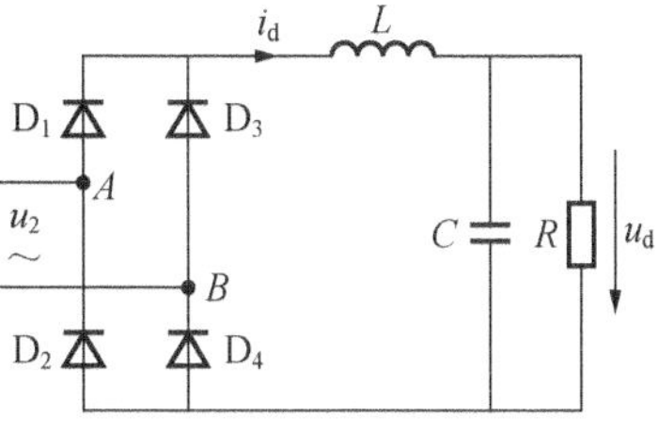

图 2-26　L-C 滤波器

由于 L 具有抑制电流过快变化的作用，因此冲击电流 i_d 的上升缓和了很多，使电流的波动 ΔI_C 变小，而电容上电压的变化量为 $\Delta u_d = \Delta u_C = \dfrac{\Delta Q}{C} \propto \dfrac{\Delta I_C}{C}$。

因此 u_d 波形变得平直。同时 C 的取值也可以相对较小。L-C 滤波器可以用在大容量的场合，且 L-C 的值都可以取得不是很大。

2.5 整流变压器漏感的影响

前面介绍的整流电路都是假设变压器为理想变压器，变压器的漏抗、绕组电阻都可忽略；晶闸管元件是理想开关。但实际的变压器存在漏感和电阻，由于漏感对电流的变化起阻碍作用，使其不能突变，因此实际的晶闸管的换相过程不可能瞬间完成。

2.5.1 换相过程与换相重叠角

考虑变压器漏抗后的三相半波可控整流电路如图 2-27(a)所示，假设其中三相漏抗 L_B 相等，忽略交流侧的电阻，并假设负载电感 L 极大，负载电流 i_d 连续且平直。下面讨论电流从 a 相到 b 相的换相过程。

在 a 相到 b 相的换流前，T_1 仍导通，$i_a = I_d$。此时触发 T_2，由于变压器漏感 L_B 的作用，T_1 不能立即关断，i_a 从 I_d 逐渐减小到 0；同样 T_2 也不能立即导通，在漏感 L_B 的作用下，i_b 从 0 逐渐增加到 I_d。此时是一个换相重叠过程，换相重叠时间为 γ，相当于 a、b 两相的两个晶闸管同时导通。在 u_{ab} 电压作用下产生环流 $i_k = i_b$，换相中 a 相电流 $i_a = I_d - i_k$，b 相电流 $i_b = i_k$。换相结束，$i_a = 0$，$i_b = I_d$ 时，a 相和 b 相之间完成了换流，如图 2-27(b)所示。

换相期间，忽略管压降，变压器漏感 L_B 两端的电压方向如图 2-27(a)所示，关系为

$$u_b - u_a = 2L_B \frac{di_k}{dt}$$

$$u_{LB} = L_B \frac{di_k}{dt} = \frac{1}{2}(u_b - u_a) \tag{2-25}$$

换相期间的整流电压 u_d 为

$$u_d = u_a + L_B \frac{di_k}{dt} = u_b - L_B \frac{di_k}{dt} = \frac{1}{2}(u_a + u_b) \tag{2-26}$$

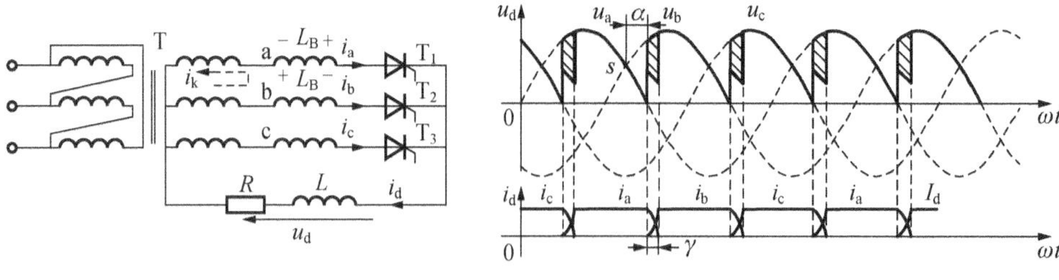

(a)考虑漏感的三相半波整流电路　(b)换相电流波形

图 2-27　变压器漏感对整流电路换流的影响

2.5.2　换相压降ΔU_d的计算

从图 2-27(b)的波形可以看出，整流电压波形较无 L_B 时少了一块阴影面积，导致 u_d 平均值 U_d 降低了 ΔU_d，ΔU_d 称为换相压降。以 m 相计算，ΔU_d 的计算如下：

$$\Delta U_d = \frac{1}{2\pi/m}\int_{\alpha}^{\alpha+\gamma}(u_b - u_d)\mathrm{d}(\omega t) = \frac{1}{2\pi/m}\int_{\alpha}^{\alpha+\gamma} L_B \frac{\mathrm{d}i_k}{\mathrm{d}t}\mathrm{d}(\omega t) = \frac{m}{2\pi}\int_0^{I_d}\omega L_B \mathrm{d}i_k = \frac{m}{2\pi}X_B I_d \quad (2\text{-}27)$$

其中，m 是每周期换相次数，单相双半波电路 $m=2$、三相半波 $m=3$、三相桥式电路 $m=6$；X_B 是漏感为 L_B 的变压器每相折算到二次侧的漏电抗，$X_B=\omega L_B$。

2.5.3　换相重叠角γ的计算

如图 2-27(b)所示，取 u_a 与 u_b 的交点 S 为原点，则对于 m 脉波可以表示为

$$u_a = \sqrt{2}U_2\cos\left(\omega t + \frac{\pi}{m}\right),\qquad u_b = \sqrt{2}U_2\cos\left(\omega t - \frac{\pi}{m}\right)$$

$$u_b - u_a = 2\sqrt{2}U_2\sin\frac{\pi}{m}\sin\omega t$$

$$\frac{\mathrm{d}i_k}{\mathrm{d}t} = \frac{u_b - u_a}{2L_B} = \frac{\sqrt{2}U_2\sin\dfrac{\pi}{m}\sin\omega t}{L_B}$$

$$\mathrm{d}i_k = \frac{\sqrt{2}U_2\sin\dfrac{\pi}{m}\sin\omega t}{X_B}\mathrm{d}\omega t \quad (2\text{-}28)$$

对式(2-28)两边积分，可得

$$I_d = \int_0^{I_d}\mathrm{d}i_k = \frac{\sqrt{2}U_2\sin\dfrac{\pi}{m}}{X_B}\int_{\alpha}^{\alpha+\gamma}\sin\omega t\mathrm{d}\omega t = \frac{\sqrt{2}U_2\sin\dfrac{\pi}{m}}{X_B}[\cos\alpha - \cos(\alpha+\gamma)]$$

$$\cos\alpha - \cos(\alpha+\gamma) = \frac{X_B I_d}{\sqrt{2}U_2\sin(\pi/m)} \quad (2\text{-}29)$$

式(2-29)仅适用于 m 脉波整流电路(m 相半波整流)，对于其他形式的电路需要转换为 m 脉波整流电路求解。m 为每周期换相次数，单相双半波电路 $m=2$，三相半波 $m=3$。当 α 一定时，X_B、I_d 增大，则 γ 增大，换流时间加长，因此大电流时更要考虑重叠角的影响。当 X_B、I_d 一定时，γ 随 α 角的增大而减小。不同整流电路的 ΔU_d 和 γ 如表 2-2 所示。X_B 的计算可根据短路比 u_k% 来计算，如副边 Y 形连接的三相变压器，容量为 S_e，相电压为 U_2，则副边额

定电流为$I_{2e}=\dfrac{S_e}{3U_2}$，$X_B=\dfrac{U_2}{I_{2e}}\dfrac{u_k\%}{100}$。

例 2-1　单相桥式全控整流电路，如图 2-28(a)所示，反电动势负载，$R=1\Omega$，$L=\infty$，$E=40V$，$U_2=100V$，$L_B=0.5mH$，当$\alpha=60°$时，求U_d、I_d和γ的数值，并画出整流电压u_d的波形。

解　$X_B=2\pi fL_B=2\pi\times50\times0.5\times10^{-3}=0.05\pi(\Omega)$。根据式(2-27)和表 2-2，可得

$$U_d=0.9U_2\cos\alpha-\Delta U_d=45-\frac{2X_B}{\pi}I_d=45-0.1I_d \tag{2-30}$$

同时 U_d还满足

$$U_d=E+RI_d=40+I_d \tag{2-31}$$

以上两个方程联立，可解出$I_d=4.55A$，$U_d=44.55V$。根据式(2-30)可得，$\cos\alpha-\cos(\alpha+\gamma)=\dfrac{2X_BI_d}{\sqrt{2}U_2}$，解出$r=1.33°$。波形如图 2-28(b)所示。

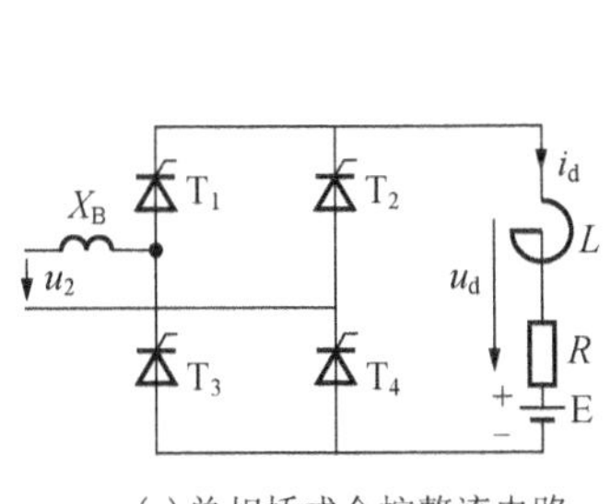

(a)单相桥式全控整流电路

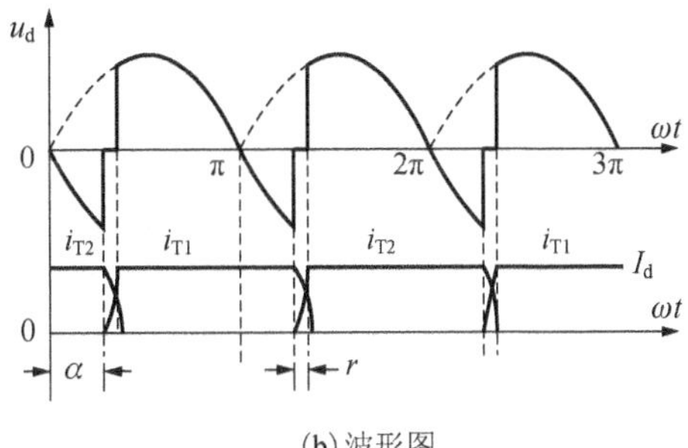

(b)波形图

图 2-28　带变压器漏感的单相桥式全控整流电路及波形

由此可见，变压器漏感的存在会出现如下问题。①使整流装置功率因数变坏，输出电压平均值降低。②整流电路的工作状态增多。③出现相电压缺口，引起电网波形畸变，成为干扰源。④换相时晶闸管电压出现缺口，产生正的du/dt，可能使晶闸管误导通，为此必须加吸收电路；但漏感使晶闸管的di/dt减小，有利于安全开通；有时认为串入进线电抗器以抑制晶闸管的di/dt。

表 2-2　各种整流电路换向电压和换相重叠角γ的计算

指标/电路形式	单相全波	单相全控桥	三相半波	三相全控桥	m脉波整流
ΔU_d	$\dfrac{X_B}{\pi}I_d$	$\dfrac{2X_B}{\pi}I_d$	$\dfrac{3X_B}{2\pi}I_d$	$\dfrac{3X_B}{\pi}I_d$	$\dfrac{mX_B}{2\pi}I_d$
$\cos\alpha-\cos(\alpha+\gamma)$	$\dfrac{X_BI_d}{\sqrt{2}U_2}$	$\dfrac{2X_BI_d}{\sqrt{2}U_2}$	$\dfrac{2X_BI_d}{\sqrt{6}U_2}$	$\dfrac{2X_BI_d}{\sqrt{6}U_2}$	$\dfrac{X_BI_d}{\sqrt{2}U_2\sin\dfrac{\pi}{m}}$

需要注意如下问题。

(1)单相全控桥电路中，虽然每周期换相 2 次($m=2$)，但换相过程中环流i_k是从$-I_d$变为$+I_d$的，所以对于单相全控桥有$\Delta U_d=2X_BI_d/\pi$，$\cos\alpha-\cos(\alpha+\gamma)=2I_dX_B/\sqrt{2}U_2$。

(2)三相桥等效为相电压等于$\sqrt{3}U_2$的 6 脉波整流电路(6 相半波)，故其 m=6，相电压按

$\sqrt{3}U_2$ 代入得 $\cos\alpha - \cos(\alpha+\gamma) = \dfrac{2I_d X_B}{\sqrt{6}U_2}$。

2.6 相控整流及有源逆变原理

整流是把交流电变换成直流电供给负载，利用同样的相控整流电路在一定条件下也可以把直流电变为交流电。把这种整流的逆过程称为逆变。根据逆变输出交流电能去向的不同，逆变电路又分为有源逆变和无源逆变两种。前者以电网为负载，将逆变输出的交流电能回送到电网，后者则以交流电机、电炉等电器为负载，将电能转换为机械能、热能等其他能量形式，如交流电机、电炉等。在许多场合，同一套晶闸管或其他可控电力电子变流电路既可作整流又可作有源逆变。本节以晶闸管电路为例讨论有源逆变。

2.6.1 整流和有源逆变的基本原理

下面以直流发电机-电动机(G-M)系统为例说明整流和有源逆变的工作过程，如图 2-29 所示。

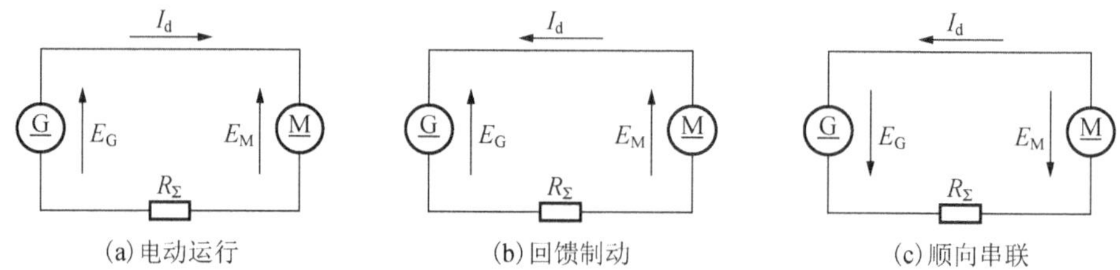

图 2-29　直流发电机-电动机系统电能的转换

图 2-29(a)表示 M 电动运转，此时 $E_G>E_M$，电流 I_d 从 G 流向 M，G 输出电功率，M 吸收电功率。图 2-29(b)表示电动机的回馈制动状态，M 发电运转，此时 $E_M>E_G$，电流反向，从 M 流向 G。故 M 输出电功率，G 吸收电功率，M 轴上输入的机械能转变为电能反送给 G。图 2-29(c)表示两电动势顺向串联，电动势同方向，向电阻 R_Σ 供电，G 和 M 均输出功率，由于线路电阻 R_Σ 一般都很小，实际上形成短路，在工作中必须避免这类情况发生。

2.6.2 晶闸管相控整流电路实现有源逆变的基本原理

为了让初学者更加明白用晶闸管相控整流电路实现有源逆变的原理，以单相半波整流 R-L-E 负载为例，进行简要的分析。如图 2-30 所示，可列以下微分方程：

$$L\frac{\mathrm{d}i_d}{\mathrm{d}t} + Ri_d + E = u_2 = U_{2m}\sin\omega t \tag{2-32}$$

为一阶线性微分方程，为使读者易于理解，使方程简化，假设电感 L 较大，电阻 R 很小，为纯电感负载，忽略电阻的作用，方程可简化为

$$L\frac{\mathrm{d}i_d}{\mathrm{d}t} + E = U_{2m}\sin\omega t \tag{2-33}$$

对此方程进行积分，并代入初始条件 $i(\alpha)=0$，可得

$$i_d(\omega t) = \frac{U_{2m}}{X_L}(\cos\alpha - \cos\omega t) + \frac{E}{X_L}(\alpha - \omega t) \tag{2-34}$$

其中，$X_L = \omega L$。

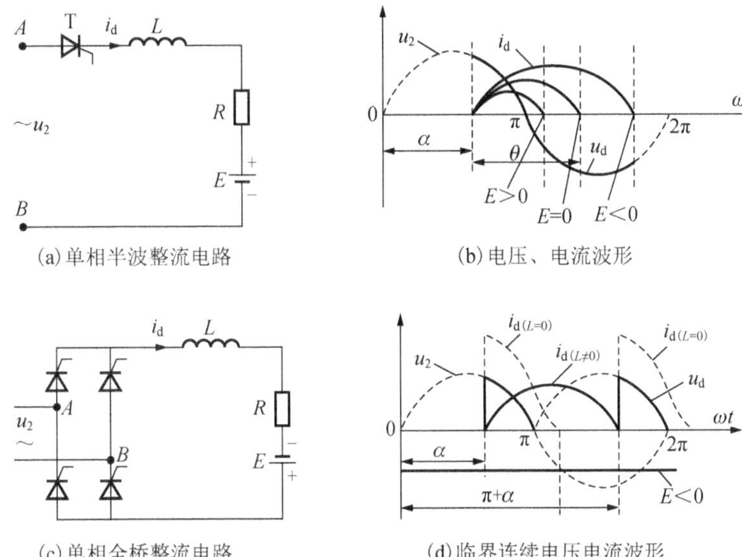

(a)单相半波整流电路　(b)电压、电流波形

(c)单相全桥整流电路　(d)临界连续电压电流波形

图 2-30　有源逆变基本原理

(1)对于单相半波整流电路，已知触发角为$\alpha > \dfrac{\pi}{2}$，如图 2-30(a)和(b)所示，在一个周期内，可以分析出如下内容。

① 当$E = 0$、$i_d(\omega t) = 0$时，$\omega t = 2\pi - \alpha$；此时导通角$\theta = 2\pi - 2\alpha$，正负半波导通面积相等，输出电压$U_d = 0$。

② 当$E > 0$、$i_d(\omega t) = 0$时，$\omega t < 2\pi - \alpha$；此时导通角$\theta < 2\pi - 2\alpha$，正半波导通面积大于负半波导通面积，输出电压$U_d > 0$。

③ 当$E < 0$、$i_d(\omega t) = 0$时，$\omega t > 2\pi - \alpha$；此时导通角$\theta > 2\pi - 2\alpha$，正半波导通面积小于负半波导通面积，输出电压$U_d < 0$。此时输出电流i和输出电压U_d方向相反，有源逆变才可能发生。α与E的关系如图 2-31 所示。

而$\alpha < \dfrac{\pi}{2}$时，对于全桥整流电路，肯定会出现正半波导通面积大于负半波导通面积，$U_d > 0$，电流i和输出电压U_d方向相同，不会发生有源逆变，所以不进行讨论。

(2)对于单相全桥或双半波整流电路，如图 2-30(c)和(d)所示，已知触发角为α，只讨论反电动势$E < 0$，即有源逆变的情况，要保证电流连续，至少应该保证$\omega t = \pi + \alpha$时，$i_d(\omega t) \geqslant 0$，即需要满足

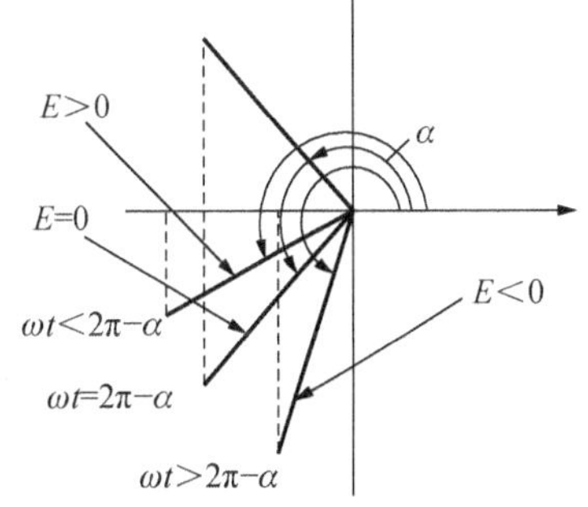

图 2-31　α与E的关系

$$i_d(\omega t) = \frac{U_{2m}}{X_L}(\cos\alpha - \cos(\pi + \alpha)) + \frac{E}{X_L}(\alpha - (\pi + \alpha)) \geqslant 0 \tag{2-35}$$

可以推出，E的方向为上负下正，E的幅值必须满足

$$|E| \geqslant \left|\frac{U_{2m}}{\pi/2}\cos\alpha\right| = |0.9U_2\cos\alpha| = |u_d| \tag{2-36}$$

电流 i_d 才不会断续。同理可以证明，当 $\alpha < 90°$ 且 $E > 0$ 进行整流时，当 $u_d = 0.9U_2\cos\alpha > E$ 时，整流电路的输出电流 i_d 连续。

在有源逆变电路中，如果 L=0，电流容易断续，如图 2-30(d)中的 $i_{d(L=0)}$ 所示，实用价值不大；而电感 L 是使电流连续，如图 2-30(d)中的 $i_{d(L\neq 0)}$ 所示，外部电动势 E(与电流方向一致)使输出电压 u_d 负面积大于正面积，平均值 $U_d < 0$。

例 2-2 如图 2-32(a)所示的单相半波整流电路，R-L 负载，L 有限值，阻抗角 $\varphi = \arctan\dfrac{\omega L}{R}$，阻抗 $Z = \sqrt{R^2 + (\omega L)^2}$。当控制角为 α 时，试分析导通角 θ 与 α 和 φ 的关系。

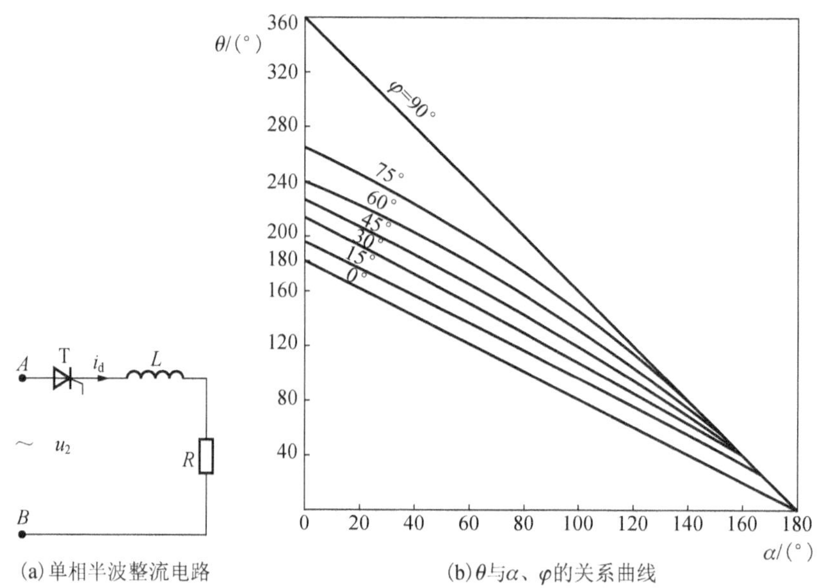

(a)单相半波整流电路 (b)θ与α、φ的关系曲线

图 2-32 单相半波整流电路 R-L 负载的 θ 与 α 和 φ 的关系曲线

解 当 T 导通时，满足以下微分方程

$$L\frac{\mathrm{d}i_d}{\mathrm{d}t} + Ri_d = \sqrt{2}U_2\sin\omega t$$

代入初始条件，$\omega t = \alpha$ 时，i_d=0，可得

$$i_d = -\frac{\sqrt{2}U_2}{Z}\sin(\alpha - \varphi)\mathrm{e}^{-\frac{(\omega t-\alpha)}{\tan\varphi}} + \frac{\sqrt{2}U_2}{Z}\sin(\omega t - \varphi) \tag{2-37}$$

代入终止条件，$\omega t = \theta + \alpha$ 时，i_d=0，可得超越方程

$$\sin(\alpha - \varphi)\mathrm{e}^{-\frac{\theta}{\tan\varphi}} = \sin(\theta + \alpha - \varphi) \tag{2-38}$$

从式(2-38)可以看出，当 $\varphi = 0°$ 时(纯电阻性负载)，$\theta = 180° - \alpha$；当 $\varphi = 90°$ 时(纯电感性负载)，$\theta = 360° - 2\alpha$；而当 $\varphi = 0° \sim 90°$ 时(阻感性负载)，θ 关系曲线介于二者之间。具体关系可采用迭代法借助计算机求解，关系曲线如图 2-32(b)所示。

从以上推导可以看出，相控整流或有源逆变的本质还是 R-L 等元件构成的微分方程在起作用。

2.6.3 相控整流电路实现有源逆变(晶闸管-直流电动机系统)

同样的原理，以晶闸管-直流电动机系统为例，说明相控整流器实现整流和有源逆变的工作过程，如图 2-33 所示。为使电流连续而平稳，在回路中串接平波电抗器 L_d。晶闸管-直流电动机系统有两种工作状态。

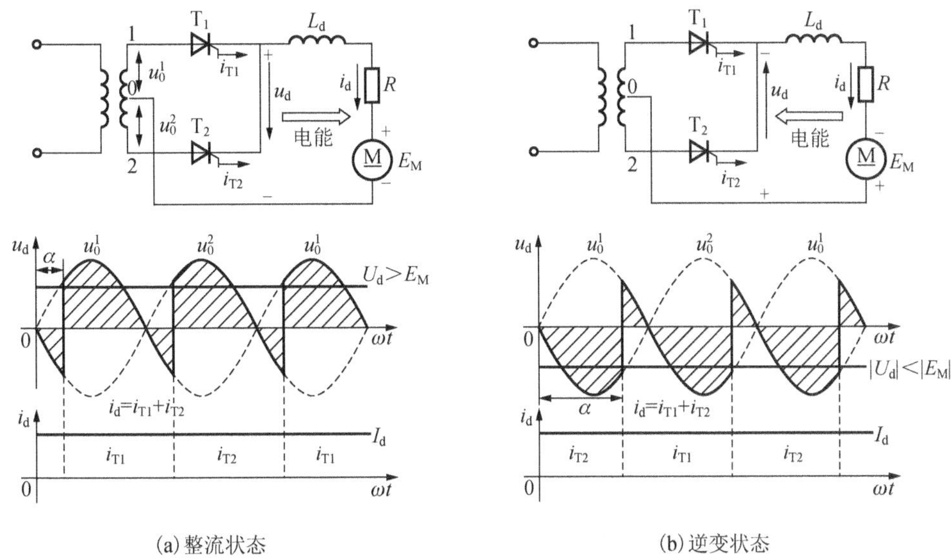

图 2-33　晶闸管-直流电动机系统变流器的两种工作状态

1) 变流器工作于整流状态（$0\leqslant\alpha\leqslant\pi/2$）

图 2-33(a) 表示电动机 M 进行电动运行，全波电路工作在整流状态，$U_d=0.9U_2\cos\alpha$，此时α为 0～π/2，U_d 为正值，并且 $U_d>E_M$，才能输出 I_d 给电动机作电动运行，此时 $I_d=(U_d-E)/R$，能量从变压器侧流向负载，变压器副边的电流和电压的相位差小于 90°。

2) 交流器工作于逆变状态（$\pi/2<\alpha<\pi$）

图 2-33(b) 表示 M 进行回馈制动，反电势 E_M 的极性已经反了过来，实现电机将机械能转变为电能作回馈制动运行；在整流电路方面必须有能吸收电能反馈回电网的吸收装置，此时如果控制角仍然保持 $0\leqslant\alpha\leqslant\pi/2$，会发生顺向串联。同时由于晶闸管的单向导电性，$I_d$ 方向必须不变，欲改变电能的输送方向和防止两电动势顺向串联，U_d 极性也必须反过来，即 U_d 应为负值，且 $|E_M|>|U_d|$，U_d 和 E_M 对抵，此时 $I_d=(|E_M|-|U_d|)/R$，并且是顺着晶闸管的方向流动，才能把电能从直流侧送到交流侧，实现有源逆变。U_d 可通过改变α来进行调节，逆变状态时α为π/2～π，U_d 为负值，正适合逆变工作的范围。通常导致电枢电势 E 极性发生改变的因素有：①某些机械能随着工况的不同自动改变 E 的极性（如直流卷扬机）；②改变励磁电流方向；③反接电枢回路。

2.6.4　相控整流电路实现有源逆变的条件

可以看出，整流和逆变、交流和直流在晶闸管变换器中互相联系，并可以在一定条件下互相转换。同一个变流器，既可以作为整流器，又可以作为有源逆变器，其关键是内部和外部的条件。有源逆变电路的工作原理，参量关系及分析方法等都和整流电路密切相关，并在很多方面是一致的。从上述分析中，可以归纳出要实现有源逆变，必须满足下列条件。

1) 内部条件

(1) 欲实现有源逆变，只能采用全控整流电路。半控桥或输出端有续流二极管的电路，因其整流电压 u_d 不能出现负值，也不允许直流侧出现负极性的电动势，易形成顺向串联，故不能实现有源逆变。即电路的输出电压必须能够写成$U_d = U_{d0}\cos\alpha$的形式，输出电压才有可能出现负值。

(2) 晶闸管的控制角α>π/2，使U_d为负值。

2) 外部条件

必须有外部直流电动势，其极性和晶闸管导通方向一致，其值大于整流器直流侧平均电压。否则感性负载在控制角α接近π/2时，电流就会发生断续，不会发生输出电压的负面积大于正面积的情况，即平均输出电压U_d不会为负值。为防止发生电流断续，一般要接平波电抗器。

2.6.5 相控有源逆变的一些概念

1) 逆变角

对于可写成$U_d = U_{d0}\cos\alpha$的逆变电路，当α>π/2时，可进行有源逆变。此时定义$\beta = \pi - \alpha$，β为逆变角。此时可写成$U_d = U_{d0}\cos\alpha = -U_{d0}\cos\beta$。逆变时，$U_d < 0$并和外部反电动势$E$对抵。

2) 逆变颠覆

当逆变失败时，会导致整流器输出平均电压$U_d \geqslant 0$，从而和外部反电动势E形成顺向串联，因线路阻抗很小，就会形成很大的短路电流，称为逆变失败(或称逆变颠覆)。以下原因时会导致逆变颠覆。

(1) 触发电路工作不可靠，如脉冲丢失、延时等，导致晶闸管不能正常换相。

(2) 晶闸管发生故障，如失去阻断能力，或应该导通时不能导通。

(3) 交流电源发生缺相或突然消失。

(4) 换相裕量角不足，应考虑变压器漏抗引起的换相重叠角γ对换相的不利影响。如图2-34所示的三相半波整流，当在P点开始从a相换相到b相(T_1换相到T_2)，因$\beta < \gamma$，换相尚未结束时，a相电压u_a又高于b相电压u_b，晶闸管T_2则将承受反向电压而重新关断，而T_1还承受正向电压而继续导通，且u_a随着时间的推移也越来越高，导致逆变失败。

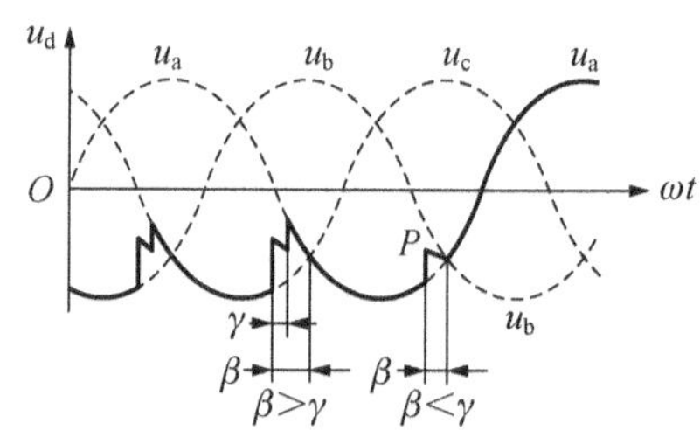

图2-34　换相裕量角不足造成的逆变失败

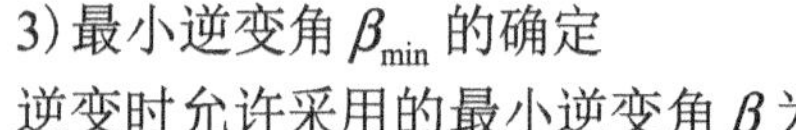

3) 最小逆变角β_{min}的确定

逆变时允许采用的最小逆变角β为

$$\beta_{min} = \delta + \gamma + \theta' \tag{2-39}$$

其中，δ为晶闸管的关断时间t_q折合的电角度；对于晶闸管的关断时间t_q，大的可达200～300μs，折合到电角度δ为4°～5°。γ为换相重叠角，一般为15°～20°。具体与电路结构、平均电流I_d和换相电抗X_B(短路阻抗比)有关，可参考式(2-30)和表2-2或查阅相关手册。θ'为安全裕量角，主要是防止如三相整流脉冲不对称造成的影响。θ'值约取10°。这样，β_{min}一般取30°～35°。在设计逆变电路时，必须保证$\beta > \beta_{min}$，因此常在触发电路中附加这一保护环节，保证触发脉冲不进入β_{min}区域内。

2.6.6 交直交变频器中的相控有源逆变

在电压型逆变器的交直交变频电路中，由于直流环节电压的极性不能改变，不会产生与晶闸管方向一致的电动势，通常采用两套整流装置相互切换。增加一套专为再生制动设置的与整流桥反并联的逆变桥，通过有源逆变将直流电能送回电网。

图 2-33 中的直流电动机在制动时电压极性颠倒，而电流方向不变(顺着晶闸管的导通方向)。因此采用一套整流电路即可实现有源逆变。

而与图 2-33 的晶闸管-直流电动机系统不同的是，图 2-35 中的交直交系统中，电压型逆变器的直流环节电压是稳定的，电压极性不能改变，此时必须使电流流动方向反向才能反馈能量。而原来的整流桥无法改变电流方向，因此需要另外设置一套能反馈能量的逆变桥。该逆变桥与原整流桥反并联，并使控制角α>90°，才能使反方向的反馈电流经整流变压器进入电网。反馈电流如图 2-35 中的虚线所示，其方向与电动机工况的电流(图 2-35 中的实线)相反。这样，由相控整流和电压型逆变器组成的交直交系统才能实现有源逆变和对交流电机的四象限控制。

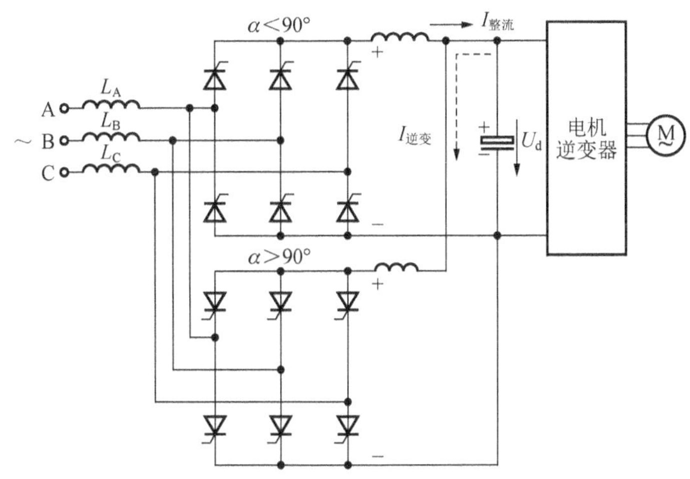

图 2-35　电压型交直交电路的有源逆变

而对于由电流型逆变器构成的交直交变频系统中，因为电流方向不变，直流环节电压极性可变，采用一套整流桥即可，只需要把整流桥的控制角向后移到$\alpha>\pi/2$。

2.7　相控整流的触发电路

常用的触发电路包括单结晶体管触发电路和晶体管触发电路。晶体管触发电路利用晶体管的开关特性，由同步移相、脉冲形成、放大输出等环节组成，按其同步信号的不同，可分为正弦波同步式和锯齿波同步式两种基波类型。正弦波同步式指同步电压为正弦波；锯齿波同步式指同步电压为锯齿波。常见的触发脉冲波形如图 2-36 所示。

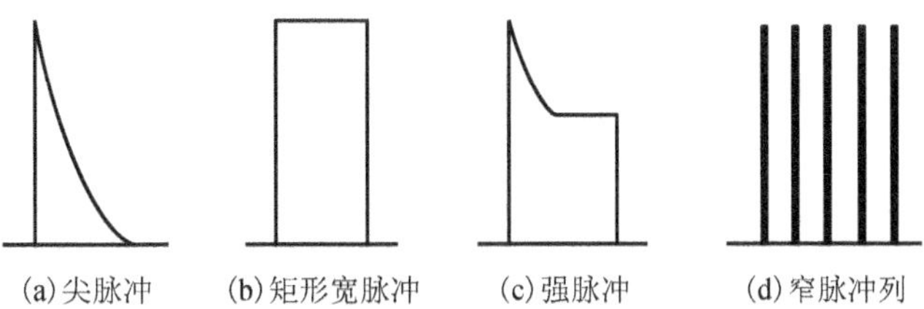

(a) 尖脉冲　(b) 矩形宽脉冲　(c) 强脉冲　(d) 窄脉冲列

图 2-36　常见触发脉冲波形

2.7.1　单结晶体管触发电路

单结晶体管的特性如图 2-37(a)所示，单结晶体管有峰点电压 U_P 和峰点电流 I_P，及谷点电压 U_V 和谷点电流 I_V。当发射极电压等于峰点电压 U_P 时，单结晶体管导通，由截止区进入负阻区；当发射极电压小于谷点电压 U_V 时，单结晶体管就恢复截止。峰点电压 $U_P=\eta U_{BB}+U_D$，U_D 为单结晶体管中 PN 结的正向电压降，一般为 0.7V。分压比为

$$\eta=\frac{R_{B1}}{R_{B1}+R_{B2}} \tag{2-40}$$

其中，R_{B1}、R_{B2} 为单结晶体管内部电阻。

单结晶体管典型电路如图 2-37(b)所示，其中，R_1、R_2 是外加的电阻，而不是 R_{B1}、R_{B2}。接通电源 U 后，经 R 向电容 C 充电使电容电压按指数规律增加。当 U_C 等于 U_P 时，单结晶体管导通。此时电容器 C 经单结晶体管向 R_1 放电。通常 R_1 取值很小，放电很快，放电电流在 R_1 上形成一个脉冲电压 u_g。随着电容 C 放电使 u_C 下降到谷点电压 U_V 时，单结晶体管截止。而后电源 U 再次经 R 向电容 C 充电，因此在电阻 R_1 上得到一个又一个的脉冲电压 u_g，如图 2-37(c)所示。需要注意的是，用此系列脉冲触发晶闸管，起作用的是第一个触发脉冲。因此，改变电阻 R 的值就可以改变触发脉冲 u_g 的频率和相位，特别是第一个触发脉冲的相位。R 调小，则 $\tau=RC$ 小，u_C 上升速度快，单结晶体管提前导通触发脉冲前移；反之，则滞后导通触发脉冲后移。

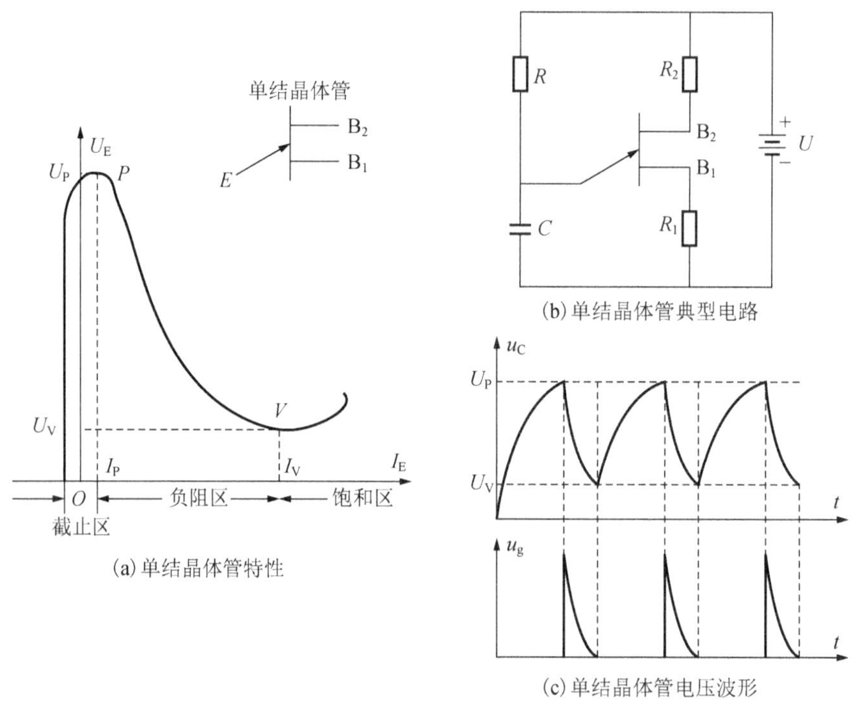

图 2-37　单结晶体管特性、典型电路及电压波形

图 2-37(b) 中电路参数的选择应注意，R_1 或 C 太小，放电快，触发脉冲的宽度小，不能使晶闸管触发；而 R_1 如果太大，当单结晶体管尚未导通时，其漏电流可能在 R_1 上产生较大的电压，这个电压施加在晶闸管的控制极上导致误触发，一般低于 0.3V。电阻 R 不能太大，否则在峰点电流 I_P 处的电压低于 U_P 而不能触发单结晶体管；电阻 R 也不能太小，否则充电速度过快，单结晶体管导通后，电容电压 u_C 可能会始终大于谷点电压 U_V 而不能截止，造成单

结晶体管的直通现象，应满足$\frac{U-U_P}{I_P}>R>\frac{U-U_Q}{I_Q}$。电容 C 也不能选得太大，否则为减小充电时间，充电电阻 R 必须很小，容易发生单结晶体管的直通现象。

单结晶体管触发脉冲调节电路如图 2-38 所示。触发控制角 α 的调节原理是当调节可调电阻 R_P 时，如 R_P 变大时，根据 $u_i=u_{BE1}+i_{E1}R$，则电流 i_{E1}、i_{C1} 变大。i_{C1} 变大使电压 u_{C1} 变大，A 点电位 u_A 变低。根据 $u_{C1}=u_{E2}+u_{BE2}$，u_{C1} 变大则 u_{E2} 变大，i_{E2} 也变大，因此电容 C 的充电电流 i_C 变大，电压 u_C 的上升速度变快，单结晶体管导通提前，使第一个触发脉冲前移，触发控制角 α 变小。反之，R_P 调小时，控制角 α 变大。图中左侧的二极管是单方向导通，保证触发脉冲与主电路同步。左侧的变压器和 2 个稳压管主要是给 R_P 提供一个稳定的电压。各点波形如图 2-39 所示。其中起触发晶闸管作用的是第一个触发脉冲。从图 2-39 中也可以看出，在 $u_1(u_s)$ 正半周时，才有触发脉冲。

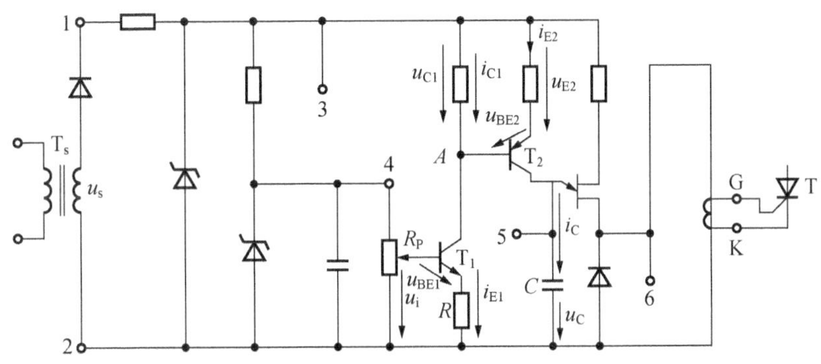

图 2-38　单结晶体管触发脉冲调节电路

单结晶体管触发电路输出脉冲较窄，且输出功率也小。在要求较高、功率较大的晶闸管变流器中，还常采用性能更好的由晶体管组成的触发电路，包括正弦波同步式和锯齿波同步式两种。以下两种触发电路均是学生电力电子实验台上的具体电路。

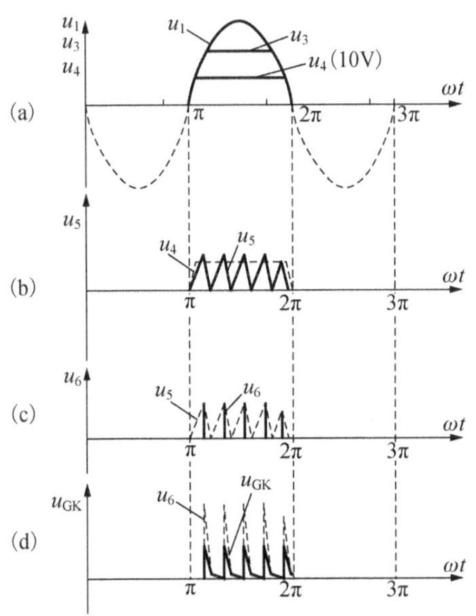

图 2-39　单结晶体管触发电路各点波形

2.7.2　正弦波触发电路

如图 2-40 所示，正弦波同步移相触发电路由同步移相、脉冲形成与放大等环节组成。

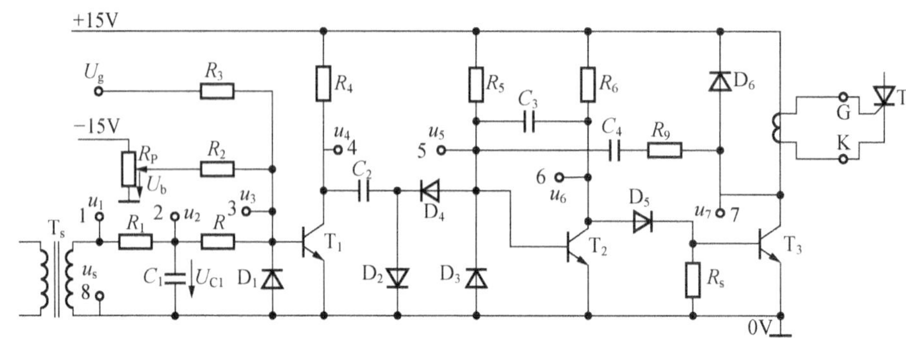

图 2-40　正弦波触发电路

图 2-41　正弦波触发电路各点波形

1. 同步移相

晶体管 T_1 左边部分为同步移相环节，在 T_1 的基极并联输入了同步信号电压 u_s(30V/AC，由同步变压器 T_s 提供)、偏移电压 U_b 及控制电压 U_g 。U_b 决定触发脉冲的初始相位；U_g 改变触发电路的控制角 α 。

2. 触发脉冲形成及放大

触发脉冲形成环节是单稳态脉冲电路，由 T_1、T_2 等元件组成，各点波形如图 2-41 所示。因为是 R-C 负载，图中 u_2 波形滞后 u_1 一个相位角，且幅值有一定减小。根据叠加原理，T_1 的基极电压 u_3 由 u_g 、u_b 和 u_2 共同合成。改变 u_3 的大小就可调节控制角 α 。u_3 变大，控制角 α 减小；u_3 变小，控制角 α 增大。u_3 的幅值为±0.7V，当 u_3 小于−0.7V 时，D_1 导通，u_3 为 −0.7V 。当 u_3 大于+0.7V 时，T_1 饱和导通，u_3 为 0.7V，u_4 为 0.3V；T_1 截止时，u_4 为 15V。u_1～u_4 的波形如图 2-41 所示。工作原理如下。

(1) 当 T_1 截止时，T_2 饱和导通，T_3 截止。C_2 的电压为左正右负(+14.3V)，C_3 的电压为左正右负(+0.4V)，C_4 电压左负右正(稳定后为−14.3V)。

(2) 当 T_1 饱和导通时，C_2 的左正右负的电压(+14.3V)瞬间加到 T_2 的基极使其截止，此时 T_3 导通，输出触发脉冲。C_2 经 T_1 放电很快，但 T_2 实际上受 5 点的电压 u_5 控制，只有当 C_4 经+15V、R_5、R_9、T_3 放电并反向充电，使 u_5 达到 T_2 的导通电压 0.7V 时，单稳态电路才发生翻转。改变 R_9 就可改变 T_2 的截止时间长短，从而输出脉宽可调的触发脉冲。

因此，u_5 在±0.7V 范围内。当 u_5>0.7V 时，T_2 饱和导通，u_6 为 0.3V，当 u_5<0.7V、T_2 关断时，u_6 为 1.4V。u_6

的波形如图 2-41 所示。

脉冲放大环节由 T_3 等组成。当 u_6 为 0.3V(T_2 饱和导通)时，T_3 关断，u_7 为高电平，此时由于输出脉冲变压器反并联二极管续流，此时 u_7 约为 15.7V，而经过一段时间变压器放电完毕，电压降为 15V；当 u_6 为 1.4V(T_2 关断时)时，T_3 导通，u_7 为低电平(0.3V)。此时 u_{GK} 输出触发脉冲。此后随着 u_5 的电位上升(−0.7～+0.7V)，T_3 逐渐由饱和区退到放大区，u_7 电位升高，出现一个台阶，直到 T_3 关断。

正弦波移相触发电路通过改变控制电压 U_g 可以改变控制角 α，从而改变整流输出电压 U_d。还能部分补偿电源电压波动对整流输出电压 U_d 的影响，例如，当电源电压下降时，触发电路同步电压 u_s 幅值也随之下降，从图 2-41(a)、(b)可以看出，u_3 变大控制角 α 就会有所减小，$\cos\alpha$ 增大，U_d 可维持恒定。缺点是控制角 α 最大到 150° 左右，电路易受干扰，通常在电网质量较高的中、小容量设备中使用。

2.7.3　锯齿波触发电路

锯齿波同步移相触发电路如图 2-42 所示，由同步控制、锯齿波形成、移相控制、脉冲形成、放大输出等环节组成。锯齿波触发电路各点波形如图 2-43 所示。

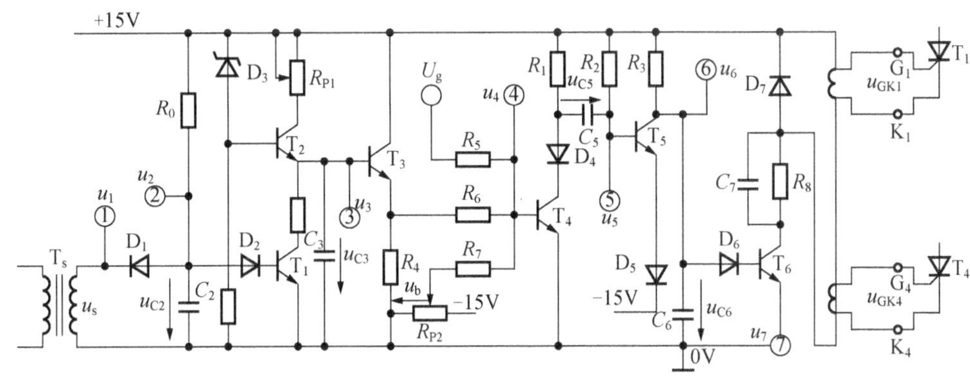

图 2-42　锯齿波触发电路

控制电压 U_g、偏移电压 U_b 和锯齿波电压 U_{C3} 叠加在 T_4 基极上，构成移相控制。

T_6 构成脉冲放大环节，脉冲变压器输出触发脉冲。

(1) 同步控制环节：由 T_1、D_1、D_2、C_2 等元件组成，作用是用同步电压来控制锯齿波的发生时刻及宽度。当同步信号电压 $u_1(u_S)$ 处于负半周下降段时，D_1 导通，C_2 经 D_1 充电，$u_{C2}=u_2$，见图 2-43(a)中 u_2 波形，此时 T_1 发射结反偏截止；当 u_1 处于负半周上升段时，由于 C_2 电压变化缓慢，$u_1>u_2$，D_1 截止，电源+15V 经 R_0 对 C_2 充电，当 u_{C2} 充电到+1.4V，T_1 导通。

(2) 锯齿波形成环节：由 D_3、T_2、R_{P1} 等元件组成的恒流源电路及 C_3 等组成。T_1 截止时，C_3 由 T_2 组成的恒流源电路充电，$u_3=u_{C3}$ 呈锯齿波上升，见图 2-43(b)中 u_3 波形。R_{P1} 为斜率调节电位器；当 T_1 饱和导通时，C_3 经 T_1、R_4(很小)快速放电。

(3) 移相控制环节：C_3 的锯齿波电压 u_3 经 T_3(射极跟随器 T_3 是减小后面控制回路电流对锯齿波电压 u_3 的影响)隔离放大后，与偏移电压 U_b、移相控制电压 U_g，通过电阻(R_5、R_6、R_7)并联叠加成电压 u_4 (可根据叠加原理分析，如 U_g 单独作用在 T_4 基极的电压为

$U'_g = U_g \dfrac{R_6 // R_7}{R_5 + R_6 // R_7}$，其他与之原理相同），控制 T_4 的导通和截止。调节 U_b 可以调整触发脉冲的初始位置。U_b 固定后，改变 U_g，就能改变 U_b 在横轴上的交点，即改变了 T_4 导通的时刻，达到移相的目的。当 U_g、U_b 及 T_3 的 u_{be} 作用相互抵消时，u_4 的波形如图 2-43(c)所示，如果不能相互抵消，则 u_4 会上下移动，触发脉冲随之前后移动。u_4 变大，触发脉冲前移，反之后移。

(4)脉冲形成环节：T_4 截止时，T_5 饱和导通(约 0.3V)，T_6 不通。C_5 经+15V、R_1 和 T_5 充电，C_5 电压左正右负，约+28.6V，此时 u_5 约为−13.6V，u_6 约为−14V；当 T_4 饱和导通时，因 D_4、T_4 导通，C_5 左端电位突降为 1V 左右，由于 C_5 电压瞬间不能突变，u_5 点电位也突降至−27.6V 左右，使 T_5 截止，C_6 经 R_3 快速充电，u_6 (u_{C6})很快上升至 1.4V 左右，T_6 导通，产生触发脉冲见图 2-43(d)、(e)中 u_5、u_6 的波形。

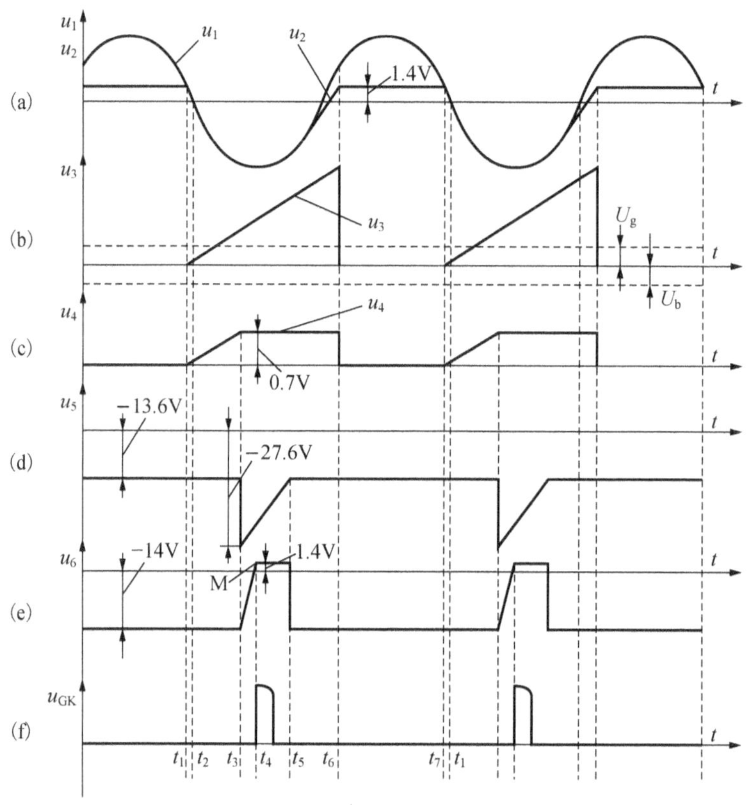

图 2-43　锯齿波触发电路各点的波形

(5)脉冲放大输出环节：由 T_6、R_8、D_7、C_7 及脉冲变压器等元件组成。u_6 为低电位时，T_6 截止，无触发脉冲输出；u_6 为高电位时(+1.4V)，T_6 饱和导通，有触发脉冲 u_{GK} 输出。R_8 为限流电阻；C_7 改善脉冲波形，使脉冲前沿变陡；D_7 为续流保护二极管，为 T_6 关断时提供续流通道，防止过高电压损坏 T_6。从图中也可以看出，触发脉冲发生在 u_1 和 u_2 的负半周。

对于能进行整流和有源逆变的可逆系统，由于锯齿波电压 u_3 和 u_4 波形两端的非线性，一般要求锯齿波的宽度大于 180°（如 240°）。调节时先令 u_g=0，调节 u_b 的大小，使产生脉冲的 M 点移至控制角 $\alpha = 90°$ 的位置(对应波形图中 u_1 的 270° 处)。然后调节 u_g，u_g 增大，触发脉冲前移，处于整流工作状态；u_g 减小，触发脉冲后移，处于有源逆变状态。

锯齿波移相触发电路采用稳压电源供电，不受电网电压波动的影响，移相范围宽，触发脉冲也较宽，通常用于触发要求较高的各种场合。

此外还有集成触发器，如 KC04 移相集成触发器，可输出相位相差 180°的双路窄脉冲，可用于单相触发电路。KC41C 是一种 6 路双脉冲形成器件，与外部电路如 KC04 组合，可用于三相全控桥的触发。

2.7.4 触发电路的同步问题

根据晶闸管的触发条件，要求触发脉冲信号和电源电压在频率和相位上要协调配合，称为同步。同步除了要求触发电路稳定并和主电路频率一致外，最基本的要求是要保持整流变压器 T 和触发电路的同步变压器 T_s 有固定的相位关系。

对于图 2-38 所示的单结晶体管触发电路用于单相半波整流电路，由图 2-38 可知，当 u_s 或 u_1 为正半周时，才可能有触发脉冲，对于 u_s 或 u_1 的负半周无触发脉冲，因此在原边绕组极性相同时，触发电路同步变压器的同步电压和主变压器 T 次边绕组电压 u_2（图 2-6(a)）相位应该相同，两个变压器次边的同名端“•”（同极性端）方向应相同。

用两路锯齿波触发电路（图 2-42）来控制单相桥式全控整流电路（图 2-6(a)）时，从图 2-43 可知，触发脉冲只有在 u_s 或 u_1 为负半周时，才可能产生。根据晶闸管的开通条件（$u_{AK}>0$ 及 I_G），①T_1、T_4 只有在主变压器 T 次边绕组电压 u_2 为正时才可能导通，T_1、T_4 触发电路同步变压器的同步电压 u_s 极性应该与主变压器 T 次边绕组电压 u_2 极性相反（同名端“•”方向相反）；②T_2、T_3 只有在主变压器 T 次边绕组电压 u_2 为负时才可能导通，T_2、T_3 触发电路同步变压器的同步电压 u_s 极性应该与主变压器 T 次边绕组电压 u_2 极性相同（同名端“•”方向相同）；③两路锯齿波触发电路同步变压器次边绕组同名端“•”方向也相反。

对于三相整流电路的同步问题，与具体的触发电路有关。例如，采用锯齿波触发电路（基本原理相同，具体电路也有差别）时，一般也是采取每一相的同步信号的 180° 与整流主电路每一相电压信号的 0° 相对应，即每一相触发电路的同步信号应滞后整流电路每一相电压信号 180° 。例如，整流变压器 T 和同步变压器 T_s 都采用△/Y 联结，如果整流变压器 T 采用 Dy11 联结，则对于三相半波整流电路，同步变压器 T_s 可采用 Dy5 联结；对于三相桥式半控整流电路，T_s 可采用 Dy5 联结；对于三相桥式全控整流电路，为触发每一相的相位相差 180°的上、下两个晶闸管，T_s 可采用 Dy5y11 联结（6 路触发脉冲输出，3 路与相电压相差 180°，3 路与相电压相差 0°）。三相桥式全控的整流变压器和同步变压器的接法、矢量图及同步电压的选择如图 2-44 和表 2-3 所示。更具体的可详见相关的参考文献。

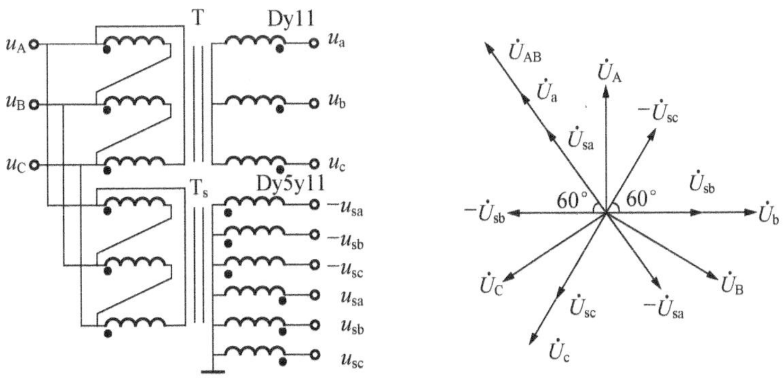

图 2-44 三相桥式全控的整流变压器和同步变压器的接法及矢量图

表 2-3　三相桥式全控各晶闸管的同步电压选择(整流电路参见图 2-20)

晶闸管	T_1	T_2	T_3	T_4	T_5	T_6
主电路电压	$+u_a$	$-u_c$	$+u_b$	$-u_a$	$+u_c$	$-u_b$
同步电压	$-u_{sa}$	$+u_{sc}$	$-u_{sb}$	$+u_{sa}$	$-u_{sc}$	$+u_{sb}$

2.8　其他整流电路

2.8.1　倍压整流电路

图 2-45 所示为倍压全波整流电路，D_1、D_2是两只特性相同的二极管，并忽略二极管压降；C_1、C_2是两只容量和耐压均相同的电容器，且容量很大，负载 R 也很大。设变压器次边电压 u_2幅值为$U_{2m}=\sqrt{2}U_2$。工作原理：①当次级绕组的电压 u_2在正半周时，二极管 D_1导通，使电容 C_1充电，因电容 C_1很大，则充电后$U_{C1}\approx U_{2m}$，电压方向为上正下负。②当 u_2在负半周时，二极管 D_2导通，使电容 C_2充电，充电后$U_{C2}\approx U_{2m}$，电压方向也是上正下负。因U_{C1}和U_{C2}是正向串联的，串联后电压为$2U_{2m}$，因此负载 R 可以从 C_1、C_2得到两倍的电压。D_1、D_2交替地工作在两个半波里来给负载提供输出电流，所以称为两倍压全波整流。两倍压全波整流电路的特点是：①输出电压约为$2U_{2m}$，D_1、D_2关断时承受电压也约为$2U_{2m}$；②输出电压的纹波频率等于电源频率的两倍，而输出电流等于整流后的电流。

倍压半波整流电路，如图 2-46 所示。工作原理：①当次级绕组的电压 u_2在正半周时，二极管 D_1导通，D_2截止，u_2经 D_1向电容 C_1充电到接近 u_2的最大值U_{2m}，方向左正右负。②当 u_2在负半周时，二极管 D_2导通，D_1截止，u_2经 D_2向电容 C_2充电，使电压充至接近$2U_{2m}$方向上负下正。由于负载电阻较大，经过多次充电，C_2两端即可得到 $2U_{2m}$的直流电压。因 D_2在每半周才导通，才有电流输出，所以称为半波整流。两倍压半波整流电路的特点是：①输出电压约为$2U_{2m}$，D_1、D_2关断时承受电压也约为$2U_{2m}$；②输出电压的纹波频率等于电源频率的 1 倍，而输出电流等于整流后的电流；③C_2的耐压值应是 C_1的两倍。

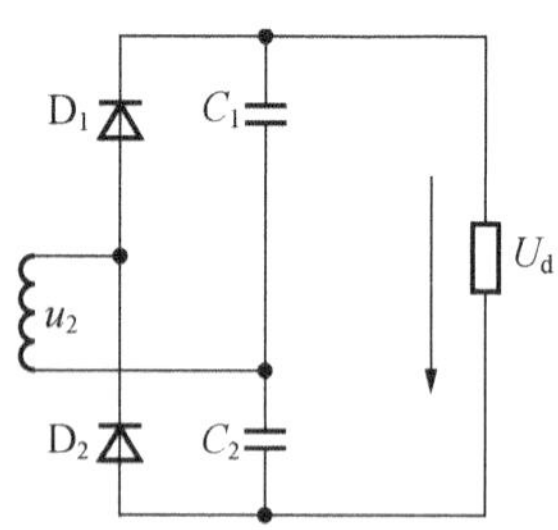

图 2-45　倍压全波整流电路

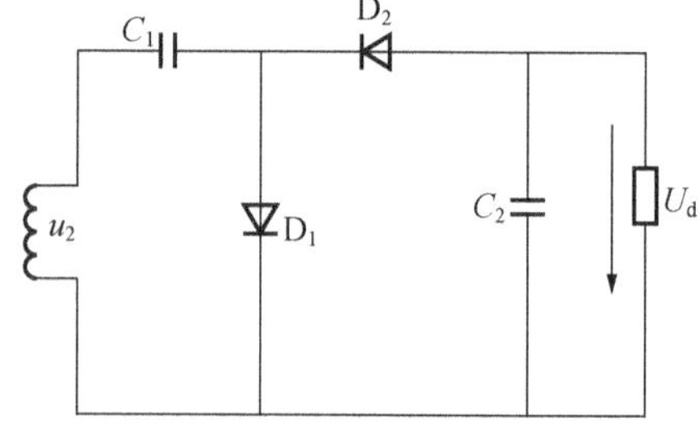

图 2-46　倍压半波整流电路

根据上述原理，如果有 3 只二极管和 3 只电容可以做成三倍压整流电路；用 n 只二极管可以做成 n 倍压整流电路，如图 2-47 所示。①第 1 个周期时，当次级绕组的电压 u_2在正半周时，u_2经 D_1向电容 C_1充电到接近 u_2的最大值U_{2m}；当 u_2在负半周时，u_2经 D_2向电容 C_2充电，使电压 u_{C2}充至接近$2U_{2m}$。②第 2 个周期时，在 u_2正半周，电容 C_3被充电到变压器次级电压与 u_{C2}之和，从而在 0～4 点间可输出近 3 倍U_{2m}的直流电压，而u_{C3}为$2U_{2m}$，如图 2-47 所示。依次类推，用 n 只二极管和 n 只电容可以组成 n 倍压整流电路，可得nU_{2m}的输出电压。可以从图中下端 0～n 点取出奇数倍的输出电压；也可以从图中上端 1～(n+1)点取出偶数倍的输出电压，在倍压整流电路中各电容的耐压都应大于 $2U_{2m}$。

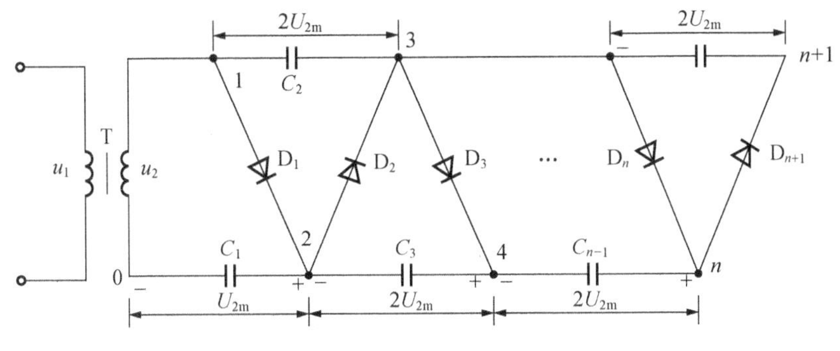

图 2-47　n 倍压整流电路

2.8.2　倍流整流电路

全波整流与全桥整流相比虽然更适合低压大电流的场合，但变压器次级绕组必须有一个中心抽头，并与电路参考电压地相连，中心抽头把高频变压器次级绕组分成两个电感器。中心抽头会明显降低变压器铁心窗口的利用率。

倍流整流器是由一个无中心抽头的高频变压器次级绕组、两个电感量相等而且同绕在一个磁心上的电感器、两个整流二极管和输出电容组成，如图 2-48(a)所示。因倍流整流电路的变压器次级侧没有中心抽头，而且流过变压器次级线圈和滤波电感的电流只有输出负载电流的一半。高频变压器和滤波电感的结构设计和制造工艺得以简化。与全桥整流相比，倍流整流电路使用的二极管少一半；与全波整流电路相比，倍流整流电路的高频变压器副边只需要一个单一绕组，不用中心抽头。因此，倍流整流器是结合全波整流和桥式整流的新型整流器。但倍流整流电路需要两个(滤波)电感，结构略显复杂，这是它的缺点。

如图 2-48(b)所示，设变压器副边电压 u_2 的幅值为 U_2 倍流整流电路工作过程如下：

(1) t_0～t_1 时段。变压器副边电压 u_2 为正，即上正下负，二极管 D_1 导通，D_2 关断。电感 L_1 释放能量，电流经 D_1 续流，i_{L1} 线性下降。电感 L_2 的电流流过变压器次级绕组，i_{L2} 线性增长，电感 L_2 储能。此时，$u_{L1}=-U_o$，$u_{L2}=U_2-U_o$，$u_2=+U_2$。

(2) t_1～t_2 时段。变压器副边电压 u_2 为 0，二极管 D_1、D_2 均处于通态，电感 L_1 和 L_2 释放能量，均处于续流状态，i_{L1} 和 i_{L2} 均线性下降。此时，$u_{L1}=u_{L2}=-U_o$，$u_2=0$。

(3) t_2～t_3 时段。变压器副边电压 u_2 为负，即上负下正，二极管 D_2 导通，D_1 关断。电感 L_2 释放能量，电流经 D_2 续流，i_{L2} 线性下降，电感 L_1 的电流流过变压器次级绕组，i_{L1} 线性增长，电感 L_1 储能。此时，$u_{L1}=U_2-U_o$，$u_{L2}=-U_o$，$u_2=-U_2$。

(4) t_3~t_4 时段。变压器副边电压 u_2 为 0，二极管 D_1、D_2 均处于通态，电感 L_1 和 L_2 释放能量，均处于续流状态，i_{L1} 和 i_{L2} 均线性下降。此时，$u_{L1}=u_{L2}=-U_o$，$u_2=0$。

按照电感伏秒平衡原理，对于每个电感 L_1 和 L_2，设占空比 $D=t_{on}/T_s$。以电感 L_2 为例，则满足 $(U_2-U_o)t_{on}=U_o t_{off}$，因 $t_{on}+t_{off}=T_s$，可得 $U_o=DU_2$。而对于全波或全桥整流电路用在高频开关整流中，$u_o=2DU_2$ (参见第 3 章的全桥式变换器)。

可见，在输入电压 U_2、输出电压 U_o、占空比 D 和初级电路结构相同的情况下，采用倍流整流电路的电压比是传统的全桥或全波整流电路时的 1/2。只有当倍流整流电路 u_2 的幅值 U_2 为全桥或全波电压的 2 倍时，才能得到相同的输出电压 U_o。因在低压输出电路中，如果电压比很大，计算出的次级匝数小于 1 给实际设计带来困难，这时可采用倍流整流电路。例如，全波整流电路计算得到的次级匝数为 0.5 匝，会给实际设计带来困难，如果取 1 匝，将会使初级匝数增加 1 倍，而变压器磁心的利用率降低为原来的 1/2，很不合理。此时可以采用倍流整流电路，次级匝数为 1 匝，初级匝数不变。

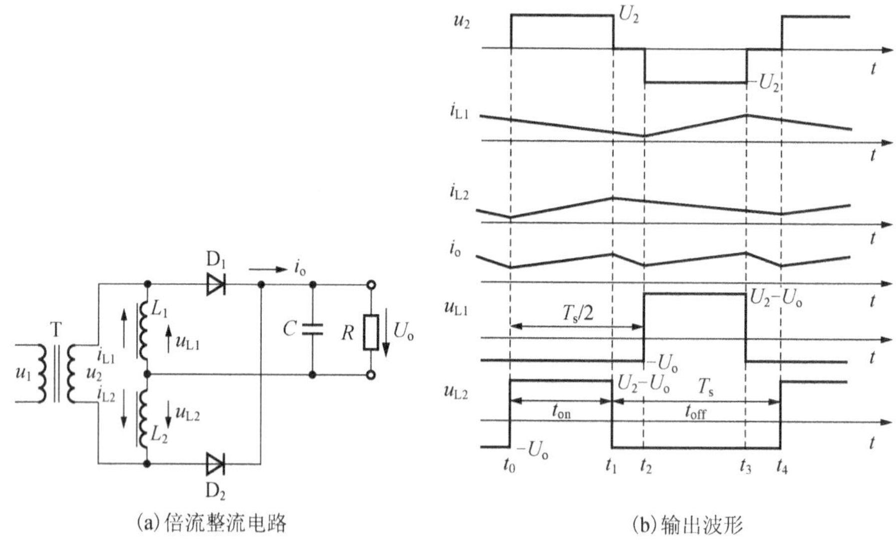

(a) 倍流整流电路　　(b) 输出波形

图 2-48　倍流整流电路及波形

倍流整流电路的特点是：高频变压器副边平均输送电流仅为输出负载电流的一半；滤波电感平均输送电流也仅为输出负载电流的一半，输出电流是两个滤波电感器电流的总和。即当一个电感经过变压器副边输送一半负载电流时，另一个电感也输送对应于输出负载电流相同方向的另一半续流电流，而不通过变压器副边，因此倍流整流器的滤波电感仅输送一半的直流电流，而且两个滤波电感器的脉动电流是相消的，因此输出电流脉动也比较小，频率也较高，更容易滤除。倍流整流器的每个滤波电感的工作频率为变压器的工作频率，为全波整流滤波电感工作频率的一半。

在开关死区处，高频变压器副边输出(电感)电流基本上不通过变压器副边绕组续流，而且不影响变压器原边性能，包括影响占空比的变化。

2.8.3　同步整流电路

当电路输出电压非常低时，采用全桥、全波和倍流整流电路都受到二极管电压降的限制，可采用同步整流电路。即采用通态电阻非常小(几毫欧姆)的 MOSFET 代替二极管，可以降低通态压降。全波整流和倍流整流的二极管用通态电阻非常小的 MOSFET 代替的同步整流电路如图 2-49 所示。其通态损耗远小于全波整流和倍流整流电路，可达到很高的效率。但缺点是需要对 T_1 和 T_2 的通断进行控制，并与变压器电压同步，增加了控制电路的复杂性。其控制电路又具体分为变压器绕组控制、利用整流电路的电压控制和专门的控制电路。

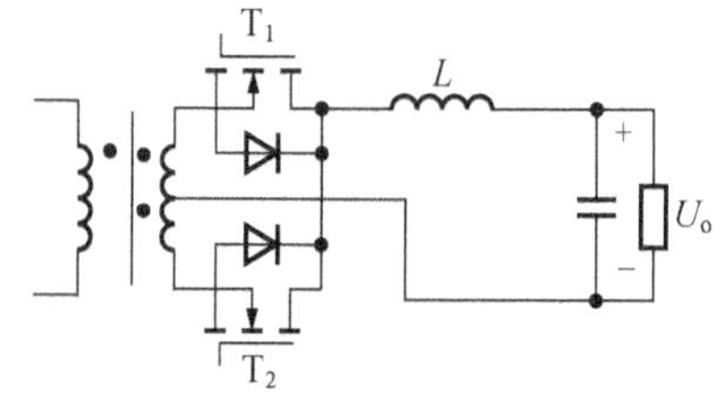

图 2-49　同步整流电路

2.9　相控整流电路的谐波及功率因数分析

2.9.1　谐波及无功功率的危害

整流变压器除了输出有功功率 P 外，还输出无功功率 Q。无功功率在电网和用电设备之间来回流动，会导致总电流增大、视在功率和容量增加，使设备和线路的损耗和压降增加。

电力电子装置产生的谐波会对用电设备、电网及保护装置造成很大的危害。电力电子设备既产生谐波也受谐波危害。

① 谐波会影响电器设备的正常工作，使电机产生的电流偏离正弦电流，发生机械振动、噪声和过热，并增加旋转电机的附加功耗；使变压器局部过热，特别是三次谐波电流会使△形联结的变压器绕组内形成环流，使绕组发热，在 Y 形联结中性线接地系统中，三次谐波会使中性线发热；谐波会使电容过热或爆浆；使电缆过热、绝缘老化甚至绝缘击穿，寿命缩短甚至损坏。②谐波会使电网中的元件产生附加的谐波损耗，降低发电、输电及用电设备的效率，大量的三次谐波会注入中性线更多电流，使线路超载、过热，影响电力正常输送。电网中含有高次谐波还会产生趋肤效应，使输电线路阻抗和功耗增加；谐波还会加速电网中大量用于无功补偿和滤波的金属化膜电容器的老化；电网中局部的并联或串联谐振会使谐波放大，引发牵引网和高速列车的耦合振荡问题，易产生过电压、过电流，严重时会使避雷器烧毁，变电所保护跳闸，接触网失压，列车停运等严重事故。③谐波会使继电保护和自动装置的误动作，使电气测量表计量不准确。④谐波还会产生电磁干扰，影响其他设备正常工作，导致通信信号接受困难，或使计算机系统无法正常工作，控制信号质量下降或丢失。

2.9.2　相控整流谐波分析基础

任何周期性波形都可以分解为直流分量、正弦波基波分量和一系列频率为基波整数倍的谐波分量。整流电路的谐波包括整流器直流侧谐波和交流电源侧谐波。

1. 整流器直流侧谐波分析

当控制角 $\alpha=0°$ 时，对于 m 脉波，在 $(-\pi/m\sim\pi/m)$ 区间，$u_{\rm d}=\sqrt{2}U_2\cos\omega t$。而在整个区间，$u_{\rm d}$ 是以 $2\pi/m$ 为周期，即 $\cos n\omega t=\cos n\left(\omega t+\dfrac{2\pi}{m}\right)=\cos\left(n\omega t+\dfrac{2n\pi}{m}\right)$，如图 2-50 所示，因此 $n=mk$（k =1,2,3,…），在整流输出电压中，谐波级次 n 一定是脉波数 m 的整数倍。根据周期为 $2l\left(l=\dfrac{\pi}{m}\right)$ 的傅里叶级数分析，且 $u_{\rm d}$ 为偶函数，可以写成

$$u_{\rm d}=U_{\rm d}+\sum_{n=mk}^{\infty}a_n\cos n\omega t \tag{2-41}$$

$$U_{\rm d}=\frac{1}{2l}\int_{-l}^{l}u_{\rm d}{\rm d}\omega t=\frac{1}{2\dfrac{\pi}{m}}\int_{-\pi/m}^{\pi/m}\sqrt{2}U_2\cos\omega t{\rm d}\omega t=\sqrt{2}U_2\frac{m}{\pi}\sin\frac{\pi}{m} \tag{2-42}$$

$$a_n=\frac{1}{l}\int_{-l}^{l}u_{\rm d}\cos n\omega t{\rm d}\omega t=\frac{1}{\pi/m}\int_{-\pi/m}^{\pi/m}\sqrt{2}U_2\cos\omega t\cos n\omega t{\rm d}\omega t=-\frac{2\cos k\pi}{n^2-1}U_{\rm d} \tag{2-43}$$

因此得到，整流器直流侧电压 $u_{\rm d}$ 的表达式为

$$u_d = U_d\left[1-\sum_{n=mk}^{\infty}\frac{2\cos k\pi}{n^2-1}\cos n\omega t\right]=\sqrt{2}U_2\frac{m}{\pi}\sin\frac{\pi}{m}\left[1-\sum_{n=mk}^{\infty}\frac{2\cos k\pi}{n^2-1}\cos n\omega t\right] \tag{2-44}$$

对于两相半波电路(m=2)：

$$u_d=\sqrt{2}U_2\frac{2}{\pi}\sin\frac{\pi}{2}\left[1+\frac{2\cos 2\omega t}{1\times 3}-\frac{2\cos 4\omega t}{3\times 5}+\frac{2\cos 6\omega t}{5\times 7}+\cdots\right] \tag{2-45}$$

对于三相半波电路(m=3)：

$$u_d=\sqrt{2}U_2\frac{3}{\pi}\sin\frac{\pi}{3}\left[1+\frac{2\cos 3\omega t}{2\times 4}-\frac{2\cos 6\omega t}{5\times 7}+\frac{2\cos 9\omega t}{8\times 10}+\cdots\right] \tag{2-46}$$

对于三相桥式电路(m=6)：

$$u_d=\sqrt{2}U_{2l}\frac{6}{\pi}\sin\frac{\pi}{6}\left[1+\frac{2\cos 6\omega t}{5\times 7}-\frac{2\cos 12\omega t}{11\times 13}+\frac{2\cos 18\omega t}{17\times 19}+\cdots\right] \tag{2-47}$$

其中，$U_{2l}=\sqrt{3}U_2$。

由上述公式可见，m 脉波的整流电压 u_d 的谐波次数为 $n=mk$(k=1,2,3,…)；整流电流的谐波由整流电压决定，也为 mk 次，而且最低次(m 次)的谐波是幅值最大的。

脉波数 m(相数)的增加使谐波中最低次谐波的频率增加，同时其幅值迅速减少。因此增加整流器的脉波数 m，对减少直流侧谐波、改善输出波形质量有重要的作用。

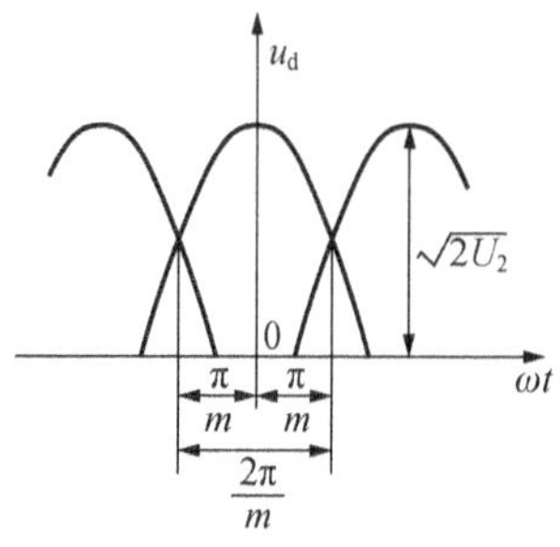

图 2-50　$\alpha=0°$ 时 m 脉波整流电压波形

若控制角 $\alpha>0°$ 时 m 脉波整流电压谐波表达式十分复杂，与脉波数 m、控制角 α 和换相重叠角 γ 都有关系。在此不再讨论。比如对于三相全控桥式整流电路电流连续时(不考虑换相重叠角 γ)，在 0°～90° 范围内，u_d 的谐波幅值随 α 增大而增大；α=90° 时谐波幅值最大。在 90°～180° 范围，电路工作在有源逆变状态，u_d 谐波幅值随 α 增大而减小。

2. 交流电源侧谐波分析

对于理想的 m 脉波整流器，则在交流侧只有 $mk\pm1$(k=1,2,3,…)级次的谐波电流，每个谐波电流分量的幅值为基波电流的 $1/(mk\pm1)$，即谐波电流分量的大小与其频率成反比。实际应用中，当需要比较精确地检测变流器交流侧谐波电流时，必须同时考虑到脉波数 m、控制角(延迟角)α和重叠角 γ 三个参数的影响。

2.9.3　相控整流功率因数分析

以单相全桥整流 L-R 负载为例，如图 2-51 所示，且 $L\to\infty$，输出直流电流为 I_d，控制角为 α。功率因数可以从以下两个角度分析。

1) 从整流变压器的角度分析

整流变压器输出有用功率 P 和视在功率 S。根据功率因数的定义

$$\lambda=\frac{P}{S}=\frac{U_2I_{21}\cos\varphi}{U_2I_2}=\frac{I_{21}}{I_2}\cos\varphi=\xi\cos\varphi \tag{2-48}$$

$\xi=\dfrac{I_{21}}{I_2}$ 称为畸变系数，为电流 i_2 的基波有效值在整个电流 i_2 的有效值 I_2 所占的比重。$\cos\varphi$ 称为位移因数或基波功率因数，φ 为正弦电压 u_2 与 i_2 的基波的相位差。如图 2-51(b)所示，变压

器次边电流 i_2 可以级数分解成

$$i_2=\frac{4}{\pi}I_d\left(\sin\omega t+\frac{1}{3}\sin 3\omega t+\frac{1}{5}\sin 5\omega t+\cdots\right)=\frac{4}{\pi}I_d\sum_{n=1,3,5,\cdots}\frac{1}{n}\sin n\omega t=\sum_{n=1,3,5,\cdots}\sqrt{2}I_{2n}\sin n\omega t \quad (2\text{-}49)$$

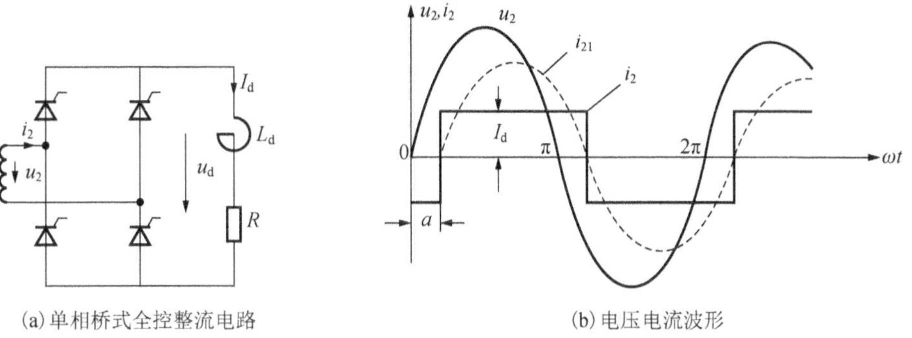

(a) 单相桥式全控整流电路　(b) 电压电流波形

图 2-51　单相桥式全控整流 L-R 负载及其电压电流波形

其中，基波有效值为 $I_{21}=\dfrac{\frac{4}{\pi}I_d}{\sqrt{2}}=0.9I_d=0.9I_2$，因此 $\xi=0.9$。而 $\varphi=\alpha$，所以功率因数为 $\lambda=0.9\cos\alpha$。

2) 从负载侧的角度分析

负载侧输出功率为 $P_d=U_dI_d=U_{d0}\cos\alpha I_d=0.9U_2\cos\alpha I_d$。而变压器的视在功率为 $S=U_2I_2=U_2I_d$，因此功率因数为

$$\lambda=\frac{P_d}{S}=\frac{0.9U_2\cos\alpha I_d}{U_2I_d}=0.9\cos\alpha \quad (2\text{-}50)$$

同样，对于三相桥式全控整流电路，电感 L 很大的阻感性负载，输出直流电流为 I_d，如图 2-22 所示，电流为正负各 120° 的方波，三相电流波形相同，依次相差 120°。因此每相电流，有效值为 $I_2=\sqrt{\frac{2}{3}}I_d$。设控制角为 α，从整流变压器的角度分析。对每相电流进行级数分解，以 a 相为例，电流 i_a 可以分解为

$$\begin{aligned}i_a&=\frac{2\sqrt{3}}{\pi}I_d\left(\sin\omega t-\frac{1}{5}\sin 5\omega t-\frac{1}{7}\sin 7\omega t+\frac{1}{11}\sin 11\omega t+\frac{1}{13}\sin 13\omega t-\cdots\right) \quad (2\text{-}51)\\&=\frac{2\sqrt{3}}{\pi}I_d(\sin\omega t+\sum_{\substack{n=6k\pm1\\k=1,2,3,\cdots}}(-1)^k\frac{1}{n}\sin n\omega t)=\sqrt{2}I_{21}\sin\omega t+\sum_{\substack{n=6k\pm1\\k=1,2,3,\cdots}}(-1)^k\sqrt{2}I_{2n}\sin n\omega t\end{aligned}$$

因此电流 i_a 的基波有效值为 $I_{21}=\dfrac{\sqrt{6}}{\pi}I_d$，而且基波电流与电压的相位差仍然为 α，因此功率因数 λ 为

$$\lambda=\xi\cos\varphi=\frac{I_{21}}{I_2}\cos\alpha=\frac{\frac{\sqrt{6}}{\pi}I_d}{\sqrt{\frac{2}{3}}I_d}\cdot\cos\alpha=\frac{3}{\pi}\cos\alpha=0.955\cos\alpha \quad (2\text{-}52)$$

从负载侧的角度分析：

$$\lambda=\frac{P_d}{S}=\frac{2.34U_2\cos\alpha I_d}{3U_2I_2}=\frac{2.34U_2\cos\alpha I_d}{3U_2\sqrt{\frac{2}{3}}I_d}=0.955\cos\alpha \tag{2-53}$$

提高功率因数的措施如下。①使全控整流桥工作在半控状态，提高输出电压和输出功率，并提高基波功率因数。②强迫换相，如采用熄灭角控制，使基波电流超前电压，对整个电力系统有利；对称角控制，使基波功率因数为1；脉冲宽度(PWM)控制，使基波功率因数为1，同时提高电流畸变系数。③采用整流器的多重化技术，提高基波功率因数。

思 考 题

2-1　单相桥式半控整流电路中，如图2-10(a)所示，电阻性负载，当T_1管断开时，试画出输出电压u_d、管压降u_{T1}和u_{T2}的波形？

2-2　试对比单相半波整流电路和单相桥式全控整流电路各自的优点和缺点。

2-3　试对比单相桥式全控和单相桥式半控整流电路的各自优点和缺点。

2-4　试对比在轨道车辆电力电子装置中经常使用的单相全波整流电路和单相桥式整流电路各自的主要优点和缺点。

2-5　单相半波可控整流电路，电感性负载，当L=100mH，U_2=220V，当控制角$\alpha=0°$和$90°$，试画出输出电压u_d和输出电流i_d的波形，并计算输出电流I_d。推导导通角θ与控制角α的关系。

2-6　单相桥式全控整流电路，控制角为α，试分别画出：①纯电阻性负载；②阻感负载，电感极大；两种情况下的输出电压u_d，输出电流i_d和管压降u_{T1}的波形，以及当T_1管被烧断时T_1、T_2管电压波形。

2-7　如图2-12所示的单相桥式半控整流电路，控制角为α，试分别画出：①纯电阻性负载；②阻感负载，电感极大；③两种情况下，T_1管和二极管D_1在一个周期内承受的电压波形。

2-8　已知$u_{2m}=80V$，$E=20V$，$E_1=20V$，$E_2=40V$，试画出以下电路的输出电压u_d的波形。

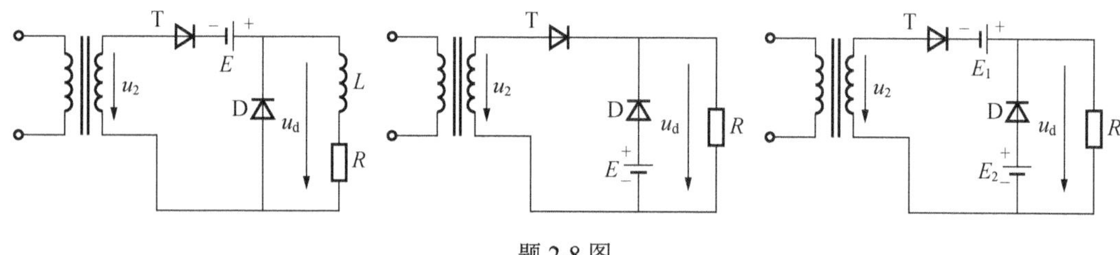

题2-8图

2-9　如题2-9图所示电路中，晶闸管T的控制角为α，在一个周期的正、负半周都能触发，试画出：①当无二极管D_5时，②当有二极管D_5时，输出电压u_d的波形(画出2个周期(0～4π)的波形即可)。

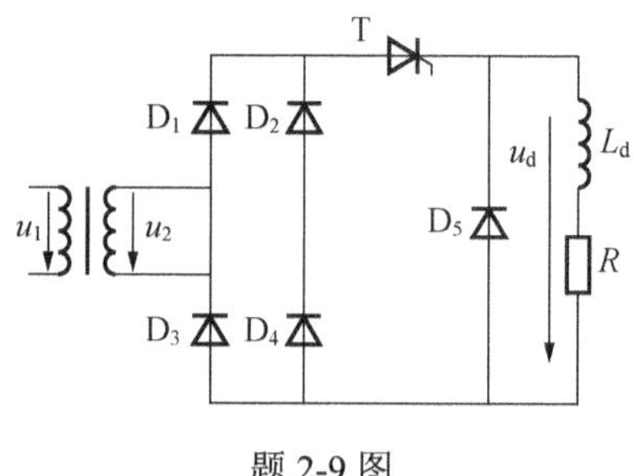

题2-9图

2-10 如图题 2-10 所示电路是电力机车中的一种电力电子装置的整流电路，画出输出电压 u_d 波形，并说明连接 110V/DC 的作用。

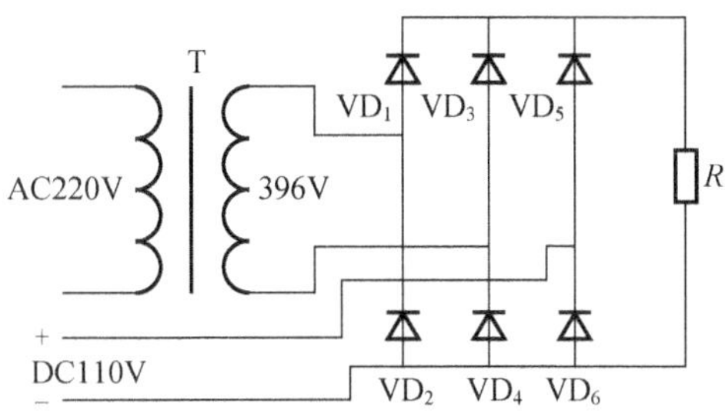

题 2-10 图

2-11 题 2-11 图示为一种交-直型电力机车主电路，设牵引绕组 a1-b1-x1 和 a2-x2 的电压有效值均为 $2U_2$，a1-b1 和 b1-x1 的电压有效值均为 U_2。经过不等分三段半控桥整流后，输出的直流电压带动直流牵引电机，当①T_5、T_6 的控制角为 α，而未触发 T_1 ～ T_4 时；②T_5、T_6 满开放（α=0°），T_1、T_3 的控制角为 α，T_2、T_4 未触发；③T_5、T_6、T_1、T_3 满开放，T_2、T_4 的控制角为 α。试分析以上 3 种工况下整流输出电压 u_d 的波形。

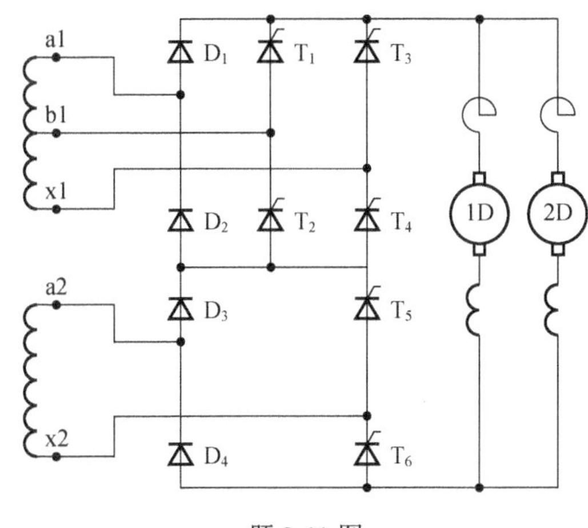

题 2-11 图

2-12 单相桥式全控整流电路，U_2=200V，已知 $R=1\Omega$，$L=\infty$，当 $\alpha=60°$ 时，要求：①画出输出电压 u_d、电流 i_d 和 i_2 的波形；②求输出平均电压 U_d、平均电流 I_d 和变压器二次侧电流有效值 I_2 的值；③考虑安全裕量，确定晶闸管的额定电压和额定电流。

2-13 单相桥式全控整流电路，U_2=200V，已知 $R=1\Omega$，$L=\infty$，反电动势 E=80V。当 $\alpha=60°$ 时，要求：①画出输出电压 u_d、电流 i_d 和 i_2 的波形；②求输出平均电压 U_d、平均电流 I_d 和变压器二次侧电流有效值 I_2 的值；③考虑安全裕量，确定晶闸管的额定电压和额定电流；④如果 $R=0$，反电动势 E=100V，画出 u_d、i_d 的波形。

2-14 单相全控整流电路给反电动势负载供电，已知 $R=1\Omega$，$L=\infty$，$L_B=5\text{mH}$，$U_2=100\text{V}$，E=40V。当 $\alpha=60°$ 时，求 U_d、I_d 和 γ 的数值。

2-15 单相全控整流电路给反电动势负载供电，已知 $R=1\Omega$，$L=\infty$，$L_B=0.5\text{mH}$，$U_2=100\text{V}$。当 E=−99V，$\beta=60°$ 时，求 U_d、I_d 和 γ 的数值。

2-16 如图 2-8 所示的单相桥式全控整流电路，R-L 负载，$L=\infty$，输出电流 I_d 一定，试求电路的功率因数和基波功率因数。

2-17　单相半控整流电路，R-L 负载，电感极大，输出电流 I_d 一定，试分别求出图 2-11 和图 2-12 的续流二极管的有效值及电路的功率因数和基波功率因数。

2-18　试确定三相半波整流电路(共阴极接法)a、b、c 各相的自然换相点；如果采用共阳极接法，a、b、c 各相的自然换相点又如何确定？

2-19　相控整流进行有源逆变的条件是什么？

2-20　在电力电子整流实验中，单相桥式全控整流电路(图 2-6(a))，R-L 负载，用双踪示波器，①如果需要既能同时测量 u_d、i_d，又能同时测量管 T_1 管压降 u_{T1} 和输出电流 i_d，需如何布置 R-L 负载？如何测量？②如果需要既能同时测量 u_d、i_d，又能同时测量 T_4 管压降 U_{T4} 和输出电流 i_d，需如何布置 R-L 负载，如何测量？

2-21　在单相相控整流电路实验中(题 2-21 图)，在 R-L 负载中(无续流二极管)，为什么输出电压 u_d 中经常出现尖峰电压、且电感 L 越大电压的尖峰越大？而对于纯电阻性负载和有续流二极管的整流电路，就没有这种现象，请解释产生这种现象的原因。

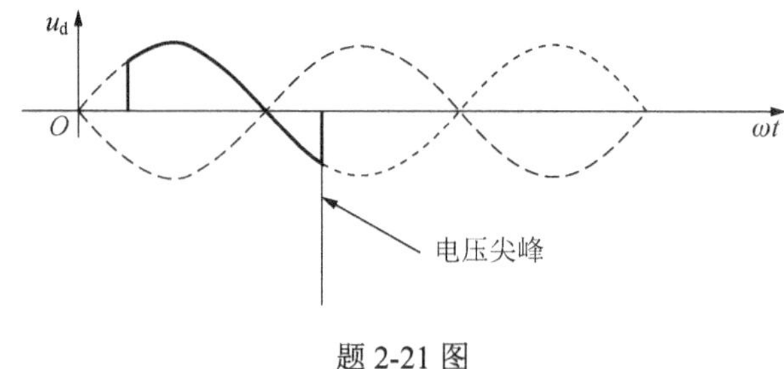

题 2-21 图

2-22　在电力电子单相半波整流电路实验中，电路接通后工作正常。如果晶闸管反接，此时电路能否正常工作？如何使反接的晶闸管正常工作？

2-23　在单相桥式全控整流电路(图 2-6(a))实验中，采用两路锯齿波触发电路(图 2-42)，来控制单相桥式全控整流电路。电路接通后工作正常，①如果将 T_1、T_4 的触发脉冲和 T_2、T_3 的触发脉冲对调，此时电路能否正常工作？②如果将整流变压器的原边输入端对调或次边输出端对调，此时电路能否正常工作？为什么？

第3章 直直变换技术

电力电子中的直直变换器称为直流斩波器(DC Chopper)。直直变换器(DC-DC 变换器)是将一种直流电源变换为另一种具有不同输出特性的直流电源。通常直流电压的调节方式有以下两种。

1. 线性调节方式

通过与负载相串联的线性元件如用三极管或可调电阻来调节电压，这种调节方式的缺点如下：

(1) 功率损耗大，效率η低，效率甚至能达到30%～40%;

(2) 电源内阻大，输出电压随负载电流的增大会减小;

(3) 一般只能用在降压电路;

(4) 一般用工频变压器，体积、重量都比较大。

2. 开关调节方式

它通过对电力电子器件的快速开通、关断控制而把恒定直流电压斩成一系列的脉冲电压，通过控制占空比D的变化来调节输出脉冲的宽度，再经输出滤波器滤波，以实现输出电压、电流的调节。开关调节方式是目前比较好的直直变换方式，它的优点如下。

(1) 变换器的效率η比较高，因为开关管S都工作在开、关两种状态(即工作在开关管的饱和区或截止区)，因此开关损耗小，效率η高，可以达到90%～95%或以上;

(2) 通过改变占空比D来调节输出电压，使输出电压稳定;

(3) 通过改变开关调节方式的电路结构，可以工作在升压、降压、升降压和带隔离变压器的多种方式;

(4) 开关频率比较高，高频变压器和电感尺寸大大减小，变换器体积小、重量轻。

因此大功率的直直变换器普遍采用电力电子技术的开关调节方式，也称为直流斩波器。斩波器的谐波可以通过低通滤波器滤掉。

开关调节方式的工作原理如图3-1所示。开关导通时间t_{on}和整个周期T_s的比值，称为开关导通的占空比，即$D=\dfrac{t_{on}}{T_s}$。并假设图3-1(a)中的开关S为理想开关，即不计其损耗。如图3-1(b)所示，当开关管闭合时，输出电压$u_o=U_d$；当开关管断开时，输出电压$u_o=0$。因此，可以由开关管占空比D计算输出平均电压，即

$$U_o=\frac{t_{on}}{T_s}U_d=DU_d \tag{3-1}$$

由式(3-1)可知，通过改变占空比D即可以控制输出平均电压U_o，而且通过控制电路(弱电电路)调节占空比D比较容易实现。

当然这只是工作原理，并没有实际应用的价值，实际开关调节的直直变换电路通常还要在输出端加上大电容以稳定输出电压，得到一个平直的输出电压U_o；同时为防止在开关管开关的瞬间因为电容电压差造成的瞬间充电电流$i_c=C\mathrm{d}u_c/\mathrm{d}t$过大而损坏开关管，通常还要在电路中加上电感以抑制电流的变化率；此外还要加上续流二极管来对电感储存的能量进行释放，

以保护开关元件不被开关瞬间的电流突变产生的高压而击穿损坏。

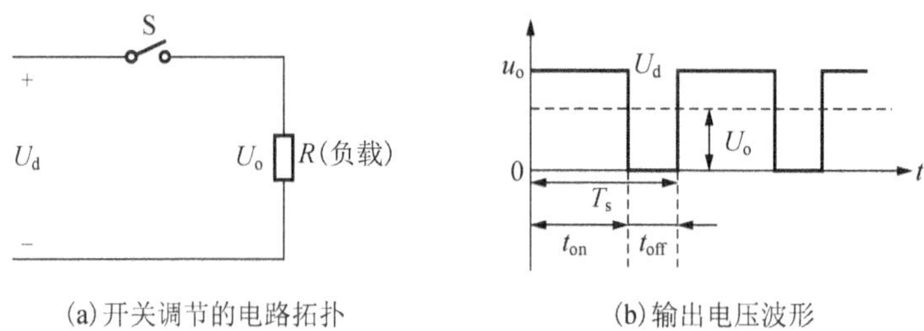

(a)开关调节的电路拓扑　　(b)输出电压波形

图 3-1　开关调节方式的直直变换工作原理

在实际应用中，直直变换器常常要用高频变压器进行电气隔离。因此直直变换器又分为基本的不带隔离变压器的直直变换器和带隔离变压器的直直变换器两大类。有隔离变压器的直直交换器，都是通过基本的DC-DC变换器引入隔离变压器而来的。基本的直直变换器是通过控制开关管，再经电容、电感等储能滤波元件将输入的直流电压变换为符合负载要求的直流电压或电流。这种变换器适用于输入输出电压等级相差不大，且不要求电气隔离的应用场合。无隔离的基本直直变换电路的拓扑结构是所有直直变换器的基础；直流斩波器的几个常用基本概念如下。

1) 占空比

占空比 D 表示脉冲宽度(信号高电平持续时间或开关管开通时间 t_{on})与周期 T_s 的百分比，$D=\frac{t_{on}}{T_s}\times 100\%$。开关管关断时间 $t_{off}=(1-D)T_s$。

2) 效率

效率 η 指输出功率和输入功率的比值，通常用百分数表示。总功率 P 等于输出功率 P_o 与总功耗 P_D 的和，即 $P=P_o+P_D$。因此效率的定义为

$$\eta=\frac{P_o}{P_o+P_D}=\frac{P_o}{P}\times 100\% \tag{3-2}$$

在电力电子装置中，总功耗 P_D 主要是以开关管等元件发热的形式散失掉了。

3.1　直流斩波电路的工作原理

3.1.1　电感的伏秒平衡原理

斩波器电路如图 3-2(a)所示，斩波器从初始状态到稳态过程中，电感电流上升波形示意图如图 3-2(b)所示。在第一个周期 $1T_s$ 中，电感电流在开关管S导通时间 t_{on} 上升，上升斜率为 $(U_d-u_o)/L$，电压 u_o 的初始值为 0；在 $1T_s$ 的 t_{off} 时间内，i_L 下降斜率为 $(-u_o)/L$，近似为 0，在一个周期中电流的上升量 $\Delta i_{升}$ 大于电流的下降量 $\Delta i_{降}$，电感能量增加，同时电感的部分能量转移到电容，电压 u_o 开始上升；到第二个周期 $2T_s$ 的 t_{on} 时间段内，电感电流 i_L 上升斜率为 $(U_d-u_o)/L$，此时 u_o 不为 0，i_L 上升斜率下降，在 $2T_s$ 的 t_{off} 时间段内，i_L 下降斜率为 $(-u_o)/L$，下降斜率变陡；在随后的若干周期中，随着电压 u_o 的不断增加，下降斜率逐渐变陡，而上升斜率逐渐变缓，即 $\Delta i_{升}$ 逐渐变小，$\Delta i_{降}$ 逐渐变大。直到第 n 个周期 nT_s，$\Delta i_{升}=\Delta i_{降}$，即稳定后电感电流 i_L 在 1 个周期 T_s 的净变化量为 0，即 $\Delta i_L=i_L(T_s)-i_L(0)=0$，这时斩波器工作于稳定

状态。可以证明，由 L-C-R 组成的二阶电路是稳定的。经过最开始的启动状态或外界干扰产生的波动等非稳定状态后，能够最后趋于稳定，此时输出电压(电容电压)经过过阻尼或临界阻尼或欠阻尼调节后能够达到稳定状态。电感电流的平均值也能达到稳定状态。

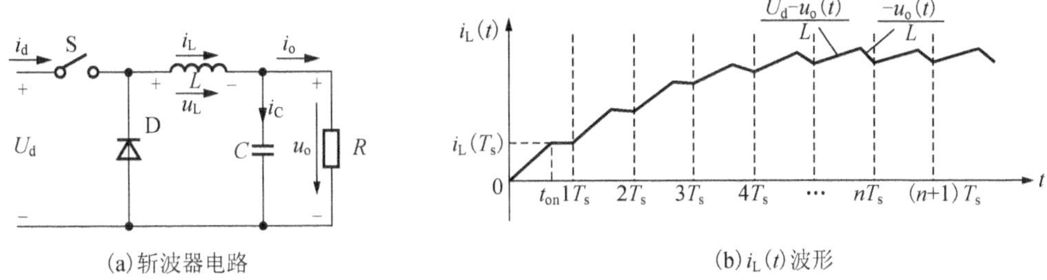

图 3-2　斩波器启动瞬间电感电流 $i_L(t)$ 波形示意图

根据理想电感公式

$$u_L = L\frac{\mathrm{d}i_L}{\mathrm{d}t} = L\frac{\Delta i_L}{\Delta t} \text{ 或 } i_L = \int \frac{u_L}{L}\mathrm{d}t \tag{3-3}$$

可以得到电感电压 u_L 的关系为

$$\Delta I_L = \int_0^{T_s} \frac{u_L}{L}\mathrm{d}t = i_L(T_s) - i_L(0) = 0 \tag{3-4}$$

即

$$\int_0^{T_s} u_L \mathrm{d}t = 0 \tag{3-5}$$

其中，$\int_0^{T_s} u_L \mathrm{d}t$ 称为伏秒，也就是说电路处于稳定状态时，电感电压 u_L 在一个周期内的平均值为 0。即在一个周期 T_s 中 $u_L(t)$ 波形下的总面积或平均值或净伏秒必然为 0，这也称为电感的伏秒平衡原理。

如图 3-3 所示，实际电感电流 i_L 在斩波器启动时电流平均值由小逐渐变大，最后达到稳态。而电感电压 $u_L = U_d - u_o$，则在刚开始几个周期 u_o 比较小，u_L 比较大，电压平均值 $U_L > 0$，因此在 t_{on} 时间内，电感电流的上升率 $\frac{\mathrm{d}i_L}{\mathrm{d}t} = \frac{U_d - u_o}{L}$ 比较大；而在 t_{off} 时间内，电感电流的下降率 $\frac{\mathrm{d}i_L}{\mathrm{d}t} = \frac{-u_o}{L}$ 幅值比较小，$\Delta i_{升} > \Delta i_{降}$，电感储能，电感平均电流增大，并给电容 C 充电。在随后的几个周期，输出电压 u_o 逐渐上升，电感电流的上升率逐渐减小，电流的下降率逐渐增大，直到经过若干周期后达到平衡，此时 $\Delta I_L = i_L(T_s) - i_L(0) = 0$，即满足伏秒平衡条件：

$$\frac{1}{L}\int_0^{T_s} u_L \mathrm{d}t = \frac{1}{L}\left(\int_0^{t_{on}} u_{Lon}\mathrm{d}t + \int_0^{t_{off}} u_{Loff}\mathrm{d}t\right) = 0 \tag{3-6}$$

假设在 t_{on} 的 u_{Lon} 和 t_{off} 的 u_{Loff} 都保持不变，则可得到

$$u_{Lon}t_{on} + u_{Loff}t_{off} = 0 \tag{3-7}$$

此外，根据理想电感只有交流电压而无直流电压，或者说稳定后每个周期的电感电压的直流分量为 0，即

$$U_L = \frac{1}{T_s}\int_0^{T_s} u_L \mathrm{d}t = 0 \tag{3-8}$$

也可以推出 $\int_0^{T_s} u_L \mathrm{d}t = 0$，即 $u_{Lon} \cdot t_{on} + u_{Loff} \cdot t_{off} = 0$。

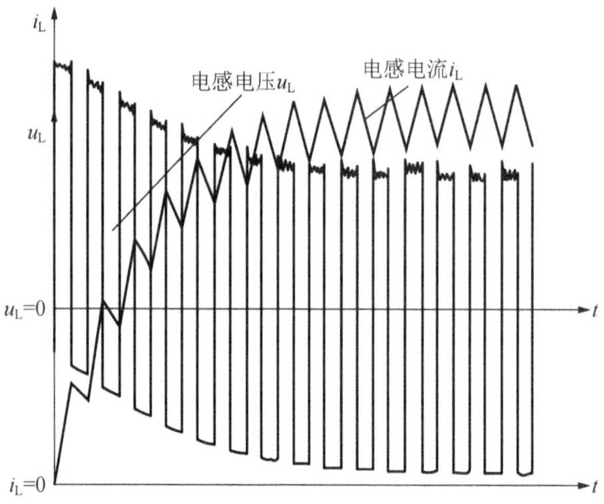

图 3-3　启动时电感的电流和电压波形示意图

3.1.2　电容的安秒平衡原理

与此类似，还有电容的安秒平衡原理。电容的电流定义为

$$i_C(t)=C\frac{du_C(t)}{dt}\text{或}u_C(t)=\frac{\int i_C(t)dt}{C} \tag{3-9}$$

在一个周期T_s内，电压变化量ΔU_C为

$$\Delta U_C=u_C(T_s)-u_C(0)=\frac{\int_0^{T_s}i_C(t)dt}{C} \tag{3-10}$$

稳态时，经过一个开关周期T_s电容电压u_C的净变化量$\Delta U_C=0$，因此稳定后，一个开关周期T_s中电容电流的积分(安秒)应为0，即

$$\int_0^{T_s}i_C(t)dt=0\text{，即}\Delta Q_{充}=\Delta Q_{放} \tag{3-11}$$

假设在t_{on}的$i_{Cton}=I_{Cton}$和t_{off}的$i_{Ctoff}=I_{Ctoff}$都保持不变，则可以得到

$$I_{Cton}\cdot t_{on}+I_{Ctoff}\cdot t_{off}=0\text{或}I_{充电}\cdot t_{充电}=I_{放电}\cdot t_{放电} \tag{3-12}$$

也可以从另一角度分析，稳定工作时，因理想电容电流i_C的平均值或直流分量I_C必然为0，则

$$I_C=\frac{1}{T_s}\int_0^{T_s}i_C(t)dt=0 \tag{3-13}$$

也可以推导出上述公式。

当电容加上直流电流I_C时，平衡状态被打破，电容将被连续充电，电压将不断上升$\Delta u_C=\frac{I_C}{C}\cdot\Delta t$；而当电感上加上直流电压$U_L$时，电感电流将不断上升$\Delta i_L=\frac{U_L}{L}\cdot\Delta t$，电感电流也不断增加。利用电容的安秒特性可以推导直流斩波器的稳态电流关系；利用电感的伏秒特性可以推导直流斩波器的输入、输出电压的关系。

可以推出输出负载带电容和不带电容的输出电压平均值U_o基本相同，但分析更加简单方便。因此本章以后为分析问题方便，都假设输出负载带很大的电容C，输出电压$u_o=U_o$是稳定的。

在以后的直直变换器的分析中，为分析方便，假设开关管和二极管都为理想器件；电路中的电容和电感也为理想器件；输入的电源为理想的恒压电源；输出电压的纹波幅值远小于输出平均电压。

3.2　基本斩波电路

基本斩波电路通常由开关管S（通过改变占空比 D 来改变导通时间 t_{on} 和关断时间 t_{off}）、电感 L（储存能量和释放能量、减小电流脉动）、二极管（利用其单向导电性进行续流、隔离或控制电流方向）和电容 C（稳定输出电压）这 4 个基本元件构成。

为简化分析过程，把变换器中的功率器件看作理想开关，没有导通电压降和漏电流，即不考虑其损耗；电路中电感和电容是理想的，其损耗可忽略不计，并假定输出端滤波电容足够大，保证稳态输出电压 $u_o(t) \approx U_o$ 为常数。还假定变换器的直流输入电源为理想的恒定电压源。直流斩波器输出端所带负载常用一个等效电阻 R 来表示。而在直流电机驱动中，电机负载可表示为直流电压与绕组电阻和电感的串联等效电路。

分析输出和输入电压、电流的相互关系时，概括起来常用的有以下 5 种方法。

(1) 基于伏秒平衡原理(U_L=0)的方法。本方法应用范围最广，有多个电感时可以列多个方程组。

(2) 基于安秒平衡原理(I_C=0)的方法。有多个电容时可以列多个方程组。

(3) 基于能量守恒的方法。即在一个周期 T_s 里，假设 $\eta = 100\%$，输入的能量等于输出的能量。

(4) 基于理想电感电压平均值 $U_L = 0$ 的方法。即理想电感的直流电压分量为 0，从而使电路各部分平均电压的相互关系分析得到简化。

(5) 解微分方程的方法。适合于输出无并联电容的情况，如 R-L 或 R-L-E 等负载情况。

也可以将这些方法综合运用，以便简化分析和推导过程。但同时要注意一个基本原则，输入和输出功率相等原则。即为了使推导过程简化，如果忽略直流斩波器内部功率损耗，假定效率 $\eta = 100\%$，则输入功率 $P_d = U_d I_d$ 等于输出功率 $P_o = U_o I_o$，即 $U_d I_d = U_o I_o$，其中 I_d 和 I_o 均为平均值。这和方法(3)的本质完全相同，只是表现形式不同。

3.2.1　降压变换器

降压变换器也称 Buck 变换器，特点是输出电压比输入的电压低，但输出电流比输入电流高。它主要用于直流稳压电源中，变换器的输出电压可根据输入电压和负载阻抗进行调节，分为连续导电模式和不连续导电模式。

1. 连续导电模式

图 3-4 为实际降压变换器的工作原理图。图 3-4(a)为一个可实际应用的降压变换器电路，图 3-4(b)为输出电压波形。从图 3-4 中可以看出，假设电感电流 i_L 的波动很小，稳定值为 I_L。对于降压变换器，输入平均电流 $I_d = I_S = DI_L$，输出平均电流 $I_o = I_L$，输入电流 i_d、输出电流 i_o 与 I_L 的关系如图 3-5 所示。

降压变换器的工作原理如下：当开关S导通时(t_{on})，U_d 通过电感 L 向负载传递能量，此时，i_L 增加，电感储能增加，如图 3-6(a)所示。当 S 断开时(t_{off})，由于电感电流 i_L 不能突变，故 i_L 通过二极管D续流，电感上的能量逐步消耗在电阻 R 上，i_L 降低，L 上储能减小，如图3-6(b)

所示。由于二极管 D 的单向导电性，i_L 不可能为负，即总有 $i_L \geqslant 0$，从而负载输出电压为单极性，总是上正下负。

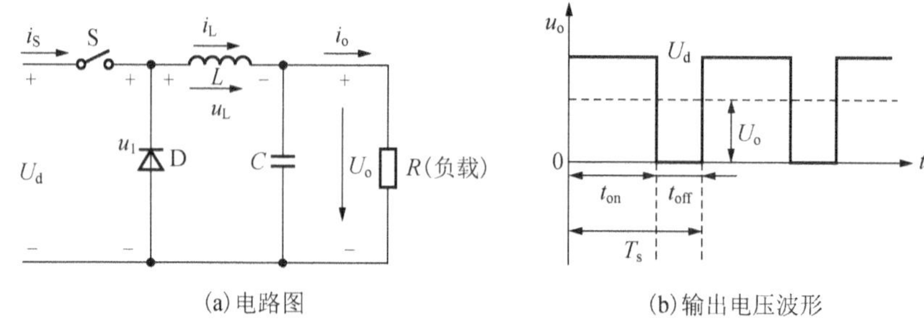

(a) 电路图　　(b) 输出电压波形

图 3-4　降压变换器的工作原理图

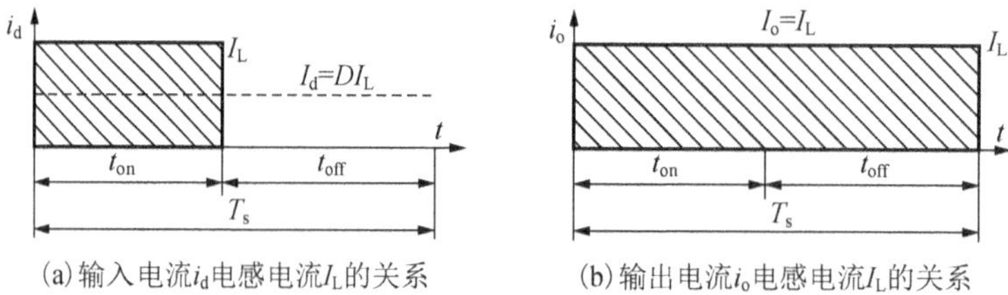

(a) 输入电流i_d电感电流I_L的关系　　(b) 输出电流i_o电感电流I_L的关系

图 3-5　Buck 变换器的输入电流 i_d、输出电流 i_o 与电感电流 I_L 的关系

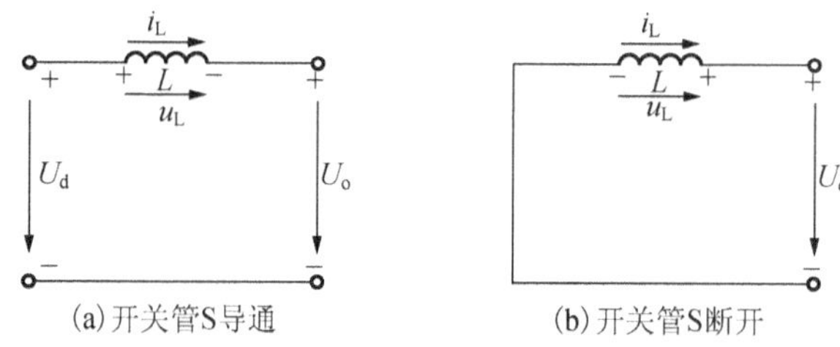

(a) 开关管S导通　　(b) 开关管S断开

图 3-6　降压变换器开关管 S 通、断时的等效电路

由于在稳态分析中假定输出端滤波电容很大，则输出电压可认为是平直的，即 $u_o(t) \approx U_o$。同样，由于稳态时电容的平均电流为 0，因而降压变换器中电感的平均电流等于平均输出电流 I_o。由降压变换器的原理可以看出，电感电流可以工作在连续状态，也可以工作在不连续状态。电感电流连续的状态称为连续导电模式(CCM)，反之称为不连续导电模式(DCM)。

连续导电模式下的 Buck 电路中的相关波形如图 3-7 所示。当开关导通处于 t_{on} 区间时，电感中有电流流过且二极管为反向偏置，导致电感两端呈现正电压 $u_{Lton} = U_d - U_o$，在该电压作用下电感中电流 i_L 线性增长。当开关断开处于 t_{off} 区间时，由于电感所储存的能量的作用，i_L 经二极管续流，此时 $u_{Ltoff} = -U_o$，呈现负电压，电感电流 i_L 线性衰减。

由于稳态工况下的电感电压 u_L 波形必然周期性重复，并且在一个周期(即 $T_s = t_{on} + t_{off}$)内的积分结果等于 0，即平均值 $U_L = 0$。因此，

$$\int_0^{T_s} u_L \mathrm{d}t = \int_0^{t_{on}} u_L \mathrm{d}t + \int_{t_{on}}^{T_s} u_L \mathrm{d}t = 0 \tag{3-14}$$

式(3-14)表明在图 3-7 中的电压波形面积 A 与面积 B 相等，即 $u_{Lton} \cdot t_{on} + u_{Ltoff} \cdot t_{off} = 0$，因此可得

$$(U_d - U_o)t_{on} = U_o(T_s - t_{on}) \tag{3-15}$$

或用占空比表示为

$$\frac{U_o}{U_d}=\frac{t_{on}}{T_s}=D \tag{3-16}$$

在这种工作方式下，若给定的输入直流电压不变，则输出直流电压只随开关占空比呈线性变化，与其他电路参数无关。

如果忽略开关管内部损耗，假定效率为$\eta=100\%$，则输入功率等于输出功率，即$P_d=P_o$，从而可以推出，输出平均电流$I_o=I_L$和输入电流$I_d=I_s$的关系为

$$\frac{I_o}{I_d}=\frac{1}{D} \text{ 或 } I_o=I_L=\frac{1}{D}I_d \tag{3-17}$$

从图 3-7 中可以看出，输出平均电流I_L要大于输入平均电流I_d。由式(3-17)也可以推导出，当输入电压U_d一定时，输入平均电流I_d与占空比D的关系为

$$I_d=DI_o=\frac{DU_o}{R}=\frac{D^2U_d}{R} \tag{3-18}$$

也可以利用方法(2)电容的安秒平衡原理，推出输入、输出的电压关系。从图 3-4 可以看出，因为$I_C=0$，所以输出平均电流$I_o=I_L$，而如图 3-5 所示，输入平均电流$I_d=DI_L=DI_o$，并根据$P_d=P_o$，也可以推出$U_o=DU_d$。

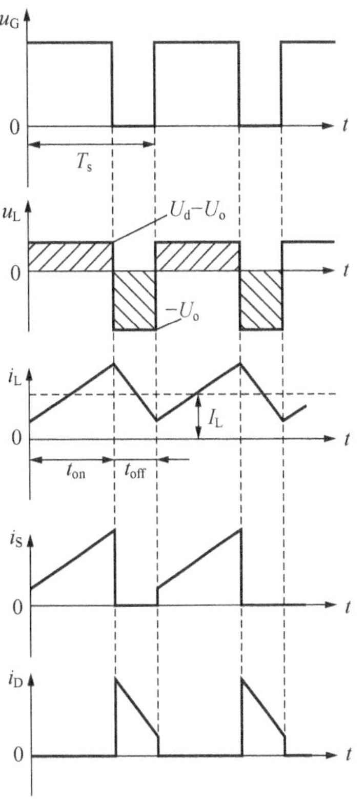

图 3-7　电感电流连续时降压变换器波形图

也可以利用方法(3)基于能量守恒的方法，推导输入、输出的电压关系。在一个周期T_s内，输入和负载消耗的能量应相等，当 S 接通时，输入电流$i_d=i_o=I_L$，S 断开时，$i_d=0$、$i_o=I_L$，因此应满足$U_dI_Lt_{on}=U_oI_LT_s$，可推出$U_o=DU_d$。

还可以利用方法(4)基于$U_L=0$的方法。从图 3-4 可以看出，因为$U_L=0$，因此$U_1=U_o$，而开关管 S 接通时，$u_1=U_d$；开关管 S 断开时，$u_1=0$，因此$U_1=DU_d=U_o$。

2. 不连续导电模式

如图 3-8 所示，临界电感平均电流为

$$\begin{aligned}I_{LB}=I_{OB}&=\frac{1}{2}i_{L\max}=\frac{t_{on}}{2L}(U_d-U_o)\\&=\frac{U_dT_s}{2L}D(1-D)=\frac{U_oT_s}{2L}(1-D)\end{aligned} \tag{3-19}$$

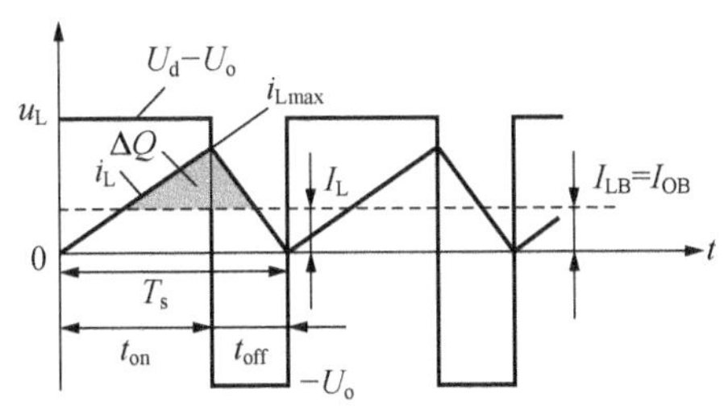

图 3-8　连续与不连续临界状态的电流电压波形

如果输出(电感)平均电流大于临界电流I_{LB}，变换器将进入连续导电模式；如果输出(电感)平均电流小于临界电流I_{LB}，变换器将进入不连续导电模式，波形如图 3-9 所示。此时输出平均电压U_o和输入电压U_d的关系为

$$\frac{U_o}{U_d}=\frac{D}{D+\Delta_1}\geqslant D \tag{3-20}$$

可见，当电感电流断续时的输出平均电压要高

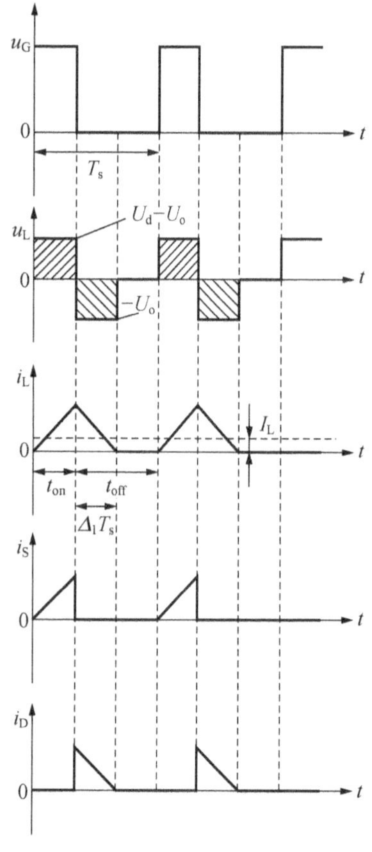

图 3-9　电感电流断续时降压变换器波形图

于电感电流连续时的输出平均电压。换句话说，如果强制输出电压$U_o > DU_d$，则电感电流会发生断续。同样，如果R太大或L过小，放电迅速，电感电流也会发生断续。

由式(3-19)可知，U_d一定时，当$D = 0.5$时，I_{LB}最大，此时临界状态的最大电感电流为

$$I_{LB\max} = I_{o\max} = \frac{U_d T_s}{8L} \tag{3-21}$$

1)临界电感的确定

假设处于断续状态，电感放电时间为$\Delta T_s < t_{off}$，则在t_{on}时间内电感电流的增加量为

$$\Delta I_L = \frac{U_d - U_o}{L} DT_s = \frac{U_o}{L} \Delta_1 T_s \tag{3-22}$$

平均输出电流为

$$\begin{aligned} I_o = I_L = \frac{U_o}{R} &= \frac{1}{2} \Delta I_L \cdot (D + \Delta_1) \\ &= \frac{U_o T_s}{2L} \Delta_1 (D + \Delta_1) = \frac{U_d T_s}{2L} D \Delta_1 \end{aligned} \tag{3-23}$$

$$\frac{2L}{RT_s} = \Delta_1 (D + \Delta_1) \tag{3-24}$$

当$\Delta_1 = \frac{2LI_o}{U_d T_s D} = \frac{2LI_o f_s}{U_d D} \geqslant 1 - D$时，电感电流连续，其中，$f_s = 1/T_s$为开关频率，此时应满足

$$L \geqslant \frac{U_d D(1-D)}{2I_o f_s} \tag{3-25}$$

因为$I_o = \frac{U_o}{R}$，而电感电流连续时$U_o = U_d \cdot D$，代入式(3-25)可得出，要想输出(电感)电流连续，在其他条件已知的情况下，电感必须满足

$$L \geqslant \frac{(1-D)R}{2f_s} \quad 或 \quad \frac{2L}{T_s R} \geqslant (1-D) \tag{3-26}$$

因此，对于降压斩波器，电感电流连续的临界电感为$\frac{(1-D)R}{2f_s}$。

也可以根据临界电感平均电流式(3-19)和$I_L = I_o$的关系推导，当$I_L < I_{LB}$时断续，当$I_L \geqslant I_{LB}$时连续，即$I_L = I_o = \frac{U_o}{R} \geqslant \frac{U_o T_s}{2L}(1-D)$时连续，即可推出$L \geqslant \frac{(1-D)R}{2f_s}$时连续。

此外还有另外一种解法，平均电感或输出电流为$I_L = I_o = \frac{U_o}{R}$，而且在$t_{on}$时间内电感电流的增加量为

$$\Delta I_L = \frac{U_d - U_o}{L} DT_s = \frac{U_o}{L} \Delta_1 T_s = \frac{U_o}{L f_s} \Delta_1 \tag{3-27}$$

$$i_{\mathrm{L\,max}} = I_{\mathrm{L}} + \frac{\Delta I_{\mathrm{L}}}{2} = \frac{U_{\mathrm{o}}}{R} + \frac{U_{\mathrm{o}}}{2Lf_{\mathrm{s}}}\Delta_1 \tag{3-28}$$

$$i_{\mathrm{L\,min}} = I_{\mathrm{L}} - \frac{\Delta I_{\mathrm{L}}}{2} = \frac{U_{\mathrm{o}}}{R} - \frac{U_{\mathrm{o}}}{2Lf_{\mathrm{s}}}\Delta_1 \tag{3-29}$$

电感电流在临界连续或连续的条件下，必然满足 $i_{\mathrm{L\,min}} \geqslant 0$ ，而此时 $\Delta_1 = 1-D$ ，因此可推出，$L \geqslant \dfrac{(1-D)R}{2f_{\mathrm{s}}}$ 。

上述只是确定电感电流连续的临界电感值，在此基础之上，电流连续时电感电流的纹波幅值为 $\Delta i_{\mathrm{L}} = \dfrac{\Delta I_{\mathrm{L}}}{2} = \dfrac{U_{\mathrm{d}} - U_{\mathrm{o}}}{2L} DT_{\mathrm{s}}$，而 Δi_{L} 的典型值一般为满载时直流分量 I_{L} 的 10%~20%。Δi_{L} 不希望太大，否则将增大流过电感和开关器件的电流峰值，增加功率损耗和体积，如果已知电流纹波 Δi_{L} ，则进一步选择的电感为

$$L = \frac{U_{\mathrm{d}} - U_{\mathrm{o}}}{2\Delta i_{\mathrm{L}}} DT_{\mathrm{s}} \tag{3-30}$$

2) 输出电容的确定

如图 3-8 所示，在电感电流连续或临界连续条件下，三角形面积为 ΔQ 表示一个周期 T_{s} 内输出电容 C 的充电量或放电量，可以求出

$$\Delta Q = \frac{\dfrac{\Delta I_{\mathrm{L}}}{2} \cdot \dfrac{T_{\mathrm{s}}}{2}}{2} = \frac{\Delta I_{\mathrm{L}}}{8f_{\mathrm{s}}} = \frac{U_{\mathrm{o}}(1-D)}{8Lf_{\mathrm{s}}^2} \tag{3-31}$$

$$\Delta U_{\mathrm{o}} = \Delta U_{\mathrm{C}} = \frac{\Delta Q}{C} = \frac{U_{\mathrm{o}}(1-D)}{8LCf_{\mathrm{s}}^2} \tag{3-32}$$

输出电压的纹波系数 r 定义为

$$r = \frac{\Delta U_{\mathrm{o}}}{U_{\mathrm{o}}} = \frac{\Delta U_{\mathrm{C}}}{U_{\mathrm{C}}} = \frac{1-D}{8LCf_{\mathrm{s}}^2} \tag{3-33}$$

其中，ΔU_{C} 为电容峰-峰电压脉动量，因此在已知输出电压的纹波系数 r 的情况下，确定的输出电容为

$$C = \frac{1-D}{8rLf_{\mathrm{s}}^2} \tag{3-34}$$

从以上公式可以看出，要降低输出电压的纹波系数 r ，可以提高电感 L、电容 C 和开关频率 f_{s} 。

3) 电感电流连续(CCM)和断续(DCM)时电压放大倍数 $M = \dfrac{U_{\mathrm{o}}}{U_{\mathrm{d}}}$ 的影响因素

当 R 、L 、T_{s} 都发生变化时，设 $K = \dfrac{2L}{RT_{\mathrm{s}}}$ ，由式(3-24)可知，$K = \dfrac{2L}{RT_{\mathrm{s}}} = \Delta_1(D+\Delta_1)$ ，当 $\Delta_1 \geqslant (1-D)$ 时或由式(3-26)可知，当 $K = \dfrac{2L}{T_{\mathrm{s}}R} \geqslant (1-D)$ 时，电感电流连续，否则断续，如图 3-10(a)所示。当电流断续时，根据式(3-20)，电压放大倍数 M 为

$$M = \frac{U_{\mathrm{o}}}{U_{\mathrm{d}}} = \frac{D}{D+\Delta_1} = \frac{2D}{D+D+2\Delta_1} = \frac{2D}{D+\sqrt{D^2+4K}} = \frac{2}{1+\sqrt{1+\dfrac{4K}{D^2}}} \tag{3-35}$$

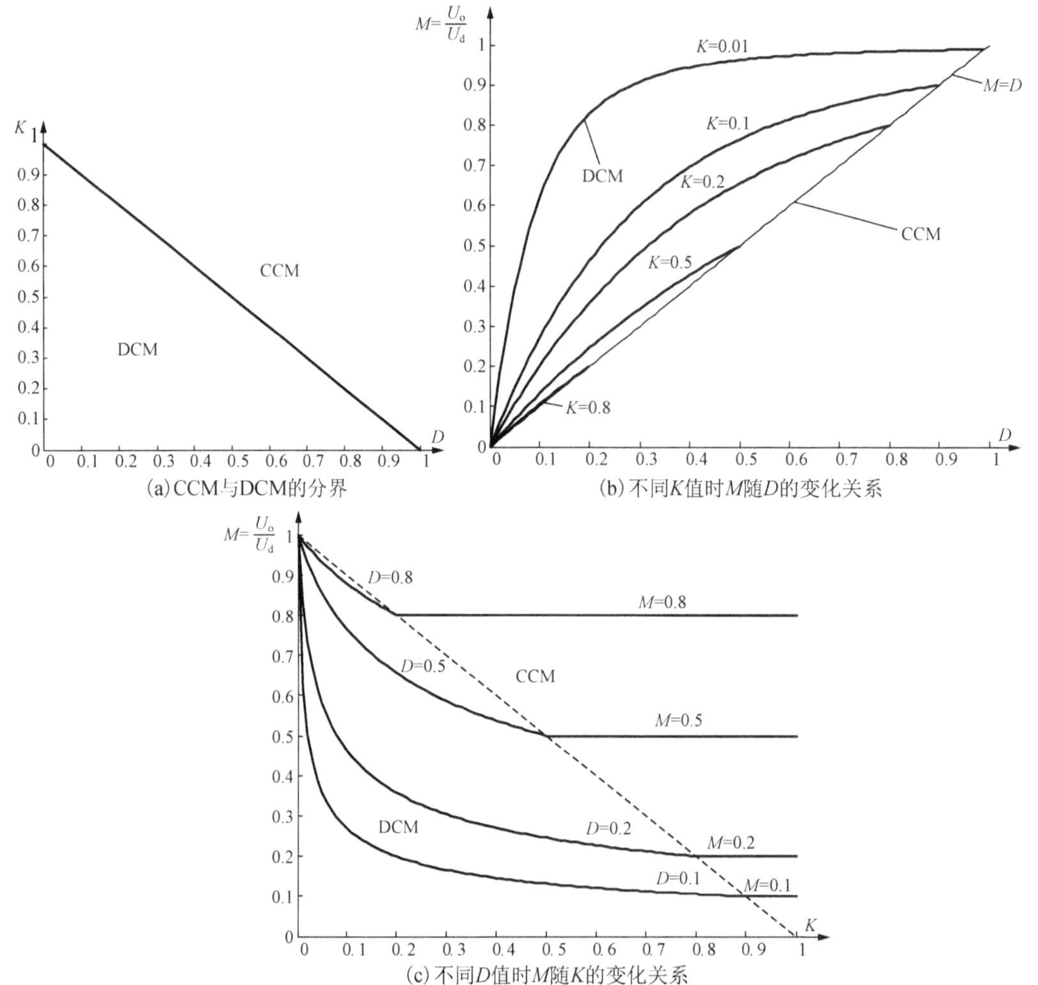

(a) CCM与DCM的分界

(b) 不同K值时M随D的变化关系

(c) 不同D值时M随K的变化关系

图 3-10 Buck 变换器的 CCM 与 DCM 的电压放大倍数 M 的影响因素

从而可以得出在 CCM 和 DCM 的情况下，电压放大倍数 M 为

$$M=\frac{U_o}{U_d}=\begin{cases} D, & K \geqslant (1-D)\text{时连续（CCM）} \\ \dfrac{2}{1+\sqrt{1+\dfrac{4K}{D^2}}}, & K<(1-D)\text{时断续（DCM）} \end{cases} \tag{3-36}$$

Buck 变换器的 CCM 与 DCM 的电压放大倍数 M 随占空比 D 和 K 的变化关系如图 3-10(b) 和(c)所示。此关系可应用在 Buck 变换器的闭环控制中，比如输入电压 U_d 变化或其他参数变化时，在连续或断续时，如何将输出电压调至稳定。

例 3-1 如图 3-11(a)、(b)所示的两种降压直流斩波器，已知开关管 S 的导通电压降为 2V，试分别计算两种斩波器的效率 η。

解 (1)对于如图 3-11(a)所示的无 L-C-D 的降压斩波器，输出电压 u_o 波形如图 3-12 所示。当开关管 S 开通时，$i_d=i_o$，$u_o=U_d-2$；当开关管 S 关断时，$i_d=i_o=0$，$u_o=0$。因此，输出平均电压为 $U_o=D(U_d-2)$，输出电压有效值 $U_{o1}=\sqrt{D}(U_d-2)$，输入平均电流 I_d 和输出平均电流 I_o 的关系为 $I_d=I_o=\dfrac{D(U_d-2)}{R}$，输出功率 $P_o=\dfrac{U_{o1}^2}{R}=\dfrac{D(U_d-2)^2}{R}$；而输入功率

$P_d = U_d I_d = \dfrac{DU_d(U_d-2)}{R}$，因此效率 $\eta = \dfrac{P_o}{P_d} = \dfrac{U_d-2}{U_d}$。

(2) 对于如图 3-11(b)所示的有 L-C-D 的降压斩波器，根据电感伏秒平衡原理，可列出 $(U_d-2-U_o)t_{on} - U_o t_{off} = 0$，可得输出平均电压 $U_o = D(U_d-2)$。假设电感电流 $i_L = i_o$ 恒定为 I_o，当开关管 S 开通时，$i_d = i_o = I_o$；当开关管 S 关断时，$i_d = 0$，$i_o = I_o$。因此输入平均电流 I_d 和输出平均电流 I_o 的关系为 $I_d = DI_o$。因此效率 $\eta = \dfrac{P_o}{P_d} = \dfrac{U_o I_o}{U_d I_d} = \dfrac{D(U_d-2)I_o}{U_d D I_o} = \dfrac{U_d-2_o}{U_d}$。

可见两种斩波器的效率完全相同。

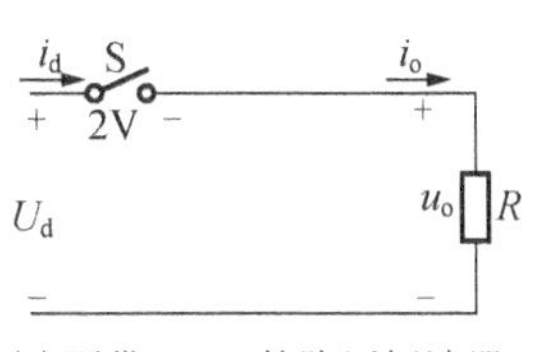

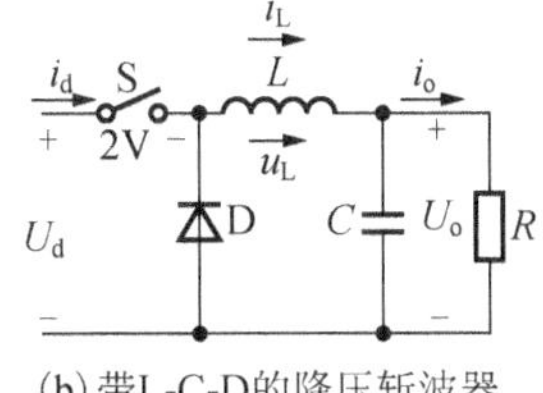

图 3-11　两种降压变换器

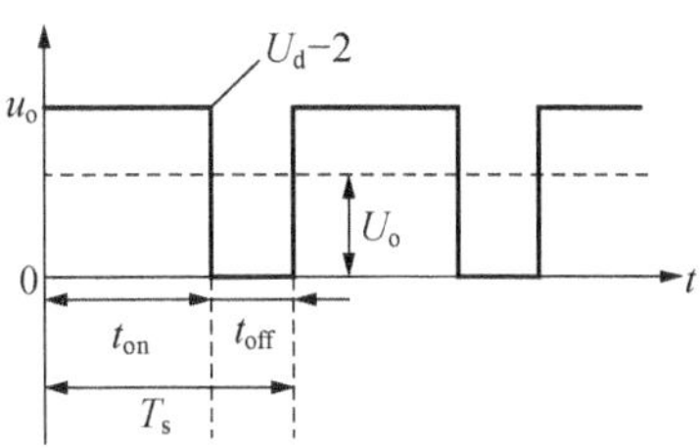

图 3-12　无 L-C-D 的降压斩波器的波形

3.2.2　升压变换器

升压变换器又称为 Boost 变换器，它对输入电压进行升压变换，其电路结构如图 3-13 所示。从图 3-13 中可以看出，对于升压变换器，假设电感电流 i_L 波动很小，输入平均电流 $I_d = I_L$，输出平均电流 $I_o = I_D = (1-D)I_L$，如图 3-14 所示。

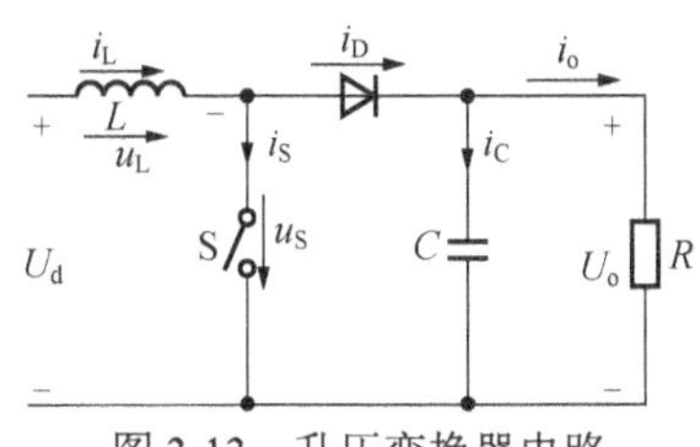

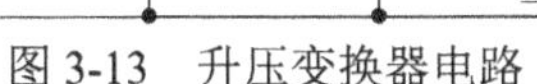

图 3-13　升压变换器电路

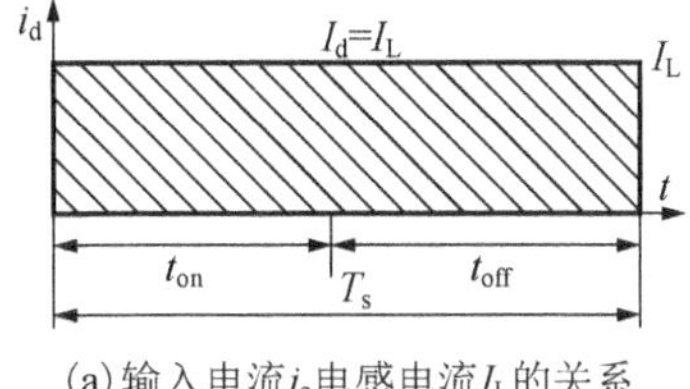

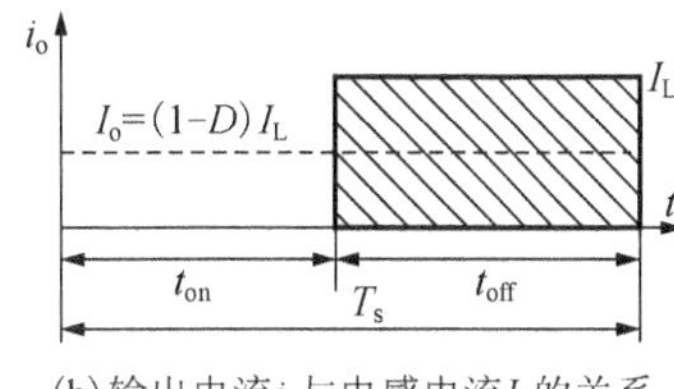

图 3-14　Boost 变换器的输入电流 i_d、输出电流 i_o 与电感电流 I_L 的关系

1. 连续导电模式

通过控制开关管 S 的导通比，可控制升压变换器的输出电压。电路工作原理是：设开关管 S 由信号 u_G 控制，u_G 为高电平时，S 导通，反之 S 关断。S 导通时，$u_{Lton} = U_d > 0$，i_L 增加，电感储能增加，同时负载由 C 供电；S 关断时，因电感电流不能突变，i_L 通过 D 向电容 C、负载供电，此时，$u_{Ltoff} = U_d - U_o$，电感上储存的能量传递到电容、负载侧，此时 i_L 减小，L 上感应电势 $u_L < 0$，故 $U_o > U_d$。

图 3-15 给出了连续电感电流 $(i_L > 0)$ 条件下开关管动作时的等效电路。根据电感的伏秒平衡原理和式(3-7)，则有

$$U_d t_{on} + (U_d - U_o)t_{off} = 0 \tag{3-37}$$

等式两边同除 T_s，整理后得到输出电压与占空比的关系为

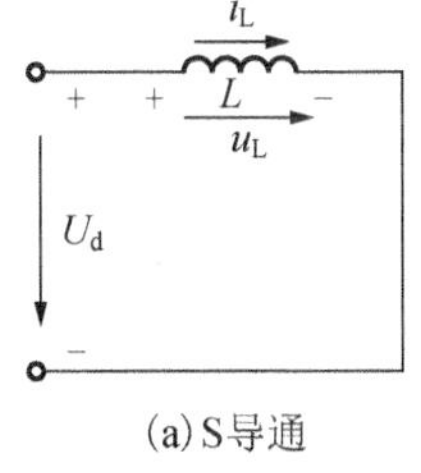

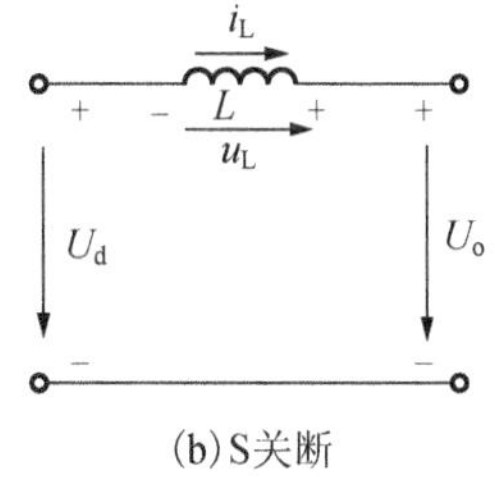

图 3-15　开关管动作时的等效电路

$$\frac{U_o}{U_d}=\frac{T_s}{t_{off}}=\frac{1}{1-D} \tag{3-38}$$

因为占空比 $D \leqslant 1$，因此输出电压与输入电压的比值始终 $\geqslant 1$，输出电压较输入电压要高。与前面工作原理分析中得到的结论一致。

若假定该电路无损耗，输入功率等于输出功率，即 $P_d=P_o$，$U_d I_d=U_o I_o$；故得到平均输出电流与占空比的关系为

$$\frac{I_o}{I_d}=1-D \quad 或 \quad I_d=I_L=\frac{1}{1-D}I_o \tag{3-39}$$

工作过程中，各点的波形如图 3-16 所示。

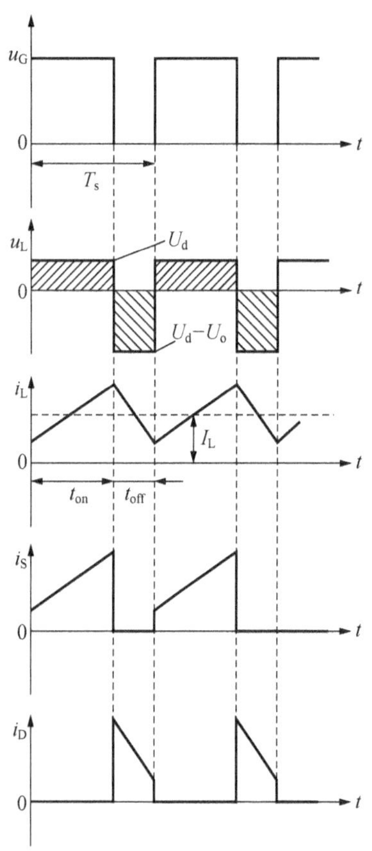

图 3-16 电感电流连续的升压变换器波形图

也可以利用方法(2)电容的安秒平衡原理推出输入、输出的电压关系。从图 3-13 可以看出，因为 $I_C=0$，所以输出平均电流 $I_D=I_o=(1-D)I_L$，而如图 3-14 所示，输入平均电流 $I_d=I_L=\frac{I_o}{1-D}$，并根据 $P_d=P_o$ 也可以推出 $U_o=\frac{U_d}{1-D}$。

也可以利用方法(3)基于能量守恒的方法，推导输入、输出的电压关系。在一个周期 T_s 里，输入和负载消耗的能量应相等，当 S 接通时，输入电流 $i_d=I_L$、$i_o=0$；S 断开时 $i_d=i_o=I_L$，因此应满足 $U_d I_L T_s=U_o I_L t_{off}$，可推出 $U_o=\frac{U_d}{1-D}$。

还可以利用方法(4)基于 $U_L=0$ 的方法，从图 3-13 可以看出，因为 $U_L=0$，因此 $U_S=U_d$，而在 t_{off} 期间二极管 D 接通时，$u_{S1}=U_o$；在 t_{on} 时到二极管 D 断开时，$u_S=0$，因此，$U_S=(1-D)U_o=U_d$，可推出 $U_o=\frac{U_d}{1-D}$。

例如，如图 3-13 所示的升压斩波器，占空比为 D，设开关管 S 和二极管 D 的导通压降均为 1V，电感电流连续并假设 i_L 恒定，试推导输出电压 U_o 和输入电压 U_d 的关系，并计算效率 η。请读者自行分析。

2. 不连续导电模式

对于不连续导电模式，如图 3-17 所示，设电感电流的下降时间为 $\Delta_1 T_s$，根据电感的伏秒平衡原理，则有

$$U_d D T_s+(U_d-U_o)\Delta_1 T_s=0 \tag{3-40}$$

同样可以推出输出平均电压 U_o 和输入电压 U_d 的关系为

$$\frac{U_o}{U_d}=\frac{\Delta_1+D}{\Delta_1}>\frac{1}{1-D} \tag{3-41}$$

输出平均电流 $I_o=I_D$ 和输入平均电流 $I_d=I_L$ 的关系为

$$\frac{I_o}{I_d}=\frac{\Delta_1}{\Delta_1+D} \tag{3-42}$$

可见，当电感电流断续时的输出平均电压要高于电感电流连续时的输出平均电压。换句话说，如果强制输出电压 $U_o > \dfrac{U_d}{1-D}$，则电感电流会发生断续。电阻 R 过大或电感 L 过小使放电过快，电感电流也会发生断续。

断续时输入平均电流 $I_d = I_L$ 为

$$I_d = \frac{1}{2} i_{L\max}(D+\varDelta_1) = \frac{U_d T_s}{2L} D(D+\varDelta_1) \tag{3-43}$$

输出平均电流 I_o 为

$$I_o = \frac{\varDelta_1}{\varDelta_1 + D} I_d = \frac{U_d T_s}{2L} D\varDelta_1 \tag{3-44}$$

当 $\varDelta_1 = 1-D$ 时，因为 $U_d = (1-D)U_o$，则临界输出平均电流为

$$I_{oB} = \frac{U_d T_s}{2L} D(1-D) = \frac{U_o T_s}{2L} D(1-D)^2 \tag{3-45}$$

由式(3-39)也可以导出电感临界连续电流为

$$I_{LB} = \frac{1}{1-D} I_{oB} = \frac{U_d T_s}{2L} D = \frac{U_o T_s}{2L} D(1-D) \tag{3-46}$$

如果输出平均电流 I_o（或 I_L）大于临界电流 I_{oB}（或 I_{LB}），变换器将进入连续导电模式；如果输出平均电流 I_o（或 I_L）小于临界电流 I_{oB}（或 I_{LB}），变换器将进入不连续导电模式，波形如图 3-17 所示。

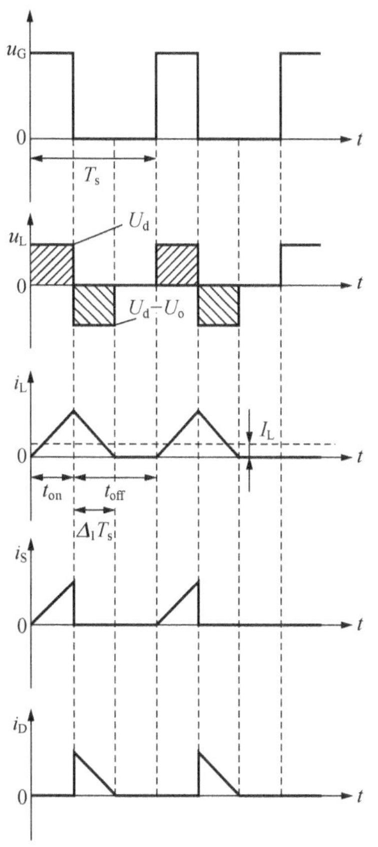

图 3-17　电感电流不连续的升压变换器波形图

令函数 $f(D) = D(1-D)^2$，并令导数 $\dfrac{\mathrm{d}f(D)}{\mathrm{d}D} = 0$。可以求出当 $D = 1/3$ 时，$f(D)$ 最大，此时 $f(D) = \dfrac{4}{27}$，I_{oB} 最大，因此临界状态的最大输出电流为

$$I_{oB\max} = \frac{4}{27} \cdot \frac{U_o T_s}{2L} \tag{3-47}$$

所以可以得出

$$\frac{U_o T_s}{2L} = \frac{27}{4} I_{oB\max}$$

又因为 $I_o = \dfrac{\varDelta_1}{\varDelta_1 + D} I_d = \dfrac{U_d T_s}{2L} D\varDelta_1 = \dfrac{U_o T_s}{2L} \dfrac{\varDelta_1}{\varDelta_1 + D} D\varDelta_1$，临界连续时 $\varDelta_1 = 1-D$，令输出电压 U_o 与输入电压 U_d 的比为

$$M = \frac{U_o}{U_d} = \frac{\varDelta_1 + D}{\varDelta_1} = 1 + \frac{D}{\varDelta_1}$$

可以得出

$$I_o = \frac{U_o T_s}{2L} \frac{1}{M(M-1)} D^2 = \frac{27}{4} I_{oB\max} \frac{1}{M(M-1)} D^2 \tag{3-48}$$

$$D=\left[\frac{4}{27}M(M-1)\frac{I_o}{I_{oB\max}}\right]^{\frac{1}{2}}=\left[\frac{4}{27}\left(\frac{U_o}{U_d}\right)\left(\frac{U_o}{U_d}-1\right)\frac{I_o}{I_{oB\max}}\right]^{\frac{1}{2}} \tag{3-49}$$

式(3-49)可应用在当输入电压U_d变化时，为了维持输出电压U_o稳定，占空比D将随着U_d的变化而调整；即当$\frac{U_o}{U_d}$变化或输出平均电流I_o变化时，占空比D可按式(3-49)相应调整。

此外，在每个周期从输入端向输出端的电容和负载传递的能量至少为$\frac{1}{2}L\Delta I_L^2=\frac{(U_dDT_s)^2}{2L}$。这些能量将被电容和负载吸收。

1)临界电感的确定

假设处于断续状态，电感放电时间为$\varDelta_1T_s<t_{off}$，且满足$\frac{U_o}{U_d}=\frac{D+\varDelta_1}{\varDelta_1}=\frac{I_d}{I_o}$，则在$t_{on}$时间内电感电流的增加量为

$$\Delta I_L=\frac{U_d}{L}DT_s$$

输入平均电流为

$$I_d=I_L=\frac{U_dT_s}{2L}D(D+\varDelta_1) \tag{3-50}$$

输出平均电流为

$$I_o=\frac{U_o}{R}=I_d\frac{\varDelta_1}{D+\varDelta_1}=\frac{U_dT_s}{2L}D\varDelta_1=\frac{U_d}{2Lf_s}D\varDelta_1=\frac{U_d}{R}\cdot\frac{D+\varDelta_1}{\varDelta_1} \tag{3-51}$$

$$L=\frac{D\varDelta_1^2R}{2f_s(D+\varDelta_1)}\quad 或\quad \frac{2L}{RT_s}=\frac{D\varDelta_1^2}{D+\varDelta_1} \tag{3-52}$$

当$\varDelta_1\geqslant 1-D$时，电感电流连续，此时可以推出

$$L\geqslant\frac{D(1-D)^2R}{2f_s}\quad 或\quad \frac{2L}{RT_s}\geqslant D(1-D)^2 \tag{3-53}$$

因此对于升压斩波器，电感电流连续的临界电感为$\frac{D(1-D)^2R}{2f_s}$。

也可根据临界电感平均电流式(3-46)和式(3-39)以及$I_L=I_d$的关系可知，当$I_L<I_{LB}$时断续，当$I_L\geqslant I_{LB}$时连续，即$I_L=\frac{I_o}{1-D}=\frac{U_o}{(1-D)R}\geqslant I_{LB}=\frac{U_oT_s}{2L}D(1-D)$时连续，即可推出$L\geqslant\frac{D(1-D)^2R}{2f_s}$时连续。

还有另外一种解法：平均输出电流为$I_o=\frac{U_o}{R}$，当电感电流断续时，满足$\frac{U_o}{U_d}=\frac{D+\varDelta_1}{\varDelta_1}=\frac{I_d}{I_o}$，则电感平均电流为

$$I_L=I_d=\frac{D+\varDelta_1}{\varDelta_1}I_o=\frac{D+\varDelta_1}{\varDelta_1}\frac{U_o}{R} \tag{3-54}$$

因为在t_{on}时间内电感电流的增加量为$\Delta I_L=\frac{U_d}{L}DT_s$，因此可以列出

$$i_{L\max}=I_L+\frac{\Delta I_L}{2}=\frac{D+\varDelta_1}{\varDelta_1}\frac{U_o}{R}+\frac{U_d}{2L}DT_s \tag{3-55}$$

$$i_{\mathrm{L\,min}} = I_{\mathrm{L}} - \frac{\Delta I_{\mathrm{L}}}{2} = \frac{D+\varDelta_1}{\varDelta_1}\frac{U_{\mathrm{o}}}{R} - \frac{U_{\mathrm{d}}}{2L}DT_{\mathrm{s}} \tag{3-56}$$

电感电流在临界连续或连续的条件下，必然满足 $i_{\mathrm{L\,min}} \geqslant 0$，而此时 $\varDelta_1 = 1-D$，$U_{\mathrm{d}} = (1-D)U_{\mathrm{o}}$，因此满足

$$\frac{1}{(1-D)}\frac{U_{\mathrm{o}}}{R} \geqslant \frac{U_{\mathrm{o}}(1-D)}{2L}DT_{\mathrm{s}} \tag{3-57}$$

可以推出

$$L \geqslant \frac{D(1-D)^2 R}{2f_{\mathrm{s}}}$$

上述只是确定电感电流连续的临界电感值。在此基础之上，电流连续时电感电流的纹波幅值为 $\Delta i_{\mathrm{L}} = \frac{\Delta I_{\mathrm{L}}}{2} = \frac{U_{\mathrm{d}}}{2L}DT_{\mathrm{s}}$，此公式可以用于给定 Δi_{L} 时进一步选择电感值 L。

2) 输出电容的确定

在 t_{on} 时间段，二极管 D 截止，输出电容 C 向负载提供能量，电容电压的波动量取决于这期间电容上释放的电荷量；当输出电压的脉动量很小远小于输出电压时，负载电流的脉动量可以忽略，在 t_{on} 时间内的放电电流 $I_{\mathrm{o}} = U_{\mathrm{o}}/R$，因此输出电压的峰-峰脉动量为

$$\Delta U_{\mathrm{o}} = \frac{I_{\mathrm{o}}t_{\mathrm{on}}}{C} = \frac{U_{\mathrm{o}}DT_{\mathrm{s}}}{RC} \tag{3-58}$$

输出电压的纹波系数定义为

$$r = \frac{\Delta U_{\mathrm{o}}}{U_{\mathrm{o}}} = \frac{\Delta U_{\mathrm{C}}}{U_{\mathrm{C}}} = \frac{D}{RCf_{\mathrm{s}}} \tag{3-59}$$

因此在已知输出电压的纹波系数 r 的情况下，确定的输出电容为

$$C = \frac{D}{rRf_{\mathrm{s}}} \tag{3-60}$$

从以上公式可看出，要降低输出电压的纹波系数 r，可以增加电容 C 和开关频率 f_{s}，同时还可以增大电感。

3) 电感电流连续和断续时电压放大倍数 $M = \frac{U_{\mathrm{o}}}{U_{\mathrm{d}}}$ 的影响因素

当 R、L、T_{s} 都发生变化时，设 $K = \frac{2L}{RT_{\mathrm{s}}}$，由式(3-52)可知，$K = \frac{2L}{RT_{\mathrm{s}}} = \frac{D\varDelta_1^2}{D+\varDelta_1}$，当 $\varDelta_1 \geqslant (1-D)$ 时或由式(3-53)可知，当 $K = \frac{2L}{RT_{\mathrm{s}}} \geqslant D(1-D)^2$ 时，电感电流连续，否则断续，如图 3-18(a)所示。当电流断续时，根据式(3-41)，电压放大倍数 M 为

$$M = \frac{U_{\mathrm{o}}}{U_{\mathrm{d}}} = \frac{\varDelta_1 + D}{\varDelta_1} = \frac{\varDelta_1 + \varDelta_1 + 2D}{2\varDelta_1} = \frac{1+\sqrt{\left(1+\frac{2D}{\varDelta_1}\right)^2}}{2} = \frac{1+\sqrt{1+\frac{4D^2}{K}}}{2} \tag{3-61}$$

从而可以得出在 CCM 和 DCM 的情况下电压放大倍数 M 为

$$M = \frac{U_{\mathrm{o}}}{U_{\mathrm{d}}} = \begin{cases} \dfrac{1}{1-D}, & K \geqslant D(1-D)^2\text{时连续} \\ \dfrac{1+\sqrt{1+\frac{4D^2}{K}}}{2}, & K < D(1-D)^2\text{时断续} \end{cases} \tag{3-62}$$

Boost 变换器的 CCM 与 DCM 的电压放大倍数 M 随占空比 D 和 K 的变化关系如图 3-18(b)和(c)所示。

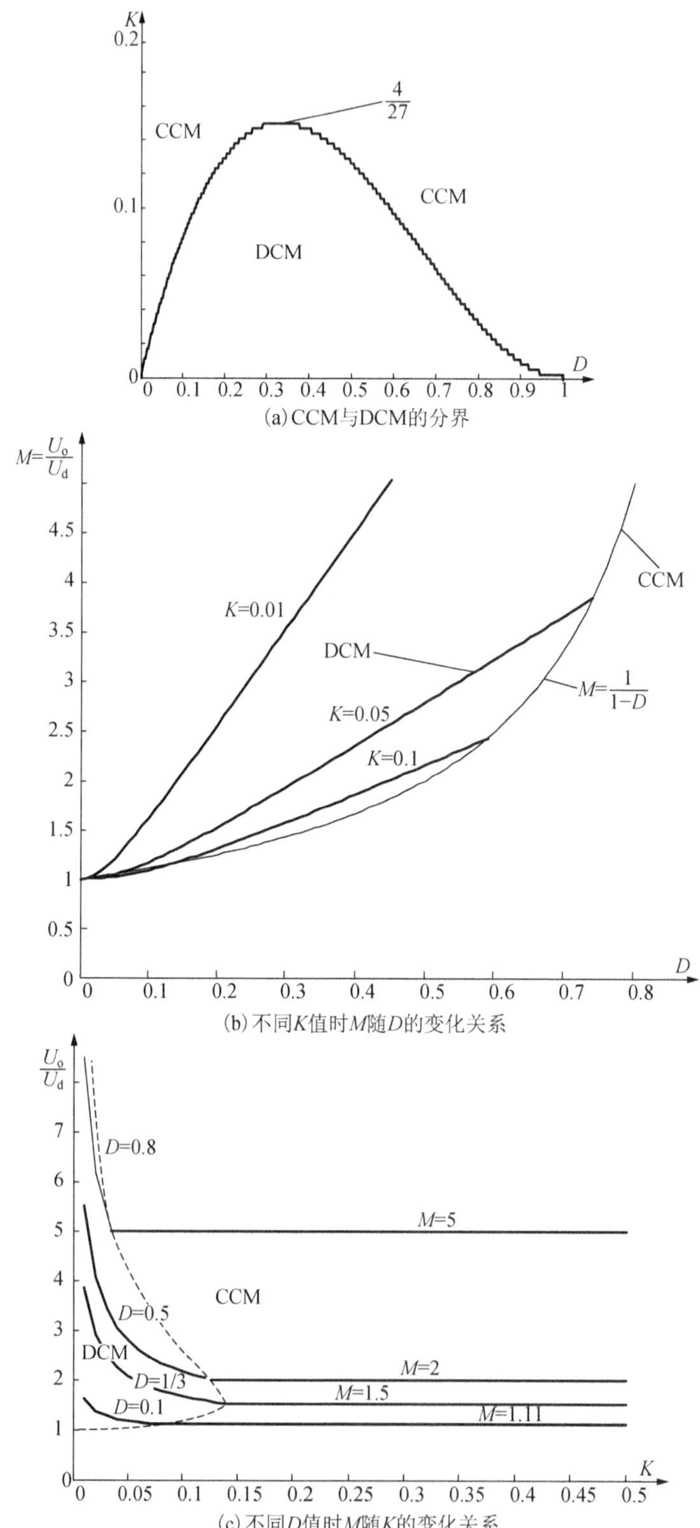

(a) CCM与DCM的分界

(b) 不同K值时M随D的变化关系

(c) 不同D值时M随K的变化关系

图 3-18　Boost 变换器的 CCM 与 DCM 的电压放大倍数 M 的影响因素

3.2.3　升降压变换器

升降压变换器又称为 Buck-Boost 变换器，它是一种既可以升压，又可以降压的变换器。其电路拓扑如图 3-19 所示。从图中可以看出，对于升降压变换器，输入平均电流 $I_d = I_S = DI_L$，输出平均电流 $I_o = I_D = (1-D)I_L$，因此 $I_L = I_o + I_d$，如图 3-20 所示。

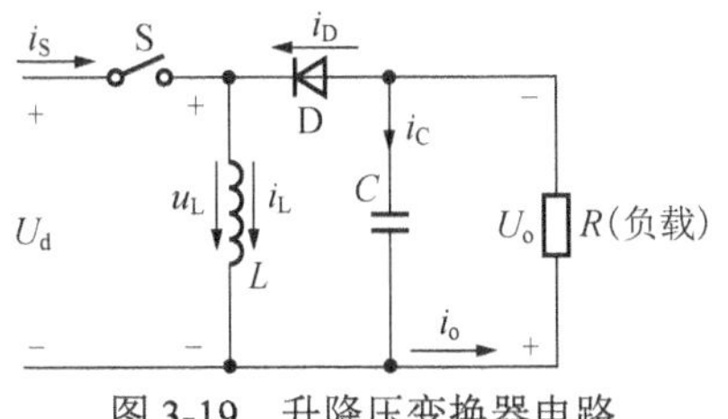

图 3-19　升降压变换器电路

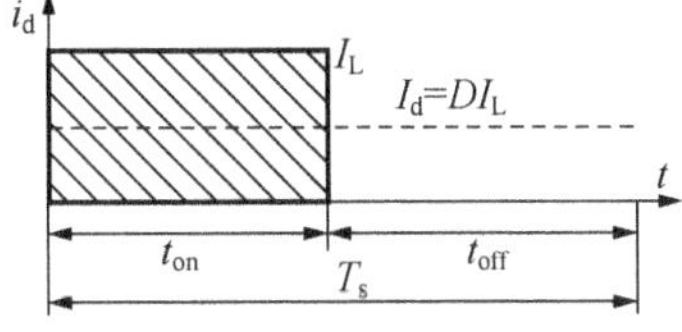

(a) 输入电流 i_d 与电感电流 I_L 的关系

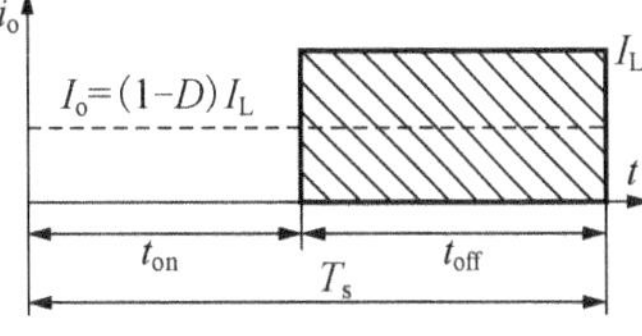

(b) 输出电流 i_o 与电感电流 I_L 的关系

图 3-20　Buck-Boost 变换器的输入电流 i_d、输出电流 i_o 与电感电流 I_L 的关系

1. 连续导电模式

连续导电模式下，升降压变换器等效电路如图 3-21 所示。Buck-Boost 电路工作原理如下。开关管 S 导通，二极管 D 截止时，如图 3-21(a) 所示，输入电压 U_d 加在电感 L 上，电感从电源获取能量，此时，靠滤波电容 C 维持输出电压保持不变；当 S 截止时，电感中储存的能量传递给电容及负载，如图 3-21(b) 所示。占空比 D 越高，传递到负载的能量就越多。当占空比为 0 时，输出电压 U_o 也将为 0；当占空比近似为 1 时，通过 L 的电流将趋于无穷大(不考虑 L 寄生电阻)；因此，此时传递给负载的能量也将足够大。这说明通过控制开关管 S 的占空比，理论上讲，可控制输出电压在 0～∞变化。

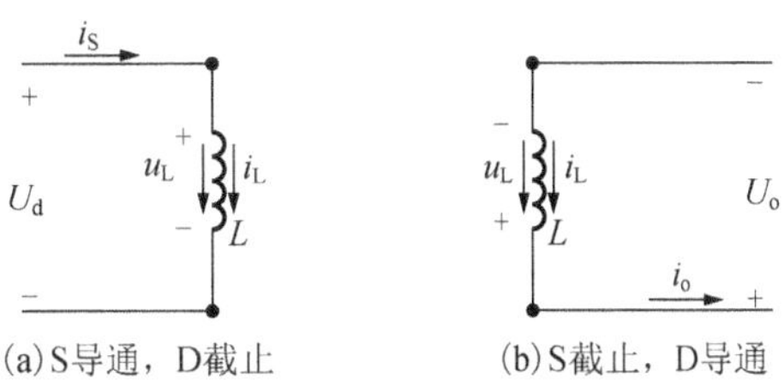

(a) S导通，D截止　(b) S截止，D导通

图 3-21　连续模式下升降压变换器等效电路

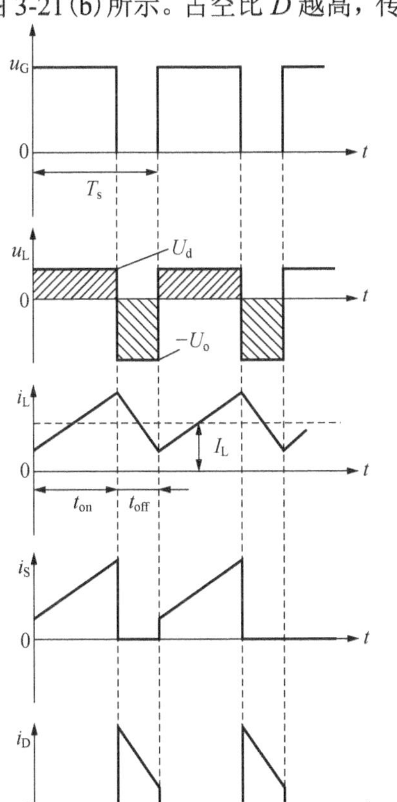

图 3-22　电感电流连续时的升降压变换器波形

图 3-22 给出了升降压变换器中电感电流工作在连续方式的波形。根据电感的伏秒平衡原理，已知理想电感两端电压在一个周期内的积分为 0，即平均值 $U_L = 0$。

$$U_d DT_s + (-U_o)(1-D)T_s = 0 \tag{3-63}$$

可推导出

$$\frac{U_o}{U_d} = \frac{D}{1-D} \tag{3-64}$$

$$\frac{I_o}{I_d} = \frac{1-D}{D} \tag{3-65}$$

$$I_L = I_d + I_o = \frac{1}{1-D} I_o \tag{3-66}$$

式(3-64)～式(3-66)表示连续电流方式下输出平均电压和电流与占空比 D 的关系。即以输入电压为基准时，通过改变占空比 D 的大小，可使升降压变换器的输出电压在升和降两个方向调节。

也可以利用方法(2)电容的安秒平衡原理推出输入、输出的电压关系。从图 3-19 可以看出，因为$I_C=0$，所以输出平均电流$I_o=(1-D)I_L$，如图 3-20 所示，电流输入平均电流$I_d=DI_L$，并根据$P_d=P_o$，也可以推出$U_o=\frac{D}{1-D}U_d$。

还可以利用方法(3)基于能量守恒的方法，推导输入、输出的电压关系。在一个周期T_s里，输入和负载消耗的能量应相等。当 S 接通时，输入电流$i_d=I_L$、$i_o=0$；S 断开时，$i_d=0$、$i_o=I_L$，因此应满足$U_dI_Lt_{on}=U_oI_Lt_{off}$，可推出$U_o=\frac{D}{1-D}U_d$。

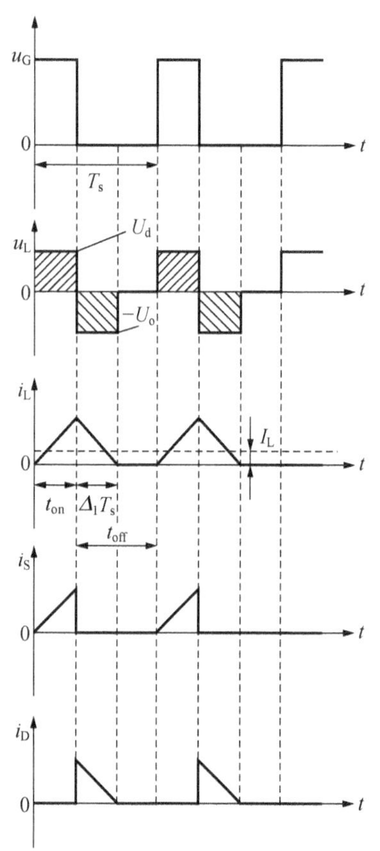

图 3-23　电感电流不连续的升降压变换器波形

2. 不连续导电模式

不连续导电模式的波形如图 3-23 所示。设电感电流的下降时间为Δ_1T_s，根据电感的伏秒平衡原理，则有

$$U_dDT_s+(-U_o)\Delta_1T_s=0 \tag{3-67}$$

同样可以推出输出平均电压U_o和输入电压U_d的关系为

$$\frac{U_o}{U_d}=\frac{D}{\Delta_1}>\frac{D}{1-D} \tag{3-68}$$

输出平均电流I_o和输入平均电流I_d的关系为

$$\frac{I_o}{I_d}=\frac{\Delta_1}{D} \tag{3-69}$$

可见当电感电流断续时的输出平均电压要高于电感电流连续时的输出平均电压。换句话说，如果强制使输出电压$U_o>DU_d/(1-D)$，则电感电流会发生断续。电阻 R 过大或电感 L 过小使放电过快，电感电流也会发生断续。

当电感电流断续时，在t_{on}时间内，电感电流i_L为输入电流i_d，输入平均电流I_d为

$$I_d=\frac{1}{2}i_{L\max}D=\frac{U_dT_s}{2L}D^2 \tag{3-70}$$

在t_{off}时间内，电感电流i_L和输出电流（i_C+i_o）相等，电容平均电流$I_C=0$，因此输出平均电流I_o为

$$I_o=\frac{1}{2}i_{L\max}\Delta_1=\frac{U_dT_s}{2L}D\Delta_1=\frac{U_oT_s}{2L}\Delta_1^2=\frac{U_o}{R} \tag{3-71}$$

而在一个周期内，电感电流i_L的平均值为

$$I_L=I_d+I_o=\frac{U_dT_s}{2L}D(D+\Delta_1) \tag{3-72}$$

当电感电流临界连续时，$\Delta_1=1-D$，因为$U_d=\frac{(1-D)U_o}{D}$，则临界电感平均电流为

$$I_{LB}=\frac{U_dT_s}{2L}D=\frac{U_oT_s}{2L}(1-D) \tag{3-73}$$

如果电感平均电流 I_L 大于临界电流 I_{LB}，变换器将进入连续导电模式；如果电感平均电流 I_L 小于临界电流 I_{LB}，变换器将进入不连续导电模式。

而当临界连续时，$\Delta_1 = 1-D$，输出临界平均电流公式为

$$I_{oB} = \frac{1}{2} i_{L\max}(1-D) = \frac{U_d T_s}{2L} D(1-D) = \frac{U_o T_s}{2L}(1-D)^2 \tag{3-74}$$

可知，当 D=0 时，$I_{oB\max} = \dfrac{U_o T_s}{2L}$。

令输出电压 U_o 与输入电压 U_d 的比为 $M = \dfrac{U_o}{U_d} = \dfrac{D}{\Delta_1}$，则 $I_o = \dfrac{U_o T_s}{2L}\Delta_1^2 = I_{oB\max}\dfrac{D^2}{M^2}$，因此可以推出

$$D = M\sqrt{\frac{I_o}{I_{oB\max}}} = \frac{U_o}{U_d}\sqrt{\frac{I_o}{I_{oB\max}}} \tag{3-75}$$

式(3-75)可应用在当输入电压 U_d 变化时，为了维持输出电压 U_o 稳定，占空比 D 将随着 U_d 的变化而调整；即当 U_o/U_d 变化时或输出平均电流 I_o 变化时，占空比 D 可按式(3-75)相应调整。

1) 临界电感的确定

假设处于断续状态，电感放电时间为 $\Delta_1 T_s < t_{off}$，则满足 $\dfrac{U_o}{U_d} = \dfrac{D}{\Delta_1}$，则在 t_{on} 时间内电感电流的增加量为

$$\Delta I_L = \frac{U_d}{L} D T_s \tag{3-76}$$

平均输出电流为

$$I_o = \frac{1}{2}\Delta I_L \cdot \Delta_1 = \frac{U_d T_s}{2L}\Delta_1 = \frac{U_o}{R} = \frac{U_d D}{\Delta_1 R} \tag{3-77}$$

$$\Delta_1^2 = \frac{2L}{R T_s} = \frac{2L f_s}{R} \tag{3-78}$$

要想电感电流连续，则必满足 $\Delta_1 \geqslant (1-D)$，因此 $\Delta_1^2 = \dfrac{2Lf_s}{R} \geqslant (1-D)^2$，则可以推出

$$L \geqslant \frac{(1-D)^2 R}{2 f_s} \text{或} \frac{2L}{R T_s} \geqslant (1-D)^2 \tag{3-79}$$

因此对于升降压斩波器，电感电流连续的临界电感为 $\dfrac{(1-D)^2 R}{2 f_s}$。也可以由临界电感平均电流式(3-73)和 $I_L = I_d + I_o$ 的关系知，当 $I_L < I_{LB}$ 时断续，当 $I_L \geqslant I_{LB}$ 时连续，即 $I_L = \dfrac{I_o}{1-D} = \dfrac{U_o}{(1-D)R} \geqslant I_{LB} = \dfrac{U_o T_s}{2L}(1-D)$ 时连续，即可推出 $L \geqslant \dfrac{(1-D)^2 R}{2 f_s}$ 时连续。

还有另外一种解法。平均输出电流为 $I_o = \dfrac{U_o}{R}$，则根据在断续情况下满足

$$\frac{U_o}{U_d} = \frac{D}{\Delta_1} = \frac{I_d}{I_o} \tag{3-80}$$

则输入平均电流为$I_d=\dfrac{D}{\varDelta_1}I_o$，电感平均电流为$I_L=I_o+I_d=\dfrac{\varDelta_1+D}{\varDelta_1}I_o$，而且在$t_{on}$时间内电感电流的增加量为

$$\Delta I_L=\frac{U_d}{L}DT_s \tag{3-81}$$

$$i_{L\max}=I_L+\frac{\Delta I_L}{2}=\frac{\varDelta_1+D}{\varDelta_1}\cdot\frac{U_o}{R}+\frac{U_d}{2L}DT_s \tag{3-82}$$

$$i_{L\min}=I_L-\frac{\Delta I_L}{2}=\frac{\varDelta_1+D}{\varDelta_1}\cdot\frac{U_o}{R}-\frac{U_d}{2L}DT_s \tag{3-83}$$

电感电流在临界连续或连续的条件下，必然满足$i_{L\min}\geqslant 0$，而此时$\varDelta_1=1-D$，$U_d=\dfrac{(1-D)U_o}{D}$，因此有$\dfrac{1}{1-D}\cdot\dfrac{U_o}{R}\geqslant\dfrac{U_d}{2L}DT_s=\dfrac{U_o}{2L}(1-D)T_s$，可以推出$L\geqslant\dfrac{(1-D)^2R}{2f_s}$。

上述只是确定电感电流连续或断续的临界电感值。在此基础之上，电流连续时电感电流的纹波幅值为$\Delta i_L=\dfrac{\Delta I_L}{2}=\dfrac{U_d}{2L}DT_s$，可以用于给定$\Delta i_L$时进一步确定电感值$L$。

2) 输出电容的确定

在t_{on}时间段，二极管D截止，输出电容C向负载提供能量，电容电压的波动量取决于这期间电容上释放的电荷量，当输出电压的脉动量很小，远小于输出电压时，负载电流的脉动量可以忽略，在t_{on}时间内的放电电流为$\dfrac{U_o}{R}$，因此电压的峰-峰脉动量为

$$\Delta U_o=\frac{\Delta Q}{C}=\frac{U_oDT_s}{RC}=\frac{U_oD}{RCf_s} \tag{3-84}$$

输出电压的纹波系数定义为

$$r=\frac{\Delta U_o}{U_o}=\frac{\Delta U_C}{U_C}=\frac{D}{RCf_s} \tag{3-85}$$

因此在已知输出电压纹波系数r的情况下，确定的输出电容为

$$C=\frac{D}{rRf_s} \tag{3-86}$$

从以上公式可看出，要降低输出电压的纹波系数r，可以增加电容C和开关频率f_s，同时还可以增大电感。

3) 电感电流连续和断续时电压放大倍数$M=\dfrac{U_o}{U_d}$的影响因素

当R、L、T_s都发生变化时，设$K=\dfrac{2L}{RT_s}$，由式(3-71)或式(3-77)可知，$K=\dfrac{2L}{RT_s}=\varDelta_1^2$，当$\varDelta_1\geqslant(1-D)$时或由式(3-79)可知，当$K=\dfrac{2L}{T_sR}\geqslant(1-D)^2$时，电感电流连续，否则断续，如图3-24(a)所示。当电流断续时，根据式(3-68)，电压放大倍数M为

$$M=\frac{U_o}{U_d}=\frac{D}{\varDelta_1}=\frac{D}{\sqrt{K}} \tag{3-87}$$

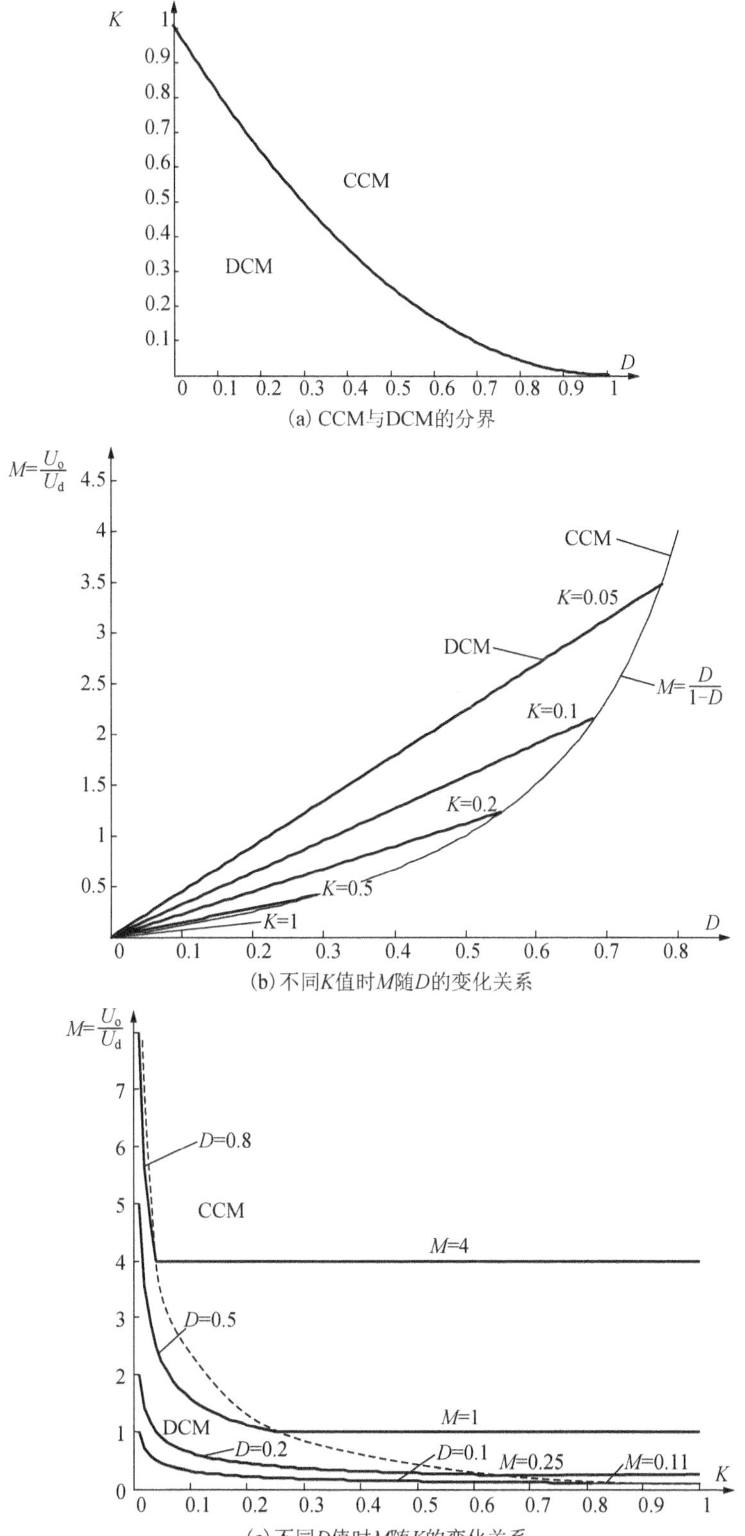

图 3-24　Buck-Boost 变换器的 CCM 与 DCM 的电压放大倍数 M 的影响因素

从而可以得出在 CCM 和 DCM 的情况下，电压放大倍数 M 为

$$M = \frac{U_o}{U_d} = \begin{cases} \dfrac{D}{1-D}, & K \geqslant (1-D)^2\text{时连续（CCM）} \\ \dfrac{D}{\sqrt{K}}, & K < (1-D)^2\text{时断续（DCM）} \end{cases} \tag{3-88}$$

Buck-Boost 变换器的 CCM 与 DCM 的电压放大倍数 M 随占空比 D 和 K 的变化关系如图 3-24(b)和(c)所示。

以上几种变换器的对比，如表 3-1 所示。

表 3-1　几种基本直流斩波器的对比

指标/性能	Buck	Boost	Buck-Boost
电感电流 I_L	$I_L = I_o$	$I_L = I_d$	$I_L = I_o + I_d$
$M = \frac{U_o}{U_d} = \begin{cases}\text{(CCM)}\\ \text{(DCM)}\end{cases}$	$\frac{U_o}{U_d} = \begin{cases} D, & K \geqslant (1-D) \\ \dfrac{2}{1+\sqrt{1+\frac{4K}{D^2}}}, & K < (1-D) \end{cases}$	$\frac{U_o}{U_d} = \begin{cases} \dfrac{1}{1-D}, & K \geqslant D(1-D)^2 \\ \dfrac{1+\sqrt{1+\frac{4D^2}{K}}}{2}, & K < D(1-D)^2 \end{cases}$	$\frac{U_o}{U_d} = \begin{cases} \dfrac{D}{1-D}, & K \geqslant (1-D)^2 \\ \dfrac{D}{\sqrt{K}}, & K < (1-D)^2 \end{cases}$
临界电感 L	$L \geqslant \frac{(1-D)R}{2f_s}$	$L \geqslant \frac{D(1-D)^2 R}{2f_s}$	$L \geqslant \frac{(1-D)^2 R}{2f_s}$
输出电容 C	$C = \frac{(1-D)}{8rLf_s^2}$	$C = \frac{D}{rRf_s}$	$C = \frac{D}{rRf_s}$
开关管承受最大电压	U_d	U_o	$U_d + U_o$

此外，以上几种变换器，无论连续或断续模式，设 $M = \frac{U_o}{U_d} = \frac{I_d}{I_o}$ 或设 $A = \frac{U_d}{U_o}$，则输入电流 I_d 和输入电压 U_d 的关系为

$$I_d = MI_o = M\frac{U_o}{R} = M^2\frac{U_d}{R} = \frac{U_d}{\dfrac{R}{M^2}} = \frac{U_d}{A^2 R} \tag{3-89}$$

例如，连续模式时，$I_{dBuck} = D^2\frac{U_d}{R}$；$I_{dBoost} = \frac{U_d}{(1-D)^2 R}$；$I_{dBuck\text{-}Boost} = \frac{D^2}{(1-D)^2}\frac{U_d}{R}$。

则输入电阻 R_i 为

$$R_i = A^2 R = \frac{R}{M^2} \tag{3-90}$$

此外，在分析各种变换电路的输出与输入电压关系时，对于解微分方程的方法(5)，更常用在无输出电容 C 的 R-L 或 R-L-E 负载构成的一阶微分方程中。

例 3-2　无输出电容 C 的降压变换器如图 3-25 所示，设输出电流连续。请分析输出平均电压 U_o 和输入平均电压 U_d 的关系。

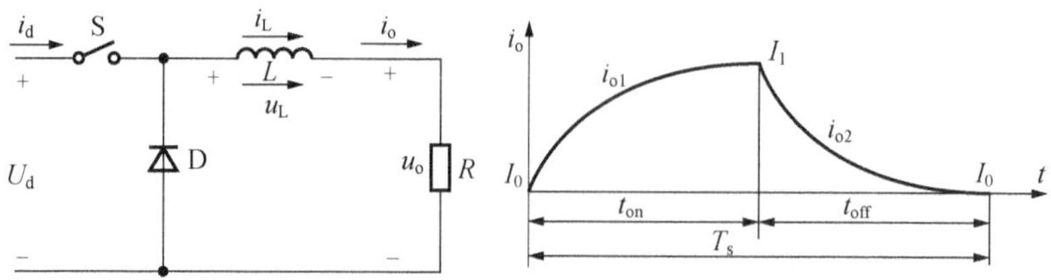

图 3-25　不带输出电容 C 的降压变换器及输出电流 i_o 波形

如图 3-25 所示，当开关管 S 开通时（t_{on}），R-L 负载满足一阶微分方程：$U_{\text{d}}=L\dfrac{\mathrm{d}i_{\text{o1}}}{\mathrm{d}t}+Ri_{\text{o1}}$，解得 $i_{\text{o1}}(t)=\dfrac{U_{\text{d}}}{R}+\left(I_0-\dfrac{U_{\text{d}}}{R}\right)\mathrm{e}^{-\frac{t}{L}}$；当开关管 S 关断时（$t_{\text{off}}$），R-L 负载满足一阶微分方程 $0=L\dfrac{\mathrm{d}i_{\text{o2}}}{\mathrm{d}t}+Ri_{\text{o2}}$，解得 $i_{\text{o2}}(t)=I_1\mathrm{e}^{-\frac{t}{L}}$；或用暂态分析方法 $f(t)=f(\infty)+(f(0^+)-f(\infty))\mathrm{e}^{-\frac{t}{\tau}}$，其中 $\tau=\dfrac{L}{R}$，也可直接解出。则输出电流平均值 I_{o} 为

$$I_{\text{o}}=\frac{1}{T_{\text{s}}}\left(\int_0^{t_{\text{on}}}i_{\text{o1}}\mathrm{d}t+\int_0^{t_{\text{off}}}i_{\text{o2}}\mathrm{d}t\right)=\frac{1}{T_{\text{s}}}\left[\int_0^{t_{\text{on}}}\left(\frac{U_{\text{d}}}{R}+(I_0-\frac{U_{\text{d}}}{R})\mathrm{e}^{-\frac{t}{L}}\right)\mathrm{d}t+\int_0^{t_{\text{off}}}(I_1\mathrm{e}^{-\frac{t}{L}})\mathrm{d}t\right]$$

并且代入如下初始条件：

(1) $i_{\text{o1}}(t_{\text{on}})=I_1$，即 $\dfrac{U_{\text{d}}}{R}+\left(I_0-\dfrac{U_{\text{d}}}{R}\right)\mathrm{e}^{-\frac{t_{\text{on}}}{L}}=I_1$；

(2) $i_{\text{o1}}(0)=i_{\text{o2}}(t_{\text{off}})=I_0$，即 $I_1\mathrm{e}^{-\frac{t_{\text{off}}}{L}}=I_0$。

则可以推出，$I_{\text{o}}=\dfrac{DU_{\text{d}}}{R}=\dfrac{U_{\text{o}}}{R}$，即 $U_{\text{o}}=DU_{\text{d}}$。

此外，文献(王兆安等，2012)还对无输出电容 C 的 R-L-E 负载的降压和升压变换器的输入、输出电压关系进行了推导，并给出了判断连续和断续的条件。

3.2.4　Cuk 斩波电路、Sepic 斩波电路和 Zeta 斩波电路

1. Cuk 斩波电路

Cuk 电路是一种升降压斩波电路，可以看作 Buck 电路和 Boost 电路的组合。图 3-26 中左虚线框是一个 Boost 电路，右虚线框是一个 Buck 电路。Cuk 电路综合了 Buck 电路和 Boost 电路的优点，保持了 Buck 电路输出电流连续和 Boost 电路输入电流连续的优点，因此输入和输出电流都是连续的，且脉动很小，波形基本平直，有利于对输入、输出进行滤波，且输出电压反极性；此外，输出电压可在 0～∞ 范围变化；且主开关器件 IGBT 可以发射极接地，驱动电路比较简单。

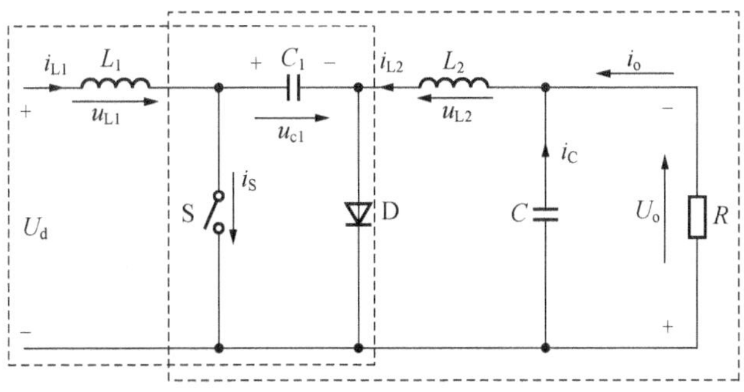

图 3-26　Cuk 斩波电路原理图

Cuk 斩波电路的等效电路如图 3-27 所示，当开关器件 S 开通、关断时，相当于开关 S 在 A、B 两点之间交替切换。工作原理如下：当开关管 S 导通时，如图 3-27(a)所示，相当于等效电路的开关 S_{A} 接到 A 点，二极管 D 截止，回路 $U_{\text{d}}\to L_1\to \text{S}$ 有电流 i_{L1} 流过，电感 L_1 储能，

u_{L1} 的极性为左正右负；同时回路 $R \to L_2 \to C_1 \to S$ 有电流 i_{L2} 流过，u_{C1} 的极性为左正右负，通过开关 S 给负载和电感 L_2 充电，u_{L2} 的极性为左负右正。

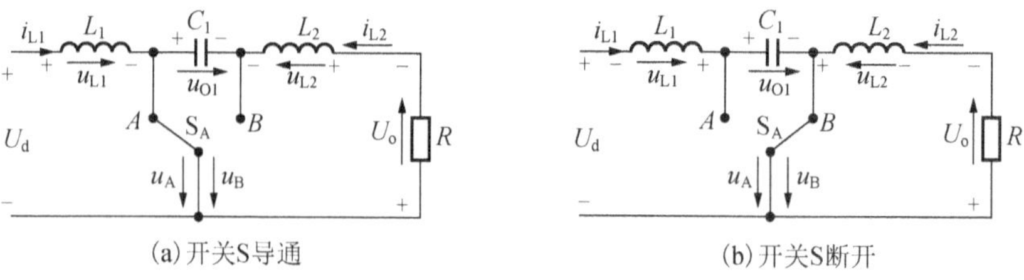

图 3-27　Cuk 斩波电路等效电路图

当开关管 S 断开时，如图 3-27(b) 所示，二极管 D 导通，相当于等效电路的开关 S_A 接到 B 点，回路 $U_d \to L_1 \to C_1 \to D$ 有电流 i_{L1} 流过，此时 u_{L1} 的极性为左负右正，U_d 和 u_{L1} 一起给 C_1 充电，u_{C1} 的极性同样为左正右负；回路 $R \to L_2 \to D$ 也有电流 i_{L2} 流过，电感 L_2 的储能通过开关 S 向负载释放，电压 u_{L2} 的极性为左正右负，因此输出电压 u_o 的极性为上负下正，与输入电压极性相反，工作波形如图 3-28 所示。

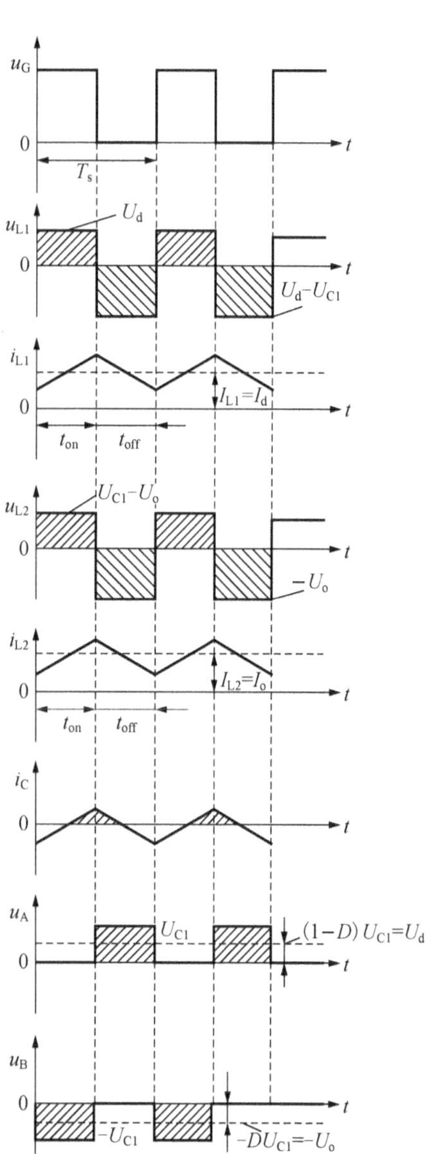

图 3-28　Cuk 电路工作波形

推导输出平均电压 U_o 和输入平均电压 U_d 的关系有以下几种方法。

(1) 采用方法 (2) 利用电容的安秒平衡原理，即电容在稳态工作时，电容电流在一个周期内的平均值为 0，就是对时间的积分为 0，也就是充电电荷等于放电电荷，即

$$\int_0^T i_C \mathrm{d}t = 0 \quad 或 \quad \Delta Q_{充} = \Delta Q_{放} \tag{3-91}$$

当开关 S 断开时，电容 C_1 的充电量为 $\Delta Q_{充} = I_{L1} t_{off}$；当开关 S 导通时，电容 C_1 的放电量为 $\Delta Q_{放} = I_{L2} t_{on}$；因此 $I_{L1} t_{off} = I_{L2} t_{on}$，根据 $I_o = I_{L2}$，$I_d = I_{L1}$ 的关系可得出

$$\frac{I_o}{I_d} = \frac{I_{L2}}{I_{L1}} = \frac{t_{off}}{t_{on}} = \frac{1-D}{D} \tag{3-92}$$

根据输入功率等于输出功率，$P_d = P_o$，因此输出平均电压 U_o 和输入电压 U_d 的关系为

$$\frac{U_o}{U_d} = \frac{D}{1-D} \tag{3-93}$$

(2) 采用方法 (1) 利用电感 L_1 和 L_2 的伏秒平衡原理。电路稳定工作时，电感 L_1 和 L_2 在一个周期内的平均电压 U_{L1} 和 U_{L2} 为 0，但瞬时电压 u_{L1} 和 u_{L2} 不为 0。

当电路稳定工作时，开关 S 不停地导通、断开时，对于电感 L_1，满足

$$U_d t_{on} + (U_d - U_{C1}) t_{off} = 0 \tag{3-94}$$

$$U_{C1}=\frac{1}{1-D}U_d \tag{3-95}$$

对于电感L_2，同样满足$(U_{C1}-U_o)t_{on}+(-U_o)t_{off}=0$，得到

$$U_{C1}=\frac{1}{D}U_o \tag{3-96}$$

因此可以得到$\frac{U_o}{U_d}=\frac{D}{1-D}$。

(3)还有一种更简便的方法，即使用方法(4)。从等效电路图 3-27 看，瞬时值$u_d=u_A+u_{L1}$，$u_B=-u_o-u_{L2}$，因为电感L_1和L_2在一个周期内的平均电压U_{L1}和U_{L2}为 0，因此$U_A=U_d$，$U_B=-U_o$。而当开关 S 在导通时间t_{on}时，即等效电路S_A接到A点时，$u_A=0$，$u_B=-u_{C1}$，因此平均值$U_B=-\frac{t_{on}}{T_s}U_{C1}$，即$U_o=\frac{t_{on}}{T_s}U_{C1}=DU_{C1}$。

当开关 S 在关断时间t_{off}时，即等效电路S_A接到B点时，$u_A=u_{C1}$，$u_B=0$，因此$U_A=\frac{t_{off}}{T_s}U_{C1}$，即$U_d=\frac{t_{off}}{T_s}U_{C1}=(1-D)U_{C1}$。因此可以得出$\frac{U_o}{U_d}=\frac{D}{1-D}$。

此外，采用方法(4)基于能量守恒的方法并与方法(2)结合也可以推导出上述关系，请读者自行分析。

对于更复杂的电路，可以考虑采用伏秒平衡原理方法(1)、安秒平衡原理方法(2)、基于能量守恒的方法(3)及方法(4)的综合运用。

同理，假设 Cuk 变换电路没有损耗，按照功率相等原则即$P_d=P_o$，可得到电流的关系为

$$\frac{I_o}{I_d}=\frac{1-D}{D} \tag{3-97}$$

输入电流$i_d=i_{L1}$的脉动为

$$\Delta I_1=\Delta I_{L1}=\frac{U_d t_{on}}{L_1}=\frac{U_d D}{f_s L_1} \tag{3-98}$$

输出电流$i_o=i_{L2}$的脉动为

$$\Delta I_2=\Delta I_{L2}=\frac{U_o t_{off}}{L_2}=\frac{U_d t_{on}}{L_2}=\frac{U_d D}{f_s L_2} \tag{3-99}$$

当开关 S 关断时，U_d经过L_1给电容C_1充电，充电平均电流为$I_{L1}=I_d$，电容C_1的电压脉动量为

$$\Delta U_{C1}=\frac{I_d t_{off}}{C_1}=\frac{I_d(1-D)}{f_s C_1}=\frac{I_o D}{f_s C_1} \tag{3-100}$$

因为$i_{L2}=i_C+i_o$，假定电容C很大，输出电流i_o基本恒定，因此电容电流i_C的波动与电感电流i_{L2}的波动基本相同，因此电容C的充电或放电的电荷量为

$$\Delta Q_{充}=\Delta Q_{放}=\frac{\Delta I_2}{4}\cdot\frac{T_s}{2}=\frac{U_d D}{8L_2 f_s^2} \tag{3-101}$$

电容C的电压脉动量为

$$\Delta U_C=\frac{\Delta Q}{C}=\frac{\Delta I_2}{8f_s C}=\frac{U_d D}{8CL_2 f_s^2}=\frac{U_o(1-D)}{8CL_2 f_s^2} \tag{3-102}$$

因此，根据ΔI、ΔU_C、f_s和输入输出的要求，可以确定电感L和电容C的值。

总之，Cuk 电路的缺点是需要足够大的储能电容 C_1，但其优点是输入电流和输出电流都是连续的，脉动很小，因此对于输入、输出滤波是十分有利的。

2. Sepic 斩波电路

Sepic 斩波电路如图 3-29 所示。基本工作原理如下：当开关器件 S 处于通态时，对于 $U_d \to L_1 \to$ S 回路，输入电源 U_d 经开关器件 S 给 L_1 充电；对于 $C_1 \to \mathrm{S} \to L_2$ 回路，C_1 经开关 S 给 L_2 充电，L_1、L_2 储能，二极管 D 截止。

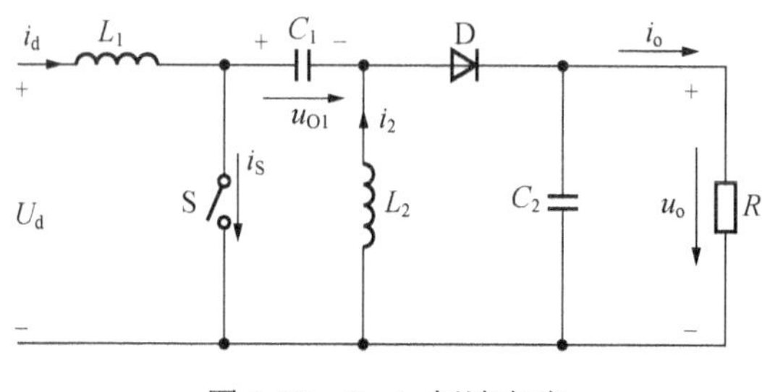

图 3-29　Sepic 斩波电路

当开关器件 S 处于断态时，对于 $U_d \to L_1 \to C_1 \to \mathrm{D} \to$ 负载回路（R 和 C_2），U_d 和 L_1 既向负载供电，也向电容 C_1 充电，此时 u_{C1} 的方向为左正右负；同时对于 $L_2 \to \mathrm{D} \to R$ 回路，二极管 D 导通，L_2 经过 D 向负载回路释放能量。并且 C_1 在开关 S 断态时存储的能量在 S 处于通态时向 L_2 转移。可见 Sepic 斩波电路的输入电流连续，而输出电流是脉冲波形，有利于输入滤波，电压输出正极性。

设占空比为 D，Sepic 斩波电路的输出电压平均值与输入电压的关系为

$$U_o = \frac{D}{1-D} U_d \tag{3-103}$$

以上关系可以应用方法(1)、(2)、(3)及方法(4)的结合，均可以推出。例如，可以利用安秒平衡原理方法(2)，并参考式(3-91)～式(3-93)或采用伏秒平衡原理方法(1)并参考式(3-94)～式(3-96)很快推出上述关系。

3. Zeta 斩波电路

Zeta 斩波电路也称双 Sepic 斩波电路，如图 3-30 所示。其基本工作原理如下。当开关器件 S 处于通态时，电源 U_d 经开关器件 S 向电感 L_1 储能，同时 U_d 和 C_1 共同向负载 R 供电，也向 L_2 充电，充电电流为 i_2，二极管 D 截止。

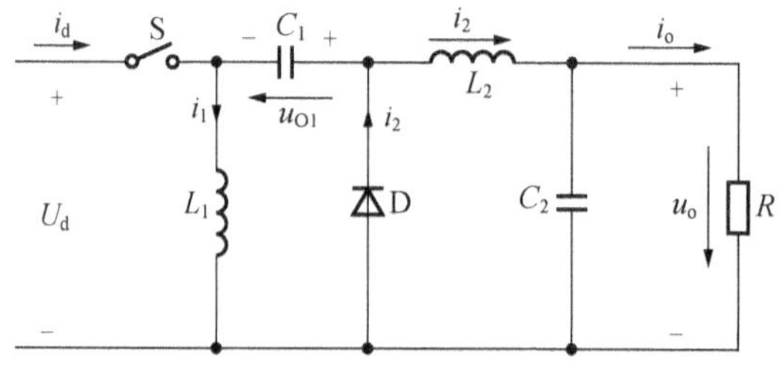

图 3-30　Zeta 斩波电路

当开关器件 S 关断时，二极管 D 导通，L_1、D、C_1 构成振荡回路，L_1 给 C_1 充电，充电电流为 i_1，L_1 的储能转移到 C_1 上；同时 L_2 向负载 R 供电，L_2 的电流则经 D 续流转移到负载 R 上。可见，Zeta 电路的输入电流是脉冲波形，而输出电流连续，有利于输出滤波，电压输

出正极性。

设占空比为D，Zeta 斩波电路的输出电压平均值与输入电压的关系为

$$U_o = \frac{D}{1-D}U_d \quad (3\text{-}104)$$

此关系可以用多种方法推出。例如，根据电容安秒平衡原理方法(2)和基于能量守恒的方法(3)就可以推出，根据安秒平衡原理，电容 C_1 在一个周期的充放电电荷量相等，即 $I_2t_{on}=I_1t_{off}$，可得$I_2D=I_1(1-D)$。同时，根据能量守恒的方法，一个周期I_1和I_2输入的能量（$U_d(I_1+I_2)t_{on}$）等于负载输出的能量（$U_oI_2T_s$）。即 $U_d(I_1+I_2)t_{on}=U_d(I_1D+I_2D)T_s=U_d(I_1D+I_1(1-D))T_s=U_dI_1T_s=U_oI_2T_s$，因此得到 $\frac{U_o}{U_d}=\frac{I_1}{I_2}=\frac{D}{1-D}$。或根据功率相等原则（$U_dI_d=U_oI_o$），输入功率为$U_dI_d=U_d(I_1+I_2)D$，输出功率为$U_oI_o=U_oI_2$，并根据$I_2D=I_1(1-D)$，也可推出上述关系。从以上推导看，用基于能量守恒的方法和功率相等原则本质是完全一样的。

利用前面介绍的电感伏秒平衡原理方法(1)也可以推导出上述结果，请读者自行分析。

3.3　多象限直直变换器

如图 3-31 所示，直直变换器的输出电流i_o为横坐标，输出电压u_o为纵坐标。前述的几种基本的DC/DC 变换器依其定义的电流电压方向，均称为第一象限直直变换器。在某些实际情况下，需要直直变换器具有两个象限工作的能力，对于这样的电路拓扑，称为二象限直直变换器。对于直流电机的控制则在很多场合都需要能工作在四个象限，这样的电路称为四象限变换器。在本节讨论中，列举的负载为电机负载或蓄电池负载，各种变换器均运行在两个以上象限，即负载有可能向电源回馈能量。

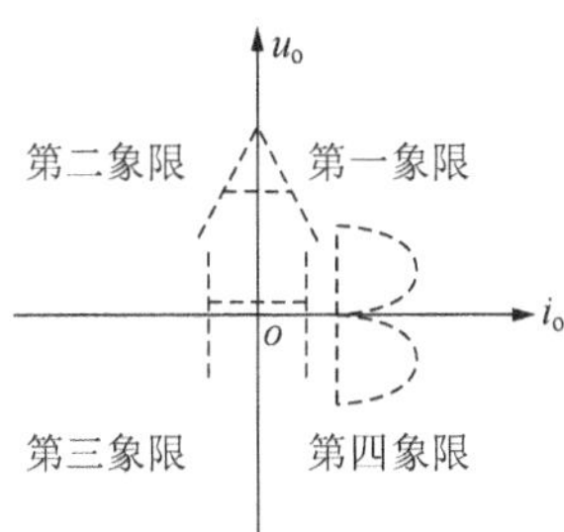

图 3-31　直直变换器工作象限示意图

3.3.1　桥臂式二象限直直变换器(A 型变换器)

A 型变换器工作在第一、二象限或第三、四象限，适合于电机牵引和制动时感应电动势E(电压大小也为E，从“+”指向“−”)方向都不变的工况或蓄电池负载。该二象限直直交换器的原理电路和电压、电流波形如图 3-32 所示。

1. 降压斩波器

当电机电动运行，E 的方向为正时，构成降压斩波器。如图 3-32(b)所示，T_2、D_2始终关断，T_1交替开通。即封锁T_2的触发驱动脉冲，开关器件T_1和续流二极管D_1构成了降压变换器，工作在第一象限，将电源的功率传递给电机。适当地控制T_1，可使电机在电动机运行状态下工作。

T_1开通时，电感电压$u_{Lton}=U_d-E$；T_1断开时，电感电压$u_{Ltoff}=-E$。根据基于电感伏秒平衡原理的方法，可以推导出稳态时，$E=DU_d$。控制T_1的占空比D可以调节电动机的转速。

2. 升压斩波器

当电机制动运行，E 的方向为正时，构成升压斩波器。如图 3-32(c)所示，T_1、D_1始终

关断，T_2 交替开通。即封锁 T_1 的触发驱动脉冲，图中从右往左看，可将 E 看为输入端，则开关器件 T_2 与续流二极管 D_2 构成升压变换器，工作在第二象限。适当控制能将电机的功率传递给电源，可使电机在再生制动运行状态下工作。

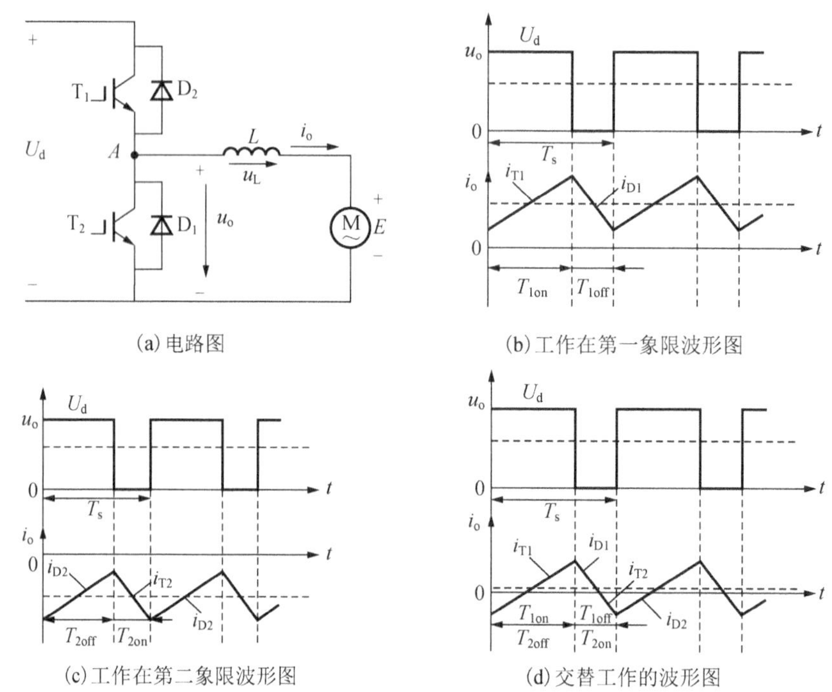

图 3-32　桥臂式二象限变换器电路图及相关波形

此时以发电机 E 作为输入端，电压方向为上正下负，U_d 作为输出端。T_2 开通时，电感电压 $u_{Lton}=-E$；T_1 断开时，电感电压 $u_{Ltoff}=U_d-E$。根据电感伏秒平衡原理，可以推导出稳态时，$U_d=E/(1-D)$。控制 T_2 的导通比 D 可以调节 $E/(1-D)$ 使其大于直流环节电压，给直流环节充电，并且可以调节电机的制动功率。

3. 降压斩波器和升压斩波器交替工作

如图 3-32(d)所示，在这种工作方式中，当降压斩波器或升压斩波器的电流断续为零时，使另一个斩波器工作，则电流反方向流过。这样使电动机电枢电路总有电流流过。例如，当降压斩波器的开关器件 T_1 刚关断时，$i_o=i_{T1}$，由于电感 L 存储的能量少，经过一段时间后，电感 L 的储能经二极管 D_1 便释放完毕，此时电枢电流 $i_o=i_{D1}$ 过 0，二极管 D_1 关断，这时开关器件 T_2 才真正导通，由于电动势 E 的作用使电枢电流反向流过，$i_o=i_{T2}$，电抗器 L 反向存储能量。待 T_2 关断后，由于 L 的储能和反电动势 E 的共同作用使 D_2 导通，$i_o=i_{D2}$，通过 D_2 续流，向电源反馈能量。当反向电流 $i_o=i_{D2}$ 过零时，L 的储能释放完毕时，D_2 关断，又再次使 T_1 真正导通，此时 $i_o=i_{T1}$，电动机电枢回路又有正向电流流过，如此循环，可使斩波器交替工作。这种工作方式必须要注意防止 T_1、T_2 同时导通，防止短路事故的发生。

图中二象限变换器无论在哪种运行工况，负载电压的方向总是为正，而负载电流 i_o 的方向可正可负。工作在第一、二象限，因此称为A型变换器。

例如，图 3-33 所示为一种电动汽车(发动机和电动机混合动力)的变压系统，假定直流母线工作在最大电压 500V，其中发电机(30kW，由发动机驱动)和蓄电池组(20kW，200V)可以给电动机(50kW)联合供电；发电机也可以给蓄电池组充电，蓄电池组可以被充电，也可以放电给直流环节来驱动电动机。当发动机工作时，带动发电机给蓄电池组充电，此时 T_2、D_1 始终关断，T_1 交替开通，D_2 为电感 L 续流，为降压变换器；当蓄电池放电给直流环节来驱动电动机时，T_1、D_2 始终关断，而 T_2 交替开通，D_1 为电感 L 续流，从右向左看为升压变换器，将蓄电池组的 200V 升压到直流环节的电压 500V，从而提高电动机输出转矩。

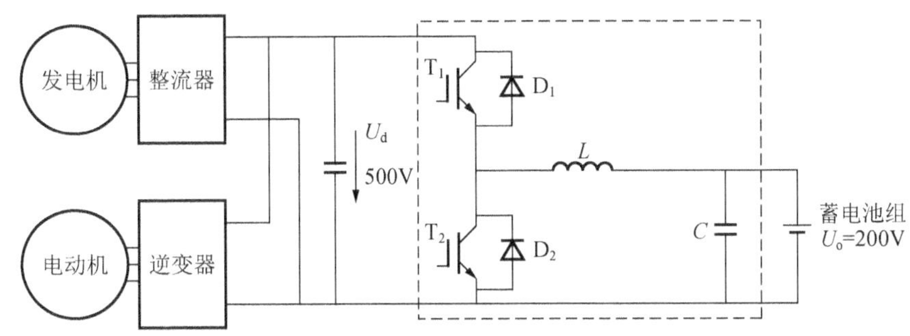

图 3-33 一种混合动力的电动汽车的直直变换器

3.3.2 混合桥式二象限直直变换器(B 型变换器)

B 型变换器工作在第一、四象限(或第二、三象限)，适合于电机牵引和制动时感应电动势 E 方向相反的工况。该二象限斩波器的原理电路如图 3-34 所示，有 4 种工作模式。

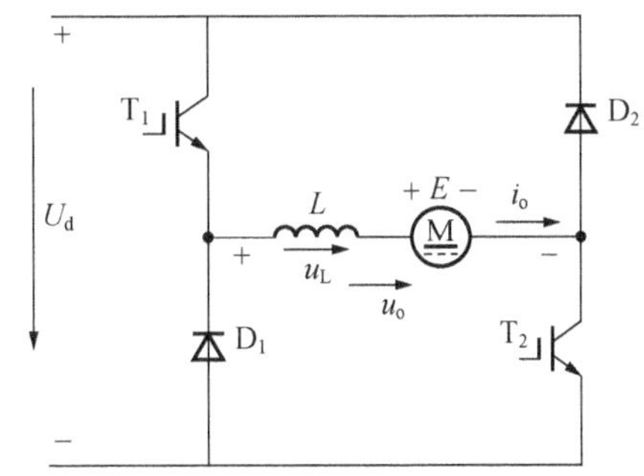

图 3-34 混合桥式二象限直直变换器原理电路

1. 电机电动运行，E 的方向为正时

T_1 始终接通，D_1 关断 T_2 交替导通。此时电动机的感应电动势 E 为正，实际电压方向为左正右负。当 T_1 和 T_2 两开关管同时被触发导通时，u_o 为正，且 $U_o \geqslant E$。能量流向为从电源到负载，i_o 为正，电机吸收功率，此时电感电压 $u_{Lton}=U_d-E$；当 T_2 关断时，开关管 T_1 和续流二极管 D_2 同时导通，负载电路被短接，$u_o=0$，负载电流 i_o 均经这两个导通管续流。此时电感电压 $u_{Ltoff}=-E$。根据电感伏秒平衡原理，可以推导出稳态时，$E=DU_d$，为降压斩波器。

2. 电机制动运行，E 的方向为负时

T_1 始终断开，T_2 交替导通。此时发电机的感应电动势 E 为负值，实际电压方向为左负右正，相当于电源的输入端。当开关管 T_2 和续流二极管 D_1 同时导通时，负载电路被短接，此时 E 给电感 L 充电，$u_o=0$，电感电压 $u_{Lton}=-E$；当开关管 T_2 断开时，D_1、D_2 两二极管同时导通，给电感续流，此时电感电压 $u_{Ltoff}=-U_d-E$，此时 u_o 为负，根据电感的伏秒平衡原理，可以推导出稳态时，$U_d=|E|/(1-D)$。改变 T_2 的开通关断时间就可以改变占空比 D。此时为升压变换电路。功率流向为从电机到电源，把电能反馈到电源。电流仍然维持原来的方向不变。

由以上分析可知，电机电动运行，负载电压为正，负载电流也为正，变换器工作在第一象限；电机制动运行时，负载电压为负，负载电流为正，变换器工作在第四象限。混合桥臂第二象限变换器为第一、第四象限变换器，因此称为 B 型变换器。

3.3.3　四象限直直变换器(H 型变换器)

因四象限直直变换器工作在四个象限，又称为 H 型变换器。H 型变换器电路可以作为一个四象限直直变换器对直流电机供电，相当于两个对称互补的二象限变换器的组合。

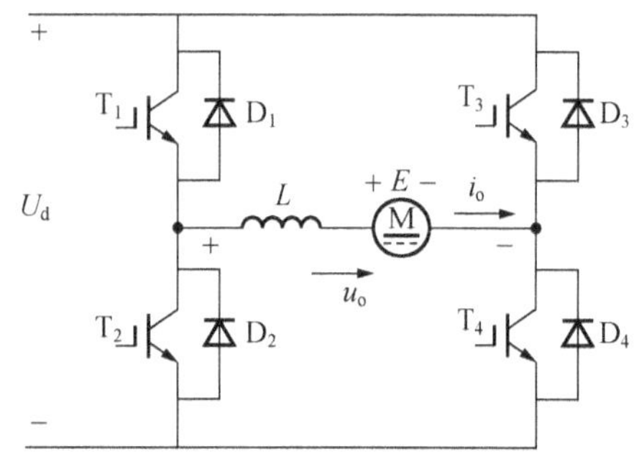

图 3-35　H 型变换器电路工作原理图

图 3-35 为 H 型变换器电路的工作原理图，其中 L、E 代表直流电机的电感和反电势。如果 T_4 被置于通态，T_3 被置于断态；则 T_1、D_1、T_2、D_2 就构成输出电压大于 0，输出电流可正、可负的第一、第二两象限变换器。如果 T_2 被置于通态、T_1 被置于断态，则 T_3、D_3、T_4、D_4 就构成了另一个两象限变换器，这时 E 应反向，输出电压为负，而输出电流可正、可负工作在第三、第四两象限。

在由 4 个全控性开关器件 T_1、T_2、T_3、T_4 构成的直直变换器中，对 4 个开关器件进行适当的控制，就可以实现四象限的直直变换。使直流电机可以在四个象限区域工作。其输出电压、电流的平均值大小和方向均可控，可以实现电机的转速、电磁转矩的大小和方向的调控。

3.4　多相多重直直变换器

把多个结构相同的基本斩波电路适当组合可以构成另一种复合斩波电路，即多相、多重直流斩波器。“相”是从电源侧看，不同相位的斩波回路数，即电源侧的电流脉波数为相数。“重”是从负载侧看，不同相位的直流变换回路数，即负载侧电流脉波数为重数。假定复合斩波电路中开关器件的周期为T_s，开关频率为f_s，如果一个周期电源侧电流脉动 n 次，即脉动频率为nf_s，则称为n相斩波器。如果一个周期负载侧电流脉动 m 次，即脉动频率为mf_s，则称为m重斩波器。如果上述电路的负载为 3 个独立负载时，为 3 相 1 重斩波电路；而如果 3 个独立电源向 1 个负载供电时，则为 1 相 3 重斩波电路。

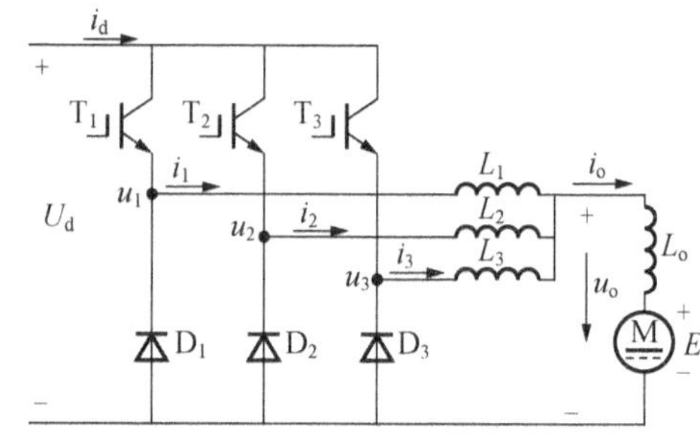

图 3-36　三重三相电路图

图 3-36 所示为三相三重电路图，电源侧输入端为 3 个降压斩波电路单元并联，电源侧电流脉波数为 3。负载侧输出端总输出电流i_o为 3 个斩波电路单元输出电流之和，即$i_o = i_1 + i_2 + i_3$，波形如图 3-37 所示。其输出电流平均值为每个降压斩波器输出电流平均值的 3 倍，脉动频率也为单个电流脉动频率的 3 倍。n 相 m 重斩波电路的总输出电流最大脉动率(电流脉动幅值与电流平均值之比)与相数的平方成反比，输出电流脉动频率为mf_s。因此，在输出电流最大脉动率指标要求相同的情况下，平波电抗器所需的电感量正比于$1/f_s$，提高f_s可使多相多重电路输出端平波电抗器的体积和总重量大大减轻。

n 相 m 重斩波电路电源电流 i_d 为各开关器件的电流之和，其脉动频率也为单个斩波电路的 n 倍，谐波分量比单个斩波电路时显著减少，并且电源电流的最大脉动率也是与相数的平方成反比的，因此最大脉动率大大降低。在脉动率指标相同的情况下，输入滤波器的电感和

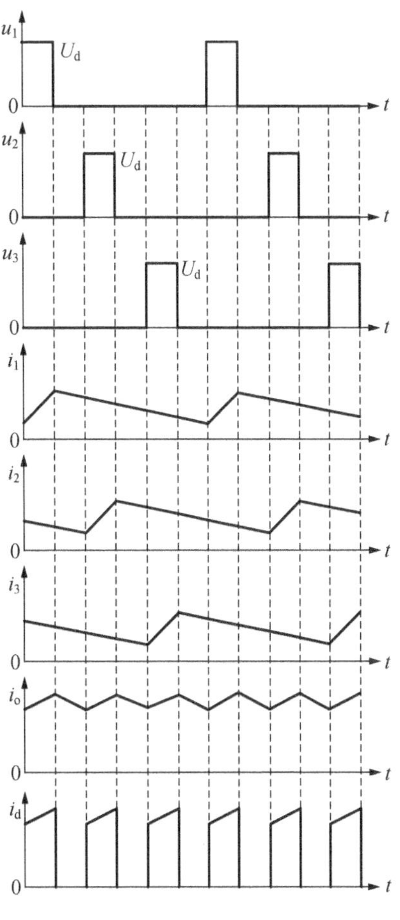

图 3-37　三重三相波形图

电容的乘积 $L_F C_F$ 正比于 $1/f_s$，电源输入端 L-C 滤波器的体积和重量也大大减轻。

多相多重斩波电路具有互为备用的功能。当某一斩波电路单元故障时，其余单元还可以继续工作，总体可靠性提高。

当占空比 D 不同时，输出电压 u_o 有比较大的差异。如图 3-38 所示，假设 3 个降压斩波器的电路参数完全一致，已知 $L_1 = L_2 = L_3 = L$，并假设与电动机串联的电感 L_o（平波电抗器）很大，$L_o \gg L$，因此 $i_o(t)$ 的脉动很小，可认为 $i_o(t) = I_o$ 基本不变，即 $i_1(t)+i_2(t)+i_3(t) = I_o$。因此可以得出

$$i_1(t)+i_2(t)+i_3(t) = I_o \quad \text{或} \quad \frac{di_1(t)}{dt}+\frac{di_2(t)}{dt}+\frac{di_3(t)}{dt}=0$$

即

$$L\frac{di_1(t)}{dt}+L\frac{di_2(t)}{dt}+L\frac{di_3(t)}{dt}=0$$

并且由于 $u_L = L\dfrac{di}{dt}$，所以有

$$u_{L1}+u_{L2}+u_{L3}=0 \tag{3-105}$$

当占空比 $D=\dfrac{t_{on}}{T_s}$ 变化时，可能出现以下几种情况。

第一种情况。当 3 个开关管 T_1、T_2、T_3 均截止时，3 个降压斩波器分别通过 D_1、D_2、D_3 续流，此时 $u_1 = u_2 = u_3 = 0$，$u_o = 0$。

第二种情况。当 3 个开关管 T_1、T_2、T_3 有 1 个开通，另外 2 个截止时，如 T_1 开通，T_2、T_3 截止时，通过 D_2、D_3 续流，$u_1 = U_d$，$u_2 = u_3 = 0$。设此时电感产生的感应电压 $u_{L2} = u_{L3} = -u_k = -u_o$，$u_k$ 未知。由式(3-105)可知，$u_{L1} = 2u_k$。此时可列如下方程：

$$\begin{cases} U_d - 2u_k = u_o \\ u_o = u_k \end{cases} \tag{3-106}$$

解得 $u_k = \dfrac{U_d}{3}$，或者直接根据叠加原理，可以得出 $u_o = \dfrac{U_d}{3}$。

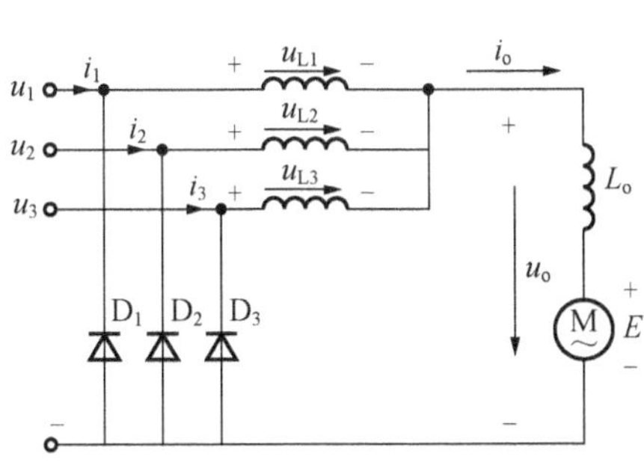

图 3-38　等效电路图

第三种情况。当 3 个开关管 T_1、T_2、T_3 有 2 个开通，另外 1 个截止时，如 T_1、T_2 开通，T_3 截止时，即 D_3 续流，$u_1 = u_2 = U_d$，$u_3 = 0$。此时，设 $u_{L1} = u_{L2} = u_k$，u_k 未知。由式(3-105)可知，$u_{L3} = -2u_k = -u_o$。此时可列如下方程：

$$\begin{cases} U_d - u_k = u_o \\ u_o = 2u_k \end{cases} \tag{3-107}$$

可以解出 $u_k = \dfrac{U_d}{3}$，或者直接根据叠加原理，可以

得出$u_o=\dfrac{2U_d}{3}$。

第四种情况。当 3 个开关管 T_1、T_2、T_3 3 个同时开通时，$u_k=0$，或者直接根据叠加原理，可以求出$u_o=U_d$。

当占空比$D\leqslant\dfrac{1}{3}$时，如当$D=\dfrac{1}{6}$时，可能出现第一种情况和第二种情况，如图 3-39(a)所示；当占空比$\dfrac{1}{3}<D\leqslant\dfrac{2}{3}$时，如当$D=\dfrac{1}{2}$时，可能出现第二种和第三种情况，如图 3-39(b)所示；当占空比$\dfrac{2}{3}<D\leqslant 1$时，如当$D=\dfrac{5}{6}$或$D=1$时，可能出现第三种情况和第四种情况，分别如图 3-39(c)和(d)所示。

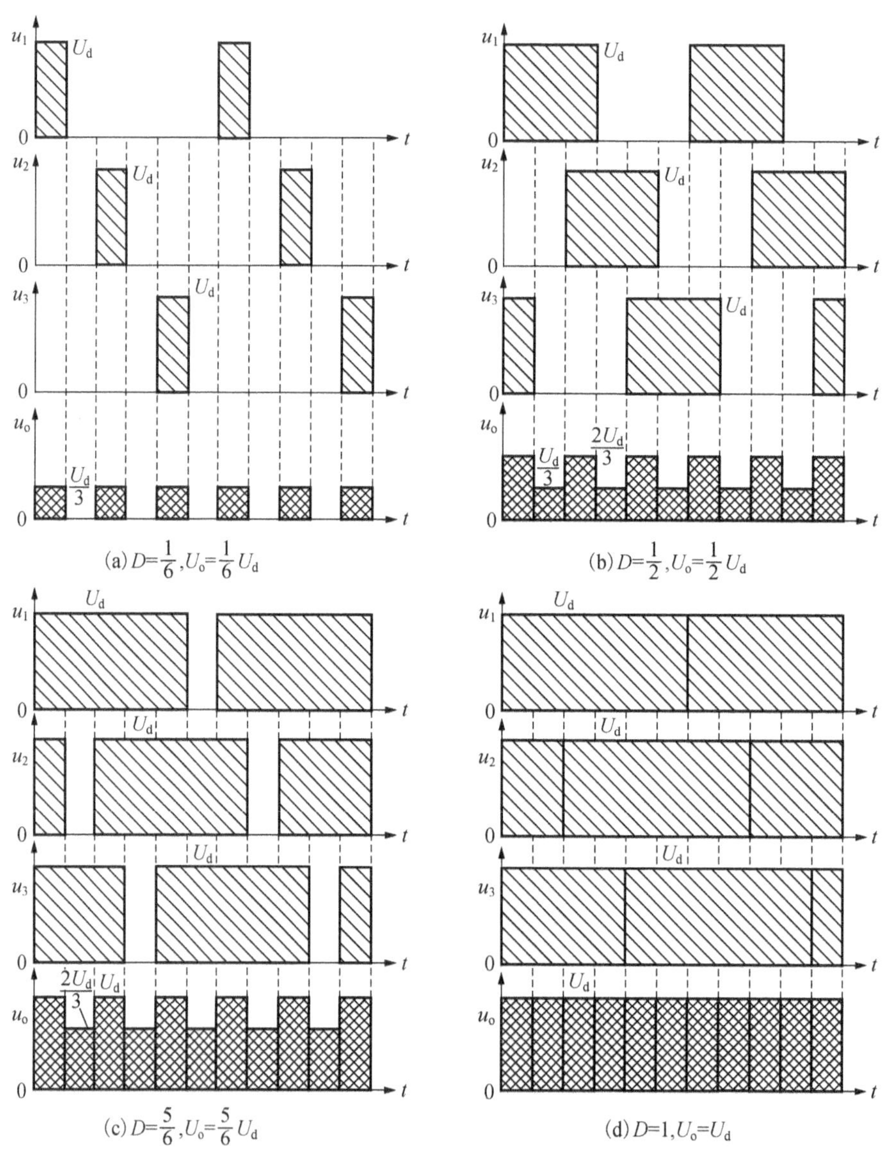

图 3-39　不同的占空比 D 的 u_o 波形图

当 3 个开关管 T_1、T_2、T_3 占空比 D 相同时，u_1、u_2、u_3 的直流平均值为 $U_1 = U_2 = U_3 = DU_d$，而输出电压 u_o 的平均值为

$$U_o = U_1 + U_{L1} = U_2 + U_{L2} = U_3 + U_{L3} = DU_d + U_L \tag{3-108}$$

而电感 L 的平均电压为 $U_L = 0$。所以无论输出电压的瞬时值 u_o 是多少，输出电压的平均值 U_o 都是相同的，都为 $U_o = DU_d$，如图 3-39 所示。而输出平均电流 $I_o = 3I_1 = 3I_2 = 3I_3$，如图 3-37 所示。

3.5　带隔离变压器的直直变换器

3.5.1　隔离变压器

前述直直变换器没有隔离变压器，称为基本直直变换器。而在大量的实际应用中，需要具有变压器隔离的直直变换器，也称为间接直直变换器。因为在直直变换器中，隔离变压器工作频率比较高，因此也常称为高频变压器。隔离变压器用以实现变换器输入与输出的直流隔离、变比和减小电压、电流应力、多路输出及串联、并联等目的。

1. 隔离

隔离是隔离变压器的主要应用，如通过隔离变压器把变流器和电网隔离开。变压器的体积和重量通常和频率成反比，常用的 50Hz 的工频变压器体积和重量比较大；而在直直变换器中，开关管的开关频率可以达到几十千或几百千赫兹，采用的隔离变压器频率都比较高，也称为高频变压器，体积、重量也较小。

2. 变比和减小电压电流应力

通过改变变压器的变比 $N_1 : N_2$，可以实现输入输出的升压或降压。基本的升压、降压变换器虽然也可以实现升压、降压，但如果需要高的输入输出电压变比时，作用在开关管和二极管的电压或电流应力就会比较大，需要额定电压和额定电流比较大的开关管、电感、二极管等，功率损耗也增加。通过对高频变压器选择合适的变比，就可以实现变换器最优化，减小开关管的电压或电流应力，从而提高效率和降低损耗。

3. 多路输出及串、并联

多路直流输出可以通过增加几个副边绕组和副边侧电路的方法获得，并选择副边的匝数比以获得所需要的输出电压。此外，还可以通过副边绕组的串、并联，实现电流和电压的相加减。

在有隔离变压器的直直变换器中，如开关电源，其中高频变压器是核心部件之一，是分析和设计直直变换器的关键技术。

高频变压器的磁性材料分软材料、硬材料两种。软材料经磁化后很容易退磁，其矫顽力很小。硬材料（磁钢、永磁合金）不容易退磁。铁氧体磁心是软磁材料，直直变换器的高频变压器经常采用这种材料。

铁氧体材料按频率可分为低频、中频、高频、甚高频。按材料划分为锰锌铁氧体（MXO）、镍锌铁氧体（NXO）、镍铅铁氧体（NQ）、镍锌高频铁氧体（NGO）、甚高频铁氧体（GTO）。

高频变压器的工作原理和等效模型如下。

图 3-40(a) 所示为一简化的等效电路，变压器匝比 $n = N_1 : N_2$。图 3-40(b) 中，实际变压器可等效为一个理想变压器和一个励磁电感 L_M，励磁电感 L_M 用来储存或释放励磁能量，而理想变压器用来传递能量给负载。图 3-40(c)～(e) 所示为变压器带负载的等效电路。

其中等效短路阻抗为

$$Z_{\mathrm{k}} = Z_1 + Z_2' = R_{\mathrm{k}} + \mathrm{j}X_{\mathrm{k}} \tag{3-109}$$

$$R_{\mathrm{k}} = R_1 + R_2' = R_1 + n^2 R_2 \tag{3-110}$$

$$X_{\mathrm{k}} = X_1 + X_2' = X_1 + n^2 X_2 \tag{3-111}$$

等效负载阻抗为

$$Z_{\mathrm{L}}' = n^2 Z_{\mathrm{L}} = n^2 (R_{\mathrm{L}} + \mathrm{j}X_{\mathrm{L}}) \tag{3-112}$$

图 3-40(b)中，励磁电感 L_{M} 在变压器原边，与理想变压器并联。若绕组之间完全耦合并忽略损耗，得到理想变压器的关系为

$$\frac{u_1}{N_1} = \frac{u_2}{N_2} \tag{3-113}$$

$$i_1 = i_{\mathrm{M}} + i_1' \tag{3-114}$$

$$N_1 i_{\mathrm{M}} = N_1 i_1 + N_2 i_2 \tag{3-115}$$

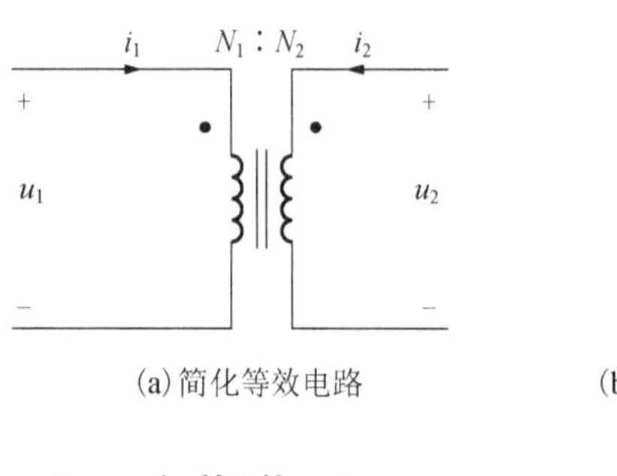

(a)简化等效电路

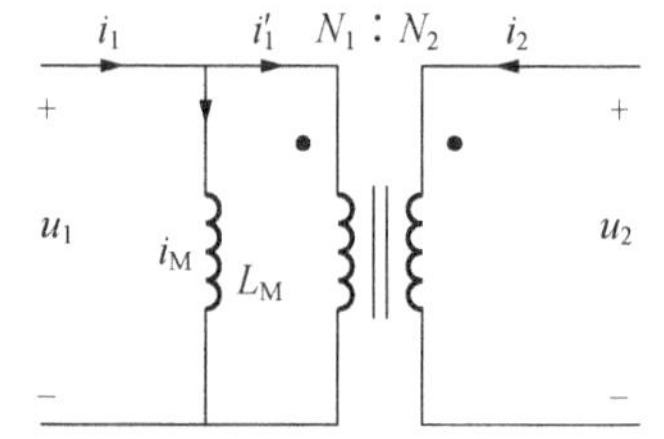

(b)包含励磁绕组和理想变压器的等效电路

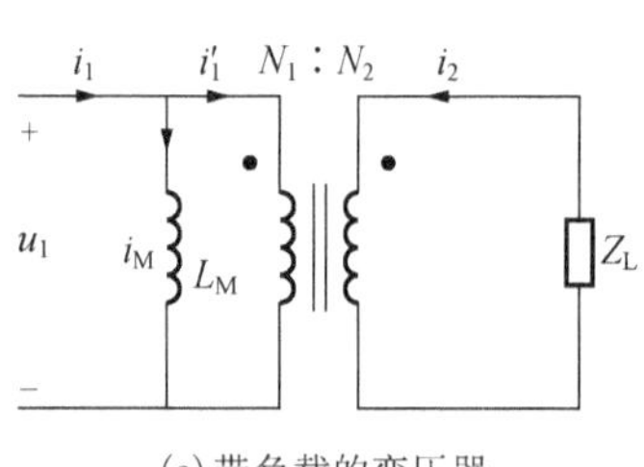

(c)带负载的变压器

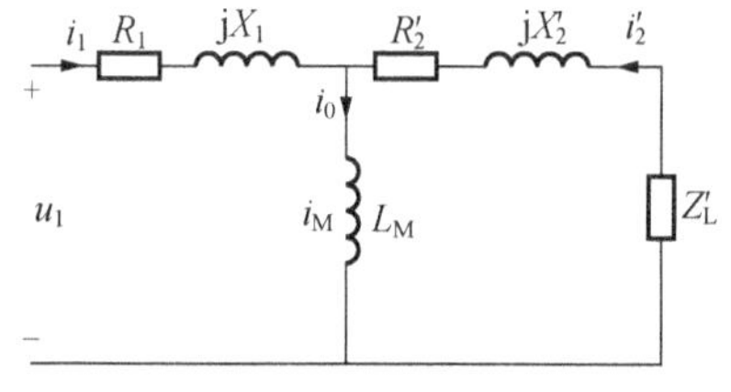

(d)带负载的变压器等效模型

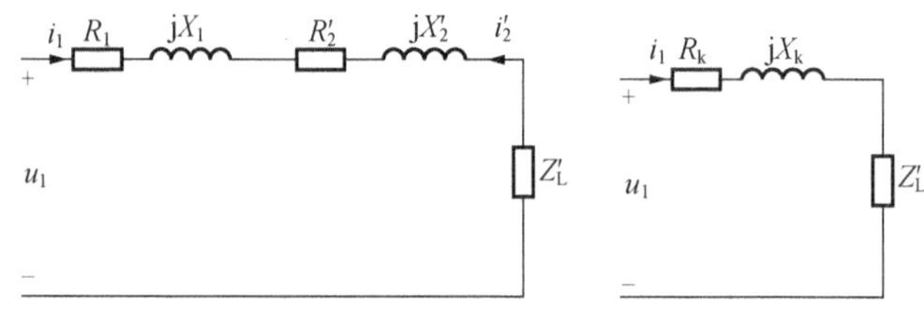

(e)忽略L_{M}的简化等效电路

图 3-40　隔离变压器的简化模型

也就是说，一次绕组中原边电流 i_1 中的电流 i_1' 产生的磁动势 $N_1 i_1'$ 抵消或平衡次边电流 i_2 产生的磁动势 $N_2 i_2$，以维持励磁磁动势 $N_1 i_{\mathrm{M}}$，即磁动势平衡方程 $N_1 i_{\mathrm{M}} = N_1 i_1 + N_2 i_2$。励磁电感 L_{M} 的励磁电流 $i_{\mathrm{M}}(t)$ 与变压器磁心的磁场 $H(t)$ 成比例，变压器磁心材料的磁感应强度和磁场强度（B-H）特性如图 3-41(a)所示，特性曲线分为线性区和饱和区。如果励磁电流 i_{M} 太大，则磁场 H 的增大易引起磁心饱和，进入饱和区，此时励磁电感值 L_{M} 变得很小，容易使变压器过热或短

路。实际的变压器，通常应工作在线性区，曲线斜率较大，励磁电感 L_M 很大，从而励磁电流 i_M 比原边电流 i_1 的幅值小得多，因此，可认为 $i_1' \approx i_1$， $i_M \to 0$ 。此时变压器的性能接近于理想变压器，应满足

$$0 = N_1 i_1 + N_2 i_2 \tag{3-116}$$

对于多个绕组的变压器可以写成

$$0 = N_1 i_1 + N_2 i_2 + N_3 i_3 + \cdots \tag{3-117}$$

正常时，变压器工作在线性区，线性区的电感比较大，随着磁场强度 H 的增加，磁场强度 B 进入饱和区，发生磁饱和，此时 $\mu = B/H$ 相应减小，绕组电感相应减小，会使变压器的电流上升较大，并且电流出现尖峰(见图 3-41(b))，轻则使元件过热，重则损坏元件。

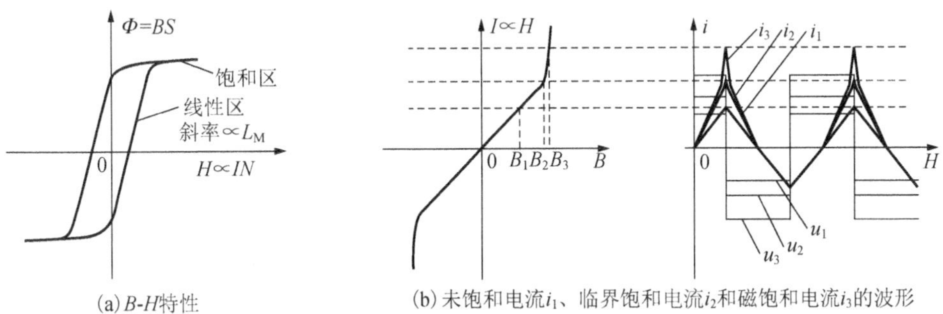

图 3-41　变压器磁心的 B-H 特性

励磁电感 L_M 特性同电感，同样满足电感的公式。设有电压 u_M 施加在 L_M 上，有

$$u_M = L_M \frac{\mathrm{d}i_M}{\mathrm{d}t} \tag{3-118}$$

或积分后为

$$i_M(t) - i_M(0) = \frac{1}{L_M}\int_0^t u_M(\tau)\mathrm{d}\tau \tag{3-119}$$

励磁电流 i_M 由施加绕组电压 u_M 的积分决定。励磁电感 L_M 也同样存在电感伏秒平衡原理，即当变换器工作于稳态时，加在励磁电感 L_M 上的直流电压成分为 0，即

$$\Delta i_M = i_M(T_s) - i_M(0) = \frac{1}{L_M}\int_0^{T_s} u_M(t)\mathrm{d}t = 0 \tag{3-120}$$

或

$$\int_0^{T_s} u_M(t)\mathrm{d}t = 0 \tag{3-121}$$

否则，在每个开关周期 T_s 励磁电流 i_M 会净上升，最后导致非常大的电流使变压器饱和。因此，带隔离变压器的变换器要想稳定工作，励磁电流 i_M 在每个周期的变化量 Δi_M 必须为 0，如图 3-42(a)所示。否则如果每个开关周期 T_s 都有励磁电感电流的净增长 $\Delta i_M > 0$， i_M 会逐渐增大，经过若干周期后，励磁电流 i_M 会大到使变压器饱和，如图 3-42(b)所示。

另外值得注意的是，励磁电感 L_M 是抽象和等效出来的，实际电路中并不存在，只有原边线圈 N_1 (原边电感 L_1)和次边线圈 N_2 (次边电感 L_2)。无论从原边线圈还是从次边线圈充电，都相当于给 L_M 充电，都可以折合到 L_M 的充电电压 u_M，而 L_M 的充电电流增量为 $\Delta i_M = (u_M / L_M)\Delta t$ ，最后变压器储存的能量可以表示为 $L_M I_M^2 / 2$ 。无论从原边线圈还是次边线圈放电，无论 L_M 是否有放电电流，都相当于从 L_M 放电，都可以折合到 L_M 的放电电压 u_M ， L_M

的放电电流增量为$\Delta i_{M}=(u_{M}/L_{M})\Delta t$，最终将励磁能量放完。$u_{M}$的确定根据是原边线圈还是次边线圈通电，如图 3-40(b)所示，励磁电感L_{M}在N_{1}侧，如果U_{d}加在原边线圈上，则$u_{M}=U_{d}$；如果U_{d}加在次边线圈上，则$u_{M}=(N_{1}/N_{2})U_{d}$。

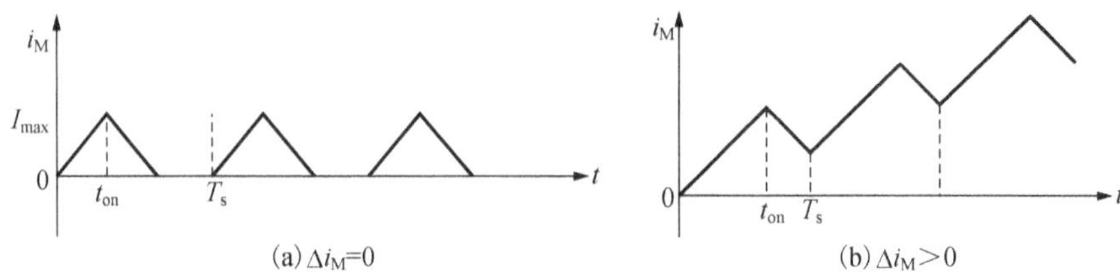

图 3-42　励磁电流i_{M}波形

可以用如图 3-40(b)所示的模型代替实际变换器中的高频变压器，然后将励磁电感L_{M}作为变换器中一个电感进行分析。应用励磁电感和理想变压器模型可以很好地解释一些现象。例如，变压器在直流电路中，$\Delta i_{M}=(u_{M}/L_{M})\Delta t\to\infty$，励磁绕组相当于短路，因此变压器不适合工作在直流电路中或者有直流分量的场合；对于空载变压器，$i_{2}=0$，$i_{1}'=N_{2}i_{2}/N_{1}=0$，因此变压器只有励磁电流$i_{M}$，此时原边电流$i_{1}=i_{M}$，虽然比较小但仍消耗一定功率。

此外，对于隔离变压器还有磁通复位原理。当开关管 S 导通时(t_{on}时间段)，隔离变压器充电，磁通量增加，此时增加的磁通量为$\Delta\Phi_{增}$；当开关管 S 断开时(t_{off}时间段)，隔离变压器放电，磁通量减小，此时减小的磁通量为$\Delta\Phi_{减}$。根据磁通复位原则，隔离变压器要稳定工作，在一个周期时间T_{s}内必然满足$\left|\Delta\Phi_{增}\right|=\left|\Delta\Phi_{减}\right|$。

实际变压器还存在一定漏感(绕组中有一小部分磁通未与其他绕组交链)，可以用绕组串联小电感来等效。在大多数实际的隔离变换器中，漏感是非理想的，导致开关损耗增加，增加了开关管的电压并降低了交叉调整性能。

目前有多种带隔离变压器的直直变换器：正激式(Forward)、反激式(Flyback)、全桥式(Full-Bridge)、半桥式(Half-Bridge)、推挽式(Push-Pull)变换器等。其中反激式变换器是 Buck-Boost 变换器的隔离方案，其他几种是由 Buck 变换器派生的隔离方案。此外，Boost 变换器、Sepic 变换器和 Cuk 变换器也有隔离方案。

3.5.2　各种带隔离变压器的直直变换器

1. 正激式变换器

正激变换器是由降压变换器派生而来的，如果在图 3-43(a)所示的 *A-B* 位置加入一个隔离变压器，就得到如图 3-43(b)所示的正激式变换器。

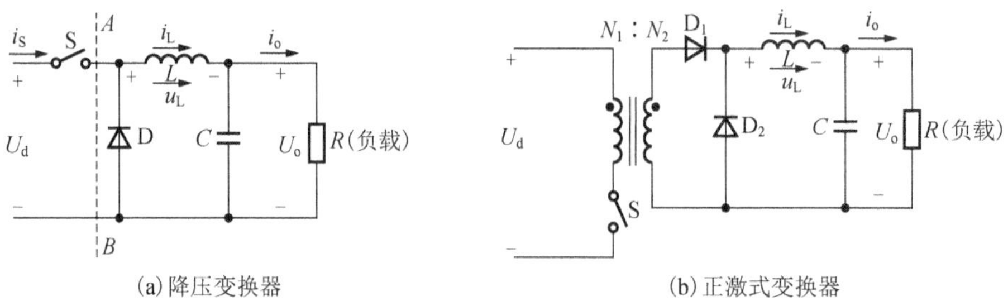

图 3-43　理想的单端正激式变换器电路

设输出电压稳定在U_o上，工作原理如下：

(1)当开关管 S 开通时(t_{on})，高频变压器励磁能量增加，励磁电流i_M上升，原边电压为$u_1 = U_d$，次边电压$u_2 = (N_2/N_1)U_d$，电感L上的电压u_L为

$$u_L = \frac{N_2}{N_1}U_d - U_o \tag{3-122}$$

(2)当开关管 S 断开时(t_{off})，电感L上的电压u_L为

$$u_L = -U_o \tag{3-123}$$

根据电感的伏秒平衡原理，电感稳定工作时，电感L上的电压u_L在一个周期内的平均值为 0，即

$$\frac{1}{T_s}\int_0^{T_s} u_L(t)\mathrm{d}t = 0 \tag{3-124}$$

$$u_{Lton} \cdot t_{on} + u_{Ltoff} \cdot t_{off} = 0 \tag{3-125}$$

可以推出

$$U_o = \frac{N_2}{N_1}DU_d \tag{3-126}$$

图 3-43(b)中的正激变换器实际并不实用，因为在开关管 S 断开时，高频变压器的存储能量没有泄放路经，并没有下降，使每个周期变压器铁心中存储的能量都增加，若干周期后进入饱和，使变压器不能正常工作。因此实际的正激变换器通常在隔离变压器中增加一个去磁的第三绕组，如图 3-44 所示的N_3绕组，将变压器铁心中存储的能量(励磁能量)反激到电源U_d中去。工作波形如图 3-45 所示，工作原理如下：

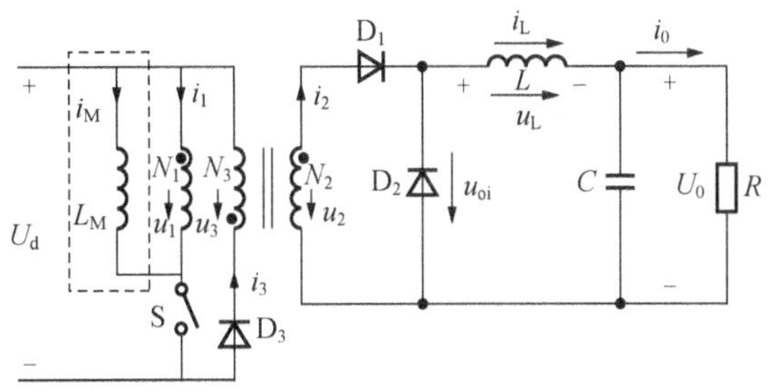

图 3-44　实际的带去磁绕组的正激变换器

1)工作原理

(1)当开关管 S 开通时(t_{on})，高频变压器励磁能量增加，励磁电流i_M上升，设初始电流i_M=0，由于D_3的阻断作用，此时N_3无电流流过，N_3绕组的电压方向为上负下正，经过t_{on}时间后，励磁电流i_M的上升量为

$$\Delta i_{M升} = \frac{U_d}{L_M}t_{on} \tag{3-127}$$

(2)当开关管 S 断开时(t_{off})，高频变压器的励磁能量经N_3绕组和二极管D_3向电源U_d释放，此时N_3绕组的电压$u_3 = U_d$，方向为上正下负，次边电压$u_2 = \frac{N_2}{N_3}U_d$，励磁绕组和原边绕组的电压u_M为

$$u_M = u_1 = -\frac{N_1}{N_3}U_d \tag{3-128}$$

方向为上负下正，设励磁电流i_M下降到 0 的时间为t_m，则在t_m时间内，励磁电流i_M的下降量为

$$\Delta i_{M降} = \frac{u_M}{L_M}t_m = -\frac{N_1}{N_3}\cdot\frac{U_d}{L_M}t_m \tag{3-129}$$

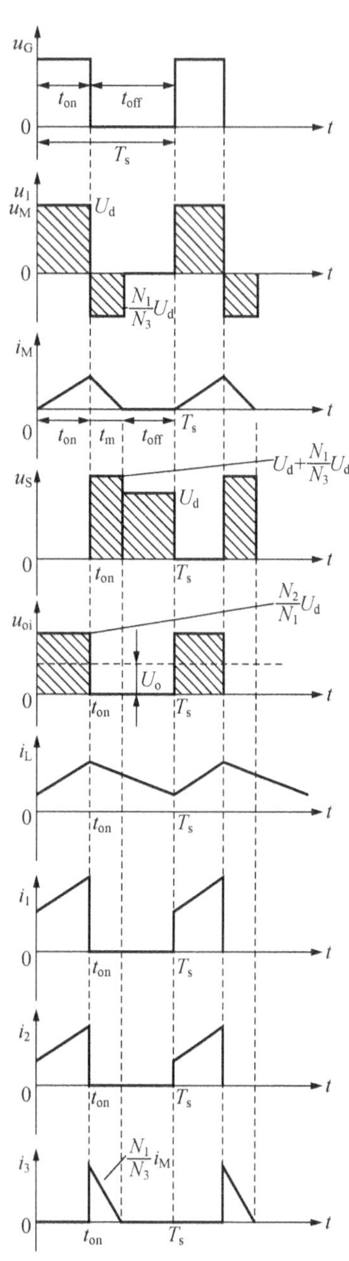

图 3-45　正激变换器波形图

一个周期内，为使高频变压器的磁通复位，励磁电流 i_M 的上升量应该等于下降量 $|\Delta i_{M升}|=|\Delta i_{M降}|$，因此

$$\frac{U_d}{L_M}t_{on}=\frac{N_1}{N_3}\cdot\frac{U_d}{L_M}t_m \tag{3-130}$$

即

$$t_m=\frac{N_3}{N_1}t_{on}=\frac{N_3}{N_1}DT_s \tag{3-131}$$

根据磁通复位原则，要使隔离变压器稳定工作，励磁电流 i_M 在一个周期内必须回到 0，励磁电流的实际下降时间必须小于等于 t_{off}，也就是 $t_m\leqslant t_{off}$，即

$$t_m=\frac{N_3}{N_1}DT_s\leqslant t_{off}=(1-D)T_s \tag{3-132}$$

可以推出

$$D\leqslant\frac{1}{1+(N_3/N_1)} \tag{3-133}$$

因此，要想使隔离变压器稳定工作，最大的占空比为 $D_{max}=\frac{1}{1+(N_3/N_1)}$。这样，变压器在每个周期后才能可靠复位。当隔离变压器的原边绕组 N_1 和去磁绕组 N_3 匝数相等时，$D_{max}=0.5$。实际上隔离变压器的去磁是由绕组 N_3 的电流 i_3 去磁，电流 $i_3=(N_1/N_3)i_m$。

2) 磁通复位原理

用上述模型分析，比较简单直观，实际上还可以用另外一种思路来理解。已知变压器的公式为

$$N\frac{d\Phi}{dt}=u\quad 或\quad \Delta\Phi=\frac{u}{N}\Delta t \tag{3-134}$$

(1) 当开关管 S 导通时，隔离变压器从 N_1 绕组充电，充电的电能一部分用来励磁，一部分用来传递给输出负载，励磁磁通量增加，N_1 绕组电压为 $u_1=U_d$，此时变压器增加的磁通量 $\Delta\Phi_{增}$ 为

$$\Delta\Phi_{增}=\frac{U_d}{N_1}t_{on} \tag{3-135}$$

(2) 当开关管 S 断开时，隔离变压器从 N_3 绕组放电，励磁磁通量减小，N_3 绕组电压为 $u_3=-U_d$，并且设磁通量减小到 0 的时间为 t_m，此时减小的磁通量 $\Delta\Phi_{减}$ 为

$$\Delta\Phi_{减}=-\frac{U_d}{N_3}t_m \tag{3-136}$$

根据磁通复位原则，隔离变压器要稳定工作，在一个周期时间 T_s 内必然满足 $|\Delta\Phi_{增}|=|\Delta\Phi_{减}|$，因此 $(U_d/N_1)t_{on}=(U_d/N_3)t_m$，因此可以推出，$t_m=(N_3/N_1)t_{on}$，并且根据

$t_m < t_{off}$，可以同样推出 $D \leqslant \dfrac{1}{1+(N_3/N_1)}$，$D_{max} = \dfrac{1}{1+(N_3/N_1)}$。因为去磁绕组仅通过去磁电流，可选用较小的线径。

此外，隔离变压器还可以不采用去磁绕组而采用别的方式来去磁。图 3-46 所示为双开关型正激变换器，当开关管 S_1、S_2 接通时，隔离变压器的励磁电压为 $u_M = u_1 = U_d$，励磁电流 i_M 上升，励磁能量增加；当开关管 S_1、S_2 断开时，隔离变压器的励磁能量通过变压器原边 N_1 侧的两个二极管向输入电压 U_d 释放，此时 $u_M = u_1 = -U_d$，励磁电流 i_M 下降，此时为使变压器能在一个周期内磁通复位，最大占空比为 $D_{max} = 0.5$。

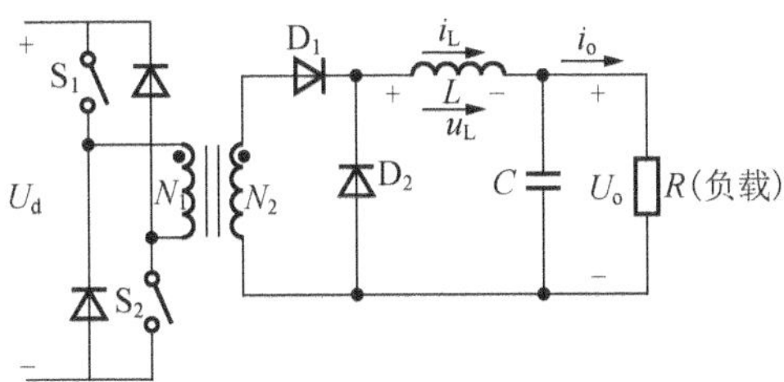

图 3-46　双管正激变换器

正激式变换器中，由于变压器励磁电流不能为负，只使用了一半的磁心 B-H 回路，因此在同样输出功率条件下，正激变换器的变压器铁心要比全桥、半桥式变换器的大。但正激式变换器不需要中间抽头绕组，原边和副边绕组的利用率比全桥、半桥和推挽式的好。而励磁电流比较小，对变压器的影响可忽略。

2. 反激式变换器

反激式变换器是由基本的升降压变换器(Buck-Boost)派生而来的，其电路对比如图 3-47 所示，基本升降压变换器的电感 L 由反激式变换器的隔离变压器来代替。

与正激式变换器的隔离变压器的作用不同，反激式变换器的隔离变压器的作用相当于基本升降压变换器的电感。当开关管 S 接通时(t_{on})，输入电压 U_d 加到变压器原边绕组 N_1 上，电源输入的能量以磁能的形式存储于隔离变压器中，此时副边极性上负下正，二极管 D 截止，副边绕组 N_2 没有电流通过。当 S 断开时(t_{off})，副边绕组 N_2 极性变为上正下负，二极管 D 导通，隔离变压器存储的能量通过 D 向负载释放，因此工作过程中，变压器起到储能电感的作用。因此反激式变换器次边线圈不再需要另外的电感来储能和放能了。

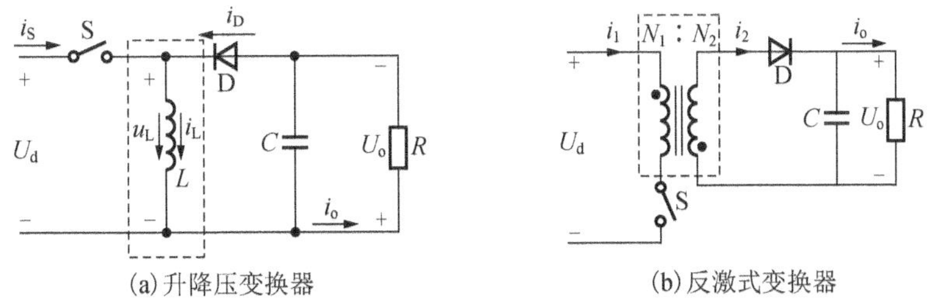

图 3-47　升降压变换器与反激式变换器的电路对比

1) 工作原理

当开关管 S 导通时，从原边绕组充电，电压 U_d 加在原边绕组 N_1 上，励磁电感 L_M 的电压 $u_M = u_1 = U_d$，励磁电流 i_M 的增加量为 $\Delta i_M = (U_d / L_M)t_{on}$。

当开关管 S 断开时，从副边绕组 N_2 放电，$u_2 = U_o$，此时励磁电感 L_M 的电压 $u_M = -(N_1 / N_2)u_2 = -(N_1 / N_2)U_o$，励磁电流的减小量为 $\Delta i_M = -(N_1 / N_2)(U_o / L_M)t_{off}$。

一个周期内，为使高频变压器的磁通复位，励磁电流 i_M 的上升量应该等于下降量 $\left|\Delta i_{M升}\right| = \left|\Delta i_{M降}\right|$，因此可以推出

$$\frac{U_d}{L_M}t_{on} = \frac{N_1}{N_2}\cdot\frac{U_o}{L_M}t_{off} \tag{3-137}$$

$$U_o = \frac{N_2}{N_1}\cdot\frac{D}{1-D}\cdot U_d \tag{3-138}$$

2) 磁通复位原理

此外，根据磁通复位原则的另外一种表述形式，$\left|\Delta\Phi_{增}\right| = \left|\Delta\Phi_{减}\right|$，也可以得出相同的结论。

(1) 当开关管 S 导通时，隔离变压器从原边线圈 N_1 充电，N_1 线圈电压为 $u_1 = U_d$，因此

$$\Delta\Phi_{增} = \frac{U_d}{N_1}t_{on} \tag{3-139}$$

(2) 当开关管 S 断开时，隔离变压器从次边线圈 N_2 放电，N_2 线圈电压为 $u_2 = U_o$，因此

$$\Delta\Phi_{减} = \frac{U_o}{N_2}t_{off} \tag{3-140}$$

隔离变压器要想工作在稳定状态，每个开关周期 T_s 内磁通的增加量应该等于磁通的减小量，每个周期结束时工作磁通量必须回到原来的位置，即 $\left|\Delta\Phi_{增}\right| = \left|\Delta\Phi_{减}\right|$，因此可以得出

$$\frac{U_d}{N_1}t_{on} = \frac{U_o}{N_2}t_{off} \tag{3-141}$$

$$U_o = \frac{N_2}{N_1}\cdot\frac{D}{1-D}\cdot U_d \tag{3-142}$$

同样，反激式变换器也可以分为磁化电流的连续模式、临界连续模式和断续模式。磁化电流的连续模式和临界连续模式输出电压为

$$U_o = \frac{N_2}{N_1}\cdot\frac{D}{1-D}\cdot U_d \tag{3-143}$$

在磁化电流断续时，设磁化电流放电时间为 $t_m = \Delta\cdot T_s$，此时输出电压 U_o 为

$$U_o = \frac{N_2}{N_1}\cdot\frac{D}{\varDelta}\cdot U_d \tag{3-144}$$

反激式变换器的工作波形如图 3-48 所示。

3. 全桥式变换器

如图 3-49 所示，全桥式变换器开关元件成对动作，S_1、S_4 为一组，S_2、S_3 为另一组。设每组导通时间为 t_{on}，则每组导通的占空比 $D = t_{on} / T_s$。为防止同一半桥的上下两个开关管同时开通发生短路现象，每组开关管占空比应该是 $D < 0.5$。

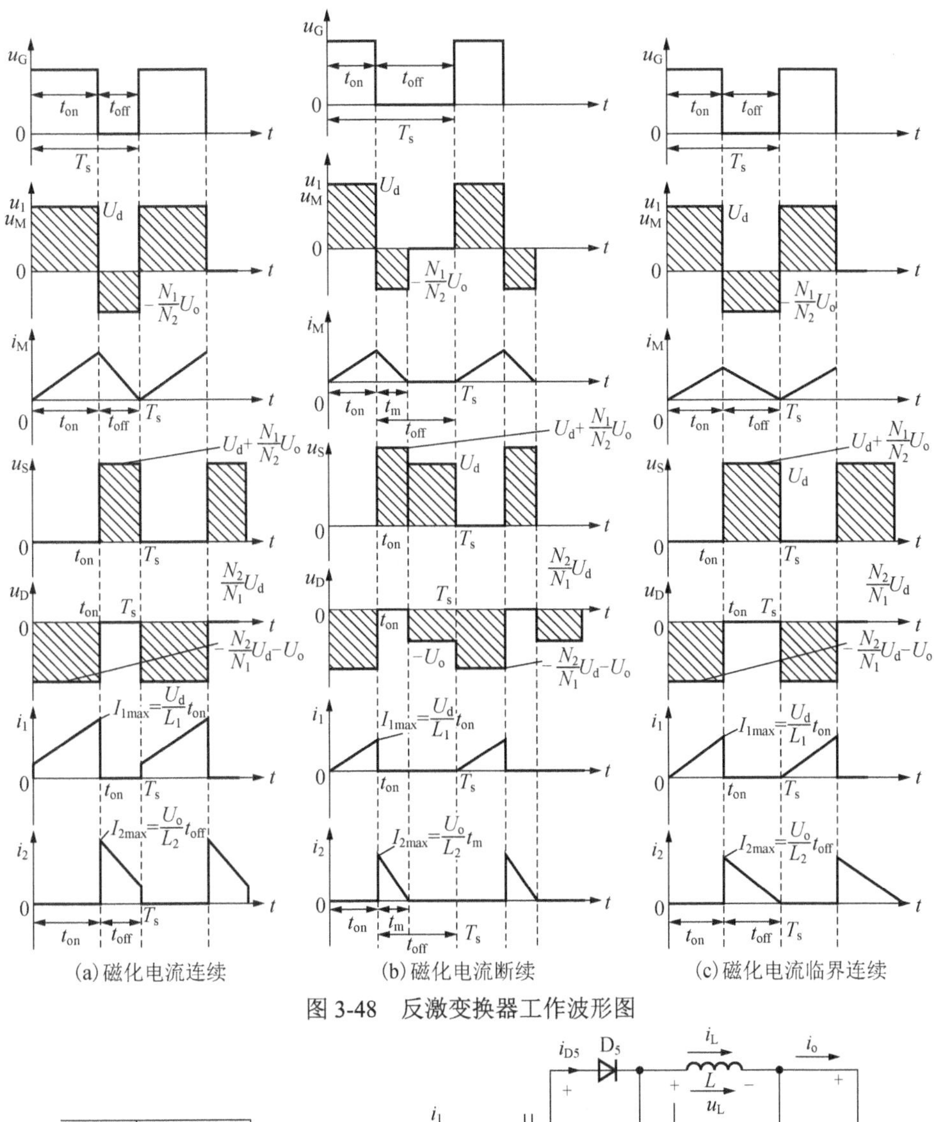

(a) 磁化电流连续　(b) 磁化电流断续　(c) 磁化电流临界连续

图 3-48　反激变换器工作波形图

图 3-49　全桥式变换器电路

全桥式变换器工作波形如图 3-50 所示，工作过程如下。

(1) 在前半个周期（$0 \sim T_s/2$）中，当开关管 S_1、S_4 导通时（区间 t_{on}），此时 $u_1 = U_d$，$u_2 = (N_2/N_1)U_d$，二极管 D_5 承受正向电压而导通，给电感 L 充电，此时，电感电压 $u_L = (N_2/N_1)U_d - U_o$，电感电流 i_L 线性上升。

(2) 当开关管 S_1、S_4 断开（区间 $\Delta = T_s/2 - t_{on}$），同时 S_2、S_3 还未导通时，电路如图 3-49 所示，开关管 S_1、S_4 断开瞬间，此时原边线圈承受反压，上负下正，次边绕组电动势瞬时也

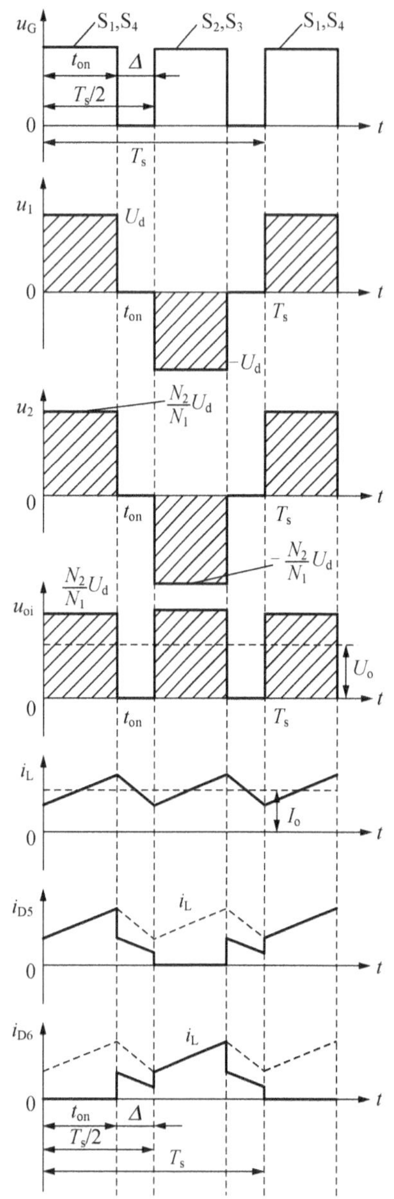

图 3-50　全桥式变换器工作波形示意图

为上负下正，电流 i_1 下降，次边二极管 D_5 的电流 i_{D5} 也同样下降，D_6 开始导通。

根据式(3-114)，当 S_1～S_4 都关断时，$i_1'=0$，$i_1=i_M$。此时根据变压器磁动势平衡方程 $N_1i_1=N_2(i_{D5}-i_{D6})$ 可以写出

$$i_M=\frac{i_{D5}}{n}-\frac{i_{D6}}{n},\quad n=\frac{N_1}{N_2} \tag{3-145}$$

$$i_{D5}+i_{D6}=i_L \tag{3-146}$$

可解出 $i_{D5}=\frac{i_L+ni_M}{2}$，$i_{D6}=\frac{i_L-ni_M}{2}$。通常变压器磁导率很大，励磁电感 L_M 也很大，励磁电流 $i_M\approx 0$。设 $i_M\ll\frac{i_L}{n}$，可得 $i_{D5}\approx i_{D6}\approx i_L/2$。

因负载电感 L 很大，负载电流 i_L 基本不变，根据 $i_{D5}+i_{D6}=i_L$，当 $i_{D5}<i_L$ 时，剩余电流只能从 D_6 通过。此时二极管 D_5、D_6 同时导通，开始 D_5 向 D_6 的换流过程，此时原边电压 u_1 和次边电压 u_2 都为 0。

同样，在后半个周期($T_s/2\sim T_s$)中的区间 t_{on}，开关管 S_2、S_3 导通，原边线圈 $u_1=-U_d$，次边线圈 $u_2=-(N_2/N_1)U_d$，i_{D5} 迅速下降到 0，i_{D6} 迅速上升到 i_L。二极管 D_5 完全关断，二极管 D_6 完全开通，给电感 L 充电，当 S_2、S_3 断开时，电感 L 放电。

根据变换器稳定工作，电感 L 的伏秒平衡原理，电感电压 u_L 在 $T_s/2$ 区间的积分为 0，因此有 $((N_2/N_1)U_d-U_o)t_{on}+(-U_o)((T_s/2)-t_{on})=0$，从而可以推出电压变化为

$$\frac{U_o}{U_d}=\frac{N_2}{N_1}\frac{t_{on}}{T_s/2}=2\frac{N_2}{N_1}D \tag{3-147}$$

此外，全桥式直直变换器经常在隔离变压器原边串联一个电容来避免偏磁造成的隔离变压器饱和，因为开关管压降或开关管时间小的差异，会使原边的励磁电压的积分在一个周期内是一个小的非零值，造成励磁电流小的净增长，经过若干个周期后，励磁电流很大，会使隔离变压器饱和。另外，全桥式变换器利用整个磁心的 B-H 回线，隔离变压器磁心的利用率高。

4. 半桥式变换器

如图 3-51 所示，电容 C_1 和 C_2 建立中点电压，开关管 S_1 和 S_2 交替开通。工作波形如图 3-52 所示，在前半个周期($0\sim T_s/2$)中，当开关管 S_1 开通时(区间 t_{on})，原边线圈 $u_1=U_d/2$，次边线圈 $u_2=(N_2/N_1)(U_d/2)$，二极管 D_5 开通，提供能量给负载，给电感 L 充电，电感电流 i_L 上升；当 S_1 断开时(区间 $\Delta=T_s/2-t_{on}$)，且 S_2 还未开通，电感 L 放电给负载。同样，在后半个

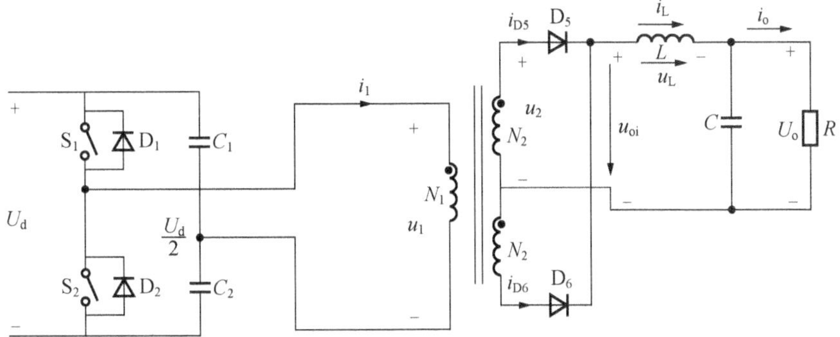

图 3-51　半桥式变换器等效电路

周期($T_s/2 \sim T_s$)中的区间t_{on}，开关管S_2开通，二极管D_6开通，电感L充电，开关管S_2断开时，电感L放电。与全桥式变换器推导方法类似，可以推出电压变化为

$$\frac{U_o}{U_d}=\frac{N_2}{N_1}D \tag{3-148}$$

与全桥式相比，半桥式仅需要两个开关管，但输出电压是全桥的一半，要得到相同的电压需要把变压器变比$n=N_2/N_1$提高为原来的 2 倍，原边电流也相应增大。相应地，每个开关管需要承受全桥式电路的 2 倍的电流。二极管D_1、D_2使开关管电压不超过U_d。半桥式也要防止直通问题，每个开关管占空比$D<0.5$。半桥式磁心利用率和全桥式相同。

5. 推挽式变换器

如图 3-53 所示，开关管S_1和S_2交替开通，工作波形如图 3-54 所示。在前半个周期($0 \sim T_s/2$)中，当开关管S_1开通时(区间t_{on})，原边线圈$u_1=U_d$，次边线圈$u_2=(N_2/N_1)U_d$，二极管D_5开通，提供能量给负载，给电感L充电，电感电流i_L上升；当S_1断开时(区间$\Delta=T_s/2-t_{on}$)，且S_2还未开通，电感L放电给负载。同样在后半个周期($T_s/2 \sim T_s$)中的区间t_{on}，开关管S_2开通，二极管D_6开通，电感L充电，开关管S_2断开时，电感L放电。与全桥式变换器推导类似，可以推出电压变化为

$$\frac{U_o}{U_d}=2\frac{N_2}{N_1}D \tag{3-149}$$

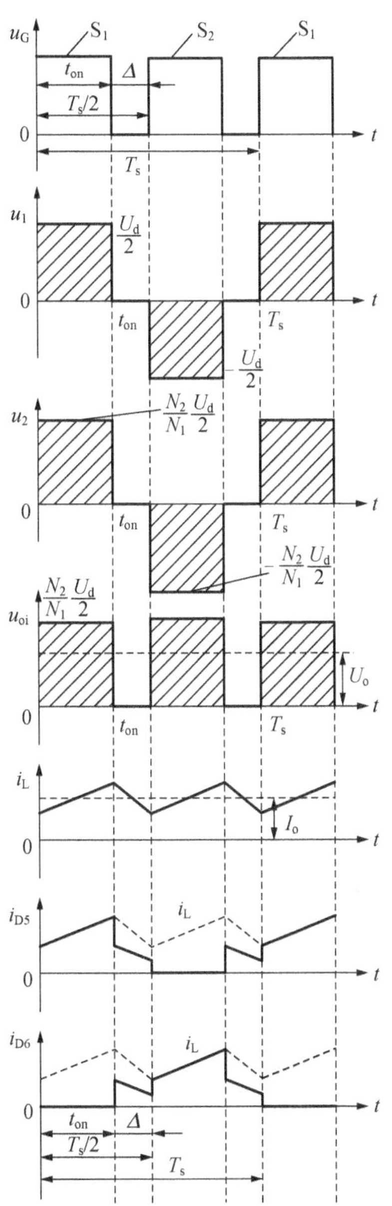

图 3-52　半桥式变换器波形示意图

推挽式变换器也会有变压器饱和问题，由于不

能保证开关管 S_1、S_2 导通时间精确相等，每个周期小的不平衡会引起隔离变压器直流成分不为零，每个开关周期由于励磁电流的净增长，最后将使隔离变压器饱和。另外，推挽式变换器也利用了整个磁心的 B-H 回线，因此隔离变压器磁心的利用率高，也与全桥类似。但因为原边和次边线圈都是中心抽头，绕组利用率不如全桥式和半桥式。

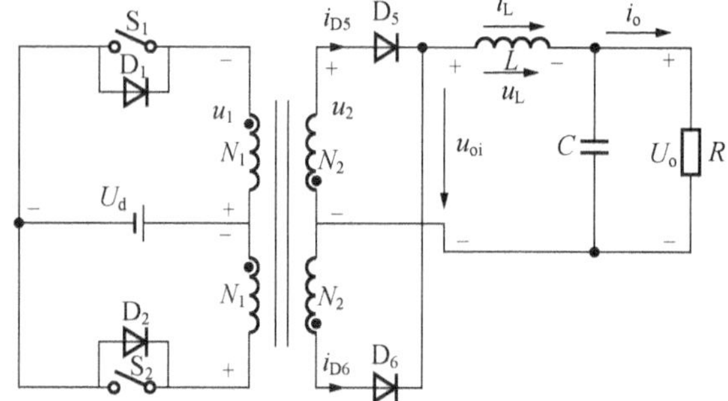

图 3-53　推挽式变换器等效电路

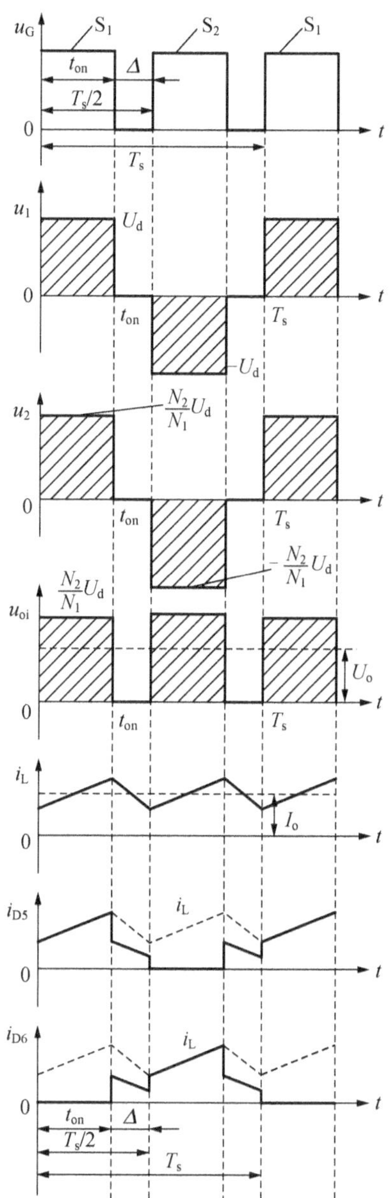

图 3-54　推挽式变换器波形示意图

6. 各种带隔离变压器的直直变换器的比较

各种带隔离变压器的直直变换器性能比较如表 3-2 所示。

表 3-2　各种带隔离变压器直直变换器性能比较

电路/性能	优点	缺点	功率范围	应用领域
正激式	电路较简单，成本低，可靠性高，驱动简单	变压器单向励磁，利用率低	几百至几千瓦	中、小功率电源
反激式	电路非常简单，成本很低，可靠性高	功率小，变压器单向励磁，利用率低	几至几十瓦	小功率电子设备、计算机、消费电子设备电源
全桥式	隔离变压器双向励磁，容易达到大功率	有直通和偏磁问题，隔离变压器容易饱和，可靠性低，复杂的隔离驱动	几百至几百千瓦	大功率工业用电源、焊接电源、电解电镀电源等
半桥式	变压器双向励磁，抗偏磁能力较强，开关管少	有直通问题，可靠性低，复杂的隔离驱动，大电容分压，开关管电流较大	几百至几千瓦	各种工业用电源、计算机电源等
推挽式	变压器双向励磁，开关管少，通态损耗小	有偏磁和饱和问题，功率开关管耐压至少是输入电压的 2 倍	几百至几千瓦	低输入电压电源

3.6　斩波电路的控制方式

直直变换器要得到需要的占空比 $D=t_{on}/T_s$，主要有两种脉冲调制方式：脉冲宽度调制(PWM)方法和脉冲频率调制(PFM)方法。脉冲宽度调制方法是在工作过程中，开关频率不变，开关管导通时间(t_{on})根据要求变化的方法；而脉冲频率调制方法是在工作过程中，开关管导通时间(t_{on})不变，开关频率按要求变化的方法。在 PFM 方式中，输出电压中的谐波频率随占空比 D 的变化而变化，输出滤波比较难，而 PWM 的谐波频率是固定的，因此直直变换器中，常见的控制方法是 PWM 方式。此外，输出电压的谐波需要通过滤波器滤除，谐波频率(开关频率)越高，滤波越容易，滤波器也越小，因此直直变换器中开关频率往往比较高。另外，还有一种 PWM 和 PFM 综合在一起的调宽和调频混合控制的方式。根据具体反馈信号的不同，可分为瞬时值控制和平均值控制。

瞬时值控制也称为边带控制、Bang-Bang 控制。这种控制方式是将输出电流(或电压)反馈的瞬时值 i 与预先设定的电流(电压)的上限值 I_{max} 和下限值 I_{min} 相比较，来决定开关管的开通或关断，如图 3-55 所示。

$$\begin{cases} i<I_{min}, & \text{开关管开通} \\ i>I_{max}, & \text{开关管关断} \end{cases} \tag{3-150}$$

瞬时值控制方式瞬时响应速度快，宜采用开关频率高的全控型器件来作为主功率开关元件，并且输出电流(电压)纹波基本恒定。电流脉动量要求越小，斩波电路的开关元件的开关频率就越高，而且开关频率变化较大。

平均值控制方式是将输出电流(或电压)反馈的平均值与预先设定的电流(或电压)值相比较，用其偏差值去控制变换器开关器件的导通或关断，如图 3-56 所示，这种控制方式工作频率比较稳定，但瞬时响应速度稍慢。

还有一种时间比与瞬时值混合控制的方式，适用于要求电流(或电压)按时间比方式输出，同时又要求控制输出电流(或电压)瞬时值的场合，这种方式保持占空比 t_{on}/T_s 恒定，但导通时间 t_{on} 和周期 T_s 可以根据控制调节过程的需要而改变。

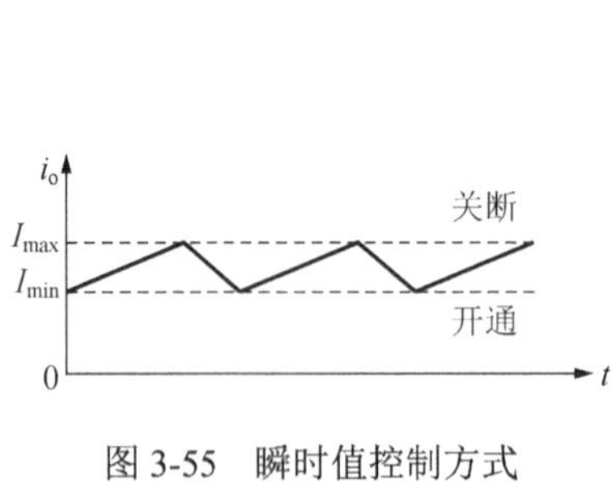

图 3-55　瞬时值控制方式

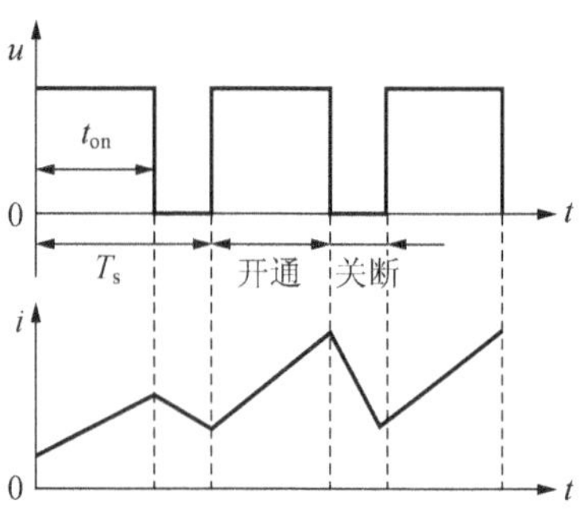

图 3-56　平均值控制方式

3.7　轨道车辆的直流斩波器

CRH_1 的辅助供电系统结构图如图 3-57 所示。从牵引变流器的中间直流环节取流，经辅助变流器逆变为固定频率和幅值的三相交流电压，通过降压变压器降压和交流滤波器滤波后输出 400V、50Hz 交流电至三相交流辅助电源母线并通过三相母线分配给不同的负载。通过对辅助交流供电系统输出的三相 400V 电压的交直变换(电池充电单元 BCM)获得 DC110V 电源，为直流用电设备和蓄电池供电。电池充电模块(BCM)如图 3-58 所示。

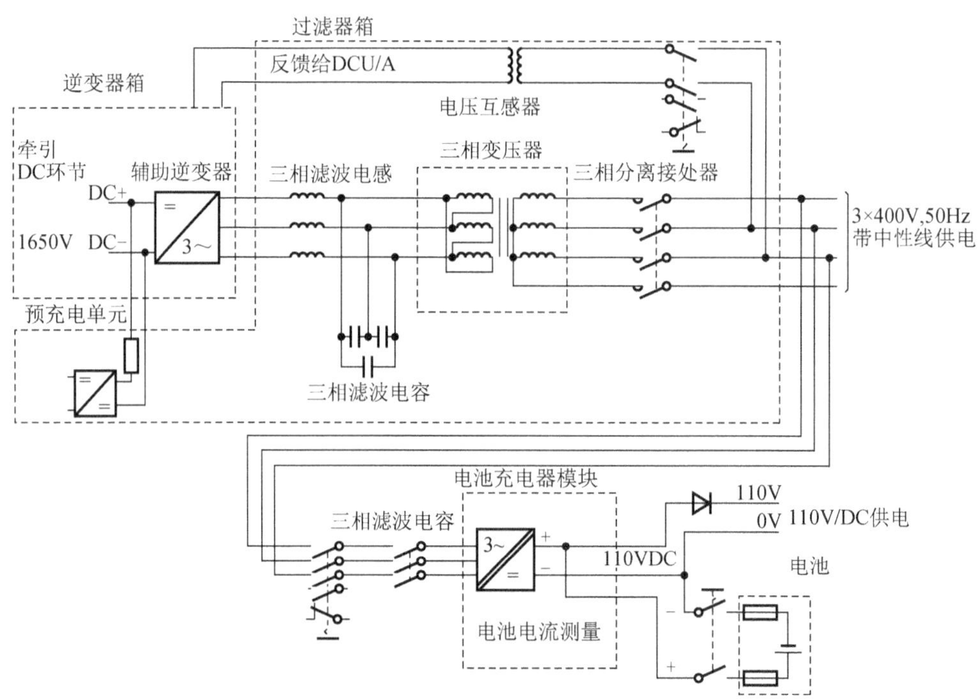

图 3-57　CRH_1 的辅助供电系统结构图

CRH_1 的蓄电池充电模块是将三相 AC400V 转换为 DC110V 的 AC/DC 变换器。先将三相交流整流成直流环节电压，再经过带隔离变压器的半桥式 DC/DC 变换器变成 DC110V。它包含一个带隔离变压器的半桥式 DC/DC 变换器，具体包括输入整流器、IGBT 半桥式 DC/DC 变换器(也称 IGBT 逆变模块，包括输出整流器)、主控计算机 BCC/I 等几个主要模块。还有电池电压、电池电流、电池充电器电流、电池温度、散热片温度和气温监测等功能。

1. 输入整流器

将三相交流 400V 电压转化为直流环节电压，采用的元件是三相桥式半控电路(3 个 SCR 和 3 个二极管构成)。采用三相桥式半控电路是因为这种电路结构比三相桥式全控整流后直流环节电压要高，旁边的二极管是为了防止三相半桥整流电路失控现象的发生，有利于 3 个 SCR 的关断。

在三相 400V 交流的输入端，通过三相 EMC 滤波器来进一步滤除三相工频交流电中因辅助变流器开关管开关产生的高次谐波，达到通低阻高的效果。

2. IGBT 半桥式 DC/DC 变换器

在直流环节，电压U_d用两个大电容来分压，每个电容分得的电压为$U_d/2$，每个与电容并联的电阻不仅起到均压的作用，还可以起到电阻放电的作用。

高频隔离变压器次边线圈中间抽头，设高频变压器的变比为N_2/N_1，通过交替地开通，关断两个 IGBT 和调节每个 IGBT 开关管的占空比D，可以调节输出平均电压的大小。输出电压U_o和直流环节电压U_d的关系为

$$\frac{U_o}{U_d}=\frac{N_2}{N_1}D \tag{3-151}$$

为防止发生直通现象，每个 IGBT 的占空比应满足$D<0.5$。输出电压经较大的电感和输出电容滤波后，输出电压基本稳定在输出平均电压U_o上，波动大大减小。输出电容C是稳定输出电压、减小电压波动的，而输出电感L是储能和放能的，并且使输出电流平滑。

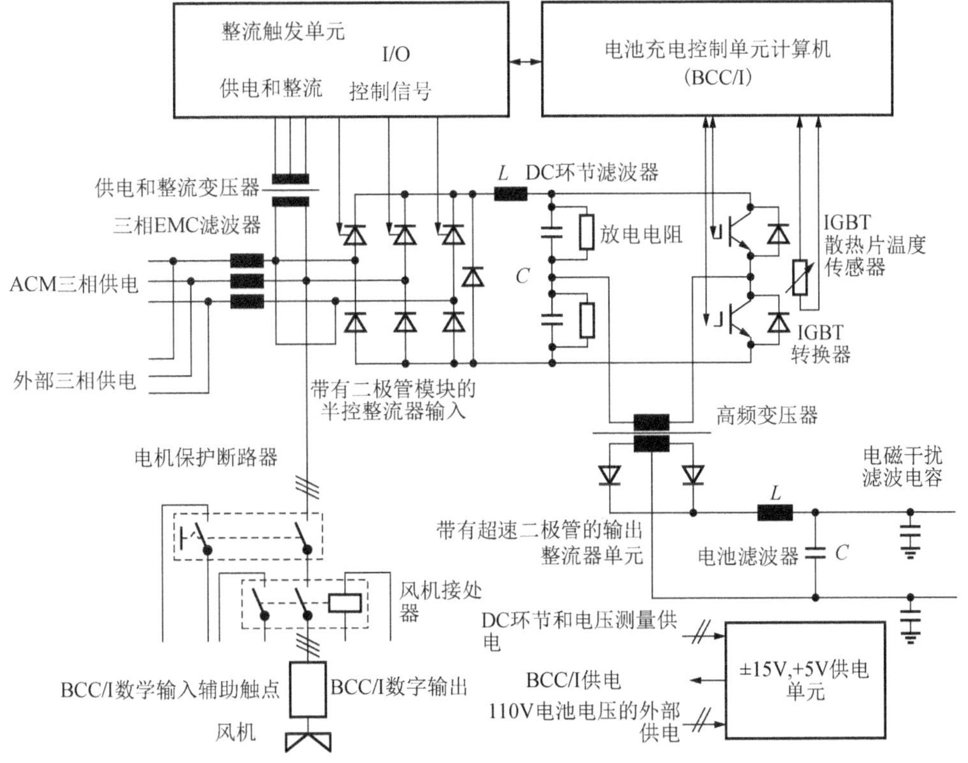

图 3-58　CRH$_1$的电池充电模块(BCM)

前面的半桥式DC/DC变换器也可看成一个半桥式IGBT逆变器，将直流环节电压变换成幅值为$U_d/2$的方波交流电压，供电给高频变压器的原边线圈。经过电压变比N_2/N_1，次边线圈的两个二极管构成的输出整流器(每个二极管有一半的时间来传导电流)，整流成为幅值为$(N_2/N_1)(U_d/2)$的一个T_s周期有2个占空比为D的矩形波脉冲(相当于$2D$)，电感L和电容C也可以看成一个通低阻高的L-C滤波器，从而使输出端电压稳定在平均输出电压U_o上。输出平均电压为

$$U_0=\frac{N_2}{N_1}\frac{U_d}{2}\cdot 2D=\frac{N_2}{N_1}DU_d \tag{3-152}$$

IGBT旁边反并联二极管，是负载向直流环节反馈无功能量的通道，称为反馈二极管，同时起到使负载电流连续的作用，因而又称为续流二极管。

此外，输出直流电压为进一步滤除共模干扰，还与地之间接上了EMC电容。

3. 主控计算机BCC/I

BCM的主控计算机BCC/I用来控制和监测BCM的全部功能，其中输入整流器的可控硅(SCR)是由软启动控制板执行的。BCC/I是独立的，可以通过车辆总线(MVB)与车辆控制单元(VCU)通信。

BCC/I除了进行BCM充电控制(包括蓄电池充电电压/电流参考、BCM输出电压控制、冷却控制)外，还提供BCM的监测和保护，具体包括直流环节电压监测、输出电压监测(电池欠压、过电压)、电流监测(主绕组过电流)、BCM和电池温度监测、BCM软启动整流器板监测及一些测量传感器的故障等。

思　考　题

3-1　开关调节方式的直直变换器与线性调节方式相比有何优点？

3-2　对比Buck、Boost、Buck-Boost电路，说明电感平均电流I_L、输入平均电流I_d、输出平均电流I_o的相互关系。

3-3　对比Buck、Boost、Buck-Boost电路，说明开关管S和二极管承受的最大电压、最大电流、平均电流分别是多少。

3-4　对比正激式、反激式、全桥式、半桥式、推挽式几种变换器，说明开关管S和二极管承受的最大电压、最大电流、平均电流分别是多少。

3-5　对比Buck、Boost、Buck-Boost等基本直直变换电路，总结常见的几种分析推导方法。

3-6　试用电感的伏秒平衡原理或其他方法分析Sepic和Zeta斩波电路的输入和输出电压的关系。

3-7　带隔离变压器的直直变换器与基本直直变换器相比，有何优点？

3-8　对比带隔离变压器的几种直直变换器，总结常见的几种分析推导方法。

3-9　正激式、反激式、全桥式、半桥式、推挽式直直变换器各有何特点，适合什么场合工作？

3-10　对于Buck、Boost、Buck-Boost变换器，当考虑到开关管的通态管压降U_T、二极管的管压降U_D，分别推导输入和输出电压的关系以及变换器效率。

3-11　试用微分方程方法分析Buck变换器，无输出电容C，当电阻R、L、f_s为何关系时，输出电感电流连续或断续？当R串联电动势E时，当电阻R、L、E、f_s为何关系时，输出电感电流连续或断续？

3-12　对于基本降压(Buck)变换器，假设电感电流连续，①画出当图中电容C去掉后输出电压波形；②画出当图中电容C和电感L都去掉后输出电压波形，并推导输入和输出电压的关系。

3-13 Boost 变换器为什么不宜在占空比 D 接近于1的情况下工作？

3-14 根据方法④分析 Cuk 变换器(图 3-26)中间电容电压 U_{C1}、输入电压 U_d 和输出电压 U_o 的关系？

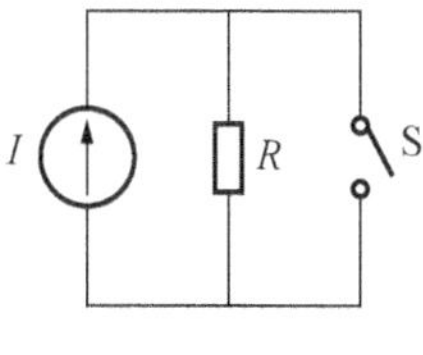

题 3-15 图

3-15 如图所示，电阻 R 与开关管 S 并联作为可调负载 r，与恒流源 I 串联，设占空比为 D，开关周期为 T_s，开关管 S 的导通电压为 0，求等效电阻 r 的表达式。如果开关管 S 导通电压降为 U_T，求此时等效电阻 r 的表达式。

3-16 设有两组蓄电池，A 组电压为 100V，B 组电压为 200V，试用多象限变换器设计一种电路，既能由 A 组向 B 组充电，也能由 B 组向 A 组充电。

3-17 降压变换器、升压变换器和升降压变换器中，电容、电感、二极管各起到什么作用？

3-18 试分析 Buck、Boost、Buck-Boost 变换器(带电感 L 和电容 C)，当负载电阻 R 开路时，输出电压 U_o 各是多少？

3-19 试分析 Buck、Boost、Buck-Boost 变换器，当把电感 L 去掉，只剩电容 C 和负载电阻 R 时，电路能否正常工作？

3-20 对于 Buck、Boost、Buck-Boost 变换器，当电感实际直流阻抗为 R_s 时，试推导输入和输出电压的关系。

3-21 降压式变换器，输入电压为 27V±10%，输出电压为 15V，最大输出功率为 120W，最小功率为 10W，开关管导通饱和电阻 $R_{sat}=0.2\Omega$，轻载时关断时间为 5μs，忽略开通时间，若工作频率 f_s 为 30kHz。求：①占空比 D 的变化范围；②在整个工作范围内，保证电感电流连续时的电感值；③当输出纹波电压 ΔU_o=100mV 时，求滤波电容 C 的值。

3-22 升压斩波器，输入电压为 27V±10%，输出电压为 45V，输出功率为 750W，效率为 95%，输入线路等效电阻 R=0.05Ω(包括输入线路电阻和电感的实际阻抗)。求：①最大占空比是多少？②若要求输出电压为 60V，是否可能？

3-23 试根据磁通复位原理，推导双管正激变换器(图 3-46)，求电路的电压增益及最大占空比。

3-24 单管反激式变换器如题 3-24 图所示，两只开关管 S_1、S_2 同时开关，求电路的电压增益，并与双管正激变换器(图 3-46)对比，分析二者的不同。

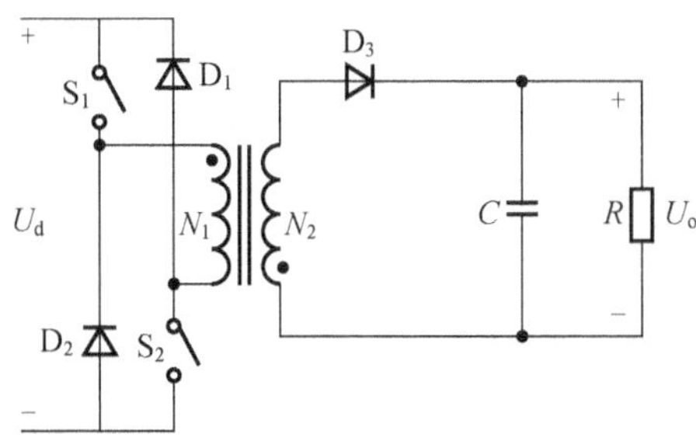

题 3-24 图

3-25 全桥式变换器电路(图 3-49)，试分析当为纯电阻性负载时(L、C 都去掉后)，电压 u_2 和 i_{D5}、i_{D6} 的波形。

3-26 对于 Buck 电路(图 3-4)，试分析当电路启动或外界干扰产生波动后，分析当 L、R、C 满足何条件时 Buck 电路能否还能稳定工作。

3-27 对于无输出电容 C 的降压变换器如图 3-25 所示，当负载电阻 R 串联反电动势 E_a 时，试用微分方程分析当电感电流断续(设电感电流导通时间为 T_0)和连续两种情况下，输出平均电流 I_d 的大小。

第4章 逆变技术

4.1 无源逆变原理

4.1.1 逆变的基本概念

把直流电能变换成交流电能的过程称为逆变。逆变又分成有源逆变和无源逆变。有源逆变是指交流侧接变压器等有源负载；通过变压器把能量反馈到交流电网中去。比如控制角大于 90° 的桥式全控型相控整流器可作为有源逆变器。无源逆变是把直流电能变换成交流电能，再向无源负载供电，将电能变为机械能或热能等其他形式消耗掉。二者的根本区别在于：交流侧是否与交流电源连接。

无源逆变电路简称逆变电路，包括变压变频(VVVF)电源和恒压恒频(CVCF)电源。VVVF电源是输出电压和频率都可调的交流电源，广泛应用在交流调速系统中，动车组的电机逆变器(MCM)都是 VVVF 逆变器；而 CVCF 是输出电压和频率都恒定的交流电源。动车组的辅助变流器(ACM)采用 CVCF 的比较多，如 CRH_1、CRH_2、CRH_5 型动车组的辅助变流器都是恒压恒频的，而 CRH_3 型动车组辅助变流器采用恒压恒频与调压调频相结合的方式。

逆变经常与变频的概念联系在一起。变频电路分为交交变频和交直交变频两种。交直交变频，是先将工频交流电通过整流器变换成直流电，再通过逆变器变换成输出电压和频率可调的交流电。交直交电路由交直变换和直交变换两部分组成，后一部分就是逆变。

交直交变频具有如下优点。采用适当的 PWM 技术，逆变器输出的正弦基波比重比较大，低次谐波受到很大限制，转矩脉动小；能量可以双向流动，可以实现牵引或再生制动及电阻制动；采用 PWM 控制的脉冲整流器代替传统的相控整流器，功率因数可以进一步提高，可接近±1，并且用 PWM 脉冲整流器可以实现直流环节的升压，提高逆变器输出电压的基波幅值和电动机的转矩；随着 PWM 脉冲整流器和逆变器采用先进的 IGBT/IPM 等元件和开关频率的提高，效率将进一步提高；可以同时调节输出电压 U_s 和频率 ω，系统的动态特性好，不受中间直流环节滤波器参数的影响；通过适当的 PWM 控制方法，如 SPWM 或 SVPWM，容易实现三相异步电动机所要求的恒定 U_s/ω 来实现电动机所要求恒转矩控制或恒磁通控制的特性，可以用在变压变频的场合。

交交变频虽然省去了中间直流环节，变换效率高，但交交变频具有控制电路复杂、调速范围窄、输出电压偏低、电路结构和控制算法复杂，开关器件数量多，成本高、控制方法还不成熟等缺点，因而还未实用化。目前只用在低速传动和比较粗糙的场合，如轧机传动装置、矿石破碎机、球磨机、卷扬机、水泥回转窑等。而交直交变频更适合于输出频率较高或调速范围较宽的场合，目前的动车组和电力机车普遍采用 PWM 脉冲整流器和三相逆变器构成的交直交传动系统。

4.1.2 逆变器的组成与分类

1)逆变器的组成

逆变器的电路通常至少由如下 3 个部分组成：①主电路，包括电力电子器件、缓冲电路、构成电路的导线及相关的控制电器；②电力电子器件的门极驱动电路；③控制电路，实现逆变器的变压、变频或稳压、稳频及通信等功能，通常由微处理器、模拟电子电路及数字电子电路等组成。

2) 逆变器的分类

逆变器的类型很多，根据不同的分类方法有如下几种分类。

根据逆变器直流环节的性质，如图 4-1 所示，可分为电压型逆变器(Voltage Source Inverter，VSI)和电流型逆变器(Current Source Inverter，CSI)。逆变器都是通过直流环节给交流负载提供能量。为了使直流电源的电压或电流恒定，在逆变器的直流环节必须设置储能元件，如电感或电容。①电压型逆变器采用大电容 C_d 作为储能和滤波元件，C_d 是为了保证直流环节电压稳定，也称为支撑电容，直流环节相当于电压源。②电流型逆变器采用大电感 L_d 作为储能和滤波元件，L_d 是为了使直流环节电流保持稳定，直流环节相当于电流源。在动车组和 HXD 电力机车中广泛采用的是电压型逆变器。

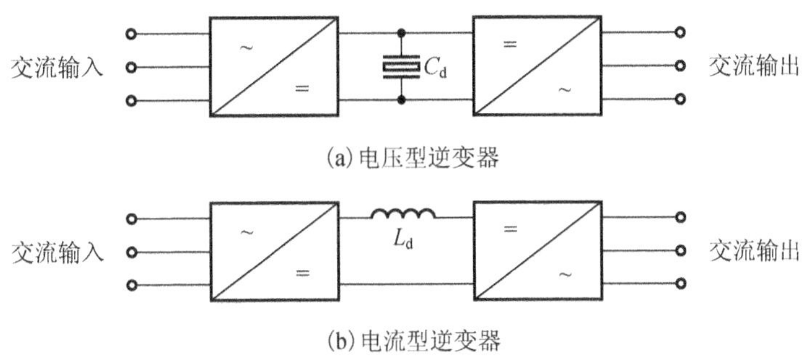

(a) 电压型逆变器

(b) 电流型逆变器

图 4-1　逆变器直流环节性质分类

逆变器根据主电路结构的不同可分为单相逆变器、三相逆变器；半桥逆变器、全桥逆变器、推挽式逆变器；二电平逆变器、三电平逆变器、多电平逆变器。逆变器按所用电力电子器件可分为半控型和全控型。按元件导通的角度可分为 180°导通型和 120°导通型。

逆变电路的换流或换相是指电流从一个支路向另一个支路转移的过程。换流方式是指使器件关断的方式。按换流方式的不同可分为 4 种。①器件换流：利用全控器件的自关断能力，进行换流，只适用于全控型器件。②电网换流：由电网提供换流电压，将负的电网电压加在欲关断的晶闸管上使其关断。电网换流不需要元件具有门极可关断能力，但不适用于没有交流电网的无源逆变电路。③负载换流：由负载提供换流电压的换流方式。通常用在负载电流相位超前于电压的场合，如电容性负载和同步电动机，都可实现负载换流。④强迫换流：通过设置附加的换流电路，如与晶闸管并联的电容换流电路，给晶闸管强迫施加反向电压或反向电流使其关断。具体分为电压换流和电流换流。电压换流如图 4-2(a)所示，当晶闸管 T 处于通态时，预先给电容充电，当 S 接通时，T 承受反向电压而关断。电流换流如图 4-2(b)所示，当 L-C 形成谐振后，晶闸管的正向电流逐渐减小到 0，在二极管流过电流时关断。

在这 4 种换流方式中，器件换流只适用于全控型器件，如 IGBT、电力 MOSFET、GTR、MCT 和 IGCT 等。而电网换流、负载换流和强迫换流都是针对晶闸管类型的半控型器件。器件换流和强迫换流都是因为器件或变流器自身的原因而实现换流的，属于自换流，其工作电路也称为自换流电路；电网换流和负载换流是依靠外部因素(电网电压或负载电压)来实现换流的，属于外部换流，其工作电路也称外部换流电路。

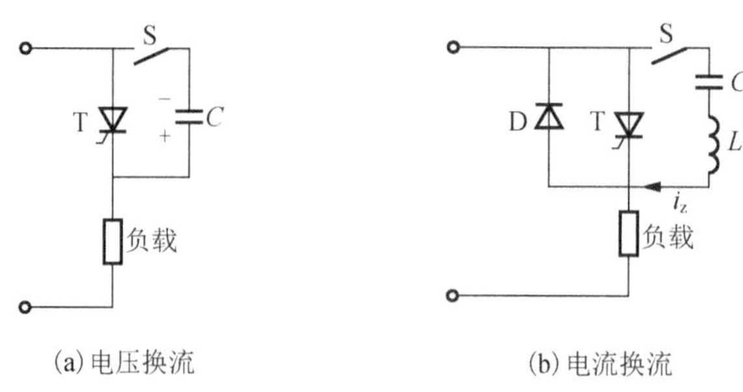

图 4-2　强迫换流

当逆变器向负载供电时，其输出的电压(电流)和频率往往是根据对负载控制的要求而变化的，所以逆变器按电压和频率的控制方法可分为以下 3 种。

(1) 脉冲宽度调制(PWM)，用此方法的逆变器称为 PWM 逆变器，目前使用最广泛。

(2) 脉冲幅值调制(PAM)，用此方法的逆变器称为 PAM 逆变器。其是指逆变器输出交流电压的幅值由直流环节的电压调节。优点是不需要载波，可直接改变电压，谐波小，效率高。缺点是：为了实现电压连续变化，需要复杂的控制电路，如采用升压变换器，通过调节占空比 D 实现升压，也可采用多个混合型级联的多电平逆变器结构进行电压的串联叠加，或采用其他方法实现。使成本提高，故障率也增加，难以广泛应用。

(3) 方波逆变器或阶梯波逆变器。这是最基础、控制最简单、最容易实现的逆变器。

交流电机的变频调速是逆变器广泛应用的领域。在铁道牵引、大型工矿机车、城市有轨交通(地铁和轻轨车)和矿井提升设备方面，逆变器正逐步取代直流传动及其配套的相控整流器。此外，在感应加热电源、电解电镀电源、UPS 电源、焊接电源及航空电源等方面也大量使用逆变器。

为满足不同的需要，无源逆变电路种类很多，最常见的有单相半桥逆变电路、单相全桥逆变电路、单相推挽式逆变电路、三相桥式逆变电路等。在实际应用中，特别是容量较大的场合，全桥逆变电路使用更普遍。这些逆变电路又各有电压型和电流型等不同形式。下面以单相全桥电压型逆变电路为例说明它的工作原理。

4.1.3　单相电压型逆变电路

电压型单相全桥逆变电路如图 4-3(a) 所示。不同形式的负载，如纯电阻、纯电感和电阻-电感负载时的电压、电流波形如图 4-4 所示。当 T_1 和 T_4(或 D_1 和 D_4) 导通时，等效电路如图 4-3(b) 所示，输出电压 $u_o=U_d$；当 T_2 和 T_3(或 D_2 和 D_3) 导通时，等效电路如图 4-3(c) 所示，输出电压 $u_o=-U_d$。

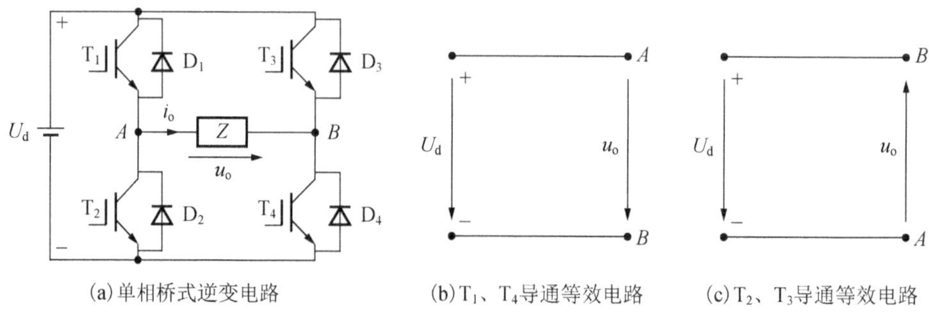

图 4-3　电压型单相桥式逆变电路及其等效电路

图 4-3 中的二极管 D_1～D_4 是当负载为纯电感性负载或阻感性负载时给负载续流的，否则器件关断时，电感性负载会产生高压而损坏 T_1～T_4。例如，在感性负载时，若 T_1 和 T_4 已经导通，此时关断 T_1 和 T_4，开通 T_2 和 T_3，因感性负载电流不易突变，T_2 和 T_3 并不能立即导通，此时二极管 D_2 和 D_3 续流导通。无论 T_2、T_3 导通还是 D_2、D_3 导通，电感性负载电压都是$-U_d$，电流逐渐下降，如图 4-4 所示，直到负载电流过 0 后，方向反向，T_2 和 T_3 才真正导通。同样，从 T_2 和 T_3 导通向 T_1 和 T_4 导通切换时，D_1 和 D_4 的续流情况与上述情况类似。

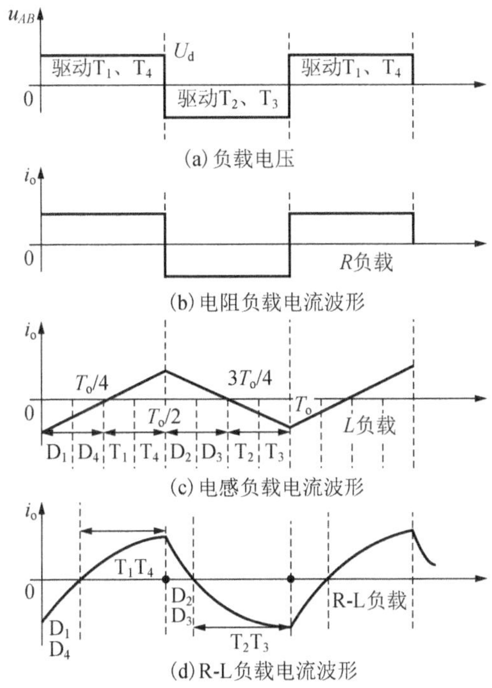

图 4-4　单相全桥逆变电路的电压电流波形

单相全桥逆变电路的输出电压有效值为 U_d，瞬时值分别为

$$u_o(t)=\sum_n \frac{4U_d}{n\pi}\sin(\omega t)\ ,\quad n=2k+1;\ k=0,1,2,\cdots \tag{4-1}$$

其基波分量有效值为

$$U_{o1}=\frac{4U_d}{\sqrt{2}\pi}=0.9U_d$$

(1) 对于纯电阻性负载，输出电流与输出电压波形相同；

(2) 对于纯电感负载，其负载电流峰值为

$$I_{oM}=U_d/(4f_oL_o) \tag{4-2}$$

(3) 当负载为感性负载(R-L)时，也可以求得瞬时负载电流 i_o 为

$$i_o=\sum_n \frac{U_{1m}}{nZ_n}\sin(n\omega t-\varphi_n)\ ,\ n=2k+1,\ k=0,1,2,\cdots \tag{4-3}$$

其中，$Z_n=\sqrt{R^2+(n\omega L)^2}$；$\varphi_n=\arctan\left(\frac{n\omega L}{R}\right)$。

对于全桥电路，输出电压基波幅值为 $U_{1m}=4U_d/\pi$；对于半桥电路，$U_{1m}=2U_d/\pi$；对于推挽式电路，$U_{1m}=4N_2U_d/(N_1\pi)$。

在逆变电路中，单相全桥逆变电路应用最多，此外还有单相半桥逆变电路、单相推挽式逆变电路，如图 4-5 所示。

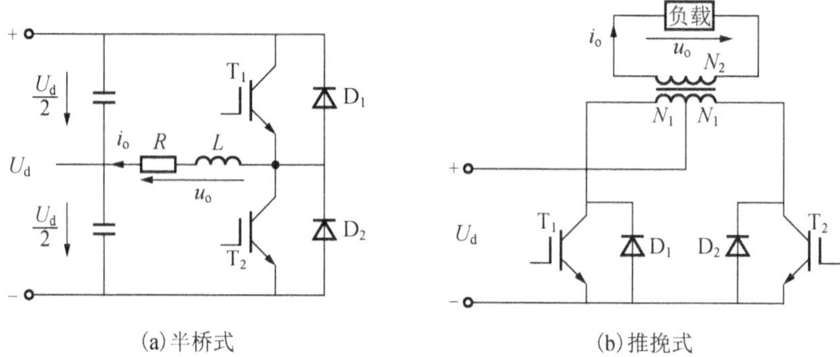

(a)半桥式　　(b)推挽式

图 4-5　单相半桥式及推挽式逆变电路

单相全桥逆变、半桥逆变和推挽式逆变三种电路结构比较如下。

(1)全桥逆变电路。输出电压幅值为U_d，控制简单可靠，输出功率大。当电源电压(U_d)和负载(R)不变时，全桥逆变电路的输出功率是半桥的 4 倍。因此，在大功率的电力牵引传动领域中普遍采用，如不需要逆变变压器的三相桥式逆变器。

(2)半桥逆变电路。半桥逆变电路的工作原理与全桥逆变一样。结构简单，所用器件比全桥电路少一半，相应地减少了管压降损耗。但输出交流电压幅值低，为$U_d/2$。若要获得相同的输出电压，势必需要带有中间抽头的 $2U_d$ 的直流电源。且直流环节需要两个电容串联，工作时需要控制两个电容器电压的均衡。常用于几千瓦以下的小功率逆变电源。

(3)推挽式逆变电路。所用器件比全桥电路少一半，但器件承受的电压比全桥电路高出一倍。因为输出变压器的铁心在逆变过程中不应饱和，在低频使用会受限制，会使变压器变得笨重而昂贵。可用在小功率、频率较高的场合，如某些测量仪表、小型交流负载、车用照明电源等。

4.1.4　单相电流型逆变电路

图 4-6(a)是一种典型的单相电流型逆变器及其波形，因直流环节串联大电感，工作过程中可认为i_d基本没有脉动，负载电流i_o基本平直，每个开关管通过的电流为矩形方波。而输出电压u_o的波形与负载有关，比如对于纯电阻性负载u_o与i_o波形相同；而图中的负载(R-L 与 C 并联)，对基波的阻抗大而对谐波的阻抗小，所以u_o接近于正弦波，电流、电压波形如图 4-6(b)所示。本电路经常使负载工作在并联谐振状态，并略呈容性，i_o相位超前于u_o，有利于负载换流。

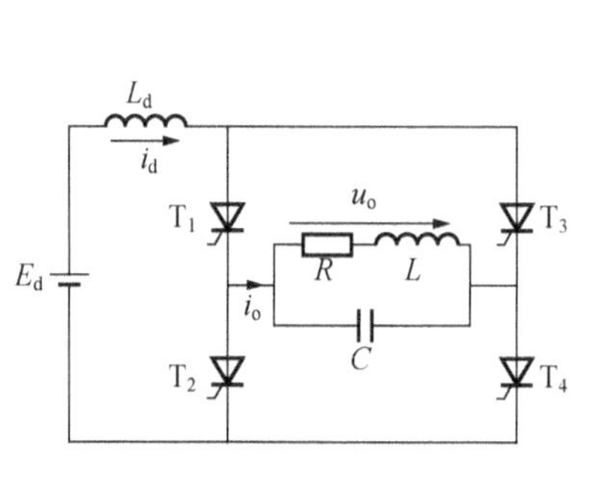

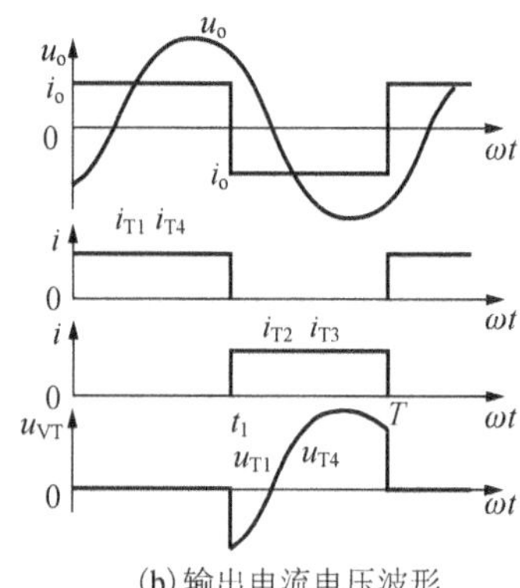

(a)单相电流型逆变电路　　(b)输出电流电压波形

图 4-6　单相电流型逆变电路及输出波形

4.1.5 三相桥式逆变电路

在需要进行更大功率的变换，或者负载要求提供三相电源时，需采用三相桥式逆变电路。三相桥式比单相全桥电路多了一相(一个半桥)。通常，中、大功率的应用均采用三相逆变电路，当对波形有较高要求时，则采用逆变电路的多重化或PWM控制方法，以抑制谐波。

1. 三相逆变器的基本类型

为配电负载平衡及带动三相感应电机，大容量逆变器一般采用三相结构。三相逆变一般根据负载的要求可以是交流传动用的VVVF电源或辅助供电用的CVCF电源。图4-7所示为传统的电压型三相桥式逆变电路，它由三个半桥(相)组成，每个半桥(相)由上下2个桥臂(开关管及反并联二极管)构成。

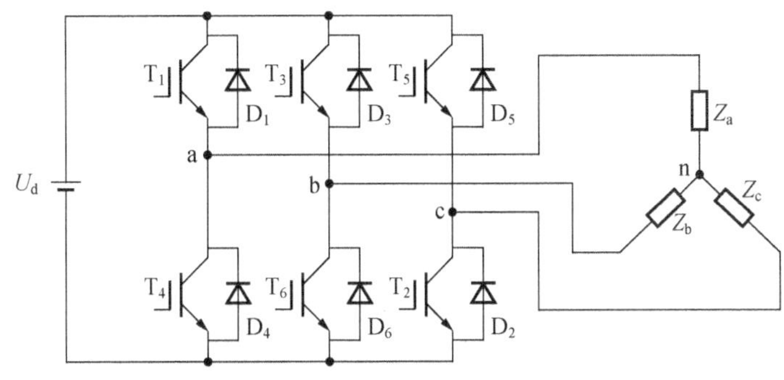

图4-7 电压型三相桥式逆变电路

因为三相桥式SPWM逆变通常采用三相三线制输出，a、b、c三相输出电压的控制只有2个自由度，或者说只能提供相互耦合的矢量ab、bc、ca中的2个。各相负载不一致会导致实际负载中性点偏离理想中性点n，使输出电压不稳定。当负载不对称而又没有中线时，负载的相电压就不对称，势必引起有的相电压高，有的相电压低。而SPWM逆变器对输出电压的控制是通过反馈控制改变调制波来实现的，因此三相桥式逆变电路存在负载不均衡的问题。而对于三相电动机一般负载是对称的，采用三相三线制的比较多。

图4-8所示为三个单相全桥构成的三相逆变电源拓扑。主电路是由3个单相全桥电路，通过3个单相变压器耦合成三相电路输出。其三相电路完全独立，可采用3套独立的控制电路，每相电压独立可调，控制更灵活，可以对其进行精确的相电压控制，适应于三相负载不均衡的场合。对于三相方波逆变，能够发挥全桥逆变方波移相调压的功能；对于三相SPWM逆变，因为能够独立调控各全桥逆变输出，三相输出经变压器匹配组合为星形输出就不存在相间负载不均衡问题。但缺点是采用3个单相变压器耦合成三相，变压器体积较大；功率开关管多达12个，在中、大功率输出时，开关损耗大；3个电路单独调节，一致性较难保证。

此外，还包括由直流环节的电位中点和三组桥臂一起构成的三相四线逆变器和三相四臂逆变电源的拓扑结构等。本书中讨论的主要是传统的三相桥式逆变器。

2. 三相桥式逆变器的工作原理

如图4-9所示，为了使三相异步电动机产生幅值恒定并以一定角速度旋转的磁通量，需要得到大小相等，相位相差120°的三相正弦交流电流，因此首先需要得到大小相等，相位相差120°的三相交流正弦电压。因此三相桥式方波(或阶梯波)逆变的控制规律是：三相的上桥臂T_1、T_3、T_5的驱动信号依次相差120°，三相的下桥臂T_4、T_6、T_2的驱动信号依次相差 120°。这样，基波分量彼此之间相差 120°。每相的上、下桥臂的驱动信号互补，相位相差 180°，T_1～T_6之间依次相差 60°。对于电压型逆变器，为了防止同一相上下两桥臂的开关器件同时导通而引起直流环节短路，需要采取“先断后通”的方法。根据 T_1～T_6导通时间的长短，分 180° 导通型和 120° 导通型两种。在 180° 导通型中，每个开关管的驱动信号持续导通 180°（1/2 周期）；120° 导通型中，每个开关管的驱动信号持续导通 120°（1/3 周期）。

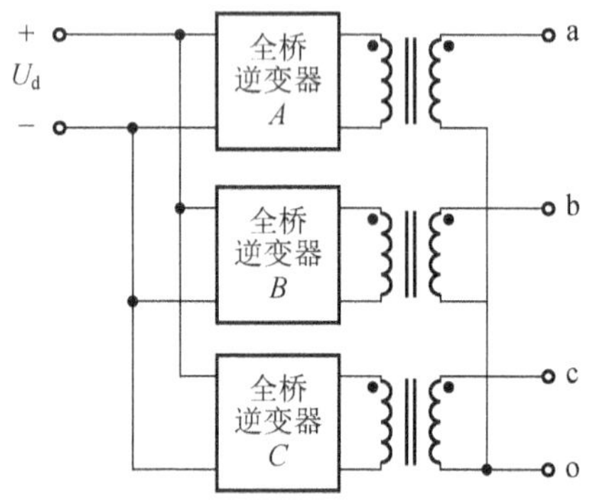

图 4-8　三个单相全桥构成的三相逆变电源拓扑

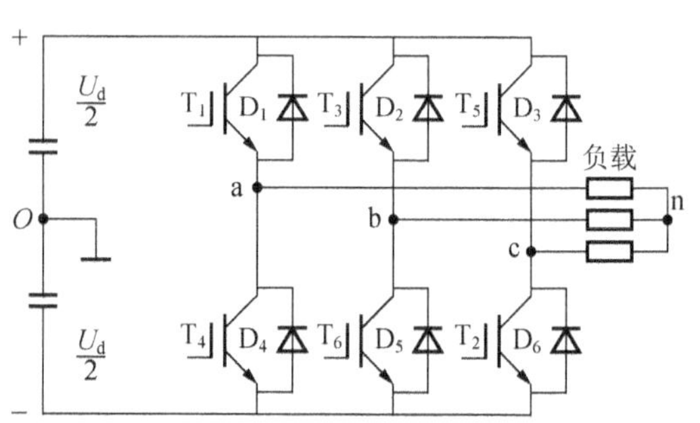

图 4-9　电压型三相桥式逆变器电路原理图

对于 180° 导通型的三相逆变器的每一相，如 a 相，当 T_1 导通时，a 点接于直流电源正端，$u_{ao}=U_d/2$；当 T_4 导通时，a 点接于直流电源负端，$u_{ao}=-U_d/2$；同理，b 和 c 点也是根据上下管导通与否决定其电位的。U_{ao}、u_{bo}、u_{co} 波形如图 4-10(a)～(c)所示。

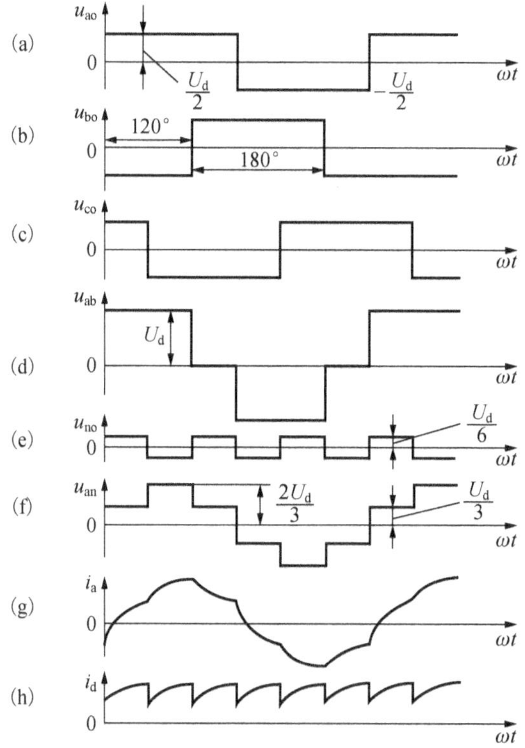

图 4-10　180° 导通型电压型三相桥式逆变电路的工作波形

负载线电压为两个相电压的差，线电压 u_{ab} 如图 4-10(d)所示，负载线电压 u_{ab}、u_{bc}、u_{ac} 可由下式求出：

$$\begin{cases} u_{ab}=u_{ao}-u_{bo} \\ u_{bc}=u_{bo}-u_{co} \\ u_{ca}=u_{co}-u_{ao} \end{cases} \tag{4-4}$$

电机负载各相的相电压 u_{an}、u_{bn}、u_{cn} 分别为

$$\begin{cases} u_{an}=u_{ao}-u_{no} \\ u_{bn}=u_{bo}-u_{no} \\ u_{cn}=u_{co}-u_{no} \end{cases} \tag{4-5}$$

把式(4-5)各项相加并整理可求得

$$u_{no}=\frac{1}{3}(u_{ao}+u_{bo}+u_{co})-\frac{1}{3}(u_{an}+u_{bn}+u_{cn}) \tag{4-6}$$

设电动机负载为三相对称负载，三相电压基波相位相差 120°，则有 $u_{an}+u_{bn}+u_{cn}=0$，故可得

$$u_{no}=\frac{1}{3}(u_{ao}+u_{bo}+u_{co}) \tag{4-7}$$

可见，u_{no} 的波动幅度为$\pm U_d/6$，u_{no} 和 u_{an} 的波形如图 4-10(e)和(f)所示。

当负载参数已知时，可以由 u_{an} 的波形求出 a 相电流 i_a 的波形。图 4-10(g)给出的是阻感负载下 $\varphi<\pi/3$ 时 i_a 的波形，同样可以得出 i_b、i_c 的波形。直流环节电流 $i_d=i_a+i_b+i_c$，波形如图 4-10(h)所示，可以看出 i_d 每隔 60° 脉动一次。

对于 180° 导通型，每个开关管的驱动信号持续 180°。如图 4-10 所示，在任何时刻都有 3 个开关管导通，比如上臂 2 个管、下臂 1 个管；或上臂 1 个管、下臂 2 个管。一周期有 6 种导电模式，当负载为星形接法时，各模式的开关状态如表 4-1 所示。

表 4-1　在 180° 导电型三相逆变器中 6 个导通模式的等值电路及相电压和线电压

模式		Ⅰ $0\sim\pi/3$	Ⅱ $\pi/3\sim2\pi/3$	Ⅲ $2\pi/3\sim\pi$	Ⅳ $\pi\sim4\pi/3$	Ⅴ $4\pi/3\sim5\pi/3$	Ⅵ $5\pi/3\sim2\pi$
导通管		T_5、T_6、T_1	T_6、T_1、T_2	T_1、T_2、T_3	T_2、T_3、T_4	T_3、T_4、T_5	T_4、T_5、T_6
等值电路		+ Z_a Z_c n Z_b −	+ Z_a n Z_b Z_c −	+ Z_a Z_b n Z_c −	+ Z_b n Z_a Z_c −	+ Z_b Z_c n Z_a −	+ Z_c n Z_a Z_b −
相电压	u_{an}	$+U_d/3$	$+2U_d/3$	$+U_d/3$	$-U_d/3$	$-2U_d/3$	$-U_d/3$
	u_{bn}	$-2U_d/3$	$-U_d/3$	$+U_d/3$	$+2U_d/3$	$+U_d/3$	$-U_d/3$
	u_{cn}	$+U_d/3$	$-U_d/3$	$-2U_d/3$	$-U_d/3$	$+U_d/3$	$+2U_d/3$
线电压	u_{ab}	$+U_d/3$	$+U_d$	0	$-U_d$	$-U_d$	0
	u_{ac}	$-U_d$	0	$+U_d$	$+U_d$	0	$-U_d$
	u_{ca}	0	$-U_d$	$-U_d$	0	$+U_d$	$+U_d$

可见，不论负载为阻性、感性还是容性，相电压 $u_{an}\sim u_{cn}$ 在一个周期中每 60° 就发生一次电平的变化，形成相电压 u_{an}、u_{bn}、u_{cn} 的六阶梯波，更加接近正弦波，因此也常称为六拍阶梯波逆变器。从表中也可以看出，任何时刻三相负载相电压的和为 0，因为采用基波相位相差 120° 的控制。

负载 a 相电压的瞬时值的傅里叶级数表达式为

$$u_{\mathrm{an}}(t)=\frac{2}{\pi}U_{\mathrm{d}}\left\{\sin\omega t+\frac{1}{5}\sin 5\omega t+\frac{1}{7}\sin 7\omega t+\frac{1}{11}\sin 11\omega t+\frac{1}{13}\sin 13\omega t+\cdots\right\}$$

$$=\frac{2U_{\mathrm{d}}}{\pi}\left\{\sin\omega t+\sum_{n}\frac{1}{n}\sin n\omega t\right\} \tag{4-8}$$

其中，$n=6k\pm1$，k=1,2,3,…。无三次谐波，只含更高阶奇次谐波，n 次谐波幅值为基波幅值的 $1/n$。负载相电压有效值 $U_{\mathrm{an}}=\sqrt{\frac{1}{2\pi}\int_0^{2\pi}u_{\mathrm{an}}^2\mathrm{d}\omega t}=0.471U_{\mathrm{d}}$。其中基波幅值 $U_{\mathrm{an1m}}=\frac{2U_{\mathrm{d}}}{\pi}=0.637U_{\mathrm{d}}$，基波有效值 $U_{\mathrm{an1}}=\frac{U_{\mathrm{an1m}}}{\sqrt{2}}=0.45U_{\mathrm{d}}$。

负载线电压为 120° 宽的方波，幅值为 U_{d}，傅里叶级数表达式为

$$u_{\mathrm{ab}}(t)=\frac{2\sqrt{3}}{\pi}U_{\mathrm{d}}\left\{\sin\omega t-\frac{1}{5}\sin 5\omega t-\frac{1}{7}\sin 7\omega t+\frac{1}{11}\sin 11\omega t+\frac{1}{13}\sin 13\omega t+\cdots\right\} \tag{4-9}$$

线电压基波幅值为 $U_{\mathrm{ab1m}}=\frac{2\sqrt{3}}{\pi}U_{\mathrm{d}}=1.1U_{\mathrm{d}}$。线电压无三次谐波，仅有更高阶奇次谐波，$n$ 次谐波幅值为基波幅值的 $1/n$。

三相逆变器采用 120° 导通型时，任何时刻只有不同相的上下 2 个管导通，同一桥臂中上下两管有 60° 的导通间隙，对换流的安全有利；但管子的利用率较低，并且若电机采用星形接法，则始终有一组绕组断开，在换流时该相绕组中会引起较高的感应电势，应采取过电压保护措施。采用 180° 导通型时，电机三个线圈同时得电，无论电动机星形接法或三角形接法，正常工作时过电压较小。因此对于电压型三相逆变器，180° 导通型应用较为普遍。

4.2 脉冲宽度调制的理论基础

由于方波逆变存在一定的问题，如本身不能调节输出量幅值，难以应用在变压变频(VVVF)的场合，比如牵引电机的恒转矩加速和普通电机的软启动场合；输出量中含有大量的 5、7、11、13 次谐波，这些谐波作用到电动机上会形成力矩的抖动，因此人们发明了脉冲宽度调制(PWM)技术，PWM 控制的思想源于通信技术，全控型器件的发展使得 PWM 控制变得容易实现。PWM 技术的应用十分广泛，它使电力电子装置的性能大大提高，它在电力电子技术的发展史上占有十分重要的地位。PWM 控制正是有赖于在逆变电路中的成功应用，才确定了它在电力电子技术中的重要地位，现在使用的各种逆变电路几乎都采用了 PWM 技术。

PWM 控制的理论基础是面积等效原理，即大小、形状不相同的窄脉冲变量作用于惯性环节上时，只要它们的冲量(即变量对时间的积分)相等，其作用效果基本相同。

如图 4-11 所示，当大小、形状不同的两个窄脉冲电压(如在某一时间段的正弦电压与同一时间段的等幅脉冲电压)作用于 L、R 电路构成的一阶惯性环节时，只要两个窄脉冲电压的冲量相等，输出电流响应就基本相同。

PWM 技术最基础的是正弦波脉宽调制(SPWM)。此外，PWM 技术还包括特定谐波消去法(SHEPWM)、电流滞环跟踪 PWM 控制法(CHBPWM)、电压空间矢量 PWM 控制法(SVPWM)等。本章重点介绍最典型的 SPWM 和在动车组广泛应用的 SVPWM 控制方法。

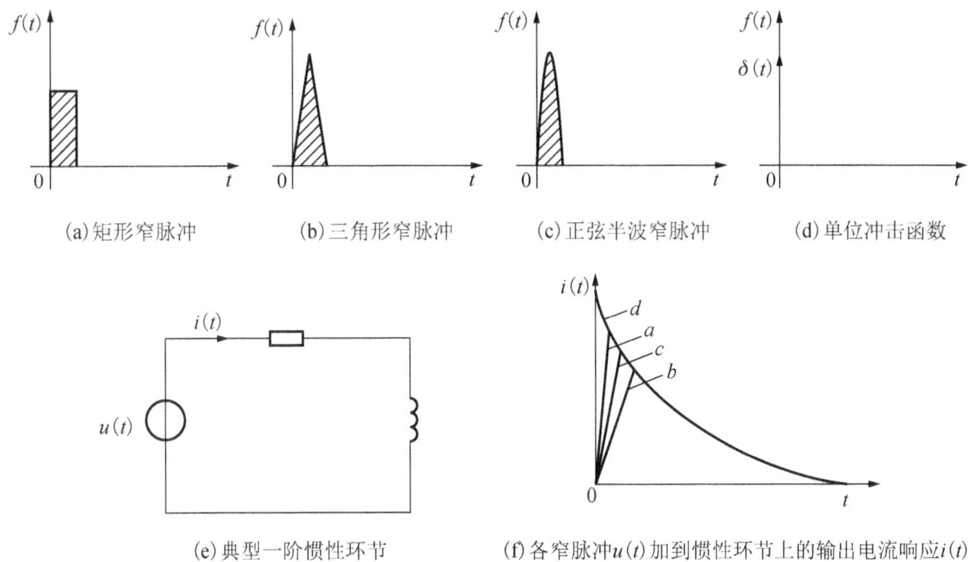

图4-11 形状不同而冲量相同的各种窄脉冲及作用到惯性环节的效果

4.3 正弦脉冲宽度调制

4.3.1 SPWM的基本原理

SPWM(Sinusoidal PWM)的目标函数是获得正弦电压，目的是使脉冲列的作用效果尽量接近正弦波的作用效果。根据面积等效原理，可以用一组幅值相等、宽度按正弦规律变化的脉冲序列来代替正弦波。按同一比例改变各脉冲的宽度即可改变等效正弦波的幅值。

SPWM的基本工作原理是：为了得到逆变器期望的VVVF的正弦电压波形，可以把一个正弦半波分成n等份，如图4-12(a)所示，可以把正弦半波看成由n个彼此相连的脉冲组成的波形。这些脉冲宽度相等，都等于π/n，但幅值不等，各脉冲的幅值不是线性变化的，而是按正弦曲线规律变化的，实现起来比较困难，特别是对于电压型逆变器直流环节电压改变较难。如果把上述等宽不等高的脉冲序列用同样数量的等高不等宽的矩形脉冲序列代替，并使矩形脉冲和相应正弦部分面积(冲量)相等，各脉冲的宽度是按正弦规律变化的，就得到图4-12(b)所示的脉冲序列波，这就是PWM波。根据面积等效原理，PWM波序列和正弦半波应该是等效的。对于正弦波的负半周，也可以用同样的方法得到PWM波。这种脉冲的宽度按正弦规律变化，和正弦波等效的PWM波，也称为SPWM波。

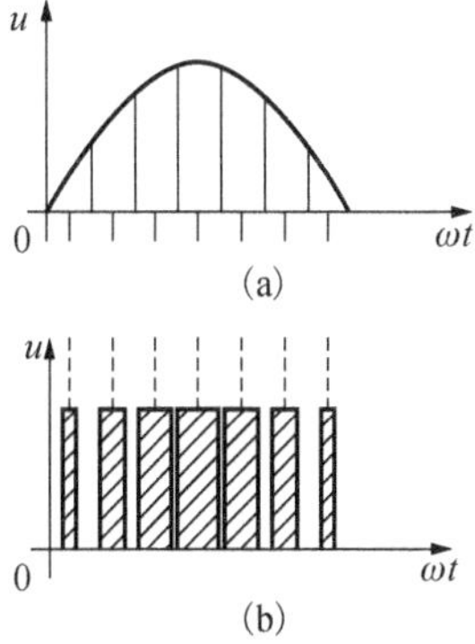

图4-12 与正弦波等效的等幅PWM脉冲序列波

从图4-12中可以看出，为了使脉冲系列窄波与正弦电压等效，根据面积等效原理，除每一时间段的面积相等外，每个时间段的电压脉冲还必须很窄，这就要求脉冲数量很多。脉冲数越多，不相互连接的、宽度按正弦规律改变的多脉冲电压就越等效于正弦电压。通过傅里叶分析可以得知，通过对开关器件的开关状态进行适当控制，使每个脉冲电压宽度随正弦高度成正比变化时，输出 PWM 脉冲电压的基波就是期望得到的正弦波。输出电压除了基波外，仅含某些高次谐波，基本消除了低次谐波。而且开关频率越高，脉冲数量越多，低次谐波含量越少。

1. SPWM 的基波电压

在异步电机变压变频调速系统中，对电机有用的是电压的正弦基波，三相正弦电压基波给电动机的 R-L 负载产生三相正弦电流，每相电流与电压相差一个阻抗角 φ，进而产生旋转的磁通量。因此希望 SPWM 波形中正弦基波的成分越大越好。为了分析基波电压，将 SPWM 脉冲序列波 $u(t)$ 展开成傅里叶级数。由于各相电压是正、负半波及其左、右均对称(奇函数且 1/4 周期轴对称或镜对称)，其一般表达式为

$$u(t)=\sum_{k}U_{km}\sin k\omega_1 t\,,\quad k=2m+1,\ m=0,1,2,\cdots \tag{4-10}$$

$$U_{km}=\frac{2}{\pi}\int_0^{\pi}u(t)\sin k\omega_1 t\mathrm{d}(\omega_1 t) \tag{4-11}$$

要把包含 n 个矩形脉冲的 $u(t)$ 代入式(4-11)，必须先求得每个脉冲的起始相位和终止相位。如图 4-13 所示，SPWM 脉冲序列波的幅值为 U_{d}，各脉冲不等宽；但中心间距相同，都等于 π/n，n 为正弦波半个周期内的脉冲数。

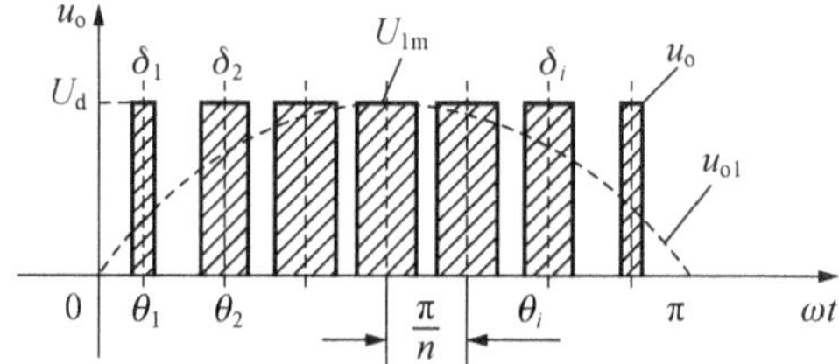

图 4-13　SPWM 的基波分析

令第 i 个矩形脉冲的宽度为 δ_i，其中心点相位角为 θ_i，第 i 个脉冲中心点的相位应为

$$\theta_i=\frac{\pi}{n}i-\frac{1}{2}\cdot\frac{\pi}{n}=\frac{2i-1}{2n}\pi \tag{4-12}$$

于是，第 i 个脉冲的起始相位为 $\theta_i-\frac{1}{2}\delta_i=\frac{2i-1}{2n}\pi-\frac{1}{2}\delta_i$，第 i 个脉冲的终止相位为 $\theta_i+\frac{1}{2}\delta_i=\frac{2i-1}{2n}\pi+\frac{1}{2}\delta_i$。把它代入式(4-11)中，可得

$$\begin{aligned}U_{km}&=\frac{2}{\pi}\sum_{i=1}^{n}\int_{\theta_i-\frac{1}{2}\delta_i}^{\theta_i+\frac{1}{2}\delta_i}U_{\mathrm{d}}\sin k\omega_1 t\mathrm{d}\omega_1 t=\frac{2}{\pi}\sum_{i=1}^{n}\frac{U_{\mathrm{d}}}{k}\left[\cos k\left(\theta_i-\frac{1}{2}\delta_i\right)-\cos k\left(\theta_i+\frac{1}{2}\delta_i\right)\right]\\&=\frac{4U_{\mathrm{d}}}{k\pi}\sum_{i=1}^{n}\left[\sin k\theta_i\sin\frac{k\delta_i}{2}\right]=\frac{4U_{\mathrm{d}}}{k\pi}\sum_{i=1}^{n}\left[\sin\frac{(2i-1)k\pi}{2n}\sin\frac{k\delta_i}{2}\right]\end{aligned} \tag{4-13}$$

故

$$u(t)=\sum_{k=1}^{\infty}\frac{4U_{\mathrm{d}}}{k\pi}\sum_{i=1}^{n}\left[\sin\frac{(2i-1)k\pi}{2n}\sin\frac{k\delta_i}{2}\right]\sin k\omega_1 t \tag{4-14}$$

将 $k=1$ 代入式(4-13)，可得输出电压的基波幅值。当半个周期内的脉冲数 n 不太少时，各脉冲的宽度 δ_i 都较小，可以近似地认为 $\sin\delta_i/2\approx\delta_i/2$；因此

$$U_{1\mathrm{m}}=\frac{4U_{\mathrm{d}}}{\pi}\sum_{i=1}^{n}\left[\sin\frac{(2i-1)\pi}{2n}\right]\frac{\delta_i}{2} \tag{4-15}$$

可见输出基波电压幅值U_{1m}与各段脉宽δ_i有直接的关系。当改变各个脉冲的宽度时，逆变器输出电压基波幅值就可以平滑调节。例如，成比例地缩小各个脉冲宽度，U_{1m}也成比例减小。同样，对于图4-13所示的SPWM波形，其等效正弦波为$U_m \sin\omega_1 t$，根据面积等效原理，可写成

$$\delta_i U_d = U_m \int_{\theta_i-\frac{\pi}{2n}}^{\theta_i+\frac{\pi}{2n}} \sin\omega_1 t \mathrm{d}\omega_1 t = U_m\left[\cos\left(\theta_i-\frac{\pi}{2n}\right)-\cos\left(\theta_i+\frac{\pi}{2n}\right)\right] = 2U_m \sin\frac{\pi}{2n}\sin\theta_i$$

$$\delta_i \approx \frac{\pi U_m}{nU_d}\sin\theta_i \tag{4-16}$$

这就是说，第i个脉冲的宽度与该处正弦值$\sin\theta_i$近似成正比。因此，与半个周期正弦波等效的SPWM波是两侧窄、中间宽、脉宽按正弦规律逐渐变化的序列脉冲波形。

将式(4-12)、式(4-16)代入式(4-15)，得

$$U_{1m} = \frac{4U_d}{\pi}\sum_{i=1}^{n}\left[\sin\frac{(2i-1)\pi}{2n}\right]\frac{\pi U_m}{2nU_d}\sin\frac{(2i-1)\pi}{2n} = \frac{2U_m}{n}\sum_{i=1}^{n}\sin^2\left[\frac{(2i-1)\pi}{2n}\right]$$

$$= \frac{2U_m}{n}\sum_{i=1}^{n}\frac{1}{2}\left[1-\cos\frac{(2i-1)\pi}{n}\right] = U_m\left[1-\frac{1}{n}\sum_{i=1}^{n}\cos\frac{(2i-1)\pi}{n}\right] \tag{4-17}$$

可以证明，除$n=1$外，有限项三角级数$\sum_{i=1}^{n}\cos\frac{(2i-1)\pi}{n}=0$，而$n=1$是没有意义的；因此由式(4-17)可得$U_{1m}=U_m$。也就是说，SPWM逆变器输出脉冲序列波的基波$u_{o1}$的电压正是调制时所要求的等效正弦波。

当然，这个结论是在 n 不能太小的近似条件下得到的，即$\sin(\pi/2n)\approx\pi/2n$，且$\sin(\delta_i/2)\approx\delta_i/2$。当这些条件成立时，上述关系才成立。以上公式在文献(刘志刚，2009)已经作了详细的推导。

对于SPWM信号波本身产生的谐波，根据式(4-13)，当脉冲数n已知时，各次谐波幅值都能计算出来。分析结果表明，随着脉冲数n的增加，较低次谐波迅速减少，7次以下谐波基本消除，当$n \geqslant 9$时，13次谐波小于基波的1%。因此谐波成分要少于方波或阶梯波逆变。SPWM逆变器能很好地满足异步电机变压变频工作的要求。

2. SPWM脉冲系列波的生成方法

根据以上原理，通常SPWM脉冲系列波的生成方法包括离线计算法和调制法。

1)离线计算法

正弦脉宽调制的基本原理就是按面积相等的原则构成与正弦波等效的一系列等幅不等宽的矩形窄脉冲波。按照上述原理，控制信号的产生是用等效面积算法。在给出了正弦波频率、幅值和半个周期内的脉冲数后，参照图4-13，并根据脉冲宽度的计算公式(可参考式(4-16))，就可以准确计算出PWM波形各脉冲的宽度和间隔，用于查表或实时控制，并控制电路中开关器件的通断，可以得到所需要的PWM波形。这种方法的缺点是计算烦琐，正弦波的频率、幅值等变化时，结果都要变化，因此不适合经常调速的场合。可以采用微机存储预先计算的SPWM数据表格，控制时根据指令调出。

2)调制法

如图4-14所示，把希望得到的波形作为调制信号u_r，把接受调制的信号作为载波u_c，通过对载波u_c的调制得到所希望的PWM波形。通常采用等腰三角波作为载波u_c，因为等腰三

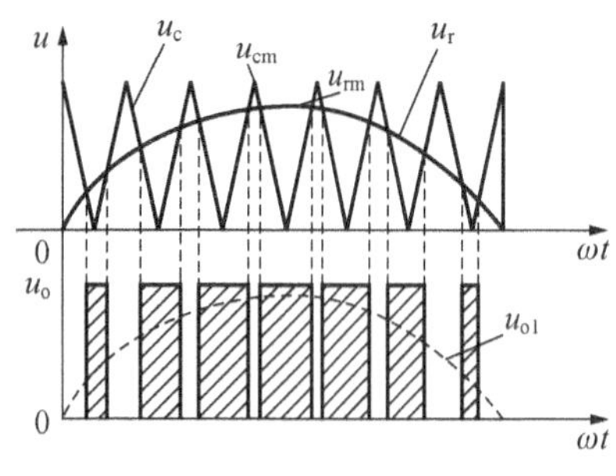

图 4-14　调制法的基本原理

角波上下宽度与高度呈线性关系且左右对称，当它与任何一个平缓变化的调制信号 u_r 相交时，在交点时刻，控制电路中开关器件的断通，就可以得到宽度正比于调制信号 u_r 数值的脉冲，这正好符合 PWM 控制的要求。也可以采用别的波形作为载波，如锯齿波。当调制信号波为正弦波时，所得到的就是正弦脉宽调制(SPWM)波形。正弦脉宽调制(SPWM)应用最广泛，也最基础。此外，根据希望得到的基波波形的不同，可采用不同的调制信号，如用三角波或梯形波作为调制信号，称为三角形或梯形 PWM 调制。

3. SPWM 的谐波

SPWM 逆变器虽然以输出波形接近正弦波为目的，但其输出电压中仍然存在谐波分量。谐波通常由两部分组成：一部分是根据脉宽调制原理，SPWM 信号波本身产生的谐波，前面已阐述。另一部分是由于正弦信号对三角载波的调制而产生的谐波。由于使用载波对正弦信号波进行调制，产生了和载波有关的谐波分量。

图 4-15(a)所示为单相桥式 PWM 逆变电路双极性调制时，在不同调制度 M 下的输出电压频谱。从图中可以看出，谐波的主要分量是以簇的形式出现，主要谐波频率为 $n\omega_c$ (n=1,3,5,…)，附近还存在变频带 $k\omega_r$，分布其两侧，其幅度在两侧对称衰减。单相桥式 PWM 逆变输出电压所包含的谐波频率表示为

$$n\omega_c \pm k\omega_r = (nN \pm k)\,\omega_r \tag{4-18}$$

其中，$N=\dfrac{\omega_c}{\omega_r}$，称为载波比。当 n=1,3,5,⋯时，k=0,2,4,⋯；当 n=2,4,6,⋯时，k=1,3,5,⋯。其输出电压 PWM 波不含有低次谐波，只含有载波角频率 ω_c 及其附近的谐波，以及 $2\omega_c$、$3\omega_c$ 及其附近的谐波。幅值最高、影响最大的是角频率为 ω_c 的谐波分量。按载波角频率 ω_c 设计低通滤波器，频率为 $2\omega_c$、$3\omega_c$ 等的谐波很容易被滤除。SPWM 输出电压的傅里叶表达式可用傅里叶级数和贝塞尔函数推导出，但推导过程和表达公式都很复杂。

以双极性调制为例，设载波信号可表示为 $u_r = M\sin(\omega_r t+\varphi)$，($M=\dfrac{u_{rm}}{u_{cm}}$，称为调制度，$M$ 和 N 将在 4.3.5 节介绍)，SPWM 调制输出的电压 u_o 可以表示为基波分量 u_{o1} 和谐波分量 $n\omega_c \pm k\omega_r$ 的组合。

(1) 基波分量 $u_{o1} = A_1\sin(\omega_r t+\varphi+\phi)$，振幅 A_1 和 ϕ 与逆变电路结构有关。对于单相半桥逆变电路，$A_1=\dfrac{1}{2}MU_d$，ϕ=0；对于单相全桥逆变性电路，$A_1=MU_d$，ϕ=0；对于三相逆变电路，$A_1=\dfrac{\sqrt{3}}{2}MU_d$，$\phi=\dfrac{\pi}{3}$。

(2)谐波分量 $n\omega_c \pm k\omega_r$，谐波分量振幅 A_{nk} 与逆变电路结构有关。对于单相半桥逆变电路，$A_{nk}=\dfrac{2U_d}{n\pi}J_k\left(\dfrac{n\pi M}{2}\right)$($n$=1,3,5,⋯时，$k$=0,2,4,⋯；$n$=2,4,6,⋯时，$k$=1,3,5,⋯)；对于单相全桥逆变性电路，$A_{nk}=\dfrac{4U_d}{n\pi}J_k(\dfrac{n\pi M}{2})$ (n=1,3,5,⋯时，k=0,2,4,⋯；n=2,4,6,⋯时，k=1,3,5,⋯)；对于三

相逆变电路，$A_{nk}=\frac{\sqrt{3}}{2}\frac{4U_d}{n\pi}J_k\left(\frac{n\pi M}{2}\right)\sin\left(\frac{k\pi}{3}\right)$（$n$=1,3,5,…时，$k$=3(2$m$−1)±1，$m$=1,2,…；$n$=2,4,6,…时，$k=\begin{cases}6m+1 & m=0,1,2,\cdots \\ 6m-1 & m=1,2,3\cdots\end{cases}$）。以上振幅 A_{nk} 的公式中，J_k 为 k 阶贝塞尔函数。对于三相逆变电路，当 k=0 或 3 的倍数时，$\sin\left(\frac{k\pi}{3}\right)=0$，$A_{nk}$=0，因此 k=0 或 3 的倍数处没有高次谐波，高次谐波中也无载波频率 ω_c 的整数倍谐波，如图 4-15(b)所示。

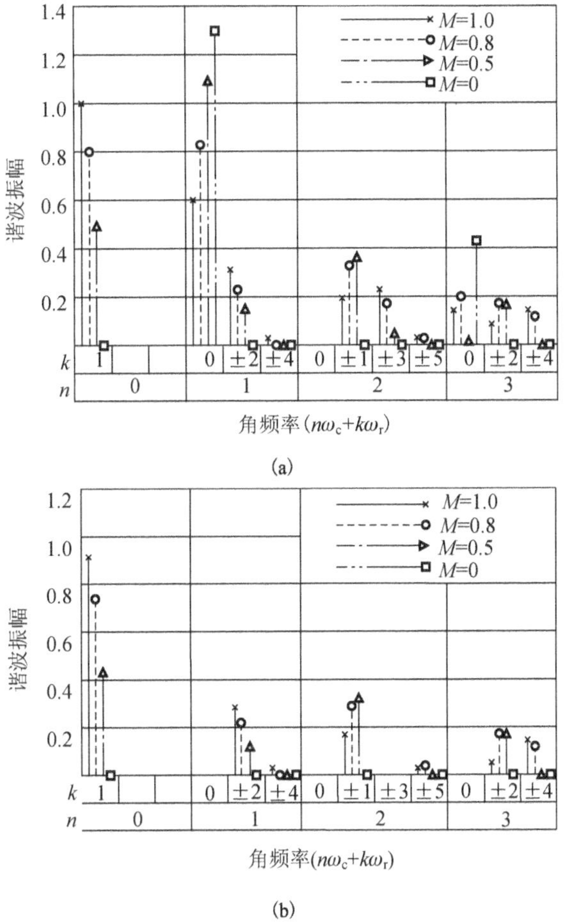

图 4-15　单相桥式 PWM 逆变电路输出电压频谱

以上可见，与方波逆变相比，SPWM 逆变输出电压除了频率为 ω_r 的基波外，3、5、7 次等低次谐波都不存在了，只有高次谐波，高次谐波的最低次在开关频率 $\omega_c=N\omega_r$ 附近。

上述分析是在理想条件下进行的，实际电路中产生谐波的原因还包括：①在工程应用中，对 SPWM 波形的生成往往采用规则采样法及采样时刻造成的误差，不能保证 PWM 序列波的波形面积与各段正弦波面积完全相等；②为了防止电压型逆变器同一桥臂上、下两器件的直通而短路，同一相的上、下两器件互补工作时，需要设置一个死区时间，不可避免地造成逆变器输出的 SPWM 波形失真。一般三相电机中无中线，3 的整数倍谐波可以不用考虑。

SPWM 的交直交变压变频器的原理框如图 4-16 所示，同方波逆变电路完全一样。图中逆变器的功率开关器件采用全控器件 IGBT，按一定规律控制其开通或关断，使输出端获得一系列宽度不等的矩形窄脉冲电压波形。输出电压经 L-C 滤波后将最低次谐波在开关管开关频率 ω_c 附近的高次谐波滤掉，保留了 ω_r 附近的基波成分，通过改变脉冲的宽度可以控制逆变器输出交流基波电压幅值，改变调制波频率 f_r 可以控制其输出基波频率，从而实现 VVVF 控制。

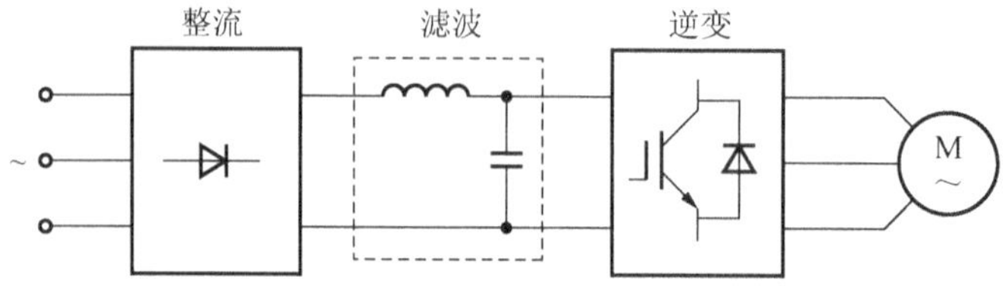

图 4-16 SPWM 交直交变压变频器的原理框图

4. SPWM 基波电压幅值 U_{1m} 与直流环节电压 U_d 的相互关系

在对上述 SPWM 的基波电压分析的基础上，还可进一步分析单相全桥 SPWM 逆变基波幅值 U_{1m} 和直流环节电压 U_d 的相互关系。

对于线性 SPWM 调制，通常 $\delta_{i\max} \leqslant \theta_{i+1} - \theta_i = \dfrac{2i+1}{2n}\pi - \dfrac{2i-1}{2n}\pi = \dfrac{\pi}{n}$，否则将会出现各个 PWM 脉冲相互交叠，方波成分大大增加，从而超出线性 SPWM 的调制范围。由式(4-16)可知，对于 SPWM 一定要满足 $\delta_i \approx \dfrac{\pi U_m}{nU_d}\sin\theta_i \leqslant \dfrac{\pi}{n}$，因此可以得出，$\theta_i$ 在不同值时，始终应满足 $\dfrac{U_m}{U_d}\sin\theta_i \leqslant 1$。当 $\sin\theta_i = 1$ 时，$\delta_{i\max} \approx \dfrac{\pi U_m}{nU_d} \leqslant \dfrac{\pi}{n}$，因此 $\dfrac{U_m}{U_d} \leqslant 1$，也就是说满足 $U_{1m} = U_m \leqslant U_d$。可以写成

$$U_{1m} = M \cdot U_d \tag{4-19}$$

其中，$0 \leqslant M \leqslant 1$，$M$ 称为调制度，$M = 0 \sim 1$。M 的概念在 4.3.5 节介绍。

从式(4-19)可以看出单相全桥 SPWM 的基波幅值 U_{1m} 为 U_d，有效值 U_1 为 $\dfrac{U_d}{\sqrt{2}} = 0.707U_d$，实际上 M 还受开关管开、关时间的限制，还不能完全达到 1，一般为 0.8～0.9，这样就影响了电机额定电压的充分利用。而单相全桥方波逆变的基波幅值 U_{1m} 为 $\dfrac{4}{\pi}U_d = 1.27U_d$，有效值 U_1 为 $0.9U_d$。因此在电机高速段，为充分利用变流器的容量，经常采用方波逆变。但 PWM 的优点在于可以实现电机的变压变频控制(VVVF)以实现恒转矩加速和电机的软启动等功能，因此，在列车启动和加速时，为工作在恒力矩区，都采用了 PWM 调制(SPWM 或 SVPWM)。

4.3.2 SPWM 调制的控制脉冲产生方法

SPWM 的控制脉冲产生方法具体分为模拟控制方式和数字控制方式。

1. SPWM 模拟控制方式

SPWM 控制信号是由模拟电路实现的，现在已经很少应用，但它的原理往往是其他控制方法的基础。如图 4-17 所示，三相对称的参考正弦电压调制信号 u_{ra}、u_{rb}、u_{rc} 由三相正弦波发生器提供，其频率和幅值都是可调的，三角载波信号 u_c 由三角波发生器提供，三相共用。分别与每相调制信号在比较器上进行比较，给出“正”或“零”的输出，产生 SPWM 脉冲序列波 u_{da}、u_{db}、u_{dc}，作为逆变器功率开关器件的驱动信号。SPWM 模拟控制的优点是速度快、实时性好，缺点是由分立元件构成，控制板复杂、可靠性差。

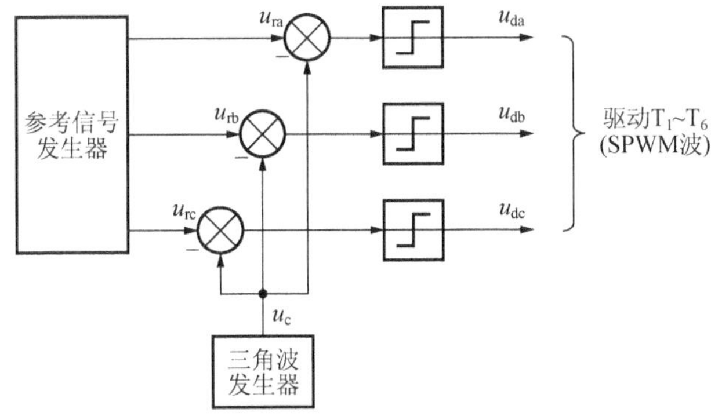

图 4-17　SPWM 逆变器的模拟控制电路

2. SPWM 的数字控制

目前 SPWM 控制较多采用的是数字或微处理器控制，数字控制是 SPWM 目前常用的控制方法。可以通过软件实时生成 SPWM 波形；也可以采用大规模集成电路专用芯片产生 SPWM 信号。具体包括自然采样法和规则采样法。

1) 自然采样法

自然采样法是先计算正弦调制波与三角载波的交点，从而求出相应的脉宽和脉冲间歇时间，生成 SPWM 波形。原理如图 4-18 所示，通过计算正弦调制波与三角载波的交点 A 和 B 计算脉冲宽度。A 点是发生脉冲的时刻，B 点是结束脉冲的时刻。若以单位量 1 代表三角载波的幅值 U_{cm}，则正弦调制波的幅值 U_{rm} 就是调制度 M(见 4.3.5 节)，ω_r 是调制波频率，也就是逆变器的输出频率，T_c 为三角载波的周期。正弦调制波可表示为 $u_r = M\sin\omega_r t$。

由图 4-18 中关系知 A、B 区间就是脉宽时间 t_2，可以得出脉冲宽度 t_2 为

$$t_2 = t_2' + t_2'' = \frac{T_c}{2}\left[1 + \frac{M}{2}\left(\sin\omega_r t_A + \sin\omega_r t_B\right)\right] \tag{4-20}$$

其中，$t_2' = \frac{1 + M\sin\omega_r t_A}{2} \cdot \frac{T_c}{2}$，$t_2'' = \frac{T_c}{2} \cdot \frac{1 + M\sin\omega_r t_B}{2}$。

式(4-20)是一个超越方程，其中，t_A、t_B 与载波比 N 和调制度 M 都有关系，求解困难，而且 $t_1 \neq t_3$，分别计算就更增加困难。因此，自然采样法虽然准确反映了 SPWM 的脉宽，但不适合实时控制。

2) 规则采样法

为了提高计算实时性，通常采用比例近似的方法，称为规则采样法。规则采样法的实质是用阶梯波来代替正弦波，简化了算法。只要载波比足够大，不同的阶梯波都很逼近正弦波，误差就可以忽略不计。

规则采样法 I 如图 4-19(a) 所示。采样时刻是三角载波的正峰值 $M\sin(\omega_r T_e + nT_c)$，采样电压水平线与三角载波的交点都处于正弦调制波的同一侧，脉宽误差较大。

规则采样法 II 如图 4-19(b) 所示。在三角载波上由 u_{re} 水平线截得 A、B 两点，从而确定了脉宽时间 t_2。由于采样时刻不是三角载波的正峰值，而是其负峰值，A、B 两点落在正弦调制波两侧，减少了脉宽误差，所得 SPWM 波形就更准确，且脉宽时间和间歇时间计算简单。

脉宽时间为

$$t_2 = \frac{T_c}{2}(1 + M\sin\omega_r t_e) \tag{4-21}$$

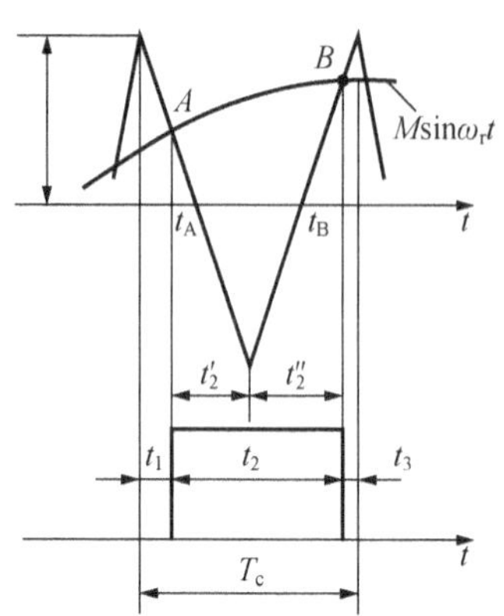

图4-18　生成SPWM波形的自然采样法原理

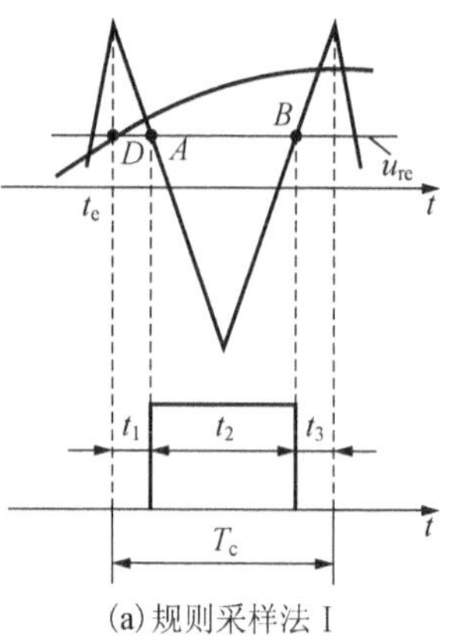

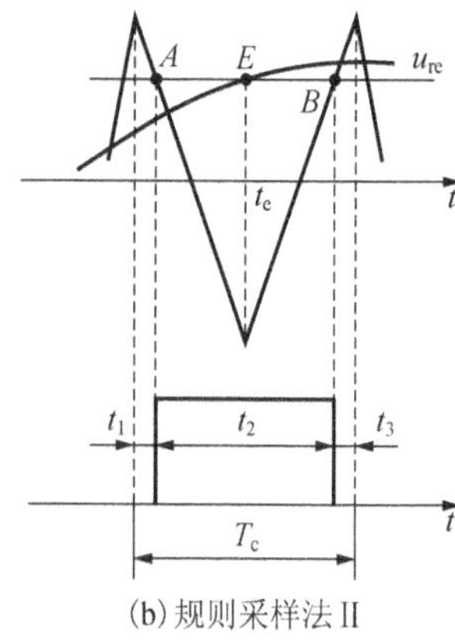

图 4-19　生成 SPWM 波形的规则采样法

间歇时间为

$$t_1 = t_3 = \frac{1}{2}(T_c - t_2) \tag{4-22}$$

数字控制根据以上原理和计算公式，具体分为查表法和实时计算法。①查表法一般先离线计算出给定调制频率 ω_r 和载波周期 T_c 下相应的脉宽 t_2 或 $(T_c/2)\cdot M\sin\omega_r t_e$，并写入 EPROM，然后通过查表和加减运算求出各相脉冲时间和间歇时间，此方法适合调制度 M 和频率 ω_r 确定的开环系统。②实时计算法是在内存中存储正弦函数和 $T_c/2$ 值，控制时先取出正弦值、调速系统所需的调制度 M、载波周期 T_c，计算出 $(T_c/2)\cdot M\sin\omega_r t_e$，然后运用加、减、移位即可算出脉宽时间 t_2 和间歇时间 t_1、t_3。本方法更适合调制度 M 随时被调节的实时反馈系统。

上述 SPWM 的生成方法可用 CPU，但 CPU 有时受到指令功能、运算速度、存储容量和其他算法功能的限制，有时难以保证实时性，可以与 DSP、CPLD 等结合在一起实现。如 DSP 实现快速运算，CPLD 进行触发和极快速保护，还有 SPWM 专用集成电路芯片。

4.3.3　SPWM 的调制方法

前面介绍了 SPWM 的控制脉冲产生方法，但此信号是在控制板中产生的弱电信号(幅值不超过几十伏)。如何将弱电信号转换为大功率的强电信号(幅值几千伏以上)，根据输出电压波的极性不同，可分为单极性(或不对称)SPWM 波和双极性(或对称)SPWM 波。

1. 单极性正弦脉宽调制

单相桥式逆变电路(图 4-20(a))的单极性控制时的波形如图 4-20(b)所示。设负载为感性。调制信号 u_r 为正弦波，载波 u_c 在调制波 u_r 的正半周为正极性的三角波，在负半周为负极性的三角波。在 u_r 和 u_c 的交点时刻控制 T_3 或 T_4 的通断。

(1) 在 u_r 正半周期，开关管 T_1 始终保持导通，T_4 交替通断，同时 T_2、T_3 始终断开。当 $|u_r|>|u_c|$ 时，T_4 开通，负载电压 $u_o=U_d$；当 $|u_r|<|u_c|$ 时，T_4 关断，由于电感性负载中的电流不能突变，负载电流将通过二极管 D_3 续流，此时负载电压为 $u_o=0$。如果负载电流较小，T_4 开通前，D_3 续流结束，同样负载电压为 $u_o=0$。因此输出电压 u_o 就可得到 0 和 U_d 交替的两种电平。

(2) 在 u_r 负半周期，开关管 T_2 始终保持导通，T_3 交替通断，同时 T_1、T_4 始终断开。当 $|u_r|>|u_c|$ 时，T_3 开通，负载电压 $u_o=-U_d$；当 $|u_r|<|u_c|$ 时，T_3 关断，D_4 续流，负载电压 u_o 可得到 $-U_d$ 和 0 两种电平。这样，在一个周期内，逆变器输出的 PWM 波形就由 $\pm U_d$ 和 0 三种电平构成。就

得到了 SPWM 波形 u_o，图 4-20(b)中虚线 u_{o1} 表示 u_o 中的基波分量。

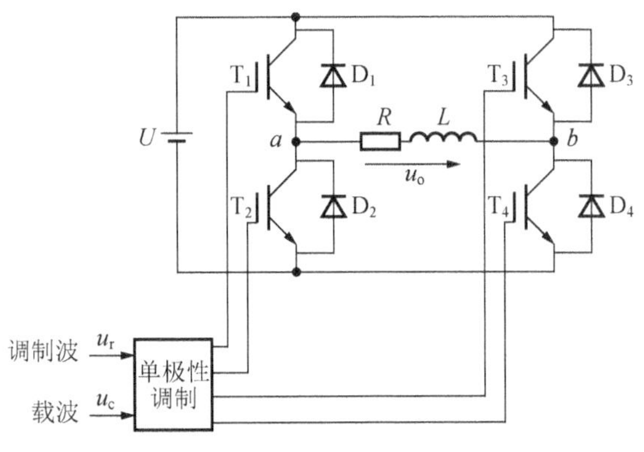

(a)单相桥式逆变电路

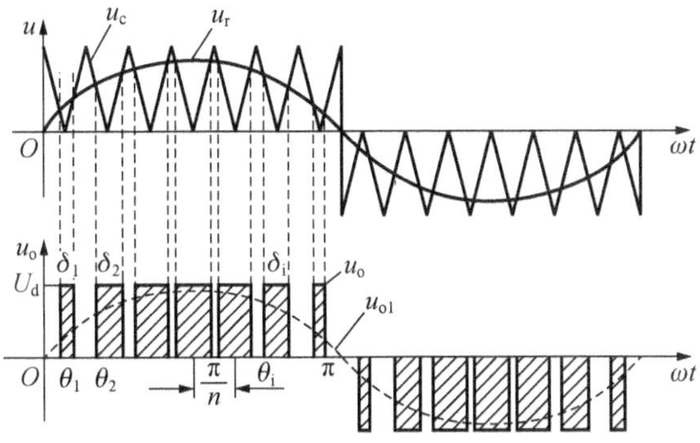

(b)单极性PWM波形图

图 4-20 单极性 PWM 调制

这种在 u_r 的半个周期内三角波载波只有一个方向变化，所得到的 PWM 波形也只在一个方向变化的控制方式称为单极性 PWM 控制方式。单极性调制的缺点是控制逻辑复杂，三角载波有正负之分，还将是 u_r 和 u_c 的绝对值进行比较，因此在三相逆变器中更经常使用控制逻辑简单的双极性正弦脉宽调制。

2. 双极性正弦脉宽调制

单相桥式逆变电路的双极性控制原理如图 4-21 所示。

在 u_r 的一周期内，输出的 PWM 波形只有±U_d 两种电平。仍然在调制信号 u_r 和载波信号 u_c 的交点时刻控制各开关器件的通断。当 $u_r>u_c$ 时，开通 T_1 和 T_4，关断 T_2、T_3，输出电压 $u_o=U_d$；当 $u_r<u_c$ 时，开通 T_2、T_3，关断 T_1、T_4，输出电压 $u_o=-U_d$。同一半桥上下两个桥臂 IGBT 的驱动信号极性相反，处于互补工作方式。同时 D_1～D_4 给感性负载续流。

双极性调制控制简单，三角载波 u_c 不分正负，u_r 与 u_c 的比较也是代数值相比，而不是绝对值相比。因此对于三相 SPWM 逆变广泛采用双极性调制。双极性调制的缺点是：同一相的上下开关管切换时要留出一定的死区时间 Δt，比如对于 a 相，当由 T_1 切换到 T_2 时，虽然理论上 T_1 与 T_2 控制脉冲相差 180°，但由于 T_1 存在一个关断时间 t_{off}，因此要留出一定的死区时间 $\Delta t \geqslant t_{off}$，需等到 T_1 完全关断后，T_2 才能开通，否则会造成上下直通。死区时间会造成谐波含量增加，但这是可滤除的。同时死区时间也得根据不同的开关管的 t_{off} 的不同(比如同一厂家生产但不同批号，t_{off} 会不同)，需要修改相关的控制程序。而单极性调制不存在这个问题，双极性调制的谐波含量要大于单极性调制。

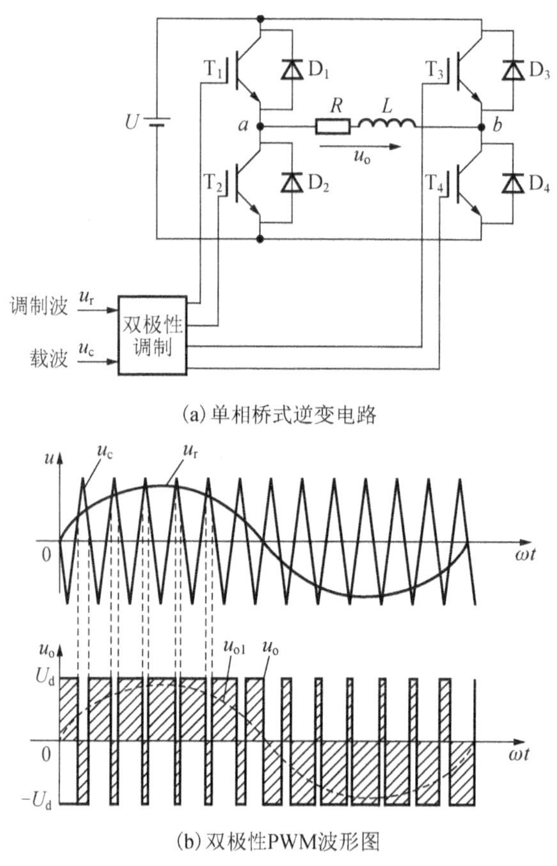

(a) 单相桥式逆变电路

(b) 双极性PWM波形图

图 4-21　双极性 PWM 调制

4.3.4　三相 SPWM 逆变工作原理

由于双极性 PWM 调制控制简单，三相逆变器通常采用双极性调制。如图 4-22(a) 所示。三相 SPWM 的波形(图 4-22(b))要远好于三相方波逆变产生的阶梯波。三相 SPWM 的控制特点是：①a、b 和 c 三相的 PWM 控制通常共用一个三角形载波 u_c；②三相调制信号 u_{ra}、u_{rb} 和 u_{rc} 的相位依次相差 120°。

控制方法如下：对于 a 相，当 $u_{ra}>u_c$ 时，上桥臂 T_1 导通，下桥臂 T_4 关断，$u_{ao}=U_d/2$；当 $u_{ra}<u_c$ 时，T_4 导，T_1 关断，$u_{ao}=-U_d/2$。b 相和 c 相的控制方式和 a 相相同。输出相电压 u_{ao}、u_{bo} 和 u_{co} 都只有 $\pm U_d/2$ 两种电平方式，波形如图 4-22(b) 所示。逆变器输出的线电压是两个相电压的差，比如线电压 u_{ab} 可由 $u_{ao}-u_{bo}$ 得出，因此线电压由 $\pm U_d$ 和 0 三种电平构成。例如，当桥臂 1 和 6 导通时，$u_{ab}=U_d$；当桥臂 3 和 4 导通时，$u_{ab}=-U_d$；当桥臂 1 和 3 或 4 和 6 导通时，$u_{ab}=0$。电机中点 n 和直流环节中点 o 不等电位，不考虑死区时间，u_{no} 的波动幅值为 $\pm U_d/6$，电动机相电压 $u_{an}=u_{ao}-u_{no}$。此外，当给 $T_1(T_4)$ 施加开通信号时，可能是 $T_1(T_4)$ 导通，也可能是二极管 $D_1(D_4)$ 续流导通，这要由感性负载中原来电流的方向和大小决定。

与单相双极性 PWM 调制一样，三相双极性 PWM 控制方式中，理论上同一相的上下两个臂的驱动信号都是互补的。实际上，在同一相的上下管切换时应留出一定的死区时间 Δt，从而使输出的 SPWM 波形谐波含量增加，一定程度地偏离正弦波。

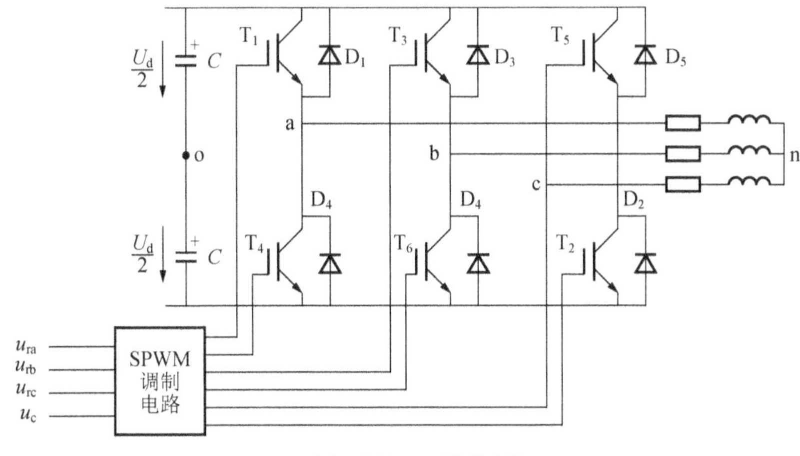

(a) 三相SPWM逆变电路

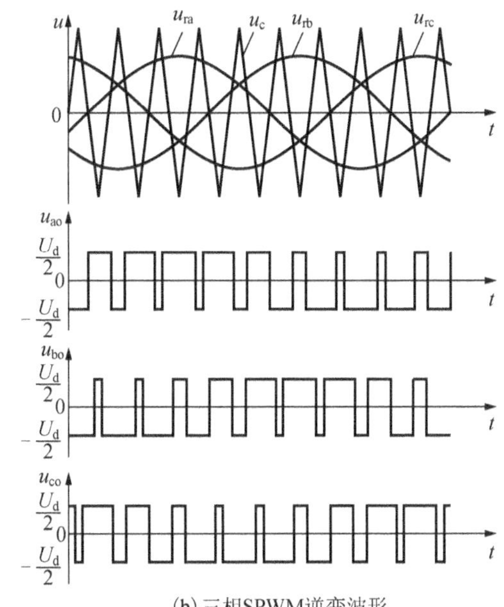

(b) 三相SPWM逆变波形

图 4-22　三相 SPWM 逆变电路及波形

4.3.5　SPWM 对脉宽调制的制约条件

1. 载波比 *N* 与调制度 *M*

由 SPWM 的数学分析(式(4-12)～式(4-17))可知，脉宽调制把期望的正弦波分段越多，脉冲序列波的脉宽 δ_i 越小，SPWM 波的基波更接近期望的正弦波。但实际功率开关器件的开关能力有限，在应用脉宽调制技术时必然受到一定条件的制约，这主要表现在以下两个方面。

1) 载波比 N

定义载波频率 f_c 与参考调制波频率 f_r 之比为载波比(Carrier Ratio) N：

$$N = \frac{f_c}{f_r} \tag{4-23}$$

N 实际上就是正弦波的分段份数，式(4-23)中的载波频率 f_c 实际上就是开关管的开关频率；调制波频率 f_r 是电动机定子上电流频率 $f_1(=f_r)$，也就是定子产生的旋转磁通量的频率 f_1，

转子频率 $f_2=(1-s)f_1$，转差率 s 通常很小，因此 f_r 实际决定列车的速度。

为使逆变器的输出波形尽量接近正弦波，应尽可能增大载波比 N；但从功率开关器件本身的允许开关频率来看，载波比 N 又不能太大。N 值应受到下列条件的制约：

$$N \leqslant \frac{\text{功率开关器件的允许开关频率}}{\text{频段内最高正弦调制信号频率}} \tag{4-24}$$

提高载波频率可以使输出波形更接近正弦波，但载波频率的提高受到功率开关器件最高允许开关频率的限制。普通晶闸管开关频率一般不超过 300～500Hz，GTO 开关频率为 1～2kHz；电力晶体管开关频率可达 1～5kHz；功率场效应管可达 50kHz；中小功率的绝缘栅双极晶体管可达 20kHz，通用的 SPWM 逆变器产品以 IGBT 为主；动车组使用的大功率 IGBT 的允许开关频率通常在 1kHz 左右。此外，在采用微机进行控制时，载波频率还受到微机计算速度和控制算法计算量的限制。

三相 PWM 逆变器对载波比 N 有如下特殊要求。①三相电路中共用一个三角波载波 u_c，为了保证三相之间对称，互差 120° 相位角，取载波比 N 为 3 的整数倍，使三相输出波形严格对称。②为了消除偶次谐波，使每相的 PWM 波形正负两半周期镜对称，N 必须取奇数。这样在调制波的 180° 处，载波的正、负半周恰好分布在 180° 的左右两侧。谐波中只有奇次谐波而无偶次谐波，且在傅里叶级数中只有正弦相而无余弦相。因此三相 PWM 逆变器要求载波比 N 应该是 3 的倍数和奇数。

2）调制度 M

定义 U_{rm} 与 U_{cm} 之比为调制度 M，公式如下：

$$M=\frac{U_{rm}}{U_{cm}} \tag{4-25}$$

从式(4-25)和图 4-14 可以看出，当改变 U_{rm} 在 U_{cm} 中的比重 M 时，δ_i 成比例地增大或减小，根据式(4-15)，输出基波幅值 U_{1m} 也成比例地增大或减小。

以单极性调制为例，如图 4-20(b)所示，设正弦调制波可表示为 $u_r=U_{rm}\sin\omega_r t$，设在一个三角载波周期 T_c 内，某个 PWM 输出脉冲的宽度为 δ，则满足 $\dfrac{\delta}{T_c}=\dfrac{u_r}{u_{cm}}=\dfrac{U_{rm}\sin\omega_r t}{u_{cm}}=M\sin\omega_r t$。当三角载波频率 $f_c \gg f_r$ 时，可以认为在一个载波周期中的输出基波电压 $u_{o1}\approx\bar{u}_o$，其中 $\bar{u}_o$ 为输出 PWM 脉冲在一个载波周期内的平均值，$\bar{u}_o=\dfrac{\delta}{T_c}U_d=M\cdot U_d\sin\omega_r t$。因此当三角载波频率 $f_c \gg f_r$ 时，输出基波电压 $u_{o1}=U_{1m}\sin\omega_r t=M\cdot U_d\sin\omega_r t$。因此可以得出，$U_{1m}=M\cdot U_d$。同理，对于双极性调制也可以根据此思路证明出此关系，读者可参考图 4-21(b)，自行证明。

因此对于单相全桥 SPWM 逆变，输出电压基波幅值为

$$U_{o1m}=M\cdot U_d \tag{4-26}$$

对于单相半桥 SPWM 逆变，输出电压基波幅值为

$$U_{o1m}=\frac{1}{2}M\cdot U_d \tag{4-27}$$

对于三相桥式 SPWM 逆变电路，负载星形连接的，A 相基波电压可表示为 $u_A=\dfrac{M}{2}\cdot U_d\sin\omega_r t$；B 相基波电压可表示为 $u_B=\dfrac{M}{2}\cdot U_d\sin\left(\omega_r t+\dfrac{2\pi}{3}\right)$；则基波线电压

$u_{AB}=\dfrac{\sqrt{3}}{2}M\cdot U_d\sin\left(\omega_r t-\dfrac{\pi}{6}\right)$，输出线电压基波幅值为

$$U_{olm}=\frac{\sqrt{3}}{2}M\cdot U_d \tag{4-28}$$

因此，调节 M 就可以调节输出基波的幅值。为保证最小脉冲宽度大于开关器件的导通时间 t_{on}，最小脉冲间歇大于器件的关断时间 t_{off}，必须使 U_{rm} 低于三角载波的峰值 U_{cm}。在理想情况下，M 值在 0～1 内变化时，输出电压基波值随 M 的增加而线性增加，称为线性调制。实际上 M 总是小于 1 的，在 N 较大时，M 的最高值一般取 0.8～0.9。

因此，当改变了调制信号 u_r 的幅值(调节 M)，就改变了输出电压基波分量的幅值；改变了调制信号 u_r 的频率，就改变了输出电压中基波分量的频率；当按一定关系同时改变正弦控制信号 u_r 的幅值和频率时，也就实现了输出电压中基波幅值和频率的同时调节。

2. 方波(阶梯波)逆变和SPWM逆变的对比

从以上分析可以看出，方波逆变和 SPWM 逆变可以使用同样的逆变电路(图 4-23)，如单相桥式逆变电路，但控制方法不同，方波逆变一个周期只开关一次(频率为 f_r)，而 SPWM 逆变一个周期可以开通关断 N 次(频率为 f_c)，因此 PWM 逆变需要高开关频率的开关管，相应开关损耗也比较大。

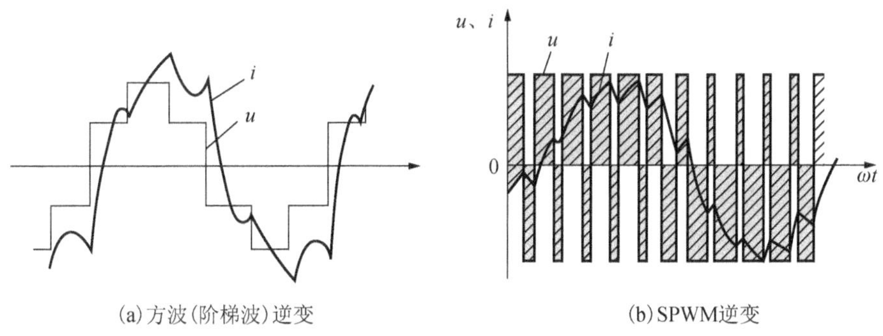

(a)方波(阶梯波)逆变　　(b)SPWM逆变

图 4-23　方波(阶梯波)逆变和 SPWM 逆变电压、电流波形对比

方波逆变的缺点是：①单相方波逆变有 3、5、7 等低次谐波(对于三相阶梯波逆变，无 3 次谐波)，低次谐波幅值较大，且频率与基波接近，难以滤除；②输出基波幅值难以调节，因此有些场合难以使用，如电动机软启动或恒转矩加速等需要变压变频的场合。SPWM 逆变克服了上述缺点，不但减小了低次谐波，而且输出电压基波的幅值、相位和频率都可调，因此电动机软启动或恒转矩加速等变压变频场合就可以使用。

但方波逆变的优点是输出基波幅值大，如单相全桥方波逆变，直流环节电压为 U_d 时，输出基波幅值为 $U_{olm}=1.27U_d$，有效值为 $0.9U_d$；单相全桥 SPWM 逆变的基波幅值为 $U_{olm}=U_d$，有效值为 $0.707U_d$，实际上还受最大调制度 M 的限制而无法达到 U_d。

对于三相桥式逆变器，方波逆变线电压的基波幅值为 $2\sqrt{3}/\pi\ U_d=1.1U_d$，有效值为 $2\sqrt{3}/(\pi\sqrt{2})\ U_d=0.78U_d$，SPWM 逆变线电压的基波有效值为 $\sqrt{3}/2\sqrt{2}\ U_d=0.612U_d$。

3. 线性SPWM调制、过调制、方波逆变的转换

通过改变 N 和 M，可以进行 SPWM 调制和方波逆变的转换。例如，N 较大时，通过改变 M 可以从线性 SPWM 转换到过调制，最后过渡到方波逆变，如图 4-24 和图 4-25 所示。图 4-25

中 K 与载波比 N 有关，例如，当 N=1，K=1，即 M=1 时，就可从 SPWM 逆变转换为方波逆变，载波比 N 越大 K 越大。

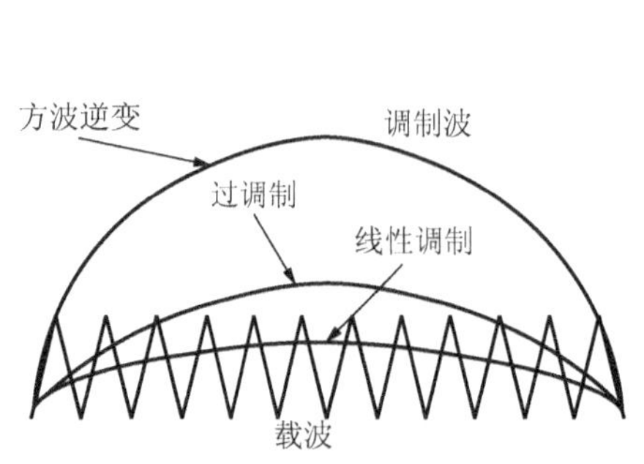

图 4-24　线性 SPWM 调制、过调制及方波逆变

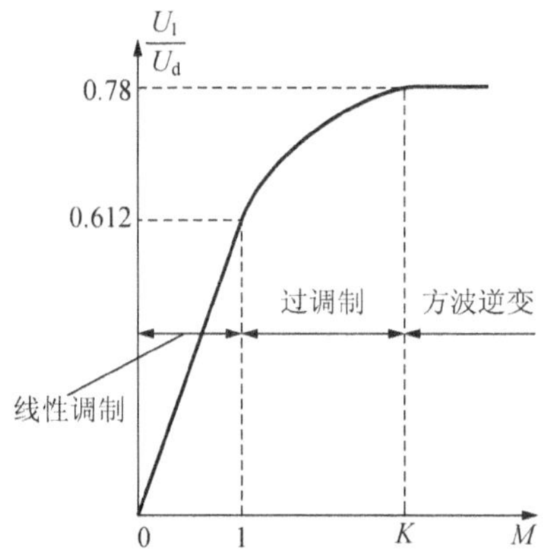

图 4-25　三相桥式 SPWM 逆变输出电压与 M 的关系

4.3.6　异步调制、同步调制及分段同步调制

进行 SPWM 脉宽调制时，一个正弦调制波周期内所包含的三角载波的个数为载波比 $N(N=f_c/f_r)$。列车行驶在不同的速度段时，N 是变化的，IGBT 的开关频率 f_c 也同样变化。根据在变频调速中载波比 N 是否变化，可分为异步调制、同步调制及分段同步调制。

1. 异步调制

异步调制是保持三角载波频率 f_c 不变，改变调制波频率 f_r 时，N 连续变化。不能保证 N 始终是 3 的倍数和奇数，使输出电压波形及其相位都发生变化，谐波含量增加，难以保持三相输出的对称性，引起电机工作不平稳。虽然在线性 PWM 调制的中高速段，特性不好；但在线性 PWM 的低速段，特性却较好，此时 N 虽然不是 3 的倍数和奇数，但由于 N 值较大，谐波幅值大大减小，相应地可减少负载电机的转矩脉动与噪声，因此异步调制的低频特性好。电机系统在低频时，经常采用异步调制。

2. 同步调制

同步调制的特点是在改变调制波频率 f_r 时，按比例地改变三角载波频率 f_c，使 N 保持不变，始终是 3 的倍数和奇数。因此在线性 PWM 调制的中速段，特性好；但在线性 PWM 调制的高速段，开关管频率可能会超出最高允许开关频率；而在线性 PWM 调制的低速段，由于相邻两脉冲间的间距增大，谐波会显著增加，使负载电机产生较大的脉动转矩和较强的噪声。此时载波的边频带靠近调制波，谐波不易滤除，容易干扰基波频域。由于载波频率 f_c 随调制波频率 f_r 的变化而连续变化，进行数字化控制比较困难。

3. 分段同步调制

在实际的 PWM 逆变器调速中，为将同步调制和异步调制的优点相结合，常采用分段同步调制方式。载波比 N 在不同的速度段，每个频段取不同的 N 值，并维持 N 恒定，始终为 3 的倍数和奇数，以保持输出波形对称，吸取了同步调制的优点。低频时吸取了异步调制的优点，使 N 分段有级地加大，而在高速段时，使 N 分段有级地减小。在输出频率的高频段采用较低的载波比，以使载波频率不致过高，并控制在开关管允许的频率范围内。如图 4-26 所示，载波频率(开关频率) f_c 在不同的频率段内，变化范围为 1.4～2kHz；在输出频率的低频段采用较高的载波比，以使载波频率不致过低而输出电压谐波将会增大，对负载产生不利影响。图4-26中切换点的实线表示输出频率增高时的切换频率，虚线表示输出频率降低时的切换频率，前者略高于后者而形成滞环切换。防止频率在切换点附近时载波比N来回跳动。

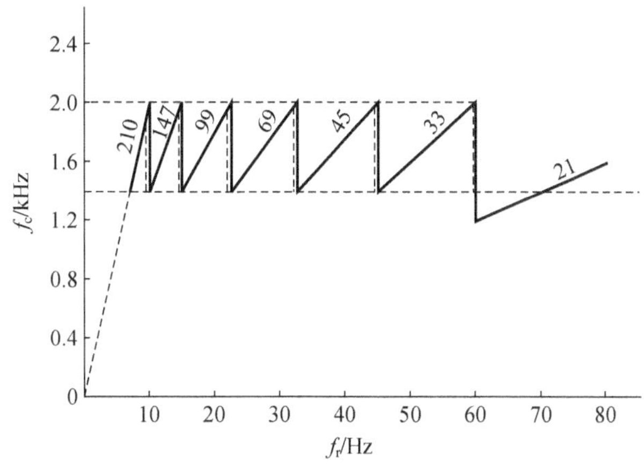

图4-26 分段同步调制方式原理图

图4-27为动车组CRH_1的PWM调制方式，图中f_s指定子交流电频率，也就是电机逆变器输出的基波频率，决定列车的速度。f_{sw}指MCM中的IGBT开关频率。在电机的基频（f_{base}）以下的低速段时，采用异步调制方式，利用异步调制低频特性好的优点，采用相对于定子频率较高的开关频率，可充分利用IGBT开关频率，使磁通空间矢量轨迹逼近理想圆，减小转矩脉动；在中、高速段时，为保证三相输出电压间的对称性，消除寄生谐波，宜采用分段同步调制。在电机基频以上，PWM变流器输出的电机电压达到最大。为了最大限度地利用直流环节电压U_d和提高逆变器输出容量，从PWM逆变平滑地转变为方波逆变。图4-28和图4-29为CRH_5动车组PWM控制时在不同速度段的调制方式和调制度M随频率的变化。图4-30为HXD_3电力机车的调制方式。在中低速区，采用异步调制，在基频以上采用方波逆变，为了在两者之间顺利地改变输出电压波，在PWM逆变和方波逆变之间使用过调制PWM方式。

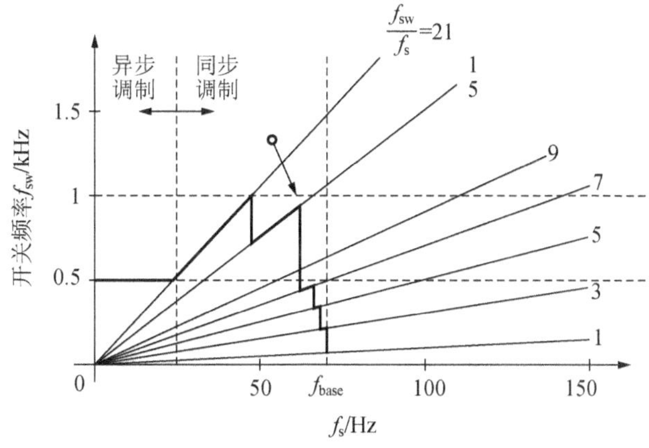

图4-27 CRH_1的PWM调制方式

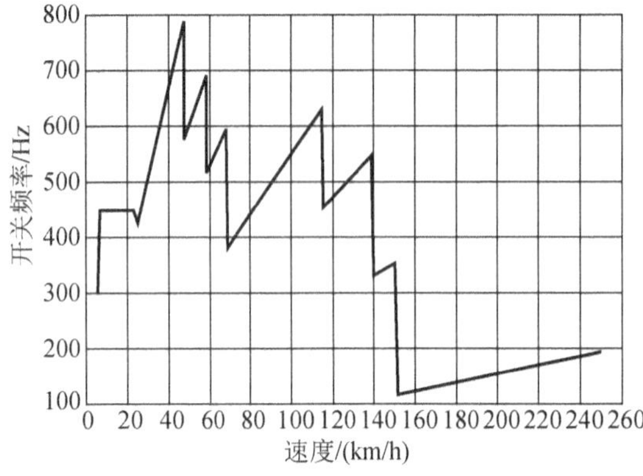

图 4-28　CRH_5 动车组 PWM 控制的分段同步调制

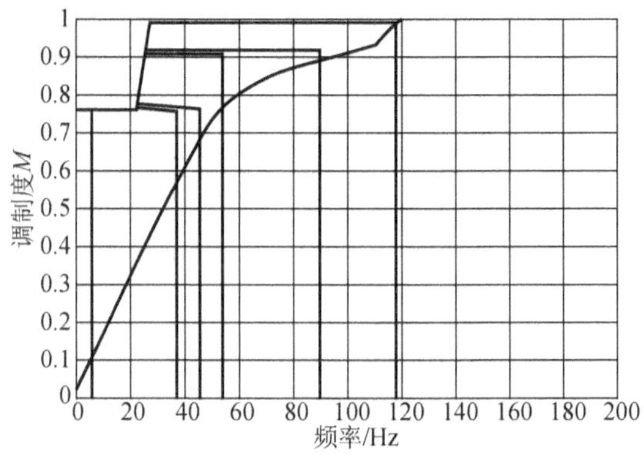

图 4-29　CRH_5 动车组 PWM 控制的调制度 M 变化

在 PWM 控制下牵引电机的电压与频率之间的一般关系如图 4-31 所示。电机暂停(Stand-Still)期间，给电机输入一个直流电流以产生一定强度的磁场，然后定子频率从 0Hz 开始上升。电机定子频率决定列车速度，从零频到基频，电机的电压/频率比为常数；当定子频率超过基频时，电机电压调到最大后保持不变。图 4-32 为不同速度段的电动机电压和电流的波形。PWM 逆变使用了高效的电机控制、高开关频率，降低了电机纹波和损耗。从图中也可以看出，IGBT 的开关频率反映出 PWM 能够产生理想电机电流的能力，开关频率越高，电机电流纹波越小，电机损耗也越小。但开关频率越高，电机变流器的功率损耗越大。

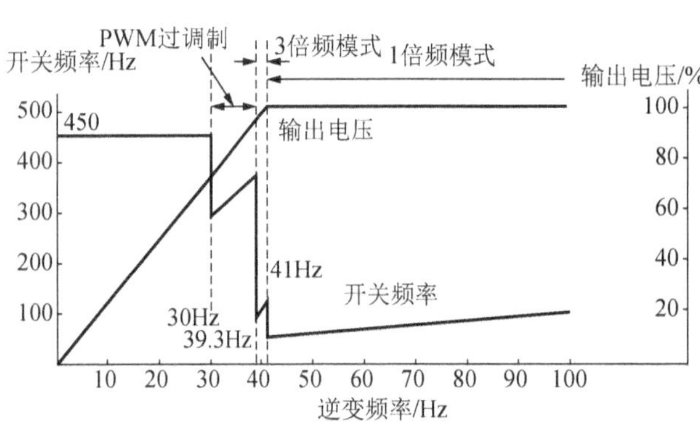

图 4-30　HXD_3 电力机车的调制方式

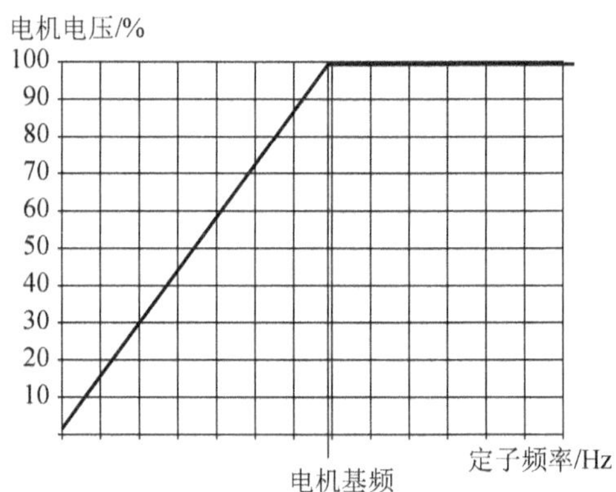

图 4-31　电动机定子电压与定子频率的关系

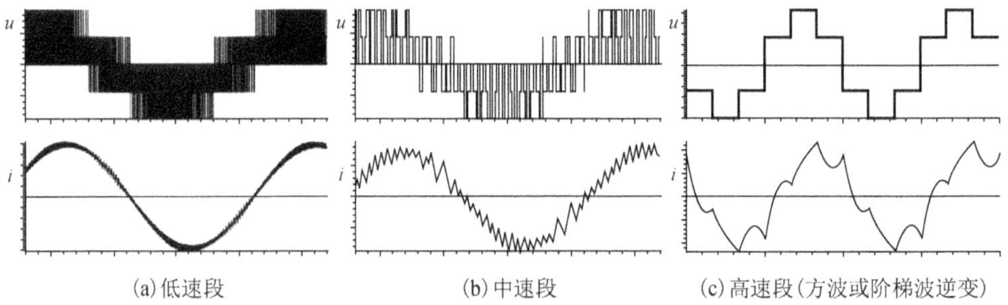

图 4-32　不同速度段电动机电压和电流波形

4.4 特定谐波消去法 PWM 控制

PWM 控制逆变器的目的是使输出的电压波形尽量接近正弦波，以满足交流电动机控制的需要并减少谐波。除了上述 SPWM 方法以外，还可以采用直接计算各脉冲的起始与终了相位，即开关时刻相位角 α_1、α_2、α_3 等的方法，以消去指定次数的谐波，取得近似正弦的 PWM 波形(Selected Harmonics Elimination PWM，SHEPWM)，如图 4-33 所示。

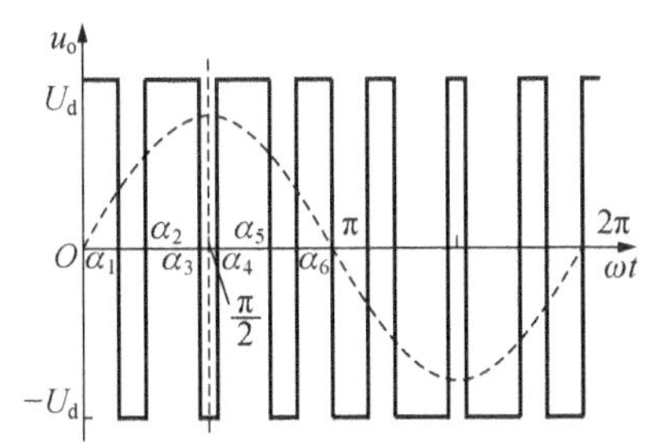

图 4-33 单相全桥逆变的 SHEPWM 波形

图 4-33 所示为单相全桥的 SHEPWM 波形。经级数分解，电压 PWM 波形可表示为

$$u(\omega t)=\frac{a_0}{2}+\sum_{n=1}^{\infty}a_n\cos n\omega t+b_n\sin n\omega t \tag{4-29}$$

当 $u(\omega t)$ 为奇函数时，$a_n=0$（n=0,1,2,3,⋯）；当 $u(\omega t)$ 为偶函数时，$b_n=0$（n=1,2,3,⋯）。实际上，为了简化计算和减小谐波，常将 $f(x)$ 转化为奇函数或偶函数。图 4-33 中的 PWM 波形为奇函数，$a_n=0$。此时 PWM 波形可变为 $u(\omega t)=\sum\limits_{n=1}^{\infty}b_n\sin n\omega t=\sum\limits_{n=1}^{\infty}U_{nm}\sin n\omega t$，其中，$U_{nm}$ 为 n 次谐波幅值，

$$U_{nm}=b_n=\frac{2}{\pi}\int_0^{\pi}u(\omega t)\sin n\omega t\mathrm{d}\omega t,\quad n=1,2,3,\cdots$$

为了简化计算过程，去掉偶次谐波，常使波形在正半周期内以π/2 为轴线的 1/4 周期轴(镜)对称，即 $u(\omega t)=u(\pi-\omega t)$。如图 4-33 所示，开关时刻相位角 $\alpha_6=\pi-\alpha_1$、$\alpha_5=\pi-\alpha_2$、$\alpha_4=\pi-\alpha_3$，求出 α_1、α_2、α_3，就可以求出 α_4、α_5、α_6。由此可以推出：

$$U_{nm}=\frac{2}{\pi}\int_0^{\pi}u(\omega t)\sin n\omega t\mathrm{d}\omega t=\frac{4}{\pi}\int_0^{\frac{\pi}{2}}u(\omega t)\sin n\omega t\mathrm{d}\omega t,\quad n=1,3,5,\cdots \tag{4-30}$$

从图 4-33 中的电压波形可以看出：$u(0\sim\alpha_1)=U_d$、$u(\alpha_1\sim\alpha_2)=-U_d$、$u(\alpha_2\sim\alpha_3)=U_d$、$u(\alpha_3\sim\frac{\pi}{2})=-U_d$，因此可以进一步推出：

$$\begin{aligned}U_{nm}&=\frac{4}{\pi}\int_0^{\frac{\pi}{2}}u(\omega t)\sin n\omega t\mathrm{d}\omega t=\frac{-4U_d}{n\pi}\left(\cos n\omega t\big|_0^{\alpha_1}-\cos n\omega t\big|_{\alpha_1}^{\alpha_2}+\cos n\omega t\big|_{\alpha_2}^{\alpha_3}-\cos n\omega t\big|_{\alpha_3}^{\frac{\pi}{2}}\right)\\&=\frac{4U_d}{n\pi}(1-2\cos n\alpha_1+2\cos n\alpha_2-2\cos n\alpha_3)\end{aligned} \tag{4-31}$$

对于图 4-33 中的波形，n 次谐波相电压幅值的表达式可概括为

$$U_{nm}=\frac{4U_d}{n\pi}\left(1+2\sum_{i=1}^{k}(-1)^i\cos n\alpha_i\right),\quad k\text{为待定系数}\alpha_i\text{的个数} \tag{4-32}$$

要消去特定次数的谐波，只需使相应的 $U_{nm}=0$，这样可以可求出 $\alpha_1,\alpha_2,\alpha_3,\cdots$。

(1) 对于单相桥式逆变电路，如需要消去 3 次、5 次谐波，可以列出以下方程：

$$\begin{cases} U_{1m} = \dfrac{4U_d}{\pi}(1 - 2\cos\alpha_1 + 2\cos\alpha_2 - 2\cos\alpha_3) = \text{需要值} \\ U_{3m} = \dfrac{4U_d}{\pi}(1 - 2\cos 3\alpha_1 + 2\cos 3\alpha_2 - 2\cos 3\alpha_3) = 0 \\ U_{5m} = \dfrac{4U_d}{\pi}(1 - 2\cos 5\alpha_1 + 2\cos 5\alpha_2 - 2\cos 5\alpha_3) = 0 \end{cases} \tag{4-33}$$

对于给定的基波幅值U_{1m}和$U_{3m}=U_{5m}=0$，即可求出一组α_1、α_2、α_3。当基波幅值U_{1m}改变时，α_1、α_2、α_3也相应改变。设需要基波最大值为U_{1m}，式(4-33)可以变为

$$\begin{cases} \cos\alpha_1 - \cos\alpha_2 + \cos\alpha_3 = 1/2 - \pi U_{1m}/8U_d \\ \cos 3\alpha_1 - \cos 3\alpha_2 + \cos 3\alpha_3 = 1/2 \\ \cos 5\alpha_1 - \cos 5\alpha_2 + \cos 5\alpha_3 = 1/2 \end{cases} \tag{4-34}$$

(2) 对于三相逆变器，每一相的 PWM 逆变电压波形的基波电压幅值为$U_d/2$，因此 n 次谐波的电压幅值为

$$U_{nm} = \frac{2U_d}{n\pi}\left(1 + 2\sum_{i=1}^{k}(-1)^i \cos n\alpha_i\right) \tag{4-35}$$

三相逆变器的输出线电压U_1为两个相电压的差，因此三相对称逆变电路的相电压的三次谐波能够完全消去。有些三相 PWM 脉冲整流器在输入端采用△/Y 三相变压器可以直接将相电流的三次谐波消去；还有些三相 PWM 逆变器在输出端采用△/Y 三相变压器，在△端取线电压(两相电压的差)可以直接把三次电压谐波消去。此时对于三相逆变器可以只去除 5 次、7 次谐波即可，求解公式可以写成

$$\begin{cases} \cos\alpha_1 - \cos\alpha_2 + \cos\alpha_3 = 1/2 - \pi U_{1m}/4U_d \\ \cos 5\alpha_1 - \cos 5\alpha_2 + \cos 5\alpha_3 = 1/2 \\ \cos 7\alpha_1 - \cos 7\alpha_2 + \cos 7\alpha_3 = 1/2 \end{cases} \tag{4-36}$$

此方法一般消除的是特定的低次谐波，因为低次谐波幅值比较大，影响也大。虽然可能使高次谐波反而增大，但因为高次谐波幅值较小，对电动机电流和转矩的影响已经很小，外加滤波器也很容易将高次谐波滤除，因此这种 PWM 控制技术还是不错的。

图 4-33 中的波形是在半个周期内换相(开关管开通或关断 3 次)的情况，而对于 n 次换相的情况，共有 n 个开关时刻相位角可以控制，共有 n 个自由度，需要列 n 个方程。除了用 1 个自由度来控制基波幅值外，可以消去 $n-1$ 个频率的特定谐波。当然，n 越大，能消去的谐波次数就越高，但开关时刻相位角的计算就越复杂，实时性就越差。特别是在 VVVF 调速时，为保持磁通量Φ_m恒定，对应于不同基波频率ω应有不同的基波电压幅值U_{1m}，而当基波幅值U_{1m}改变时，求解出的开关时刻相位角α_1，α_2，α_3，…也相应改变，更难以满足实时性要求。需用计算机离线计算出开关时刻相位角的数值，放入计算机内存，以备控制时调用。

4.5　电流滞环跟踪 PWM 控制

SPWM 控制是以输出电压为近似正弦波为目标的，但根据磁链的公式$\Phi = Li$，要产生一个幅值恒定，以ω速度旋转的磁通量实际需要的是通入三相平衡的正弦电流，只有通入三个大小相等相位相差 120°，角频率为ω的正弦电流，才能产生一个以同样速度ω旋转的大小恒

定的磁通量，进而才能获得一个大小恒定的转矩。与 SPWM 的调制波和载波进行调制的方法不同，电流跟踪型 PWM 方法，是基于反馈控制思想，在控制系统中给定一个正弦电流信号 i_a^*，把实际测得的电流信号 i_a 作为反馈信号，通过两者的瞬时值比较来决定逆变器电路各功率开关管的通断，强制使实际输出电流 i_a 跟踪指令信号 i_a^* 的变化，因此称为跟踪控制法。常用的跟踪有 3 种：滞环比较方式、三角波比较方式和定时比较方式。其中电流滞环跟踪方式最有代表性。电流滞环跟踪 PWM（Current Hysteresis Band PWM，CHBPWM）的工作原理如下。

图 4-34 所示为三相逆变器的某一相（A 相）的电流滞环跟踪原理，滞环比较器环宽为 $2h$。将指定电流 i_a^* 与实际输出电流 i_a 进行比较，电流偏差 Δi_a 超过 $\pm h$ 时，滞环比较器控制逆变器 A 相上（或下）桥臂的功率器件动作。B、C 两相的原理图均与此相同。设 A 相给定正弦电流为 $i_a^* = A\sin\omega t$，L 为电动机绕组漏感，并忽略定子电阻的作用，E_a 为电动机感应电动势，$\Delta t_1 = t_1 - t_0$ 为电流上升时间，此时 T_1 开通或 D_1 续流；$\Delta t_2 = t_2 - t_1$ 为电流下降时间，此时 T_2 开通或 D_2 续流。滞环比较器输出及电流变化如图 4-35 和表 4-2 所示。

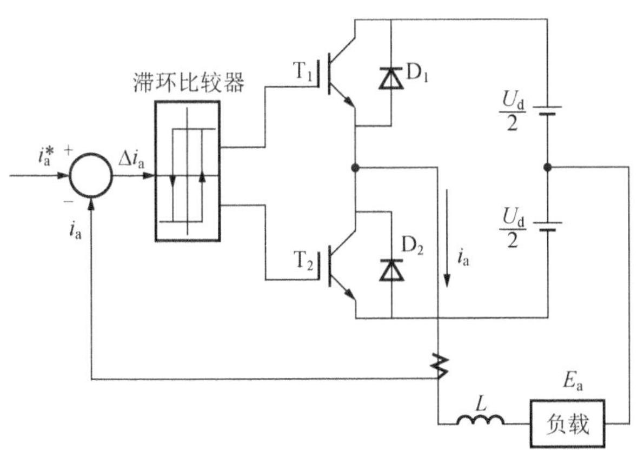

图 4-34　电流滞环跟踪控制时的电流波形

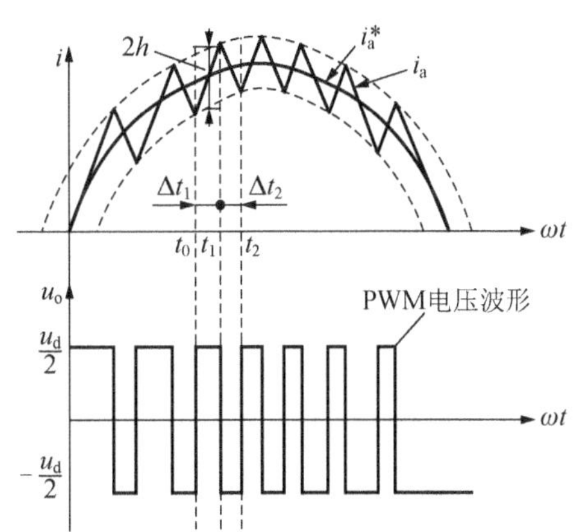

图 4-35　指令电流 i_a^*、输出电流 i_a 及 PWM 电压波形

表 4-2　滞环比较器输出及电流变化

各项参数/ Δi_a	$\Delta i_a = i_a^* - i_a \geqslant h$	$-h < \Delta i_a = i_a^* - i_a < h$	$\Delta i_a = i_a^* - i_a \leqslant -h$
滞环比较器输出	1	维持不变	−1
开通桥臂	上桥臂（T_1 或 D_1）	维持不变	下桥臂（T_2 或 D_2）
负载电流变化率	增大，$\frac{di_a^+}{dt} = \frac{0.5U_d - E_a}{L}$	增大或减小趋势不变	减小，$\frac{di_a^-}{dt} = \frac{-0.5U_d - E_a}{L}$
电流上升时间 Δt_1	$\left(\frac{di_a^+}{dt} - \frac{di_a^*}{dt}\right)\Delta t_1 = 2h$，可推出 $\Delta t_1 = \frac{2hL}{0.5U_d - (E_a + Ldi_a^*/dt)}$		
电流下降时间 Δt_2	$\left(\frac{di_a^*}{dt} - \frac{di_a^-}{dt}\right)\Delta t_2 = 2h$，可推出 $\Delta t_2 = \frac{2hL}{0.5U_d + (E_a + Ldi_a^*/dt)}$		
开关周期 T_c	$T_c = \Delta t_1 + \Delta t_2 = \frac{2hLU_d}{(0.5U_d)^2 - (E_a + Ldi_a^*/dt)^2}$		

从图 4-35 可以看到，滞环跟踪的输出电流 i_a 是十分接近给定正弦波电流 i_a^* 的。i_a 的变化率与电路参数和电机的反电动势 E 有关。开关频率 f_c 为

$$f_c = \frac{1}{\Delta t_1 + \Delta t_2} = \frac{(0.5U_d)^2 - (E_a + L\frac{di_a^*}{dt})^2}{2hLU_d} \tag{4-37}$$

从式(4-37)可以看出，功率开关管的开关频率 f_c 与电动机绕组漏感 L 、电动机感应电动势 E_a 、给定电流变化率 $\frac{di_a^*}{dt}$ 和环宽 h 都有关系。

(1)在给定电流 i_a^* 中间，$\frac{di_a^*}{dt} = \omega A\cos\omega t$ 小，而两侧大，因此在 i_a^* 中间开关频率 f_c 高；两侧开关频率 f_c 低。当 $E_a = 0$ 时，中间最大开关频率为 $\frac{U_d}{8hL}$ ；两侧最小开关频率为 $\frac{0.25U_d^2 - (\omega LA)^2}{2hLU_d}$ 。中间开关频率 f_c 过高，可能会超出开关管允许的开关频率；而两侧开关频率 f_c 低，又不能充分利用器件的开关频率。

(2)电流跟踪控制的精度与滞环的环宽 $2h$ 成反比。当环宽 $2h$ 选得较大时，可降低开关频率 f_c ，但电流波形失真较多，谐波含分量高；如果环宽 $2h$ 太小，电流波形虽然较好，却使开关频率 f_c 增大了。应在充分利用器件开关频率 f_c 的前提下，选择尽可能小的环宽 $2h$ 。

此外，负载电感 L 越大，f_c 越小；直流环节电压 U_d 越大，f_c 越大；负载反电势 E_a 越大，f_c 越小。

电流滞环跟踪控制有如下特点。①不用载波，输出电压波形中不含特定频率的谐波。②属于闭环控制，控制电路简单，精度高，电流响应快，且易于实现。③电流控制的精度与滞环比较器的环宽 $2h$ 有关，环宽 $2h$ 大，谐波电流分量大，但开关频率低；环宽 $2h$ 小，谐波电流分量小，但开关频率高。④开关频率不固定。受功率开关器件允许开关频率的限制，仅在 $E_a = 0$ 且在给定电流峰值处才发挥出最高开关频率。在其他情况下，器件的允许开关频率都未得到充分利用。针对上述控制方法的缺点，可以对其进行改进，可采用变环宽电流滞环跟踪方法和带开关频率 f_c 闭环的滞环跟踪方法。

4.6 电压空间矢量 PWM 控制

正弦波脉宽调制技术(SPWM)虽然使逆变器输出的三相电压接近正弦波，输出电流波形还要受到负载的影响。对于三相异步电动机定子线圈构成的 R-L 负载，将生成一个可以调频调幅的三相电流正弦波，电流滞后电压一定的角度 φ 。电流滞环跟踪 PWM 控制(CHBPWM)则直接致力于使输出电流按正弦规律变化，因为磁链($\Phi=Li$)在电感稳定的条件下，最终是由电流产生的，因此 SPWM 更进一步。前两种方法逆变器的控制和电机是各自独立的，而异步电动机通三相正弦电流的最终目的是在空间产生圆形旋转磁场，且电磁转矩恒定。SVPWM 则是从电动机的角度出发，将数学模型建立在电机统一理论、电机轴系坐标变换的理论基础上，把逆变器和异步电动机看成一个整体，致力于如何使电动机获得幅值恒定的圆形磁场。通过开关管的开通关断，直接产生一个大小恒定的旋转的磁场，这种方式称为电压空间矢量 PWM 调制(Space Vector Pulse Width Modulation，SVPWM)。这种方法较前两种方法从原理上更容易产生大小恒定的圆形旋转磁场，通过直接控制逆变器 PWM 电压来形成圆形旋转磁场。

它以三相正弦波电压供电时的三相对称电动机定子的理想磁链为基准，用三相逆变器不同开关模式作适当切换产生的实际磁链矢量来跟踪基准磁链圆，从而使输出电压形成脉宽调制波，因此也称为磁链跟踪控制。该方法可以很方便地生成不同频率下的 SVPWM 波，数学模型和控制方法简单，实时性强，易于编程和数字实现。

SVPWM 在动车组中得到了广泛的应用。例如，CRH_1～CRH_5 动车组的牵引电机逆变器普遍采用了 SVPWM。在这种调制方式中，通过逆变器中 IGBT 的开关控制，PWM 斩波直流环节电压转换成为三相交流电压，对电机进行平滑的控制。

4.6.1　电动机电压空间矢量的表示

当幅值 U_m 相等、相位相差 120°、角频率都为 ω 的三相电压，在 A、B、C 三相静止对称坐标系的投影分别为 u_A、u_B、u_C，它们的矢量和为 0，任何时刻相加的代数和也为 0。

$$\begin{cases} u_A = U_m\cos(\omega t) \\ u_B = U_m\cos(\omega t - 120°) \\ u_C = U_m\cos(\omega t - 240°) \end{cases} \tag{4-38}$$

当幅值 U_m 相等，相位相差 120°的三相电压 u_A、u_B、u_C 加到空间相位相差 120° 的 3 个电动机绕组线圈（A、B、C 三个轴）时，在任何时刻，它们合成的电压矢量值却不为 0。如图 4-36 所示，α-β 为二相静止坐标系，也可以看成 α 为实轴，β 为虚轴，则 u_A、u_B、u_C 在 α-β 上的投影 u_α、u_β 分别为

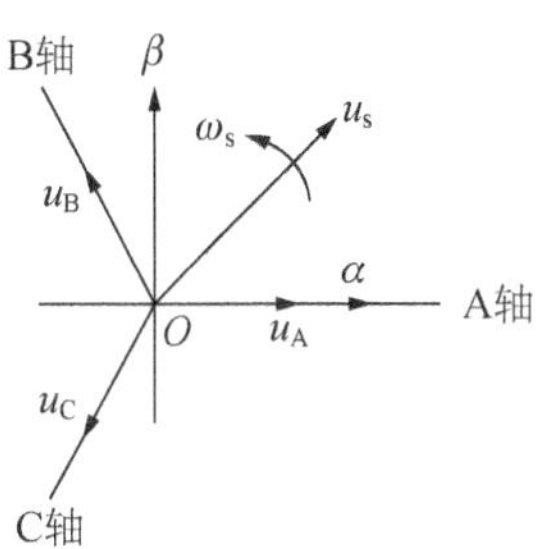

图 4-36　电动机电压空间矢量

$$\begin{aligned} u_\alpha &= U_m\cos\omega t\cdot\cos 0° + U_m\cos(\omega t-120°)\cdot\cos 120° + U_m\cos(\omega t-240°)\cdot\cos 240° \\ &= \frac{3}{2}U_m\cos\omega t \end{aligned} \tag{4-39}$$

$$\begin{aligned} u_\beta &= U_m\cos\omega t\cdot\sin 0° + U_m\cos(\omega t-120°)\cdot\sin 120° + U_m\cos(\omega t-240°)\cdot\sin 240° \\ &= \frac{3}{2}U_m\sin\omega t \end{aligned} \tag{4-40}$$

电动机定子电压空间矢量可以用矢量 u_s 表示为

$$u_s = \mathrm{Re}\{u_s\} + \mathrm{Im}\{u_s\} = u_\alpha + \mathrm{j}u_\beta = \frac{3}{2}U_m(\cos\omega t + \mathrm{j}\sin\omega t) = \frac{3}{2}U_m\mathrm{e}^{\mathrm{j}\omega t} \tag{4-41}$$

可见，三相合成的电压矢量 u_s 是以频率 ω 旋转的，幅值为 $3U_m/2$ 的矢量，当作用到电动机 R-L 负载线圈时，产生相位与 u_s 相差一个阻抗角 φ 的同频率 ω 的定子电流矢量，进而电动机定子线圈产生以频率 ω 旋转的幅值恒定的磁通量。

根据 u_s 在 A、B、C 三个轴的投影，电压空间矢量 u_s 还可以表示为

$$u_s = (u_A + \alpha u_B + \alpha^2 u_C) = u_{AB} - u_{BC}\alpha^2 \tag{4-42}$$

其中，$\alpha = \mathrm{e}^{\mathrm{j}(2\pi/3)} = -\frac{1}{2} + \frac{\sqrt{3}}{2}\mathrm{j}$，$\alpha^2 = \mathrm{e}^{\mathrm{j}(4\pi/3)} = -\frac{1}{2} - \frac{\sqrt{3}}{2}\mathrm{j}$。

式(4-42)中，u_A、u_B、u_C 分别表示 A、B、C 电动机线圈三相的相电压（相当于 u_{AN}、u_{BN}、u_{CN}）。u_{AO}、u_{BO}、u_{CO} 分别表示 A、B、C 三相相对于直流环节中点 O 的电压。根据关系 $u_{AN} = u_{AO} - u_{NO}$，而且 $(1+\alpha+\alpha^2)=0$，还可以推导出：

$$u_s = (u_{AN} + \alpha u_{BN} + \alpha^2 u_{CN}) = (u_{AO} + \alpha u_{BO} + \alpha^2 u_{CO}) - (u_{NO})(1+\alpha+\alpha^2)$$

$$=(u_{AO}+\alpha u_{BO}+\alpha^2 u_{CO}) \tag{4-43}$$

同样，电动机定子电压也可以用矩阵形式表示。如果 3/2 坐标变换前后电压幅值不变：$u_s=U_{sm}e^{j\omega t}=\frac{2}{3}(u_A+\alpha u_B+\alpha^2 u_C)$，此时，$U_{sm}=U_m$。

将电压由三相静止坐标系(A、B、C)转换到二相静止的α-β坐标系可以得到：

$$\begin{bmatrix}u_\alpha\\u_\beta\end{bmatrix}=\frac{2}{3}\begin{bmatrix}1 & -1/2 & -1/2\\0 & \sqrt{3}/2 & -\sqrt{3}/2\end{bmatrix}\begin{bmatrix}u_A\\u_B\\u_C\end{bmatrix} \tag{4-44}$$

其中，$\begin{bmatrix}u_A\\u_B\\u_C\end{bmatrix}=U_m\begin{bmatrix}\cos\omega t\\\cos(\omega t-120°)\\\cos(\omega t-240°)\end{bmatrix}$。

如果 3/2 变换前后功率不变：$u_s=U_{sm}e^{j\omega t}=\sqrt{\frac{2}{3}}(u_A+\alpha u_B+\alpha^2 u_C)$，此时$U_{sm}=\sqrt{\frac{3}{2}}U_m$。

根据功率守恒原则，将电压由三相静止坐标系(A、B、C)转换到二相静止的α-β坐标系，可以得到：

$$\begin{bmatrix}u_\alpha\\u_\beta\end{bmatrix}=\sqrt{\frac{2}{3}}\begin{bmatrix}1 & -1/2 & -1/2\\0 & \sqrt{3}/2 & -\sqrt{3}/2\end{bmatrix}\begin{bmatrix}u_A\\u_B\\u_C\end{bmatrix} \tag{4-45}$$

4.6.2　电动机电压空间矢量与磁链空间矢量的关系

异步电动机定子电压空间矢量u_s的方程为

$$u_s=R_sI_s+\frac{d\psi_s}{dt} \tag{4-46}$$

其中，u_s为定子三相电压合成空间矢量；I_s为定子三相电流合成空间矢量；ψ_s为定子三相磁链合成空间矢量。当转速不是很低时，定子电阻压降远小于电动势，可以忽略定子绕组压降，因此定子电压u_s与定子磁链ψ_s的关系为

$$u_s\approx\frac{d\psi_s}{dt} \tag{4-47}$$

定子电压u_s为定子磁链ψ_s的变化率，设$\psi_s=\psi_{sm}e^{j\omega_1 t}$，则

$$u_s\approx\frac{d\psi_s}{dt}=\frac{d\psi_{sm}e^{j\omega_1 t}}{dt}=j\omega_1\psi_{sm}e^{j\omega_1 t}=e^{j(\pi/2)}\omega_1\psi_{sm}e^{j\omega_1 t}=\omega_1\psi_{sm}e^{j(\omega_1 t+\pi/2)} \tag{4-48}$$

从式(4-48)可以看出，ψ_s转动 1 周（2π 弧度），则u_s也转动 1 周（2π 弧度），角速度都是ω_1。且电压u_s与定子磁链ψ_s方向垂直，都以定子电流频率ω_1的速度旋转。如果ψ_s为圆形磁链轨迹，则u_s为圆形磁链ψ_s的切线方向，即u_s为圆形磁链ψ_s的变化率的方向，$\Delta\psi_s\approx u_s\Delta t$。式(4-48)同样可以写成

$$\psi_s\approx\int u_s dt \tag{4-49}$$

$$\Delta\psi_s\approx u_s\Delta t \tag{4-50}$$

$$\psi_{s2}\approx\psi_{s1}+u_s\Delta t \tag{4-51}$$

也就是说空间矢量磁链ψ_s沿着合成电压指向的方向运动，如果磁链ψ_s箭头尾部不动，则

头部随着合成电压矢量u_s运动，因此可以用对电压合成矢量u_s的分析来代替对空间磁链矢量运动轨迹的分析。要想控制定子磁链ψ_s按圆形轨迹运动，只需要控制定子电压空间矢量u_s沿圆形轨迹的切线方向运动即可。

4.6.3 两点式电机逆变器的 SVPWM

图 4-37 所示为两点式三相逆变器及电动机电路图，其中 A、B、C 分别表示电动机的三相和与之相连的三相逆变器三个半桥，用S_A、S_B、S_C表示三相逆变器每个半桥的开关状态，定义为

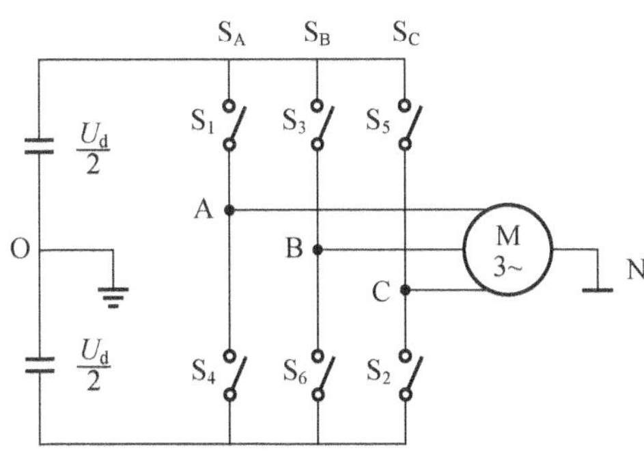

图 4-37 两点式三相逆变器及电动机电路图

$$S_i=\begin{cases}1, & \text{上桥臂导通，下桥臂关断，} \quad u_{iO}=U_d/2\\0, & \text{上桥臂关断，下桥臂导通，} \quad u_{iO}=-U_d/2\end{cases} \tag{4-52}$$

其中，i=A、B、C。因此对于每一相(如 A 相)，相对于直流环节中点 O 的电压为

$$u_{AO}=\frac{U_d}{2}(S_A-(1-S_A))=U_d(S_A-1/2)$$

对于电动机的每一相电压(如 A 相电压u_{AN})：

$$u_{AN}=u_{AO}-u_{NO}=U_d(S_A-1/2)-u_{NO}=U_d(2S_A-S_B-S_C)/3 \tag{4-53}$$

其中，根据式(4-7)，$u_{NO}=(u_{AO}+u_{BO}+u_{CO})/3=U_d(S_A+S_B+S_C)/3-U_d/2$。

同理，电动机的 B 相和 C 相的相电压分别为

$$u_{BN}=U_d\left(S_B-\frac{1}{2}\right)-U_{NO}=U_d(-S_A+2S_B-S_C)/3 \tag{4-54}$$

$$u_{CN}=U_d\left(S_C-\frac{1}{2}\right)-U_{NO}=U_d(-S_A-S_B+2S_C)/3 \tag{4-55}$$

还可以进一步推出相电压u_{AN}、u_{BN}、u_{CN}和线电压u_{AB}、u_{BC}、u_{CA}与S_A、S_B、S_C的关系的矩阵表示形式为

$$\begin{bmatrix}u_{AN}\\u_{BN}\\u_{CN}\end{bmatrix}=\frac{U_d}{3}\begin{bmatrix}2&-1&-1\\-1&2&-1\\-1&-1&2\end{bmatrix}\begin{bmatrix}S_A\\S_B\\S_C\end{bmatrix} \qquad \begin{bmatrix}u_{AB}\\u_{BC}\\u_{CA}\end{bmatrix}=U_d\begin{bmatrix}1&-1&0\\0&1&-1\\-1&0&-1\end{bmatrix}\begin{bmatrix}S_A\\S_B\\S_C\end{bmatrix}$$

整个两点式三相逆变器共有 2^3=8 种开关状态，如表 4-3 所示，用u_A、u_B、u_C分别表示 A、B、C 电动机线圈三相的相电压(相当于u_{AN}、u_{BN}、u_{CN})，直流环节电压为U_d，根据式(4-42)、式(4-53)～式(4-55)，电压空间矢量u_s可以表示为

$$u_s=(u_A+\alpha u_B+\alpha^2u_C)=U_d(S_A+\alpha S_B+\alpha^2S_C)-(U_d/2+u_{NO})(1+\alpha+\alpha^2) \tag{4-56}$$

其中，式(4-56)的后面一项为 0，因此电压空间矢量u_s可以表示为

$$
\begin{aligned}
u_s &= u_\alpha + \mathrm{j}u_\beta = U_d(S_A + S_B e^{\mathrm{j}\frac{2\pi}{3}} + S_C e^{\mathrm{j}\frac{4\pi}{3}}) = U_d(S_A + S_B\alpha + S_C\alpha^2) \\
&= U_{AO} + U_{BO} e^{\mathrm{j}\frac{2\pi}{3}} + U_{CO} e^{\mathrm{j}\frac{4\pi}{3}}
\end{aligned} \tag{4-57}
$$

式(4-57)与图4-38和表4-3所示的矢量关系相对应。图4-39表示合成的几个电压矢量。

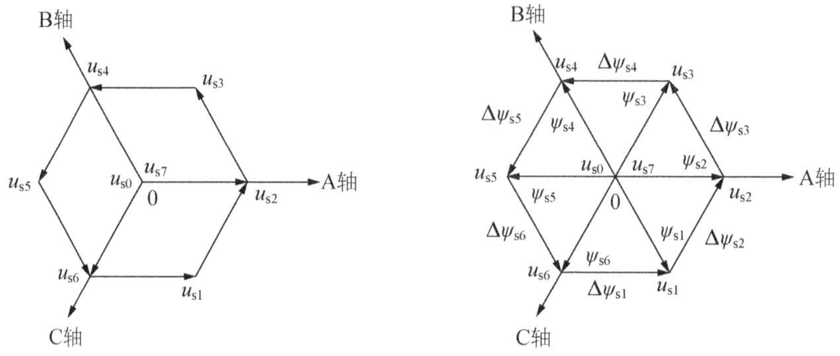

(a) 电压空间矢量　　(b) 磁链矢量

图4-38　三相电动机电压空间矢量及磁链矢量的关系

表4-3　两点式三相逆变器(三相三线制)的8种开关及电压矢量

逆变器状态	S_A	S_B	S_C	逆变器相电压			电机相电压			电机线电压			电压矢量
				u_{AO}	u_{BO}	u_{CO}	u_A	u_B	u_C	u_{AB}	u_{AC}	u_{BC}	
4	1	0	0	$\frac{1}{2}U_d$	$-\frac{1}{2}U_d$	$-\frac{1}{2}U_d$	$\frac{2}{3}U_d$	$-\frac{1}{3}U_d$	$-\frac{1}{3}U_d$	U_d	U_d	0	$u_{s1}=U_d$
6	1	1	0	$\frac{1}{2}U_d$	$\frac{1}{2}U_d$	$-\frac{1}{2}U_d$	$\frac{1}{3}U_d$	$\frac{1}{3}U_d$	$-\frac{2}{3}U_d$	0	U_d	U_d	$u_{s2}=U_d e^{\mathrm{j}\frac{\pi}{3}}$
2	0	1	0	$-\frac{1}{2}U_d$	$\frac{1}{2}U_d$	$-\frac{1}{2}U_d$	$-\frac{1}{3}U_d$	$\frac{2}{3}U_d$	$-\frac{1}{3}U_d$	$-U_d$	0	U_d	$u_{s3}=U_d e^{\mathrm{j}\frac{2\pi}{3}}$
3	0	1	1	$-\frac{1}{2}U_d$	$\frac{1}{2}U_d$	$\frac{1}{2}U_d$	$-\frac{2}{3}U_d$	$\frac{1}{3}U_d$	$\frac{1}{3}U_d$	$-U_d$	$-U_d$	0	$u_{s4}=U_d e^{\mathrm{j}\pi}$
1	0	0	1	$-\frac{1}{2}U_d$	$-\frac{1}{2}U_d$	$\frac{1}{2}U_d$	$-\frac{1}{3}U_d$	$-\frac{1}{3}U_d$	$\frac{2}{3}U_d$	0	$-U_d$	$-U_d$	$u_{s5}=U_d e^{\mathrm{j}\frac{4\pi}{3}}$
5	1	0	1	$\frac{1}{2}U_d$	$-\frac{1}{2}U_d$	$\frac{1}{2}U_d$	$\frac{1}{3}U_d$	$-\frac{2}{3}U_d$	$\frac{1}{3}U_d$	U_d	0	$-U_d$	$u_{s6}=U_d e^{\mathrm{j}\frac{5\pi}{3}}$
7	1	1	1	$\frac{1}{2}U_d$	$\frac{1}{2}U_d$	$\frac{1}{2}U_d$	0	0	0	0	0	0	$u_{s7}=0$
0	0	0	0	$-\frac{1}{2}U_d$	$-\frac{1}{2}U_d$	$-\frac{1}{2}U_d$	0	0	0	0	0	0	$u_{s0}=0$

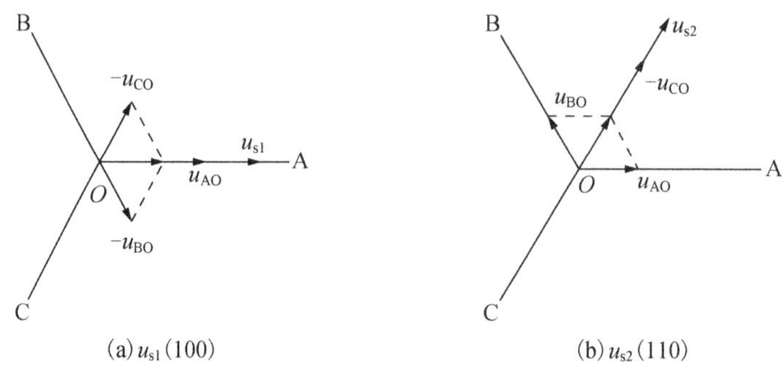

(a) u_{s1}(100)　　(b) u_{s2}(110)

图4-39　三相电动机中点接地的几个合成电压矢量 u_{s1} 和 u_{s2}

从表 4-3 中可以看出，按照表中的顺序控制就能产生一个逆时针旋转的电压矢量，8 种开关状态对应 8 个电压空间矢量，其中 6 个（$u_{s1}\sim u_{s6}$）为非零空间矢量；2 个（u_{s0}、u_{s7}）为零空间矢量。非零空间矢量幅值相等，相位依次相差 60°；零空间矢量 u_{s0} 和 u_{s7} 幅值均为 0，零空间矢量作用时，定子磁链静止不动。这 8 个电压空间矢量称为基本电压空间矢量。

因此，对于图 4-38 所示的三相方波(阶梯波)逆变的非零电压矢量（$u_{s1}\sim u_{s6}$）形成一个首尾相接的正六边形。这个正六边形也是三相异步电动机形成的磁链矢量 ψ_s 的运动轨迹，因此也称为六拍阶梯波(方波)逆变器。

六拍阶梯波逆变器在一个输出电压基波周期开关状态变化 6 次，仅使用 6 个非零电压空间矢量。逆变所达到的效果离磁链圆轨迹运行的最佳目标相差甚远，磁链的幅值沿着各扇区的三角形来回变化，会引起转矩脉动、损耗增加，输出电压、电流中有较多的低频谐波成分。对于图 4-38 所示的六拍阶梯波(方波)逆变器，可以求出：

$$\Delta\psi_i = u_{si}\Delta t = \frac{T}{6}u_{si} = \frac{\pi}{3\omega}u_{si},\quad i=1\sim 6\ \text{且}\ |\Delta\psi| = \frac{\pi}{3\omega}U_d \tag{4-58}$$

其中，ω 为逆变器输出的基波电压频率。$\psi_i = \psi_{i-1}+\Delta\psi_i$，磁链矢量 ψ_s 的运动轨迹是正六边形，而不是圆。如何控制 PWM 的开关时间才能逼近圆形旋转磁场？目前有多种逼近圆形磁场的方法，如线性组合法、三段逼近法、比较判断法等。这里只介绍线性组合法。

要产生更逼近于圆的 $6n(n>1)$ 次多边形轨迹，可以通过增加一个周期中电压空间矢量数目，进而增加电压空间矢量 u_s 和磁链空间矢量 ψ_s 的轨迹多边形的边数，使电压空间矢量和磁链空间矢量的轨迹更逼近圆。这需要通过三相逆变器的 8 个基本电压空间矢量的线性组合，组合出更多新的电压空间矢量，最终构成一个逼近圆形的旋转磁场。这样，由电压空间矢量组成的就不是一个正六边形，而是一个接近圆形的正多边形。正多边形的边数越多，越逼近圆，从而使磁链幅值恒定。这时三相逆变器的输出将不是一个六拍阶梯波，而是一系列等幅不等宽的脉冲波，形成了电压空间矢量控制的 PWM 逆变器，由于它间接控制了电机的旋转磁场，所以也称磁链跟踪控制的 PWM 逆变器。

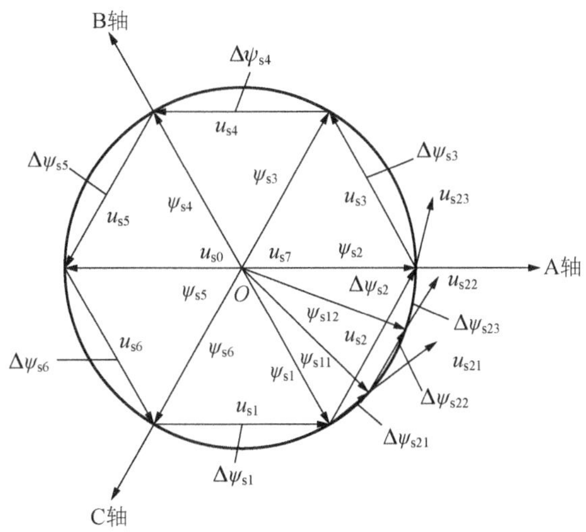

图 4-40 SVPWM 控制的磁链及增量轨迹

如图 4-40 所示，新的磁链轨迹比六拍阶梯波的正六边形磁链轨迹更接近圆形。磁链由原来的 $\psi_{s2}=\psi_{s1}+\Delta\psi_{s2}$ 变成为 $\psi_{s2}=\psi_{s1}+\Delta\psi_{s21}+\Delta\psi_{s22}+\Delta\psi_{s23}$。设每个新合成电压矢量的作用时间为一个小区间 T_s（作用电角度为 ωT_s），则各磁链及磁链增量可以描述为

$$\psi_{s11}=\psi_{s1}+\Delta\psi_{s21},\quad \Delta\psi_{s21}=u_{s21}\cdot T_s \tag{4-59}$$

$$\psi_{s12}=\psi_{s11}+\Delta\psi_{s22},\quad \Delta\psi_{s22}=u_{s22}\cdot T_s \tag{4-60}$$

$$\psi_{s2}=\psi_{s12}+\Delta\psi_{s23},\quad \Delta\psi_{s23}=u_{s23}\cdot T_s \tag{4-61}$$

新的电压空间矢量合成的原理如图 4-41 所示。从图 4-41(a)中可以看出，6 个非零电压空间矢量(u_{s1} ～ u_{s6})将复平面分解成 6 个扇区，每个扇区的角度为π/3。每个扇区被 2 个基本矢量限定，扇区Ⅰ(u_{s1}、u_{s2})、扇区Ⅱ(u_{s2}、u_{s3})、扇区Ⅲ(u_{s3}、u_{s4})、扇区Ⅳ(u_{s4}、u_{s5})、扇区Ⅴ(u_{s5}、u_{s6})、扇区Ⅵ(u_{s6}、u_{s1})。通常先判断出给定电压矢量所在的扇区，即可用两个相邻的基本电压空间矢量来合成。

如图 4-41(b)所示，u_{s21} 在扇区Ⅰ，为 u_{s1} 和 u_{s2} 的线性组合；u_{s22} 也在扇区Ⅰ，也为 u_{s1} 和 u_{s2} 的线性组合，同样的基本电压空间矢量 u_{s1} 和 u_{s2} 的作用时间不同，可以获得与 u_{s21} 不同的合成电压空间矢量 u_{s22}；u_{s23} 在扇区Ⅱ，为 u_{s2} 和 u_{s3} 的线性组合。

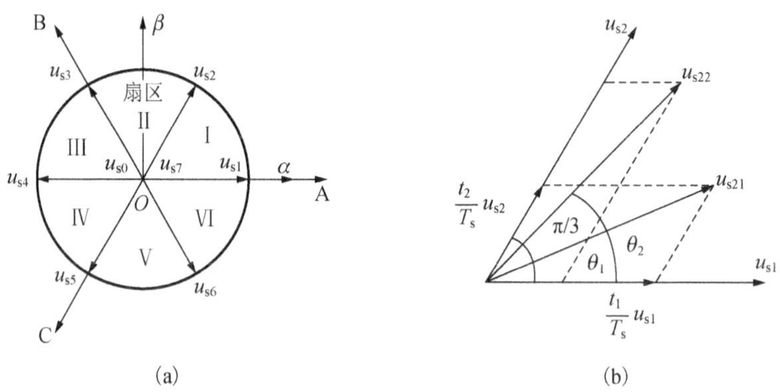

图 4-41　电压空间矢量的线性组合及 6 个扇区

例如，合成的电压矢量 u_{s21} 产生的磁链增量 $\Delta\psi_{s21}$ 与基本电压空间矢量 u_{s1} 和 u_{s2} 分别单独作用并相加的结果相同。因此可以写成

$$\Delta\psi_{s21}=\int_0^{T_s}u_{s21}\mathrm{d}t=\int_0^{t_1}u_{s1}\mathrm{d}t+\int_{t_1}^{t_2}u_{s2}\mathrm{d}t+\int_{t_1+t_2}^{T_s}u_0\mathrm{d}t \tag{4-62}$$

也可以写成

$$\Delta\psi_{s21}=u_{s21}T_s=u_{s1}t_1+u_{s2}t_2+u_0(T_s-t_1-t_2) \tag{4-63}$$

由于 T_s 不一定正好等于 t_1+t_2，但必须满足 $t_1+t_2\leqslant T_s$，其余时间就由零空间矢量(u_{s0} 或 u_{s7})代表的工作状态来补充，零矢量时间 $t_z=t_0+t_7=T_s-(t_1+t_2)$。$t_0$ 和 t_7 分别是零电压矢量 u_{s0} 和 u_{s7} 单独作用的时间。而 t_1、t_2 可以按下述步骤求出。

设 $u_{s21}=A\mathrm{e}^{\mathrm{j}\theta}$，已知 $u_{s1}=U_d$，$u_{s2}=U_d\mathrm{e}^{\mathrm{j}\frac{\pi}{3}}$，因为 $u_{s21}T_s=u_{s1}t_1+u_{s2}t_2$，所以可得出 $A\mathrm{e}^{\mathrm{j}\theta}=A(\cos\theta+\mathrm{j}\sin\theta)=\frac{t_1}{T_s}U_d+\frac{t_1}{T_s}U_d\mathrm{e}^{\mathrm{j}\frac{\pi}{3}}$，可列出如下方程组：

$$\begin{cases}A\cos\theta=\dfrac{t_1}{T_s}U_d+\dfrac{t_2}{T_s}U_d\cos\dfrac{\pi}{3}\\[2ex] A\sin\theta=\dfrac{t_2}{T_s}U_d\sin\dfrac{\pi}{3}\end{cases} \tag{4-64}$$

对于三相逆变器，定义调制比为 $M=A/\frac{\sqrt{3}}{2}U_d$，从上面方程可以解出 t_1、t_2、t_z 为

$$
\begin{cases}
t_1 = T_s \dfrac{2A}{\sqrt{3}U_d} \sin\left(\dfrac{\pi}{3} - \theta\right) = T_s M \sin\left(\dfrac{\pi}{3} - \theta\right) \\
t_2 = T_s \dfrac{2A}{\sqrt{3}U_d} \sin\theta = T_s M \sin\theta \\
t_z = T_s - (t_1 + t_2)
\end{cases}
\tag{4-65}
$$

因此，每一个合成电压矢量实际上是由 8 个基本电压矢量中的几个组合而成的，例如，合成矢量u_{s21}相当于 PWM 电压波形中的一个脉冲波，包含u_{s1}、u_{s2}和u_0（u_{s0}或u_{s7}）几种状态。为使波形对称，每个状态的作用时间都一分为二，并加入u_{s0}或u_{s7}(零矢量作用时，实际上是等待，定子磁链静止不动)，因此形成电压空间矢量的作用顺序为 01277210，其中 0 代表u_{s0}的作用，开关状态为 000；1 代表u_{s1}的作用，开关状态为 100；2 代表u_{s2}的作用，开关状态为 110；7 代表u_{s7}的作用，开关状态为 111。在一个小区间T_s内，三相逆变器的开关状态顺序为 000、100、110、111、111、110、100、000，三相逆变器产生的电压空间矢量和 PWM 波形如图 4-42 所示。

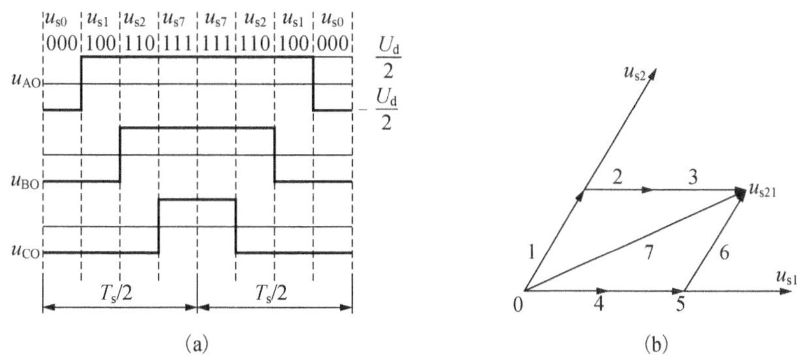

图 4-42 电压空间矢量的线性组合及 PWM 波形

在合成电压空间矢量时，为得到同样的基本电压空间矢量可以有多种组合方式。例如，零矢量集中的实现方法(把零矢量的作用时间放在中间)和零矢量分散的实现方法(将零矢量平均分成四份，在开关周期的首、尾各放一份，在中间放两份)。图 4-42(b)所示为零矢量分散的实现方法，可以从组合方式 1(1→2→3)或组合方式 2(4→5→6)几种方式进行组合。遵循的原则是：为减少开关损耗，每次状态进行切换时只有一个功率器件作开关切换，还要考虑输出电压的谐波和尽量减少开关切换的次数，有时需要综合考虑这几方面因素。

例如，在$T_s/2$内，组合方式 2(4→5→6)的开关顺序为 000(u_{s0})→100(u_{s1})→110(u_{s2})→111(u_{s7})；而组合方式 1 的开关顺序为 000→110→100→000，组合方式 1 在方式切换(000→110)时要同时开通 2 相，开关损耗显然要大于组合方式 2。

具体的 SVPWM 算法实现一般是用高速数字信号处理器(DSP)来实现的。一般步骤是：①判断给定电压矢量所在扇区号；②计算矢量相邻开关作用时间t_1、t_2；③根据图 4-42(a)确定各矢量的开关切换顺序和矢量切换点，最终合成三相 SVPWM 信号。总体说来，SVPWM 的特点如下。

(1) 每个小区间都以零电压矢量开始和结束。

(2) 逆变器的一个工作周期分为 6 个扇区，每个扇区相当于常规六拍阶梯波逆变器的一拍。为了使电动机旋转磁场逼近圆形，小区作用时间 T_s 越小，开关管的开关频率越高，产生的磁场对圆周的逼近越好。但 T_s 的缩短受到电力开关器件最高允许开关频率的限制，而且开关管频率越高，产生的开关损耗也越大。因此每次切换应只涉及一个开关元件切换，以尽量降低开关损耗，开关损耗较 SPWM 小。

(3) 直流电压利用率比较高。三相 SPWM 的相电压基波峰值为 $U_d/2$，线电压基波最大幅值为 $\sqrt{3}/2U_d = 0.866U_d$，而 SVPWM 逆变器输出线电压基波最大幅值为直流环节电压 U_d（相电压基波最大幅值为 $U_d/\sqrt{3}$），比 SPWM 逆变器输出电压高 15%。因此，SVPWM 比 SPWM 具有更宽的线性工作范围(高 15%，线性调制度 M 可以到 1.15)，能达到线性调制区的最大值，即直流环节电压 U_d。

(4) SVPWM 控制的电动机转速脉动及电流畸变较 SPWM 减小，而且利用电压空间矢量原理可以直接生成三相 PWM 波，算法比较简单，动态性能好，便于实现数字化控制。

综上所述，三相逆变器的方波逆变形成的是正六边形旋转磁场，三相电压为阶梯波；电压空间矢量 SVPWM 控制，产生的磁场逼近圆形，三相电压为一系列等幅不等宽的 PWM 电压波形，磁链的轨迹是靠电压空间矢量相加得到的。SVPWM 在动车组中被普遍采用，而且电压空间矢量控制已成功地应用于直接转矩控制系统中。

总之，PWM 技术在电力电子领域有广泛的应用，它推动了电力电子技术的发展；谐波消除 PWM 技术在晶闸管逆变器上用得较多，它较好地解决了在开关频率不高的情况下消除危害最严重的谐波的问题；电流跟踪控制 PWM 技术要求功率开关器件具有较高的开关频率，通常只用在 IGBT 逆变器上。SPWM 技术和 SVPWM 技术是目前最通用的 PWM 技术，相比而言，SVPWM 技术更有发展前途。

4.7 逆变器的多重化

逆变电路多重化的目的：①增大逆变器的输出容量；②减小谐波。谐波会造成电动机脉动转矩和机械振动，产生附加损耗和过热，降低电动机效率及产生电磁噪声。通过多重化可以消除和减少低次谐波，减少和载波有关的谐波分量，改善逆变器的输出波形；提高等效开关频率、减少开关损耗。多重化电路分为多重化电流型逆变器和多重化电压型逆变器。多重化电流型逆变器采用输出并联(电流相加)的方式；多重化电压型逆变器采用输出串联(电压相加)的方式。不但方波逆变器可以多重化，PWM 逆变器同样可以多重化。PWM 逆变器多重化连接方式有变压器方式和电抗器方式。

1. 多重化电流型逆变器

把多个逆变单元并联，各逆变单元的运行相位彼此错开 $60°/N$，这里 N 为并联逆变单元数，又称多重数(图 4-43 中 N=2)。采用多重连接，不仅可以得到比一个逆变单元大 N 倍的输出容量，同时输出电流波形为多级阶梯波，更接近正弦波，减小了谐波。多重化电流如图 4-43 所示。

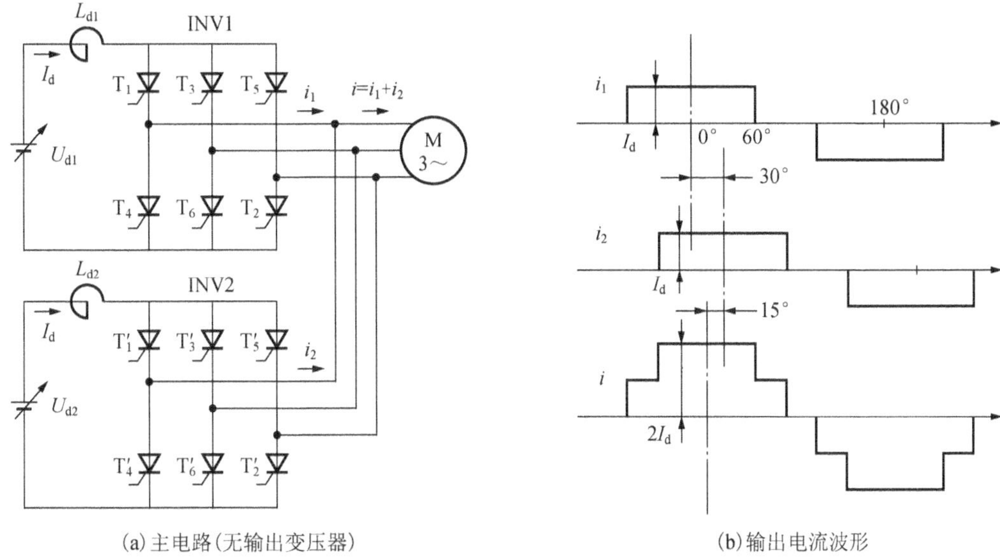

(a) 主电路(无输出变压器)　　(b) 输出电流波形

图 4-43　多重化电流

多重化后输出电流的谐波分量(有效值)为

$$I_{6N\pm1}=\frac{2\sqrt{2}}{(6N\pm1)\pi}\cdot 2I_{\mathrm{d}}\sin\frac{(6N\pm1)\pi}{2}\sin\frac{(6N\pm1)\pi}{3}\cos\frac{(6N\pm1)\pi}{12} \tag{4-66}$$

可见，经过多重化后，输出电流波形外形更接近于正弦波，虽不能完全消除某一次谐波，但各次谐波分量已被大大地削弱了。此外，根据逆变单元输出电流叠加的方法，多重连接又分为无输出变压器和有输出变压器两种方式。无输出变压器的多重化两个逆变器直流环节不能共用；有输出隔离变压器的多重化可以共用一个直流环节。

2. 多重化电压型逆变器

图 4-44(a)为利用电抗器连接的两重 PWM 逆变电路，图 4-44(b)为 PWM 多重化逆变电路电压波形图，两个单元的载波信号错开 180°，输出端电抗器中点(U、V、W)相对于直流电源中点 O 的电压 $u_{\mathrm{UO}}=(u_{\mathrm{U1O}}+u_{\mathrm{U2O}})/2$，已变为单极性 PWM 波。电抗器上所加电压频率为载波频率，比输出基波频率高得多，只要很小的电抗器就可以了。

如图 4-44(b)所示，相电压(u_{UO}、u_{VO})共有 0、$(\pm1/2)U_{\mathrm{d}}$ 三种电平，输出线电压(u_{UV})共有 0、$(\pm1/2)U_{\mathrm{d}}$、$\pm U_{\mathrm{d}}$ 五个电平，比非多重化时谐波有所减少。输出电压所含谐波角频率仍可表示为 $n\omega_c+k\omega_r$，但其中 n 为奇数时的谐波已全被除去，谐波最低频率在 $2\omega_c$ 附近，相当于电路的等效载波频率或者说开关管频率提高为原来的 2 倍。

总之，逆变器的多重化，不但可以消除谐波，改善波形，还扩大了逆变器的输出容量，实现大容量化。动车组的两电平 PWM 脉冲整流器(与两电平 PWM 逆变器原理相同)就采用了多重化技术以增大容量和减小谐波。

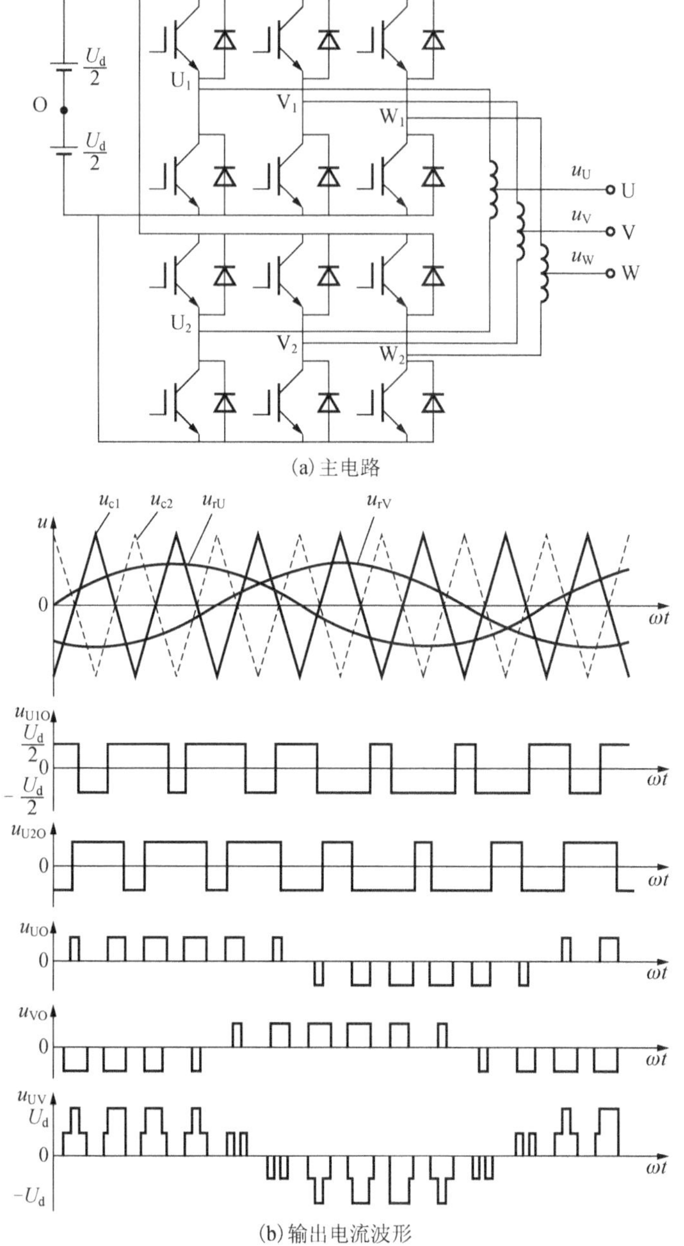

图 4-44　PWM 多重化电压型逆变电路及波形图

4.8　两电平逆变器和三电平逆变器

1. 两电平和三电平逆变器的比较

在电压型变流器中，过去几乎只采用两电平逆变器，或者称二点式逆变器，每相电压只有 $\pm U_d/2$ 两种电平方式，只能把中间直流回路的正极电位或负极电位接到电动机上。在大功率干线电力机车传动系统中，特别是采用 GTO、IGBT 的逆变电路中，已开始采用多电平逆变器，三电平电路最具明显的优点。在三电平逆变器中，除了将直流电压回路的正极或负极送到电动机去以外，还可以把中间直流电压回路的中点电位送到电动机端。两电平(两点式)和三电平(三点式)电路的比较如图 4-45 所示。

与两点式逆变器相比，三点式逆变器有以下两个重要的优点。

(1)三点式逆变器的输出电压的波形比两点式逆变器的谐波含量要少。

两点式逆变器的相电压只有 $\pm U_d/2$ 两种状态，线电压有 0、$\pm U_d$ 三种状态，而三点式逆变器有 0、$\pm U_d/2$ 三种电平，线电压有 0、$\pm U_d/2$、$\pm U_d$ 五种状态(可参考图 4-44)。在一个周期内，两点式逆变器电路只有 7 种状态。而三点式电路有 19 种状态，因此谐波含量少于两点式，并有利于减少相邻两种电路状态间转换时引起的电压和电流波动，还有利于降低损耗、提高电动机和系统效率，减少力矩脉动。

（2）三点式逆变器的直流环节电压要高于两点式的直流环节电压。

比如 CRH_2 的三电平逆变器的直流环节电压为 3000V(采用的 IPM 参数为 3300V/1200A)，而 CRH_1 的两电平逆变器的直流环节电压为 1650V(采用的 IGBT 参数为 3300V/1200A)，而 CRH_3、CRH_5 虽然也是两电平逆变器，但由于采用了额定电压 6.5kV 的 IGBT 元件，中间直流回路的电压才可提高到 3.0kV 以上。

两电平和三电平的三相逆变器的主电路结构、输出电压、电流波形如表 4-4 所示。

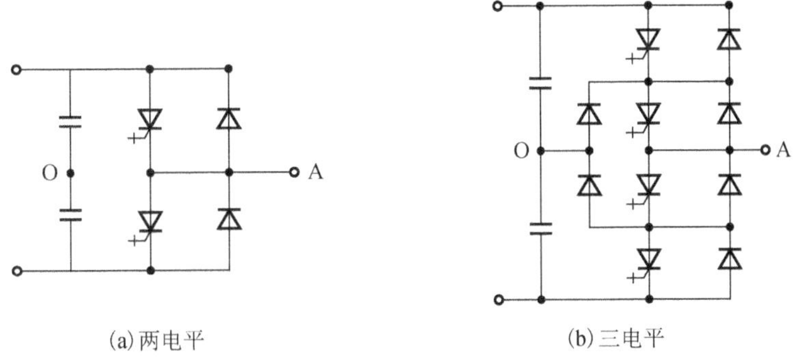

图 4-45 两电平和三电平逆变器

表 4-4 两电平电路与三电平电路比较

	两电平逆变器	三电平逆变器
主电路	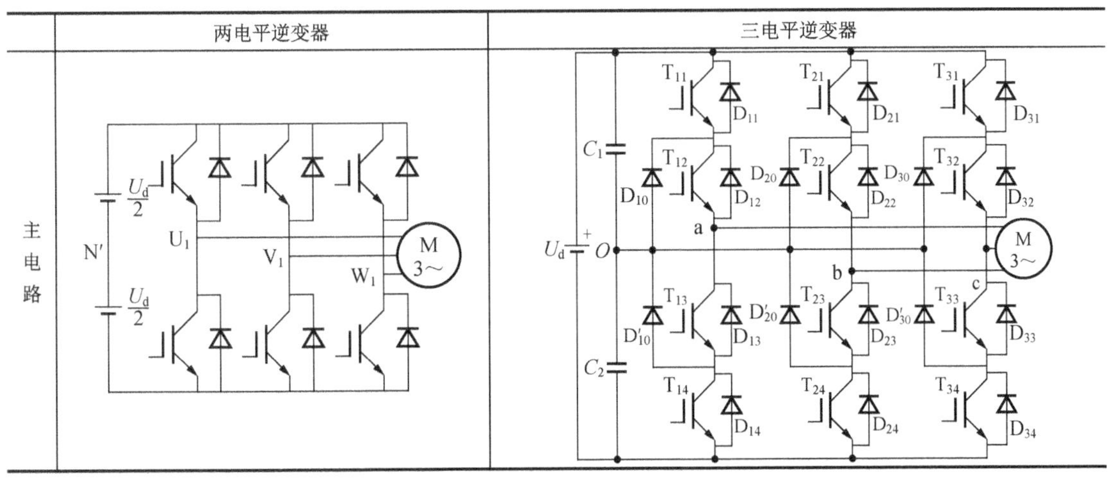	

续表

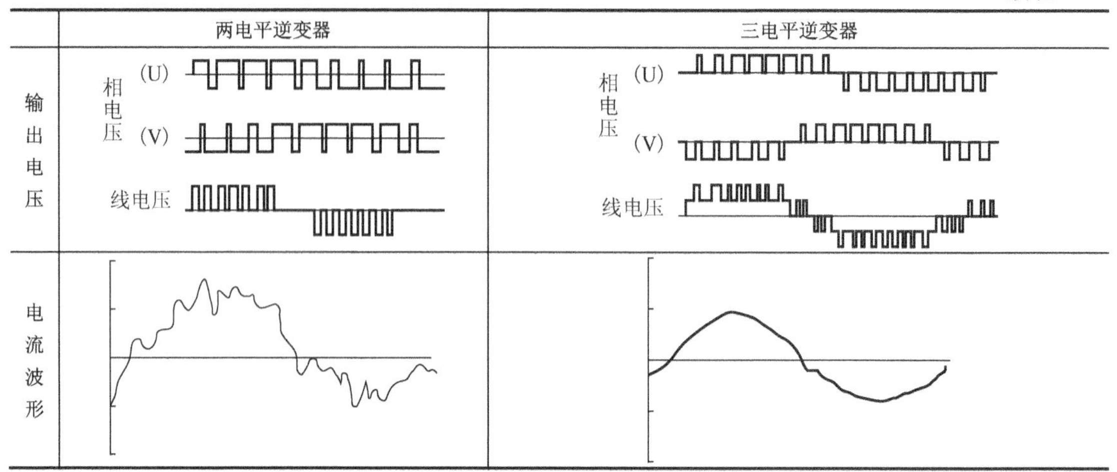

	两电平逆变器	三电平逆变器
输出电压	相电压 (U) (V) 线电压	相电压 (U) (V) 线电压
电流波形		

2. 三相三电平逆变器工作原理

图 4-46 是 CRH_2 动车组采用的三相三电平逆变器主电路原理图，包括 A、B、C 三相。采用 12 只 IGBT 器件(IPM)及 6 只钳位二极管组成的带中性点钳位的电路。图中，TA_1、TB_1、TC_1、TA_4、TB_4、TC_4 为主管，TA_2、TA_3、TB_2、TB_3、TC_2、TC_3 为辅管，辅管与钳位二极管的 DAP、DAN、DBP、DBN、DCP、DCN 结合，可使输出钳位在 0 电平。每个半桥(每相)都有三种开关状态：状态 A——上管导通；状态 B——下管导通；状态 0——辅管导通。

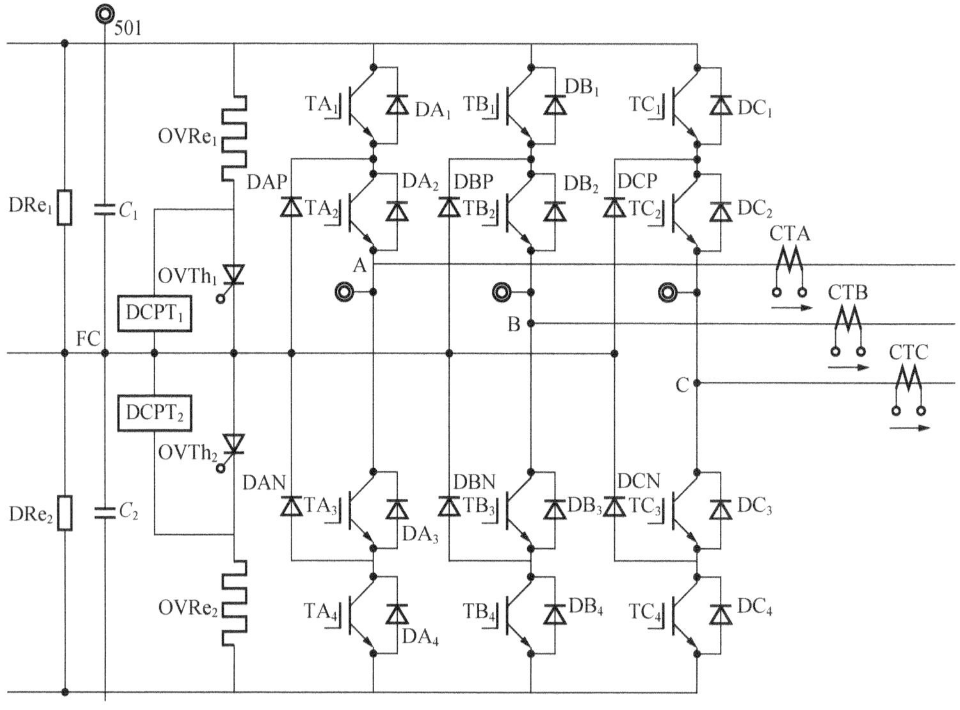

图 4-46　CRH_2 动车组采用的三点式逆变器主电路原理图

以 A 相为例，输出为 $+U_d/2$ 状态时，正的负载电流流经 TA_1 和 TA_2，负的负载电流流经 DA_1 和 DA_2；在输出为 0 的状态，正的负载电流流经 DAP 和 TA_2，负的负载电流流经 TA_3 和

DAN；在输出为$-U_d/2$的状态，正的负载电流流经TA_3和TA_4，负的负载电流流经DA_3和DA_4。

三点式逆变器虽然在导通状态下由于电流流经元件增多而增加了电压降，但优点是：一方面，可降低对 IGBT 元件的耐压要求，在截止状态下元件承受电压只有两点是逆变器的一半；另一方面，三电平逆变器由于增加了第三个电压值，阶梯数增多，可使其输出波形更接近正弦波，谐波含量更少。

三相三电平逆变器的每一相有 3 种开关状态，因此三相共有$3^3=27$种开关状态，按变换前后功率不变的原则，所有开关状态的矢量如图 4-47 所示。从图中可以看出开关矢量可分为 4 类。第一类幅值最大，其大小为$\sqrt{2/3}U_d$，包括 AAB、ABB、ABA、BBA、BAA、BAB，统称大开关矢量；第二类幅值为$U_d/\sqrt{2}$，包括 A0B、AB0、0BA、B0A、BA0、0AB，统称中开关矢量；第三类幅值为$U_d/\sqrt{6}$，包括 AA0、A00、A0A、00A、0AA、0A0 和 00B、0BB、0B0、BB0、B00、B0B，它们均分布在 6 个扇区的边界线上，统称小开关矢量；第四类幅值为零的零开关矢量，包括 000、AAA、BBB。

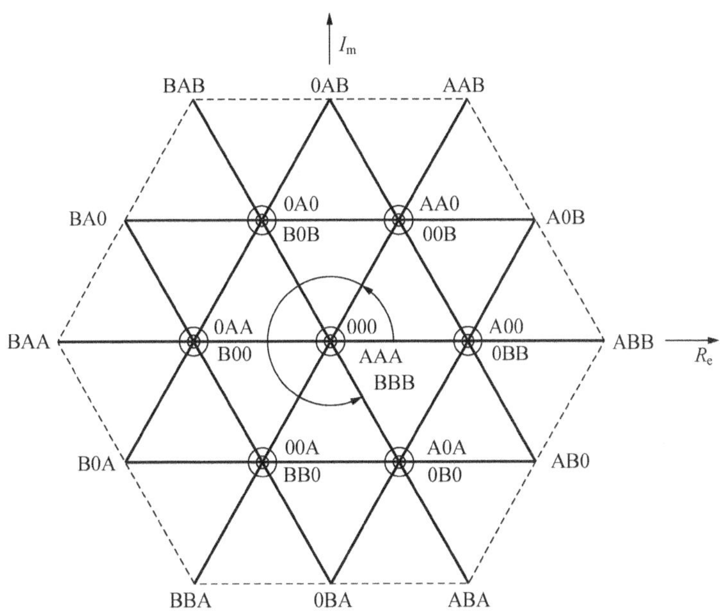

图 4-47　三电平逆变器的电压空间矢量图

三电平逆变器和两电平逆变器一样，可以按方波方式工作，也可以按 PWM 方式工作。三相逆变器在进行 SVPWM 控制中，通过这 27 种基本电压矢量的适当组合，可以对输出电压矢量的幅值和频率进行控制。在选择电压空间矢量时，为了减少 IGBT 的开关损耗，每条支路的开关元件产生通断动作时，状态只能由 A 变到 0，B 变到 0，不允许 A 与 B 之间直接互变。还要考虑到矢量图中各小正三角形之间过渡的平滑性，减小电压的谐波，尽量减少开关切换的次数等。

此外，由于三点式逆变器直流环节电压较高，还要考虑因直流环节支撑电容(C_1、C_2)不可能无限大时，中点电位难以维持零电位而会发生偏移的问题。通过成对地选取某一相的 P 矢量和 N 矢量，例如，图 4-47 中的 P 矢量(A00、0A0、00A、AA0、0AA、A0A，这类电压矢量接通时属中点的上部电容 C_1 参与工作)和 N 矢量(0BB、B0B、BB0、00B、B00、0B0，这类电压矢量接通时下部电容 C_2 参加工作)，使中点的上部电容与下部电容参与工作的机会均等(或者说经由中点流出与流入的总电荷量为零)，以抑制中点电位变化且维持其不变。由于篇幅所限，此处不再详述。

4.9　轨道车辆的电机逆变器

本节以 CRH_1 动车组为例，介绍常见的轨道车辆的电机逆变器的构成、工作原理及保护功能。CRH_1 主变流器箱的主电路如图 4-48 所示。

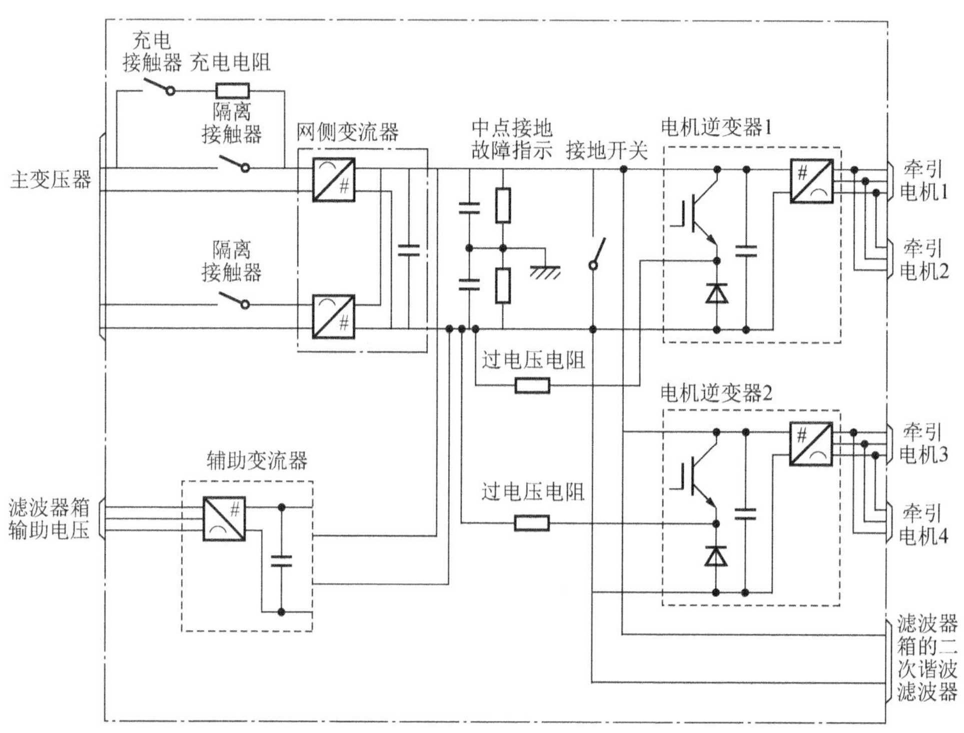

图 4-48　CRH_1 主变流器箱的主电路

4.9.1　电机逆变器的结构组成及技术参数

1. 电机逆变器(MCM)概述

1 个 CRH_1 动车组的牵引变流器有 2 个电机逆变器(MCM)，每个电机逆变器(MCM)模块同时给两个并联的牵引电机供电。从网侧变流器 LCM 出来的直流环节电压被逆变成对称的变频变压的三相电压，供电给牵引电机工作。当车辆在电网供电间隙(如过分相区)时，牵引系统被自动切换到制动模式。这样，系统就能避免在直流环节的电容的电能下降，电机仍能维持磁化并能保证等到网侧电压再次上电就进入牵引模式。

电机变流模块(MCM)包括控制系统、功率模块及冷却系统。

电气上，MCM 有 3 个主子系统：三相逆变器、直流环节电容和过电压制动斩波器(OVP)。三个子系统都被内部计算机(DCU/M)监测和控制。MCM 采用了 IGBT(绝缘栅双极晶体管)模块，用微机进行控制。

直流环节电容用来稳定输入的直流电压，它对调节电机电流十分重要。三相逆变器将输入的直流电压逆变成三相电压来给异步电机供电。过电压制动斩波器抑制瞬时过电压。能量从位于 MCM 外部的过电压电阻(制动电阻)消耗。为便于监测和控制，MCM 有各种传感器，能检测温度、电流和电压。

2. MCM 箱体的结构设计

机械上，MCM 包括两部分：功率部分和电子控制箱，如图 4-49 所示。功率部分输出电能；电子控制箱与计算机和低压系统联系在一起对功率部分进行控制。

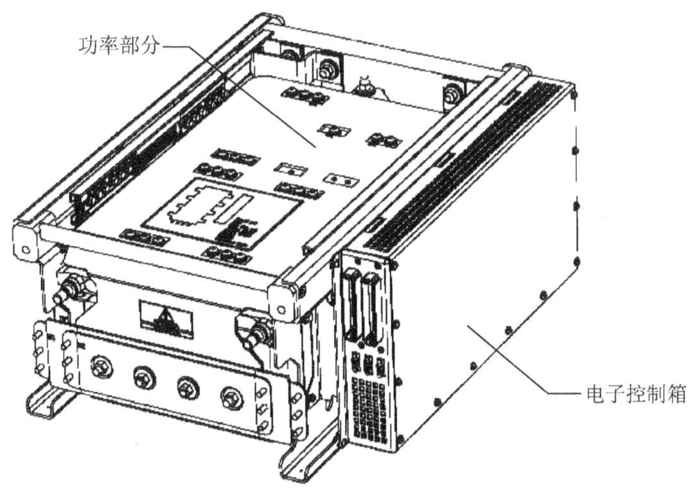

图 4-49 MCM 箱体

图 4-49 中的电子控制箱安装在 MCM 的右侧壁，通过端开 DC+和 DC−的母线、信号线、水连接和模块前的两个螺栓连接，这些部分很容易接触到。在维修时，旧模块可以用一个新模块替换。

1) 概述

MCM 模块外壳等级为 IP00，意味着不防异物、不防水。模块被安装在外壳等级为 IP55 的变流器箱。如图 4-50 所示，MCM 采用基于水冷的 IGBT 逆变模块，维修时能被容易地从车上取下。模块可以从逆变器箱的舱口推入，模块位于车辆的底架，控制信号连接到模块前部的插入式连接器。电子控制箱用合页安装在模块的侧壁来访问箱体后面的 GDU。为了与其他逆变模块和直流电源连接，采用低电感的母线连接到模块前部的直流环节。输出电源线与模块后部的滑动触头相连。可移式刚性接头被用来进行水路的连接。MCM 的维修在车间进行。模块很容易被换出，以最大限度减少列车停止的时间。

采用电缆和连接器是将控制信号和数据信号连接到在电子控制箱侧壁的带有插入式连接器的模块。有 2 个 MVB 接口(输入和输出)，1 个 RS-232 连接用来记录信号，如图 4-51 所示。

使用低电感的母线来连接其他逆变模块和直流电源。母线连接到模块前部的直流环节母线。输入的电源电缆连接到模块后部的滑动触头。

2) 电子控制箱

为了便于维修，当拆开电子控制箱的盖子时，DCU/M 和电源容易被接触到，如图 4-51 所示。电子控制箱可以被打开约 45° 来接触到在电子箱后面的门极驱动单元(GDU)。这种设计在模块的维修中保护了电路板。电子箱部分屏蔽，用以防止在功率电路和计算机之间的电磁干扰。

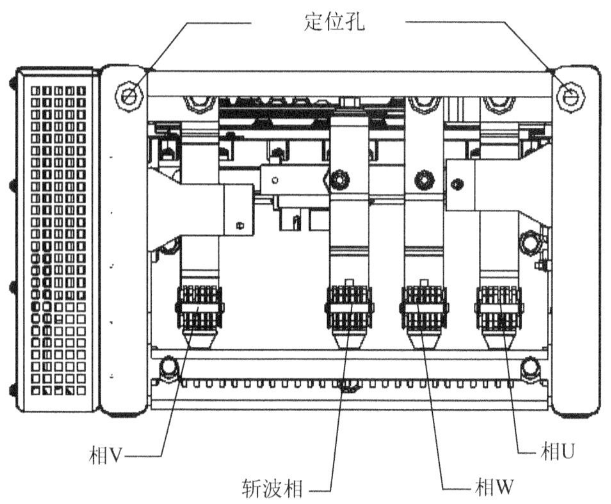

图 4-50　MCM 的电动机连接

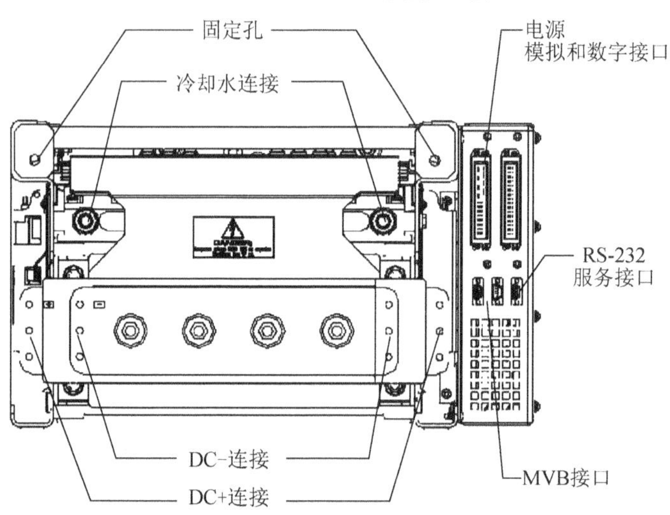

图 4-51　CRH_1 的电机逆变器 MCM 的内部结构

3) 功率部分的组成

(1) 母线。MCM 用 PWM 方式以较高的开关频率来开关 IGBT，必须使电感最小化。MCM DC+/DC−电源的接线是薄板状的、低电感母线，在直流环节电容和 IGBT 模块之间也使用碾压的薄板状的低电感母线。母线的电气连接点的表面被处理以保证电气连接性能。MCM 外部的连接用电缆是普通的铜束，连接从变压器次边线圈来的交流电压。

(2) 电流传感器。电流传感器安装在 MCM 功率部分的后壁，如图 4-52 所示。

(3) 电压传感器。电压传感器安装在框架的左壁，在低电感母线的末端对直流环节电压进行测量，如图 4-52 所示。

(4) 直流环节电容。直流环节电容用 8 个螺钉安装在框架散热器上，如图 4-52 所示。

(5) 门极驱动单元(GDU)。GDU 由防静电的塑料盖子保护。盖子也可防止在 MCM 的维护中 GDU 的意外接触。

(6) IGBT 模块。为更好地冷却，IGBT 模块用螺栓直接安装到散热片上，IGBT 模块的底部表面涂上了一层热传导化合物以增大 IGBT 与散热片的接触面积，减小热阻。IGBT 模块的冷却对于长期运行是一个很重要的因素。

(7)放电电阻。为更好地冷却，与电容并联的放电电阻用螺栓直接安装在散热片的后侧，在低电感母线的末端处连接到直流环节，如图4-52所示。

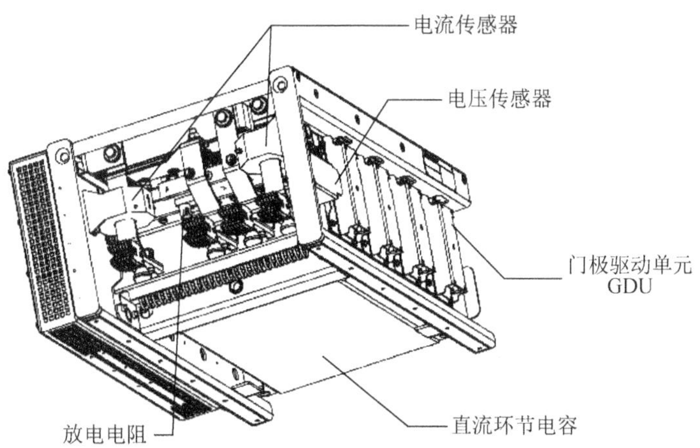

图4-52 MCM的仰视图

4)温度传感器PT100及冷却系统

(1)IGBT的散热片。为了测量散热片的温度，PT100传感器安装到散热片的中间，如图4-53所示。为了更准确地测量温度，传感器用螺丝安装在散热片上。散热片中有水路，水在里面循环把热量带走，在外部用3个风扇冷却后，再参加循环。

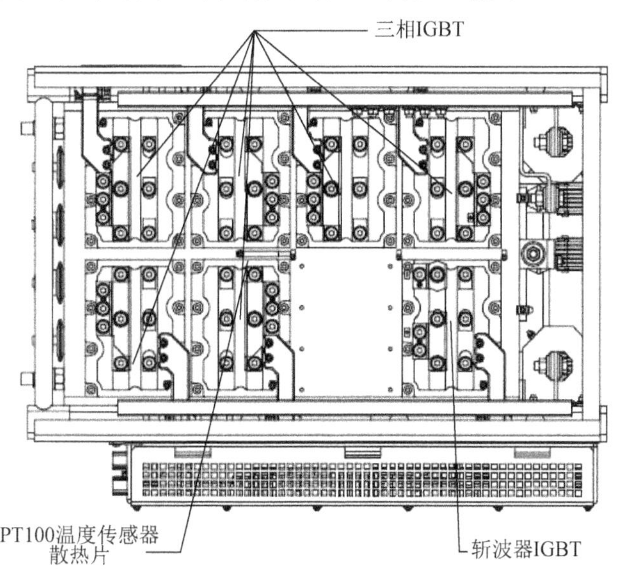

图4-53 MCM功率部分俯视图

(2)内部冷却。MCM模块内部没有风扇，但其设计则是非常敞开通风的，确保足够的气流。

3. 电机逆变器模块(MCM)的电路分析及工作原理

MCM的主电路如图4-54所示。主要包括直流环节电容、三相逆变器、过电压斩波器、驱动控制单元(DCU/M)、低压供电电源、测量传感器。

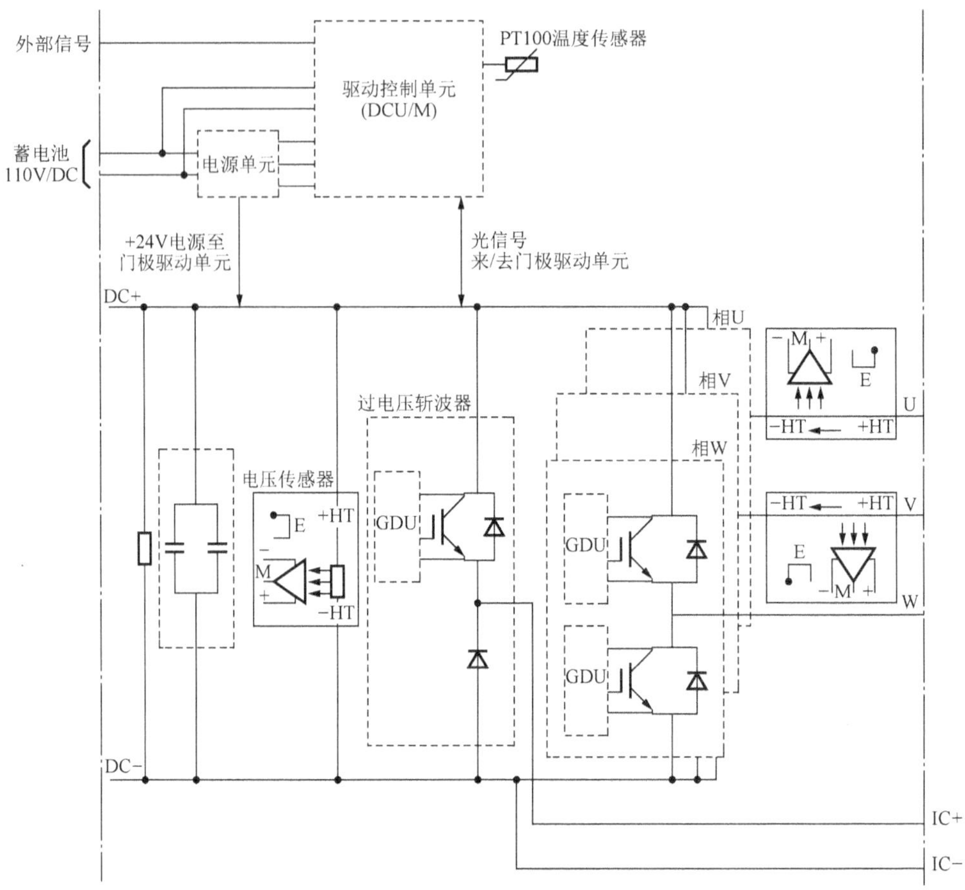

图 4-54　MCM 主电路图

从图 4-48 所示的主电路图可以看出，MCM 输入端接直流环节电压，输出端为三相(U、V、W)交流电压。在直流环节输入端有滤波电容、一个直流环节电压检测单元，还有 1 个直流过电压斩波器；在输出端的 U、V 两相有电流检测单元，IGBT 的栅极 G 和发射极 E 端接有电容，来滤除高频干扰，防止发生误动作现象。每相桥臂有两个 IGBT 模块控制，共 6 个 IGBT。每个 IGBT 都由门极控制单元(GDU)控制。GDU 通过光缆与驱动控制单元(DCU/M)相互传递信号。DCU/M 接收外部信号和内部信号，并带有温度检测。

过电压斩波器(OVP)用于防止直流环节过电压。它由 1 个 IGBT 和 1 个反向二极管构成。当 IGBT 开通时，通过与反向二极管并联的过电压电阻(制动电阻)放电。

DCU/M 的控制电路单元(DCC2380A)主要有 DC/DC 电源单元、光纤 I/O 单元、DI/DO 接口(X11)、MVB 接口、AI 接口(X12)。

DC/DC 电源单元将从蓄电池出来的 110V 电压经 DC/DC 转换成±24V，给各种数字输入输出隔离单元包括光电隔离单元供电，保护性接地，并带有故障输出端。

光纤 I/O 单元接收 U、V、W 三相 6 个 IGBT 的反馈信号和 1 个过电压斩波器的反馈信号，进入 DCU/M，并输出 U、V、W 三相 6 个 IGBT 的控制信号和 1 个过电压斩波器的控制信号。

AI 接口(X12)输入直流环节电压的电压传感器的值，并输入 U 相、V 相的输出电流传感器的检测值。同时输入 DCU/M 内部的温度值、电机温度 1、电机温度 2、速度传感器 1、速度传感器 2 的值，还有接地故障指示(EFI)输入端。

MVB 接口主要是输入/输出端口，通过屏蔽线与列车网络控制系统进行通信。向上传递采集的信号，并接收从列车网络控制系统向下传递的输入信号。还有 RS-232 通信接口，与显示屏等服务界面相连，还有电源故障检测输入。

DI/DO 接口(X11)内部主要是 MVB 节点地址的确定。根据端口 X4 的信号，确定 MVB 的地址为 49H、4BH、4CH，这三个地址可供选择，并能决定是否开启充电接触器测试模式和网侧电压测试模式。

直流环节的电压信号经滤波后来到三相桥臂，每相桥臂的两个 GDU 由+24V 供电，光电隔离，从 DCU/M 输入控制信号，向 DCU/M 发送反馈信号。其中 U、V 两相输出电流由电流检测器进行检测，并传递给 AI 接口(X12)。

4. 电机逆变器模块(MCM)的各部分主要功能

MCM 由三相逆变器将直流环节电压转变为对称的变频变压(VVVF)的三相交流电，来控制牵引电机的速度和转矩。

电机制动时，电能通过逆变器反向，从三相流入直流环节电容。3 个相同的相桥臂构成了三相逆变器，如图 4-55 所示。

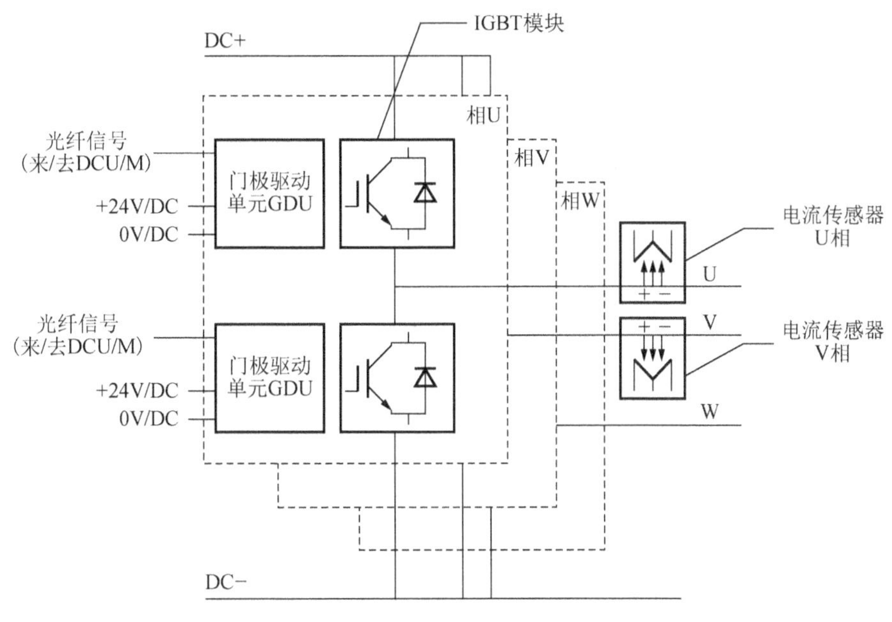

图 4-55 逆变器相桥臂

1) 直流环节(DC-Link)

(1) 直流环节电容。MCM 模块内的直流环节电容是 1 个能量缓冲器。电容能滤波、稳定直流环节电压，并且有传递能量的作用，应该有足够的电容来保证直流环节电压的波动在允许范围，还能与其他 1 个 LCM 和 1 个 ACM 进行精确控制。直流环节电容包括 2 个串联的薄膜电容器。2 个电容器放在同一壳体内。

(2) 放电电阻。有 2 个放电电阻，电阻与直流环节的电容器并联。如果正常放电电路出现故障，放电电阻能将直流环节电容放电到低于 50V。

2) IGBT 模块

每相桥臂有 2 个 IGBT 模块。在 1 个模块中有 1 个 IGBT(带有反并联放电二极管)。IGBT 的开通和关断通过门极驱动单元(GDU)发送 1 个电压信号给门极接线端。

3) 门极驱动单元(GDU)

门极驱动单元按照从 DCU/M 的信号顺序控制 IGBT 的开与关。GDU 也能检测相短路电流。每相桥臂有 2 个 GDU 在 1 块 GDU 板上，每个 IGBT 模块由 1 个 GDU 控制。

GDU 由低压电源上的+24V 供电。GDU 应尽可能地靠近 IGBT 模块，使门极和监控电缆尽可能短。从 DCU/M 的开关顺序通过光缆传输，将高压系统与控制系统电气隔离。从 IGBT 模块引出的电缆通过双绞线与 GDU 连接并防短路。GDU 通过光反馈提供给 DCU/M 关于 IGBT 的状态信息，DCU/M 将对 GDU 和 IGBT 的状态进行快速响应。

2 个 LED(发光二极管)指示 GDU 常见的故障状态，便于快速查找故障，如表 4-5 所示。

表 4-5　LED 指示出 GDU 的状态

LED 颜色	GDU 状态或事件	LED 动作
绿	电源开	连续点亮
绿	IGBT 开	闪烁 1Hz
红	电源故障	连续点亮
红	门极发射极短路	连续点亮
红	主电路短路	闪烁 1Hz
红	IGBT 连接错误	闪烁 1Hz
绿和红	CPLD 没编程	2 个 LED 连续点亮
绿和红	CPLD 用的测试程序	LED 同时闪烁
绿和红	当 GDU 识别出主电路短路或 IGBT 错误连接，收到 IGBT 开的命令	LED 交替闪烁
绿和红	24V 电源掉电	2 个 LED 熄灭
绿和红	GDU 上 5V 电源掉电	2 个 LED 熄灭
绿和红	两个二极管出故障	2 个 LED 熄灭

GDU 的牵引安全功能用于使牵引产生意外风险减到最小。如果 GDU 两个数字输入都低，牵引安全功能将阻止光缆发送命令到 GDU。但过电压斩波器不受影响。

4) 过电压斩波器

过电压斩波器也称电阻制动斩波器，每 1 个 MCM 有 1 个过电压斩波器，与过电压电阻相接。1 个主变流器中有 2 个 MCM，因此有 2 个过电压斩波器。过电压斩波器也保护 MCM 防止瞬态电压过大和网侧滤波电容的激活放电，如图 4-56 所示。

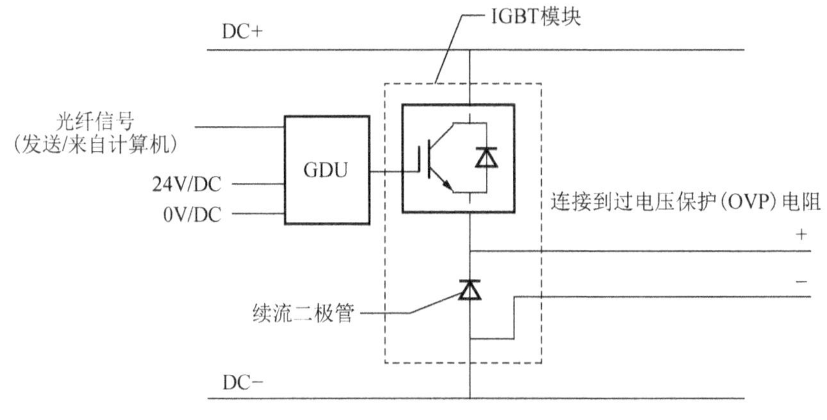

图 4-56　过电压斩波器

(1) IGBT 模块。过电压斩波器有1个IGBT模块。模块中有1个带有反并联二极管的IGBT和1个续流二极管。IGBT的开关通过GDU控制，开通IGBT时电能流向过电压电阻。

(2) 过电压保护(OVP)。OVP 用来防止直流环节出现过电压。不但在制动工况，当在牵引工况同时电气制动失效时，OVP也被使能。当直流环节电容电压超过一个指定值(CRH_1为1900V)时 IGBT 开通，电能通过过电压电阻消耗掉，直流环节电压开始下降。当电压降到一个指定值(CRH_1为1800V)，OVP停止工作。

(3) 门极驱动单元。与逆变器的GDU类似。

(4) 续流二极管。在过电压斩波器中，有1个续流二极管，并联在过电压保护电阻旁边，因为过电压保护电阻阻值小而功率大属于大电流通断，自感不能忽略，同时因为过电压保护电阻发热严重，放到主变流器箱体的外侧有利于冷却，而不放在MCM里面，引线距离较长的引线的自感也不能忽略，因此要添加续流二极管。防止OVP电路的IGBT关断时被击穿。

(5) 过电压保护监测。从GDU来的反馈信号给DCU/M用来监测OVP电流短路或其他故障。过电压电阻的热载荷是通过流过OVP电路的IGBT模块的能量进行计算。

5) 低压电源供电

MCM 由低压功率电源来给 DCU/M 和各种传感器提供±24V/DC。电源供给 GDU 单元+24V/DC。电源从车辆电池电压的输入端，输入电压被带有电气隔离输入输出端的DC/DC变换器转换成上述输出电压，如图4-57所示。

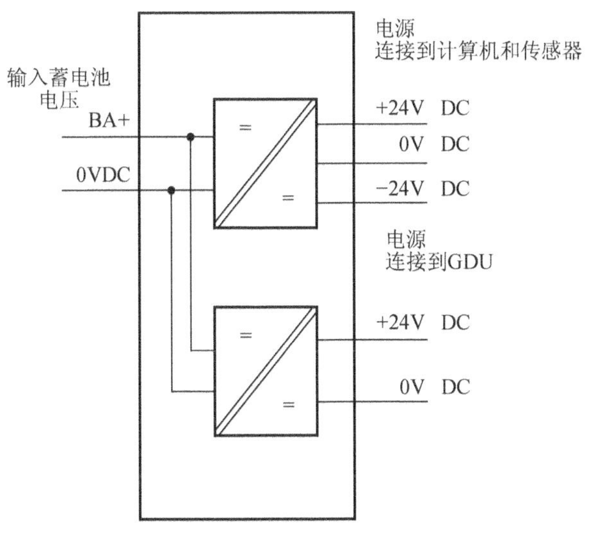

图4-57 低电压电源供电

6) MCM 计算机(DCU/M)

安装在电子控制箱中，如图4-58所示，完成对电机逆变器的监测保护和对电动机的控制。

7) 设计标准和技术参数

(1) 设计标准。设计MCM与LCM等变流器时所遵循的标准一样，变流器的重要标准如表4-6所示。

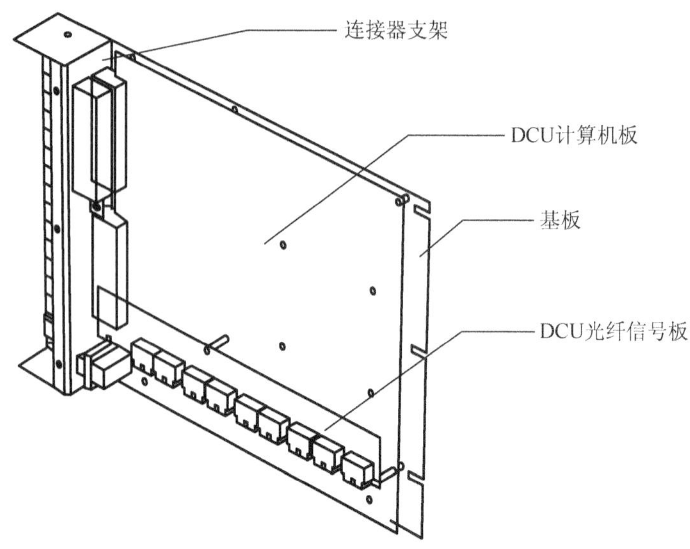

图 4-58　MCM 控制计算机(DCU/M)

表 4-6　MCM 的设计标准

名　称	标准号	名　称	标准号
电气牵引设备规则	IEC 60077、IEC 61287-1	电磁兼容性标准	PrENV 50 121-3-2
供电电压标准	EN 50163	冲击和振动标准	IEC 61373
测试标准	IEC 61133	绝缘、间隙和漏电距离标准	PrEN 50124-1

(2)技术参数。MCM 的主要参数如表 4-7 所示。

表 4-7　MCM 的主要参数

类　型		数　值
输入数据	直流环节额定电压	DC 1650V
	频率	50Hz
	电池额定电压	DC 110V
输出数据	过电压保护激活值	DC 1900V
	过电压保护解除值	DC 1840V
	直流环节欠电压激活值(保护性阻断)	200V
	输出线电压(牵引时)	0～1287V
	输出线电压(制动时)	0～1287V
	输出相电流最大值	800 A (RMS)
	输出频率	0～152Hz
尺寸和质量	高度×长度×深度	350mm×616mm×829mm
	质量	123kg
温度	环境温度	-40～+40℃
	换热箱工作激活温度 A	+76℃
	换热箱的最高温度	+80℃

续表

类型		数值
绝缘试验	1500V 系统的输入到接地之间	5 500V(RMS)，50Hz，60s
制动/牵引力限制	电动机高温转矩降低	50%
	电动机变流器高温转矩降低	50%
开关频率	开关频率	1kHz
部件	薄膜电容	4mF
	放电电阻	33kΩ
	直流环节放电时间	10min

4.9.2 电机逆变器的传感及监控功能

1. 测量传感器

1) 电流传感器与过流保护

MCM 中有 2 个电流传感器，U 相、V 相的每相电流都用 1 个电流传感器测量。按三相电流之和为零可在DCU/M中连续计算出W相电流，如图4-55所示。所有电流传感器都由DCU/M出来的±24V/DC 供电。电流信号连接到计算机 DCU/M 的模拟输入端 AI。电流测量传感器是基于霍尔元件，因此 AC 和 DC 都能测量。

DCU/M 持续监测相电流，当相电流超过最大限值时(如相短路时)，通过计算机硬件的方式快速反应，立即减小电动机转矩。当相电流中的直流成分太大时，会在牵引电机中引起转矩波动，如果波动太大，此时 DCU/M 控制 MCM 停止。

GDU 检测 IGBT 模块的发射极电流，当发生短路时快速可靠关闭 IGBT。这种保护非常迅速，无论主电路中的短路还是对地短路，无论发生在 IGBT 导通之前还是在导通过程中都能起作用。

2) 电压传感器

用来测量直流环节电压值，该测量值一方面用于逆变器的控制算法，另一方面用于过压保护。MCM 通过电压传感器测量直流环节的电压，直流环节电压的信息连续地被发送到 DCU/M。这些信息被逆变器控制算法使用。

3) 温度传感器

MCM 中有 1 个温度传感器，位于箱体的功率部分。温度传感器 PT100(在 0℃为 100Ω)安装在散热片上，测量散热片的温度，如图 4-53 所示。如果传感器指示散热片温度太高，MCM 的输出功率就被限制。

图 4-59 中过热温度激活值 A 点可通过程序调整。当某一温度(过热温度激活值 A)在散热片中记录下来，当温度达到该值时显示高温信息。如果温度保持在 A 和 A+5℃之间持续 15min 以上，三相逆变器阻断停止工作。只有当温度下降到低于 A−10℃时，逆变器才会重新启动。

2. MCM 计算机(DCU/M)的结构组成

DCU/M 包括 2 块 PCB 板、主板和光学板，光学板安装在主板上。所有的光发送器和光接收器都安装在光学板上。DCU/M 安装在金属基板上，它能提供稳定性和多路接地点。为在维修中更容易接触到，PCB 板被设计成滑入连接器支架。所有电气接口都包括在连接器支架中。

DCU 驱动控制板(DCU/L、M、A)，采用单一主板解决方案，安装在变流器箱内，具有网侧变流器控制、电机逆变器控制、辅助变流器控制等功能，具有多处理器系统(MCU、DSP、FPGA)的外观及结构、功能如图 4-60 和图 4-61 所示。

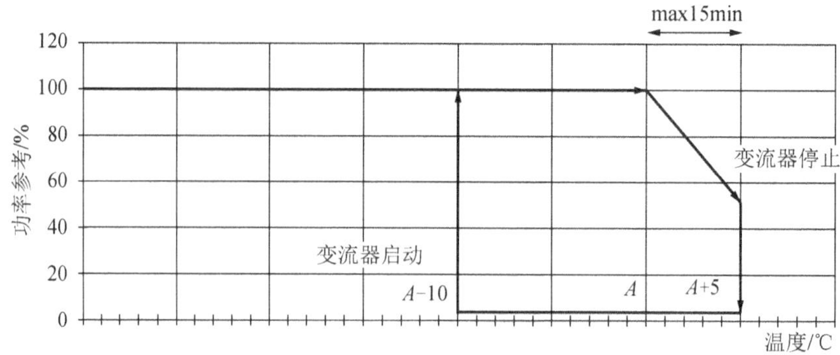

图 4-59　在不同散热温度下的功率减少量

图 4-60　变流器驱动控制板(DCU/M、L、A)

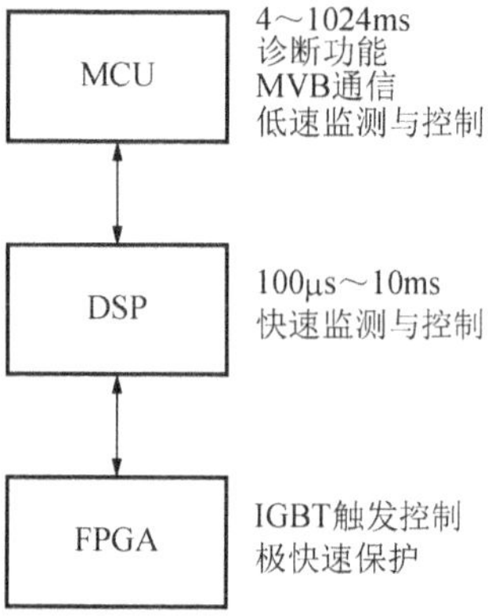

MCU　4～1024ms 诊断功能 MVB通信 低速监测与控制

DSP　100μs～10ms 快速监测与控制

FPGA　IGBT触发控制 极快速保护

图 4-61　DCU/M 的多处理器构成及主要功能

与逆变器 PWM 控制或电动机的矢量控制等技术一起，通过微型计算机(MCU)或数字信号处理器(DSP)用软件就可以实现上述控制技术。这对电力技术的发展贡献很大。

DSP 是为多用积、和运算的声音信号处理等开发的，程序用和数据用存储器同总线分开，命令和数据的读取同时进行。由于将比较小的程序高速处理，所以地址空间不那么大，处理数据多为 16 字长。这样的特征对电力的控制也简单，对采样周期为几十微秒的电流控制等方面的应用很多。集成了 PWM 性能或 A/D 变换器等功能的 DSP 芯片已商品化。

微型计算机或 DSP 可以通过修改程序很容易地改变处理内容，对相同的硬件可以用不同的软件进行控制。例如，对感应电动机和永磁电动机的控制可以使用同样的硬件电路，只是控制软件不同。对模拟电路实现困难的正弦波或坐标变换等的处理也能准确地实现，对有些纯粹用硬件实现困难的条件判断处理等，用软件是容易处理的。

ASIC 有专用芯片的标准单元、门阵列、可编程逻辑阵列、可编程门阵列等。现场可编程门阵列(FPGA)就是其中比较先进的一种。FPGA 与 MCU 和 DSP 已成为电力电子控制技术的重点，结合在一起能构成电力技术重要的核心控制单元。

DCU/M 既有硬件又有软件，大部分系统控制被编程进微控制单元(MCU)和数字信号处理器(DSP)。还有一些重要的和关键的功能在可编程硬件 FPGA 中执行。从而减小了计算机的尺寸和重量，同时使控制更加灵活。

在 MCM 内部，DCU/M 与 GDU 之间的信号通过光缆传输，在 DCU/M 上安装了一块光缆电路板，板上电压信号被转换成光信号(光脉冲)与光缆相连。在光缆的另一端，光信号又转换成电压信号。光介质把电力回路与计算机隔离，减小了电磁干扰。

3. DCU/M的监控和保护功能

DCU/M控制和监测MCM的大部分功能，是车辆分布式控制系统的一部分，通过多功能车辆总线(MVB)连接到牵引控制单元。

DCU/M负责MCM与外部控制系统的通信，与牵引计算机之间通过MVB传输输入输出信号，最重要的信息包括：启动(激活)指令(输入)、车辆的运行方向(输入)、转矩给定值(输入)、实际输出转矩(输出)、每分钟转速(输出)、状态(输出)、故障指示(输入/输出)、直流环节电压(输出)。

DCU/M控制和监测以下内容：直流环节电容的放电、转矩、转速、打滑、过电压保护、过电流保护、温度、测试功能。DCU/M对电动机变流器的监控功能框图如图4-62所示，将给定的牵引/制动力输入参考基准，在考虑各种限制因素的条件下，最终得以在牵引电动机上实现。

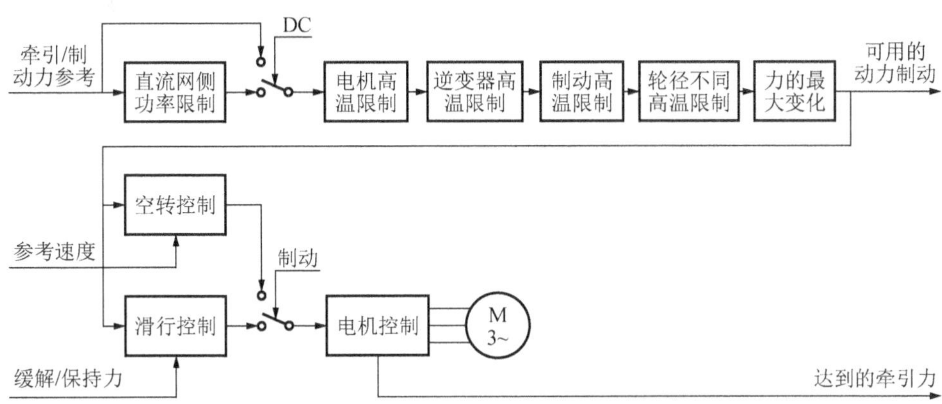

图4-62 电机逆变器控制框图

DCU/M的监控和保护功能如下。

1)转矩控制

DCU/M监控牵引电动机的转矩，列车计算机通过MVB给DCU/M提供转矩基准的载重补偿和颠簸(Jerk)限制，DCU/M 按照轮径值和空转/滑行控制要求来调节转矩基准。DCU/M对转矩基准的限制考虑以下因素：①高的电动机或MCM温度；②高(或低)的直流环节电压；③高网侧电流；④高转矩。

利用PWM方法进行转矩控制，转矩控制使用2个相电流、直流环节电压测量值和电机转速(每分钟转速计算值)来进行最终的力矩计算。通过控制电压基准(即相电压的幅值、频率和相位角)实现所需转矩。通过PWM调制方法可以有效地利用直流环节电压，得到最大可用的转矩。

2)转速测量

首先通过速度传感器测量每个车轴的每分钟转速(RPM)，DCU/M通过MVB总线将测量的轴速值传送给车辆控制单元，车辆控制单元把每分钟平均转速和所有车轴的速度都计算出来，车辆控制单元计算出实际列车速度并返回给 DCU/M，进一步用于防空转/滑行控制和轮径校准。计算列车速度还需要轮径和齿轮传动比等参数，在转矩控制中总使用电动机平均转速。速度传感器由DCU/M供电。

3）防空转/滑行控制

防空转/滑行控制可使列车运行（牵引或制动），能够充分利用最大轮轨黏着力限制，DCU/M 检测所有动力轴转速以探测是否发生空转/滑行。当发生空转/滑行时，迅速减小转矩给定值。该控制对牵引和制动工况都有效。

4）过分相区时维持直流环节电压

MCM 通过使用车辆的动能转变成电能，在供电间隙时能维持直流环节电容的电压稳定。当列车运行中探测到供电间隙（如过分相区）时，转矩基准暂时被微制动取代，MCM 将电能反馈到直流环节电容。一旦供电恢复，MCM 不需要重新启动就能获得所需的转矩值。供电间隙期间，辅助供电系统也不会发生电源功率下降的情况。MCM 通过这种方式在每次供电间隙时，不用停止工作。因为 MCM 将在供电间隙时提供电能，辅助供电系统也没有功率下降。

5）过电流保护

DCU/M 在输出相上安装了防止过电流保护。相过电流可能发生在相短路过程中，通过对相 U 和 V 的电流测量，在计算机硬件中实现对过流的快速保护。

GDU 也有 1 个短路检测和保护。保护能处理发生在 IGBT 开通之前和开通过程中的短路。保护非常快速，并且在主电路短路和接地短路中都会启动。短路是通过监测 IGBT 的 C-E 端得到的。当保护启动时，IGBT 以软关断方式快速关断。

6）优化电磁兼容

网侧电流纹波和电磁兼容性是电力牵引系统中的一个重要而又复杂的问题，尤其是在开关频率较低的情况下。相电流的直流成分会使牵引电机产生脉动转矩。为减小电机电流的直流成分，DCU/M 安装了 DC 控制来减小电能波动，提高了网侧电流的电磁兼容性。

7）诊断

DCU/M 安装了诊断和故障跟踪系统来使 DCU/M 具有自检功能。MCM 和牵引电机的诊断、故障跟踪可以在运行过程中进行。这些在线功能可以保护系统并将维修和停机时间减到最小。故障信息被发送到列车计算机，有些严重故障会造成 MCM 关断，还有半自动测试功能在维修中使用。为防止设备损坏，一些故障测试需要使 MCM 停止工作。

通过连接 PC 到 DCU/M，能从内部瞬态记录仪下载数据。供维修人员进行进一步分析。通过 RS-232 接口，DCU/M 可连接到基于 PC 的便携式检测实验装置，通过 PC 软件进行诊断和故障追踪。该装置由 PC 和 8 通道记录板组成，PC 可读出 DCU/M 的状态和参数值，利用故障指示和信号数据作进一步的分析诊断。还有用于检修的实验架，如果需要，可以把 MCM 从动车组底架拆下来放在实验架上，然后通过 PC 软件进行故障追踪。

4. DCU/M 对电动机的控制

DCU/M 对电动机的牵引和制动更具体的控制功能如下。

1）矢量控制

MCM 的磁场转矩控制如图 4-63 所示，通过异步电机的基于磁场定向的矢量控制，分别控制电机的磁场、旋转速度和扭矩。转矩控制需要测量的参数有：电机两相电流、直流环节电压、GDU 反馈信号和电机频率，这些参数用于最终的转矩计算。牵引电机的状态是最终由电压型逆变器给出的可变的电压的幅值和频率决定的。为获得需要的电机扭矩，CRH_1 通过 PWM 方式控制牵引电机的电压基准，包括其幅值、频率和初相位，可以通过 PWM 算法控制 MCM 主电路 IGBT 的开、关来实现。而 PWM 的输入是由图中的磁场转矩控制器的输出来提供的；给定的电压信号由两部分合成，两部分分别对应磁场和转矩。矢量控制中磁场和转矩的计算需要精确的数学模型，即转矩和磁通观测模型。模型的输入就是通过采集一些容易测量的参数，包括电机的两个相电流、直流环节电压、电机温度和轴速。

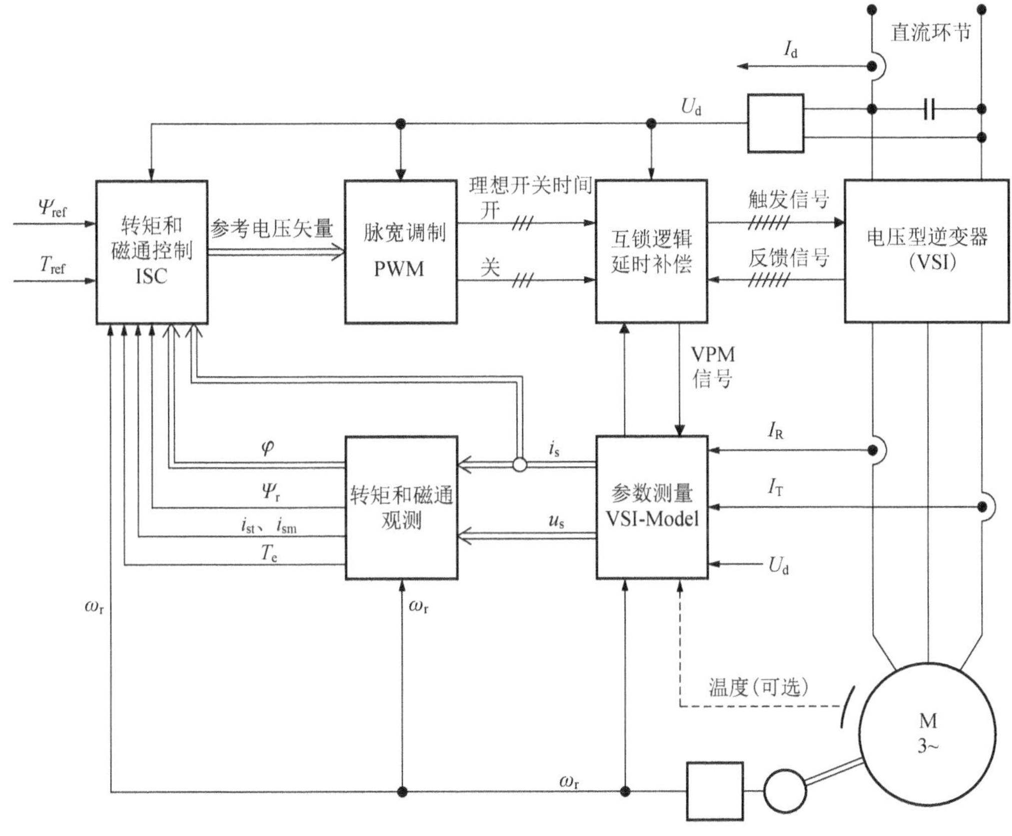

图 4-63 CRH$_1$ 磁场转矩的控制

DCU/M 控制和监测异步牵引电机所产生的扭矩。在电机控制中，连接到同一牵引变流器的 2 台并联电机被等效为 1 台异步牵引电机，两台电机的总电流以及两台电机的平均速度被看作是等效异步牵引电机的电流与转速参数，用于牵引控制。

2) 脉冲调制模式

异步电机由输入电源的电压和频率控制。用 PWM 算法实现电动机可变电压和可变频率(VVVF)的控制。CRH$_1$ 的 PWM 脉冲模式采用电压空间矢量调制法(SVPWM)。在 MCM 的整个输出范围均采用这种调制法，能够对电动机进行有效、平稳的控制，而没有变化和台阶，减小电动机损耗。CRH$_1$ 型动车组的 MCM 的开关频率为 1kHz，主要采用分段同步调制方式。

3) 电动机的电气制动控制

电气动力制动(Electrodynamic Braking)是一种回馈制动。当列车需要刹车时采用这种制动。将定子频率减小到低于转子频率时牵引电动机作发电机运行，列车动能通过变流器回送给电网，就是电气动力制动，也称再生制动。在此期间，DCU/M 连续向牵引控制单元发送 MCM 可实现的有效制动力的信息，如果一个电动机变流器的再生制动受限或停止，制动系统将以机械制动形式予以补偿，以获得相同的减速。

备用制动(Backup Braking)也是一种回馈制动，一般不用作刹车，而是在电网供电中断时，使用列车的动能发电，保持直流环节电压，此时牵引电动机的工作状态就称为备用制动。当检测到电源中断时，转矩基准立即被微制动(Gentle Braking)取代，电动机变流器将电能反送给直流环节电容。MCM 不必在每次供电中断之后重新启动，由于辅助变流器直接从直流环节获取电能，MCM 在电网供电中断时给直流环节供电，辅助用电系统就不会因供电中断而失去电源。

4)轴速测量

安装在电动机齿轮箱一侧的速度传感器用于检测轴速，所有动力轴上的速度传感器上输出 90° 相移的两相脉冲串，如图 4-64 所示，脉冲的频率表示轴速，相移的方向(超前或滞后)代表转动方向。

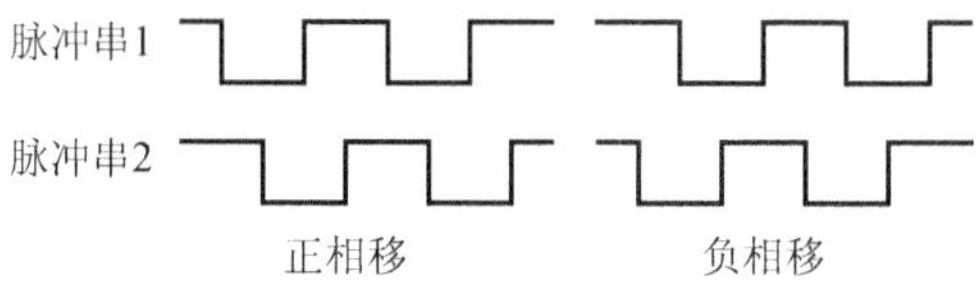

图 4-64　速度传感器的脉冲

脉冲串上升沿之间的时间用来计算转速。图 4-65 中的 n_p 代表两个上升沿之间脉冲的个数，当速度较大时，n_p 可以取得较大。

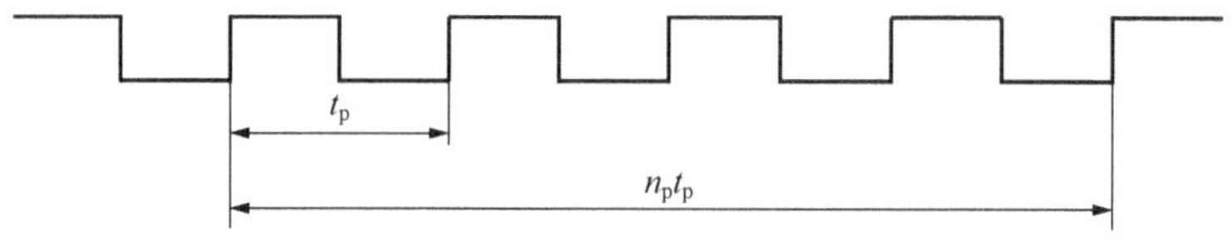

图 4-65　转速计算

DCU/M 通过 MVB 和 PCU 向车辆控制单元(VCU)提供各个动力轴的转速信息，VCU 则计算所有轴的平均轴速，并考虑用轮径和齿轮传动比计算列车运行(线)速度，反过来又将车辆速度送给所有 DCU/M 用于空转/滑行控制。在转矩控制中，始终采用平均轴速。

5)防空转/滑行控制

防空转/滑行控制(Slip/Slide Control)系统是为在不同轮轨条件下提供有效黏着力的高利用率。该系统通过检测动轴的速度来判断牵引运行下的空转和动力制动运行模式下的滑行。当发现空转或滑行时，减小电动机变流器控制的转矩给定值，直至空转或滑行消失。

空转/滑行控制的目的是在轨道和车轮之间的黏着力不足时，获得尽量高的转矩来保证动轴车轮：①在牵引状态下不发生失控性的空转；②在动力制动下不会锁死；③不超过最大允许空转速度；④在驱动系统发生不可接受的扭振时，降低转矩基准。

图 4-66 描述了空转/滑行控制系统结构。空转速度基准和实际空转速度的差送给 P-控制器，经短时间的优化搜索运算后，P-控制器输出可能获得最大的转矩基准，然后送给转矩和磁通控制系统。空转/滑行的信息被送到 PCU 和 VCU，用于制动控制，以减小发生滑行的转向架的空气制动力，优化动力制动，获得最大黏着限制的制动力。

CRH_5 的两电平电机逆变器的控制功能如图 4-67 所示。

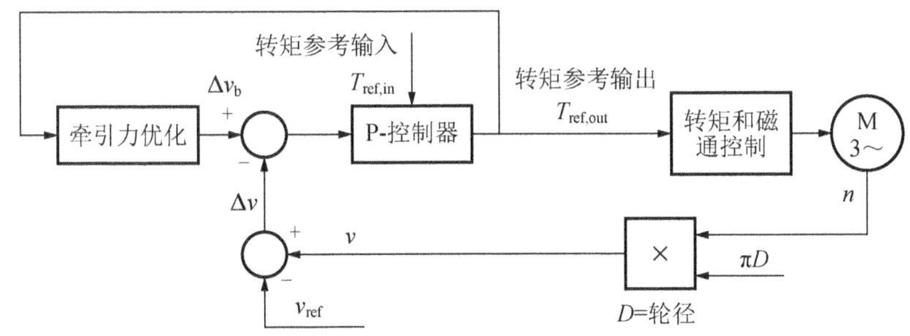

图 4-66 空转/滑动控制系统结构图

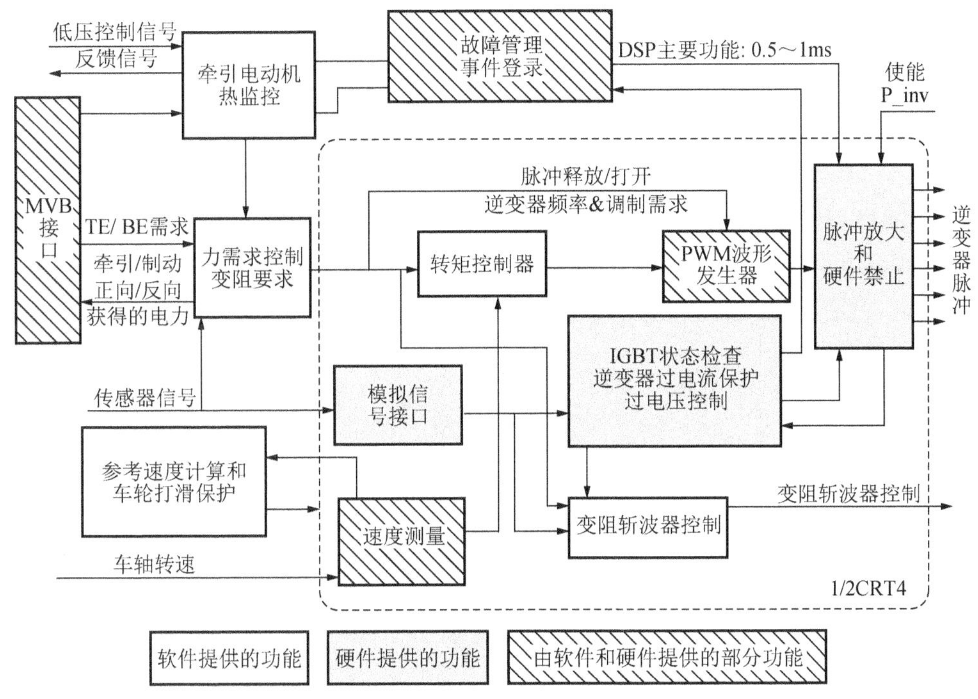

图 4-67 CRH_5的电机逆变器的控制功能分配图

思 考 题

4-1 SPWM 与方波或阶梯波逆变有何相互联系？各有何优点、缺点？

4-2 如何调节 SPWM 输出电压基波的幅值、相位和频率？

4-3 SPWM 的单极性调制和双极性调制各有何特点？

4-4 解释调制度 M 和载波比 N 的含义。

4-5 与单相 SPWM 逆变器相比，三相 SPWM 逆变器对载波比 N 有何特殊要求？

4-6 对比动车组 CRH_1、CRH_2、CRH_3 和 CRH_5 的调制曲线，解释其含义。

4-7 试解释 HXD_3 电力机车调制曲线(图 4-30)的含义。

4-8 阐述 SVPWM 的基本工作原理。

4-9 如何用 SVPWM 进行电机的顺时针或逆时针旋转控制，应该如何控制三相逆变器的开关顺序？

4-10 与 SPWM 相比，SVPWM 有何优越之处？

4-11　说明 SVPWM 和 SPWM 的输出电压、电流波形。

4-12　试比较方波逆变和 SPWM 逆变各自的优缺点。

4-13　试比较三电平方式逆变器较两电平方式逆变器的优点。

4-14　题 4-14 图示为一种电力机车空调逆变电源主电路结构图，试说明每部分的名称及功能。

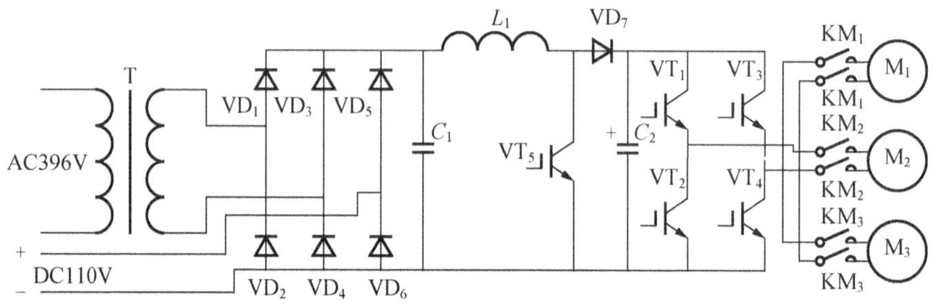

题 4-14 图

4-15　题 4-15 图是一种变极性等离子弧电源，最终输出交流方波电流产生电弧（Arc），可用来熔化或切割铝板，试分析电路由几部分组成，每部分电路的名称和功能是什么。

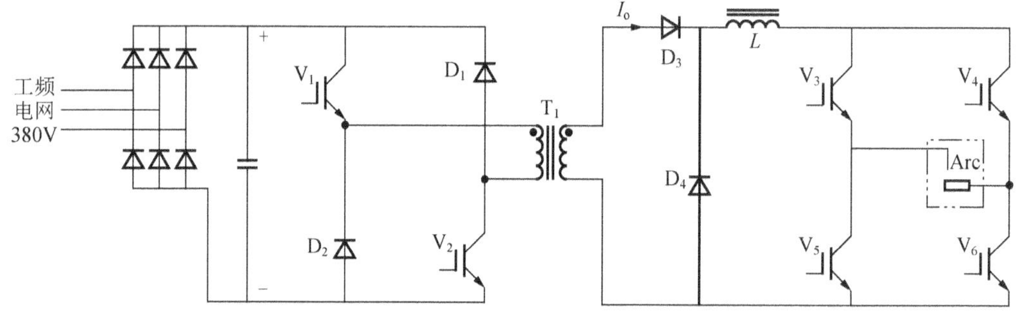

题 4-15 图

4-16　请推导单相 SPWM 逆变器进行双极性调制时，输出电压基波幅值 U_{1m}、M 及 U_d 的关系？

4-17　查阅资料并对比 CRH_1、CRH_2、CRH_3、CRH_5 电机逆变器的主电路结构和各部分功能的相同点和区别。

第 5 章　PWM 脉冲整流器

5.1　脉冲整流器的基本原理及分类

无源逆变的负载是电动机等能把电能变为机械能或热能等其他能量的负载；而有源逆变的负载为变压器，通过有源逆变器把电能反馈给电网，实现有功功率的反馈。有源逆变分为相控式有源逆变和斩控式有源逆变。相控式有源逆变主要采用晶闸管构成的全控型相控整流电路；而斩控式有源逆变主要采用 IGBT 等全控型器件构成的脉冲整流器来进行有源逆变。

5.1.1　交直交系统的相控式与斩控式整流及有源逆变方案

图 5-1 所示为交直交系统的整流器和电压型逆变器。电机工作在电动状态时，整流器把能量从变压器侧输送到直流环节，电流如图中实线所示。当外力(机械负载)驱动电动机运转，使转速超过电机的同步转速，或降低逆变器的输出频率，使电机的转速超过新的同步转速时，电机处于制动状态，电机会进入发电机状态。逆变器反馈能量的途径由反馈二极管 D_1～D_6 构成的整流桥到达直流中间环节，或通过逆变器的升压模式，使直流环节电压上升。把直流环节的能量反馈给变压器有两种有源逆变方案。

1. 相控有源逆变方案

以往变频器系统中的交直变换大多通过采用功率二极管或可控硅构成的整流桥来实现。因为是电压型逆变器，直流环节电压是稳定的，电压极性不能改变。因此在向电网反馈能量时，必须专门设置一个用来反馈能量的与相控整流桥反并联的有源逆变相控桥。反馈电流如图 5-1(a)中的虚线所示，其方向与电动机工况相反。此时逆变桥的α>90°，电压极性上正下负，与直流环节电压 U_d 对抵，且幅值略小于 U_d。

通常交直交系统的直流环节电压的滤波采用 L-C 滤波或 C 滤波，并设有软启动电路。对于采用 L-C 滤波的系统，若电感量相对较大，则装置从电网吸收的电流为近似方波，有大量谐波，且电流相对电压有较大的相位延迟，即导致系统的功率因数降低。采用 C 滤波时，由于电流不连续，使电流存在很多谐波。因此相控整流和有源逆变不仅有大量的谐波，而且电流相对电压有较大的相位延迟，导致系统的功率因数降低。特别是晶闸管还存在与控制角有关的相位延迟，电流谐波会更大、功率因数更低、无功功率也更大。无功功率过大会导致设备容量增大、总电流增大、设备和线路损耗增加，冲击性无功负载还会使电压剧烈波动；谐波过大会导致谐波损耗增大、效率降低、电动机的力矩脉动，电动机和发电机因涡流损耗过热而容量降低、变压器严重过热、电容电缆等过热和绝缘老化、继电保护和自动装置误动作，同时谐波对邻近的通信设备产生干扰、噪声和电磁损耗，降低通信质量。而将电网侧的相控整流器用 PWM 脉冲整流器来实现则可以很好地解决这一问题。

2. PWM 脉冲整流器方案

由脉冲整流器构成的交直交变流系统如图 5-1(b)所示，用高频开关模式的 PWM 整流器取代传统的二极管不可控整流和晶闸管相控整流装置是大势所趋。PWM 整流器是一种以脉宽控制(PWM)方式工作的整流器。输出的 PWM 脉冲系列波，能在电压和电流的四象限内变化，又称为四象限脉冲整流器。PWM 整流电路能方便地进行整流或逆变，既可以将电网侧交流整流为直流，也可将直流逆变为交流，回馈到电网。PWM 整流器输入或输出的交流电压和电流的频率、相角和幅值是任意可调的。

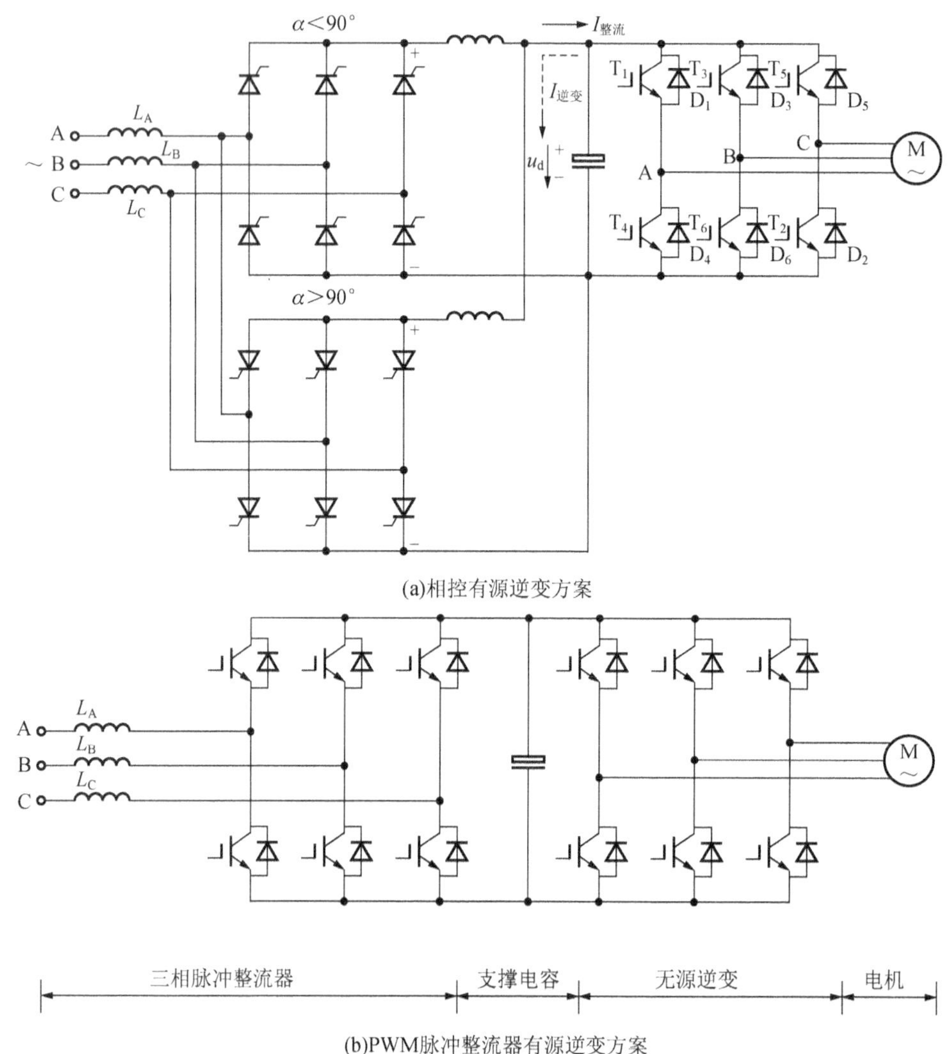

(a)相控有源逆变方案

(b)PWM脉冲整流器有源逆变方案

图 5-1　交直交的逆变器/电机系统的再生方案

与相控变流器相比，PWM 整流器具有下列优点：功率因数高，可接近±1；能从电网获取与网压同相位的近似正弦波的交流电流，谐波含量低，对电网污染小；体积小、重量轻、动态响应快。相控整流不具有升压模式，升压时需要外加升压斩波器，而脉冲整流器本身具有升压模式，不需要外加升压斩波器。在大容量传动装置中，采用 PWM 整流器能够节约能源；还可应用在功率因数补偿和谐波补偿系统中。

5.1.2　PWM 脉冲整流器的工作原理及分类

PWM 脉冲整流器基于脉宽调制技术，与 SPWM 逆变器的原理相同，只不过负载为变压器，为有源负载。如果忽略脉冲整流器的内部损耗和内部结构，认为所有元件为理想开关，则瞬时输入功率 $P_N(t)$ 等于瞬时输出功率 P_d。假设输入电压 u_N 和输入电流 i_N 同相位，如图 5-2

所示，则 u_N、i_N 和 $P_N(t)$ 可以表示为

$$u_N(t)=\sqrt{2}U_N\sin\omega t \tag{5-1}$$

$$i_N(t)=\sqrt{2}I_N\sin\omega t \tag{5-2}$$

$$P_N(t)=i_N(t)\cdot u_N(t)=U_N I_N(1-\cos 2\omega t)=P_d(t)=i_d(t)\cdot u_d(t) \tag{5-3}$$

从式(5-3)看出，电网的输入功率 $P_N(t)$ 除了有一个直流分量外，还有一个 2 倍于电网频率的脉动分量，如图 5-3 所示。因此在 PWM 整流器的直流输出侧通常有电感 L、电容 C 组成的滤波器。在交流输入侧，为减小脉冲整流器向电网吸收或注入的电流谐波含量，也需要接入滤波器。PWM 整流器按直流侧的电压和电流情况可以分为电压型和电流型两类，如图 5-4 所示。电压型和电流型脉冲整流器有各自的电路和滤波结构。

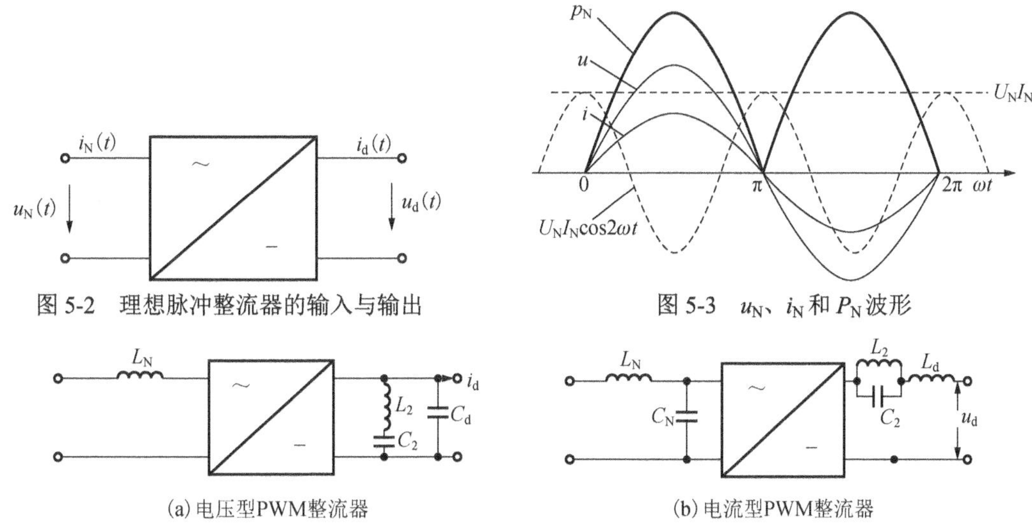

图 5-2　理想脉冲整流器的输入与输出

图 5-3　u_N、i_N 和 P_N 波形

图 5-4　PWM 整流器的滤波器原理图

1. 电压型 PWM 脉冲整流器

电压型 PWM 脉冲整流器，如图 5-4(a) 所示，直流环节由支撑电容 C_d(通常由容量较大的电解电容组成)和吸收二次谐波电流的串联型谐振滤波器 L_2、C_2 组成。通过选择 L_2、C_2 的大小，让 L_2、C_2 的谐振频率 f_0 等于 2 倍的基波频率来短路和滤除整流侧 2 倍频率的谐波。交流侧的电感 L_N 是进行整流、有源逆变及升压模式所必需的，还能抑制交流侧电流脉动。通常由外加电感或牵引变压器留出较大的漏抗(较大的短路比)构成。直流环节支撑电容 C_d 的作用在于：①存储和传递能量；②滤除整流器直流侧的纹波电压，削弱来自四象限整流器对逆变器的高次谐波干扰，并稳定和限制负载突变时的直流电压脉动；③补偿和吸收来自交流侧和后级异步电机的无功功率。

电压型 PWM 脉冲整流器的输出电压恒定，$u_d(t)=U_d$，且 $U_d\geqslant\sqrt{2}U_N$。

直流输出电流为

$$i_d(t)=\frac{i_N(t)u_N(t)}{u_d(t)}=\frac{I_N U_N}{U_d}(1-\cos 2\omega t) \tag{5-4}$$

可见，电压型 PWM 脉冲整流器的直流输出电流 $i_d(t)$ 与电网输入功率 $P_N(t)$ 一样，也是以 2 倍的电网频率脉动的。由 L_2、C_2 组成的串联二次谐振滤波器并联在直流负载上，合成阻抗

的幅值$|Z|$为

$$|Z| = \left|\omega L_2 - \frac{1}{\omega C_2}\right| = \left|\frac{\omega^2 L_2 C_2 - 1}{\omega C_2}\right|, \quad \omega = 2\pi f \tag{5-5}$$

当选取合适的L_2、C_2值，使谐振频率为$f_0 = \frac{1}{2\pi\sqrt{L_2 C_2}}$时，交流阻抗幅值$|Z|=0$，如图 5-5(a)所示。此时$L_2$、$C_2$组成的二次谐振滤波器相对于频率为$f_0$的二次谐波电流相当于短路，可以把二次谐波电流全部滤除。

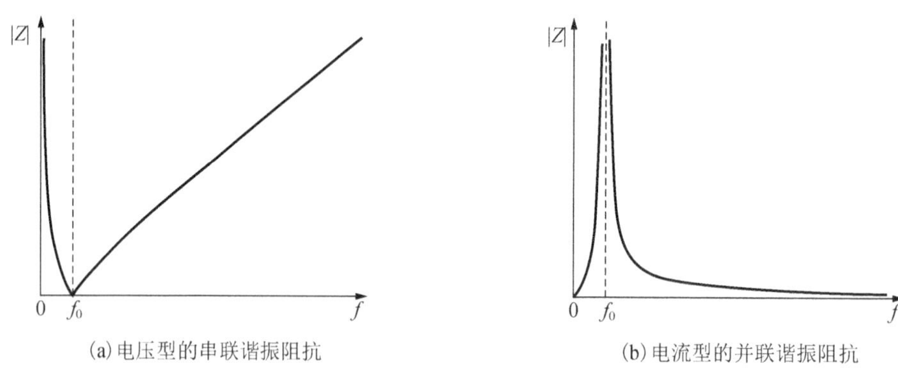

(a) 电压型的串联谐振阻抗　　(b) 电流型的并联谐振阻抗

图 5-5　直流环节的谐振阻抗与频率的关系

以 CRH_1 动车组的电压型脉冲整流器为例，直流环节的二次谐振滤波电容 C_2 为 7.06mF，而二次谐振滤波电感 L_2 为 359μH，则谐振频率为 $f_0 = 1/2\pi\sqrt{L_2 C_2}$ =100Hz，阻抗幅值$|Z| = 0$，对工频 50Hz 的二次谐波 100Hz 相当于短路，正好滤除 100Hz 的二次谐波。CRH_1、CRH_3、HXD 电力机车普遍采用了二次谐振滤波器，CRH_{380} 系列车型大部分也采用了二次谐振滤波器。

由$L_2 - C_2$构成的二次谐振滤波器滤除某一特定频率的谐波效果非常好，而且与无二次谐振滤波器的直流环节相比，通常可以使支撑电容 C_d 取值更小。例如，采用了二次谐振滤波器的 CRH_1(2mF)、CRH_3(3mF)的支撑电容就远小于没有采用二次谐振滤波器的 CRH_2(8mF)、CRH_5(9.01mF)等车型，控制系统的电压跟随性好，而且过电压保护电路放电电流更小，因此，CRH_1 的 OVP 电路采用 IGBT 放电，而 CRH_2 采用晶闸管放电。

但二次谐振滤波器的缺点是容易产生电磁振荡，从而产生电磁干扰(EMI)，对主电路和控制电路影响较大，CRH_1 动车组把$L_2 - C_2$这种器件放在动车底架的主变流器旁边独立的滤波器箱(FB)里，箱体严格按国际电磁兼容性标准设计，防止发生电磁泄漏。

此外，实际上，由于二次谐振滤波器存在一定的线路阻抗R_2，使支撑电容 C_d 也分一部分二次谐波电流。流过支撑电容 C_d 的二次谐波分量为$\dot{I}_{Cd} = \frac{R_2(R_2 + j/(\omega_0 C_d))}{R_2^2 + 1/(\omega_0 C_d)^2}\dot{I}_2$，支撑电容实际上也部分起着与变压器漏感交换无功功率的作用。

实际上，如果脉冲整流器输入的电压、电流最大允许的相位差为ϕ，则

$$i_d(t) = \frac{I_N U_N}{U_d}(\cos\phi - \cos(2\omega t - \phi)) \tag{5-6}$$

例 5-1　CRH_5 动车组脉冲整流器中间电容参数的初步选择。CRH_5 采用两电平方式的脉冲整流器并且进行了两重化，中间直流环节带动 2 个逆变器和辅助变流器。电机输出功率为 564.1kW；电机效率为 0.935；逆变器效率为 0.98；辅助功率为 520kW；直流环节电压为 3200V，

则逆变器的输入功率为

$$564.1/0.935/0.98=615.6\,(\mathrm{kW})$$

脉冲整流器 PMCF 输出功率(2×逆变器输入功率+辅助功率)=1751.2(kW)。

中间直流环节的平均电流为

$$I_{\mathrm{d}}=\frac{P_{\mathrm{out,PMCF}}}{U_{\mathrm{d}}}=\frac{1751.2\times 10^{3}}{3200}=547.25(\mathrm{A})$$

根据脉冲整流器的(四象限)控制理论，设脉冲整流器 PMCF 的输入电压为 $\sqrt{2}U_{\mathrm{Nm}}\sin(\omega t)$，输入电流为 $\sqrt{2}I_{\mathrm{Nm}}\sin(\omega t-\phi)$。根据式(5-6)，则 PMCF 向直流环节的输出电流为

$$i_{\mathrm{d}}(t)=\frac{I_{\mathrm{N}}U_{\mathrm{N}}}{U_{\mathrm{d}}}(\cos\phi-\cos(2\omega t-\phi))=I_{100,\mathrm{peak}}(\cos\phi-\cos(2\omega t-\phi))$$

其中，平均电流 $I_{\mathrm{d}}=I_{100,\mathrm{peak}}\cos\phi$，二次谐波的幅值为 $I_{100,\ \mathrm{peak}}$。

设输入电压、电流最大允许的相位差 $\phi=34°$，可以得到二次谐波($f_0=100\mathrm{Hz}$)电流峰值 $I_{100,\mathrm{peak}}$ 和有效值 $I_{100,\mathrm{rms}}$ 分别为

$$I_{100,\mathrm{peak}}=\frac{I_{\mathrm{d}}}{\cos\phi}=\frac{547.25}{\cos(34°)}=660.1(\mathrm{A})，\quad I_{100,\mathrm{rms}}=\frac{I_{100,\mathrm{peak}}}{\sqrt{2}}=466.76(\mathrm{A})$$

CRH_5 变流器的直流环节并没有采用二次滤波电路，而二次谐波电流会使直流环节电压 U_{d} 产生脉动。假定 U_{d} 波动(峰-峰)为 6.25%，为 200V，则

$$U_{\mathrm{ripple,pp}}=\frac{2\times I_{100,\mathrm{peak}}}{\omega_0 C_{\mathrm{d}}},\quad U_{\mathrm{ripple}}\%=\frac{V_{\mathrm{ripple,pp}}}{U_{\mathrm{d}}}\times 100=\frac{2\times I_{100,\mathrm{peak}}}{\omega_0 C_{\mathrm{d}} U_{\mathrm{d}}}\times 100\%$$

$$C_{\mathrm{d}}=\frac{I_{100,\mathrm{peak}}\times 2\times 100}{U_{\mathrm{ripple}}\omega_0 U_{\mathrm{d}}}=\frac{2\times 660.1\times 100}{6.25\times 2\times \pi\times 100\times 3200}=10.51(\mathrm{mF})$$

实际电路中选取了 4 个 1mF、3 个 1.67mF 的电容器并联，实际容量为 9.01mF，则可以计算出峰-峰值为 233.3 V，约为 7.33%。

同理，当直流环节电压上升到 3600V 时，可以计算出峰-峰值为 198V，为 5.52%。因而初步完成电容参数选择。

实际上，因直流环节支撑电容的主要作用是滤除直流环节的电压纹波及限制负载变化时直流输出电压的突变。从减小直流环节电压脉动的角度看，支撑电容应尽量大，以保证直流环节电压输出稳定；而从电压的控制跟随性能看，支撑电容应尽量小，以保证整流器直流侧电压的快速跟踪控制。因此，对于无二次谐振滤波器电路支撑电容的准确设计还需要综合考虑直流环节的电压跟随性能。对于有二次谐振滤波器的电路，由于已将二次谐波基本滤除，支撑电容的选择主要由直流环节电压跟随性与网侧漏感储能变化两方面决定，计算公式可参见相应参考文献。

2. 电流型 PWM 脉冲变流器

图 5-4(b)为电流型 PWM 脉冲整流器，其直流环节滤波电路由平波电感 L_{d} 和串联于负载的并联型谐振滤波器 L_2、C_2 组成。前者使 PWM 整流器的直流环节获得稳定的直流电流，后者用于抑制二次谐波电压。交流侧需要电容滤波器 C_{N}，以减少 PWM 整流器与电网连接端的电压波纹，同时也是电流型脉冲整流器进行整流或有源逆变所必需的。电流型脉冲整流器的 L_{N} 可以不需要。对于电流型 PWM 整流器，往往还允许直流侧电流 I_{d} 中含有一定的、主要为二次谐波分量的脉动，因此在可接受的条件下，常常省去上述的 L_2、C_2 滤波器。

电流型 PWM 整流器的输出电流恒定，$i_d(t)=I_d$，且 $I_d \geqslant \sqrt{2}I_N$。

直流输出电压为

$$u_d(t)=\frac{i_N(t)u_N(t)}{i_d(t)}=\frac{I_N U_N}{I_d}(1-\cos 2\omega t) \tag{5-7}$$

直流输出电压 $u_d(t)$ 与电网输入功率 $P_N(t)$ 一样，也是以 2 倍于网频脉动。由 L_2、C_2 组成的并联二次谐振滤波器串联在直流负载上，合成阻抗的幅值 $|Z|$ 为

$$|Z|=1/\left|\omega C_2-\frac{1}{\omega L_2}\right|=\left|\frac{\omega L_2}{\omega^2 L_2 C_2-1}\right| \tag{5-8}$$

当取合适的 L_2、C_2 值，使谐振频率 $f_0=\dfrac{1}{2\pi\sqrt{L_2 C_2}}$ 时，阻抗幅值 $|Z|\to\infty$，如图 5-5(b) 所示。此时相对于直流输出电流 $i_d(t)$ 的频率为 f_0 的二次谐波电流，阻抗 $|Z|$ 无穷大，而电压要落在阻抗大的地方，因此可以把二次谐波电压全部滤除。

3. 电流型 PWM 整流器与电压型 PWM 整流器的性能特点比较

电压型和电流型 PWM 整流器，都既可工作在整流工况，又可工作在逆变工况。主电路结构都能满足电能双向流动的要求。二者的相同点及不同点如表 5-1 所示。

表 5-1　电压型与电流型脉冲整流器对比

特性/类型	电压型脉冲整流器	电流型脉冲整流器
不同点	(1) I_d 方向可变，U_d 方向不可变；功率因数接近±1 时，必须满足 $U_d>\sqrt{2}U_N$	(1) I_d 方向不可变，U_d 方向可变；功率因数接近±1 时，必须满足 $I_d>\sqrt{2}I_N$
	(2) 每个桥臂在整流或逆变时承受正、反向电流，必须要有反向电流通路，需要反并联二极管，电压方向不变，主管只承受正向电压	(2) 每个桥臂在整流或逆变时承受正、反向电压。电流方向不变，不能有反向电流通路，需要串联二极管，主管必须能承受正、反向电压；应采用具有正、反向耐压的对称式结构的开关管，如 GTO、IGCT 或者将 MOSFET、IGBT 等与二极管串联使用
	(3) 应避免电流短路。上、下桥臂主管换相顺序必须是先关断后开通，并且设置一个死区时间，避免上、下桥臂短路	(3) 应避免电流断路。无死区时间，相邻上、下桥臂主管换相的顺序必须是先开通后关断，避免大电感电路突然断开时产生过电压，防止击穿开关管
	(4) 电压型 PWM 整流器中因有大电容 C_d，体积小。不用担心过电压，却担心上、下桥臂贯穿造成的短路大电流	(4) 直流侧大电感，体积大。但可靠性比电压型更有优势。过流故障时，控制电路有足够的时间进行保护动作，安全性较电压型高，但应避免电流断续产生的过电压
相同点	(1) 两者的交流侧输出特性基本相同 (2) 都能实现四象限运行；都能工作在整流或有源逆变两种工作状态，满足电能的双向流动 (3) 与晶闸管相控整流电路相比功率因数较高；可以接近±1 (4) 都能减少谐波，减小对电网的污染	

5.2　电压型 PWM 脉冲整流器

5.2.1　单相电压型 PWM 脉冲整流器的主电路结构及工作原理

单相 PWM 整流器的电路原理如图 5-6 所示。PWM 整流器直流环节输出电压为 U_d，电网电压为 $u_N(t)$，电网电流为 $i_N(t)$，$\dot{I}_{N1}$ 为电网电流矢量 $\dot{I}_N$ 的基波分量。理想条件下，假设 $i_N(t)$ 为理想正弦波，可以认为 $I_{N1}=I_N$，电抗器 L_N 用来滤波和储能，是脉冲整流、逆变及升压模

式进行的能量传递所必需的。

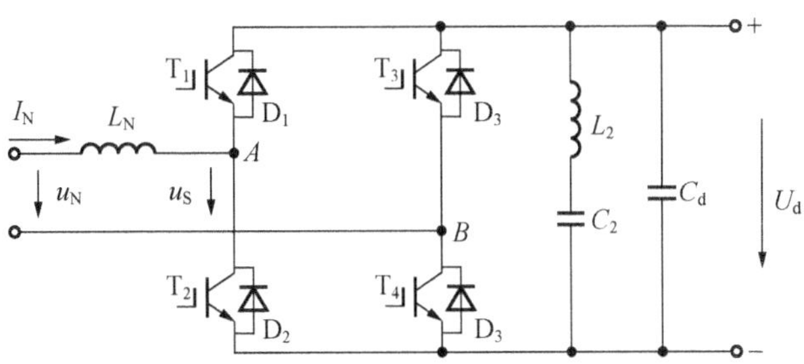

图 5-6　单相电压型 PWM 整流器的主电路图

其工作原理与单相无源 PWM 逆变电路相同，都采用正弦脉冲宽度(SPWM)调制技术，可以将右侧直流环节电压 U_d 看成输入，并保证 U_d 恒定，在输出端 AB 得到 PWM 脉冲波(幅值为±U_d)，PWM 脉冲波也称为逆变电路的输出电压 $u_s(t)$ (或称为 PWM 整流器交流侧输入电压 $u_s(t)$)，等效为频率、幅值和相位都任意可调的正弦电压基波矢量 $\dot{U}_{S1}$。

在动车组检修时，需要先给其直流环节放电。检修后直流环节重新上电，通常先通过桥式整流的整流二极管 $D_1 \sim D_4$ 将电网交流电能变为直流，供给直流环节预充电；直流环节充电到一定值后，开启 $T_1 \sim T_4$ 使其工作在升压模式，使 U_d 升到正常电压水平，通常 $U_d > U_{Nm}$ (例如，CRH_1 的 U_d 为 1650V，而 U_{Nm} 为 1260 V)。然后通过主开关 $T_1 \sim T_4$ 的 PWM 控制，进行正常的整流或有源逆变。可将电网能量整流后供给直流环节或负载，也可将中间直流环节或负载能量逆变为交流电，反馈给电网。因此，PWM 整流器的能量变换或传递是可逆的。PWM 整流器工作在整流还是逆变工况，需要使网流 $i_N(t)$ 与网压 $u_N(t)$ 同相位或反相位，与 $T_1 \sim T_4$ 的脉宽调制方式有关。脉冲开关频率 f_C 越高，脉冲波 $u_S(t)$ 的基波幅值越大，谐波含量就越低，网流 $i_N(t)$ 波形就越接近正弦波。主开关 T_1～T_4 实际可由 MOSFET、IGBT、GTO、MCT 等全控器件和起续流作用的反并联二极管构成。

5.2.2　主要方程式及相量图

单相电压型 PWM 整流器的简化主电路原理图和等值电路如图 5-7 所示。满足微分方程式(5-9)，其中 u_{AB} 的表达式与两电平或三电平的电路结构有关。

$$u_N = L_N \frac{di_N}{dt} + R_N i_N + u_{AB} \tag{5-9}$$

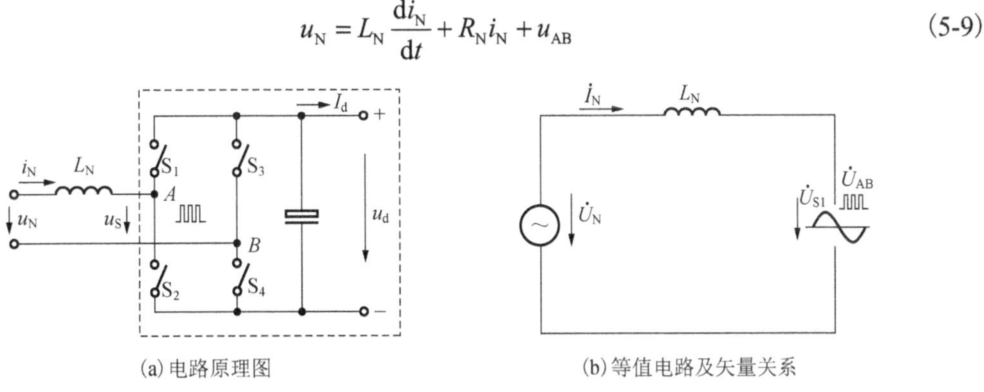

(a) 电路原理图　　(b) 等值电路及矢量关系

图 5-7　单相 PWM 整流器的电路原理图和等值电路

设$u_{s1}(t)$为交流侧电压$u_s(t)$的基波分量，$i_{N1}(t)$为电流$i_N(t)$的基波分量，忽略电阻，将基波分量$u_{s1}(t)$频率调到与电网电压u_N同频率为ω_N，则有下面的矢量方程成立：

$$\dot{U}_N=\dot{U}_{s1}+j\omega_N L_N\dot{I}_{N1} \tag{5-10}$$

基波电压$u_{s1}(t)$的幅值为$U_{s1m}=M\cdot U_d$，$u_{s1}(t)$的相位、频率和幅值都可调。$\omega_N=2\pi f_N$，f_N为电网频率。通过 PWM 控制来调节$u_{s1}(t)$的目的是：通过改变$u_{s1}(t)$的相位和幅值，来间接地调节基波分量$\dot{I}_{N1}$，使其与$\dot{U}_N$同相位或反相位。当$\dot{I}_{N1}$与$\dot{U}_N$同相位（$\varphi=0°$，矢量关系如图 5-8(a)所示）时，牵引变压器输出功率（$P_N=U_N\cdot I_N\cos\varphi>0$），则 PWM 整流器工作在牵引(整流)工况；而当$\dot{I}_{N1}$与$\dot{U}_N$反相位（$\varphi=180°$，矢量关系如图 5-8(b)所示）时，牵引变压器吸收功率（$P_N=U_N\cdot I_N\cos\varphi<0$），PWM 整流器工作在再生制动(有源逆变)工况。整流器采用 PWM 控制的目的是使其从电网吸取尽可能与电网电压同相位或反相位的正弦电网电流，功率因数接近±1，对电网的污染程度降至最低。

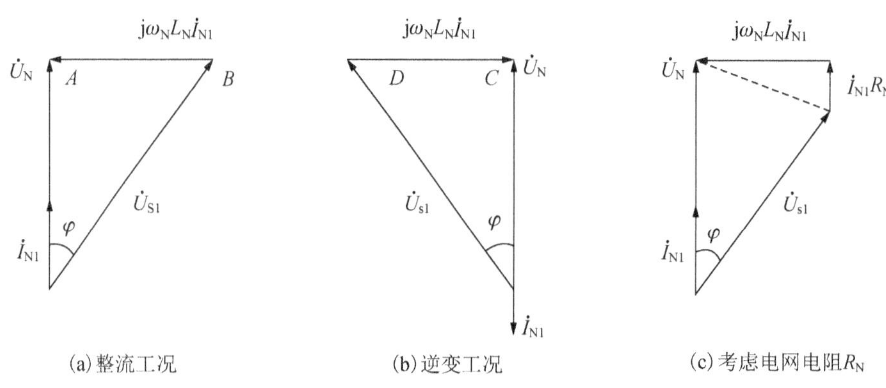

(a)整流工况 (b)逆变工况 (c)考虑电网电阻R_N

图 5-8 基波矢量图

(1)在整流工况时，由矢量图 5-8(a)可知，当$u_N(t)=U_{Nm}\sin\omega_N t$时，有

$$u_{s1}(t)=U_{s1m}\sin(\omega_N t-\varphi) \tag{5-11}$$

$$U_{s1m}=\frac{U_{Nm}}{\cos\varphi} \tag{5-12}$$

$$\varphi=\arctan\left(\frac{I_{N1m}\omega_N L_N}{U_{Nm}}\right) \tag{5-13}$$

定义M为正弦脉宽调制比(或调制深度)，$M=U_{s1m}/U_d$，则可得

$$u_{s1}(t)=MU_d\sin(\omega_N t-\varphi) \tag{5-14}$$

在图 5-8(a)中，通过脉宽调制的控制，在不同的负载电流下使得$\dot{U}_{s1}$相量端点轨迹沿直线AB运动。为保持网流i_{N1}与网压u_N相位一致，功率因数为+1，u_{s1}的相位要滞后u_N角度φ，大小如式(5-13)所示，i_{N1}的幅值大小由闭环控制系统自动确定。理想条件下，电压u_N、电流i_N和基波u_{s1}的波形如图 5-9 所示。

假设忽略线路电阻R_N，变压器漏抗为L_N时，整流工况变压器电压u_N与电流基波i_{N1}同相位，忽略谐波的影响，设电流基波可写成$i_{N1}=\sqrt{2}I_N\sin\omega_N t$，变压器次边线圈电压为$u_{N1}=\sqrt{2}U_N\sin\omega_N t$。

① 变压器次边线圈输出的瞬时功率为$P_N(t)=i_{N1}(t)\cdot u_N(t)=U_N I_N(1-\cos 2\omega_N t)$。

② 变压器漏抗 L_N 上的瞬时无功功率(令 $U_{LN}=\omega_N L_N I_N$)为

$$Q_{LN}(t)=i_{LN}(t)\cdot u_{LN}(t)=\sqrt{2}I_N\sin\omega_N t\cdot\omega_N L_{N1}\sqrt{2}I_N\sin(\omega_N t+\pi/2)=U_{LN}I_N\sin 2\omega_N t$$

③ 变流器整流工况输入的瞬时功率为

$$\begin{aligned}P_S(t)&=i_{N1}(t)\cdot u_{S1}(t)=\sqrt{2}I_N\sin\omega_N t\cdot\sqrt{2}U_{S1}\sin(\omega_N t-\varphi)\\&=U_N I_N(1-\cos 2\omega_N t)-U_{LN}I_N\sin 2\omega_N t=P_N(t)-Q_{LN}(t)\end{aligned}$$

即在进行有源逆变时，脉冲整流器吸收输入功率为$|P_s(t)|=|P_N(t)|-|Q_{LN}(t)|$，是变压器次边线圈输出功率$|P_N(t)|$和漏感的无功功率$|Q_{LN}(t)|$之差。

(2)在有源逆变工况下，如图 5-8(b)所示，当$u_N(t)=U_{Nm}\sin\omega_N t$时，有

$$u_{s1}(t)=U_{S1m}\sin(\omega_N t+\varphi) \tag{5-15}$$

$$U_{s1m}=\frac{U_{Nm}}{\cos\varphi} \tag{5-16}$$

$$\varphi=\arctan\left(\frac{I_{N1m}\omega_N L_N}{U_{Nm}}\right) \tag{5-17}$$

$$u_{s1}(t)=MU_d\sin(\omega t+\varphi) \tag{5-18}$$

忽略线路电阻R_N，变压器漏抗为L_N时，有源逆变工况下，变压器电压u_N与电流基波i_{N1}同相位，变压器次边线圈电压为$u_{N1}=\sqrt{2}U_N\sin\omega_N t$。忽略谐波的影响，设电流基波可写成$i_{N1}=-\sqrt{2}I_N\sin\omega_N t$。

① 变压器次边线圈输出的瞬时功率为$P_N(t)=i_{N1}(t)\cdot u_N(t)=-U_N I_N(1-\cos 2\omega_N t)$。

② 变压器漏抗L_N上的瞬时无功功率(令$U_{LN}=\omega_N L_N I_N$)为

$$Q_{LN}(t)=i_{LN}(t)\cdot u_{LN}(t)=(-\sqrt{2}I_N\sin\omega_N t)\cdot(-\omega_N L_N\sqrt{2}I_N\sin(\omega_N t+\pi/2))=U_{LN}I_N\sin 2\omega_N t$$

③ 变流器整流工况输入的瞬时功率为

$$\begin{aligned}P_s(t)&=i_{N1}(t)\cdot u_{s1}(t)=(-\sqrt{2}I_N\sin\omega_N t)\cdot\sqrt{2}U_{s1}\sin(\omega_N t+\varphi)\\&=-U_N I_N(1-\cos 2\omega_N t)-U_{LN}I_N\sin 2\omega_N t=P_N(t)-Q_{LN}(t)\end{aligned}$$

即在进行有源逆变时，脉冲整流器对网侧的输出功率为$|P_S(t)|=|P_N(t)|+|Q_{LN}(t)|$，是变压器次边线圈吸收功率$|P_N(t)|$和漏感的无功功率$|Q_{LN}(t)|$之和。

在图 5-8(b)中，通过脉宽调制的控制，在不同的负载电流下使$\dot{U}_{s1}$相量端点轨迹沿直线*CD*运动。要保持网流I_{N1}与网压u_N相位相反，功率因数为-1，u_{s1}的相位要超前u_N的角度φ如式(5-17)所示。电压u_N、电流i_N和基波u_{s1}的波形如图 5-9 所示。

从图 5-9 中可以看出，无论相控还是斩控整流，对于变压器来说作用是一样的，能使变压器输出功率的就是整流器，能使变压器吸收功率的就是有源逆变器。

从图 5-8 和图 5-9 中也可以看出，脉冲整流器要实现整流或逆变，忽略电阻，一定有$U_{s1m}=M\cdot U_d\geqslant U_{Nm}$。空载条件下，$I_N$=0，得到$U_{s1m(min)}=M\cdot U_d=U_{Nm}$，因此得$U_{d(min)}=U_{Nm}/M_{max}=\sqrt{2}U_N/M_{max}$。以 CRH$_1$为例，牵引变压器次边的输出有效值为 900V，幅值为$U_{Nm}=\sqrt{2}\times 900=1260$ (V)，设调制度 M 最大为 0.9，则直流环节电压U_d应当不低于 1400V。因此 CRH$_1$的直流环节标准电压为 1650V，最低为 1400V，最高为 1900V，上下波动 250V。

(3)当考虑网侧电阻R_N时，满足微分方程式(5-19)，矢量关系如图 5-8(c)所示。其中u_{AB}

的表达式与两电平或三电平的电路结构有关。

$$\dot{U}_{\mathrm{N}}=\dot{U}_{\mathrm{s1}}+\mathrm{j}\omega_{\mathrm{N}}L_{\mathrm{N}}\dot{I}_{\mathrm{N1}}+R_{\mathrm{N}}\dot{I}_{\mathrm{N1}} \tag{5-19}$$

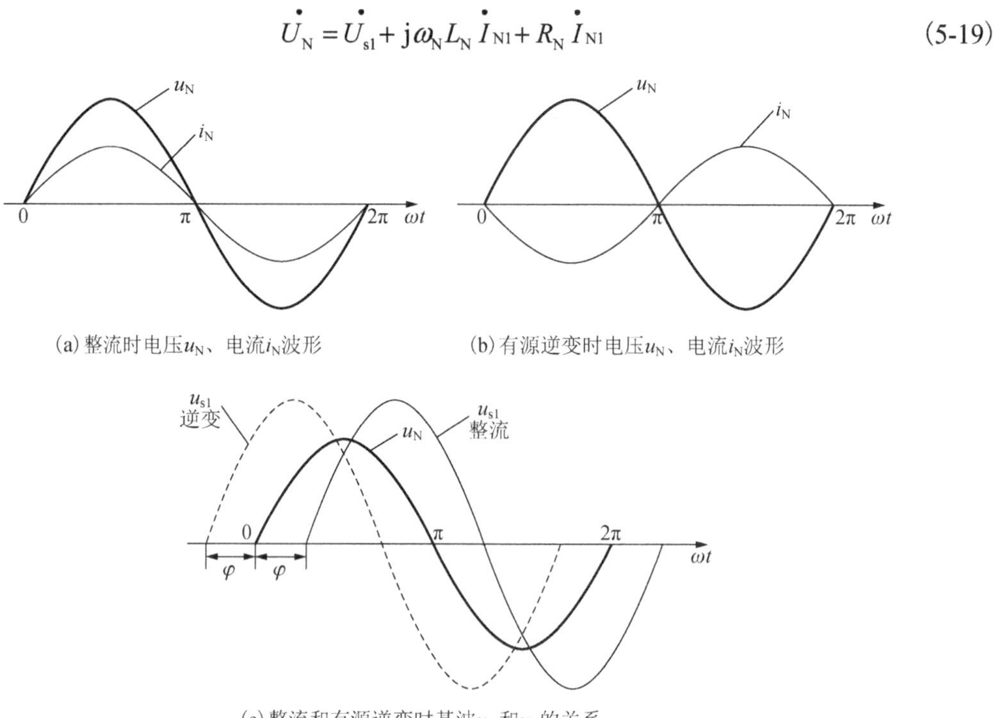

(a) 整流时电压u_N、电流i_N波形

(b) 有源逆变时电压u_N、电流i_N波形

(c) 整流和有源逆变时基波u_{s1}和u_N的关系

图 5-9　脉冲整流器整流和逆变的电网电压 u_N、电流 i_N、基波 u_{s1} 的波形及关系

5.2.3　工作模式及能量关系

PWM 整流器可以工作在牵引工况（整流）、再生工况（有源逆变）和理想空载 3 种工况，由脉冲调制方式决定，即主要由电压 $u_s(t)$ 和网压 $u_N(t)$ 之间的相位决定。从 PWM 整流器的输入脉冲波 u_s 的基波分量 u_{s1} 与 i_{N1} 来看，它可以工作在输入量 u_{s1} 与 i_{N1} 的四个象限内，所以 PWM 整流器也称为四象限脉冲变流器。不论整流还是有源逆变，各自都被分为 6 种模式，每种模式的能量转换关系都互不相同。在不同区段，根据 u_N 和 i_N 的正负共分成 12 种模式。表 5-2 只列出了 u_N 为正、i_N 为正的 3 种模式，其他情况分析方法相同。

表 5-2　PWM 脉冲整流器（u_N>0，i_N>0）的 3 种工作模式

组	工况	u_s 值	导通元件	i_N 实际方向与能量传递示意图	电流 i_N 变化	能量传递
u_N 和 i_N 为正	1	0	D_1、T_3 或 T_2、D_4	i_N　L_N　u_N　$u_s=0$	$L_N\frac{di_N}{dt}=u_N$ i_N 上升，U_{LN} 左正右负	$U_N \to L_N$ 电网给 L_N 储能
	2	$+U_d$	D_1、D_4	i_N　L_N　u_N　$u_s=U_d$	$L_N\frac{di_N}{dt}=u_N-U_d$ i_N 下降，U_{LN} 左负右正	$U_N+L_N \to$ 直流侧 电网和 L_N 共同向直流环节传递能量
	3	$-U_d$	T_2、T_3	i_N　L_N　u_N　$u_s=-U_d$	$L_N\frac{di_N}{dt}=u_N+U_d$ i_N 快速上升，U_{LN} 左正右负	U_N+ 直流侧 $\to L_N$ 电网和直流环节共同给 L_N 储能

1. 牵引工况(整流)

整流工况时，脉冲整流器的输出波形如图 5-10(a)所示($u_N>0$，$i_N>0$)，电路如图 5-10(b)所示。电网电压和电流同相位，变压器输出功率。①在 t_0～t_1 时段(T_2、T_3 通)，$u_{AB}=-U_d$，u_N 为正，$u_L=u_N+U_d$，i_N 快速上升，相当于表 5-2 中的工况 3。②在 t_1～t_2 时段(T_3 断，T_2、D_4 通)，$u_{AB}=0$，u_N 为正，$u_L=u_N$，i_N 上升，相当于表 5-2 中的工况 1；③在 t_2～t_3 时段(T_2 断，D_1、D_4 通)，$u_{AB}=+U_d$，u_N 为正，$u_L=u_N-U_d$ ($U_d>u_N$)，i_N 下降，相当于表 5-2 中的工况 2。④到 t_3 时刻以后(D_1、T_3 通)，网压 u_N 又经 L_N 短路，i_N 又上升，L_N 又储能。因此电流 i_N 在脉宽调制(PWM)控制下接近正弦波，而且网流 i_N 与网压 u_N 同相位。

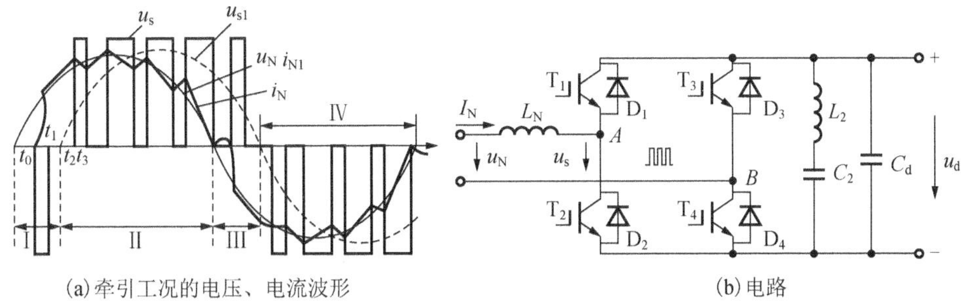

(a)牵引工况的电压、电流波形　　(b)电路

图 5-10　脉冲整流器整流工况时的输出波形及电路

图 5-10(a)中分为Ⅰ、Ⅱ、Ⅲ和Ⅳ的 4 个区域，能量传递过程如下。在区域Ⅰ，u_{s1} 为负，u_N 为正，i_{N1} 也为正，即 u_{s1} 与 u_N 叠加共同向 L_N 供电，交流电网输出能量，直流侧反馈能量，电感 L_N 从交直流两侧吸收能量而储能；在区域Ⅱ，u_{s1} 为正，u_N 为正，i_{N1} 为正，电网输出能量，直流侧吸收能量，电网与储能电感 L_N 叠加向直流侧和负载供电；在区域Ⅲ，u_{s1} 为正，u_N 为负，i_{N1} 为负，电网输出能量，直流侧反馈能量，电感 L_N 又从两方吸收能量而储能；在区域Ⅳ，u_{s1} 为负，u_N 为负，i_{N1} 为负，电网输出能量，直流侧吸收能量又回到电网与储能电感 L_N 叠加向直流侧和负载供电。牵引工况能量传递的总趋势是电网向直流中间环节(或负载)传递。

2. 再生工况(有源逆变)

如图 5-11(a)所示，PWM 控制网侧电流 i_N 接近正弦波，电网电压与电流相位相反，变压器吸收直流环节能量，能量传递的总趋势是由直流中间环节反馈给电网。

3. 理想空载

如图 5-11(b)所示，网流 i_N 的基波分量 i_{N1} 等于 0，直流负载电流 I_d 也等于 0，只有与脉宽调制控制相应的高次谐波能量在电网、电感 L_N 和直流环节之间交换。

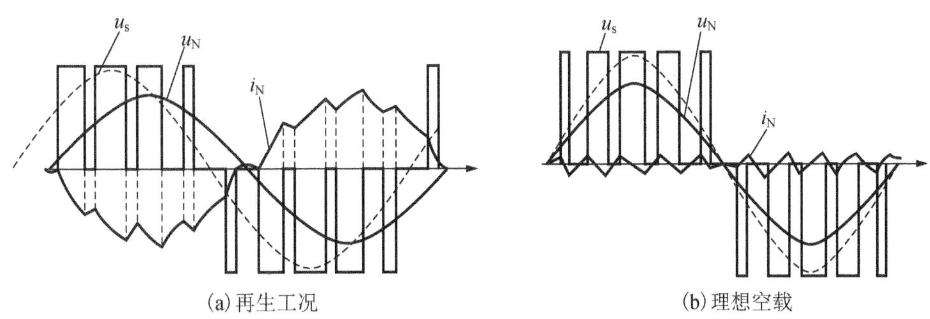

(a)再生工况　　(b)理想空载

图 5-11　再生和空载工况下的电压、电流波形

当以网侧电压矢量$\dot{U}_{\mathrm{N}}$为参考时，对交流电压$\dot{U}_{\mathrm{s1}}$进行合理控制就能实现 PWM 整流器的四象限运行。假设$|I_{\mathrm{N}}|$不变，则有$|U_{\mathrm{LN}}|=\omega L_{\mathrm{N}}|I_{\mathrm{N}}|$也随之固定，根据$\dot{U}_{\mathrm{N}}=\dot{U}_{\mathrm{LN}}+\dot{U}_{\mathrm{s1}}$的关系，这时$\dot{U}_{\mathrm{s1}}$端点的运动轨迹将构成一个圆形，其半径为$|U_{\mathrm{LN}}|$。

(1) 如图 5-12(a)所示，当$\dot{U}_{\mathrm{s1}}$端点运行到圆轨迹上的 A 点时，电流矢量$\dot{I}_{\mathrm{N}}$比网侧电压矢量$\dot{U}_{\mathrm{N}}$滞后 90°，PWM 整流器网侧呈现电感特性。此时 PWM 整流器只从电网吸收感性无功功率，而不从电网吸收有功功率。

(2) 如图 5-12(b)所示，当$\dot{U}_{\mathrm{s1}}$端点运行到圆轨迹上的 B 点时，电流矢量$\dot{I}_{\mathrm{N}}$与网侧电压矢量$\dot{U}_{\mathrm{N}}$平行且同向，此时 PWM 整流器网侧呈现正电阻特性，可实现单位功率因数整流控制。

电压矢量$\dot{U}_{\mathrm{s1}}$端点在圆轨迹$\widehat{AB}$上运行时，PWM 整流器运行于整流状态(牵引工况)。此时，PWM 整流器需要从电网吸收有功功率及感性无功功率，电网电能通过 PWM 整流器传输至直流负载。

(3) 如图 5-12(c)所示，当$\dot{U}_{\mathrm{s1}}$端点运行到圆轨迹上的 C 点时，电流矢量$\dot{I}_{\mathrm{N}}$比网侧电压矢量$\dot{U}_{\mathrm{N}}$超前 90°，此时 PWM 整流器网侧呈现纯电容特性。PWM 整流器不从电网吸收有功功率，而只从电网吸收容性无功功率。

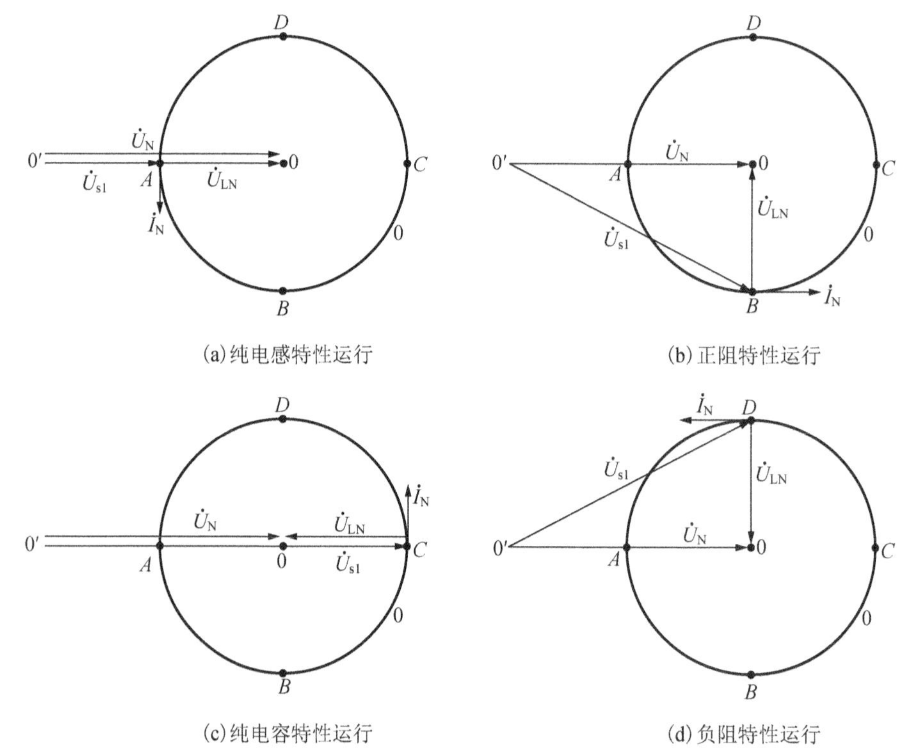

(a) 纯电感特性运行　　(b) 正阻特性运行

(c) 纯电容特性运行　　(d) 负阻特性运行

图 5-12　PWM 整流器网侧工作矢量图

电压矢量$\dot{U}_{\mathrm{s1}}$端点在圆轨迹$\widehat{BC}$上运行时，PWM 整流器运行于整流状态。此时，PWM 整流器从电网吸收有功及容性无功功率，电网电能通过 PWM 整流器传输至直流负载。

(4) 如图 5-12(d) 所示，当 $\dot{U}_{s1}$ 端点运行到圆轨迹上的 D 点时，电流矢量 $\dot{I}_N$ 与网侧电压矢量 $\dot{U}_N$ 平行且反向，此时 PWM 整流器网侧呈现负阻特性，可实现单位功率因数有源逆变控制。

电压矢量 $\dot{U}_{s1}$ 端点在圆轨迹 $\overset{\frown}{CD}$ 上运行时，PWM 整流器运行于有源逆变状态(再生制动工况)。此时，PWM 整流器向电网传输有功及容性无功功率，直流环节的电能通过 PWM 整流器传输至电网。

电压矢量 $\dot{U}_{s1}$ 端点在圆轨迹 $\overset{\frown}{DA}$ 上运行时，PWM 整流器运行于有源逆变状态。此时，PWM 整流器向电网传输有功及感性无功功率，直流环节的电能通过 PWM 整流器传输至电网。当 $\dot{U}_{s1}$ 端点运行到圆轨迹上的 A 点时，PWM 整流器网侧呈现电感特性。PWM 整流器又重新从电网吸收感性无功功率，而不从电网吸收有功功率。

5.2.4 三相电压型脉冲整流器主电路结构及工作原理

图 5-13 是电压型三相桥式可逆 PWM 整流电路(两电平式)，其应用很广泛。图中 L_{Na}、L_{Nb}、L_{Nc} 的含义跟单相全桥 PWM 整流电路的 L_N 相同。工作原理也与单相全桥 PWM 整流电路相似。对电路进行正弦波 PWM 控制，交流输入端 A、B、C 可得三相正弦 PWM 脉冲波电压，对各相电压按照图 5-8 的矢量关系进行控制，就可使各相电流 i_a、i_b、i_c 为正弦波，且分别与电压 u_{Na}、u_{Nb}、u_{Nc} 相位相同或相反，实现功率因数近似为±1.0。

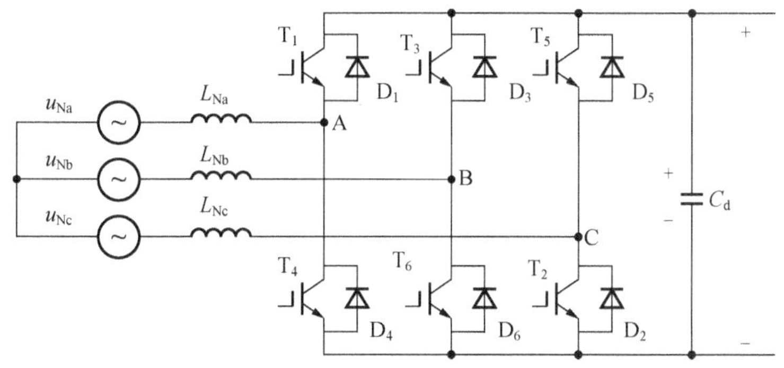

图 5-13 电压型三相桥式可逆 PWM 整流电路

每个桥臂上的开关管都带有反并联二极管，可以实现能量的双向流动，属于升压式结构。每只开关管导通时，使交流侧滤波电感 L_N 蓄积磁能，开关管关断时，电感产生较高的电压 $L_N \mathrm{d}i/\mathrm{d}t$，磁能通过另一桥臂的续流二极管向直流环节释放。三相桥式脉冲整流器也是目前研究较活跃和应用较广泛的一种类型。

5.2.5 脉冲整流器的升压模式

PWM 整流器是在脉宽调制技术的基础上发展而来的，若调制频率远大于交流电网的基波频率，可以认为在每一个调制周期内交流电压是不变的，可以把每一个变换周期内的变换看成直流斩波等值电路，PWM 逆变器的输出可以看成按正弦规律控制的直直变换器。因此当开关频率相对于基频信号比较高时，可以认为在开关管每次开关的过程中，电压 u_N 基本保持不变，设为 U_N。脉冲整流器升压模式等效电路与升压(Boost)变换器对比如图 5-14 所示。

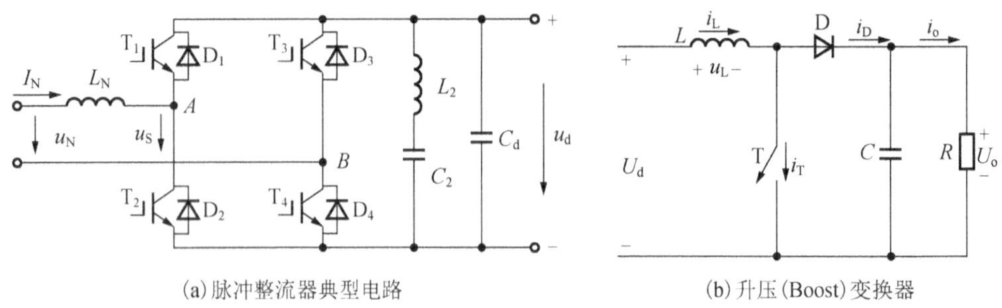

(a)脉冲整流器典型电路　　(b)升压(Boost)变换器

图 5-14　脉冲整流器升压模式等效电路及与升压变换器对比

1. 当U_N为正时

当T_2导通时，如图 5-14(a)所示，此时电感电压u_{LN}方向为左正右负，大小为U_N，U_N给电感L_N充电，此时流通路径为$U_N^+ \to L_N \to A \to T_2 \to D_4 \to B \to U_N^-$。相当于图 5-14(b)的 Boost 电路的开关 T 开通，并给电感L充电。

当T_2关断时，电感电压u_{LN}方向为左负右正，u_{LN}与u_N叠加在一起给直流环节U_d充电，此时电流的流通路径为$U_N^+ \to L_N \to A \to D_1 \to U_d \to D_4 \to B \to U_N^-$。此时相当于 Boost 电路开关 T 断开，电感L放电。

因此通过控制T_2开通关断的占空比来控制输出的直流电压。同样，通过控制T_3的通断也同样可以实现U_N为正时的升压。

2. 当U_N为负时

过程与之类似，可以通过控制开关管T_4（或T_1）的开通关断的占空比D来控制输出的直流环节电压。

因此根据上述U_N为正或负的工作过程，图 5-14(a)的脉冲整流电路可以等效为图 5-14(b)所示的升压等效电路。设电网电压为$u_N = U_{Nm}\sin\omega t$。不可控整流桥的输出电压u_1的瞬间值可表示为$u_1 = U_{Nm}|\sin\omega t|$，并假设开关频率远高于电网频率，每次开关时$u_1$基本不变。设$T_2$（$T_3$）或$T_4$（$T_1$）的占空比为$D$，直流环节电压$u_d$和占空比$D$的关系为

$$u_d = \frac{u_1}{1-D} = \frac{U_{Nm}|\sin\omega t|}{1-D} \tag{5-20}$$

此外，脉冲整流器通过带有 PI 调节器的闭环控制系统也可以实现升压，当直流环节电压低于给定电压时，闭环控制系统使脉冲整流器始终工作在整流工况，不断地给直流环节支撑电容充电，使直流环节电压达到给定值。

以 CRH_1 为例，由于电源侧存在回路电感或变压器的漏抗，动车组牵引变压器具有较大的短路电抗，对于 50Hz 的接触网，通常短路电压比接近 30%。通过适当的控制，脉冲整流器可以工作在升压模式。因而可使直流环节电压 U_d 高于由 IGBT 反并联二极管 D_1～D_4 整流产生的最大电压，即$U_d > U_{Nm}$，U_{Nm}为网压的峰值。正是这种升压的结果，使得在较低的变压器次绕组电压(如 900V/AC)下，能够得到较高的直流环节电压 U_d(如 1650V/DC)。因此电压型 PWM 整流器有时也被称为升压型 PWM 整流器。

5.2.6 单相脉冲整流器的控制

对于电压型 PWM 整流器进行控制的目的是：①保持中间回路直流电压在允许的波动范围之内；②使供电接触网或变压器二次侧的输入电流 i_N 为正弦波，和输入电压 u_N 同相位(或

反相)，功率因数 $\lambda=\xi\cdot\cos\varphi$ 接近±1。即电流波形的畸变系数 ξ 和基波分量的位移系数 $\cos\varphi$ 必须都达到最佳值。PWM 整流器的控制一般需要控制直流电压和交流电流，直流电压作为外环控制量，交流电流用于内环调节。

因此，要实现 PWM 整流器的四象限运行，网侧电流控制是关键。一方面，可以通过控制 PWM 整流器交流侧电压，间接控制其网侧电流；另一方面，可以通过网侧电流的闭环控制，直接控制 PWM 整流器的网侧电流。

根据是否引入交流电流反馈，PWM 整流器控制方式可以分为两种：引入交流电流反馈的称为直接电流控制；没有引入交流电流反馈的称为间接电流控制。

1. 间接电流控制

间接电流控制也称为相位和幅值控制。这种方法就是按照图 5-8 所示的整流或有源逆变的向量关系来控制整流器的交流输入端电压，使输入电流和电网电压同相位或反相(有源逆变)，从而得到功率因数接近±1。

PWM 整流器间接电流控制的系统结构如图 5-15(a)所示，也采用直流环节电压闭环控制，直流电压给定值与采样值之间采用 PI 调节。根据 $\dot{U}_{\mathrm{N}}=\dot{U}_{\mathrm{LN}}+\dot{U}_{\mathrm{s1}}$ 的控制原理，图中 PI 调节器的输出电流信号 i_{d} 乘以相电压 u_{N} 相位(电压 u_{N} 的频率和相位用锁相环(PLL)跟踪和锁定)并超前 90°（乘以 $\sin(\omega t+90^\circ)$ 或 $\cos\omega t$），再乘以电感 L_{N} 的感抗，就可得到相电流在电感上的压降信号 u_{LN}^*。用采集的相电压 u_{N} 信号减去 u_{LN}^*，就得到所需要的整流器交流输入端相电压 u_{s1} 的控制信号 u_{s1}^*。用该交流信号对三角波载波进行 PWM 调制，可以得到需要的控制开关状态，进行整流或有源逆变的控制。间接电流控制在运算过程中要用到电路参数 L_{N}，忽略了网侧电阻 R_{N} 的影响，实际上，L_{N} 和 R_{N} 的参数误差会影响到系统的控制效果，这种控制方法的系统动态响应速度也比直接电流控制要慢。

2. 直接电流控制

直接电流控制是通过计算求出交流电流给定值，使实际电流跟踪电流给定值，来达到对交流电流的直接控制。直接电流控制主要有：①滞环电流控制；②固定开关频率控制；③瞬态电流控制；④预测电流控制等方法。目前网侧变流器控制方法还在处于不断研究中，动车组网侧变流技术所采用的大多是瞬态电流控制方法。

图 5-15(b)给出的是一种最基本的采用滞环电流控制的单相脉冲整流系统结构图，是一个双闭环控制系统。其外环是直流电压控制环(PI 调节器)；内环是交流电流控制环(滞环跟踪)。

(1)外环直流电压控制。通过直流电压给定值 u_{d}^* 和直流电压实际采样值 u_{d} 比较后送入 PI 调节器，PI 调节器的输出为一个直流电流给定信号 i_{d}；i_{d} 的大小和 PWM 整流器负载电流及交流输入电流的幅值相对应。

(2)内环电流控制。检测交流电流反馈值 i_{N}，由电流给定值 i_{N}^* 与反馈值 i_{N} 比较，决定开关元件的开关状态。PI 调节器的输出直流电流 i_{d} 乘以与相电压 $u_{\mathrm{N}}(t)$ 同频率同相位的正弦信号 $\sin\omega t$，得到交流电流的正弦给定值 i_{N}^*。设定 Δi 为滞环边带限制，当 $i_{\mathrm{N}}>i_{\mathrm{N}}^*+\Delta i$ 时，上管导通；当 $i_{\mathrm{N}}<i_{\mathrm{N}}^*-\Delta i$ 时，下管导通，在边带内部时，开关状态保持不变。

因此 PWM 整流器的工作过程如下。①整流运行时，直流环节电容 C_{d} 向电动机负载放电，u_{d} 降低，PI 调节器的输入为正偏差，输出 i_{d} 增大，i_{d} 的增大使与之相对应的 PWM 整流器的交流输入电流增大，从而使直流侧电压 u_{d} 回升。交流电流正弦给定值 i_{N}^* 和电源电压 u_{N} 同相位，i_{N}^* 的幅值与反映负载电流大小的直流电流信号 i_{d} 成正比，通过滞环对开关器件进行控制，便

可使实际输入电流 i_N 跟踪给定值 i_N^*，从而实现 PWM 整流器的功率因数接近+1。②PWM 整流器逆变运行时，电动机变为发电机，向 C_d 充电，u_d 升高，PI 调节器的输入为负偏差值，其输出直流电流给定值 i_d 减小后变为负值，通过乘法器运算后得到的交流电流给定值 i_N^* 与交流电源电压 u_N 反向，通过滞环比较控制后，实际交流输入电流 i_N^* 也与交流电源电压 u_N 反向，实现逆变运行，功率因数接近-1。③整流或逆变达到稳态时，$u_d=u_d^*$，PI 调节器的输入为 0，PI 调节器的输出 i_d 则稳定在新值上，因此，i_d 与 PWM 整流器负载电流相对应，也和 PWM 整流器交流输入电流的幅值相对应。

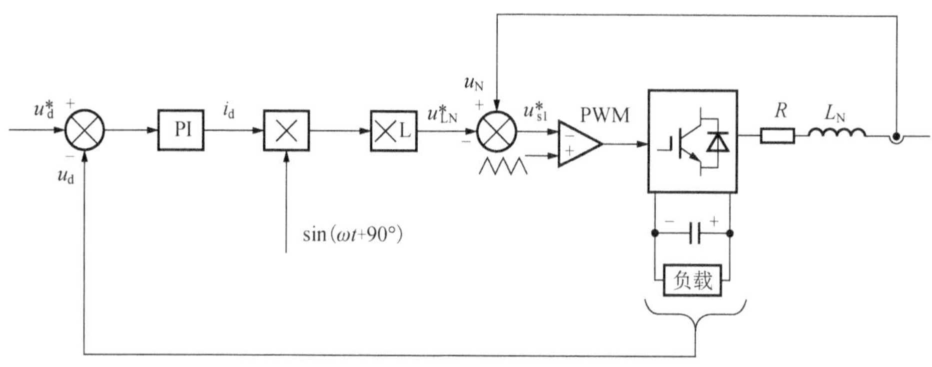

(a) 间接电流控制系统结构

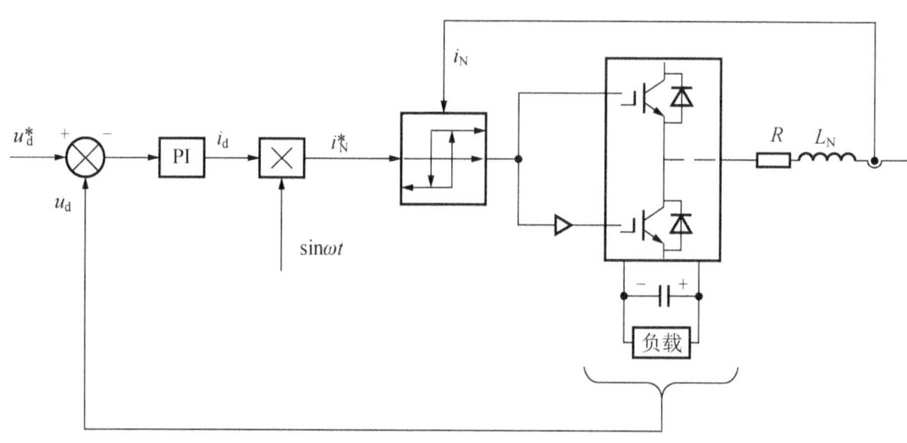

(b) 直接电流控制系统结构

图 5-15　直接电流控制和间接电流控制系统结构

① 滞环电流跟踪的直接电流控制方法结构简单，电流响应速度快，控制运算中未使用电路参数，系统鲁棒性好。这种方法的不足之处是开关频率不固定，随电流变化率的变化而变化，给滤波器设计带来一定的困难。

② 固定开关频率控制则是保留电压 PI 调解器，而将电流滞环比较器取消，将电流给定信号 i_N^* 与实际电流 i_N 比较后，作为电流 PI 调节器的输入，再将电流 PI 调解器的输出与固定开关频率的三角波比较后，得到 PWM 控制脉冲信号。该方法的优点是控制算法简单，但整流器的控制完全由 PI 完成，PI 调节器负担重，电流动态响应速度相对比较慢。

③ 瞬态电流控制是在固定开关频率控制的基础上，引入补偿环节，克服其响应速度慢的缺点，具有直流侧电压稳定快、动态响应好、对系统参数变化能快速调整等优点。

目前动车组牵引传动采用的脉冲整流器普遍采用瞬态直接电流控制，其控制框图如图 5-16 所示。控制部分主要由电压电流传感器、电压电流调节器、比较器、函数发生器、运算器及 SPWM 控制器组成。

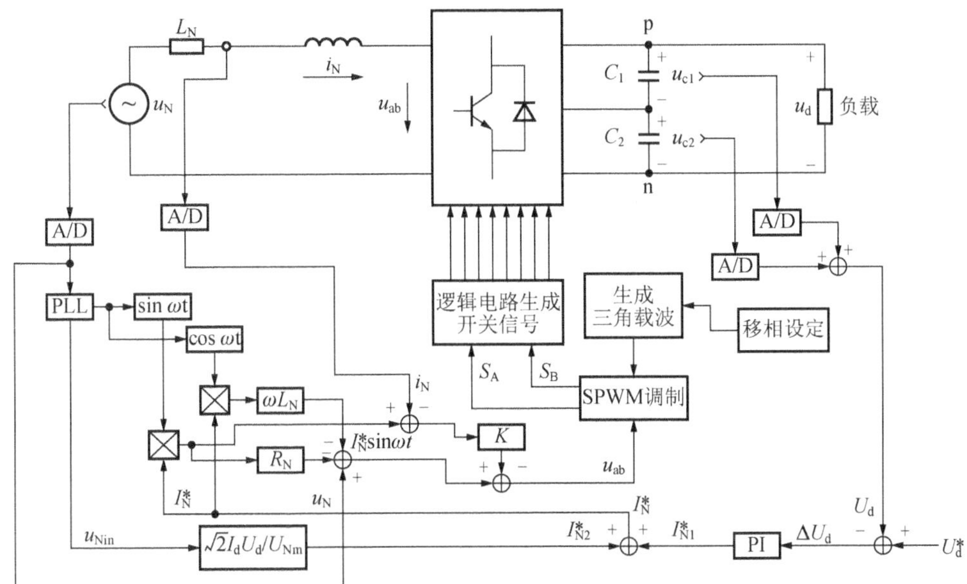

图 5-16　瞬态直接电流控制原理图

瞬态电流控制是电压、电流的双闭环控制系统，电压外环采用 PI 调节器，通过给定值 U_d^* 与实际值 U_d 的偏差信号 ΔU_d 作为 PI 调节器的输入，而电压 PI 调节器的输出为 I_{N1}^*。为改善电压 PI 调节器的动态响应和减轻负荷，引入补偿环节，用直流侧输出功率 I_dU_d 除以网侧电压有效值 $U_{Nm}/\sqrt{2}$ 得到给定电流的有效分量 I_{N2}^*，并将 I_{N1}^* 与 I_{N2}^* 相加作为网侧电流的给定值 I_N^*。对于电流内环，为加速电流相应，取消了积分环节，而只采用比例调节器 K，且 K 不能过大以保证将系统稳态误差限定在给定的范围内。

其数学表达式为

$$\begin{cases} I_{N1}^* = K_P(U_d^* - U_d) + 1/T_i\int(U_d^* - U_d)\mathrm{d}t \\ I_{N2}^* = I_dU_d/U_N \\ I_N^* = I_{N1}^* + I_{N2}^* \\ u_{AB}(t) = u_N(t) - \omega LI_N^*\cos\omega t - R_NI_N^*\sin\omega t - K\left[I_N^*\sin\omega t - i_N(t)\right] \end{cases} \tag{5-21}$$

其中，K_P 和 T_i 为 PI 调节器的参数；U_d^* 为中间直流侧电压给定值；R_N 是网侧电阻；I_d、U_d 分别为中间直流环节电流和中间直流环节电压；K 为比例放大系数；ω 为网侧电压的角频率。

瞬态电流控制的基本原理如下。为了达到中间直流环节恒压控制的目的，将实时检测到的中间直流电压 U_d 与给定值 U_d^* 比较，当 $U_d < U_d^*$ 时，$\Delta e > 0$，PI 调节器的输出 I_{N1}^* 增加，使脉冲整流器的输入电流增加，达到增加 U_d 的目的。当 $U_d > U^*$ 时反之。

通过实时检测电网电压 u_N 和电流值 i_N，按照式(5-21)组成运算电路，输出为参考电压信号即调制信号 $u_{ab}(t)$，$u_{ab}(t)$ 包含了相角和幅值的信号，其中锁相环(PLL)用来跟踪和锁定电压输入信号的频率和相位，该调制信号 $u_{ab}(t)$ 与三角载波进行 SPWM 调制，生成 PWM 信号来驱动开关器件。对于某一参数变动时，控制系统具有自动校正调节功能，最终达到稳态平衡。

④ 预测电流控制方法与动车组普遍采用的瞬态电流控制方法相比，都有良好的性能。但与瞬态电流控制相比，预测电流控制具有直流环节电压波动小，稳定速度也较瞬态电流快的优点，也是一种很有潜力的控制方法。

5.3　单相两电平与三电平脉冲整流器

5.3.1　单相两电平 PWM 脉冲整流器

两电平脉冲整流器是指相对于直流环节中点的相电压有两种电平方式($\pm U_d/2$)，CRH_1、CRH_3、CRH_5 型动车组及 HXD_1、HXD_2、HXD_3 型电力机车的整流部分都是采用两电平的四象限脉冲整流器。以 CRH_1 动车组的脉冲整流器为例，主电路如图 5-17(a)所示，L_N 和 R_N 分别为牵引绕组漏电感和电阻，开关管 T_1、T_2、T_3、T_4 组成一个全控桥电路，L_2 和 C_2 为二次谐振滤波器，C_d 为直流环节支撑电容。

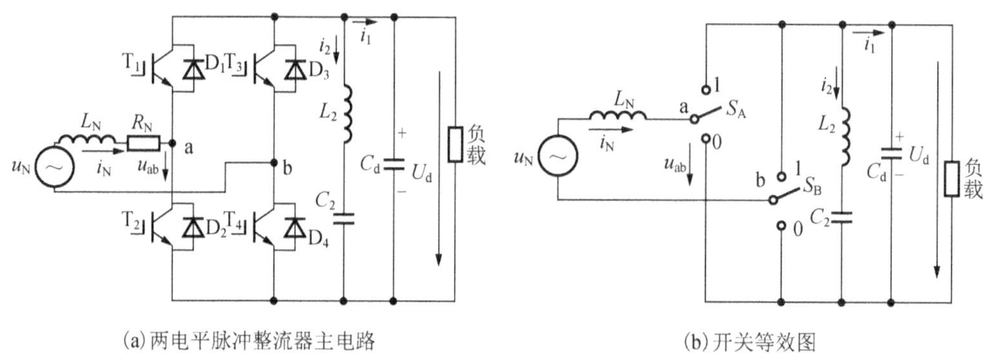

(a)两电平脉冲整流器主电路　　(b)开关等效图

图 5-17　两电平脉冲整流器主电路及开关等效图

为了便于分析，定义理想开关函数 S_A 和 S_B 为

$$S_A=\begin{cases}1, & T_1\text{导通}\\0, & T_2\text{导通}\end{cases},\quad S_B=\begin{cases}1, & T_3\text{导通}\\0, & T_4\text{导通}\end{cases}\tag{5-22}$$

相对于直流环节中点 o 的相电压 u_{ao} 和 u_{bo} 有两种电平方式($\pm U_d/2$)。采用理想开关函数并忽略牵引绕组电阻，则图 5-17(a)所示的两电平脉冲整流器主电路可以等效为图 5-17(b)所示的电路。由于上、下桥臂不允许直通，则 S_i ($i=\text{A,B}$)与 S_i' (下桥臂的开关函数)必须满足 $S_i'=1-S_i$。于是线电压 u_{ab} 的取值有 3 种电平($\pm U_d$、0)，有效的开关组合有 $2^2=4$ 种，即 S_AS_B=00、01、10、11 四种逻辑，则 u_{ab} 可表示为 $u_{ab}=(S_A-S_B)U_d$。满足微分方程：

$$u_N=L_N\frac{di_N}{dt}+R_Ni_N+(S_A-S_B)U_d\tag{5-23}$$

两电平脉冲整流器采用 SPWM 调制，其调制方式如图 5-18(a)所示。当 $u_a>u_{ca}$ 时，S_A 为 1，否则为 0。b 相与 a 相调制方式相同，但 u_b 与 u_a 相位相差 180°，u_{cb} 与 u_{ca} 相同。并根据 S_A、S_B 的值按照式(5-22)进行开关管的切换，图 5-18(b)为两电平脉冲整流器的 SPWM 调制波形。

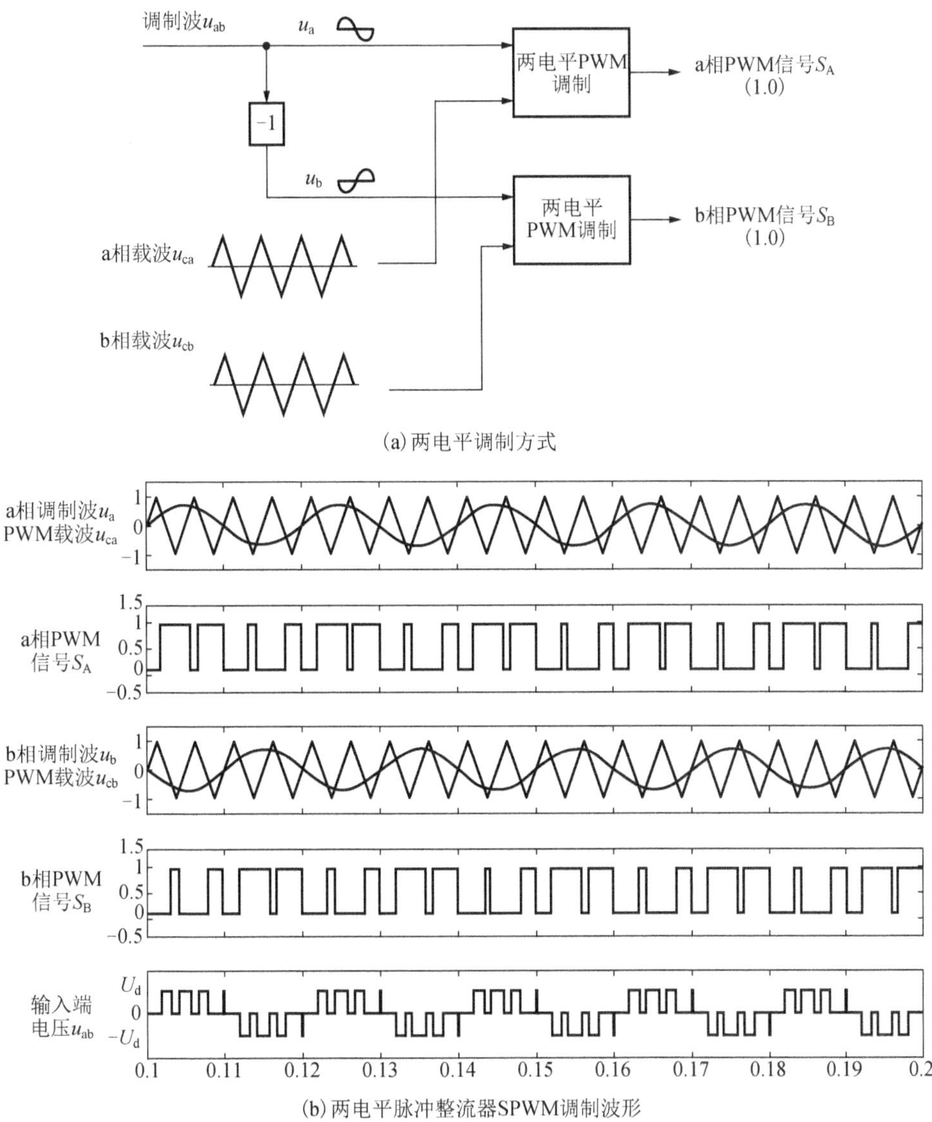

(a) 两电平调制方式

(b) 两电平脉冲整流器SPWM调制波形

图 5-18　两电平脉冲整流器 SPWM 调制方式及调制波形

5.3.2　单相三电平 PWM 脉冲整流器

PWM 整流器也可采用三电平电路，与三电平 PWM 逆变电路一样，相电压有 3 种电平，线电压有 5 种电平。在相同的开关频率下，其输入电流谐波要比两电平电路小得多。三电平脉冲整流器是指相对于直流环节中点，相电压有 3 种电平方式($\pm U_d/2$，0)，线电压有 5 种电平方式($\pm U_d$，$\pm U_d/2$，0)。

以动车组 CRH_2 的单相三电平脉冲整流器为代表，主电路如图 5-19(a)所示，图中 u_1 为直流侧支撑电容 C_1 的电压，u_2 为直流侧支撑电容 C_2 的电压。理想情况下，可以认为 $u_1 = u_2 = \dfrac{U_d}{2}$。为了便于分析，定义理想开关函数 S_A 和 S_B 为

$$S_A = \begin{cases} 1, & T_{a1}\text{和}T_{a2}\text{导通} \\ 0, & T_{a2}\text{和}T_{a3}\text{导通} \\ -1, & T_{a3}\text{和}T_{a4}\text{导通} \end{cases}, \quad S_B = \begin{cases} 1, & T_{b1}\text{和}T_{b2}\text{导通} \\ 0, & T_{b2}\text{和}T_{b3}\text{导通} \\ -1, & T_{b3}\text{和}T_{b4}\text{导通} \end{cases} \tag{5-24}$$

理想情况下（$u_1 = u_2 = \dfrac{U_d}{2}$），则 u_{ab} 可表示为 $u_{ab} = (S_A - S_B)U_d/2$。满足微分方程

$$u_N = L_N \frac{di_N}{dt} + R_N i_N + (S_A - S_B)U_d/2 \tag{5-25}$$

采用理想开关函数并忽略牵引绕组电阻，图 5-19(a)所示的三电平脉冲整流器主电路可以等效为图 5-19(b)所示的电路。

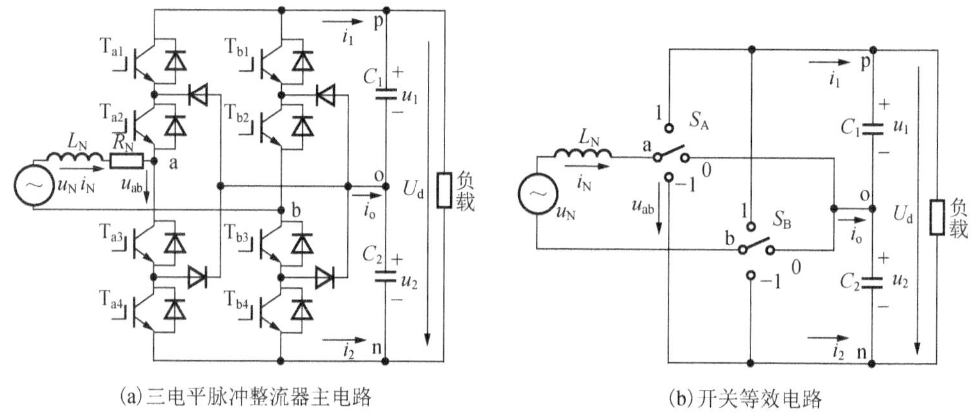

图 5-19　三电平脉冲整流器主电路及开关等效电路图

显然，由 S_A 和 S_B 组成的电路共有 3^2=9 种组合。对应主电路有 9 种工作模式，以整流工况为例。

(1)工作模式 1（S_A=1，S_B=1）。开关管 T_{a1}、T_{a2} 和 T_{b1}、T_{b2} 导通，T_{a3}、T_{a4} 和 T_{b3}、T_{b4} 关断，网侧端电压 $u_{ao} = u_1$，$u_{bo} = u_1$，$u_{ab} = 0$。如果网侧电源电压 $u_N > 0$，则网侧电流 i_N 增大，电容 C_1 和 C_2 通过负载电流放电。

(2)工作模式 2（S_A=1，S_B=0）。开关管 T_{a1}、T_{a2} 和 T_{b2}、T_{b3} 导通，T_{a3}、T_{a4} 和 T_{b1}、T_{b4} 关断，网侧端电压 $u_{ao} = u_1$，$u_{bo} = 0$，$u_{ab} = u_1$。如果正向电源电压 u_N 大于(或小于)直流侧电压 U_d 的一半，则网侧电流 i_N 增大(或减小)，网侧电流对电容 C_1 进行充电，而电容 C_2 通过负载电流放电。

(3)工作模式 3（S_A=1，S_B=−1）。开关管 T_{a1}、T_{a2} 和 T_{b3}、T_{b4} 导通，T_{a3}、T_{a4} 和 T_{b1}、T_{b2} 关断，网侧端电压 $u_{ao} = u_1$，$u_{bo} = -u_2$，$u_{ab} = u_1 + u_2 = u_d$。正向网侧电流 i_N 减小，正向网侧电流对电容 C_1 和 C_2 充电。

(4)工作模式 4（S_A=0，S_B=1）。开关管 T_{a2}、T_{a3} 和 T_{b1}、T_{b2} 导通，T_{a1}、T_{a4} 和 T_{b3}、T_{b4} 关断，网侧端电压 $u_{ao} = 0$，$u_{bo} = u_1$，$u_{ab} = -u_1$。如果反向的电源电压 u_N 大于(或小于)直流侧电压 U_d 的一半，则网侧电流 i_N 减小(或增大)，反向网侧电流对电容 C_1 进行充电，而电容 C_2 通过负载电流放电。

(5)工作模式 5（S_A=0，S_B=0）。开关管 T_{a2}、T_{a3} 和 T_{b2}、T_{b3} 导通，T_{a1}、T_{a4} 和 T_{b1}、T_{b4} 关断，网侧端电压 $u_{ao} = 0$，$u_{bo} = 0$，$u_{ab} = 0$。如果网侧电源电压 $u_N > 0$，则正向网侧电流 i_N 增大，电容 C_1 和 C_2 通过负载电流放电。

(6) 工作模式 6（$S_A=0$，$S_B=-1$）。开关管 T_{a2}、T_{a3} 和 T_{b3}、T_{b4} 导通，T_{a1}、T_{a4} 和 T_{b1}、T_{b2} 关断，网侧端电压 $u_{ao}=0$，$u_{bo}=-u_2$，$u_{ab}=u_2$。如果正向电源电压 u_N 大于(或小于)直流侧电压 U_d 的一半，则网侧电流 i_N 增大(或减小)，网侧电流对电容 C_2 进行充电，而电容 C_1 通过负载电流放电。

(7) 工作模式 7（$S_A=-1$，$S_B=1$）。开关管 T_{a3}、T_{a4} 和 T_{b1}、T_{b2} 导通，T_{a1}、T_{a2} 和 T_{b3}、T_{b4} 关断，网侧端电压 $u_{ao}=-u_2$，$u_{bo}=u_1$，$u_{ab}=-u_1-u_2=-u_d$。反向网侧电流 i_N 减小，反向网侧电流对电容 C_1 和 C_2 进行充电。

(8) 工作模式 8（$S_A=-1$，$S_B=0$）。开关管 T_{a3}、T_{a4} 和 T_{b2}、T_{b3} 导通，T_{a2} 和 T_{b1}、T_{b4} 关断，网侧端电压 $u_{ao}=-u_2$，$u_{bo}=0$，$u_{ab}=-u_2$。如果反向的电源电压 u_N 大于(或小于)直流侧电压 U_d 的一半，则网侧电流 i_N 减小(或增大)；反向网侧电流对电容 C_2 进行充电，而电容 C_1 通过负载电流放电。

(9) 工作模式 9（$S_A=-1$，$S_B=-1$）：开关管 T_{a3}、T_{a4} 和 T_{b3}、T_{b4} 导通，T_{a1}、T_{a2} 和 T_{b1}、T_{b2} 关断，网侧端电压 $u_{ao}=-u_2$，$u_{bo}=-u_2$，$u_{ab}=0$。如果网侧电源电压 $u_N>0$，则正向网侧电流 i_N 增大，电容 C_1 和 C_2 通过负载电流放电。

三电平脉冲整流器 PWM 调制方式为 SPWM，其理想开关函数为

$$S_A=\begin{cases}1, & u_a>u_{ca}(\text{正侧载波})>u_{ca}(\text{负侧载波})\\0, & u_{ca}(\text{正侧载波})>u_a>u_{ca}(\text{负侧载波})\\-1, & u_{ca}(\text{正侧载波})>u_{ca}(\text{负侧载波})>u_a\end{cases} \tag{5-26}$$

其调制方式如图 5-20(a)所示。当 b 相调制波 u_b 与 a 相调制波 u_a 相差 180° 相位时，为减少高次谐波，b 相载波需要偏离 a 相载波 180° 相位。三电平脉冲整流器利用上述调制方式进行切换动作，并根据 S_A、S_B 的值按照式(5-24)进行开关管的切换，得到的 PWM 调制和动作波形如图 5-20(b)所示，u_{ab} 是采用±U_d、±$U_d/2$、0，5 种电平来等效的正弦波。与两电平脉冲整流器相比，这样可以有效地减小网侧输入端电流 i_N 的谐波。

两点式和三点式都能实现能量的双向流动。两点式控制结构简单，易于实现，且电源工作可靠性高。三点式更适合于中大功率场合，其性能指标要高于两点式 PWM 整流器，是很有发展前途的电路结构。

与 CRH_1 的两点式脉冲整流器相比，CRH_2 动车组的三点式脉冲整流器具有以下优点。

(1) 两点式的每个主开关器件关断时所承受的电压仅为直流电压的一半。在相同的情况下，直流电压就可以提高一倍，调节速度快，应用范围宽，容量也提高一倍。因此，三点式电路特别适合高电压、大容量的应用场合。

(2) 在同样的开关频率及控制方式下，三点式脉冲整流器输出电压或电流的谐波大大小于两电平脉冲整流器，总谐波失真 THD 也要远小于两电平脉冲整流器，功率因数也高。

(3) 对于同样的基波与谐波要求，三点式脉冲整流器开关频率比两点式低得多，可以大幅度降低开关损耗，输入侧的电流波形即使在开关频率很低时，也能保证一定的正弦度。

三点式 PWM 整流器的缺点如下。一方面，其主电路拓扑使用功率开关器件较多，电路结构复杂，器件增多也降低了系统可靠性。另一方面，控制也比两点式复杂，控制难度大，需要检测和控制的点较多，提高了控制成本，尤其是需要解决中点电位平衡问题。

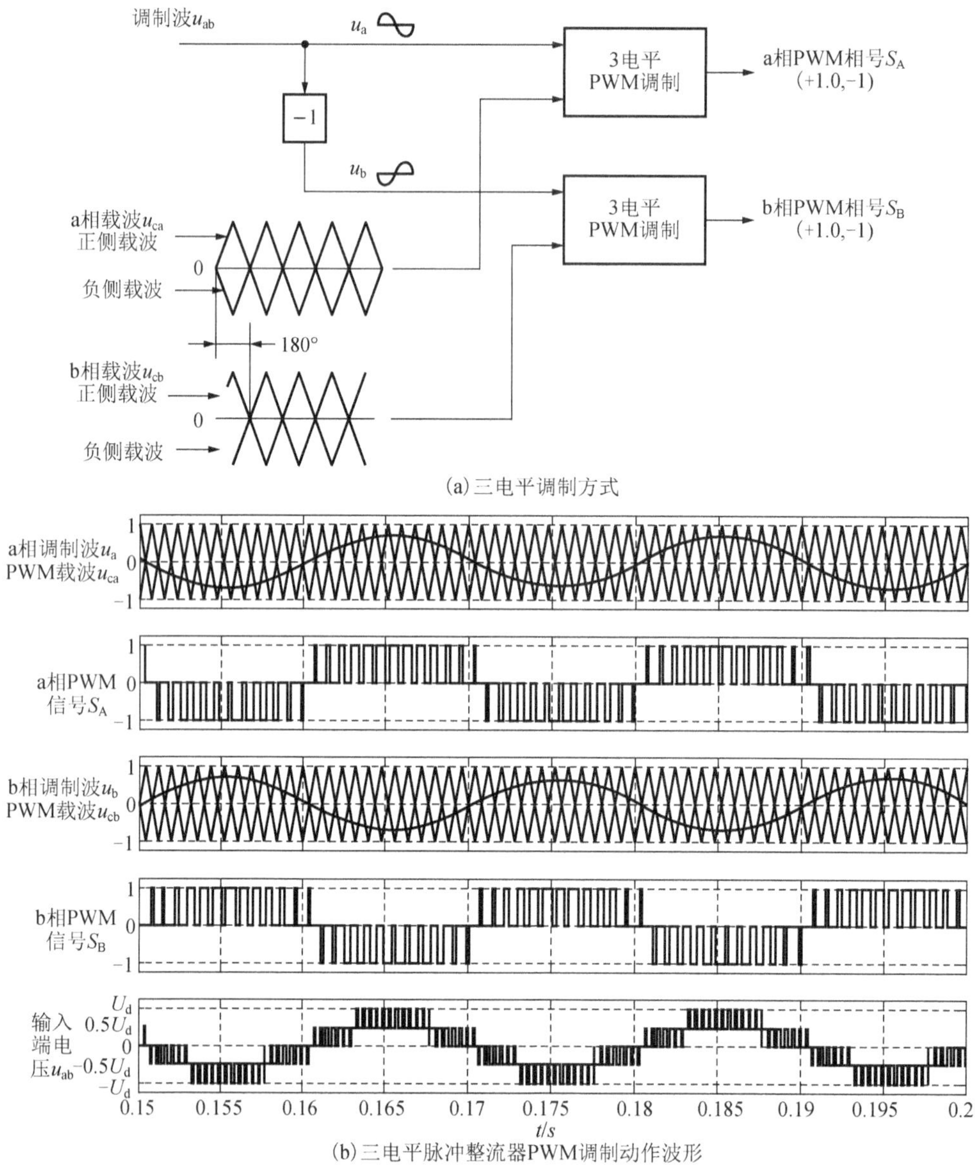

图 5-20　三电平脉冲整流器 SPWM 调制方式及调制波形

5.4　轨道车辆的脉冲整流器

CRH_1、CRH_3、CRH_5型动车组及HXD_1、HXD_2、HXD_3型电力机车的整流部分都是采用两电平的四象限脉冲整流器。而且为减小谐波和增加功率，普遍采用了脉冲整流器的两重化及载波移相技术。CRH_1是两电平脉冲整流器的代表。

CRH_1动车组的交直交牵引主电路如图 5-21 所示，图中电网侧变流器为电压型 PWM 整流器，电机侧变流器为电压型无源逆变器。四象限脉冲整流器是按斩波方式工作的 PWM 整流器。在牵引时作为整流器，在再生制动时作为有源逆变器。脉冲整流器能够在电压、电流的 4 个象限工作，改善了机车的功率因数并减少了谐波电流对电网的干扰。

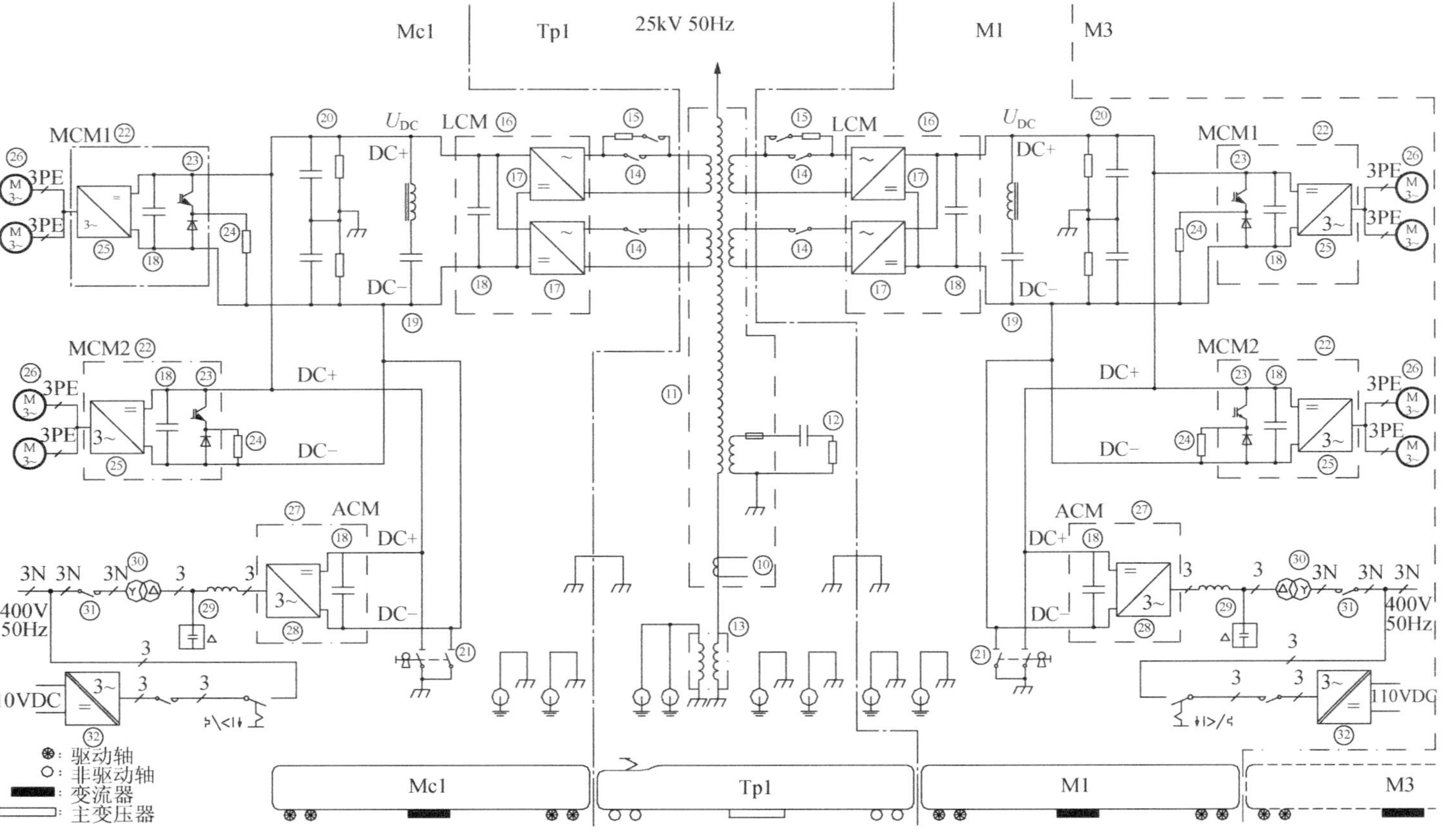

图 5-21　CRH_1 牵引系统主电路

⑩-网侧电流变压器；⑪-主变压器；⑫-网侧谐波滤波器；⑬-接地变压器；⑭-隔离接触器；⑮-充电电路；⑯-网侧变流器模块；⑰-网侧变流器；⑱-变流器直流侧电容；⑲-次级谐波过滤器；⑳-中点接地和接地故障检测单元；㉑-变流器直流侧接地开关；㉒-电机变流器模块；㉓-过电压保护；㉔-过电压保护电阻；㉕-电机变流器；㉖-牵引电机；㉗-辅助变流器模块；㉘-辅助变流器；㉙-三相滤波器；㉚-三相变压器；㉛-三相分离式接触器；㉜-电池充电器模块

当系统工作在牵引工况时，PWM 整流器工作在整流状态，将交流电网的交流电能转换为稳定的直流电，整流后在直流环节的两倍网频的交流分量，可以通过串联谐振电路 L_2、C_2 滤除电网侧逆变器，再将直流电转换为负载需要的电压和频率的交流电，完成恒压恒频(CVCF)输入至变压变频(VVVF)输出的变换，即交直交变换。

当系统工作在再生工况时，电机三相绕组的漏感与电机侧逆变器构成电压型 PWM 整流器，此时牵引电机工作在发电机状态。如果电机的运行速度较高，即所发出的电压较高，此时仅靠电机侧逆变器的反并联续流二极管即可实现再生运行，由此产生的直流电能经过在逆变工况工作的电网侧变流器反馈到电网，实现整个系统的再生运行。电机在较低速度下运行时，电机所发出的电压峰值低于直流侧电压值。这时仅靠续流二极管不能实现系统的再生运行，可根据 PWM 整流器的控制策略对由电机逆变器与电机漏感组成的 PWM 整流器进行相应的控制，使电机逆变器工作在升压模式，将变频的交流电能变换成电压较高的直流电能，以实现系统的再生运行。与常规的 PWM 整流器的不同之处为该 PWM 整流器的运行频率是随负载的变化而变化的。

直流环节对交直交牵引变流系统的质量至关重要。直流环节是四象限整流器和电机逆变器之间的中间环节，用来实现网侧整流器和逆变器之间的瞬时功率平衡。电压型变流器的换流能力只接受中间电路电压的影响，逆变器的调制电压质量也取决于其平衡程度。如果谐波含量过大，谐波电压可能会被脉冲整流器或逆变器调制到输入变压器或电机电路中，引起振荡或谐波大，严重时甚至会干扰系统的正常运行，加剧系统电压或电流的谐波。因电路的功率很大，所以需要中间有很大的支撑电容。该环节由电容和放电电阻并联组成，直流环节支撑电容在交直交牵引电路中的主要作用是滤除整流器直流侧的纹波电压及限制负载突变时的直流电压脉动。当直流环节电压过高时(CRH$_1$ 为 1900V)，过电压保护(OVP)电路启动，直流环节的电能和制动的电能从 OVP 释放，因此，OVP 电路也称为电阻制动斩波电路，当直流环节电压低于一定值时(1800 V)，OVP 关闭。

采用两重化脉冲整流器可以提高等效斩波频率，减小反馈到接触网的谐波，进一步改善接触网的性能，并且增大能量。通过对交流正弦基波电压 u_{s1} 的相位和幅值的控制，可以达到电源侧回路内电流 i_N 与网压 u_N 同相位或反相位，即基波相位移系数等于±1。正弦电压 u_s 除了基波分量 u_{s1} 外，还包含高次谐波(最低次在开关频率附近)。因此，整流后的电流除了直流分量 I_d 和 2 倍网频交流分量 i_2 外，还包含更高次谐波分量，在接触网中也同样存在高次谐波分量。即使基波功率因数(位移系数) $\cos\varphi=1$，但由于畸变系数 ξ 略小于 1，因此接触网的功率因数 $\lambda=\xi\cos\varphi$ 也略小于 1。由于调制的频率足够高或者电感 L_N 较大，可使电流畸变系数接近于 1，这样就可使功率因数接近于±1。

下面以 CRH$_1$ 为例，介绍动车组的脉冲整流器的组成、工作原理及保护功能。

1. 网侧变流器的结构及工作原理

网侧变流模块(LCM)可以进行整流，将牵引变压器能量提供给直流环节，可以进行牵引工况和有源逆变，将直流环节的能量反馈给变压器和电网，实现再生制动。LCM 的主要结构如图 5-22 所示，主要包括：①4 个半桥(相)(两重 PWM 脉冲整流器)；②DC 环节支撑电容及二次谐振滤波器；③门极驱动单元 GDU；④计算机 DCU/L；⑤测量传感器；⑥低压电源供电。

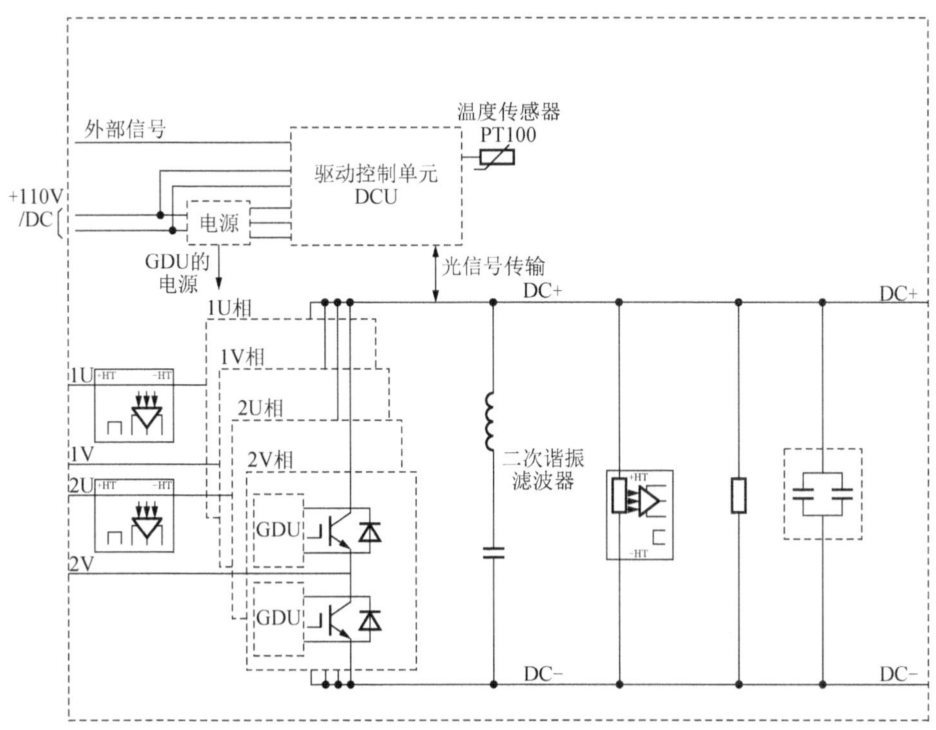

图 5-22 CRH$_1$ 的 LCM 的主要结构

CRH$_1$ 每个动车的主变流器的每个网侧整流模块(LCM)由 2 个电压型脉冲整流器并联而成。两重脉冲整流器的好处是：一方面，增大容量；另一方面，通过每个脉冲整流器 PWM 调制的载波错开一定的相位角，减小反馈到电网和直流环节的谐波。

直流环节是指交直交牵引系统中的中间部分。直流环节既作为 LCM、MCM 和 ACM 的直流电压源，也作为能量缓冲器，使变流器控制稳定。具体包括：直流环节电容器(支撑电容)、二次谐振滤波器、中点接地及接地故障检测单元。其中直流环节电容器包括 4 个电容器：LCM、MCM$_1$、MCM$_2$ 和 ACM 各 1 个。

LCM 中的每个脉冲整流器都与主变压的一个牵引线圈相连，连接电路用来接通或隔离主变压器和 LCM 的连接。连接电路包括隔离接触器(SC)和充电电路。充电电路包括充电接触器(CC)和充电电阻。

当直流环节支撑电容电压很低(小于 400V)时，通常不启动 LCM 的 IGBT。此时，4 个 IGBT 的反并联二极管作为单相桥式不可控整流器。当 DCU/L 接受来自 VCU 的启动指令时，闭合充电接触器，开始充电。直流环节电压一直充电到 400V，才闭合隔离接触器、断开充电接触器，充电顺序如图 5-23 所示。此时才启动 LCM 的 IGBT，让其工作在升压模式，待直流环节升压到 1650V 左右，LCM 才开始进行正常的整流或有源逆变。

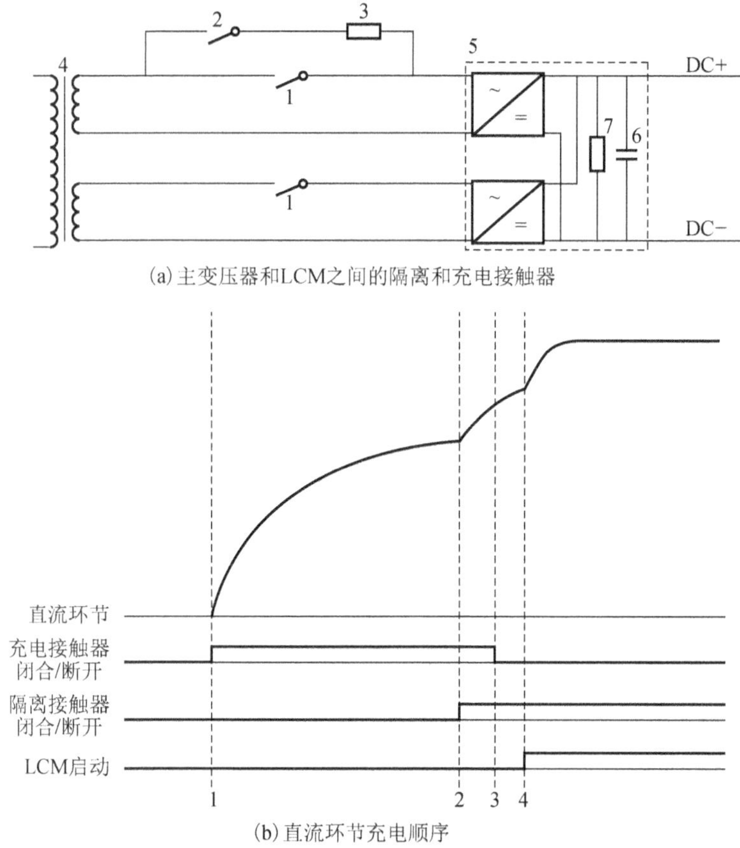

(a) 主变压器和LCM之间的隔离和充电接触器

(b) 直流环节充电顺序

图 5-23　隔离和充电接触器及充电控制顺序

1-牵引(隔离)接触器；2-充电接触器；3-充电电阻；4-主变压器；5-网侧变流模块；6-DC 环节电容；7-DC 环节放电电阻

2. 网侧变流器的传感及监控功能

LCM 的测量传感器包括电流传感器、电压传感器和温度传感器。电流传感器和电压传感器是整个牵引和再生制动闭环控制系统所必需的传感器。

(1) 电流传感器。LCM 中有 2 个电流传感器，测量连接到主变压器输入侧的两重整流器的相电流，如图 5-22 中的 1U 和 2U 相电流所示。DCU/L 连续监控相电流，如果相电流超过最大允许值，则输出功率立刻减小。所有电流测量传感器都由±24V/DC 供电。电流测量传感器是基于霍尔元件的，交流和直流信号都能测量。电流信号连接到计算机 DCU/L 的模拟输入端 AI。

(2) 电压传感器。DC 环节电容的电压通过电压传感器测量，DC 环节电压的信息被不断发送到 DCU/L，在变流器控制算法中使用。

(3) 温度传感器。LCM 中的温度传感器 PT100(在 0℃为 100Ω)，位于箱体的功率部分，固定在散热片上测量温度。温度传感器接入 DCU/L 时，温度传感器安装在散热片上。如果传感器指示散热片温度高，LCM 的输出功率就会受到限制。

3. DCU/L 的功能和特点

图 5-24 所示为 LCM 的计算机系统(DCU/L)在交直交的牵引主电路中的与网侧部分进行数据采集和控制示意图。LCM 计算机(MITRAC DCU/L)监督和控制 LCM 中的大部分功能。该计算机是车辆分布式控制系统的一部分，通过多功能车辆总线(MVB)连接到牵引控制单元。

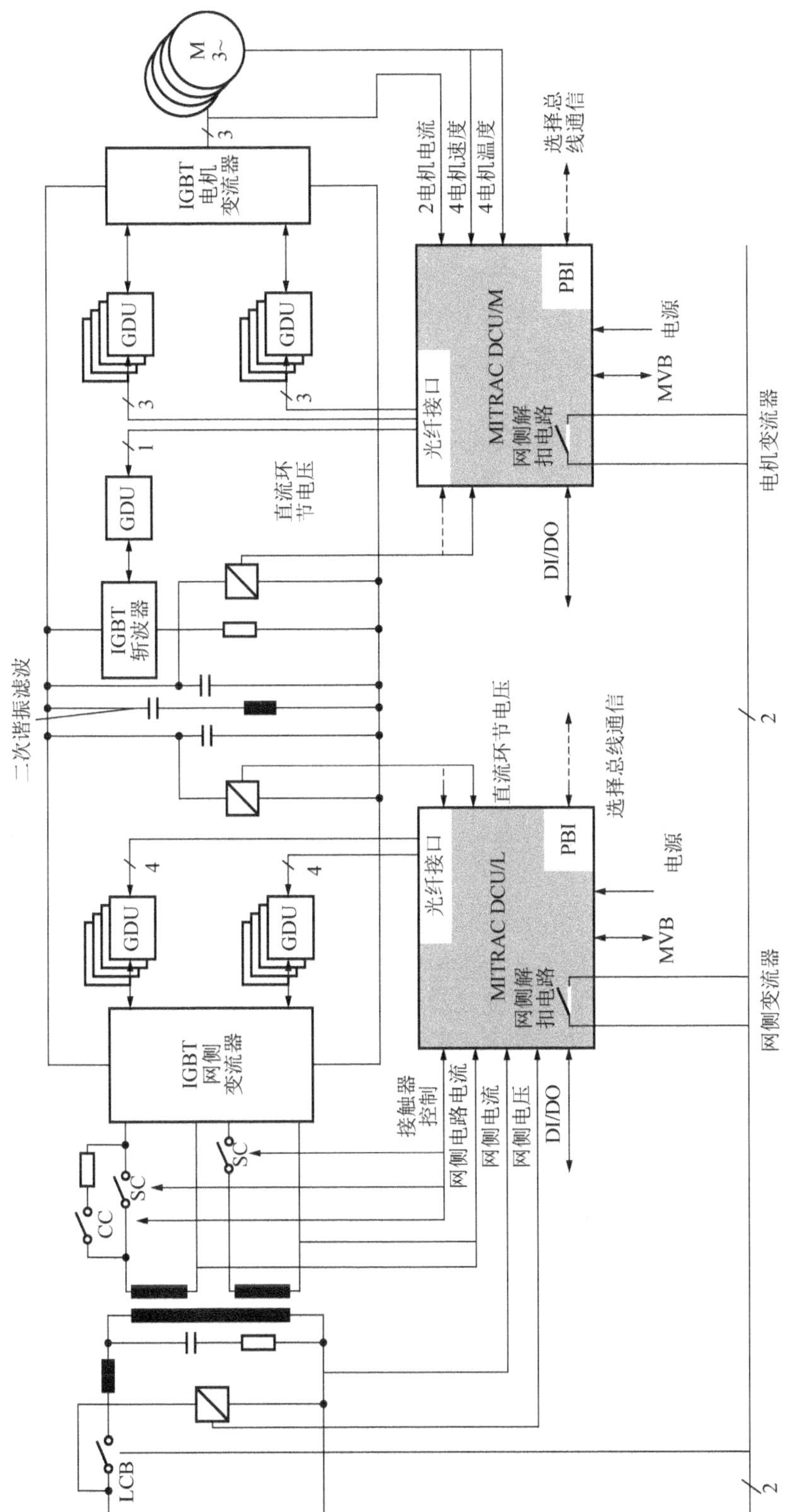

图 5-24　DCU/L 的采集与控制示意图

LCB-主断路器；CC-充电接触器；SC-隔离接触器；GDU-门极驱动单元

DCU/L 既是软件也是硬件。大部分控制功能固化在微控制器(MCU)和数字信号处理器(DSP)中。程序按功能块组态，大部分是标准化的功能块，小部分根据项目确定。部分响应时间非常敏感的功能由 FPGA(即现场可编程门阵列)实现。控制系统尺寸小、质量轻、组态灵活。

DCU/L 负责 LCM 与外部控制系统的通信，与牵引计算机之间通过 MVB 传输输入输出信号。最重要的信息包括启动(激活)指令(输入)、电压基准(输入)、实际输出功率(输出)、DC 环节电压(输出)、网侧电压(输出)、状态(输出)、故障指示(输入/输出)。

在 LCM 内部，DCU/L 与 GDU 之间的信号通过光缆传输。在 DCU/L 上安装了一块光缆电路板，板上电压信号被转换成光信号(光脉冲)与光缆相连，在光缆的另一端，光信号又转换成电压信号。光介质把电力回路与计算机隔离，提高了电磁兼容性。

1) DCU/L 的保护功能

(1) 网侧电流保护。LCM 具有网侧电流保护的功能，如果网侧电流超过最大允许值，LCM 会向列车计算机请求限制输出功率，降低 DC 环节电压，使 MCM 的功率减少，从而减小网侧电流。

(2) DC 环节电压保护。正常运行过程中，DCU/L 监控 DC 环节电压，在输出功率急剧变化及故障情况下，MCM 中的过电压保护(OVP)将会限制 DC 环节电压，保护系统不致过电压，严重情况下(非常高或非常低电压时)，DCU/L 会激活保护性关闭程序。

(3) 过电流保护。DCU/L 对每相输出电流有过电流保护功能，如相间短路产生的过相电流。保护功能是通过检测 1U 相和 2U 相电流值，由计算机硬件迅速响应实现的。IGBT 的集-射电流来监控短路电流，通过监测 IGBT 的 C-E 端来检测短路。当发生短路时，启动保护，IGBT 软关断，IGBT 迅速安全地截止，输出功率立刻减小。GDU 中也有短路检测与保护，既可保护 IGBT 导通前的短路电流，也可保护 IGBT 导通期间的短路电流，在电源短路和接地短路时保护动作非常快。

(4) 过热保护。在散热器上装有 PT100 温度传感器(0℃时为 100Ω)，过热温度激活值 A 可编程修改。如果温度超过设定值 A，LCM 的输出功率就会受到限制；如果测量温度在预设值 A 与 A+4℃之间超过 15min 以上，就显示故障，变流器关闭；只有温度下降到 A−10℃以下时，变流器才会重新启动。A 值可以通过软件进行修改。

(5) 诊断。DCU/L 有自检功能，LCM 有故障诊断和追踪功能。这些在线功能可以保护系统、减小维护和停机时间。LCM 的故障跟踪和诊断能在运行过程中进行。故障信息被发送到列车计算机，有些严重故障会造成 LCM 关断。也有半自动测试功能在维修中被使用。为防止设备的损坏，一些故障测试将使 LCM 停止工作。

通过 RS-232 接口，DCU/L 可连接到基于 PC 的便携式检测试验装置，通过 PC 软件进行诊断和故障追踪。该装置由 PC 和 8 通道记录板组成，PC 可读出 DCU/L 的状态和参数值，利用故障指示和信号作进一步的分析诊断。此外，还有用于检修的试验架。如果需要可以把 LCM 从动车组底架拆下来放在试验架上，然后通过 PC 软件进行故障追踪。

2) DCU/L 的控制功能

网侧变流器(LCM)的控制框图如图 5-25 所示。输入端是网侧交流电压，通过各种控制要求及限制，最终保持输出稳定的直流电压都是在 DCU/L 的监控下完成的。

(1) 交流网侧频率计算。系统工作时，通过采样电压互感器数据，可以计算出接触网的电压频率(16.7Hz、25Hz、50Hz 或 60Hz)，支持系统选择，测量范围为 15～66Hz(即系统选择后额定值的+10%)，稳态下的精确度为±0.1Hz。

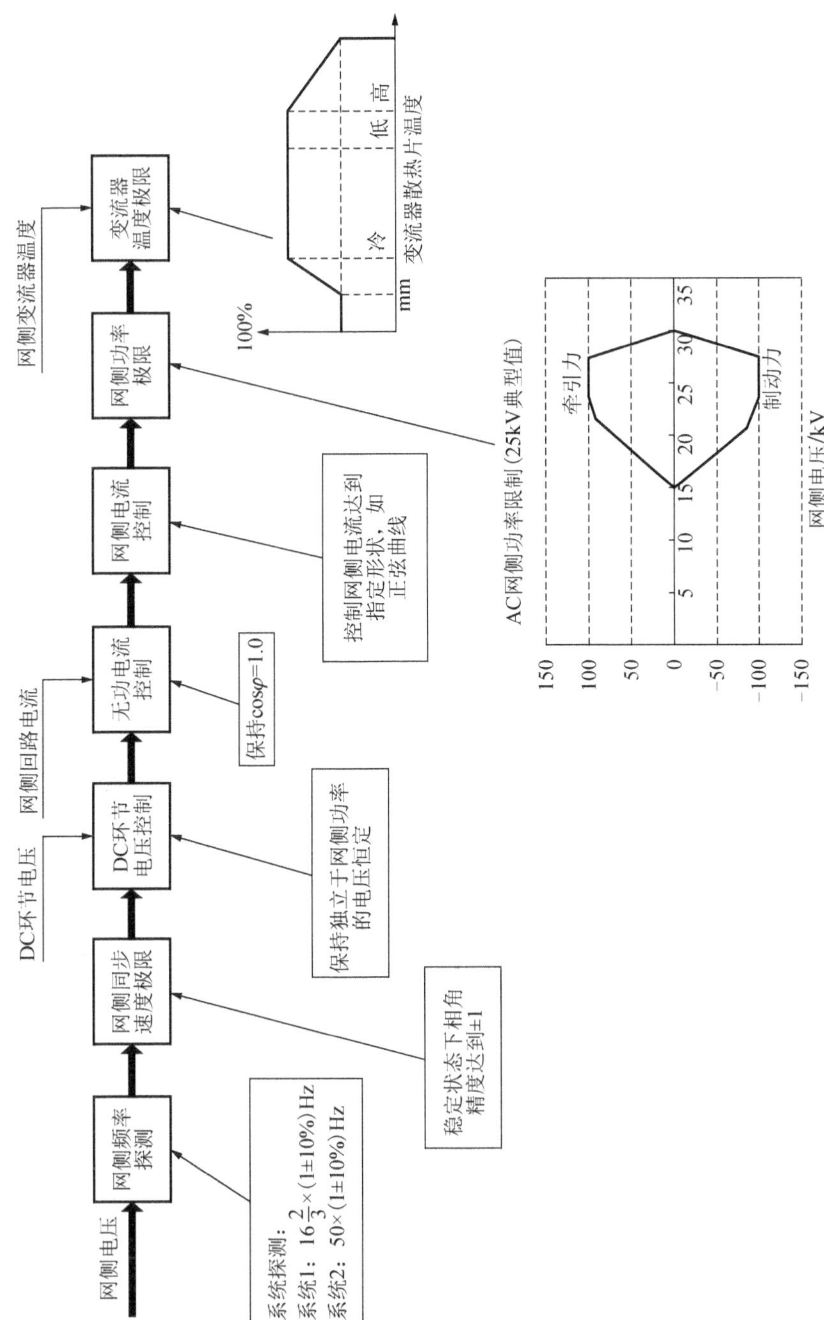

图 5-25　网侧变流器控制框图

(2) 交流功率计算。可在一个网侧电压周期内，基于实际网侧电压和实际网侧电流测量值，计算网侧功率，测量计算范围为-6～6MW，精确度为额定值的±5%。

(3) 直流环节电压基准及控制。直流环节是牵引系统的中间环节，起到能量传递、稳定电压和便于 LCM 与 MCM 控制的功能，非常重要。直流环节的电压和电流波形示意图如图 5-26 所示。

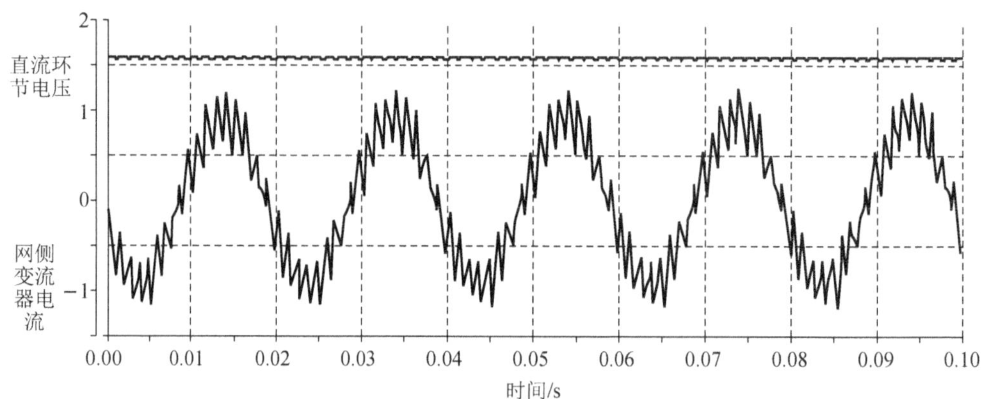

图 5-26　网侧变流器电流和直流环节电压示意图

通常在工作过程中，除满足牵引功能外，为提高功率半导体器件和其他元件的可靠性，直流环节电压不能过高。因此首先对挂在同一直流环节上的所有变流器(LCM、MCM 和 ACM)计算其需要的最低直流环节电压，然后 VCU 从中选出各直流环节电压计算值中的最高值作为直流环节的电压参考。启动过程中，直流环节电压基准由实际值逐步升高至额定值。在给定基准值后对直流环节电压进行自动调节，负载变化时，直流环节电压的调节时间一般小于 3～5 网侧电压周期，调节的稳定精度是期望值的±5%，调节过程如图 5-27 所示。

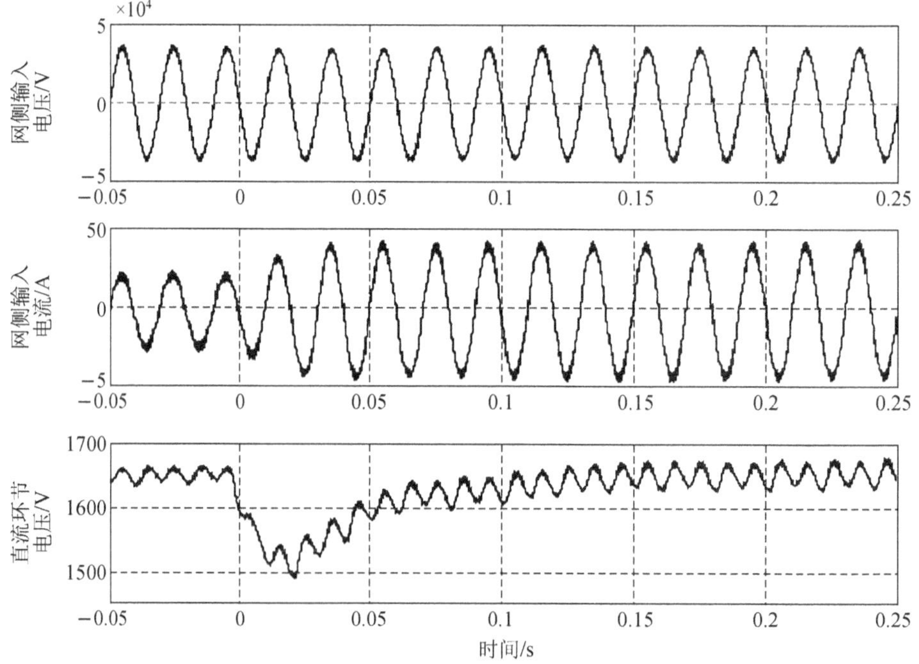

图 5-27　负载变化时直流环节电压的控制

(4) 开环无功网侧电流控制。根据滤波器阻抗和实际网侧电压对变压器滤波器绕组的容性电流进行补偿。

(5) 交流网侧干扰电流抑制。对于交流网侧，DCU/L 可选择性地抑制网侧谐波和非谐波有功电流干扰，具有以下特点。①最多可以削弱网侧电流中的 3 个奇次谐波，选择性地抑制网侧电流中的 3 次、5 次和 7 次谐波，通过抑制，单个谐波电流的波动小于稳定状态下额定电流值的 10%。②最多可削弱网侧电流中的两个偶次谐波，其中一个偶次谐波是网侧电流中的 6 次谐波(在 16.7Hz 系统下大约为 100Hz)，另一个偶次谐波次数可以选择，通过抑制，使持续时间超过 300ms 的偶次谐波电流在受电弓中不会超过有效值 2A。③最多可以削弱两个非谐波网侧电流，选择性地抑制两个非谐波网侧电流，如 42Hz 和 $83\frac{1}{3}$ Hz 等，通过抑制，使持续时间超过 300ms 的非谐波电流在受电弓中不会超过有效值 2A。④通过参数可以选择以上任何需要的抑制组合。

(6) 网侧电压、电流同步。为了控制网侧电压和网侧电流之间的相位差，需要精确计算网侧电压的实际相位角，以保持网侧电压、电流同步，控制网侧电流、电压到期望的余弦值，如图 5-28 所示。稳态下，相位角的计算精度为±1°；在网侧电压高于额定值 50%时，同步作用开始；同步功能在最小至最大网侧频率(正常网侧频率的±10%)范围内发挥作用。即便这些谐波电压会导致一个网侧电压周期内附加的过零交越，相位角的计算不受网侧 3、5 和 7 次谐波电压的影响。如果因某种原因(相位错误、网侧频率或网侧电压超过各自的限值)网侧同步失败，则启动保护性阻断过程，并将 VCU 的“网侧同步”状态设置为“假”(False)，直到 DCU/L 重新同步。

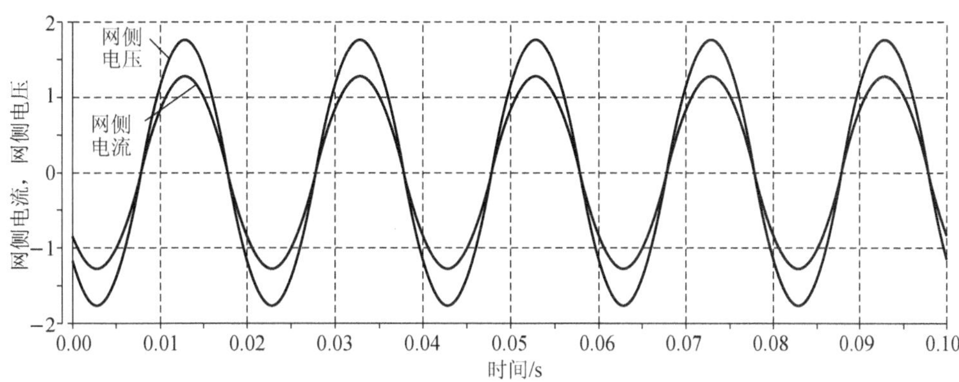

图 5-28　网侧电流、电压同步波形

(7) 网侧电流控制。该功能对网侧电流的波形(如正弦曲线)按要求进行控制调节，具有以下特点。①用变压器模型计算基本励磁电压。②如果网侧电路电流基准的绝对值超过最大允许值(有效值)，该电流基准将受到限制，并将“网侧电路电流受限”指令发送至 VCU(不同的 DCU/M 必须根据实际直流环节电压调整功率消耗)。只要该指令有效，VCU 就必须逐步降低功率传输；当该指令无效时，VCU 才逐步提高功率传输。③如果 VCU 发出“限制再生电流”指令，网侧电路电流基准就会减到最大允许值(有效值)的 1%，以此避免再生。该限制的启动由 DCU/L 来确认。④两重化网侧整流器的每个电流独立控制，两个网侧整流电路的电流均衡分配。⑤网侧电流控制的稳态精度为基准值的±10%。⑥网侧电流控制的调整时间是直流环节电压控制的调整时间原来的 1/10～1/5。

(8)脉冲模式的产生。DCU/L 控制的两个网侧整流器的脉冲产生模式，具有以下特点。①开关频率可在 150Hz～1.5kHz 的范围内选择(CRH_1 选用 450Hz)。②开关模式由对称扫描的脉宽调节器产生。③开关模式与网侧电压同步。④两个网侧整流电路的开关模式作了 180° 移相处理(相对于网侧电路的开关频率)。⑤为获得整个动车组的最佳脉冲模式，牵引控制对每个投入运用的 DCU/L 计算“所需的脉冲相移”(不同 DCU/L 间的相移=180° 除以投入运用的 DCU/L 的个数)。⑥每个网侧整流电路分别启动。⑦进行单个开关时间的范围检查，如果检查失败将导致保护性阻断并有干扰消息提示。⑧平均开关频率监测，如果检出问题将导致保护性阻断并有消息提示。

(9)电网中断和受电弓离线处理。如果受电弓离线，电源连接中断，在牵引模式下，直流环节失去电源，电压将会降低(在制动模式下，直流环节电压将会升高)，网侧变流器控制系统试图通过改变变压器励磁的方式进行补偿，从而导致励磁电压相对网侧电压幅值和相位完全错位。供电恢复后就会有过电流的危险。因此，受电弓离线时，立即启动保护性阻断程序，同时将“受电弓弹起”状态信息发送到牵引控制；网侧中断时，立即开启保护性阻断程序；检测电网中断和受电弓离线所需的时间取决于当时的网侧功率，在 1/4～2 个网侧电压周期之间；当受电弓重新恢复接触时，“受电弓离线”状态信息失效，DCU/L 准备好重启；VCU 复位后，再置位“开始运行”指令来实现对 DCU/L 的重启。如果供电中断，DCU/L 没有跟踪“受电弓离线”的状态，将会失去与网侧的同步。

(10)网侧功率限制。牵引控制对网侧功率的限制相对较慢，但对大多数工作点来说是足够快的。图 5-29 中用粗线强调 DCU/L 中快速网侧功率限制的部分。在牵引模式下，当网侧电压下降到 ULD_1～ULD_3 范围时，需要快速响应；在制动模式下，当网侧电压上升到 ULB_4～ULB_6 范围时也需要快速响应。网侧频率为 50Hz 或 60Hz 的长接触网线是一种特殊情况。在这种情况下，即使制动时也可能会因线路感抗而使网侧电压快速下降，因此在电压范围 ULB_1～ULB_3 区间，也需要快速网侧功率限制。

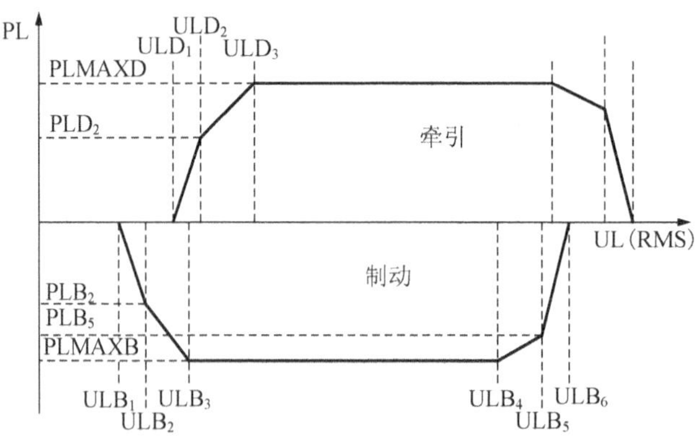

图 5-29　DCU/L 网侧功率限制

快速网侧功率限制由各自的 DCU/L 实现，具有以下特点。①在牵引模式下，网侧电压下跌至 ULD_1～ULD_3 区间，实际网侧功率就超过最大允许值，此时 DCU/L 开始启动网侧电流限制，并发送“网侧功率受限”状态信号至牵引控制系统。由于网侧电流受到限制，直流环节电压就会下降，因此为了维持直流环节电压为一定值，就必须减小 DCU/M 的功率。②在制动模式下，网侧电压上升至 ULB_4～ULB_6 区间，或下跌至 ULB_1～ULB_3 区间，实际网侧功率就超过最大允许值，此时 DCU/L 开始启动网侧电流限制，并将“网侧功率受限”状态信号发送至牵引控制系统。由于网侧电流受到限制，直流环节电压就会上升，因此为了维持直流环节电压为一定值就必须减小 DCU/M 的功率。③如果 DCU 检测到的工作点在图 5-29 所示的特性曲线以外，DCU/L 就会断开直流环节电压的控制环，计算网侧电流基准值，使网侧电流正比于网侧电压。因此变流器由恒功率特性(减少网侧电压，网侧电流就会增大)转变为恒阻抗特性，在特性的交点上阻抗值是固定的，这时向牵引控制系统发出“网侧功率受限”信息。当网侧功率到了特性曲线以内时，电压重新达到额定值，即 DC 环节的输入和输出功率达到平衡时，网侧功率限制过程结束。

(11)结冰模式。该功能可在接触网结冰时改善车辆行驶性能，即在接触网结冰时消耗无功功率。为了激活结冰模式，必须满足：①外部温度低于 5℃，且在 10min 内有 3 次受电弓离线事件；②速度高于 0km/h；③速度低于 150km/h。当结冰功能被激活时，向 PCU 发送“无功网侧电流控制已激活”的信息。

4．网侧变流器的故障保护模式

牵引系统受到网侧断路器的保护，在出现重大故障时切断牵引系统的交流电源。为排除外界干扰或其他临时性故障对列车运行的影响，大多数故障情况都允许在一定时间段内有一定数量的重复发生。但如果在一定时间段内故障发生的次数超出规定值(如上述的 3 次)，变流器即被永久性隔离，必须在维修之后手动复位。实际故障状态和故障历史记录将储存在 VCU 中的列车诊断系统中。为了避免变流器损坏，变流器出现严重故障时必须立即停止工作。导致变流器停止工作时的故障将激活以下几种保护模式，按优先级由低到高的次序排列，如表 5-3 所示。

表 5-3　保护性模式描述

保护模式	描　述
软阻断 (Soft Blocking)	逐步减小转矩基准，最后阻断变流器，但网侧变流器保持激活状态。导致的原因包括 LCM 散热器温度过高等
保护性阻断 (Protective Blocking)	立即阻断变流器，将转矩基准设为零。(交流)LCM 保持激活状态；(直流)保持隔离接触器闭合。导致的原因包括：网侧频率超过其允许限值(网侧频率故障)，LCM 开关频率故障(开关频率小于 50Hz，或大于 3.3kHz；无效的 PWM 调节模式；变流器 1～3 相电压极性测量故障)和每个网侧电路的平均开关频率故障；IGBT 反馈故障；“牵引安全”输入非“高”电平等
软关闭 (Soft Shutdown)	将转矩基准逐步减小到零，阻断所有连到同一直流环节的变流器，断开隔离接触器。网侧断路器保持闭合状态。导致的原因包括：充电接触器和隔离接触器不能正确闭合(或在无断开指令情况下断开)；LCM 较准时的偏移误差或纹波超过允许值等
保护性关闭 (Protective Shutdown)	通过安装在 DCU 板上的网侧脱扣继电器分断网侧断路器，阻断所有变流器，断开隔离接触器，直流环节放电。发现严重故障时需要执行保护性关闭，如直流环节过压时。保护性关闭的要求首先被发送至 VCU，然后由 VCU 断开网侧断路器，并将保护性关闭指令发送至其他连到同一网侧断路器的牵引系统。只有当故障牵引系统的隔离接触器被断开以后，才允许重新合上该网侧断路器。导致的原因包括：直流环节电压过高或直流环节欠电压；MVB 初始化故障、MVB 的读写故障、看门狗计数器故障；直流环节电压的电压传感器监测故障；网侧电压传感器或网侧电流传感器测量故障；网侧电流达到过电流限值或两重四象限变流器导致的网侧电路电流平衡故障；网侧电路电流传感器监测故障；二次谐波环节故障，二次谐波超过最大允许值；主变压器的次级绕组短路时会从网侧吸取很大的无功电流，如果最大无功电流超过规定的时间；充电接触器和隔离接触器不能正确断开(或在无闭合指令情况下闭合)；直流环节充电故障；直流环节放电故障；DCU/L 软件运行中的状态机监测故障
隔离 (Isolated)	隔离表示变流器无法再次激活。如果故障状态在一定时间内不消失，或故障发生频率过高，就需要隔离网侧变流器。对于被隔离的变流器，必须由维护人员检查和复位。故障复位之后，可以通过 VCU 指令重新启动网侧变流器。导致的原因包括：直流环节过压保护；直流环节电压传感器监测故障；网侧电压或电流传感器监测故障；网侧电流监测故障；网侧电路传感器监测故障；充电接触器或隔离接触器故障；直流环节充电和放电监测故障；LCM 开关频率监测故障；IGBT 反馈监测故障；LCM 散热器温度过高；DCU/L 自检时的硬件故障；以上故障如果在 30min 内发现了 3 次，就要求隔离变流器，隔离状态可在收到故障复位信号之后得到清除

5. 变流器的诊断、自检、测试及试验

1）诊断方法

(1)事件处理。每个事件通过 MVB 以信息数据发送至列车诊断系统(TDS)，包含固定长度的事件前后历史数据，环境数据与事件数据一起发送，因此分析产生事件的环境因素。

(2)标准瞬态记录器。标准瞬态记录器在循环存储区以 4ms 采样周期连续记录用户自定义的信号 5s，按事前触发的 50%来记录，即记录事件前 2.5s 和后 2.5s 的信号，最多可记录 8 个信号，用户通过 TRACSOS+监视器来定义事件的触发条件和需要记录的信号。

(3)固定瞬态记录器。对每个事件，固定瞬态记录器以 4ms 采样周期记录 8 个算术信号和 16 个数字信号共计 4s，按事前预触发时间的 60%来记录，即记录事件前 2.4s 和后 1.6s 的信号。存储区最多可存放 12 个事件。固定瞬态记录器由保护性关闭、软关闭或保护性阻断及软阻断命令的上升沿触发。

2）一般性诊断和自检

为了减小维护保养和停机时间，DCU 有丰富的诊断和故障追踪功能，包括：①运行过程中的 DCU/L 自检、LCM 和牵引电动机的故障追踪和诊断功能；②维护过程中的半自检功能。

为了避免设备损坏，有些故障可能导致 LCM 停机。通常，相关故障信息会发往车辆计算机系统(Vehicle Computer)。也可将 PC 与 DCU/L 相连，从内部瞬态记录器下载故障数据，用于维修人员作进一步的故障分析，还包括以下几种测试模式。

(1)MVB 仿真模式。在这种模式下，MVB 过程数据是由 DCU 内部产生模拟的 MVB 信号(而不是真正从 MVB 总线来的数据)。这就可以在 DCU 连接至 MVB 之前进行功能测试。该模式只有当 DCU 控制处于 DCU 初始化过程或 DCU 被初始化时才能激活，并且只能由连接到 DCU 上的调试工具来选择。

(2)变流器仿真模式。在这种模式下，变流器根本没有被激活，DCU 产生仿真数据响应车辆计算机信号，好像变流器正在运行一样。例如，车辆控制系统发出“直流环节充电”指令，DCU 就响应“直流环节充电完成”信号并发回车辆控制系统。这就使应用/工程部门可用最小的变流器硬件配置下的 MVB 通信来测试车辆配值(如 PCU+DCU_S)。该模式可用于试车时检查包括 VCU 软件的所有 MVB 配置的运行情况。

(3)控制参数调节方式。在这种模式下，DCU 可以给一些选中的基准信号(如直流环节电压、网侧电路电流、交流网侧无功电流、网侧同步相位因子等基准)或实测值(如直流环节电压或网侧电流实测值)附加一个小的方波，该方波旁路了正常情况下线性减增的基准信号，幅值调节范围为实际信号的 0～10%，频率范围为 0.1～2Hz，从而简化了阶跃响应分析。

3）主电路测试

主电路测试有两种控制方式：①默认为 VCU 测试模式，即通过 MVB 接口进行测试；②监控测试模式(Monitor Test Mode)，这是一种特殊方式，由在线监控器或试车人员激活 MVB 信号仿真模式。该功能控制 DCU 来实现测试。有些测试结果可自动评判并显示出测试成功或失败的结果，有些由人工或通过外部设备来评判。

主电路测试的内容包括：电流传感器故障、IGBT 故障、门极驱动单元故障、光纤连接故障、短路、接地故障、直流环节电容器和泄流电阻器故障、接触器电路(控制、反馈等)故障、网侧脱扣链故障。

主电路试验条件分为 3 种：①无直流环节电压条件下进行的试验；②降低直流环节电压条件下进行的试验；③完全直流环节电压条件下进行的试验。

试验种类如下。①例行试验：生产现场的每个变流器。②用户试验：故障追踪和车上试运行。③日常试验：列车运行中，周期性进行，故障处理之后进行。④形式试验：通常情况

下，生产现场的第一个变流器。

可通过 MVB 选择 3 组不同参数(列车、生产和其他)以适应不同的试验环境。①列车：建议车上试验时采用。②生产：建议生产现场试验时采用。③其他：建议其他场合试验时采用，如形式试验和试运行。

具体试验项目包括：IGBT 单工位试验、数字输出试验、自检试验、充电和放电、直流环节被动放电试验、单相激活试验、变流器相负载试验(低荷载)、变流器相负载试验(大负载)、人工低荷载试验、变流器换相试验、老化试验、网侧脱扣试验、两重网侧变流器电路试验。

6. 轨道车辆变流器的检修方法

以 CRH_1 变流器为例，介绍变流器的检修方法。

1) 变流器箱体的维修

变流器箱体的维修主要内容包括检查和清理变流器箱；大修变流器箱；更换电机变流器模块(MCM)；更换网侧变流器模块(LCM)；更换辅助变流器模块(ACM)；更换充电电阻；更换过电压电阻；更换接地装置；更换隔离接触器；更换充电接触器；维修充电接触器；更换热交换器过滤器；更换(拆卸、组装)冷却模块；更换热交换器；更换外部低速、高速风机电机保护装置及接触器；更换冷却剂泵；更换过压开关；注入或更换冷却剂和软管；更换快速接头；更换三通球形阀；更换快速接头和冷却剂注入管；更换膨胀箱；更换接地故障指示单元；更换接地故障指示器单元的大、小电阻器、电容和保险丝；更换 DX 装置；更换 PT100 元件；更换冷却剂泵的电机保护装置、接触器和功率继电器；更换内部冷却风机的低速电机保护装置及接触器、高速电机保护装置及接触器；更换变阻器；更换减振器等。具体参考维修说明。

2) 门极驱动单元(GDU)

注意静电防护，平时放入静电防护包中，安装前让静电防护包接触试验设备的接地部分；不要用手直接触摸 GDU 上的电子器件，手上要戴静电放电腕带。GDU 试验单元内的并口缆线连接到计算机的并行端口。

(1) 下载程序。在程序下载时将编程缆线与 GDU 板的编程接口相连，可以将程序下载到 GDU 板上的 CPLD 中。

(2) 试验程序。对 GDU 板测试时先切断电源并连接 GDU 板至试验板，通过试验板上的诊断缆线替换编程缆线与 GDU 板相连。然后通过 GDU 板的两个红、绿 LED 指示灯的不同闪烁方式判断不同的故障状态。

LCM 和 MCM 的 GDU 单元常见的红、绿灯指示的常见故障状态如图 5-30 所示，便于检修。

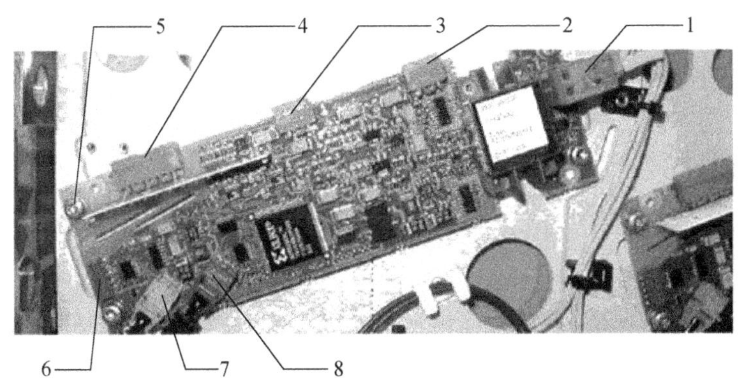

图 5-30　IGBT 门极驱动单元(GDU)的结构

1-X1 接口，24V/DC 电源线；2-X6 接口发射极 E；3-X2 接口信号连接门极 G；4-X3 接口集电极 C；5-安装螺丝；6-下载程序的接口；7-GDU 的光电转换器的光输出；8-光输入(来自 DCU)

3) 驱动控制单元(DCU)程序的下载

首先，使用 DCU 板同样要注意静电防护的问题。在连接通向目标系统的 RS-232 电缆之前，应将操作者身上和笔记本电脑上的静电泄放掉。为此，可使其与变流器上的一个良好接地点接触一下，并将电缆端口的金属部分与接地点可靠连接。

向目标系统下载前，在 PC 上必须安装 DCUTerm 软件，利用 TRACSOS+操作系统和 DCUTerm 软件向变流器控制系统 DCU、MCC/I、ACC/I、BCC/I 下载。DCUTerm 软件可以通过网络文件服务器、磁盘、光盘或电子邮件附件下载到 PC 上，如图 5-31 所示。

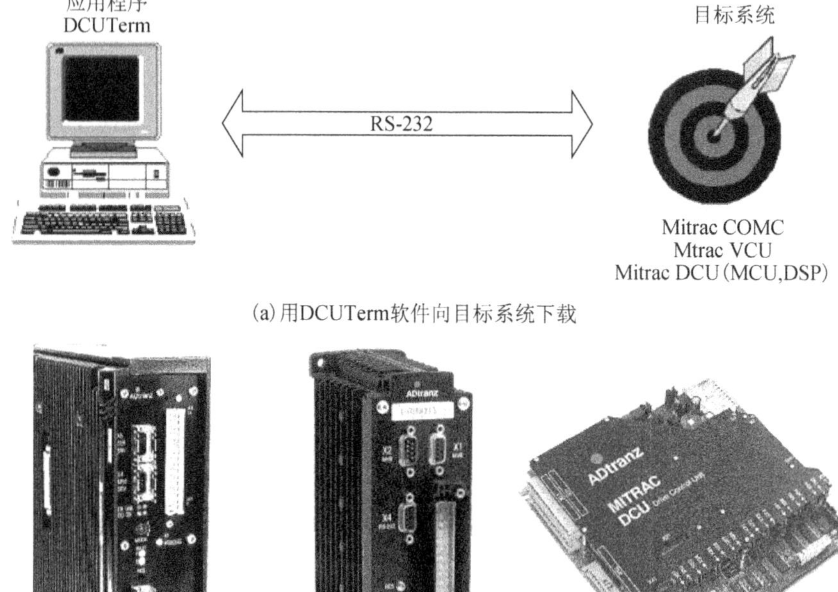

(a) 用DCUTerm软件向目标系统下载

(b) 下载的主要目标系统

图 5-31　用 DCUTerm 软件向目标系统下载及主要目标系统

VCU-车辆控制单元；COMC-通信控制器；DCU-驱动控制单元

在如图 5-32 所示的 DCU 的 EPROM 中装有 TRACSOS+操作系统。为了下载新程序版本需要使用 SiMon(简单监控程序)。即使之前没有下载任何操作系统，也可以使用 SiMon 下载。如果装有 TRACSOS+操作系统，DCUTerm 将在下载操作系统的过程中启动 SiMon。也可利用 TRACSOS+手动启动 SiMon。DCU 和 MCC/I 有 TRACSOS+操作系统，而 BCC/I 上不可能利用计算机下载 TRACSOS+操作系统，操作系统已在 EPROM 编程，而 EPROM 通过专用插座安装在面板上。

在 PC 上启动 DCUTerm，下载程序可以下载到 MCU、FPGA 和 DSP 的 FEPROM 区域。对于 DCU 和 MCC/I 可以下载 TRACSOS+操作软件，或者下载“TRACSOS+ Application”应用软件到目标系统，DCU 会自动将波特率设置为 9600bit/s。下载之后，将出现 TRACSOS+提示符。键入“VE”指令，可以检查软件是否已经被正确下载。已经下载的 TRACSOS+的版本和文件名应与操作软件一起显示在屏幕上。对于 BCC/I，可以下载应用程序(TRACSOS+应用系统)，过程需要 15min，最高波特率为 19200bit/s。对于 VCU 的程序下载是通过将计算机节点与 VCU 的串行接口或 MVB SRV 接口的连接，然后在 DCUTerm 下用 MVB 进行程序下载，此外，还可以将 RS-232 电缆连接到 VCU 的串行接口上对程序进行串行下载，通常在 MSDOS 窗口中执行。可以下载 TRACSOS+和 CSS 软件。此外，有一个中央监控程序，借助该程序可以利用 MVB 与其他设备进行通信(除了已经用 RS-232 电缆连接的设备)，还可以转储瞬时记录器的数据到文件。

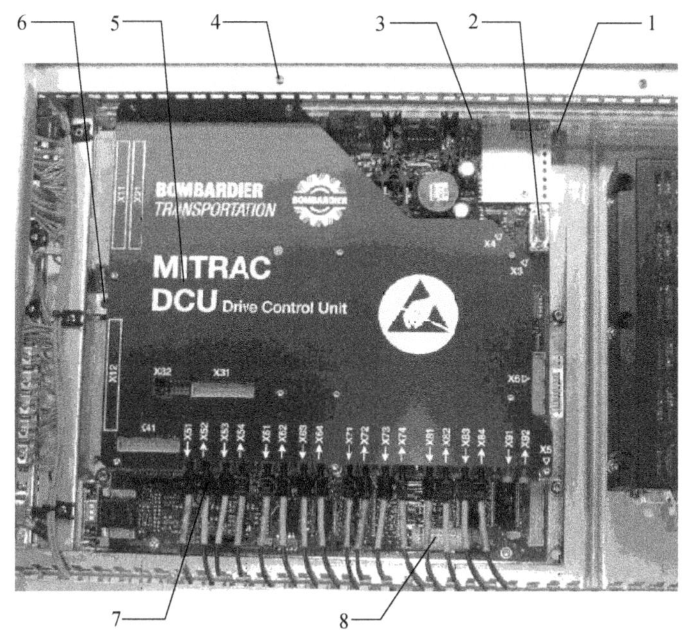

图 5-32　DCU 板的结构

1-固定螺丝；2-下载软件接口 X3；3-S2 接口，开关电池的跳线器；4、6-定位孔；5-DCU 板；7-光缆输出到 GDU 板；8-电池

在下载过程中，如果使用了错误的 RS-232 电缆或损坏的电缆，计算机和目标系统就不会建立任何通信。RS-232 电缆的默认速度是波特率为 9600bit/s，最高速度是 19200bit/s，如图 5-33 和图 5-34 所示。

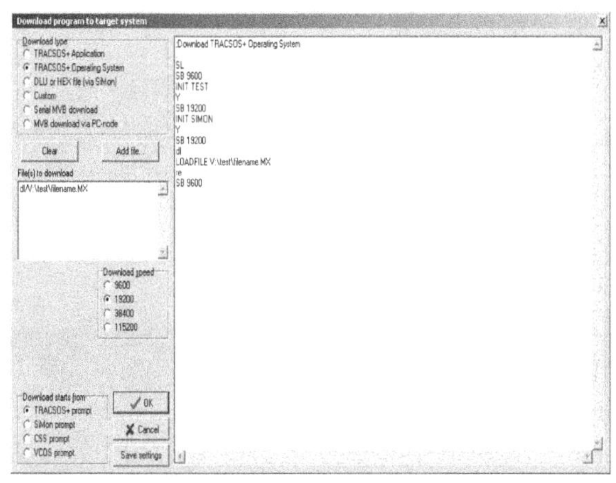

图 5-33　TRACSOS+的下载

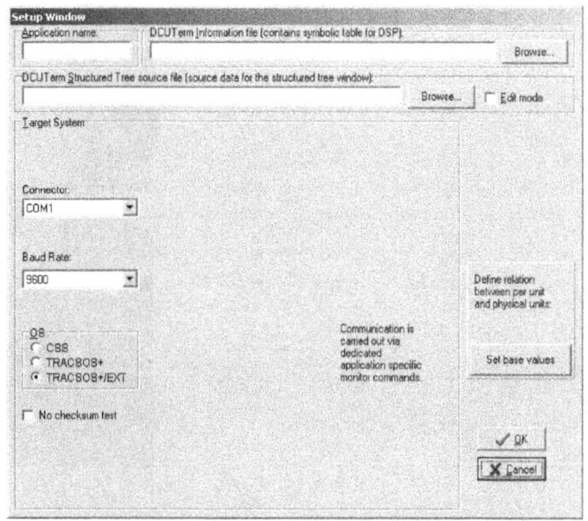

图 5-34　DCUTerm 的安装窗口

不同的目标系统电缆线不同，不同之处在于 Rx 线和 Tx 线可能是交叉的也可能不是交叉的，如图 5-35 所示。不同的目标系统连接的接口不同，如表 5-4 所示。此外，目标系统无电、电缆线过长或屏蔽不良、电磁干扰导致的传输不良、波特率设置过高、计算机串口损坏和 DCUTerm 软件中的通信设置错误都可能导致通信或下载失败。如图 5-36 所示，正常情况下，Tx、Rx 的两个黄色 LED 指示灯只有一个是亮的或闪亮的。如果两个灯都亮或闪亮，表示系统出现故障。

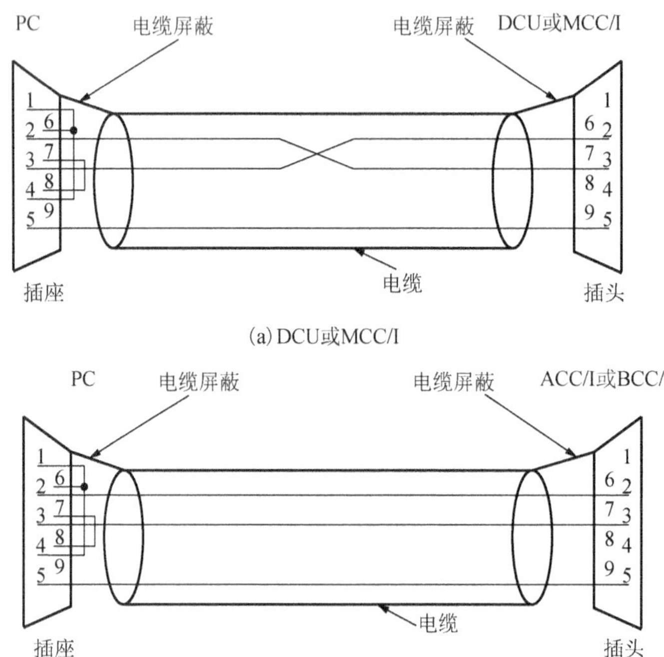

(b) ACC/I或BCC/I

图 5-35　不同目标系统的电缆线

图 5-36　DCU 板的信号灯

1-电池开关；2-下载程序接口 X3

表 5-4　目标系统上的串行通信连接器

目标系统	串行通信连接器
DCU	X3
VCU	X5
GW/VCU	9/X29
COMC	X4

此外，CRH_5 的两电平脉冲整流器 PMCF 的控制功能如图 5-37 所示

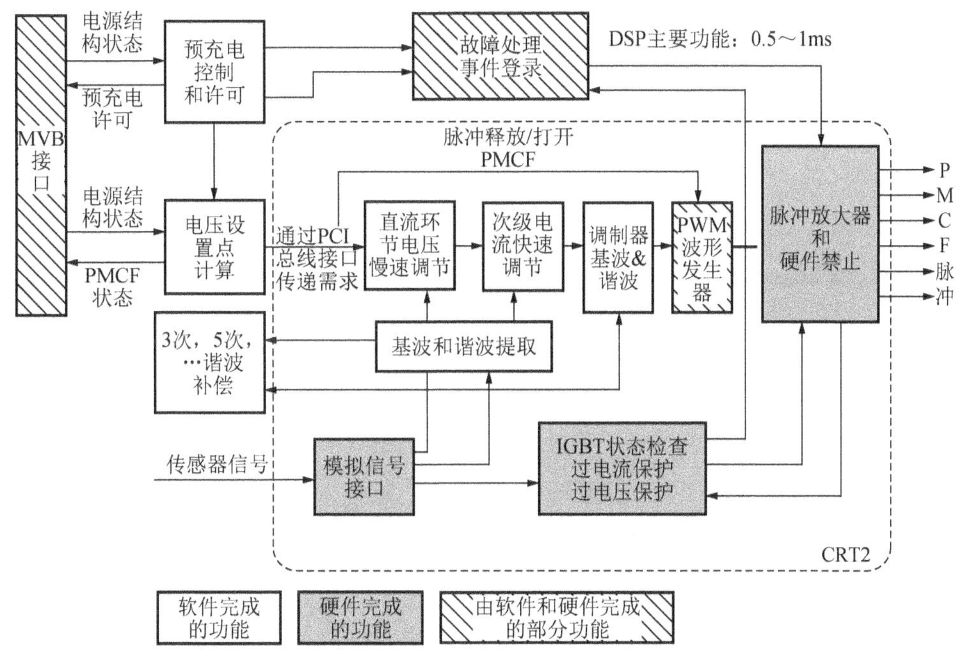

图 5-37　CRH_5 的脉冲整流器 PMCF 控制功能分配图

思　考　题

5-1　说明 PWM 脉冲整流和相控整流的联系和区别。

5-2　举例说明动车组中的逆变器或脉冲整流器多重化的好处。

5-3　说明 PWM 脉冲整流器整流或有源逆变的工作原理。

5-4　说明 PWM 脉冲整流器与相控整流的联系和区别及各自的优点和缺点。

5-5　简述轨道车辆上的脉冲整流器的工作过程。

5-6　动车组 CRH_1 主变压器的次边电压有效值是 900V，是如何将直流环节电压升到 1650V 的？

5-7　说明 CRH_1 主电路中脉冲整流器的工作过程。

5-8　说明 CRH_1 动车组的主变流器题 5-8 图中 4 个部分：①充电接触器及充电电阻；②二次谐振滤波器；③直流环节(支撑电容及电阻)；④直流环节过电压(OVP)中的二极管的功能。

5-9　请通过查找动车组资料，找出带有二次谐振滤波器的 CRH_1、CRH_3，确定直流环节支撑电容 C_d 大小的方法和公式，并与 CRH_5 确定支撑电容 C_d 的方法进行对比。

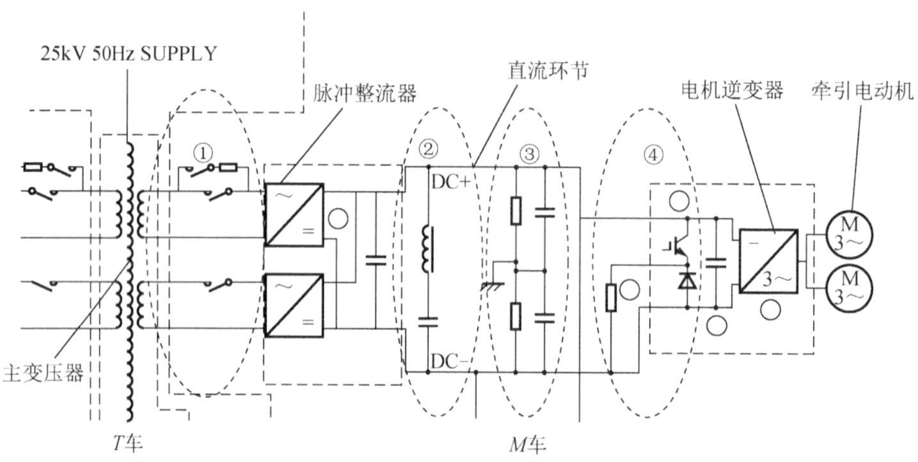
25kV 50Hz SUPPLY
脉冲整流器
直流环节
电机逆变器
牵引电动机
①
②
③
④
DC+
DC−
M
3~
主变压器
T车
M车

题 5-8 图

第6章　软开关技术

6.1　软开关的基本原理

随着电力电子器件的高频化，在用常用的 PWM 方法提高开关频率的同时，会出现以下问题。①开关损耗将增加，每次开关存在电压电流的重叠区域，使开关损耗随频率的增加而增加，效率降低，阻碍了开关频率的进一步提高；且 IGBT 模块都有反并联二极管，二极管在关断过程中存在反向恢复电流，使 IGBT 管耗更大。②电磁干扰也增大，电路存在电感或变压器漏感，每次开关时 di/dt 很大，产生很大的电磁干扰。软开关技术可以大大降低电路的开关损耗和开关噪声，开关频率也可以大大提高。

在动车组和电力机车的电力电子装置中经常出现软开关技术，如 CRH_5 充电器采用零电压开关(ZVS)技术，CRH_5 辅助变流器则采用了零电流开关 PWM(ZCS-PWM)技术。

6.1.1　硬开关存在的问题

以 Buck 电路为例，如图 6-1(a)所示，假设电感 L 足够大，电感电流为 I_L。采用硬开关方式的工作过程如下。

(1)当开关管 S 在 0 时刻开通时，如图 6-1(b)所示，因二极管正在续流，所以开通瞬间 $u_S=U_d$，而开关管电流 i_S 从 0 逐渐上升到 I_L，二极管电流 i_D 从 I_L 逐渐下降到 0，并保持 $i_S+i_D=I_L$ 的关系。因二极管 D 续流导通，所以 $u_S=U_d$。当 $i_S=I_L$ 时，续流二极管 D 才阻断，此时 $u_S=0\text{ V}$。因此开关管为非零电压开通，容易造成一次开通损耗 $P_{on}=\dfrac{1}{2}U_dI_Lt_r$。

(2)当开关管 S 在 0 时刻关断时，如图 6-1(c)所示，在 0 时刻，$u_S=0$，此时二极管 D 承受反向电压不导通，然后 u_S 从 0 逐渐上升，期间 $i_S=I_L$ 保持不变。直到 $u_S=U_d$，此时二极管电压为 0 才开始续流导通，并且 $i_S+i_D=I_L$，i_S 从 I_L 逐渐下降到 0，而 i_D 从 0 逐渐上升到 I_L 才结束换流。此时开关管为非零电流关断，造成一次关断损耗 $P_{off}=\dfrac{1}{2}U_dI_Lt_f$。

因此对硬开关来说，开关频率为 f_S，开关管 S 的损耗功率为 $P=\dfrac{1}{2}f_SU_dI_L(t_r+t_f)$。

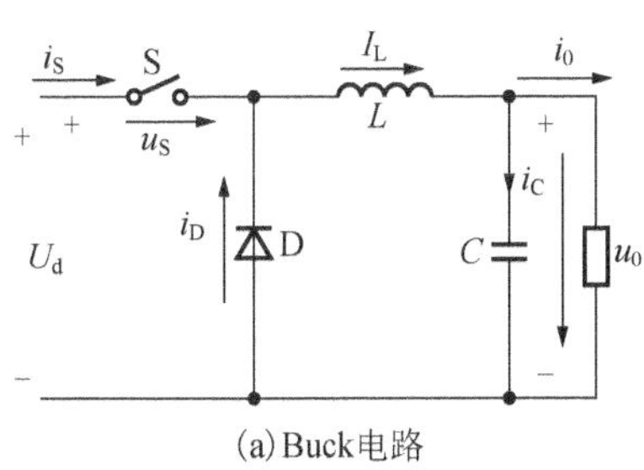

(a)Buck电路

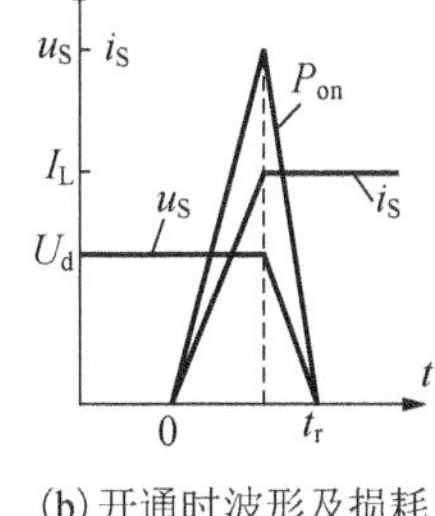

(b)开通时波形及损耗

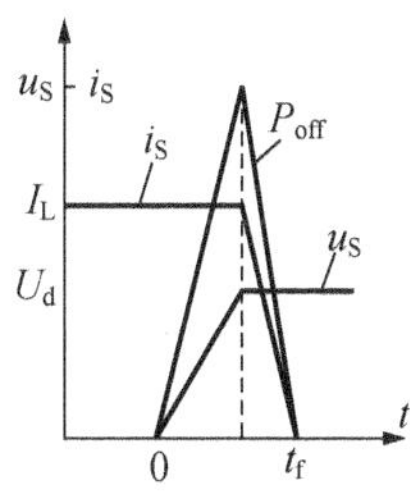

(c)关断时波形及损耗

图 6-1　Buck 电路硬开关损耗

6.1.2 软开关的基本概念

从图 6-1 可以看出，要想降低开关过程中电压和电流重叠区间内的开关损耗，可以在电压或电流任意一个零状态时换流，两者之积一定为 0。

软开关技术就是指电力电子器件在其电压或电流为零状态开通或关断的技术。软开关包括零电压开关(ZVS)和零电流开关(ZCS)两部分。零电压开关包括零电压开通和关断，电路关断前，开关管电压为零或接近于零，因此谈零电压关断意义也不大；零电流开关包括零电流开通和关断，通常电路开通前，电流为零，因此谈零电流开通意义不大。所以，软开关的零电压开关(ZVS)主要指零电压开通；零电流开关(ZCS)主要指零电流关断。同样，零开通主要指零电压开通；零关断主要指零电流关断。

零电压开通指开通过程中，电压先降到零后开通，电流缓慢上升到稳态值，如图 6-2(a)所示；零电流关断是指关断过程中，电流先降到零后关断，电压缓慢上升到稳态值，如图 6-2(b)所示。器件开关过程中的运动轨迹示意图如图 6-2(c)所示。硬开关方式功率损耗比较大，有可能超出元器件的安全工作区(SOA)；缓冲吸收电路虽然可以改变开关轨迹及改善开关条件，但仅使部分开关损耗从器件上转移至缓冲吸收电路中，开关器件损耗虽减小了，但并没有减小电路工作中的损耗总量，且容易产生元器件关断电压增大等负面影响。软开关通过 L_r、C_r 的谐振，可以实现零电压开通或零电流关断，使开关损耗大大减小。

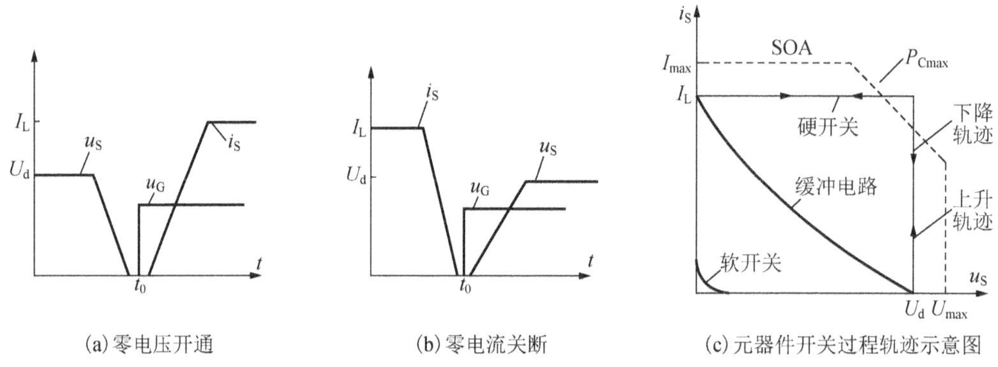

(a)零电压开通　(b)零电流关断　(c)元器件开关过程轨迹示意图

图 6-2　软开关原理及运动轨迹示意图

6.1.3 软开关的基本实现环节

软开关的目的是在开关过程中，电压或电流先降为 0，再开通或关断。在软开关中，要使电压或电流为零，通常采用小电感 L_r 和小电容 C_r 构成的串联或并联谐振电路来实现。在开关过程前后引入 L_r、C_r 的谐振作用，形成正弦波电压或电流。在电压为零或电流为零时，实现开通或关断，消除开关过程中电压、电流的交叉重叠，因此软开关也称为谐振开关(Resonant Switch，RS)技术。

(1)零电压型谐振开关如图 6-3(a)所示。开关管 S 两端的电压即为谐振电容 C_r 两端的电压。设初始时刻 t_0=0，开关管 S 断开，L_r、C_r 构成串联谐振。设电感初始电流为 I_{Lr0}，电容初始电压为 $U_{Cr0}=0$；则 C_r 两端的电压为 $u_{Cr}(t)=U_d(1-\cos\omega_0 t)+Z_0 I_{Lr0}\sin\omega_0 t$（可参见式(6-2)）当 $u_{Cr}(t)=0$ 时，开通开关管 S，即可满足零电压开通要求。

(2)零电流型谐振开关如图 6-3(b)所示。设初始时刻 t_0=0，开关管 S 导通，L_r、C_r 构成并联谐振，设电感初始电流为 I_{Lr0}=0，I_d=0；则

$$i_{Lr}(t) = -C_r \frac{du_C}{dt} = -C_r U_d \omega_0 (-\sin \omega_0 t) = \frac{U_d}{Z_0} \sin \omega_0 t \text{（也可参见式(6-11)）}$$

若在 $i_{Lr}(t)=0$ 时刻关断开关管 S，即可满足零电流关断的要求。式中，谐振频率 $\omega_0 = \frac{1}{\sqrt{L_r C_r}}$，特征阻抗 $Z_0 = \sqrt{\frac{L_r}{C_r}}$。

(a) 零电压型　　(b) 零电流型

图 6-3　零电压、零电流型谐振开关

通常实现软开关的基本环节有以下几种。

(1) 谐振电感 L_r。电感是零电流开关 ZCS 的基本环节，经常与主开关管串联。L_r 和 C_r 可以组成谐振，利用电感抑制 di/dt 的作用，主开关管开通时，可以限制电流的增长速度，实现零电流开通；关断前通过 L_r、C_r 的谐振及二极管等组合，还可以实现主开关管零电流关断，降低开关损耗。但控制时要注意，在关断前串联在电感上的能量要释放完毕，或提供续流通道，否则会产生高压损坏开关器件。

(2) 谐振电容 C_r。电容是零电压开关的基本环节，经常与主开关管并联。利用电容的抑制 du/dt 的作用，在主开关管关断时，抑制电压的上升率，减小关断损耗；主开关管开通前，利用 L_r、C_r 谐振使 u_{Cr} 为 0，从而实现零电压开通。在主开关开通前，并联电容 C_r 的电荷最好释放完毕，防止过大的放电电流经过主开关管。

(3) 串联或并联二极管 D。例如，IGBT 的反并联二极管导通时，IGBT 处于零电压、零电流状态，可实现零电压、零电流开关。也可以外接二极管。根据开关元件的二极管接法不同，谐振电路还可分为零电压开关或零电流开关的半波工作模式和全波工作模式。

根据主开关管是否反并联二极管或串联二极管而使谐振电容 C_r 的电压是双极性还是单极性，分为零电压开关全波工作模式和半波工作模式，如图 6-4(a)、(b) 所示。根据主开关管是反并联二极管还是串联二极管而使电流双向导通或只能单向导通，分为零电流开关全波工作模式和半波工作模式，如图 6-4(c)、(d) 所示。

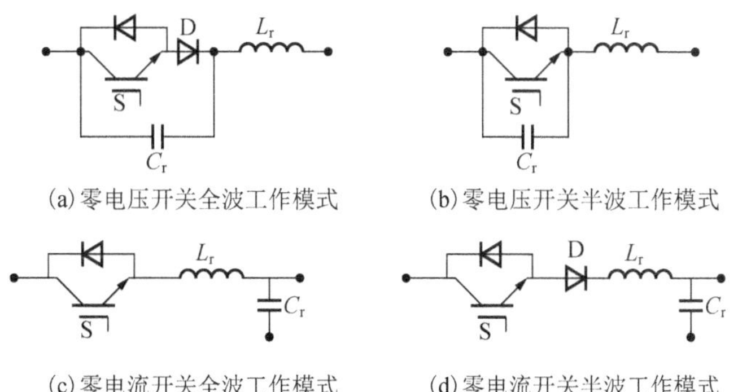

(a) 零电压开关全波工作模式　　(b) 零电压开关半波工作模式

(c) 零电流开关全波工作模式　　(d) 零电流开关半波工作模式

图 6-4　零电压开关和零电流开关的全波和半波工作模式

(4) 辅助谐振开关 S_r。通过引入辅助开关 S_r 来控制谐振开始时刻，可以使谐振仅发生在开关过程前后，使谐振过程时间减小。引入辅助开关 S_r 可以构成零电压开关 PWM 电路

(ZVS-PWM)和零电流开关 PWM 电路(ZCS-PWM)；也可以构成零电压转换 PWM 电路(ZVT-PWM)和零电流转换 PWM 电路(ZCT-PWM)。与不带谐振开关的谐振电路相比，开关承受的电压明显降低，电路还可以采用开关频率固定的 PWM 控制方式。

6.1.4 软开关的分类

1. 谐振电路

谐振电路是最早出现的软开关电路，是在电路中直接加谐振电感和谐振电容形成的。通过谐振使主开关两端的电压或电流呈正弦波或正弦半波，从而为开关器件的开通和关断创造零电压或零电流开关条件，具体主要分为全谐振变换器和准谐振变换器。

(1)全谐振变换器：又称谐振变换器(R-C)，在谐振变换器中，谐振元件一直参与工作，参与谐振的全过程。全谐振变换器又分为串联谐振变换器和并联谐振变换器。

(2)准谐振变换器(QRC)：其特点是谐振元件参与能量变换的某一个阶段，不是全程参与。在一个周期中不是全部处于谐振状态，既有谐振运行也有非谐振运行，由于正向和反向 L-C 回路值不一样，即振荡频率不同，电流幅值不同，所以振荡不对称。一般振荡不对称，比如只有正弦半波，或正向正弦波大于负向正弦波，所以常称为准谐振。无论是串联 L-C 或并联 L-C 都会产生准谐振。利用准谐振现象，使电子开关器件上的电压或电流按正弦规律变化，从而创造了零电压或零电流的条件，这种变换器称为准谐振变换器。具体又分为零电压开关准谐振电路(ZVS-QRC)和零电流开关准谐振电路(ZCS-QRC)。图 6-5(a)所示为零电压开关准谐振，设 L 很大且 i_L 恒定，当电感 L_r 的谐振电流 i_{Lr} 小于负载电感 L 的电流 i_L 时，i_L 从二极管 D 续流，二极管 D 导通，开始 L_r-C_r 的谐振；当 i_{Lr} 大于 i_L 时，二极管 D 关断，$i_{Lr}=i_L$，电容 C_r 放电，放电电流为 i_L，谐振在本周期内停止。图 6-5(b)所示为零电流开关准谐振，当电容 C_r 的谐振电压 u_{Cr} 变成上负下正时，二极管 D 导通，谐振在本周期内停止。

准谐振电路还包括多谐振变换器(MRC)，是由两个以上的谐振元件，实现多个谐振频率的准谐振变换器，图 6-5(c)所示为零电压开关多谐振。其特点是谐振回路和参数可以是多个，谐振元件往往也是参与能量变换的某个阶段，不是全过程参与。与普通准谐振电路相比，多谐振电路不仅利用变压器漏感，还往往利用开关管结电容和二极管结电容构成谐振电路，使开关管和二极管均按软开关方式工作，避免了寄生振荡，保证了系统的稳定性。此外，准谐振电路还包括用于逆变器的谐振直流环。

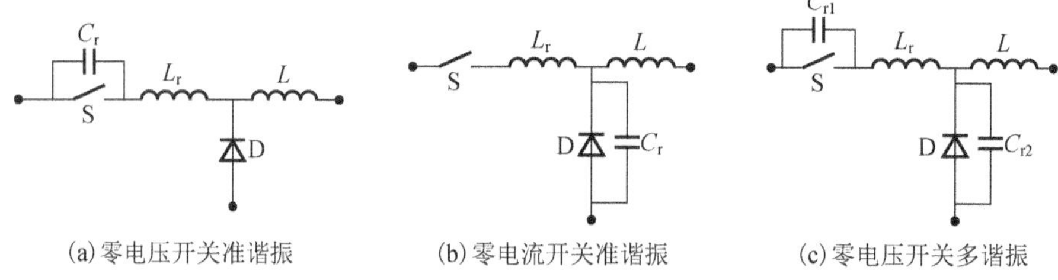

(a)零电压开关准谐振　(b)零电流开关准谐振　(c)零电压开关多谐振

图 6-5　准谐振电路的基本单元

几种常用的 L-C 谐振电路及谐振频率，如图 6-6 所示。

谐振电路的缺点一般是采用频率调制(PFM)的方法，难以实现恒频率工作，主要靠调整开关频率来调节变换器输出，变换器与负载关系很大，而且开关频率范围受限制，变压器等设计难以优化，而不像 PWM 那样可以进行恒频控制。主开关管所承受的电压、电流的应力比零开关 PWM 变换器大。

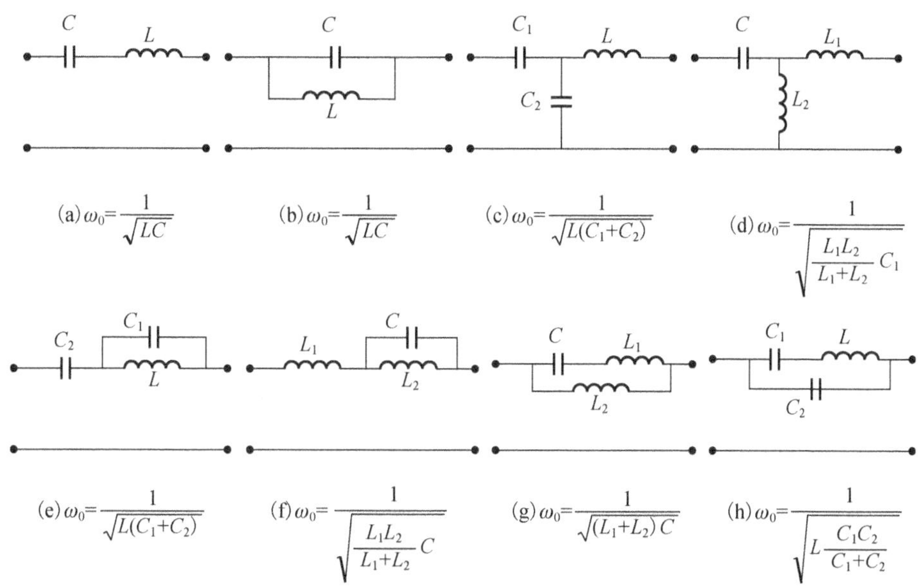

图 6-6　几种常用的谐振电路的谐振频率

2. 零开关 PWM 变换器

与普通谐振电路不同，零开关 PWM 电路通过引入辅助谐振开关 S_r，使谐振只发生在辅助开关管开关前后。谐振幅值小，而且可以恒频控制。比如可以采用开关频率固定的 PWM 控制方式。谐振时间一般只为主开关周期的 1/10～1/5，电压或电流基本上是方波，只是上升沿和下降沿较缓，开关管承受的电压明显降低。零开关 PWM 电路常用在 DC/DC 变换器、逆变器、功率因数校正电路(PFC)等电路。

如图 6-7 所示，零开关 PWM 变换器具体分为零电压开关 PWM 变换器(ZVS-PWM)和零电流开关 PWM 变换器(ZCS-PWM)。ZVS-PWM 电路如图 6-7(a)所示，主开关管 S 并联谐振电容 C_r，其外侧串联谐振电感 L_r，ZVS-PWM 电路在主开关管 S 开通前，先关断辅助开关管 S_r，形成 L_r-C_r 谐振，当 u_{Cr} 的电压为 0 时，开通主开关管 S，从而得到零电压开通。ZCS-PWM 电路如图 6-7(b)所示，ZCS-PWM 的主开关管 S 串联谐振电感 L_r，与图 6-5(b)的零电流开关准谐振电路相比，多了一个与谐振电容 C_r 串联的辅助开关管 S_r。ZCS-PWM 电路在主开关管 S 关断前，先开通辅助开关管 S_r，形成 L_r-C_r 谐振，当电流 i_{Lr} 为 0 时，关断主开关管 S，从而形成零电流关断。

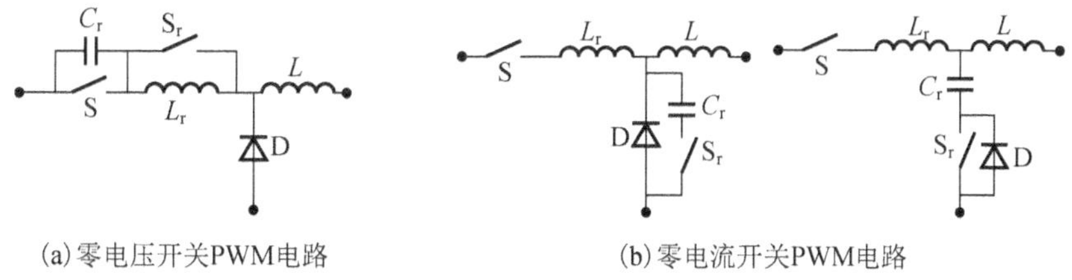

(a)零电压开关PWM电路　　(b)零电流开关PWM电路

图 6-7　零开关 PWM 变换器电路的基本开关单元

3. 零转换 PWM 变换器

与零开关 PWM 电路相同，也采用辅助开关 S_r 控制谐振的开始时刻。所不同的是，谐振电路是与主开关并联的，谐振元件从能量变换主通道移开，因此电路输入电压和负载电流对谐振过程影响甚小，辅助谐振电路只是在主开关通断前后工作，其他时间停止工作，而且电路中的无功功率被减小到最小。这样辅助谐振电路损耗小，电路效率高。且零转换 PWM 电路的电压和电流应力小，电路工作频率恒定，输入电压和负载调节范围也比较宽。零转换 PWM 电路也常用在 DC/DC 变换器、逆变器、功率因数校正电路(PFC)等电路。

零转换 PWM 电路具体分为零电压转换 PWM 变换器(ZVT-PWM)和零电流转换 PWM 变换器(ZCT-PWM)。如图 6-8 所示，主开关管 S 可以选择 IGBT，辅助开关管 S_r 可以选择 IGBT 或 MOSFET。设输入电感 L 很大，$i_L=I_L$ 基本恒定。

如图 6-8(a)所示，为 Boost 型 ZVT-PWM 电路，主开关 S 与辅助电容 C_r 并联，主开关管 S 和辅助开关管 S_r 均选择 IGBT(带反并联二极管)。初始状态为主开关管 S 和辅助开关管 S_r 均关断，负载电流 I_L 流过 L 和 D_1，i_{Lr} 初始电流为 0，u_{Cr} 初始电压为 U_o，方向上正下负。为实现零电压开通，在开通主开关管 S 前，先开通辅助开关管 S_r，L_r 充电，电流 i_{Lr} 线性增大，D_1 电流线性下降，直到 i_{Lr} 增大到 I_L，D_1 自然关断。然后开始 L_r-C_r 谐振，u_{Cr} 逐渐减小，i_{Lr} 逐渐增大，本图的方程为 $i_{Lr}(t)=I_L+\dfrac{U_o}{Z_0}\sin\omega_0 t$，$u_{Cr}(t)=U_o\cos\omega_0 t$ (可参见图 6-12(b)和式(6-6)，相当于 $U_d=0$，$I_{Lr0}=I_0=I_L$，图 6-12(b)的 $U_{Cr0}=-U_o$，方向与本图的 u_{Cr} 相反)。u_{Cr} 减小到 0 时，S 的反并联二极管导通，为 ZVS 开通创造了条件，此阶段开通 S 为零电压开通。S 开通的同时，S_r 关断。此时谐振电感 L_r 的能量经过 D_2 释放给负载，D_2 导通后，L_r 承受的电压为 $-U_o$，i_{Lr} 线性下降，主开关管 S 的电流线性上升，i_{Lr} 降到 0 后，主开关管 S 的电流为 I_L。

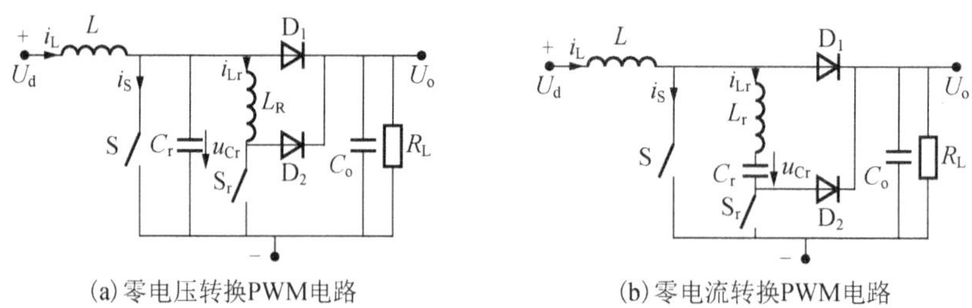

(a)零电压转换PWM电路　(b)零电流转换PWM电路

图 6-8　零转换 PWM 的 Boost 变换器

如图 6-8(b)所示，为 Boost 型 ZCT-PWM 电路，主开关 S 与整个谐振回路并联，主开关管 S 和辅助开关管 S_r 也均选择 IGBT(带反并联二极管)。初始状态为主开关管 S 导通，辅助开关管 S_r 关断，二极管 D_1、D_2 因承受反压而关断，流过 S 的电流为 I_L，i_{Lr} 初始电流为 0，u_{Cr} 初始电压为 $-U_{Cmax}$。为实现零电流关断，在主开关管 S 关断前，先开通辅助开关管 S_r，形成 L_r-C_r 谐振，u_{Cr} 逐渐增大，i_{Lr} 逐渐增大，规律为 $i_{Lr}(t)=\dfrac{U_{Cmax}}{Z_0}\sin\omega_0 t$，$u_{Cr}(t)=-U_{Cmax}\cos\omega_0 t$ (参见式(6-3)，此时 $u_{Cr0}=-U_{Cmax}$)。主开关管的电流 i_S ($i_S=I_L-i_{Lr}$) 也逐渐下降。设计 i_{Lr} 的峰值应大于 I_L (i_{Lr} 的峰值 I_{Lrm} 大于 I_L 约 10%)，则在 i_{Lr} 的峰值 ($\omega_0 t=\pi/2$) 附近 $i_S<0$，此时关断主开关管 S 为零电流关断。S 关断后因输入电感 L 的作用，D_1 导通。然后关断辅助开关管 S_r，此时 L_r 和 C_r 通过 D_2 构成回路，使 D_2 导通，此时 D_1、D_2 都导通，L_r 和 C_r 继续谐振，i_{Lr} 和 u_{Cr} 的变化规律仍按上述公式变化，直到 u_{Cr} 上升到 U_{Cmax}，i_{Lr} 下降到 0，D_2 关断，i_{Lr} 和 u_{Cr} 谐振过程结束，而 D_1 继续导通，输入端通过 D_1 向输出端传递能量。直到下个周期主开关管 S 再次导通，L_r 和 C_r 通过主开关管 S 和辅助开关管 S_r 的反并联二极管再次谐振，变化规律为

$i_{Lr}(t)=\dfrac{-U_{Cmax}}{Z_0}\sin\omega_0 t$，$u_{Cr}(t)=U_{Cmax}\cos\omega_0 t$。当经过 $\omega_0 t=\pi$ 时，i_{Lr} 再次变为 0，$u_{Cr}=-U_{Cmax}$，S_r 的反并联二极管关断，谐振结束，并一直保持到主开关管 S 关断前，S_r 重新开通的时刻。U_{Cmax} 的大小，读者可从图中及工作过程中自行分析。

6.1.5　电感 L 和电容 C 的谐振工作原理

L_r-C_r 谐振电路的种类有很多，有串联谐振和并联谐振，低阶谐振和高阶谐振等。下面仅介绍一些常用的 L_r-C_r 谐振。

1. L_r-C_r 串联谐振电路

无阻尼串联谐振如图 6-9 所示，输入阻抗为 $Z=\mathrm{j}(\omega L_r-\dfrac{1}{\omega C_r})=-\mathrm{j}Z_0\dfrac{1-(\omega/\omega_0)^2}{(\omega/\omega_0)}$。其中，谐振频率 $\omega_0=\dfrac{1}{\sqrt{L_r C_r}}$，特征阻抗 $Z_0=\sqrt{\dfrac{L_r}{C_r}}$。在其谐振频率点 ω_0，输入阻抗 Z 为 0；谐振频率 $\omega<\omega_0$ 时，输入阻抗 Z 为容性；谐振频率 $\omega>\omega_0$ 时，输入阻抗 Z 为感性。

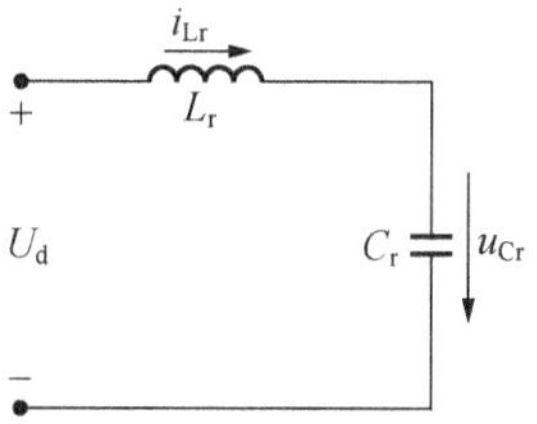

电路的微分方程为

$$\begin{cases}L_r\dfrac{\mathrm{d}i_{Lr}}{\mathrm{d}t}+u_{Cr}=U_d\\ C_r\dfrac{\mathrm{d}u_{Cr}}{\mathrm{d}t}=i_{Lr}\end{cases}\tag{6-1}$$

i_{Lr} L_r + U_d − C_r u_{Cr}

图 6-9　L_r-C_r 串联谐振

从式 (6-1) 可以看出，当 $u_{Cr}=U_d$ 时，$\dfrac{\mathrm{d}i_{Lr}}{\mathrm{d}t}=0$，$i_{Lr}$ 为峰值；当 i_{Lr}=0 时，$\dfrac{\mathrm{d}u_{Cr}}{\mathrm{d}t}=0$，$u_{Cr}$ 为峰值，能量在 C_r 和 L_r 之间来回流动。

设初始时刻 t_0，电感电流为 I_{Lr0}，电容电压为 U_{Cr0}，解方程得

$$\begin{cases}i_{Lr}(t)=I_{Lr0}\cos\omega_0(t-t_0)+\dfrac{U_d-U_{Cr0}}{Z_0}\sin\omega_0(t-t_0)\\ u_{Cr}(t)=U_d-(U_d-U_{Cr0})\cos\omega_0(t-t_0)+Z_0 I_{Lr0}\sin\omega_0(t-t_0)\end{cases}\tag{6-2}$$

(1) 在初始时刻 t_0，当电感电流 $I_{Lr0}=0$，$U_d=0$，电容电压 $U_{Cr0}=U_0$ 时，有

$$\begin{cases}i_{Lr}(t)=\dfrac{-U_0}{Z_0}\sin\omega_0(t-t_0)\\ u_{Cr}(t)=U_0\cos\omega_0(t-t_0)\end{cases}\tag{6-3}$$

(2) 在初始时刻 t_0，当电感电流 $I_{Lr0}=0$，电容电压 $U_{Cr0}=0$ 时，有

$$\begin{cases}i_{Lr}(t)=\dfrac{U_d}{Z_0}\sin\omega_0(t-t_0)\\ u_{Cr}(t)=U_d(1-\cos\omega_0(t-t_0))\end{cases}\tag{6-4}$$

波形如图 6-10 所示。可以看出，当谐振电感电流 i_{Lr} 为 0 时，谐振电感 L_r 储存的能量全部转移到谐振电容 C_r 中，此时电容的电压为峰值电压。

此外，在软开关电路中经常出现在谐振回路上加装二极管形成准谐振，如图 6-11 所示。即在 U_d 与谐振电感 L_r 之间有二极管。与前面电路的不同点在于，当谐振电感电流 $i_{Lr}\leqslant 0$ 时，由于二极管 D 的单向导电性，二极管 D 关断，谐振过程停止。因此根据式 (6-4) 从 t_0 时刻经过

半个周期后，$i_{Lr}(t)=0$，$u_{Cr}(t)=2U_d$，二极管 D 反向截止，C_r 和 L_r 谐振停止。

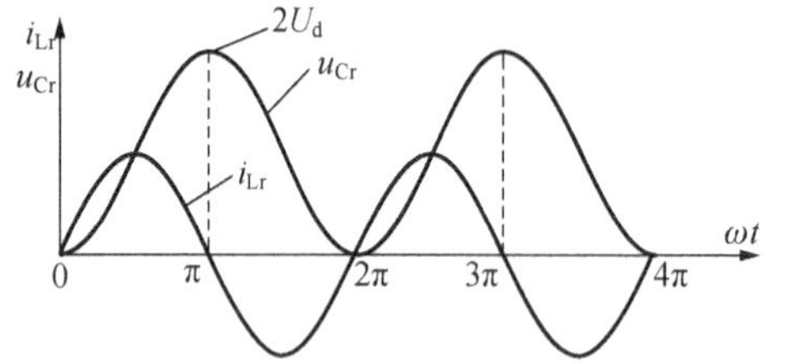

图 6-10　L_r-C_r 串联谐振波形图

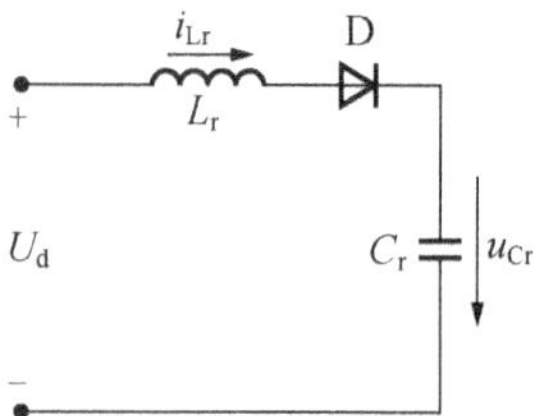

图 6-11　带二极管 D 的 L_r-C_r 串联谐振

2. 负载为恒流源(与电容 C_r 并联)的 L_r-C_r 串联谐振电路

如图 6-12 所示，这种谐振电路经常出现在大电感负载的电路中，大电感可近似看成恒流源。这种软开关结构经常出现在谐振直流环电路或零电流开关变换器中。带恒流源的 L_r-C_r 谐振波形如图 6-13 所示。图 6-12 所示的电路可以用在不同的电路中，如 Buck 或 Boost 变换器中。

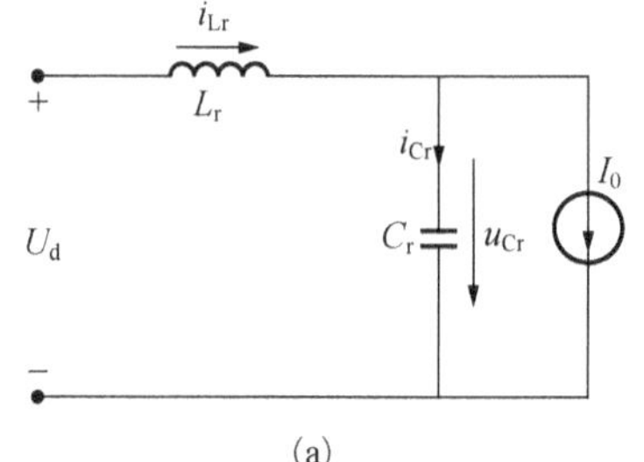

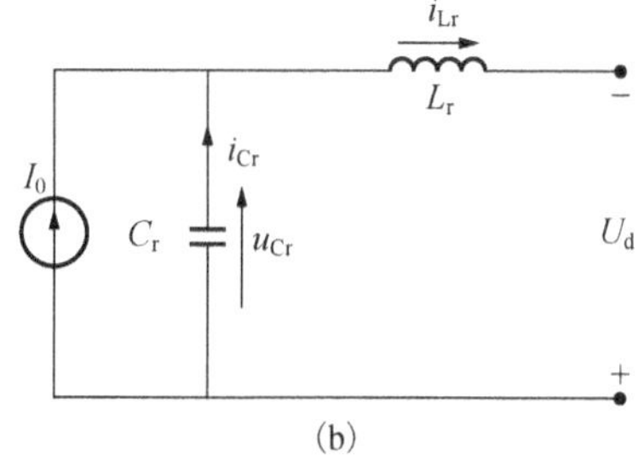

图 6-12　带恒流源的 L_r-C_r 谐振电路

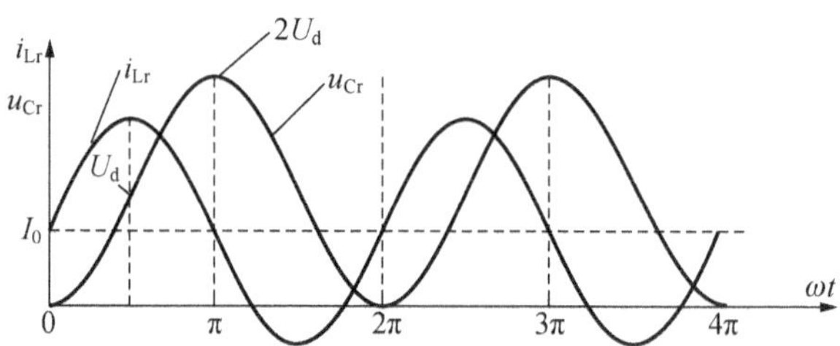

图 6-13　带恒流源的 L_r-C_r 谐振波形

图 6-12 所示的电路微分方程都可以写为

$$\begin{cases} L_r \dfrac{di_{Lr}}{dt} + u_{Cr} = U_d \\ i_{Lr} - i_{Cr} = I_0 \end{cases} \tag{6-5}$$

从式(6-5)可以看出，当 $U_{Cr}=U_d$ 时，$\dfrac{di_{Lr}}{dt}=0$，$i_{Cr}=C\dfrac{du_{Cr}}{dt}=i_{Lr}-I_0$。当 $i_{Lr}=I_0$ 时，$i_{Cr}=C\dfrac{du_{Cr}}{dt}=0$，$u_{Cr}$ 最大或最小。设在初始时刻 t_0，电感电流为 I_{Lr0}，电容电压为 U_{Cr0}，谐振频率 $\omega_0=\dfrac{1}{\sqrt{L_rC_r}}$，特征阻抗 $Z_0=\sqrt{\dfrac{L_r}{C_r}}$，解方程得

$$\begin{cases} i_{\mathrm{Lr}}(t) = I_0 + (I_{\mathrm{Lr0}} - I_0)\cos\omega_0(t-t_0) + \dfrac{U_{\mathrm{d}} - U_{\mathrm{Cr0}}}{Z_0}\sin\omega_0(t-t_0) \\ u_{\mathrm{Cr}}(t) = U_{\mathrm{d}} - (U_{\mathrm{d}} - U_{\mathrm{Cr0}})\cos\omega_0(t-t_0) + Z_0(I_{\mathrm{Lr0}} - I_0)\sin\omega_0(t-t_0) \end{cases} \tag{6-6}$$

(1) 当在初始时刻 t_0，电感电流 $I_{\mathrm{Lr0}} = I_0$，电容电压 $U_{\mathrm{Cr0}} = 0$ 时，得方程

$$\begin{cases} i_{\mathrm{Lr}}(t) = I_0 + \dfrac{U_{\mathrm{d}}}{Z_0}\sin\omega_0(t-t_0) \\ u_{\mathrm{Cr}}(t) = U_{\mathrm{d}}(1-\cos\omega_0(t-t_0)) \end{cases} \tag{6-7}$$

从图 6-13 中可以看出，当谐振电感电流 i_{Lr} 经过半个周期再次变为 I_0 时，电感 L_{r} 储存的能量全部转移到谐振电容 C_{r} 中，此时电容的电压 u_{Cr} 为峰值电压 $2U_{\mathrm{d}}$。

(2) 当在初始时刻 t_0，电感电流 $I_{\mathrm{Lr0}} = 0$，电容电压 $U_{\mathrm{Cr0}} = U_{\mathrm{d}}$ 时，得方程

$$\begin{cases} i_{\mathrm{Lr}}(t) = I_0(1-\cos\omega_0(t-t_0)) \\ u_{\mathrm{Cr}}(t) = U_{\mathrm{d}} - Z_0 I_0 \sin\omega_0(t-t_0) \end{cases} \tag{6-8}$$

(3) 当在初始时刻 t_0，电感电流 $I_{\mathrm{Lr0}} = I_0$，电容电压 $U_{\mathrm{Cr0}} = 2U_{\mathrm{d}}$ 时，得方程

$$\begin{cases} i_{\mathrm{Lr}}(t) = I_0 - \dfrac{U_{\mathrm{d}}}{Z_0}\sin\omega_0(t-t_0) \\ u_{\mathrm{Cr}}(t) = U_{\mathrm{d}}(1+\cos\omega_0(t-t_0)) \end{cases} \tag{6-9}$$

此外，在软开关的谐振回路中，经常出现二极管 D 及谐振开关 $\mathrm{S_r}$，如图 6-14 所示，即 U_{d} 与电感 L_{r} 之间串联二极管，同时谐振电容 C_{r} 下面有谐振辅助开关管 $\mathrm{S_r}$，$\mathrm{S_r}$ 可选 IGBT(带反并联二极管)。假设在辅助开关 $\mathrm{S_r}$ 刚开通瞬间的初始 t_0 时刻，电感电流为 $I_{\mathrm{Lr0}} = I_0$，电容电压为 $U_{\mathrm{Cr0}} = 0$，此时谐振符合情况(1)及式(6-7)，L_{r}-C_{r} 开始谐振，i_{Lr} 和 u_{Cr} 均增大，二极管 D 导通，波形如图 6-13 所示。在谐振的作用下，电容 C_{r} 先充电，当经过半个周期 i_{Lr} 再次等于 I_0 时，$u_{\mathrm{Cr}} = 2U_{\mathrm{d}}$。然后电容 C_{r} 开始放电，并满足 $i_{\mathrm{Lr}} + (-i_{\mathrm{Cr}}) = I_0$。此后因 $i_{\mathrm{Lr}} < I_0$，i_{Cr} 实际电流方向与图中的 i_{Cr} 电流方向相反，此时 $\mathrm{S_r}$ 的反并联二极管 $\mathrm{D_r}$ 导通。电容放电电流 $-i_{\mathrm{Cr}}$ 逐渐增加，电感电流 i_{Lr} 逐渐减小。当 i_{Lr} 减小到 0 时，由于二极管 D 的单向导电性，二极管 D 会自然关断，结束谐振过程。此后，电容 C_{r} 通过负载恒流源 I_0 放电，电流回路为 $C_{\mathrm{r}} \to I_0 \to \mathrm{D_r}$。满足 $\Delta u_{\mathrm{Cr}} = \dfrac{I_0}{C_{\mathrm{r}}}\Delta t$。此后的谐振过程与谐振开关 $\mathrm{S_r}$ 的开通时间和 U_{d}、I_0、Z_0 的关系有关。例如，当 $U_{\mathrm{d}} > Z_0 I_0$ 时，存在 i_{Lr} 的过零点，否则 i_{Lr} 不过零点。其他的在这里不作详细讨论。

3. L_{r}-C_{r} 并联谐振电路

无阻尼 L_{r}-C_{r} 并联谐振电路如图 6-15 所示，输入阻抗为 $Z = \dfrac{\mathrm{j}\omega L_{\mathrm{r}}/(\mathrm{j}\omega C_{\mathrm{r}})}{\mathrm{j}\omega L_{\mathrm{r}} + 1/(\mathrm{j}\omega C_{\mathrm{r}})} = \mathrm{j}Z_0\dfrac{(\omega/\omega_0)}{1-(\omega/\omega_0)^2}$。其中，谐振频率 $\omega_0 = \dfrac{1}{\sqrt{L_{\mathrm{r}}C_{\mathrm{r}}}}$，特征阻抗 $Z_0 = \sqrt{\dfrac{L_{\mathrm{r}}}{C_{\mathrm{r}}}}$。在其谐振频率点 ω_0，输入阻抗 Z 无穷大；当谐振频率 $\omega < \omega_0$ 时，输入阻抗 Z 为感性；当谐振频率 $\omega > \omega_0$ 时，输入阻抗 Z 为容性。

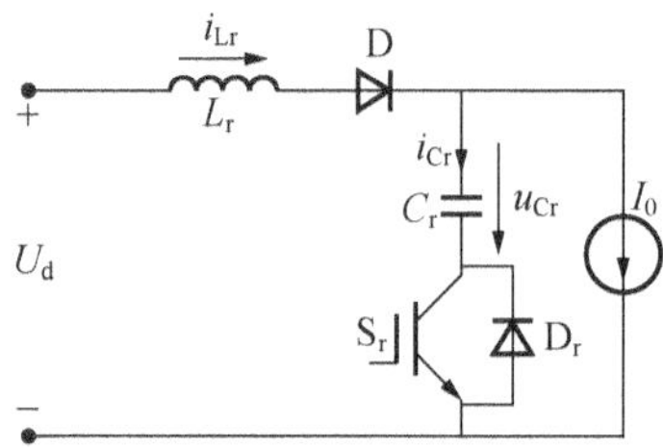

图 6-14　带谐振开关的恒流源 L_r-C_r 谐振

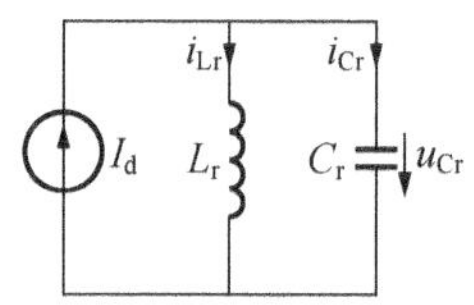

图 6-15　L_r-C_r 并联谐振电路

电路的微分方程为

$$\begin{cases} i_{Lr} + C_r \dfrac{du_{Cr}}{dt} = I_d \\ u_{Cr} = L_r \dfrac{di_{Lr}}{dt} \end{cases} \tag{6-10}$$

设在初始时刻 t_0，电感电流为 I_{Lr0}，电容电压为 U_{Cr0}，得方程

$$\begin{cases} i_{Lr}(t) = I_d + (I_{Lr0} - I_d)\cos\omega_0(t-t_0) + \dfrac{U_{Cr0}}{Z_0}\sin\omega_0(t-t_0) \\ u_{Cr}(t) = U_{Cr0}\cos\omega_0(t-t_0) + (I_d - I_{Lr0})Z_0\sin\omega_0(t-t_0) \end{cases} \tag{6-11}$$

根据式(6-11)，在什么初始条件下可以谐振，在什么初始条件下无谐振，请读者自行分析。

6.2　轨道车辆中常见的软开关的工作原理

6.2.1　零电压开关 PWM 变换器(ZVS-PWM)

图 6-16 为硬开关单相全桥逆变电路及其波形示意图，工作时，对角线的开关管同时开通或关断。①对于纯电阻性(R)负载，开关管 IGBT 关断属于非零电流关断(硬关断)，开通时属于非零电压开通(硬开通)；IGBT 的反并联二极管不导通。②对于阻-感(L-R)负载，因输出电流在相位上滞后电压某个角度(参见第 4 章)。开关管 IGBT 在开通前，其反并联二极管已经导通，属于零电压开通；而关断时，由于开关管电流不为零，属于非零电流关断，易造成开关损耗。而 IGBT 的反并联二极管开通时属于非零电压开通，关断时属于零电流关断。③对于容性(C)负载，因输出电流相位上超前电压某个角度，某对角线上的 IGBT 开通前，另一对角线上的二极管已经导通，使 IGBT 开通时，电压不为零，为非零电压开通，而关断时为零电流关断，其反并联二极管开通时为零电压开通，关断时为非零电流关断，会产生较大的反向恢复电流流过开通的 IGBT，产生额外损耗。

移相全桥零电压开关电路是目前应用最广泛的软开关电路之一，如图 6-17 所示，其是利用开关管的结电容(或外加电容)和高频变压器的漏电感(或外加电感)作为谐振元件，使全桥变换器的 4 个开关管 S_1～S_4 在零电压下开通，从而降低了开关管的开关损耗。与硬开关全桥电路相比，并没有增加辅助开关等元件，而仅增加了一个谐振电感，就使电路中 4 个开关器件都在零电压的条件下开通，电路结构和参数设计简单，易于实现，源于其独特的控制方法。

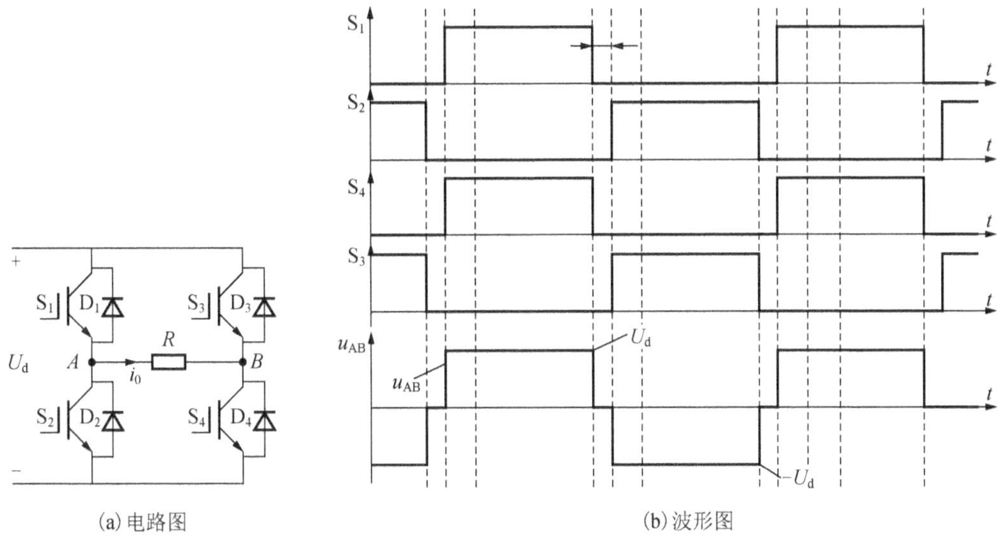

(a) 电路图　　(b) 波形图

图 6-16　硬开关单相全桥逆变电路及波形示意图

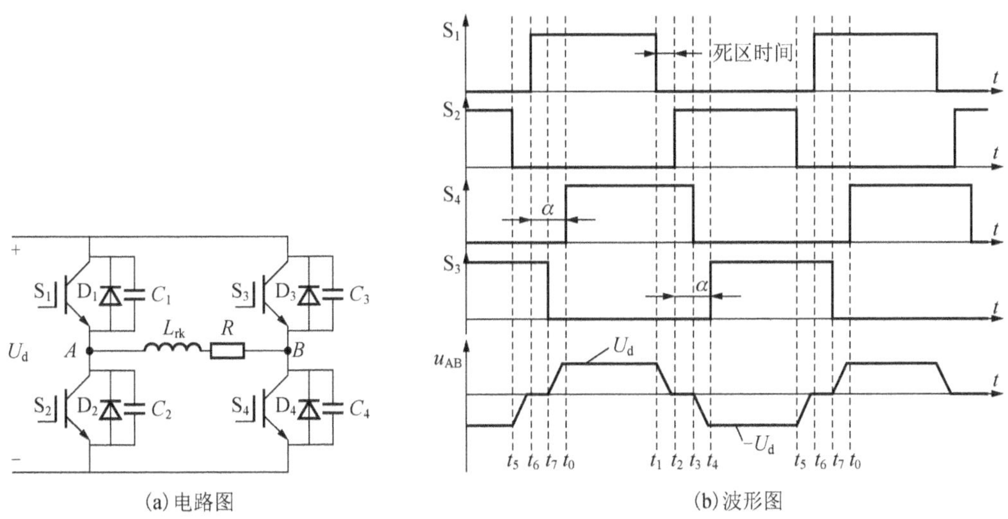

(a) 电路图　　(b) 波形图

图 6-17　移相全桥零电压开关逆变电路及波形示意图

1. 移相全桥零电压开关逆变电路

移相控制方式是在常规 PWM 基础上进行改进时，采用方波移相控制，主电路一般采用全桥逆变电路。移相全桥电路的控制方式有如下几个特点：①在一个开关周期 T_s 内，每一个开关导通的时间都略小于 $T_s/2$，而关断的时间都略大于 $T_s/2$；②同一个半桥中，上下两个开关管都要留有一定的死区时间，防止直通；③硬开关的全桥逆变电路是对角线上的功率器件同时开通或关断，恒频移相控制的对角线开关管不是同时开通关断，而是错开一个时间间隔以实现零电压开通或零电流关断。

如图 6-17(a)所示，假设逆变电路为 R 负载，与谐振电感 L_{rk} 串联，对角的两对开关 S_1-S_4 和 S_2-S_3 的开关函数的波形如图 6-17(b)所示。保持第一组开关管 S_1 与 S_2 各自的相位固定不变，组成固定桥臂，使第二组开关管的 S_4 与 S_1，S_3 与 S_2 有一定的相位差。S_1 的波形比 S_4 超前 α（α=0～$T_s/2$），而 S_2 的波形比 S_3 超前 α（α=0～$T_s/2$），因此称 S_1 和 S_2 为超前的桥臂，称 S_3 和 S_4 为滞后的桥臂。软开关方式 $\alpha>0$，而硬开关方式 α=0。α 可根据实际要求进行调节，范围为 0～$T_s/2$。例如，当$\alpha=T_s/2$时，S_1与S_3(或S_2与S_4)同时开通或关断，逆变器输出为零。因此控制α的大小就可以控制逆变器的输出，这就是恒频移相控制的原理。S_1和S_2组成的桥臂总体上相位超前于S_3和S_4组成的桥臂，也可以将两者的相位关系颠倒过来使用，但工作原理不变。

假设开关器件都是理想的，并忽略电路中的损耗。工作过程如下。

(1)时段$t_0 \sim t_1$。在t_0时刻，S_4开通，因S_1已经开通，B点电位为 0，A点电位为U_d，则$U_{AB}=U_d$。同时，电容C_2、C_3充电。此时$u_{C1}=0$、$u_{C2}=U_d$、$u_{C3}=U_d$、$u_{C4}=0$。

(2)时段$t_1 \sim t_2$。在时刻t_1，S_1关断，S_4仍导通。因此刻A点电位为U_d，又有电容C_1(阻碍电压变化)的作用，S_1在接近零电压下关断；此时因电感L_{rk}的作用，电流继续流动，电流回路为$U_d(+) \to C_1 \to A \to L_{rk} \to R \to B \to S_4 \to U_d(-)$，$C_1$被充电，$C_2$也参与谐振，$C_2$被放电，$A$点电位逐渐下降，使$U_{AB}$下降，当$C_1$电压升至$U_d$后，$D_2$导通(零电压开通)，此时电流回路变为$U_d(-) \to D_2 \to A \to L_{rk} \to R \to B \to S_4 \to U_d(-)$；因$D_2$导通，$A$点电位为 0，$U_{AB}=0$。

(3)时段$t_2 \sim t_3$。在时刻t_2，开通S_2，S_4仍导通。此前D_2导通使S_2两端电压为 0，S_2可在零电压下开通，此时$U_{AB}=0$。

(4)时段$t_3 \sim t_4$。在时刻t_3，S_4关断，此前S_4导通，使C_4电压为 0，电容C_4(阻碍电压变化)使S_4在接近零电压下关断；S_4关断后，谐振电流回路为$A \to L_{rk} \to R \to B \to C_4 \to U_d(-) \to D_2 \to A$，$C_4$充电，$C_3$也参与谐振，$C_3$被放电；$B$点电位逐渐上升，使$U_{AB}$下降，直到$C_4$电压升至$U_d$后，$D_3$导通(零电压开通)，电流回路变为$A \to L_{rk} \to R \to B \to D_3 \to U_d(+) \to U_d(-) \to D_2 \to A$；此时$A$点电位为 0，因$D_3$导通，$B$点电位为$U_d$，$U_{AB}=-U_d$，此时$S_3$两端电压为 0。

(5)时段$t_4 \sim t_5$。在时刻t_4，开通S_3，此前D_3导通，使S_3两端电压为 0，S_3可在零电压下开通，$U_{AB}=-U_d$；同时电容C_2、C_3放电。

(6)时段$t_5 \sim t_6$。在时刻t_5，S_2关断，此前S_2导通，使C_2电压为零，电容C_2(阻碍电压变化)的作用使S_2在接近零电压下关断；S_2关断后，谐振电流回路为$U_d(+) \to S_3 \to B \to R \to L_{rk} \to A \to C_2 \to U_d(-)$，$C_2$被充电，$C_1$也参与谐振，$C_1$被放电；$U_{AB}$上升，当$C_2$电压升至$U_d$后，$D_1$导通(零电压开通)，电流回路变为$U_d(+) \to S_3 \to B \to R \to L_{rk} \to A \to D_1 \to U_d(+)$；$A$点电位为$U_d$，$S_1$两端电压为零，$U_{AB}=0$。

(7)时段$t_6 \sim t_7$。在时刻t_6，开通S_1，此前D_1导通，使S_1两端电压为 0，S_1可在零电压下开通。

(8)时段$t_7 \sim t_0$。在时刻t_7，S_3关断，此前S_3导通，使C_3电压为 0，电容C_3(阻碍电压变化)的作用使S_3在接近零电压下关断；S_3关断后，谐振电流回路为$B \to R \to L_{rk} \to A \to D_1 \to U_d(+) \to C_3 \to B$，$C_3$被充电，$C_4$也参与谐振，$C_4$被放电；当$C_3$电压升至$U_d$后，$D_4$导通(零电压开通)，电流回路变为$B \to R \to L_{rk} \to A \to D_1 \to U_d(+) \to U_d(-) \to D_4 \to B$；因$D_4$导通，$B$点电位为 0，$S_4$两端电压为零，$U_{AB}=U_d$。

(9)在时刻t_0，开通S_4，此前D_4导通，使S_4两端电压为 0，S_4可在零电压下开通，开始下一个循环。

与硬开关(R 负载或容性负载)相比，零电压开关(ZVS)的特点是在每次开关前，通过电容和电感的谐振作用，使主开关管S_1～S_4在零电压下开通，降低了开关损耗。与硬开关(R-L 负载)相比，虽然开关管都属于零电压开通，但硬开关的开关管反并联二极管开通时属于非零电压开通，零电压开关的反并联二极管由于谐振电感电容（L_{rk} - $C_{1\sim4}$）的谐振而在零电压下开通，总体功率损耗要小。

2. 移相全桥零电压开关 DC/DC 变换器

如图 6-18(a)所示，L_{rk} 为高频变压器等效电感，忽略变压器的励磁电感 L_m，折合到原边的等效电路如图 6-18(b)所示。设 $n = N_1/N_2$，设原边电流为 $i_1 = i_{Lrk}$，次边电流为 $i_2 = i_L$，变压器原边线圈电压为 u_1，工作波形如图 6-19 所示。

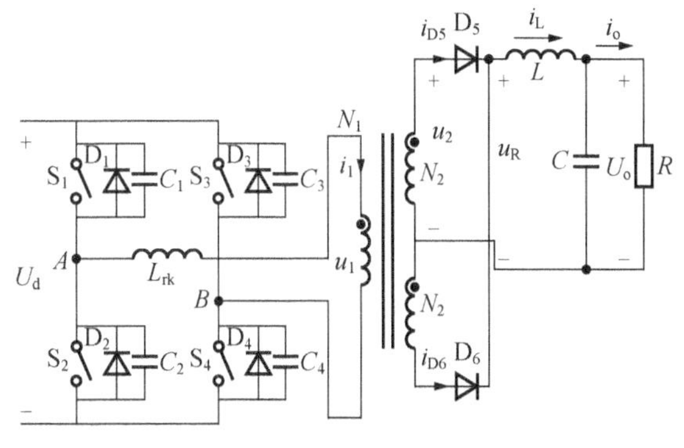

(a) 零电压开关DC/DC变换器原理图

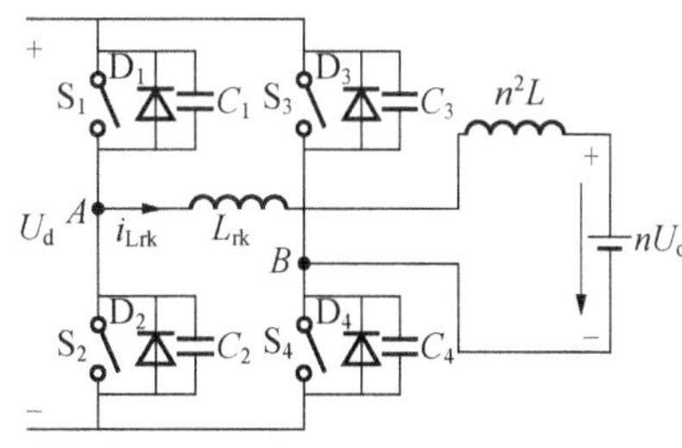

(b) 等效电路（D_5或D_6导通）

图 6-18　移相全桥零电压开关 DC/DC 变换器

如图 6-18(a)、(b)所示，S_2、S_3 零电压开通的工作过程如下。

(1) $t_0 \sim t_1$ 时段。在这一时段，S_1 与 S_4 都导通，$u_{AB} = U_d$，$u_A = U_d$，$u_B = 0$。电流回路为 $U_d(+) \to S_1 \to A \to L_{rk} \to n^2L \to nU_o \to B \to S_4 \to U_d(-)$，此时 i_{Lrk} 的上升斜率为 $\dfrac{U_d - nU_o}{L_{rk} + n^2L}$。因负载电感 L 比较大，所以 i_{Lrk} 的上升斜率比较缓。同样 $i_L = ni_{Lrk}(i_{Lrk} = i_1)$，上升斜率也很缓慢。此时次边的 D_5 导通，D_6 关断，$i_{D5} = i_L$。因 L_{rk} 和 $\dfrac{di_{Lrk}}{dt}$ 都很小，$u_{Lrk} = L_{rk} \cdot \dfrac{di_{Lrk}}{dt}$ 也很小。根据 $u_{AB} = u_1 + u_{Lrk}$，因此，$t_0 \sim t_1$ 阶段，变压器原边电压 $u_1 = nu_R$ 非常接近于 $U_{AB} = U_d$。直到 t_1 时刻 S_1 关断。此刻，电容 $u_{C1} = u_{C4} = 0$，而 $u_{C2} = u_{C3} = U_d$。

(2) $t_1 \sim t_2$ 时段。t_1 时刻开关 S_1 关断，S_4 仍然导通。电容 C_1、C_2 与电感 L_{rk}、L 及 S_4 构成谐振回路。电容 C_1 充电 $u_{C1}\uparrow$，而 C_2 放电 $u_{C2}\downarrow$。S_4 依然导通使 $u_B = 0$，在谐振过程中，u_A 不断下降，使 $u_{AB}\downarrow$，电流 i_{Lrk} 缓慢下降，i_{Lrk} 下降斜率为 $\dfrac{u_{AB} - nU_o}{L_{rk} + n^2L}$。因电感 L 比较大，可以认为原边电流 i_{Lrk} 基本不变，u_{C1} 线性上升，u_{C2} 线性下降，$u_{C2} = U_d - \dfrac{i_{Lrk}}{C_1 + C_2}(t - t_1)$。为保证在 t_2 时刻前，u_{C2} 下降到 0，S_2 能顺利实现零电压开通，应满足 $t_2 - t_1 \geqslant \dfrac{(C_1 + C_2)U_d}{i_{Lrk}}$。

同时，负载电感电流 $i_L = ni_{Lrk}$ 也缓慢下降，D_5 继续导通，但 $i_{D5} = i_L$ 开始缓慢减小。因 $u_{Lrk} = L_{rk} \cdot \dfrac{di_{Lrk}}{dt}$ 很小，变压器原边电压 $u_1 = nu_R \approx u_{AB}$，且不断下降。

直到 $u_A = 0$，D_2 零电压导通，此时电流 i_{Lrk} 通过 D_2 续流，$u_{AB} = 0$，此时电流回路为

$U_{\mathrm{d}}(-) \to \mathrm{D}_2 \to A \to L_{\mathrm{rk}} \to n^2L \to nU_{\mathrm{o}} \to B \to \mathrm{S}_4 \to U_{\mathrm{d}}(-)$。电流 i_{Lrk} 下降斜率为 $\dfrac{-nU_{\mathrm{o}}}{L_{\mathrm{rk}}+n^2L}$。此时 $u_{\mathrm{C2}}=u_{\mathrm{C4}}=0$，而 $u_{\mathrm{C1}}=u_{\mathrm{C3}}=U_{\mathrm{d}}$。直到 t_2 时刻 S_2 开通。

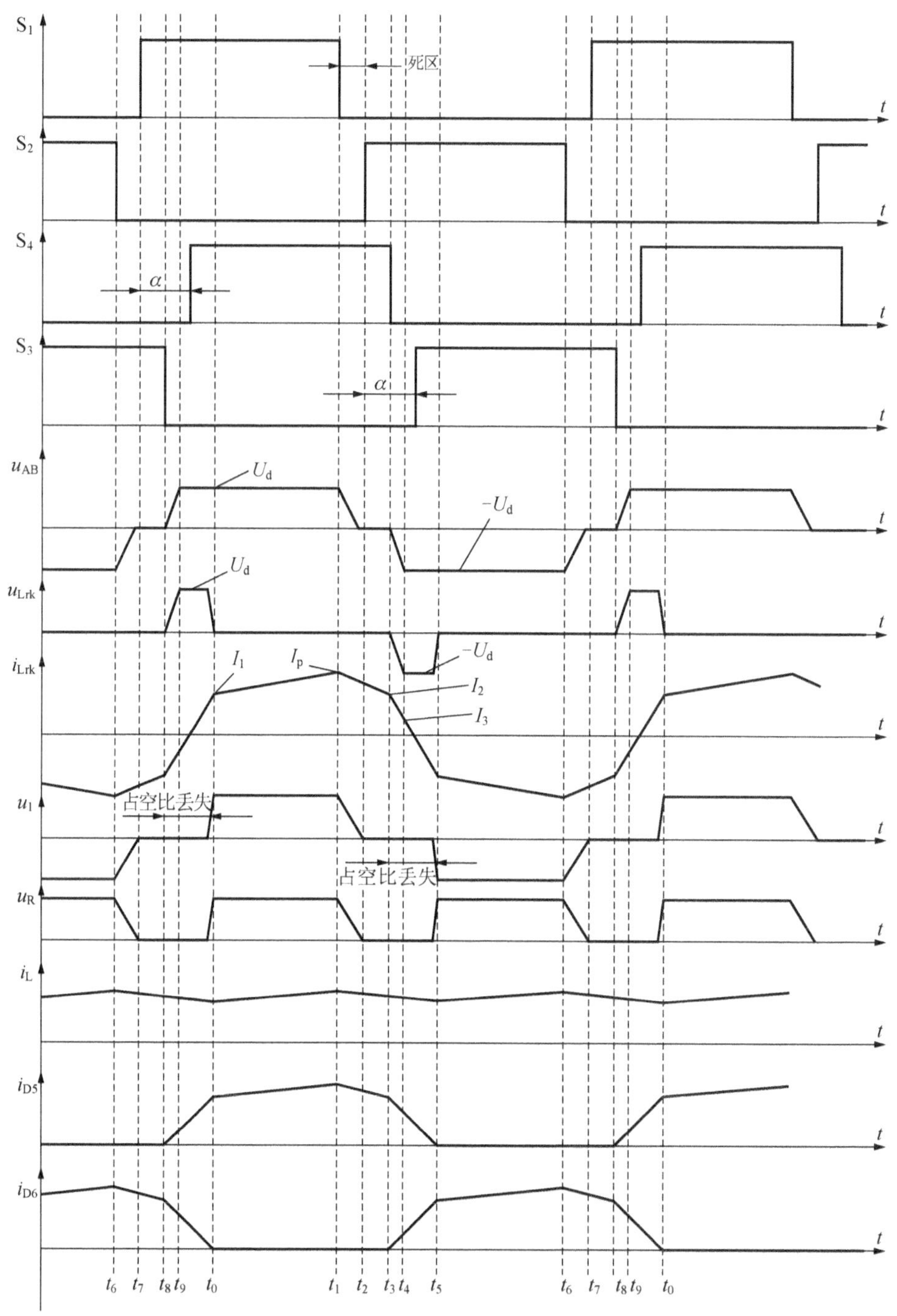

图 6-19　移相全桥电路的理想化波形示意图

(3) $t_2 \sim t_3$ 时段。t_2 时刻开关 S_2 开通，S_4 仍然导通。此前二极管 D_2 已导通，因此 S_2 可零电压开通(此时只是触发，尚未真正开通)，$U_{\mathrm{AB}}=0$，但由于 i_{Lrk} 虽变小，方向仍未变，D_2 依然导通，电流回路依然为 $U_{\mathrm{d}}(-) \to \mathrm{D}_2 \to A \to L_{\mathrm{rk}} \to n^2L \to nU_{\mathrm{o}} \to B \to \mathrm{S}_4 \to U_{\mathrm{d}}(-)$。此时电流

i_{Lrk}下降的斜率为$\dfrac{-nU_{\mathrm{o}}}{L_{\mathrm{rk}}+n^2L}$。因负载电感$L$比较大，$i_{\mathrm{Lrk}}$下降依然比较缓慢，$i_{\mathrm{L}}=ni_{\mathrm{Lrk}}$也缓慢下降。$u_{\mathrm{Lrk}}=L_{\mathrm{rk}}\cdot\dfrac{\mathrm{d}i_{\mathrm{Lrk}}}{\mathrm{d}t}$很小接近于 0，因$u_{\mathrm{AB}}=0$，变压器原边电压$u_1=nu_{\mathrm{R}}$接近于 0。此时$u_{\mathrm{C2}}=u_{\mathrm{C4}}=0$，而$u_{\mathrm{C1}}=u_{\mathrm{C3}}=U_{\mathrm{d}}$。此阶段的持续时间由移相角$\alpha$决定。此状态继续保持到$t_3$时刻 S_4 关断。

(4) $t_3\sim t_4$时段。t_3时刻开关 S_4 关断瞬间，此时 S_1、S_4 已关断，S_2、S_3 尚未真正导通，因$u_{\mathrm{C3}}=U_{\mathrm{d}}$，$u_{\mathrm{C4}}=0$，二极管 D_3 承受反压不导通，因此变压器一次侧 C_3、C_4、L_{rk}及 $S_2(D_2)$ 构成谐振回路，C_3 放电，u_{C3}下降；C_4 充电，u_{C4}上升，且$u_{\mathrm{AB}}=-u_{\mathrm{C4}}$，$u_{\mathrm{AB}}$由零变负，变压器次级绕组的电压上负下正，$D_6$ 开始导通，原边电流下降较快，造成次边的i_{D5}下降也快，而 i_{L}基本不变，即减小非常缓慢，使$i_{\mathrm{D5}}<i_{\mathrm{L}}$，所以$i_{\mathrm{L}}$的一部分电流就转移到二极管$D_6$，并满足$i_{\mathrm{D5}}+i_{\mathrm{D6}}=i_{\mathrm{L}}$。此时二极管 D_5、D_6 同时导通。变压器次边相当于短路，变压器一次侧电压u_1和二次侧电压u_2均为 0。

谐振过程中，谐振电感L_{rk}的电流i_{Lrk}不断减小，B 点电压不断上升，U_{AB}下降。电流i_{Lrk}的下降斜率为$\dfrac{-u_{\mathrm{AB}}}{L_{\mathrm{rk}}}=\dfrac{-u_{\mathrm{C4}}}{L_{\mathrm{rk}}}$。此时电路方程为

$$C\frac{\mathrm{d}u_{\mathrm{C4}}}{\mathrm{d}t}=i_{\mathrm{Lrk}}\quad(C=C_3+C_4)\tag{6-12}$$

$$u_{\mathrm{Lrk}}=L_{\mathrm{rk}}\frac{\mathrm{d}i_{\mathrm{Lrk}}}{\mathrm{d}t}=u_{\mathrm{AB}}=-u_{\mathrm{C4}}\tag{6-13}$$

代入初始条件$u_{\mathrm{C4}}(t_3)=0$，$i_{\mathrm{Lrk}}(t_3)=I_2$，可得方程：

$$u_{\mathrm{C4}}(t)=I_2Z_2\sin\omega_2(t-t_3)\tag{6-14}$$

$$i_{\mathrm{Lrk}}=I_2\cos\omega_2(t-t_3)\tag{6-15}$$

其中，$\omega_2=\dfrac{1}{\sqrt{L_{\mathrm{rk}}C}}$为谐振角频率；$Z_2=\sqrt{\dfrac{L_{\mathrm{rk}}}{C}}$为谐振特性阻抗。

因此，在$t_3\sim t_4$时段，$u_{\mathrm{Lrk}}=-u_{\mathrm{C4}}=u_{\mathrm{AB}}$，在不断下降，而$u_1=u_{\mathrm{AB}}-u_{\mathrm{Lrk}}$=0；直到$t_4$时刻，$u_{\mathrm{B}}=u_{\mathrm{C4}}=U_{\mathrm{d}}$，即根据$U_{\mathrm{d}}=I_2Z_2\sin\omega_2(t_4-t_3)$，可求出$t_4$。此时电流$i_{\mathrm{Lrk}}$为$I_3$

$$I_3=I_2\cos\omega_2(t_4-t_3)\tag{6-16}$$

此时 D_3 导通，电流 i_{Lrk} 通过 D_3 续流，$U_{\mathrm{AB}}=-U_{\mathrm{d}}$，电流回路变为$U_{\mathrm{d}}(-)\to \mathrm{D}_2\to A\to L_{\mathrm{rk}}\to B\to \mathrm{D}_3\to U_{\mathrm{d}}(+)$。因$L_{\mathrm{rk}}$很小，电感电流$i_{\mathrm{Lr}}$下降很快，$i_{\mathrm{Lrk}}$下降斜率为$\dfrac{-U_{\mathrm{d}}}{L_{\mathrm{rk}}}$，因$L_{\mathrm{rk}}$很小，所以$i_{\mathrm{Lrk}}$下降斜率较大。这种状态维持到 S_3 开通。

(5) $t_4\sim t_5$时段。此前 D_3 已导通，S_3 可零电压开通。一般放在i_{Lrk}过零点前触发 S_3，谐振电感L_{r}的电流继续减小。因L_{rk}很小，i_{Lrk}下降斜率为$\dfrac{-U_{\mathrm{d}}}{L_{\mathrm{rk}}}$，电感电流$i_{\mathrm{Lrk}}$很快下降到零后便反向，$D_3$、$D_2$ 自然关断后，S_3、S_2 才真正开通，为零电压开通，然后i_{Lrk}不断下降，此时电流回路变为$U_{\mathrm{d}}(+)\to \mathrm{S}_3\to B\to L_{\mathrm{rk}}\to A\to \mathrm{S}_2\to U_{\mathrm{d}}(-)$。在$t_4\sim t_5$阶段中，二极管 D_5、D_6 同时导通，$u_1=0$，而$u_{\mathrm{Lrk}}=-U_{\mathrm{d}}$，直到$t_5$时刻，$i_{\mathrm{Lrk}}=-I_{\mathrm{L}}/n$（$n=N_1/N_2$），变压器二次侧整流管$D_5$的电流$i_{\mathrm{D5}}$下降到零而关断，次边电流$i_{\mathrm{L}}$全部转移到$D_6$中。此时变压器原边电压$u_1$、次边电压$u_2$都不为 0，电流回路为$U_{\mathrm{d}}(+)\to \mathrm{S}_3\to B\to nU_{\mathrm{o}}\to n^2L\to L_{\mathrm{rk}}\to A\to \mathrm{S}_2\to U_{\mathrm{d}}(-)$，$u_{\mathrm{AB}}=-U_{\mathrm{d}}$，此

时 $u_{\mathrm{Lrk}} \approx 0$，而原边电压 $u_1 = u_{\mathrm{AB}} - u_{\mathrm{Lrk}} \approx -U_{\mathrm{d}}$。

$t_5 \sim t_0$ 时段正好是开关周期的一半，而在另一半开关周期 $t_5 \sim t_0$ 时段中，可零电压开通开关 S_1 和 S_4，电路的工作的过程与 $t_0 \sim t_5$ 时段完全对称。

从图 6-19 中也可以看出，在变压器二次侧存在占空比丢失的问题。二次侧占空比丢失的原因是由于当一次侧电流换向时，二次侧的 D_5、D_6 同时导通，并通过高频变压器的次边续流，使变压器二次侧电压 u_2 为 0，占空比的丢失会使输出平均电压降低。可以通过降低匝数比 $n=N_1/N_2$ 来提高输出电压。在输出功率相同的情况下，会增加变压器和开关管的功率损耗，并使二次侧整流二极管的电压应力增大。

图 6-20 所示为 $\mathrm{CRH_5}$ 充电机的全桥零电压开关的 DC/DC 电路图，每个 IGBT 内部都有反并联二极管。电容（C_{17}、C_{19}、C_{18}、C_{20}）并联于 IGBT。隔离变压器 TRCB 有漏感 L_{rk}，此漏感 L_{rk} 与电容（C_{17}、C_{19}、C_{18}、C_{20}）在开关管开关前后进行谐振，实现零电压开关。C_{23}、C_{24} 电容对变压器 TRCB 原边起着隔直作用，同时也参与漏感的谐振，工作波形与图 6-19 基本相同。C_{25}、C_{26} 电容是功率模块输入电容，DCB 二极管是输出整流二极管。输出滤波器由 L_{11}、L_{12} 电感器和 C_1、C_{10}、C_{13} 电容器组成。

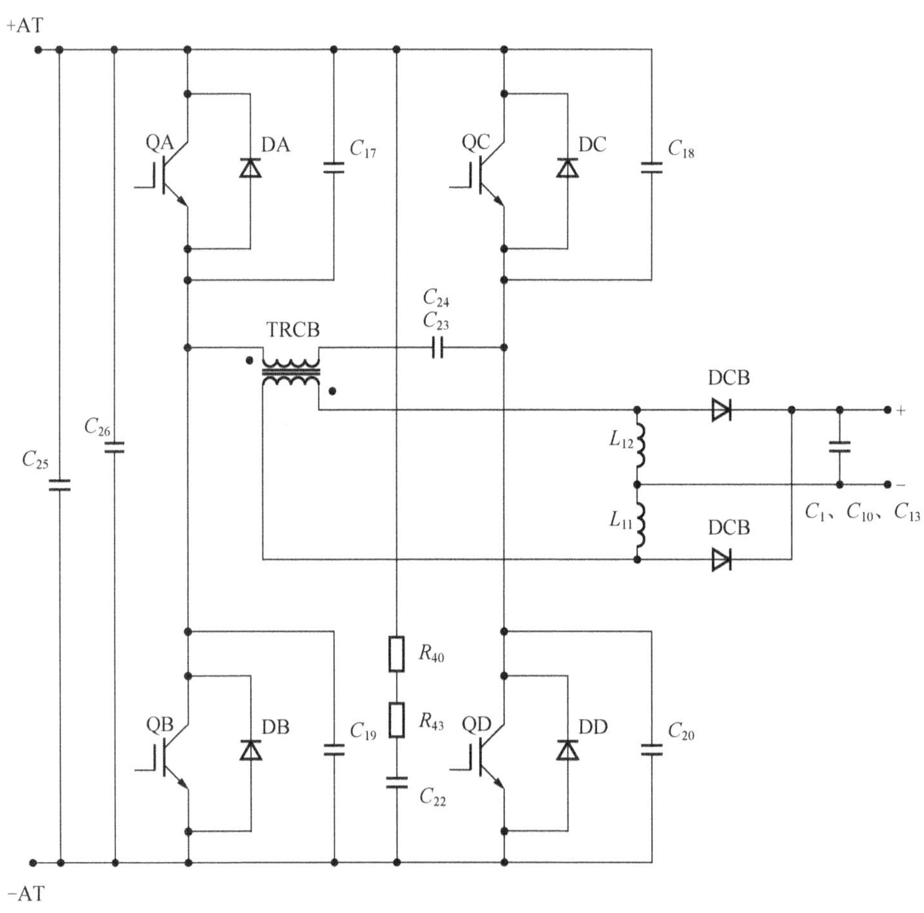

图 6-20 $\mathrm{CRH_5}$ 充电机全桥零电压开关的 DC/DC 电路

$\mathrm{CRH_5}$ 充电机的输出整流电路采用倍流整流器，整流由两个滤波电感器 L_{11}、L_{12} 和 2 个 DCB 二极管组成。与单相桥式或全波整流电路相比，倍流整流器的优点如下。①不需要高频变压器次边绕组中心抽头，高频变压器制作简单。②流过变压器次级线圈和滤波电感器的电流只是输出负载电流的一半。L_{11} 和 L_{12} 可以交替工作，如当一个电感滤波并储能时，另一个电感可将储存的能量释放给负载，可减小变压器 TRCB 次边的功率负担。③倍流整流器的输出电流是两个滤波电感器电流的总和，每个滤波电感仅输送一半的直流输出电流，电感可以比较小，而且两个滤波电感器 L_{11}、L_{12} 的电流脉动是相消的，因此直流输出电流脉动也较低。④在开关死区附近，高频变压器副边输出(电感)电流基本上不通过高频变压器的次边绕组续流，而且也不影响原边性能，包括影响占空比的变化，可以克服全波整流电路的占空比丢失、整流二极管的反向恢复引起的电压尖峰，电压尖峰很小，并提高了电源的利用率。

零电压开关及倍流整流电路结构目前被青岛四方机车车辆研究所提供给新型动车组的充电机上广泛采用。上述功率电路所使用的 IGBT 参数为 1200V/75A。

6.2.2 零电流开关 PWM 变换器(ZCS-PWM)

图 6-21 所示为半桥式零电流开关的电路图，其中 L 与 C 构成了低通滤波器，滤除高频开关噪声。变压器次边线圈漏感为 L_{2k} 。为分析方便，忽略原边漏感，假定次边漏感折合到原边的漏感为 L_{1k} ，电容 C_{res} 及开关管 S_{res} 构成了 ZCS 软开关电路。

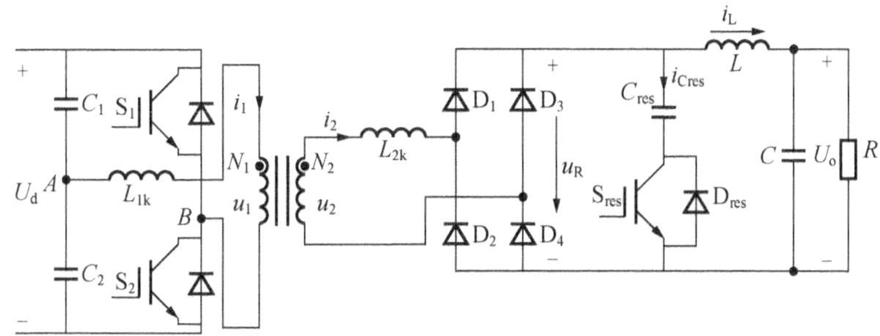

图 6-21 半桥式零电流开关电路图

半桥式零电流开关波形如图 6-22 所示，工作原理如下。

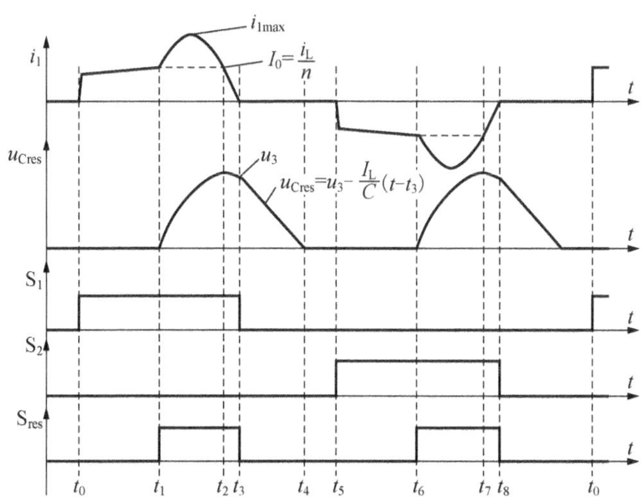

图 6-22 半桥式零电流开关波形示意图

(1) t_0～t_1 时段。此阶段 S_{res} 关断。在 t_0 时刻，S_1 开通，S_1 开通瞬间，因换向尚未完成，且负载电感 L 续流，变压器次边电压 u_2 和原边电压 u_1 都瞬时为 0，原边电压 u_{AB} 都加到原边漏感L_{1k}上，因L_{1k}很小，所以原边电流i_1上升很快，上升斜率为$\frac{U_d}{2L_{1k}}$。原边电流i_1与次边电流i_2的关系为$i_1=\frac{i_2}{n}$。因此，图 6-22 的波形上直接给出原边电流i_1即可。当原边电流i_1很快上升到$\frac{i_L}{n}$（$n=\frac{N_1}{N_2}$）时，换向完成，此时变压器次边二极管 D_1、D_4 完全开通，换向结束。此时变压器原边电流i_1缓慢上升。为简化分析，忽略原边漏感，次边线圈漏感L_{2k}折合到原边漏感为L_{1k}，原边电流i_1上升斜率为$\frac{U_d/2-nU_o}{L_{1k}+n^2L}=\frac{U_d/2-nU_o}{n^2(L+L_{2k})}$。直到 t_1 时刻，S_{res} 开通。

(2) t_1～t_2 时段。t_1 时刻 S_{res} 开通，此时变压器次边线圈漏感L_{2k}与开关电容 C_{res} 构成谐振电路，开始谐振。电容 C_{res} 初始电压为 0，然后充电，此时初始电流i_1从初始电流$\left(I_0\approx\frac{i_L}{n}\right)$开始上升，次边电流$i_2=i_L+i_{Cres}$。经过一段时间再下降，一直到$t_2$时刻$i_1$又回到$I_0$，此时电压$u_{Cres}$到达峰值。

因谐振初始时刻 t_1，电感电流为$I_{L0}=I_0$，电容电压为$U_{C0}=0$，根据式(6-7)可知，此阶段谐振方程为

$$\begin{cases} i_{L2k}(t)=I_0+\dfrac{U_R}{Z_0}\sin\omega_0(t-t_1) \\ u_{Cres}(t)=U_R(1-\cos\omega_0(t-t_1)) \end{cases} \tag{6-17}$$

谐振频率为

$$f_0=\frac{1}{2\pi\sqrt{L_{2k}C_{res}}}$$

谐振电路特征阻抗为

$$Z_0=\omega_0L_{2k}=\sqrt{L_{2k}/C_{res}}$$

次边电流i_2最大值为

$$i_{2\max}\approx\frac{U_d/2}{nZ_0}+I_0$$

原边电流i_1最大值为

$$i_{1\max}=\frac{i_{2\max}}{n}$$

原边电流最大值$i_{1\max}$将使变压器和主开关 IGBT 的型号选择变大。

(3) t_2～t_3 时段。从 t_2 时刻开始，谐振过程继续，此时$i_2\leqslant i_L$，因$i_2=i_L+i_{Cres}$，$i_{Cres}\leqslant 0$，电容C_{res}开始通过S_{res} (IGBT)的反并联二极管 D_{res} 放电。根据$i_2+(-i_{Cres})=I_L$，谐振过程仍然继续，并且i_2逐渐减小，此时C_{res}的放电电流($-i_{Cres}$)逐渐增加。直到 t_3 时刻，谐振使$i_2=0$，此时$-i_{Cres}=I_L$，D_1、D_4 截止(S_2 导通时 D_2、D_3 截止)，此时$L_{2k}-C_{res}$谐振过程结束，如图 6-22 所示的 t_2～t_3 时刻。此时$u_{Cres}=u_3$，u_3的大小可以由式(6-17)求出。此时因$i_2=0$，故$i_1=0$，从而为斩波开关器件 S_1 的零电流关断创造了条件。此时关断主开关 S_1 为零电流关断。

(4) t_3～t_5 时段。t_3 时刻$i_2=0$，此时因变压器次边整流电路二极管的单相导电性，电流不可能倒流，谐振电容C_{res}只能通过 S_{res} 的反并联二极管 D_{res} 向负载电感 L 放电。此期间关断 S_{res} 为零电压、零电流关断。此阶段满足方程：

$$u_{Cres} = u_3 - \frac{I_L}{C}(t - t_3) \tag{6-18}$$

直到 t_4 时刻 u_{Cres} 下降到 0 时，S_{res} 的反并联二极管 D_{res} 关断，负载电流 i_L 经次边的二极管续流，变压器次边电压 u_2 和原边电压 u_1 都 0，并为负载 R 提供能量。在 t_3～t_5 时段，原边、次边线圈电流 $i_1 = i_2 = 0$。

(5) t_5～t_7 时段：完成对称的电流充放电过程。

从波形图 6-22 可见，谐振电容 C_{res} 的开关频率是开关管开关频率的 2 倍。因此 ZCS 电路的实质是在主开关管关断前，通过加入谐振电感、谐振电容和辅助开关管，产生谐振，使主开关管关断前的电流下降为 0，实现主开关管 S_1、S_2 的零电流关断，以减小开关损耗。

与动车组 CRH_1 采用硬开关方式的辅助变流器不同，CRH_5 动车组的辅助变流器，就采用了零电流开关(ZCS-PWM)技术，电路原理图如图 6-23 所示。

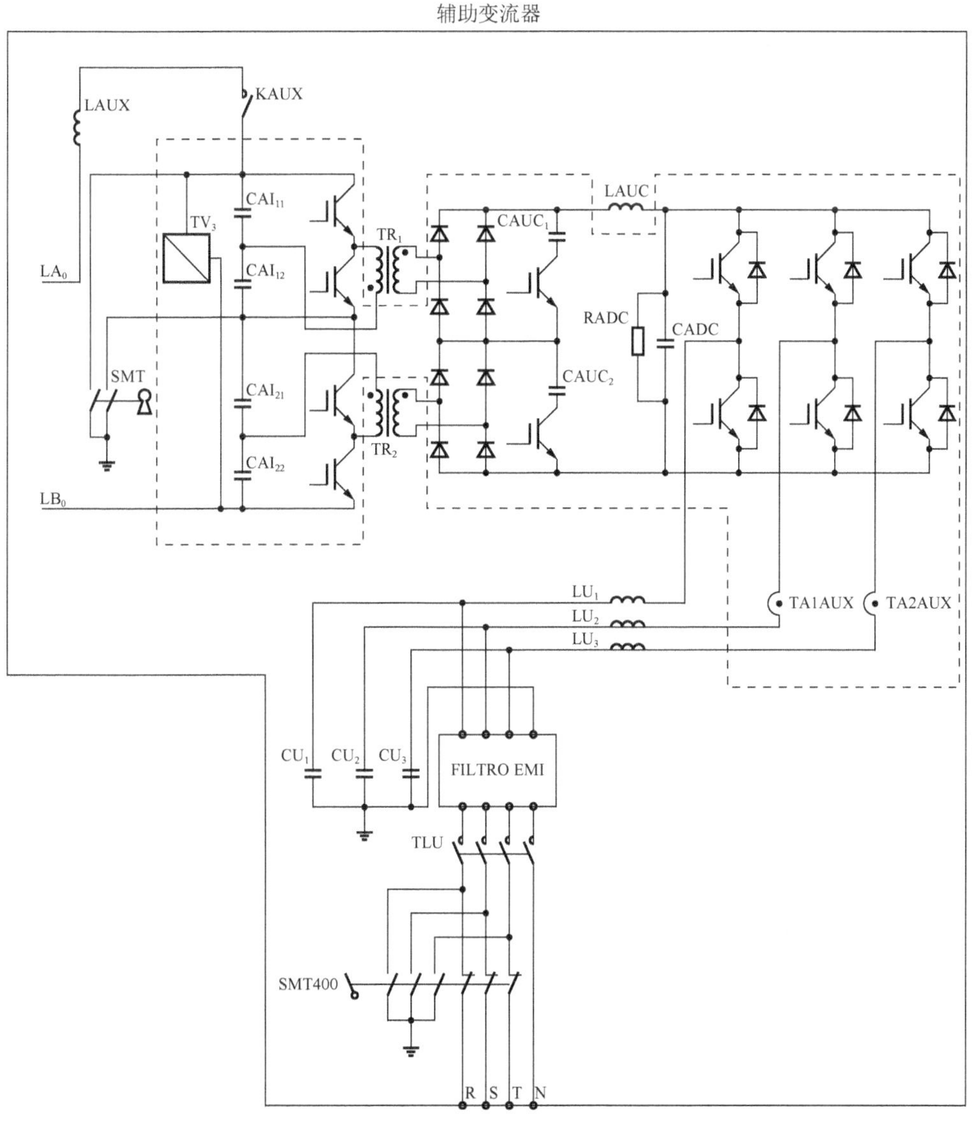

图 6-23　CRH_5 辅助变流器的工作原理图

FILTRO EMI-EMI 滤波器；TLU-输出遥控开关；SMT400-手动隔离开关；SMT-接地开关

图中隔离变压器次边线圈的漏感没有画出，但存在漏感。此外，为提高逆变器所需的整流后的直流环节电压、减小每一组谐振电容的峰值电压，采用两组串联的单相半桥斩波电路。辅助功率模块采用双段式结构，前段为斩波降压，后段为谐振整流加逆变。从主变流器中间回路给出的辅助变流器输入电压(3600V)，经过隔离开关 KAUX、输入 L-C 型滤波器的滤波电抗器 LAUX(200μH)和滤波电容器 CAI_{11}、CAI_{12}、CAI_{21}、CAI_{22}(4120μF)进入变流器辅助模块内，经过两组串联输入的单相半桥斩波电路(开关频率为 4kHz)、两个斩波降压变压器(TR_1、TR_2)、两组串联输出的单相全桥整流电路，以提高输出直流环节电压。该结构构成了一个输入串联输出串联变换器。

电力电子系统集成通常分为元器件级集成、模块级集成、系统级集成 3 个层次。系统级集成中的一种就是标准化模块输入和输出的串并联。串并联组合系统可以分为以下 4 类：输入并联输出并联(Input Parallel and Output Parallel，IPOP)、输入并联输出串联(Input Parallel and Output Series，IPOS)、输入串联输出并联(Input Series and Output Parallel，ISOP)、输入串联输出串联(Input Series and Output Series，ISOS)。其中，ISOS 变换器可以用输入电压和输出电压均较低的模块组成输入电压和输出电压均较高的系统，适用于输入电压和输出电压均较高的场合(如轨道交通辅助系统控制电源、三相功率因数校正、三相并网逆变器、三相有源电力滤波器等)，但需要对输入均压和输出均压的控制。此外，电压传感器 TV_3 用来测量在输入滤波器上的电压，使辅助变流器的运行只能限制在预先设定的变化范围内。

输入串联输出串联的变换器输出脉宽可调的斩波电压，再经过串联的两组谐振滤波器(两个 IGBT、两个电容串联组成，谐振用的 IGBT 开关频率为 8kHz)和滤波电抗器 LAUC(1mH)、滤波电容 CADC(980μF)、放电电阻(RADC)构成的低通滤波器，滤除高次谐波，输出辅助逆变器所需 DC 环节的 600V 输入电压，再经过空间电压矢量逆变器(开关频率 2kHz)输出三相 PWM 电压。电感 LU_1～LU_3、电容 CU_1～CU_3 构成的三相低通滤波器将辅助逆变器输出的三相交流电压(AC380V/50Hz)中的高次谐波成分进一步滤除。

其主要技术参数如下。斩波 IGBT 元件：3.3kV/1.2kA。谐振 IGBT 元件：1.7kV/600A。逆变 IGBT 元件：1.2kV/1.2kA。冷却方式：水循环冷却。

此外，在新一代轨道车辆的电力电子装置中，还采用了零电压零电流(ZVZCS-PWM)的软开关技术，由于篇幅所限，就不深入介绍了。

思　考　题

6-1　软开关与硬开关方式比较，有何优越性？

6-2　说明零开关谐振、零开关 PWM 变换器、零转换 PWM 变换器的相互区别。

6-3　说明零电压开关 PWM(ZVS-PWM)变换器的基本工作原理。

6-4　说明零电流开关 PWM(ZCS-PWM)变换器的基本工作原理。

6-5　对比 CRH_1、CRH_2、CRH_3 和 CRH_5 的辅助变流器和充电机，哪些采用硬开关方式？哪些采用软开关方式？

6-6　举一轨道车辆电力电子装置中采用零电压零电流(ZVZCS-PWM)软开关技术的电力电子装置的实例，并说明其工作原理。

第 7 章　轨道车辆主电路

7.1　轨道车辆主电路的基本结构

7.1.1　主电路的基本结构

图 7-1 所示为轨道车辆主电路的基本结构，牵引系统经过受电弓从电网上获取电压，经主变压器(TRA)(主变压器的状态由高压控制箱(HVC)监控)，从主变压器的牵引线圈进入变流器箱(CB)，经 CB 中的网侧变流器(LCM)经四象限整流将主变压器牵引线圈输出的交流电压转换成直流环节电压，然后经过直流环节过电压保护电路(OVP)、电阻制动斩波器(CH)或给牵引电机逆变器(MCM)供电，MCM 将直流环节电压转变为变压变频(VVVF)的三相交流电压，带动交流异步牵引电机(TMO)，经齿轮变速箱(Gear Box)带动车轮(Wheel)在钢轨上行走。根据逆变器带动电动机的方式可分为架控和轴控。其中 HVC、TRA、和 LC 由网侧变流器控制器(DCU/L)监控，CH、MC、TMO 和齿轮变速箱由电机侧变流控制器(DCU/M)监控。整个系统都经过列车网络控制。如果其中一个环节出现问题或不工作，则整个系统受损害。

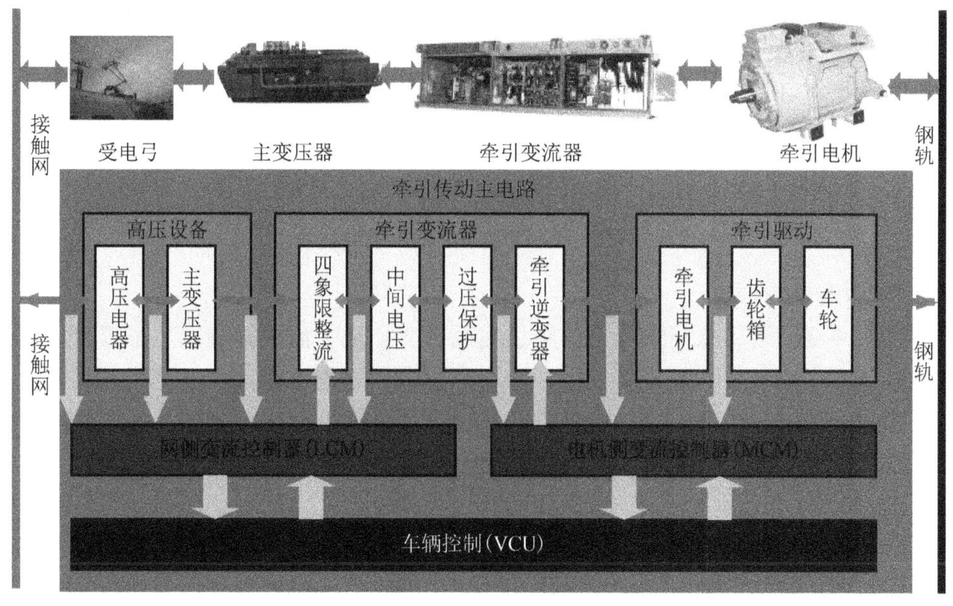

图 7-1　牵引主电路基本结构示意图

通常，轨道车辆主电路主要包括网侧的高压系统、牵引系统和辅助供电系统等几部分。辅助供电系统还包括蓄电池系统。

(1) 高压系统。主要由受电弓、主断路器、避雷器、电压互感器、电流互感器、接地开关、网侧滤波器、受电弓切断开关等部件组成。高压系统是给主变压器供电，从而给后面的牵引系统和辅助供电系统提供电能，同时还有滤波和保护的作用。高压控制箱(HVB)用来监控变压器的运行状态。

(2) 牵引系统。主要由主变压器(MT)、牵引变流器(包括网侧变流器(LCM)、直流环节(DC_Link)、电机变流器(MCM)，动车组和 HXD 普遍采用电压型的整流器和逆变器)、牵引电机(TMO)等组成。牵引系统的作用是经过主变压器次边降压后(交流电频率不变)，通过牵引变流器进行交直交转换，输出变压变频(VVVF)的电能，带动异步牵引电动机。具体是主变压器次边电压经过网侧变流器整流后，经直流环节可以保持直流环节电压稳定、滤波和交换无功功率等。然后经过电机逆变器将直流电压逆变成幅值、频率可调的交流电压带动异步电动机。幅值对应电动机的转矩、频率对应电动机的转速。牵引系统可以进行牵引工况、再生制动工况，还有电阻制动工况的转换。

(3) 辅助供电系统。主要由辅助变流器(ACM)、三相 L-C 滤波器、三相辅助变压器等组成，还包括蓄电池系统。作用是提供如三相 AC380V，DC110V 等电压给全车辅助供电。

7.1.2 牵引变流器的基本组成

牵引变流器的基本组成结构如图 7-2 所示，主要包括整流器(现代轨道车辆主要采用脉冲整流器)、直流环节和电机逆变器等部分。直流环节往前靠近电网侧的部件统称为网侧，直流环节往后靠近电机部分的部件统称为电机侧。

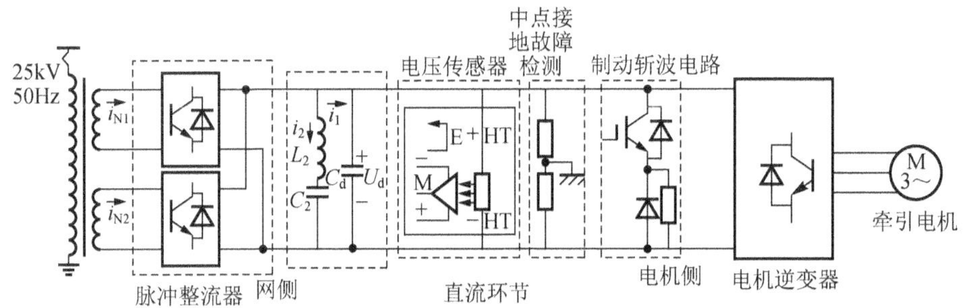

图 7-2　牵引变流器的基本组成结构

1. 四象限脉冲整流器

四象限脉冲整流器用来把主变压器牵引线圈的交流电整流成直流电，不仅可以工作在整流状态也可以工作在逆变状态；不仅用于牵引也可以用于再生制动，把列车的动能和位能变为电能反馈到电网中去，而且动态响应速度比较快，系统稳定性比较好。而且采用 PWM 方法，可使整流器的功率因数接近±1，与相控整流相比极大地减小了谐波电流分量，并可消除特定的谐波电流。

轨道车辆中的脉冲整流器包括两电平和三电平脉冲整流器，而且为了提高容量和减小网侧、直流环节和电机侧的谐波，无论动车组还是电力机车，脉冲整流器普遍采用了多重化和载波移相技术。

2. 直流环节(DC_Link)

直流环节是四象限脉冲整流器和电机逆变器的连接纽带，主要由支撑电容、电容的放电电阻、附件电容及放电电阻、接地开关、过电压保护电路及脉冲整流器的二次谐振滤波器等组成。主要功能是：①与四象限脉冲整流器和逆变器交换无功功率和谐波功率；②与异步电动机交换无功功率；③与四象限整流器的电抗器交换无功功率；④支撑直流环节电压，使其保持稳定，便于电压型的脉冲整流器和逆变器的控制。

(1) 二次谐振滤波器(L_2 - C_2)。适合用于滤除某一特定频率的谐波(如二次谐波)，效果很好，与无二次谐振滤波器相比，通常可以使支撑电容 C_d 取值较小，如 CRH_1 和 CRH_3 车型。但二次谐振滤波器容易造成电磁干扰(EMI)，通常放在变流器外部的滤波器箱中，滤波器箱严格按照电磁兼容性(EMC)标准进行设计，防止发生电磁辐射。

(2) 支撑电容(C_d)。因电路的功率很大，所以需要中间有很大的支撑电容。该环节由支撑电容和放电电阻并联组成，直流环节支撑电容的作用在于：①存储能量，稳定和平滑直流环节电压；②补偿后级异步电机的无功功率；③削弱来自四象限整流器对逆变器的高次谐波干扰。

(3) 过电压保护电路(OVP)。也称瞬时过电压限制电路或制动斩波电路，主要由电力开关管(如 IGBT 或晶闸管 SCR)和限流电阻组成，并与电压传感器配合。当电压传感器检测到直流环节过电压时，使开关管导通，通过限流电阻放电，以降低直流环节电压，保护脉冲整流器和逆变器中的开关管。通常开关管采用 IGBT，但当直流环节电容比较大时，存储的能量比较多，放电电流比较大，往往采用 SCR 放电，如 CRH_2 车型。此外，直流环节保护中除了过电压保护外，还有过电流或短路保护。

(4) 接地故障检测电路。一般分为电压法和电流法，电压法一般是利用接地故障发生时，中间电容的电压将发生变化，通过监测电容两端电压的变化，将该信号反馈给相应的变流器控制单元来处理接地故障。电流法在正常情况下，接地检测电流为 0，当发生接地故障时，接地检测电流大于某一阈值，并进行接地保护动作。

此外，直流环节还有电压传感器、接地开关等部件。

3. 电机逆变器

与直流电机相比，交流感应电机具有结构简单、紧凑、重量轻、单位体积输出功率和转矩大、无导致环火的换向器等优点，还具有故障率低、易于保养等优点。将其应用在轨道车辆中，必须有大范围的速度控制和扭矩控制。通过变压变频(VVVF)的电机逆变器可以改变输出交流电的电压和频率，因此能控制交流感应电机的转矩和速度。

轨道车辆上采用的电机逆变器的电路结构主要包括两电平和三电平的逆变器，调制方式普遍采用 SVPWM，部分采用 SPWM。控制方式普遍采用矢量控制，部分采用直接转矩控制。

根据 1 个电机逆变器可以带动 1 或几个电机，可分为架控和轴控。架控是指一个逆变器控制 2 个或以上的电机，如控制一个转向架的 2 台(动车组比较多见)或 3 台电机(电力机车比较多见)。轴控是指一个逆变器独立控制一个电机。严格意义上的轴控应该是电机逆变器前的整流器、中间回路也是完全独立的。实际中，为了降低成本和减小体积，整流器和直流环节还是几个逆变器和电机共用。特别是在部分 HXD 电力机车中，共用直流环节的情况比较多，如共享二次谐振电路、接地检测电路、OVP 放电电路等。相互之间用隔离开关连接。当某个直流环节出现故障时，通过隔离开关断开。

选择一种合理的主电路是主变流器成功设计的关键要素之一。主变流器主电路的选择应该根据轨道车辆的功率等级、可靠性要求、维修方便、控制性能及经济性要求综合考虑。

7.2　动车组的主电路

7.2.1　CRH$_1$ 动车组主电路

1. CRH$_1$ 动车组主电路结构

CRH$_1$ 动车组主电路结构如图 7-3 所示。

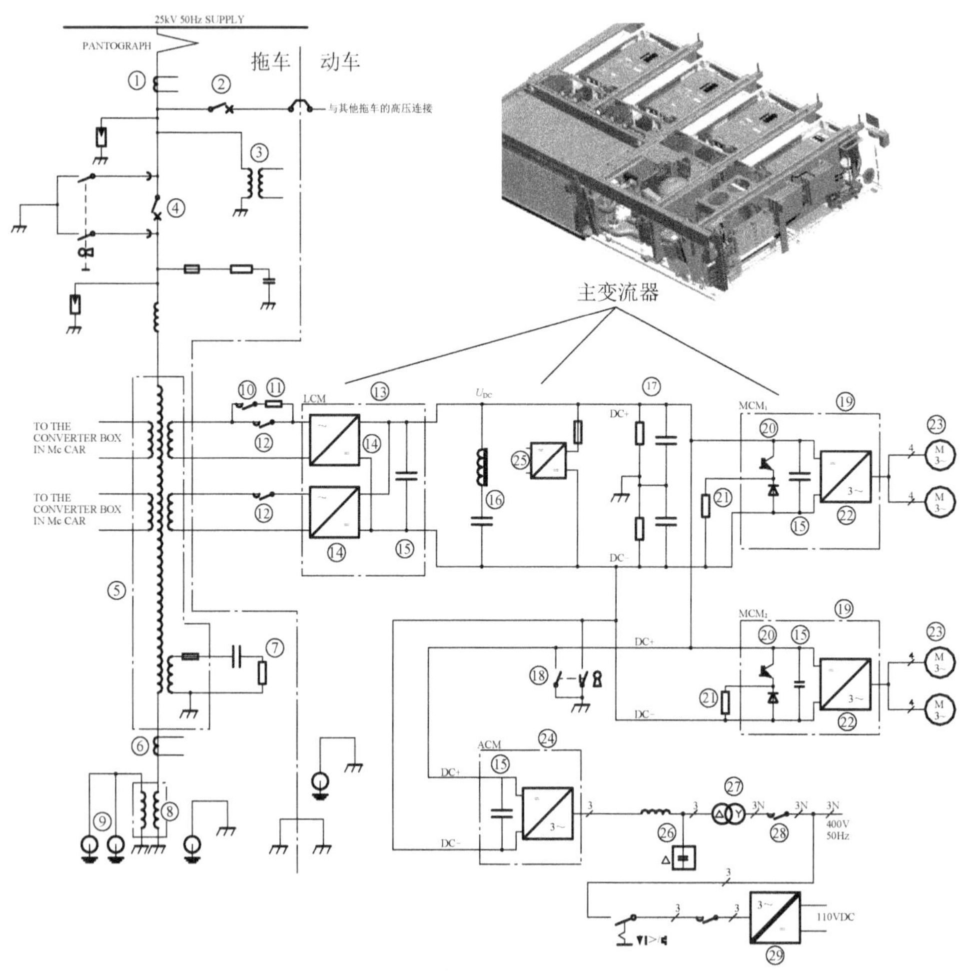

图 7-3　CRH$_1$ 动车组主电路结构图

①-过电流互感器；②-高压线网侧断路器；③-网侧电压互感器；④-变压器网侧断路器；⑤-主变压器；⑥-网侧电流互感器；⑦-网侧谐波滤波器；⑧-接地变压器；⑨-接地电刷；⑩-充电接触器；⑪-充电电阻；⑫-隔离接触器；⑬-网侧变流模块；⑭-脉冲整流器；⑮-直流环节稳压电容；⑯-二次谐波滤波器；⑰-直流环节；⑱-直流环节接地开关；⑲-电机变流模块；⑳-过电压保护电路；㉑-过电压放电电阻；㉒-直流环节电机逆变器；㉓-牵引电机；㉔-辅助变流模块；㉕-预充电单元；㉖-三相 L-C 滤波器；㉗-三相变压器；㉘-三相隔离接触器；㉙-电池充电模块

动车组采用交流传动技术，主变流器为两电平方式。动车组由 3 个相互独立、各自完整的动力单元(TBU)组成。每个动力单元都有一套完整的牵引系统。动车组共有两个受电弓，互为备用。受电弓之间用高压电缆连接。每个动力单元的牵引系统主要由主断路器、主变压器(MT)、网侧滤波器(FB)、网侧变流器(LCM)、直流环节(DC-Link)、电机变流器(MCM)、牵引电机(TMO)等组成。

主变压器将接触网的 25kV 高压转换成适合于牵引和辅助供电的电压(900V/AC)，并实现高压系统和牵引系统中压的电气隔离。主变压器的漏抗设计能够满足减少冲击电流、滤掉网侧变流器产生的谐波电流的作用，并提供网侧变流器(PWM 脉冲整流器)需要的电感。主变压器采用循环油冷却，并可以通过 TCMS 对变压器的冷却系统进行监控。主变压器的次边滤波绕组接网侧谐波滤波器。网侧谐波滤波器(LHF)用于消除由线路噪声引起的谐振所产生的干扰电流。此外，其他车顶高压设备主要都是为了保证主变压器的可靠工作。CRH_1 主变流器箱如图 7-4 所示。

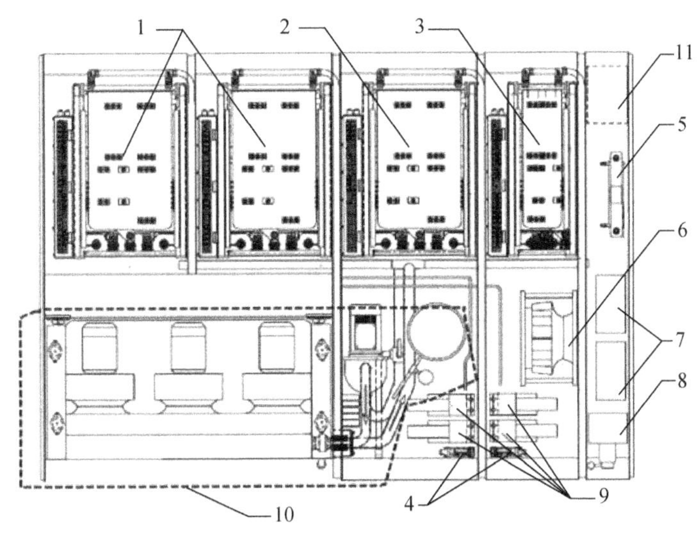

图 7-4　CRH_1 主变流器箱

1-电机逆变模块(2 个)；2-网侧变流模块(1 个)；3-辅助逆变模块；4-充电接触器；5-充电电阻；6-内部冷却系统；7-过电压电阻；8-接地接触器；9-隔离接触器；10-外部冷却系统；11-I/O 单元

2. CRH_1 动车组牵引变流器

牵引变流器和牵引电机主要将主变压器输出的电能转换成轮周牵引力，电能转换形式为交直交。这一转换主要分以下几个步骤。

(1) 网侧变流器将主变压器次边绕组的交流电压(900V/AC)转换成稳定的直流环节电压 1650V/DC，直流环节电压变化范围为 1400～1900V。直流环节为电机变流器供电，将直流环节电压转换成 VVVF 牵引电机电源。一个动车单元上的两个全桥脉冲整流器构成一个网侧变流器单元，每个脉冲整流器的交流侧同主变压器的次边绕组连接，并在直流侧并联。网侧变流器对主变压器的次边绕组电压和接触网电压的相位角进行控制，使列车的功率因数接近于 1。两个网侧变流器的 IGBT 能够进行移相控制，以减少接触网电流中的谐波。

(2) 直流环节的任务是稳定网侧变流器的输出电压，并用二次谐波滤波器减少接触网和网侧变流器电源脉动，以免引起牵引电机力矩的波动。电机侧变流器可以在网压失电时，通过实施较低水平的再生制动来保持直流环节的电压。这样可以使牵引电机保持励磁，提高牵引系统的反应时间，同时保证辅助供电系统的持续供电。

(3) 电机逆变器是采用空间矢量控制(SVPWM)的两电平方式电压型逆变器，在牵引电机的额定转速以上采用方波调制来提高输出功率，并调整逆变器的频率以避开信号系统的安全临界频率。牵引变流器采用 500～1000Hz 的开关频率，以降低输出电压中的谐波含量，从而使牵引电机的能量损失和转矩脉动降至最低。牵引电机弹性安装在转向架的构架上，变速箱为轴挂式，牵引电机通过连轴节与齿轮传动箱相连。牵引电机为强迫风冷式三相鼠笼式异步电机。一个电动机逆变器同时给一个转向架上的两台牵引电动机并联供电。

牵引变流器采用先进的 IGBT(3300V/1200A) 器件。在出现过电压、过电流、接地故障和过热时牵引系统自动保护。牵引控制器和 IGBT 的门极驱动电路(GDU)之间通过光纤进行传输，以使系统有较高的抗干扰能力。CRH_1 的高压系统、牵引系统和辅助系统的主要设备的作用如表 7-1 和表 7-2 所示。

表 7-1　CRH_1 高压系统主要设备的作用

设备位置	设备名称	用　途
车顶设备	受电弓	受电弓从接触网将高压交流电导入列车，气动控制受电弓升起或降下，可使列车与供电网连接或断开。一辆列车有两个受电弓，升弓、降弓命令按钮位于 Mc 车的司机室内
	网侧高压电缆	将两个受电弓连接起来，并将网侧电压传输给位于底架上的主变压器，其任务之一是将受电弓的电流传导至底架的主变压器，另一个任务是在车辆之间传导电流
	高压总线网侧断路器(LCBB)	高压总线网侧断路器是高压开关，置于 Tp 车，共 2 个。仅当高压电缆和车顶之间发生短路时，断开高压电路，从而保护电网侧电路。LCBB 由 VCU 控制
	变压器网侧断路器(LCBT)	安装在拖车车厢的顶部。①用来接通/隔离与主变压器的连接。②同时也在过载或短路条件下关闭电路。③受实际网侧电压控制。当电压互感器检测到过压、过分相或升降受电弓时，由 TCMS 系统控制 LCBT 断开或重新闭合。断路器也由网侧解扣电路控制。该电路主要包括：①过电流继电器，影响过电流继电器的过电流可用过电流互感器测量；②主变压器油位继电器；③DCU/Ms 和 DCU/Ls 中的网侧解扣继电器，当出现严重变流器故障(保护性关闭)和 DCU 停止时，DCU 中的网侧解扣继电器打开。任何一个都可通过中断网侧解扣电路命令断路器断开，断路器随即断开
	避雷器	氧化锌避雷器保护网侧电压供电系统不受接触网因雷击产生的过电压和操作网侧断路器产生的操作过电压的影响，每个 Tp 车有 2 个，负载侧 1 个，电网侧 1 个，Tb 车只有 1 个负载侧
	接地开关	维修工作时用作安全接地开关，与 LCBT 一体
	电压互感器	测量变压器，用于测量网侧电压，网侧电压信号是由 25kV 的网侧电压转换的值，它对应于发送至列车计算机的 25V 输入信号。网侧电压为 17.5～30kV 时，变压器网侧断路器 LCBT 可以闭合。网侧电压在以下情况下，LCBT 将断开：①大于 31.1kV 超过 1s；②大于 30.1kV 超过 5min；③小于 16.9kV 超过 1s
	电流互感器 1	用于探测网侧电压系统中的短路故障，直接将主断断开
	网侧滤波器	用于消除网侧电压系统在断路器操作中产生的瞬间谐波
	网侧谐波滤波器	用于消除网侧电流中的谐波成分
	瞬态电抗器	抑制主变压器在网侧断路器接通瞬间产生的浪涌电流
底架设备	主变压器	降压，向变流器模块提供电能并滤波
	接地变压器	与接地电刷相连，防止轴承箱发生电化学腐蚀。其工作原理是将主变压器的返回电流强制通过返回电流装置，否则电流将会通过轴的轴承。变压器可作为电流变压器运行，比率为 1:1。主变压器的电流 I_1 通过主线圈，强制电流 I_2 通过第二线圈。电流 I_2 与电流 I_1 相等
	电流互感器 2	用于测量初级绕组的电流，测量值发送至网侧变流器的计算机(DCU/L)
转向架设备	转向架回流装置	接地刷确保车体和转向架与铁轨之间的良好接地；车体与转向架之间的接地装置确保车体不带电

表 7-2　CRH_1牵引系统及辅助电气系统主要设备的作用

位　置	名　称	作　用
10	充电接触器(CC)	正常工况(Normal Mode)，在 SC 闭合之前接通，给直流环节充电
11	充电电阻	限制充电电流
12	隔离接触器(SC)	正常牵引工况时接通主变压器和 LCM_6，然后 CC 断开。牵引变流器故障时，SC 隔离
13	网侧变流器(LCM)	整流输出给直流环节，由 2 个脉冲整流器构成，可进行再生制动
14	脉冲整流器	整流、有源逆变和升压
15	稳压电容	稳压、滤除较高次谐波
16	二次谐振滤波器	滤除电压型脉冲整流的二次谐波电流
17	直流环节(DC-Link)	稳压，由支撑电容和放电电阻构成，电阻还起均压作用
18	直流环节接地开关	维修时给直流环节放电
19	电机变流模块(MCM)	带动牵引电机及相应的控制和保护
20	过电压保护(OVP)	制动时直流环节电压过高时，给直流环节放电，此时为电阻制动
21	OVP 放电电阻(电阻制动)	提供过电压电流通道，制动产生的过高的电能在电阻上以热能形式消耗掉，反并联二极管续流
22	电机逆变器	将直流环节电压逆变成电机所需的变压变频(VVVF)的交流电压，采用矢量控制和 SVPWM 调制方式
23	牵引电机	三相鼠笼式异步电动机，给动车组提供牵引力
24	辅助交流模块(ACM)	将直流环节电压逆变成 876V/50Hz 的恒压恒频(CVCF)的交流电压
25	预充电单元	被动牵引模式下(Towing Mode)给直流环节充电
26	三相 L-C 滤波器	低通滤波，将 50Hz 基波通过，滤除开关频率附近的高次谐波
27	三相变压器	△/Y，降压为 400V/50Hz，隔离、去除负载三次谐波
28	三相接触器	三相负载的通断及保护

7.2.2　CRH_2动车组主电路

1. CRH_2动车组主电路结构

牵引变压器牵引绕组输出 1500V/AC、50Hz 单相交流电源，牵引变流器采用三电平方式，三点式变频器具有直流环节电压高和谐波含量少的优点。三点式脉冲整流器以 PWM 斩波方式进行整流，控制中间直流电压牵引时在 2600～3000V 范围内，再生制动时稳定在 3000V，三点式逆变器采用异步调制、5 脉冲、3 脉冲和单脉冲相结合的方式进行控制。图 7-5 为 CRH_2主牵引系统示意图。

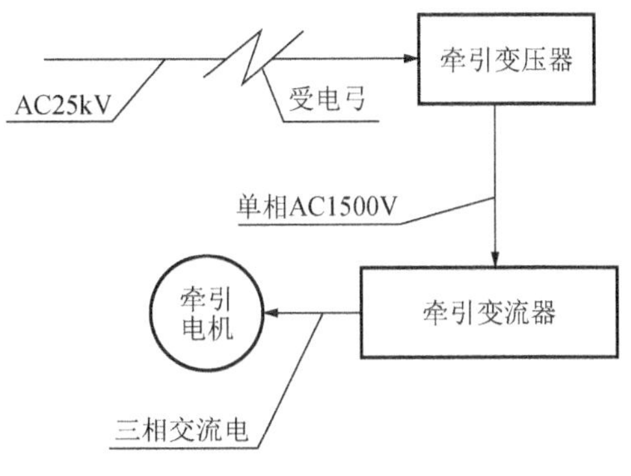

图 7-5　CRH_2主牵引系统示意图

CRH_2牵引变流器采用 CI11 型牵引变流器，如图 7-6 所示，每个动车设置一台牵引变流器，一个基本动力单元设置 2 台牵引变流器，全列车共配置 4 台牵引变流器，每个牵引变流器驱动 4 台并联牵引电机。牵引变流器采用车下吊挂结构，冷却方式采用液体沸腾冷却。主电路采用 3 电平式结构，由三点式脉冲整流器、中间直流电路、三点式逆变器、真空交流接触器及无触点控制装置等构成。上述设备安装在 1 个箱体内，采用铝合金结构。与 CRH_1 主变流器不同，CRH_2 不设二次谐波滤波装置和网侧谐波滤波器，牵引变压器和牵引变流器的重量均得到大幅度降低。牵引变流器采用脉宽调制方式。中间直流电压为 2600～3000V(随牵引电机输出功率进行调整)。1 台牵引变流器驱动 4 台并联牵引电机，牵引电机采用矢量控制方式进行调速。

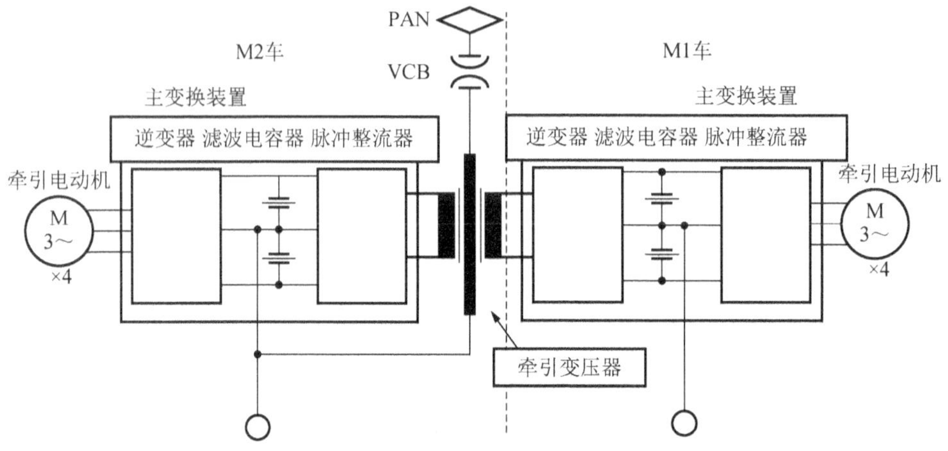

图 7-6　牵引变流器

CRH_2 牵引变流器箱结构如图 7-7 所示，主电路如图 7-8 所示。箱体中央位置配置 2 台脉冲整流器功率模块和 3 台逆变器功率模块。牵引变流器靠列车侧面配置 2 台电动鼓风机(主鼓风机)，向功率模块冷却器送风。箱体内部集中设置真空接触器、继电器单元和无触点控制装置等，便于集中检查。

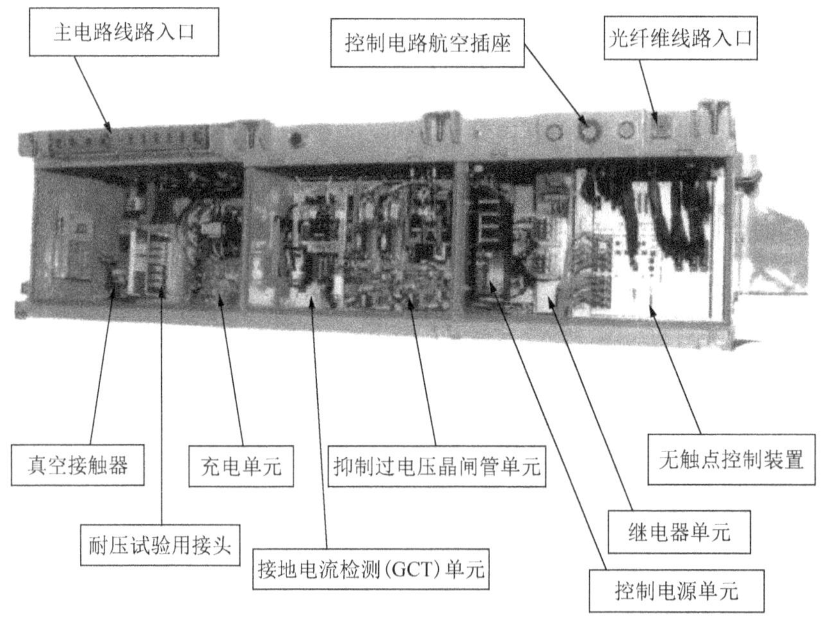

图 7-7　CRH_2 牵引变流器箱结构

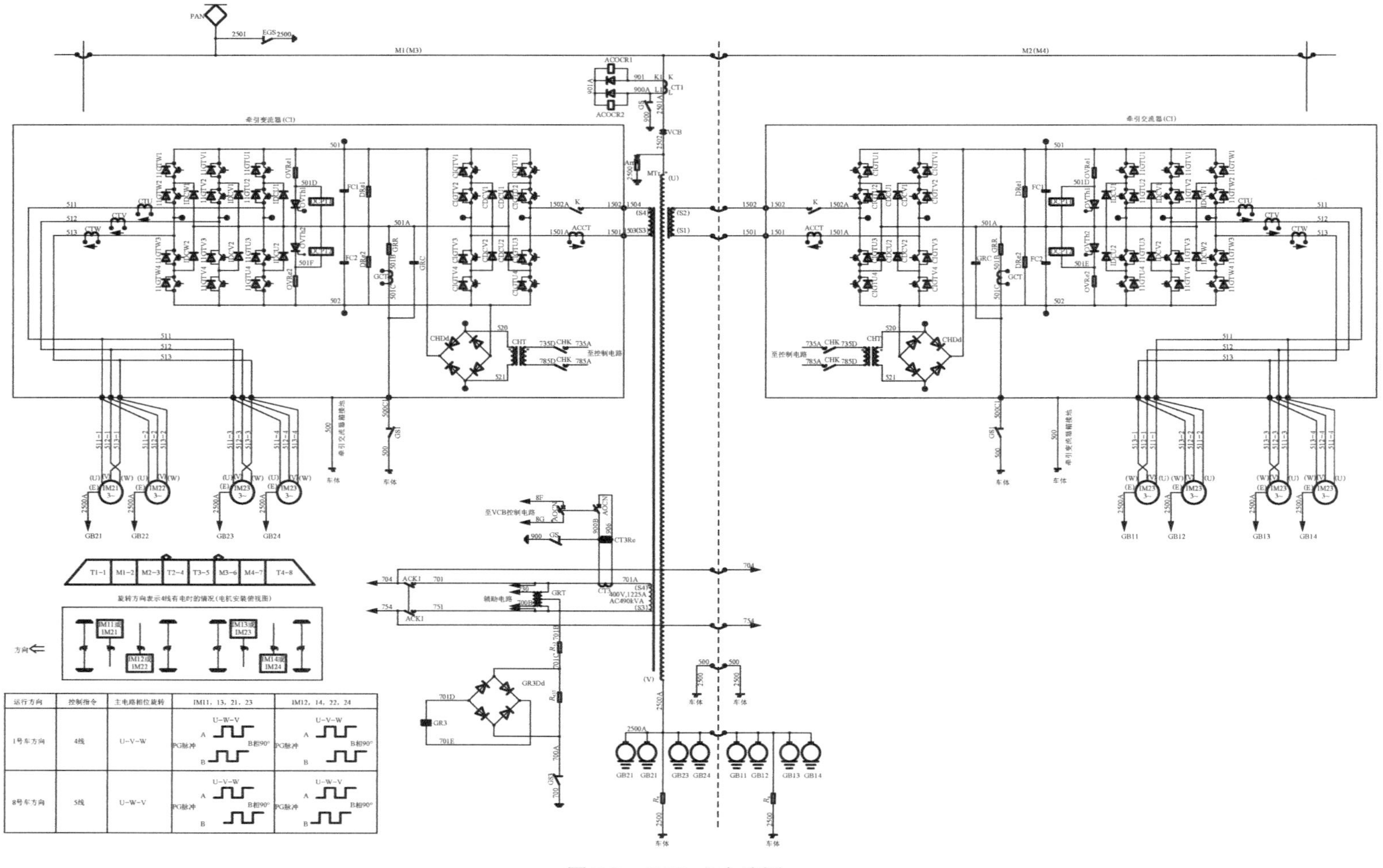

图 7-8　CRH_2 主电路图

◎表示耐压试验连接器插针；带符号*的触点所表示的是断路器的辅助触点；

M1 与 M2 车为一个牵引单元，M3 与 M4 车为一个牵引单元；M1(2 号车)；M2(3 号车)；M3(6 号车)；M4(7 号车)

2. CRH_2 动车组牵引变流器

1) CRH_2 动车组脉冲整流器

脉冲整流器是交流传动动车组的电网侧变流器，在牵引时作为整流器，在再生制动时作为有源逆变器。它要保证中间直流环节电压稳定，交流电网侧功率因数接近 1，还要消除谐波，使电网电流尽量接近正弦，最大限度地提高电网的经济效益。减少电网对周围环境的电磁污染。对于直流侧，在电网电压或负载发生变化时，能够维持中间直流电压的稳定，给电机逆变器提供良好的工作条件。脉冲整流器可以实现牵引与再生工况间快速平滑地转换。脉冲整流器是交流传动动车组上的一个重要电气设备。

CRH_2 动车组的脉冲整流器部分由单相电压型三点式 PWM 脉冲整流器和交流接触器 K 构成，以牵引变压器牵引绕组输出电压 1500V/AC、50Hz 为输入。通过无触点控制装置的控制，实现输出直流电压为 2600～3000V(按速度范围变化可调)的定电压控制及牵引变压器原边侧电压、电流、功率因数的控制。此外，还可通过无触点控制装置实现保护功能。再生制动时，脉冲整流器工作在逆变状态，以中间回路支撑电容器电压 3000V/DC 为输入，向牵引变压器侧输出 1500V/AC、50Hz 电压。交流接触器 K 控制输入侧主电路的接通、断开。

CRH_2 动车组牵引变流器中的脉冲整流器技术参数如下。①控制方式：单相电压三点式 PWM 整流器。②额定参数：输入为 1285kVA(单相交流 1500 V，857A，50Hz)；输出为 1296 kW(直流 3000V，432A)；效率为 98.5%以上(牵引电机额定)；功率因数为 97%以上(在额定负载条件下，除辅助电路和控制电路外)；载波频率为 1250Hz。③整流器构成设备：尺寸为 1015mm×550mm×610mm($W×L×H$)；重量为 190kg。④装备零部件：主控制元件为高耐压 IPM/IGBT/3300V/1200A；钳位二极管为高耐压二极管 3300V/1200A；支撑电容器为 2125 (1±10%)μF；辅助电路为一套，包括缓冲电路、接线盘等。

2) CRH_2 动车组逆变器

逆变器部分以支撑电容器电压为输入，无触点控制装置控制 IGBT 或 IPM 的开通或关断。牵引时逆变器输出电压和频率可调的三相交流电，控制 4 台并联牵引电机的转速和力矩。再生制动时以牵引电机输出的三相交流电源为输入，向支撑电容侧输出直流环节电压。

牵引电机控制采用矢量控制方式，力矩电流和励磁电流独立控制，以提高力矩控制精度、响应速度及电流控制性能。电路构成为与脉冲整流器相同的三点式结构。因为中间直流回路没有二次滤波回路，为防止脉动直流电压对电机力矩产生脉动影响，应在逆变器的脉宽调制方式中采用一定的控制策略来抑制脉动直流电压的影响。

三点式逆变器主电路采用两主管串联与中点带钳位二极管的方案。这种主电路方案可使主管耐压值降低一半，如图 7-9 所示。一相半桥的 4 个主管 TU_1～TU_4 的 3 种不同的通断组合，对应着 3 种不同的输出电位，如表 7-3 所示。

由表 7-3 可以看出，主管 TU_1 和 TU_3 栅极上控制脉冲是互反的，主管 TU_2 和 TU_4 也是如此。同时规定输出电压变化只能是正到零、零到负，或相反的变换，不允许正负之间直接变换。此外，电压型逆变器中上述主管通断转换中必须遵循先断后通的原则，如表中 u_{UO} 从 $+U_d/2$ 到零变换时，先断 TU_1 后通 TU_3；其余类推。用逆变器对异步电机实现变频调速时，在基频内应保持电机主磁通恒定。根据电机学原理，这需要施以电机的基波电压 U_1 随定子频率 f_1 接近呈比例变化。CRH_2 逆变器的性能参数如下。

控制方式：三相电压三点式 PWM 逆变器；额定参数：输入为 1296kW(直流 3000V，432A)；输出为 1475kVA(三相交流 2300V，424A，0～220Hz)；效率为 98.5%以上(牵引电机额定)；

功率因数为 97%以上(在额定载荷条件下，除辅助电路和控制电路外)；载波频率为 1250Hz；载波相位差设定为单元间载波相位控制。逆变器构成设备：尺寸为 660mm×550mm×610mm；重量为 130kg；装备零部件为主控制元件为高耐压 IPM/IGBT/3300V/1200A；钳位二极管为高耐压二极管 3300V/1200A；支撑电容器为 1250(1±10%)μF；其他的有缓冲电路一套、闸控接口电路一套、主电路接线盘一套、冷却器温度继电器 1 个、冷却器(沸腾冷却式)一套、密封部位温度继电器 1 个。电机旋转频率为 0～150Hz、V/F 特性、2300V/116Hz(牵引)、2300V/130Hz(制动)。

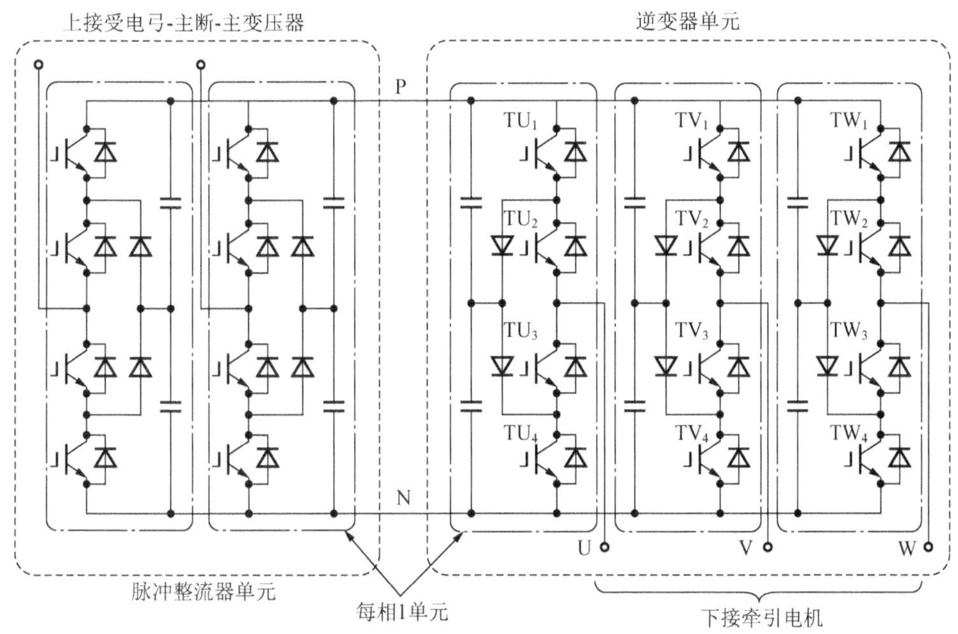

图 7-9　CRH_2牵引变流器电路结构

表 7-3　主管开关状态与输出电位

模式	TU_1	TU_2	TU_3	TU_4	输出相电压 u_{UO}
P	通	通	断	断	$+U_d/2$
O	断	通	通	断	0
N	断	断	通	通	$-U_d/2$

其控制方法如下。直流环节支撑电容器的输入电压，依据无触点控制装置控制信号，输出变频变压的三相交流电对 4 台并联的电机进行速度、力矩控制。再生制动时牵引电机发出三相交流电，经牵引逆变器向支撑电容器输出直流电压。牵引电机控制采用矢量控制方式，独立控制力矩电流和励磁电流，以使力矩控制高精度化、反应高速化，提高电流控制性能。

牵引变流器功率单元集中布置，包括脉冲整流器功率模块(2 台)、逆变功率模块(3 台)。牵引变流器配置有两排气口的电动轴流式通风机，向功率单元冷凝器送风。真空接触器、继电器单元和无触点控制装置等集中布置，便于检修。另外，考虑密封性和检查方便，采用板簧式手动型夹紧装置。

牵引变流器的零部件，考虑到其操作、维修的便利性，采用模块化设计。例如，半导体冷却装置分成脉冲整流器用两台，逆变器用三台的单元，分别具有互换性。控制装置分为无触点控制装置(控制逻辑部)、继电器单元、电源单元等。半导体冷却装置和电动通风机等大型装置采用下部拆装的结构，小型控制单元内的各零部件可以采用不同厂家的产品，维修和检查时需要更换的控制单元，其结构和功能必须具有互换性。

3) CRH_2 动车组变流器中间直流环节

中间直流环节电路如图 7-10 所示。中间电路主要由均压电阻、支撑电容器和过压保护电路构成，目的是获得直流恒压。支撑电容器 5 个并联，分别组装于各个功率模块内，两台脉冲整流器模块各装 1 个，3 台逆变器模块也各装 1 个，合计容量 8000μF。

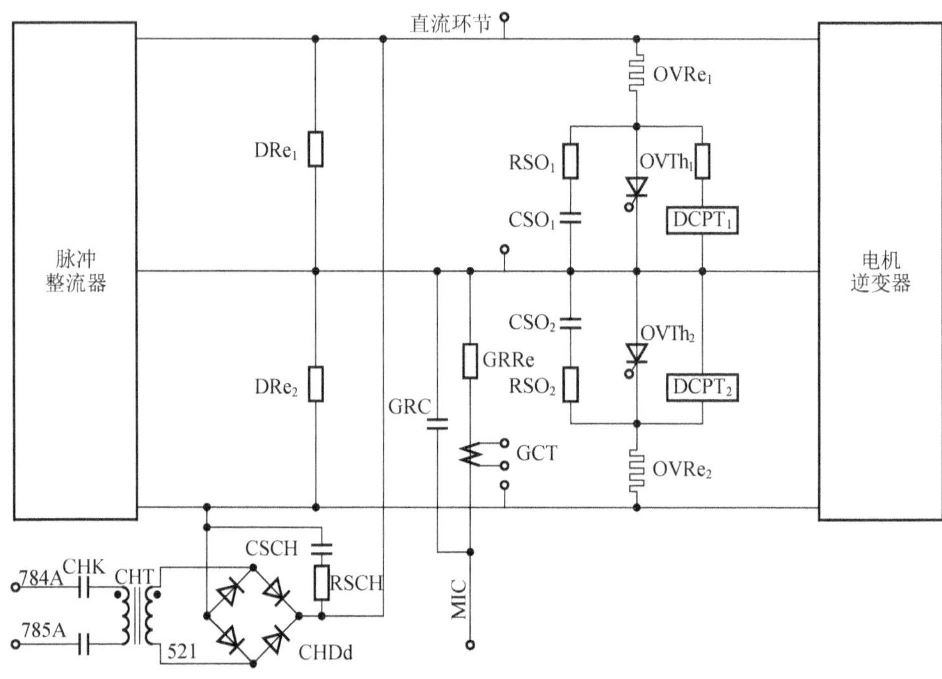

图 7-10　中间直流环节电路

如图 7-11 所示，支撑电容器与预备充电电路相连，启动时通过内置充电电阻的充电变压器从辅助电路进行初期充电，以防止 K 接通时产生过大的冲击电流。换向开关接通方法为接通 CHK 充电(约 1s)，然后断开 CHK，接通 K。

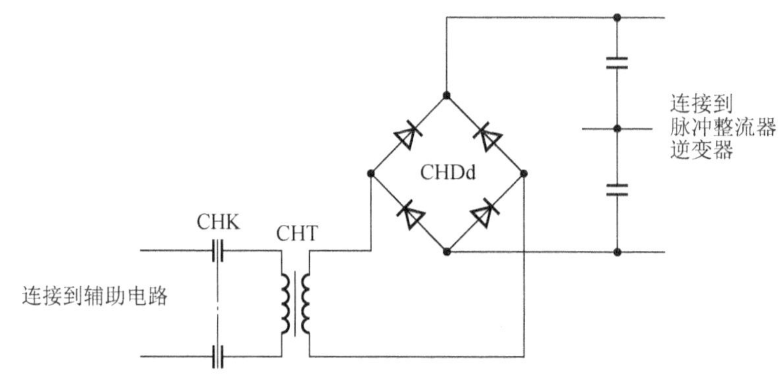

图 7-11　支撑电容器预备充电电路组成

此外，在中间直流电路上设置由电阻和半导体开关构成的过电压保护电路。为防止牵引变流器 1 次侧电源投入用接触器(K)投入时的过大冲击电流，在 K 投入前对支撑电容器进行充电。开始充电的时机是从终端装置输入换向器(Reverser)投入信号时。以下介绍从充电开始到 K 投入为止的流程：①换向器投入；②输出充电用接触器(CHK)投入；③支撑电容器充电；④充电用接触器(CHK)断开；⑤K 投入。

如图 7-10 所示的部分器件的功能简介如下。

(1) GCT：检测牵引变压器二次侧接地电流。根据设定值，OVTh 开通、脉冲整流器及逆变器门极关断及牵引变流器 1 次侧电源接触器(K)断开。

(2) 过电压抑制可控硅单元(OVTh 单元)：OVTh 单元由可控硅、缓冲器(Snubber)电阻、缓冲器电容、栅极驱动基板、直流电压检测器等构成。当检测到支撑电容器过电压，且控制电源关断时，可控硅导通，让支撑电容器放电。

(3) DCPT：组装在 OVTh 单元内，对直流电压进行检测。当检测到 OVTh 误触发(False Firing)、直流过电压、直流低电压、电压异常等时，根据条件，脉冲整流器和逆变器门极关断(Gate-Off)，牵引变流器一次侧电源接触器(K)等断开。

电路中各个参数应满足表 7-4 的规定。

表 7-4　中间直流电路器件参数

序号	部　件	数量	序号	部　件	数量
1	支撑电容器(脉冲整流器) CFC_1	2	11	CSCH	1
2	支撑电容器(逆变器) ICF_1	3	12	接地电流互感器(GCT)	1
3	接地阻抗器(GRRe)	1	13	接地容抗器(GRC)	1
4	抑制过电压电阻器($OVRe_1$)	2	14	支撑电容放电用的可控硅($OVTh_1$)	2
5	支撑电容器放电用电阻器(DRe_1)	2	15	RSO_1、RSO_2	2
6	交流接触器(K)	1	16	CSO_1、CSO_2	1
7	交流接触器(CHK)	1	17	直流电压互感器($DCPT_1$)	2
8	变压器(CHT)	1	18	交流电压互感器(ACCT)	1
9	不控整流器(CHDd)	1	19	三相输出电流互感器(CTU、CTV、CTW)	3
10	RSCH	1			

4) 沸腾冷却方式

冷却器工作原理如图 7-12 所示。蒸发器外壁面直接接触元件，外壁面吸收的元件热量传递到内壁面后用于内部制冷剂沸腾，制冷剂沸腾的汽化潜热从内壁面吸收。制冷剂沸腾产生的蒸汽被直接导向冷凝器。冷凝器外部为数量众多的散热片，处于冷却风冷却状态。蒸汽接触到冷凝器内壁后放出汽化潜热并液化，在重力作用下流回蒸发器。从而可以有效提高功率器件的性能，增强装置冷却性能、减小体积、降低重量。冷却器通过上述循环从而具有较高的冷却能力。通过采用蒸发器内存制冷剂，可以实现较高的冷却性能。

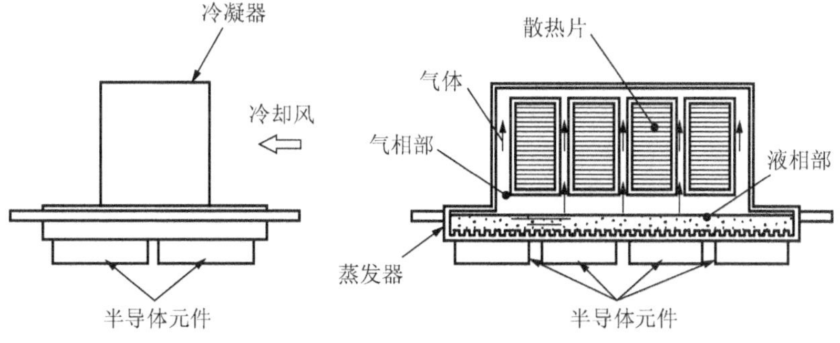

图 7-12　冷却器工作原理

7.2.3 CRH_3动车组主电路

1. CRH_3动车组主电路结构

主电路主要由网侧高压电器、牵引变压器、牵引变流器和牵引电动机等组成，如图 7-13 和表 7-5 所示。

表 7-5　CRH_3的牵引系统构成

CD 直流侧电容器	VLW 预充电电阻器
CSK 电容器(串联谐振电路)	4QC 四象限脉冲整流器
LSK 电感器(串联谐振电路)	PWMI 脉宽调制逆变器
LCT 线路电流互感器	RMUB 限压电阻器
LVT 线电压互感器	TC 牵引变流器
TM 牵引电机	TCT 变压器电流互感器
TW_1～TW_4主变压器牵引绕组	TF 变压器
MUB 过压限制器	KS 短路断路器
ESE 接地故障检测模块	

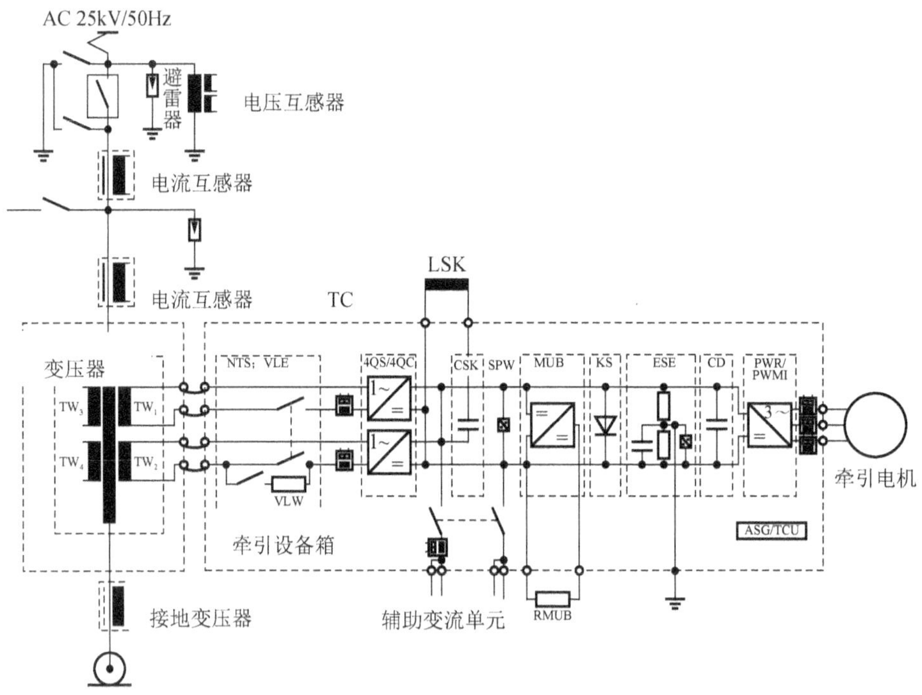

图 7-13　CRH_3牵引变流器零部件示意图

VLE-预充电装置；VLW-预充电电阻器；4QC-四象限整流器；CD-直流侧电容器；CSK-电容器(串联谐振电路)；LSK-电感器(串联谐振电路)；MUB-过压限制器；RMUB-限压电阻器；KS-短路保护器；ESE-接地故障检测模块；NTS-线路接触器；PWMI-脉宽调制逆变器；SPW-电压转换器；TC-牵引变流器；TCU-牵引控制单元

2. CRH_3动车组牵引变流器

1) 概述

CRH_3动车组有 4 台牵引变流器，每套牵引变流器中有两组四象限整流器(4QC)、一组逆变器、一组牵引控制装置、冷却系统及中间直流环节，每一组逆变器控制 4 台牵引电机。变流器的主要功能是将 25kV/50Hz 的单相交流电压通过牵引变压器降压后，输出单相 1770V/AC/50Hz 的电压，经四象限整流得到 2700～3600V 的中间直流电压，再经逆变器输出电压频率可调的三相交流电压来控制每台电机。牵引变流箱外形如图 7-14 所示。

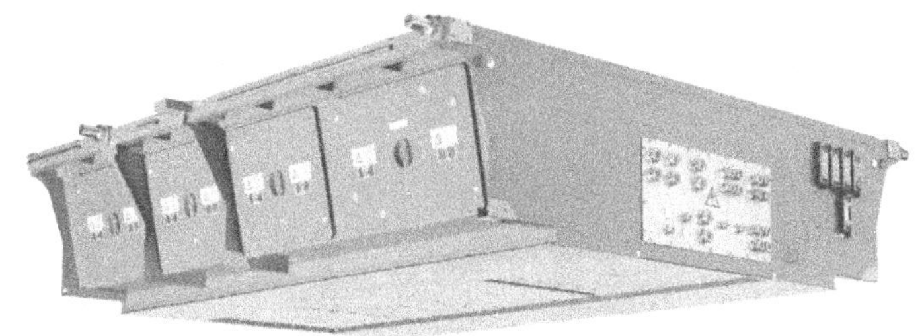

图 7-14　牵引变流箱

牵引变流器(TC)的主要功能在于为牵引电机(TM)提供三相异步交流电。牵引变流器位于 EC01/EC08 和 IC03/IC06 驱动车地板下的牵引变流箱中，牵引变流器冷却装置(CLT)在变压器的旁边，集成在牵引变流器(TC)中的牵引控制单元(TCU)用于系统的监测与控制，冷却回路进行温度和冷却剂流量的监测，保护牵引变流器，以防出现热过载情况。同时，牵引变流器内部进行电流和电压的检测，以防止过流和过压的不良影响。

2) 变流器构成特点

本装置吊挂在车辆底板上，牵引变流器的功能是进行电能转换，以满足牵引列车及牵引控制对电能形式的需要。CRH_3 是交直交电力牵引列车，牵引变流器首先将来自受电弓的单相交流电转换成直流电，这一功能由网侧变流器模块(4QC)实现；该直流电又被电机变流器模块(PWMI)转换成三相交流电供给三相交流异步牵引电机，通过对 4QC 和 PWMI 的控制实现列车的牵引、调速及制动。

牵引变流器模块如图 7-13 所示，功率器件为 IGBT，控制装置以微处理器为核心，可方便灵活地实现功率转换与保护，也可实现再生电气制动。每个牵引变流器基本上包括两个四象限斩波器(4QC)、一个带串联谐振电路的中间电压电路、一个过压限制器(MUB)和一个脉宽调制逆变器(PWMI)。

变流器内部主要组成如下：2 个四象限整流器(4QC)并联，给 1 个牵引逆变器供电；1 个三相电压型逆变器，给 4 台异步牵引电机供电；1 个牵引控制单元(TCU)，用来控制四象限整流器、牵引逆变器的 IGBT 开关，以获得满足车辆牵引/制动性能要求的控制；装置分通气部和密封部，把需要散热的冷却系统安装在通气部；把有必要进行绝缘、防止污损的部分安装在密封部；冷却系统布置在牵引变流箱的旁边，具有完善的故障保护功能。

3) 四象限整流器工作原理和技术参数

4QC 从电气上可分为两个子系统，由两个完全相同的 AC-DC 脉冲整流器构成。这两个子系统均由内部计算机监督控制，因此需要测量 4QC 内部的温度、电流和电压等参数。四象限斩波器简图如图 7-15 所示。四象限斩波器的任务是通过将单相输入交流电压转变为直流环节电压，控制网侧和直流环节之间的能量流。在牵引及制动时，电压 U_{ST} 和电流 I_N 之间的相角是可以自由调整的。通过电压和电流之间相角的控制，可以获得 4 个运行象限。

先将两个开关中用于正半波的 T_2 或 T_3(T_1 或 T_4 用于负半波)接通，这样变压器次级线圈及 L_N 将短接，以获得期望的电流值，将断开 IGBT。此时正半波运行期间的电感 L_N 通过单向二极管 D_1 和 D_4(正半个周期，负半个周期为 D_2 或 D_3)，电流流入 DC 环节电容器并向 DC 环节充电。通过此原则，$\cos\varphi$ 和 DC 环节电压可以保持在期望的范围内。然后可以改变电流和电压之间的相位偏移，实现整流或有源逆变，这样可以将电流的有效值(RMS)、功率因数及 DC 环节电压调整至期望值。

通过调节与电网频率分开的 IGBT 开关频率，改变每个网侧电压周期的脉冲数量(如每半个周期为 5 个脉冲)。脉冲数量越高，电流值越精确，越接近电流参考值。电流和电压波形如图 7-16 所示。

技术参数如下：4QS 输入频率为 50Hz；输入功率在牵引操作时约 2×1430kVA，制动操作约为 2×900kVA。

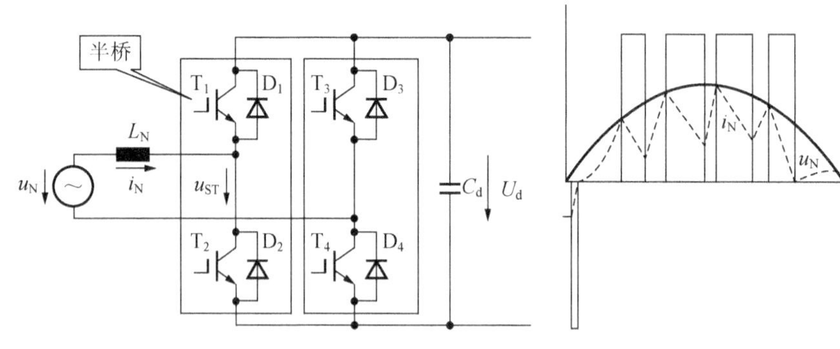

图 7-15　四象限整流器简图

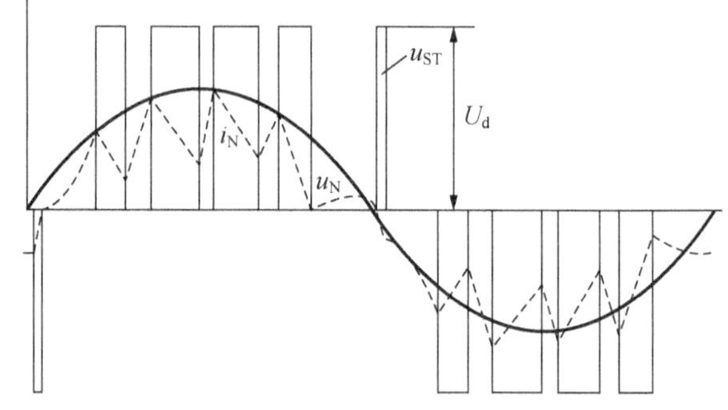

图 7-16　四象限整流器电流和电压波形

4) 逆变器的工作原理和技术参数

三相桥逆变器将直流电变成可控的三相对称交流电，在电制动时又能反过来把牵引电机发出来的三相交流电变成直流电，对牵引电机进行牵引与制动控制。其功率模块为 IGBT，三个相同的桥臂构成一个三相变流器。IGBT 的开关由门电路驱动单元驱动，门电路驱动单元 GDU 根据 TCU 的指令接通和断开 IGBT。

IGBT 可以工作在较高的开关频率。选择开关状态，以便在电机绕组中获得幅值、频率可调的正弦电流。运行在基频以下采用 PWM 逆变；运行在基频以上时，采用方波逆变。

在制动运行期间，电机轴上的扭矩方向与旋转方向相反。电压和电流有较大的相偏移。制动运行期间的电压和电流相位关系如图 7-17 所示。IGBT 模块如图 7-18 所示。

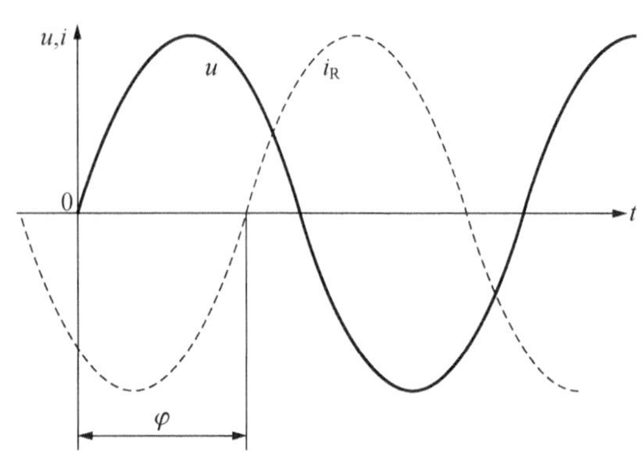

图 7-17　制动期间的电压和电流相位

图 7-18　IGBT 模块

为实现电机变流器的控制和监视，需要测量以下工作参数：①变流器输出的相电流，用于控制和保护；②直流环节支撑电容器上的电压，用于保护；③电机变流器温度，用于保护；

④电机温度，用于保护；⑤电机的转速，用于控制和保护。牵引安全功能可以减小在不需要的情况下产生牵引力的危险。

PWMI 的输出功率：牵引工况约 2383kW，制动工况约 1843kW。

5) 中间电路的特点和技术参数

中间电路包括一个带串联谐振电路的中间电压电路、一个过压限制器(MUB)、接地故障检测模块(ESE)、限压电阻器等。过压限制器用于减少牵引中间电路的过压情况，防止对牵引电路的功率半导体造成损坏。

每个变流器的 DC 环节电容由 4×0.75mF 电容器构成，总共 3mF，如图 7-19 所示。DC 环节电容器是变流器的无功功率源，起到稳定直流环节电压的作用，这对变流器的能量转换过程来讲非常关键。

二次谐振滤波器由电容器(C_{SK})和一个谐振电感(L_{SK})构成(不在牵引变流器的内侧)，用来滤除输入能流产生的直流环节中的二次谐波。谐波吸收器共有 C_n=4.5mF 的电容值。谐振电路的电感值和电容器的电容制造必须带有限定的精度。而且由于老化影响，电容值下降很小。为此，必须最初运行以后，在确定的维护时间间隔(典型为 10 年)后调整谐振频率，以避免频率漂移。为允许充分调整谐波吸收器，电容电池配备固定值电容(C_{fix})和调谐电容器(C_{var1}、C_{var2}、C_{var3})，如图 7-20 所示。

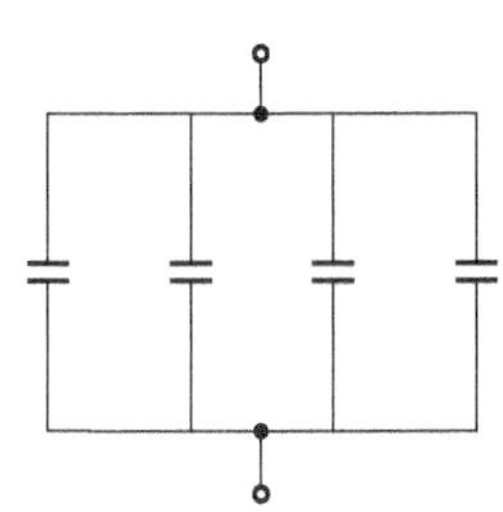

图 7-19　直流环节电容

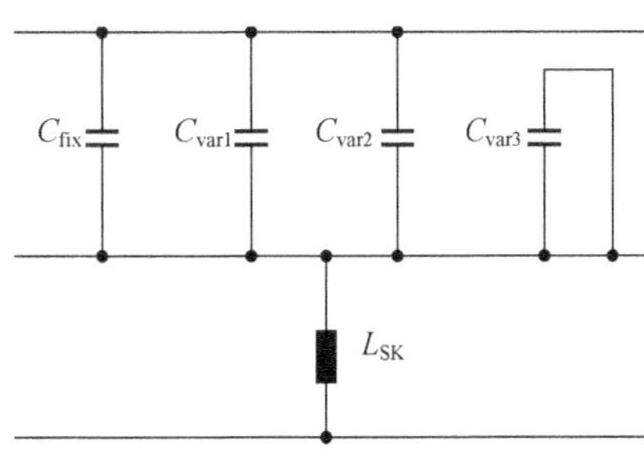

图 7-20　直流环节的二次谐振滤波器

电感器(L_{SK})装在牵引变流器的冷却系统中。电感器使用牵引变流器冷却系统的冷却风扇进行强制式风冷。

变流器的直流环节电容中并联有高欧姆电阻。在变流器由于不规则性停止运行并且正常的放电装置不能工作时，这些高欧姆电阻能在限定的时间内给电容放电。

每个牵引变流器(TC)输入端的线路接触器(NTS)由 TCU 控制，用于连接牵引变流器和变压器(TF)的二次侧。牵引变流器的中间电路必须在线路接触器接通之前由预充电装置(VLE)进行预充电，该装置包括预充电接触器和相应的电阻器。如果牵引变流器出现故障，可以先断开主断路器，然后使用线路接触器(NTS)将它与主变压器隔离。

如图 7-21 所示，动车组配有 4 个限压电阻器，每个限压电阻器都分配给一个牵引变流器，限压电阻器专用于保护牵引变流器，以防过压。变流器出现故障时，电阻器可以保证使中间电路以规定方式安全放电。一旦电源线不能再保证电气制动能的吸收，转换器即将电气制动能转换为热能。限压电阻器位于 BC04 和 FC05 车车端 2 的车顶。限压电阻器的技术参数如下。车顶限压电阻器：3.3Ω；R_{max}=4.5Ω(500℃)，R_{min}=3.0Ω；感抗：小于 20μH；功率：2800kW；额定电压：4100～4500V；限压电阻器最高温度：500℃；能量吸收能力：3.08MW(500℃)，材料为 CrNi2521，双重绝缘。

中间电路电压参数如下。牵引工况：2700～3600V；制动工况：2800～3600V。

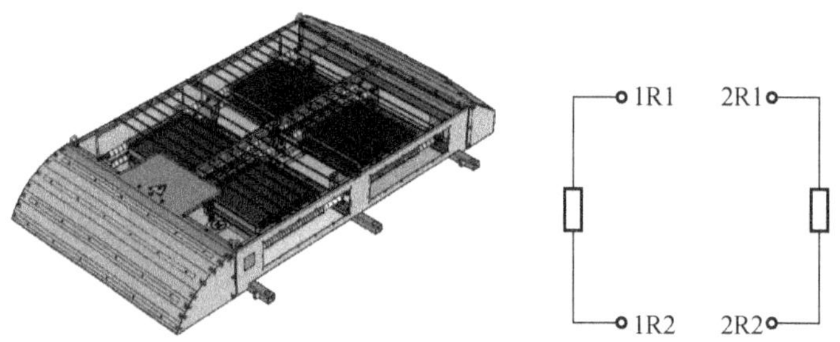

图 7-21　限压电阻器

6)牵引控制单元

牵引控制单元用于监控牵引变流器的操作。它们是位于 EC01/EC08 和 IC03/IC06 车底架下的牵引变流器的一部分。

TCU 的主要功能如下。①调节指定的牵引或(电动)制动力，调节牵引变流器直流侧的电压，为牵引变流器生成控制信号。②控制开关元件，如预充电接触器和线路断开开关。③监控和保护牵引组件。④车轮滑动保护，车轮防滑系统软件持续监控车辆和从动轮的运动，若运动变量与容许值有偏差，牵引力会自动降低到一个级别。由于持续监控与车辆和车轮相关的运动变量，可以确保在所有轨道条件下牵引系统都受到控制。车轮滑动保护包括：提供持续的车辆滑动控制，限制车辆加速度，确定参考速度，防止车轮制动(运行表面的平面区域)，防止出现不容许的高轮轨滑动值，规定牵引相关的诊断数据，有助维护和提高可用性。⑤通过 MVB 及 CCU、BCU、司机 MMI 和辅助转换器装置进行数据交换。

7.2.4　CRH$_5$动车组主电路

1. CRH$_5$动车组主电路结构

动车组 CRH$_5$的牵引辅助变流器的功率模块适应 3.6kV 等级的中间电压。选用 ALSTOM 公司 ONIX 233 系列产品，包含两个电压型四象限脉冲整流器、两个牵引逆变器/制动斩波器、一个辅助变流器。各功率模块在牵引辅助变流器中的分布如图 7-22 所示。牵引辅助变流器在牵引系统中的布置如图 7-23 所示。

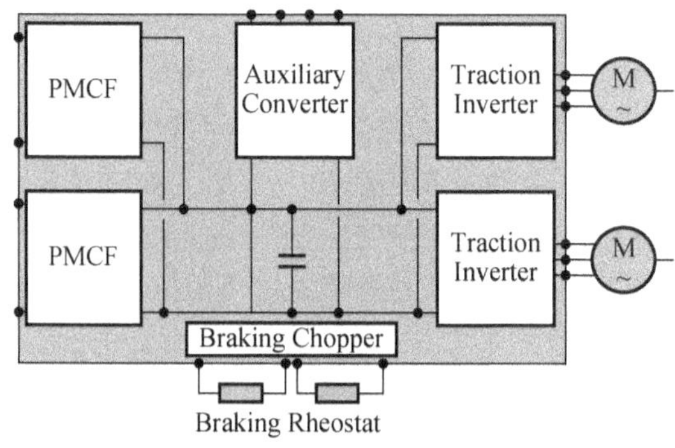

图 7-22　变流器功率模块分布

PMCF-四象限脉冲整流器；Traction Inverter-牵引逆变器；Braking Rheostat-制动电阻；
Braking Chopper-制动斩波器；Auxiliary Converter-辅助变流器

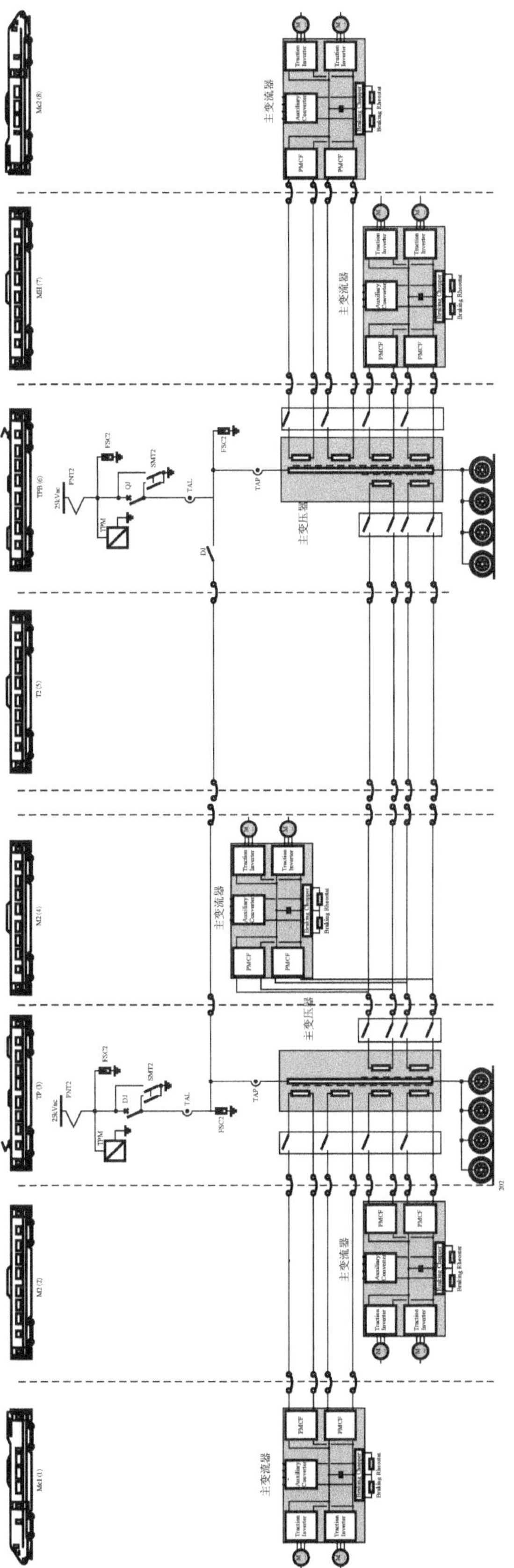

图 7-23 CRH$_5$ 主变流器在牵引系统中的布置

PNT-受电弓；TPM-网侧电压传感器；TAL-网侧电流传感器；FSC-避雷器；SMT-接地开关；TAP-网端检测装置；Traction Inverter-牵引逆变器；Braking Chopper-制动斩波器；Auxiliary Converter-辅助变流器；Braking Rheostat-制动电阻

CRH_5牵引/辅助变流器是用 IGBT 作为开关元件，与 CRH_1 变流器类似，采用两电平电压型方式，具体包括如下内容。

(1) 四象限脉冲整流器(PMCF)。由带有 IGBT 的 2 个模块(4QCA 和 4QCB)组成，具有 6500V/600A IGBT 的 PMCF 为 2 个牵引逆变器供电和 1 个辅助逆变器供电。由 2 个主变压器次级绕组提供电能，输出直流电压到牵引和辅助逆变器。两个相互在 180°之间转换的 PMCF 能够从电网吸收电流或者在电制动阶段通过向电网反馈电流来实现有源逆变，功率因数接近 1，并符合噪声设计和谐波畸变电流的限定噪声值。

(2) 电机逆变器。开关管为 6500V/600A 的 IGBT 的 2 个三相逆变器($INV\text{-}TRAZ_1$ 和 $INV\text{-}TRAZ_2$)，其中每个为一个异步牵引电机供电。通过从中间滤波器获取电能，提供一个幅值和频率都能改变的交流电压(其值和频率取决于电机转速)为牵引异步电机供电。该逆变器是两电平方式，并且不需要机械开关，就能从电力牵引转换到电制动。

(3) 制动斩波器。具有 6500V/600A 的 IGBT 的 2 个制动斩波器(CHP_1 和 CHP_2)，当列车在中性区时能够在相关电阻器上消耗动能(电阻制动)。制动斩波器的目的是在输出端组成 2 个单相并联桥，能够从 2 个相应牵引变压器次级绕组整流单相交变电压(1770 V/AC)获得一个稳定的输出直流电压。

(4) 辅助变流器。具有 600A(谐振)和 1200AIGBT(斩波和逆变)的一个辅助变流器(CH-INV AUX)，经过中间滤波器，通过 2 个斩波器和一个高频退耦变压器产生给辅助供电的电压，它为辅助系统的 380V/AC 线路供电。

2. CRH_5 动车组牵引变流器

1) 四象限整流器(PMCF 或称 4QC)

(1) 四象限脉冲整流器(PMCF)的基本工作原理。

PMCF 四象限脉冲整流器功率模块的功能是将变压器次边绕组的交流电压(1770V/AC)转换成中间回路的直流电压(3600V/DC)。这种四象限脉冲整流器很好地解决了电力牵引设备对于功率因数、等效干扰电流、优化黏着利用和再生制动能力方面的特殊而苛刻的要求。

四象限整流器的电气原理如图 7-24 所示。电路结构采用强迫换相的单相全控桥电路，每个桥臂由两个带反向续流二极管的 IGBT 并联组成，双备份冗余设计，具有可靠性高、寿命长的优点。由变压器次级绕组提供的两组单相交流电源 1770V，经过接线端子、电流传感器 TA_2(TA_1)分别进入 2 个四象限变流器模块 4QCA(4QCB)，经过对 IGBT 的 PWM 脉宽调制，将其转换为 3600V/DC。

当变流器负载为牵引状态运行时，脉宽调制的电流相位、频率与电网电压一致，以提供电源输入。当变流器负载为制动状态运行时，脉宽调制的电流相位与网压反相、频率与网压一致，实现将中间电路的剩余能量回馈电网，并保持中间电路电压稳定。由于采用 PWM 技术，可以实现主变压器次级绕组电压与电流的同相位，功率因数接近±1。

(2) 四象限整流器的基本技术参数。

额定输入电压(主变压器次级)为 2×1770V/AC；最大非永久电压(相对额定输入电压)为+24%；输入永久电压变化范围(相对额定输入电压)为−24%～+16%；最小瞬间电压(相对额定输入电压)为−30%；输入网压频率为 50Hz；额定输出电压为 3600V(直流环节)；输出电压变化范围为 3200～3700V；额定输出电流为 540A；IGBT 开关频率为 250Hz。

(3) 四象限整流器(4QC)的结构。

牵引辅助变流器内共有两组四象限整流器，每组由一个电流传感器及一个四象限模块组成。四象限模块的 IGBT(具有反相并联二极管)采用双管并联，其冷却液采用水乙二酸溶液，四象限模块的冷却方式采用水循环强迫式风冷方式，安装位置如图 7-25 所示。

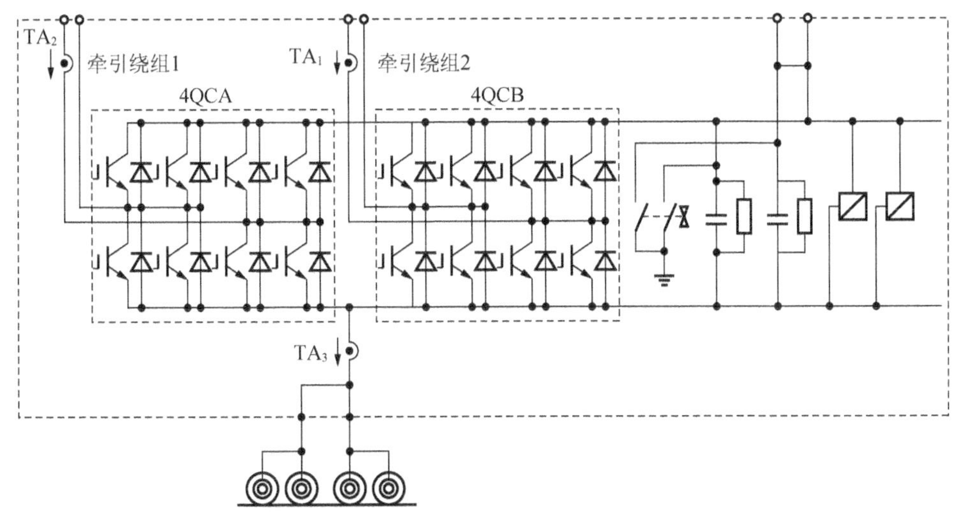

图 7-24　四象限整流器的电气原理图

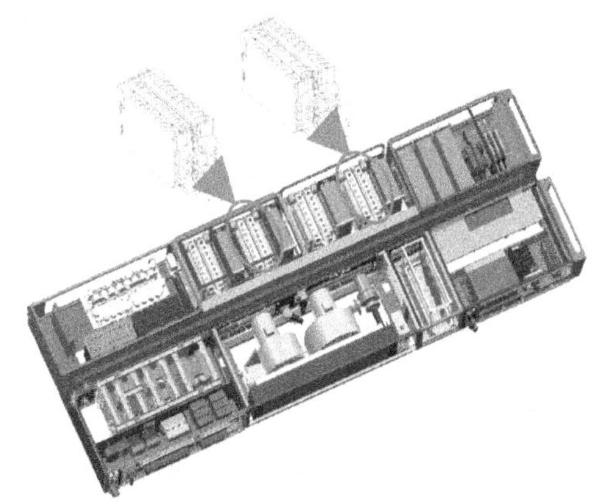

图 7-25　四象限整流模块安装位置示意图

(4) 四象限整流器的主要部件参数。

功率模块型号为 2×233XHP；IGBT 型号为 FZ600R65KF1，6500V/600A；IGBT 绝缘电压为 9.5kV；工作频率为 250Hz；每臂的并联 IGBT/二极管数量为 2；冷却方式为水循环冷却；重量为 60kg。参数如表 7-6 所示。

表 7-6　四象限整流器主要部件参数

序号	名 称	代号	型号	数量
1	电流传感器	TA_1、TA_2	LB　2000-S/SP4	2
2	IGBT	H_1、H_2、B_1、B_2	FZ 600 R 65 KF1	16

其结构主要由冷却散热基板、IGBT 元件、驱动电路板、动态快速连接器、复合母排、框架组成，重量 60kg。

2) 电机逆变器工作原理和技术参数

逆变器部分功能是将中间回路的直流电压(3600V/DC)转换为幅值和频率可调的三相交

流电压，供给牵引电机，采用两电平方式。

(1) 电路特点。

① 采用新型高压 IGBT(6500V/600A)元件，直流输入电压 3600V/DC。

② 模块化设计，每个逆变电路由一个功率模块组成，包括 8 个 IGBT，其中 6 个组成二电平三相逆变器，1 个作为斩波器，1 个将栅极和发射极短路作为二极管使用。

③ 矢量控制技术，多种 PWM 模式优化调制。

(2) 逆变器工作原理。

逆变器电路如图 7-26 所示。三相逆变电路由 6 个带续流二极管的 IGBT 组成。电路的工作方式和开关状态如图 7-27 所示。电路工作时开关管 S_1～S_6 顺序导通得到需要的电压波形。为了能够驱动逆变器，需要由 TCU 发出控制脉冲，脉冲通过安装在功率模块上的驱动电路使逆变器工作。考虑每个分支上的两个 IGBT 是互补的，不能同时导通，变流器的可能开关状态是 8 种。规定当开关闭合时为 1，开关断开时为 0。两个可能状态是：S_1、S_3、S_5 或 S_2、S_4、S_6 同时处于 ON 的状态时，输出线路上的电压为零位；在其他情况下，逆变器输出电压不等于零。

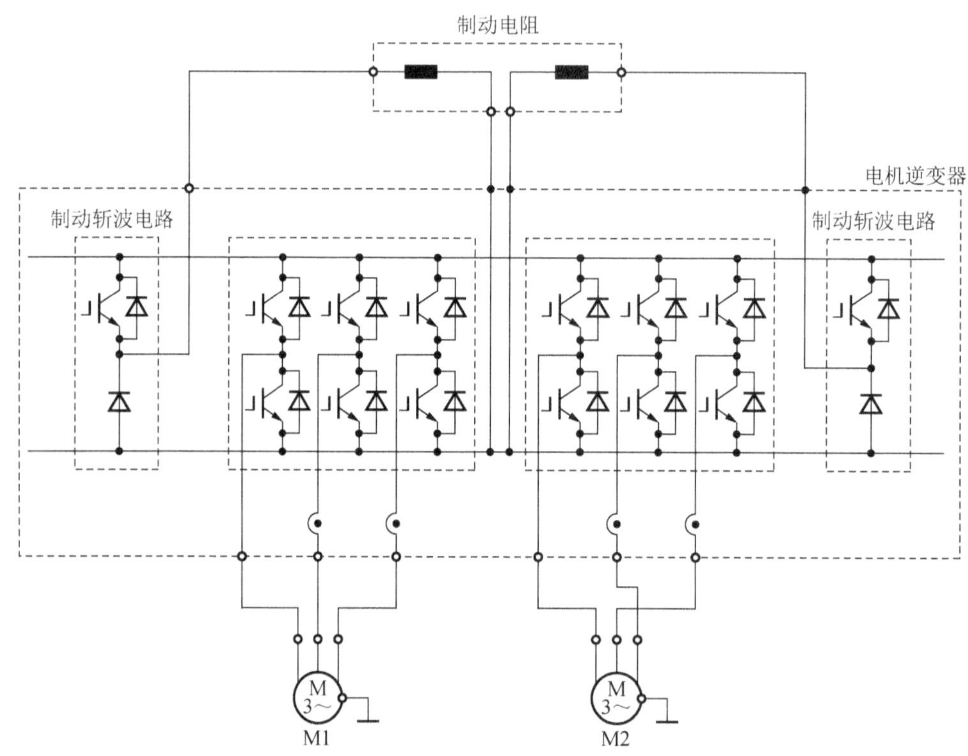

图 7-26　电机逆变器主电路图

从电机绕组上看，绕组电压是随着时间变化的。随着开关状态的改变，定子绕组中的电流和它们产生的气隙磁通的大小及空间位置随之发生相应的变化。各磁势的大小相等，仅在空间的相位不同。将与这些状态相对应的电压称为空间矢量电压，如图 7-27 所示。电机中的磁链矢量是作用在其上的电压矢量的积分，磁链矢量增量的方向与电压矢量的方向相同。如果电机中有矢量初始值，则总磁链是这两个矢量的矢量和。通过对上述 8 个矢量的合理组合，并控制选用矢量的作用时间使磁链轨迹尽可能逼近圆形，完成对电机的控制。

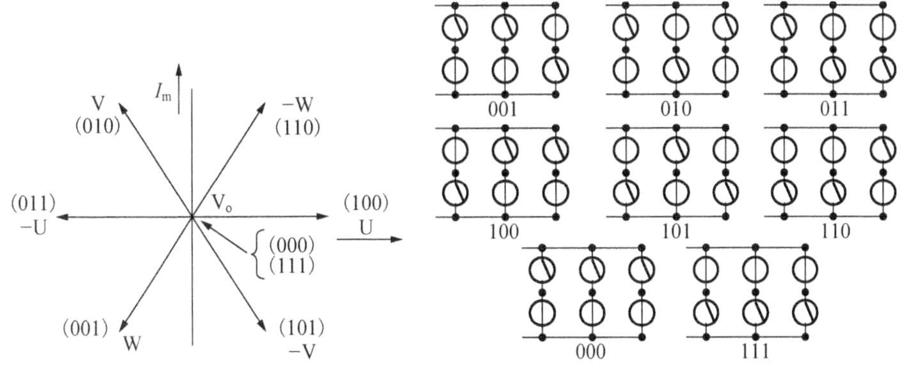

图 7-27　逆变器 SVPWM 电压空间矢量及 IGBT 开关状态

牵引功率模块主要技术参数如下。

功率模块型号为 233VHP_INV_1R；IGBT 型号为 FZ600R65KF1；IGBT 电压/电流为 6500V/600A；IGBT 绝缘电压为 9.5kV；输出电压为 0～2808V；输出频率为 0～200Hz；冷却方式为水循环冷却；重量为 60kg。

(3) 制动斩波功率模块。

制动斩波功率模块是一种安装在牵引逆变器模块里附加的 IGBT 放电电路。其功能是消耗制动时从牵引电机反馈回来的能量。这种能量一般不能高于中间直流回路/逆变器母排所规定的电压值。当电压超过规定值时，制动斩波器将控制把能量传送到制动电阻器上消耗掉。所选 IGBT 是 EUPEC 制造的 FZ600R65KF1 型器件。

制动电阻的特性如下：参考标准 EN60322；阻值为 6.5～9.0Ω；额定绝缘电压为 4kV；最小间隙距离为 72mm；最小爬电距离为 200mm；每部分的能量为 10MJ×2；制动持续时间为 10s；安装在车顶，采用双重绝缘。制动电阻器的外观如图 7-28 所示。

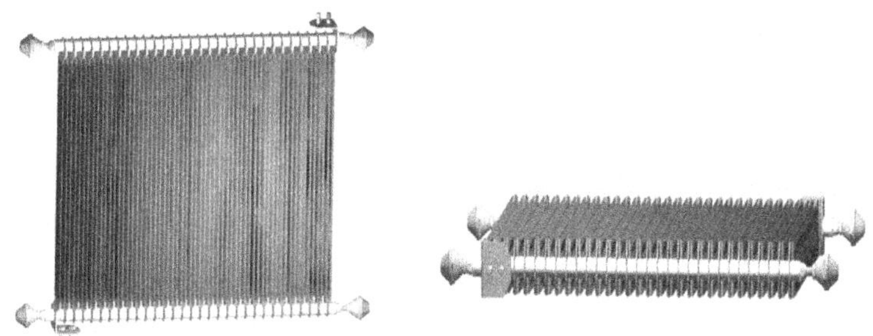

图 7-28　制动电阻器的外观图

3) 中间回路的特点和技术参数

(1) 中间回路的基本工作原理。

中间回路是电网侧四象限脉冲整流器和负载侧逆变器之间的联结纽带，主要是由支撑电容 C_{dc}、电容器的放电电阻器 R_{dc}、附加电容 C_{ris}、放电电阻 R_{ris}、接地开关 SMT 组成。支撑电容 C_{dc} 的主要功能是：①与四象限脉冲整流器、逆变器交换无功功率和谐波功率；②与异步电机交换无功功率；③与四象限电抗器交换无功功率；④支撑中间回路电压，使其保持稳定。

由于采用单相脉冲整流技术，针对在牵引辅助变流器的中间回路存在的二次谐波，考虑到如果增加二次吸收回路，会增加变流器的体积与成本，电磁辐射干扰加强，因而去掉了二次谐振滤波器，而增大了直流环节支撑电容的值，以达到减少二次谐波电压的目的。

(2) 中间回路的主要部件参数(见表 7-7)。

表 7-7　中间回路主要部件技术参数

序号	名称	代号	型号	数量
1	支撑电容	C_{dc} 1mF	DKTFM538A1007	4
2	支撑电容	C_{ris} 1.67 mF	DKTFM537A1677	3
3	放电电阻	R_{dc}	RWST50×373 15kΩ 600W	2
4	放电电阻	R_{ris}	RWST50×373 15kΩ 600W	2
5	接地开关	SMT	RUM5 DC4000V 300A	1

4) 辅助功率模块

辅助功率模块采用双段式结构，前段为斩波降压，后段为谐振整流加逆变。从中间回路输出的电压(3600 V)，经过隔离开关(KAUX)、退耦电抗器(LINCH)进入变流器辅助模块内，经过两组串联的单相半桥斩波电路(开关频率 4kHz)、两个斩波降压变压器(TR_1、TR_2)、两组串联的单相全波整流电路输出脉宽可调的斩波电压，再经过串联的两组谐振滤波器(两个 IGBT、两个电容串联组成，IGBT 开关频率 8kHz)、斩波电抗器、滤波电容(CADC)、均压电阻(RADC)输出辅助逆变器所需的600V/DC 电源，再经过空间电压矢量逆变器(开关频率 2kHz)输出 PWM 波。其主要技术参数如下：斩波 IGBT 元件为 3.3kV/1.2kA；谐振 IGBT 元件为 1.7kV/600A；逆变 IGBT 元件为 1.2kV/1.2KA；冷却方式为水循环冷却。

5) 冷却系统

冷却系统主要由 1 个热交换器、1 个电动泵、2 个风机、1 个膨胀水箱、管路等构成。另外，系统中还包括 1 个安全阀、1 个除气留水器、1 个水补给系统、1 个温度传感器、1 个压力传感器，热交换器和风机用于热量与空气温度的热交换，电动泵用于冷却液的循环流动，膨胀水箱用于存储冷却液，压力传感器和温度传感器用于控制和调节冷却系统中冷却液的温度和压力，其控制由牵引控制单元 TCU 来管理。

牵引变流器需要冷却的部件主要是 4 个牵引功率模块和 1 个辅助功率模块。通过冷却系统管路中的水乙二醇混合剂循环流过功率电子元件的安装基板，功率模块产生的热量被循环带走，然后水泵将此混合剂抽入空气-水热交换器中，将热量散发到周围空气环境中，达到冷却的效果。此外，冷却系统中的风机还有给辅助变流器中的电抗器冷却的作用。变流器冷却系统的气体回路，交换器冷却空气由两个风机保证，从车辆相关侧吸入；然后通过位于变流器底侧的排放通道排出。

6) 牵引控制单元 TCU

CRH_5 的 TCU 主要功能是：①功率图控制；②牵引/制动需求管理；③冷却系统管理和监测；④MVB 总线处理；⑤速度管理和车轮滑动/空转控制；⑥从传感器上获取采集信号和电力电路的快速保护；⑦两个独立的牵引逆变器控制；⑧四象限脉冲整流器(PMCF)控制；⑨变阻斩波器控制；⑩维修功能(自检、逆变器折算功率测试、数据记录、事件和故障记录)；⑪与 WINSCOPE 工具的 RS-485 通信。牵引控制单元的 I/O 如图 7-29 所示。

动车组采用动力分散，单轴功率在 300kW/轴左右，单轴功率小，普遍采用架控方式。而 HXD 电力机车单轴功率为 1000～1200kW，单轴功率较大，采用轴控方式的比较多。几种 CRH 动车组的主要参数对比如表 7-8 所示。

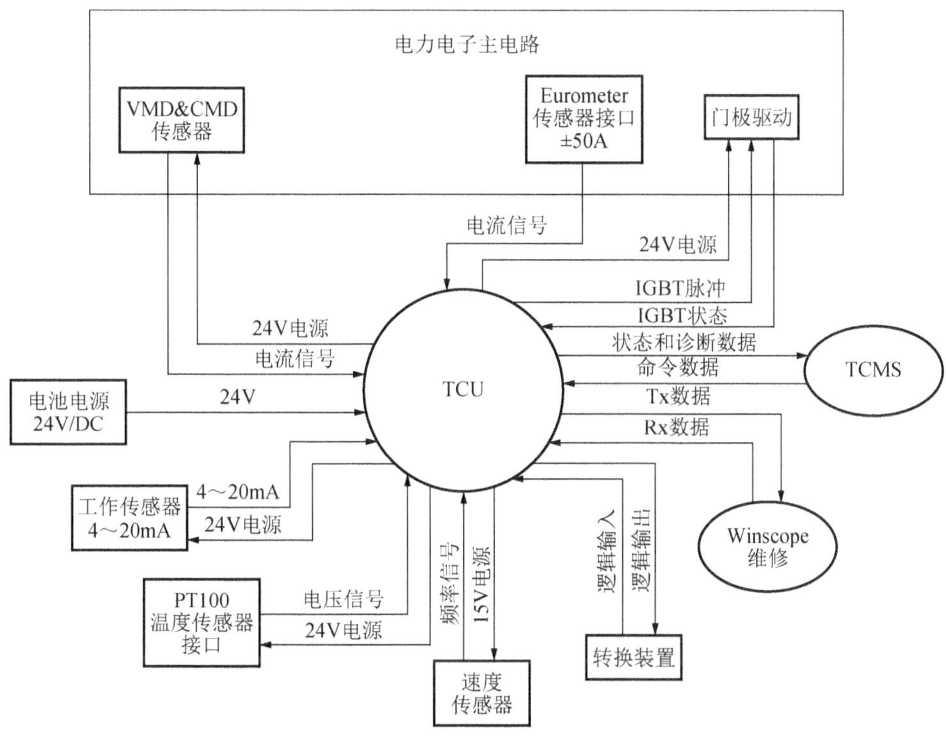

图 7-29　牵引控制单元的 I/O 功能

表 7-8　CRH 系列动车组主要技术参数对比

车　型	CRH_1	CRH_2	CRH_3	CRH_5
制造商	青岛四方-庞巴迪-鲍尔铁路运输设备有限公司	南车四方机车车辆股份有限公司、日本川崎重工、三菱电机等	北车唐山轨道客车有限责任公司、SIEMENS	北车长春客车股份有限公司、ALSTOM
原型车	Regina	新干线 E2-1000	Velaro E	SM3
编组数量与动力配置	2(2M+2T)+(1M+1T)	4M+4T	4M+4T	(3M+1T)+(2M+1T)
运营速度/(km/h)	200～250	250～350	350	250
牵引功率/kW	5300/5500	4800	8800	5500
最大轴重/t	≤16	≤14	≤15	≤17(动车)/16(拖车)
牵引变压器二次侧电压有效值/V	900	1500	1550	1770
直流环节电压/V	1650	2600～3000	2700～3600	3200～3600
脉冲整流器	两电平(两重化)	三电平	两电平(两重化)	两电平(两重化)
逆变器	两电平	三电平	三电平	两电平
牵引变流器的 IGBT	3.3kV/1200A	3.3kV/1200A	6.5kV/600A	6.5kV/600A
整流器开关频率/Hz	450	1250	350	250
逆变器最大开关频率/Hz	800	1000	460	450
逆变器输出线电压/V	0～1287	0～2300	0～2808	0～2808
二次谐振滤波器	有	无	有	无
支撑电容值/mF	2	8	3	9.01
牵引电机悬挂	架悬	架悬	架悬	体悬

续表

车型	CRH_1	CRH_2	CRH_3	CRH_5
车体材料	不锈钢	铝合金	铝合金	铝合金
制动方式	再生制动、空气制动	再生制动、空气制动	再生制动、空气制动	再生制动、空气制动

7.2.5 CRH_{380}系列动车组介绍

1. CRH_{380A}

CRH_{380A}型动车组(也称$CRH_{2\text{-}380}$型)是CRH_2的升级优化车型，是针对新建的高速城际铁路及客运专线，由南车青岛四方机车车辆股份公司在CRH_{2C}($CRH_{2\text{-}300}$)型动车组基础上自主研发的动力分散、交流传动的动车组，8 辆编组(6M+2T)，持续运行速度为 380km/h(6M 的功率为 9600kW，1M 的功率为 1600kW)，最高运营速度达 468km/h。牵引传动系统结构与CRH_2相同，全车有 3 个基本动力单元，每个牵引变压器由 25kV，变压到次边的 2 个牵引绕组 1658V/50Hz，每个牵引绕组给一个动车供电，带动 1 个脉冲整流器、1 台逆变器和 4 台牵引电机，直流环节电压 3100V，逆变器输出 VVVF 电压(电压 0～2418V，频率 0～220Hz)。牵引系统结构如图 7-30 所示。

CRH_{380AL}型为 16 辆长编组(14M+2T)，设计运营速度为 380km/h，最高运行速度为 400km/h。CRH_{380A}、CRH_{380AL}和CRH_2归属于一个系列(CRH_2系列)车型。

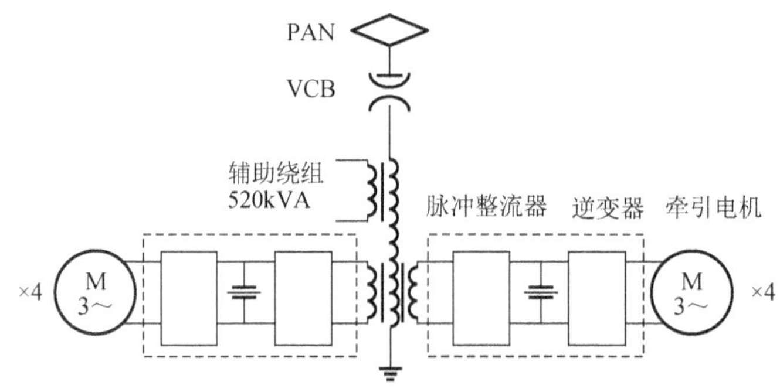

图 7-30　CRH_{380AL}牵引传动系统简图

2. CRH_{380B}

CRH_{380B}型动车组(也称$CRH_{3\text{-}380}$型)，衍生自CRH_{3C}，是由唐山轨道客车有限公司和长春轨道客车股份有限公司共同研发制造的。该车 8 辆编组(4M+4T)，牵引传动系统结构与CRH_3相同。牵引变压器二次额定电压 1850V，经过四象限脉冲整流器得到 3000~3600V 的直流环节电压，通过三电平逆变器，驱动每台动车上的 4 台并联的异步电动机。

CRH_{380BL}型为该系列的长编组车型，16 辆编组(8M+8T)，额定速度运行时的功率为 18400kW。设计运营速度为 380km/h，最高运行速度为 400km/h。

3. CRH_{380C}

CRH_{380C}型动车组是由长春轨道客车股份有限公司制造，CRH_{380C}型是在CRH_{3C}、CRH_{380BL}基础上研发的新一代高速动车组，持续运营时速为 350km/h，运营最高速度为 380km/h，设计最高速度为 400km/h。

CRH_{380CL}：8M+8T，牵引功率为 19200kW，运营最高速度为 380km/h，设计最高速度为 400km/h，采用日立技术的永济牵引系统。

4. CRH_{380D}

CRH_{380D} 型动车组是由青岛四方庞巴迪铁路运输设备有限(BST)公司制造，是基于 ZEFIRO 平台研发的 CRH 系列高速动车组，为 8 辆编组(4M+4T)，衍生自 CRH_{1E}，营运最高速度为 380km/h，设计最高速度为 400km/h；试验最高速度为 420km/h。长编组为 CRH_{380DL}。

7.3　HXD_1、HXD_2、HXD_3 电力机车的主电路

HXD 大功率交流传动电力机车包括 HXD_1、HXD_2、HXD_3 等型号。其中“HX”是“和谐”的汉语拼音首字母缩写、“D”代表电力机车，“1”代表株洲电力机车公司的生产厂商代号，“2”代表大同电力机车公司的生产厂商代号，“3”代表大连机车车辆有限公司的生产厂商代号。

7.3.1　HXD_1 电力机车主电路

HXD_1 系列电力机车是由德国西门子和株洲电力机车有限公司合作开发，用于货运重载运输，包括三种型号：$HXD_{1(A)}$、HXD_{1B}、HXD_{1C} 等型号，还包括大功率交流客运机车 HXD_{1D}，最高运行速度达 160km/h，最大牵引功率达到 7200kW。HXD_1 主电路结构如图 7-31 所示。

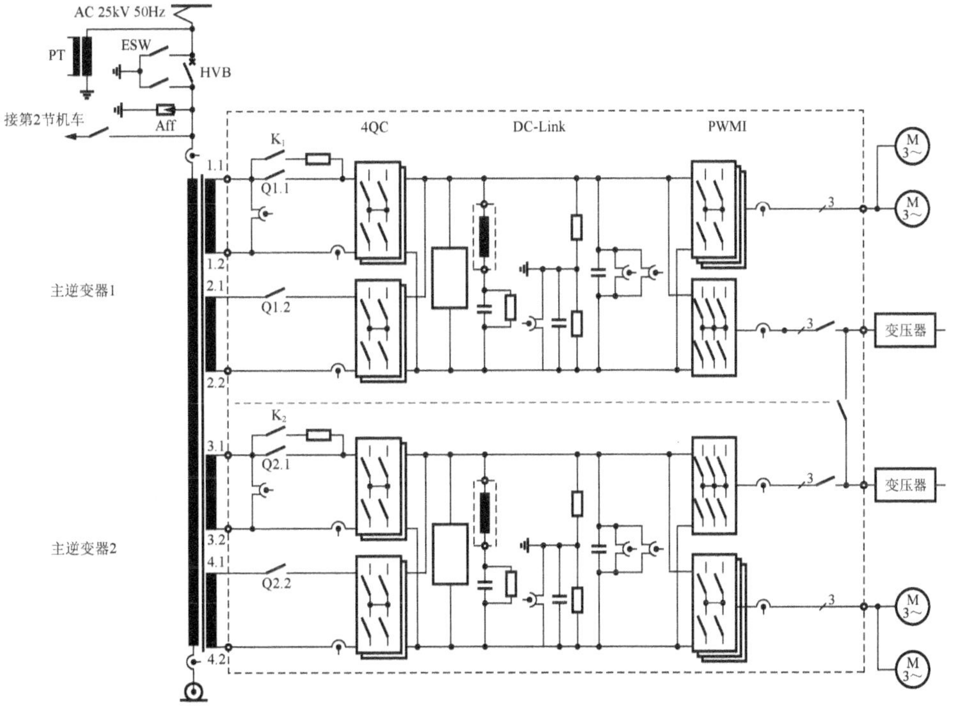

图 7-31　HXD_1 的主电路图(一节机车)

$HXD_{1(A)}$ 型每台机车由 2 节完全相同的 4 轴电力机车通过固定重联方式连接而成，每节车有 1 个牵引变流柜，里面有 2 个牵引变流器，每个牵引变流器里面有 2 个两重化的四象限整

流器，1 个牵引逆变器和 1 个辅助逆变器。1 个逆变器带动转向架的 2 个并联的牵引电动机(架控)，共 8 个牵引电机。中间直流环节设有过压过流保护电路、二次谐振滤波电路和接地故障检测电路等。

HXD_{1B} 型为 6 轴电力机车，单轴功率为 1600kW，2 个直流环节，每个直流环节有 2 个两重化的整流器、3 个逆变器所共用，每个逆变器分别驱动一个转向架的 3 台异步电机(轴控)。当任意一个主电路单元出现故障时，通过隔离开关将其隔离。

HXD_{1C} 型机车是南车株洲电力机车有限公司自主研发的大功率交流传动六轴 7200kW 电力机车，开创了我国自主研发牵引变流器和网络控制等重要零部件在大功率交流传动电力机车使用的先河。牵引变压器次边 6 个独立的牵引绕组分别向 2 台牵引变流器的 6 个四象限整流器供电，每 1 台牵引变流器有一个三重化的脉冲整流器通过隔离开关共用一个直流环节，向后面 3 个电压型逆变器供电，每个逆变器带动 1 台牵引电动机。中间直流环节设有过压过流保护电路、二次谐振滤波电路和接地故障检测电路等。

HXD_{1D} 型机车主要承担快速客运牵引任务，主电路结构与 HXD_{1C} 型相似。机车设置 2 台牵引变流器柜，每台变流器的主电路采用二电平三重四象限脉冲整流器，向 3 个逆变器和 1 个辅助变流器供电。每重整流器与 1 个逆变器组成一个独立供电单元，为 1 台牵引电机供电。3 个供电单元的直流环节通过隔离开关并联，3 个单元共用直流回路和二次谐振电路。当某个单元发生故障时，断开相应的隔离开关，切除该故障单元，损失 1/6 动力。

7.3.2　HXD_2 电力机车主电路

HXD_2 系列电力机车应用于货运运输的有 3 种型号：$HXD_{2(A)}$、HXD_{2B}、HXD_{2C}。HXD_2 是目前国产最大功率的“和谐”电力机车，最大牵引功率达到 10000kW。HXD_2 主电路结构如图 7-32 所示。

$HXD_{2(A)}$ 型机车为法国阿尔斯通公司和中国北车集团大同电力机车有限责任公司联合开发，为 8 轴大功率交流传动货运机车，由 2 节机车组成，机车功率达 10000kW。每节机车配备 4 套独立控制的变流器分立在 2 个变流柜中。每个变流器由一个四象限整流器、一个中间直流环节和 1 个三相逆变器组成，一台逆变器驱动一台电动机(轴控)。中间直流电路由中间支撑电容、二次滤波电路和保护电路组成，中间直流环节各自独立。

HXD_{2B} 型机车为 6 轴电力机车，轴功率为 1600kW，总功率为 9600kW。有 6 套独立控制的交直交变流装置及各自独立的水循环冷却系统，分别放置在 3 个牵引变流柜中。有 6 个独立的直流环节，每个直流环节有独立的二次谐振电路、接地故障检测及 OVP 电路。

HXD_{2C} 型机车分为 A、B、C、D、E 几种方案，包括基于 HXD_3 型电力机车的东芝系统(A 方案)、基于 HXD_{1C} 型电力机车的株洲南车时代系统(B 方案)、基于 HXD_{3B} 型电力机车的庞巴迪系统(C 方案)、中国北车集团自主研发的“北车心”系统(D 方案)及基于 HXD_2 系列电力机车的阿尔斯通系统(E 方案)。目前采用东芝系统、庞巴迪系统及“北车心”系统的 HXD_{2C} 型机车已经实现投产。HXD_{2C} 型机车为 6 轴电力机车，总功率达 7200kW，是大同电力机车有限责任公司消化吸收再创新的成果。$HXD_{2C\text{-}A}$ 方案机车采用与 HXD_3 型电力机车相同的东芝牵引传动系统。采用轴控方式，有 6 套独立的整流-逆变系统和直流环节。

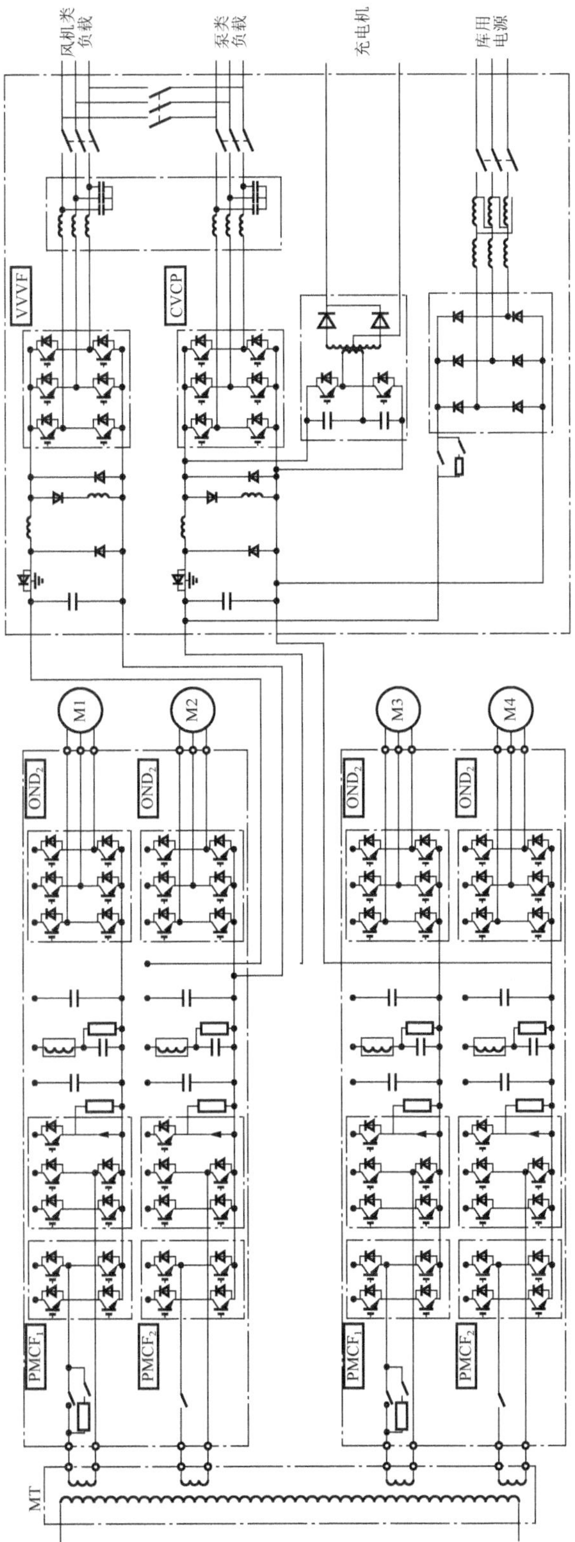

图 7-32　HXD_2 的主电路图(一节机车)

7.3.3　HXD_3电力机车主电路

HXD_3系列电力机车用于货运运输的包括 3 种型号：$HXD_{3(A)}$、HXD_{3B}、HXD_{3C}，还包括大功率交流客运机车 HXD_{3D}，最高运行速度达 200km/h，最大牵引功率达到 7200kW。HXD_3主电路结构如图 7-33 所示。

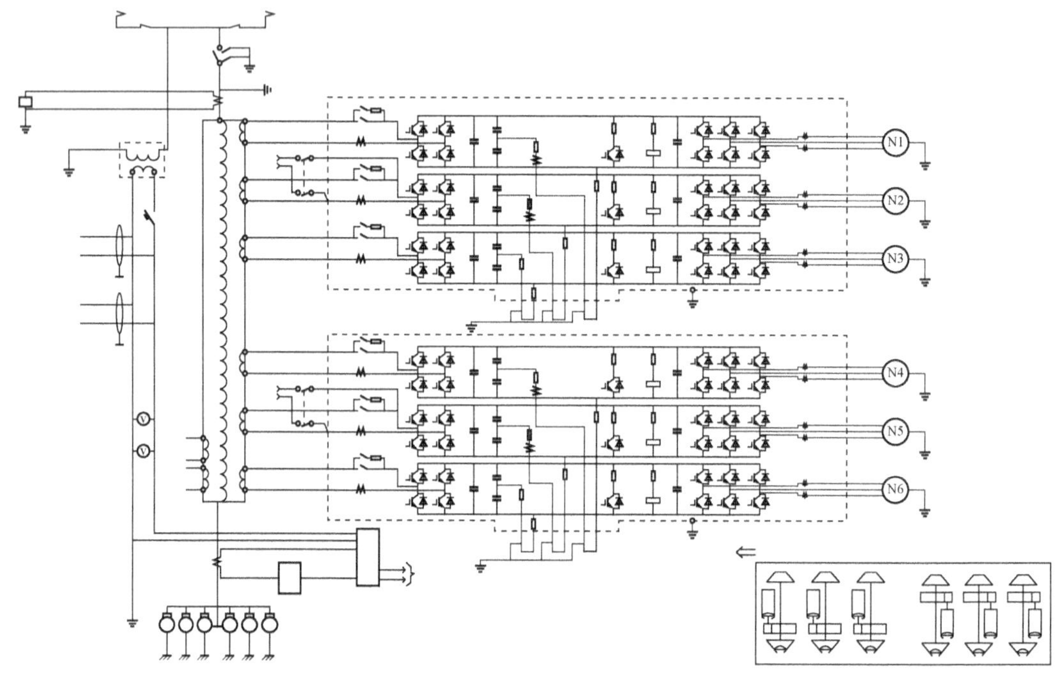

图 7-33　HXD_3的主电路图(一节机车)

$HXD_{3(A)}$型的每台机车有 2 个变流柜，每个变流柜有 3 组交直交支路。主变压器原边经过受电弓、高压隔离开关和主断路器获得 25kV 的交流电，变压器次边 6 个独立的牵引绕组分别向 6 个交直交支路供电。每组交直交电路由 1 个两点式单相四象限 PWM 整流器和 1 个两点式三相 VVVF 逆变器组成。一台逆变器驱动一台电动机(轴控)。中间直流环节无二次谐振滤波器，靠逆变器的软件控制来消除二次谐振电压的影响。

HXD_{3B}型为 6 轴总功率达 9600kW 的电力机车。变压器次边 6 个牵引绕组，分别经过 3 组变流柜，每个变流柜由 1 个直流环节、2 组两重化的单相四象限 PWM 整流器和 2 个两点式三相 VVVF 逆变器组成，共用一个直流环节。中间直流环节有二次谐振滤波器等。

HXD_{3C}型为 6 轴驱动，有 2 组变流器柜，每个变流器柜包括 3 个独立的交直交支路。主变压器次边的 6 个独立的牵引绕组，分别向 6 组交直交支路供电，每组交直交支路由一个两点式单相四象限 PWM 整流器和 1 个两点式三相 VVVF 逆变器组成，直流环节独立。中间直流环节无二次谐振滤波器，靠逆变器的软件控制来消除二次谐振电压的影响。

几种 HXD 电力机车主要电路结构和电气参数的对比如表 7-9 所示。

表 7-9　和谐号电力机车主要参数对比

	HXD_1	HXD_{1B}	HXD_{1C}	HXD_{1D}	HXD_2	HXD_{2B}	$HXD_{2C(A)}$	HXD_3	HXD_{3B}	HXD_{3C}
最高运营速度/(km/h)	120	120	120	160	120	120	120	120	120	120
机车功率/kW	2×4800	9600	7200	7200	2×5000	9600	7200	7200	9600	7200
动轴数×单轴功率/kW	8×1200	6×1600	6×1200	6×1200	8×1250	6×1600	6×1200	6×1200	6×1600	6×1200
轴式	2(B0-B0)	C0-C0	C0-C0	C0-C0	2(B0-B0)	C0-C0	C0-C0	C0-C0	C0-C0	C0-C0
轴重/t	23/25	23/25	23/25	23/25	23/25	25	23/25	23/25	23/25	23/25
牵引变压器二次侧电压有效值/V	970	1940	970	970	950	2100	1450	1450	1500	1450
直流环节电压/V	1800	3600	1800	1800	1800	3750	2800	2800	2800	2800
脉冲整流器	两重四象限	两重四象限	三重四象限	三重四象限	两重四象限	两重四象限	单重，2 个 IGBT 并联	单重，2 个 IGBT 并联	两重四象限	单重
直流环节数量	4 个直流环节	2 个直流环节	2 个直流环节	2 个直流环节	8 个直流环节	6 个直流环节	6 个直流环节	6 个直流环节	3 个直流环节	6 个直流环节
每个直流环节的逆变器数量	2	3	3	3	1	1	1	1	2	1
接地故障检测	电压型	电压型	电压型	电压型	电流型	电流型	电流型	电流型	电流型	电流型
整流器和逆变器电平方式	两电平	两电平	两电平	两电平	两电平	两电平	两电平	两电平	两电平	两电平
逆变器输出/V	0～1375	0～2750	0～1404	0～1420	0～1391	0～2942	0～2150	0～2150	0～2183	0～2150
控制方式	架控	轴控	轴控	轴控	轴控	轴控	轴控	轴控	轴控	轴控
二次谐振滤波器	有	有	有	有	有	有	有	无	有	无
主变流器 IGBT 参数	3.3kV/1.2kA	6.5kV/600A	3.3kV/1.2kA	3.3kV/1.2kA	3.3kV/1.2kA	6.5kV/600A	4.5kV/900A	4.5kV/900A	4.5kV/1.2kA	4.5kV/900A

7.4 轨道车辆主电路的一些共性问题

7.4.1 直流环节的共用与独立使用问题

HXD_1、HXD_{1B}、HXD_{1C}、HXD_{1D}采用中间直流环节并联，共用中间直流环节和二次谐振电路。以 HXD_{1C} 型为例，如图 7-34 所示，每台变流器 3 个独立的整流-逆变回路共用 1 个中间回路。中间的直流环节的负极分别与 3 个整流-逆变回路的负极连接在一起，直流环节的正极通过 3 个隔离开关与 3 个整流-逆变回路的正极连在一起。当单个整流-逆变回路出现故障时，断开相应的隔离开关，去掉 1/6 牵引功率。当 1 台牵引变流器出现故障时，断开 1/2 的牵引功率。此种直流环节共用的结构在 HXD_1 电力机车中被广泛采用。这种直流环节共用方式可以资源共享，如共享二次谐振电路、接地检测电路、OVP 放电电路等。优点是成本低、体积小。

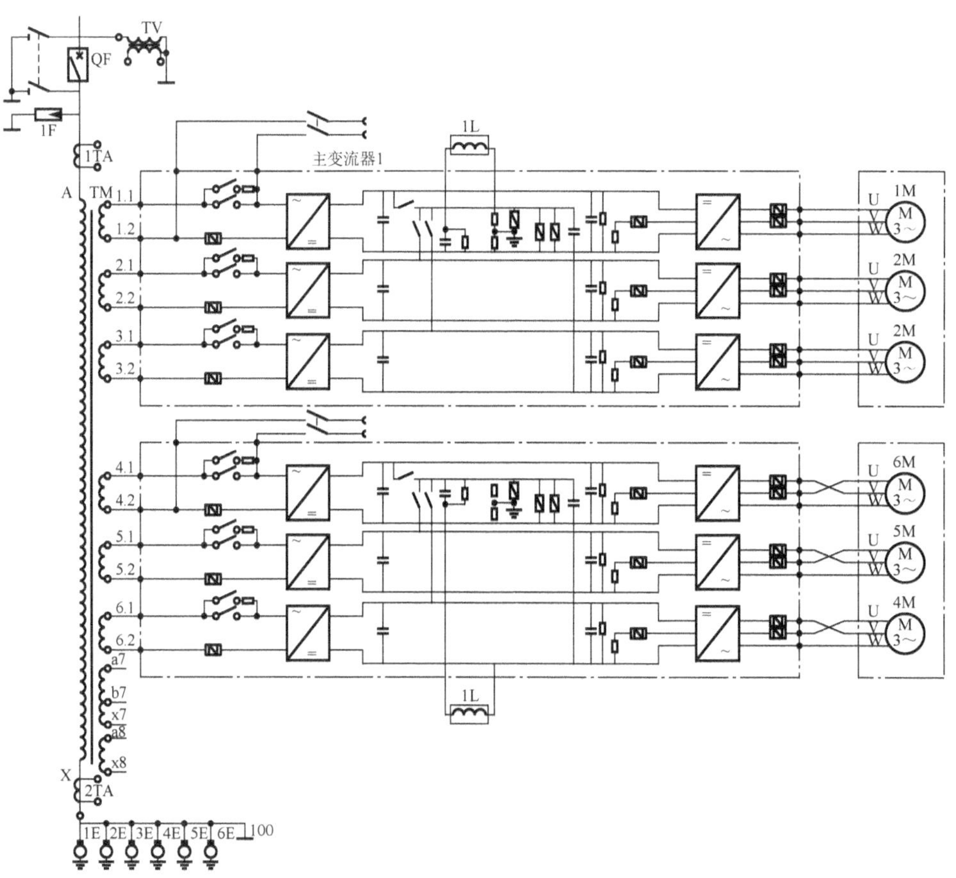

图 7-34　HXD_{1C} 主电路图(一节机车)

而 HXD_2、HXD_3 电力机车则倾向于采用完全独立的直流环节。一个整流器和一个逆变器独立组成一个独立的牵引单元，每个单元拥有独立的二次谐振电路、接地检测电路、OVP 放电电路等。优点是故障排查和故障隔离方便，可靠性更高。

7.4.2　直流环节保护电路

直流环节保护电路通常包括过电压保护和短路保护。HXD_1 和 HXD_{1B} 的直流环节保护电路采用的是硬短路放电装置(HCB)+软短路放电装置(SCB)，如图 7-35(a)所示。HCB 也就是撬杠保护电路，HCB 由 1 个晶闸管和 1 个电感组成。当 IGBT 发生短路时，触发晶闸管以旁路短路电流，迅速将直流支撑电容器上的能量进行泄放，以避免大电流振荡造成对其他器件的损坏。电感 L_{HCB} 用来限制晶闸管的 di/dt，防止电流过快上升，烧毁晶闸管。采用撬杠保护电路的方法也称为非熔断器保护法，一般用在大容量电路如 GTO 电路中的短路保护中。在轨道车辆大容量电路中应用很普遍，如在 CRH_3 就有此类短路保护(见图 7-13 中的短路保护器(KS))。撬杠电路保护的基本原理如图 7-36 所示。在大容量的电路中，除撬杠分流外，还经常要同时触发所有开关管，使短路电流由所有开关管承担，减小电流集中现象。

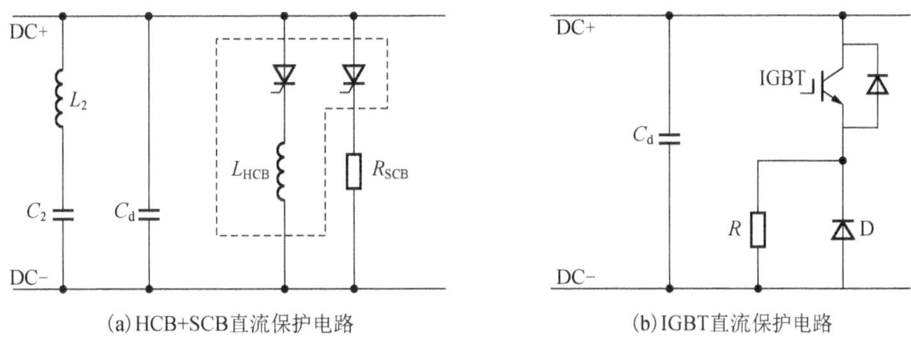

(a) HCB+SCB直流保护电路　　(b) IGBT直流保护电路

图 7-35　两种典型的直流保护电路

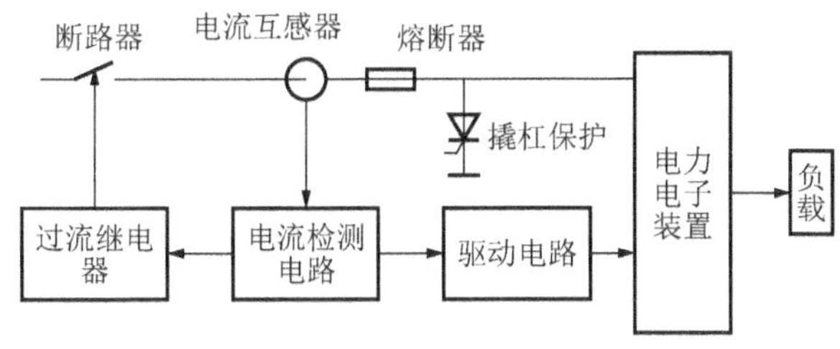

图 7-36　撬杠保护原理

一种典型的撬杠保护电路如图 7-37 所示。当逆变器由于误触发等原因发生短路故障时，滤波器电容的放电电流急剧增大，通过电流传感器检测出电容放电电流的信号，然后产生如下动作。

(1) 触发并联晶闸管 T，使 GTO 逆变器分流，T 串联一小电感 L_3，以便限制 T 的 di/dt，防止电流过快上升，烧毁晶闸管。

(2) 触发所有 GTO，使短路电流由所有 GTO 承担，减小电流集中现象。

(3) 交流侧断路器跳闸。图 7-37 中的电感 L_1、L_2 是为限制短路电流上升速度，L_d 为直流滤波电抗器。

这种保护方法利用了撬杠电路中晶闸管 T 浪涌能力强的特点，对 GTO 逆变器进行短路过电流保护的效果比较好，因而得到一定的应用。

在大容量 GTO 的应用中，也可采用熔断器和撬杠两者结合的方法。其保护过程是：短路过电流→电抗器限流→撬杠分流→熔断器断流。

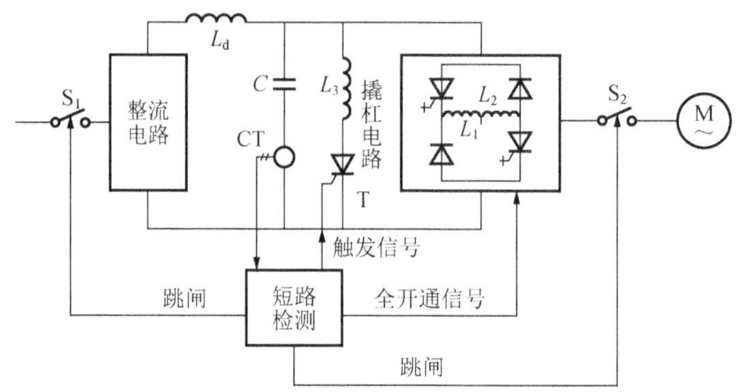

图 7-37　一种典型的撬杠保护电路

软短路放电装置如图 7-35(a)所示，由 1 个晶闸管串联 1 个 1.3Ω电阻 R_{SCB} 组成，当直流环节电压过压时，触发软短路放电装置放电。其他 HXD 车型的直流环节保护电路基本都是 IGBT 直流斩波保护电路，如图 7-35(b)所示。该电路主要由一个 IGBT 串联一个电阻组成。当直流环节过电压或直流环节出现异常时，开通 IGBT 将中间直流环节中的能量进行泄放，以保护其他器件不受损伤。图中二极管 D 的主要作用是对阻值小而功率很大的电阻 R 的自感及引线的自感进行续流，防止 IGBT 关断时，R 及引线的自感产生的高压损坏 IGBT。此外，在维修时需要给直流环节电容的几千伏高电压放电，如果通过电容旁边设置的固定放电电阻放电，一般需要十几分钟甚至更长，而通过触发直流保护电路的 IGBT，可以将直流环节电压很快释放到 0，以确保维修安全。此外，还要使用钥匙联锁系统等措施来确保直流环节确实无电后才能打开变流器柜门。

同样对于动车组也广泛采用图 7-35(b)所示的电路，如对于动车组 CRH_1，就采用这种电路，在制动工况时，如图 7-38 所示，当直流环节电压高于 1900V 时，IGBT 开通，直流环节过高的能量经电阻 R 进行泄放，同时制动时产生的电能经电阻 R 变成热能放掉，此电路也称为电阻制动斩波器。当直流环节电压低于 1800V 时，IGBT 关断，此时为了防止大功率小阻值的电阻 R 的自感和引线的自感(电阻 R 因发热严重通常放在主变流器箱外部)产生的高压击穿 IGBT，而在电阻 R 旁反并联一个续流二极管 D。而对于 CRH_2 动车组，由于直流环节没有采用二次谐振滤波器，直流环节支撑电容 C_d 比较大，放电电流也比较大，因此采用了晶闸管作为过电压保护电路的开关元件。

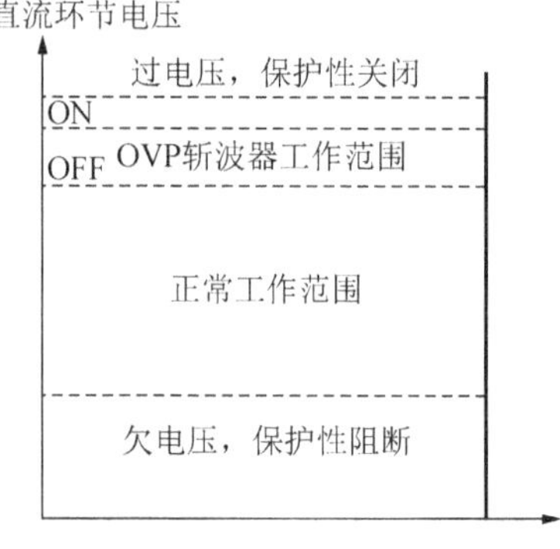

图 7-38　CRH_1 的直流环节保护电路工作范围

7.4.3　多重化、载波移相及谐波抑制问题

1. 谐波的基本概念和危害

高速列车注入牵引网的电流谐波主要是由牵引传动系统中四象限整理器产生的。传统的相控整流器会在网侧产生大量的 3、5、7 次等谐波电流，而采用 PWM 脉冲整流器具有单位功率因数，3、5、7 次谐波大量减少，但造成了谐波频谱变宽，高频谐波含量较高，容易引发列车与牵引网之间的高频振荡以及牵引网和高速列车的耦合振荡问题。

整流器注入的网侧谐波过大会使牵引网的牵引变电所或列车端产生过电压、过电流，严重的情况会使避雷器烧毁，变压器击穿，牵引闭锁，接触网失压，列车停运等事故。例如，2011 年 CRH_{380} 系列动车组在京沪高速铁路先导段徐州东-蚌埠南区间，CRH_{380A} 与 CRH_{380B} 试验过程中就出现了因网压过高而导致的车载避雷器炸毁、高压系统封锁，供电系统变电所保护，造成接触网短暂失压。

对于单相电压型 PWM 整流器而言，功率因数 λ、输入电流总谐波畸变率 THD_i 及等效干扰电流 J_P 是衡量整流器性能好坏的 3 个重要指标。

供电给电力机车的接触导线中流过的电流除基波电流外，还有各次谐波电流，这些电流经钢轨和大地回流至变电所。假设输入电流经过傅里叶级数分解之后，各次谐波分量的有效值为 I_1，I_2，…，I_n，其中 I_1 为基波电流有效值，I_n 为 n 次谐波电流有效值，则谐波电流的含量为 $I_{\mathrm{H}}=\sqrt{\sum_{n=2}^{\infty}I_n^2}$，$I_{\mathrm{H}}$ 即总的谐波含量。为能直观地反映电流中谐波含量的严重程度，引入了电流总谐波畸变率的概念。电流总谐波畸变率：$\mathrm{THD}_i=I_{\mathrm{H}}/I_1\times100\%$，输入电流的有效值为

$$I=\sqrt{I_1^2+I_2^2+\cdots+I_{\mathrm{H}}^2}=\sqrt{I_1^2+I_{\mathrm{H}}^2}=I_1\sqrt{1+\mathrm{THD}_i^2}$$

根据 IEEE 的有关规定，功率因数 λ 为输入电流波形系数 $\xi=\dfrac{1}{\sqrt{1+\mathrm{THD}_i^2}}$ 与基波输入电流和输入电压的位移因数 $\cos\varphi$ 的乘积，则输入功率因数定义为 $\lambda=\dfrac{P}{S}=\dfrac{UI_1\cos\varphi}{UI}=\dfrac{1}{\sqrt{1+\mathrm{THD}_i^2}}\cos\varphi=\xi\cdot\cos\varphi$，其中 P 为有功功率(W)，S 为视在功率(VA)，φ 为输入基波电流与输入电压的初相位差，$\cos\varphi$ 也常称为基波功率因数。此外，还有电压总谐波畸变率 THD_u。

电力机车是一个干扰源，可用等效干扰电流来评价其影响程度。机车等效干扰电流 J_P 为基波电流、各次谐波电流分量有效值乘以其杂音干扰系数 S_n 后的均方根电流值。等效干扰电流 J_P 的计算公式为 $J_P=\sqrt{\sum_{n=1}^{\infty}(S_nI_n)^2}$，$I_n$ 为 n 次谐波电流的有效值，S_n 为杂音干扰系数。以此来预测通信线中感应的干扰电压的数值。由于人耳与电话听筒对不同频率声音感受的灵敏度不同，其中以频率 1000Hz 左右最甚。为评价不同频率产生杂音的程度，国际电话电信咨询委员会(CCITT)制订出杂音干扰系数 S_n，把 800Hz 干扰规定为 1，其他频率折合到 800Hz 的干扰水平上。S_n 与频率的关系如表 7-10 所示。

表 7-10　不同频率下的杂音干扰系数 S_n

频率/Hz	50	100	150	200	250	300	350	400
S_n	0.00071	0.00891	0.0355	0.0891	0.178	0.298	0.376	0.484
频率/Hz	450	500	550	600	650	700	750	800
S_n	0.582	0.661	0.733	0.794	0.851	0.902	0.955	1
频率/Hz	850	900	950	1000	1050	1100	1150	1200
S_n	1.035	1.072	1.109	1.122	1.109	1.072	1.035	1
频率/Hz	1250	1300	1350	1400	1450	1500	1550	1600
S_n	0.977	0.955	0.928	0.905	0.881	0.861	0.842	0.724

2. 谐波的主要表现形式

动车组接触网侧电流谐波分布与常规的电力系统中谐波分布不同。对于牵引系统中通常采用的双闭环控制的网侧单相脉冲整流器，由于输出直流电压中有 2 倍电网频率的二次谐波，则在电压外环中输出的给定电流幅值同样有二次谐波，将其与锁相环采样得到的与电网同频率的正弦信号相乘，得到网侧电流给定值 I_N^* 中会有 3 次谐波，又由于实际网侧电流跟踪给定的网侧电流，则最终实际输入电流 i_N 含有 3 次谐波，同理，经过整流后，输入电流就会有 5 次谐波，依次推导，输入电流就会有 3、5、7、9 等奇次谐波。在牵引供电系统中，除了这些低次谐波外，在高频带还出现了大量的高次谐波，动车组无论三电平的还是二电平的单相脉冲整流器，主要分布在 2，4，6，…倍的载波频率附近，谐波次数为 $mN+n$ 次，其中 $m=2,4,6,\cdots$；$n=\pm(1,3,5,\cdots)$，N 为载波比，$N=\omega_c/\omega_r$，ω_c 为载波频率，ω_r 为调制波频率。例如，测试 CRH_2 车网侧的 45、47 等高次谐波比较明显。只不过三电平整流器的谐波要小于两电平的，而且通常单极性调制 PWM 波比双极性调制有更好的谐波特性。

而脉冲整流器整流后的直流环节电流 i_{dc} 除了直流分量和 2、4 次等低次谐波外，高次谐波主要是在 2 倍开关频率附近的偶次谐波，忽略 i_{dc} 中的直流分量和低频分量，只考虑直流侧电流高次谐波，Δi_{dc} 可简化成如下形式：

$$\Delta i_{dc}(t)=\sum_{m=2,4,6,\cdots}^{\infty}\sum_{n=0,\pm2,\pm4,\cdots}^{\pm\infty}A_{mn}\cos[(m\omega_c+n\omega_m)t-\delta_{mn}] \tag{7-1}$$

其中，A_{mn} 和 δ_{mn} 分别表示频率为 $m\omega_c+n\omega_r$ 的高次谐波的幅值和相位。ω_c 为载波信号角频率；ω_r 为调制信号角频率。

3. 多重化及载波移相技术及在轨道车辆上的应用

多重化：为了进一步提高牵引传动系统容量，抑制网侧谐波，通常采用多重化技术。基本原理是以串联或并联的方式将数个结构相同的整流或逆变单元(通过变压器耦合)的方式进行组合，并采用载波移相技术进行控制。

载波移相技术：就是将每个 SPWM 控制的变流器(逆变器或脉冲整流器)各独立的调制波和载波频率固定不变，并采用相同相位的调制波，而改变各自的三角载波相位，相位依次错开一定的角度 θ，通过调制信号与载波比较得到开关信号。原理如图 7-39 所示。

每一相载波的移相量存在半周期 $\theta=\pi/N$ 和全周期 $\theta=2\pi/N$(N 为整流器或逆变器单元的级联数)两种移相方式。这样总输出是各单元变换器输出的代数和，总传输功率比单个变流器提高了 N 倍，同时减小了谐波。因此广泛应用于逆变器、脉冲整流器、有源电力滤波器、静止无功补偿装置等进行级联或多重化的场合。载波移相是 SPWM 与多重化技术的有机结合。一般重数越多，等效开关频率越高，输出叠加波形的效果越好，越适合大功率场合。

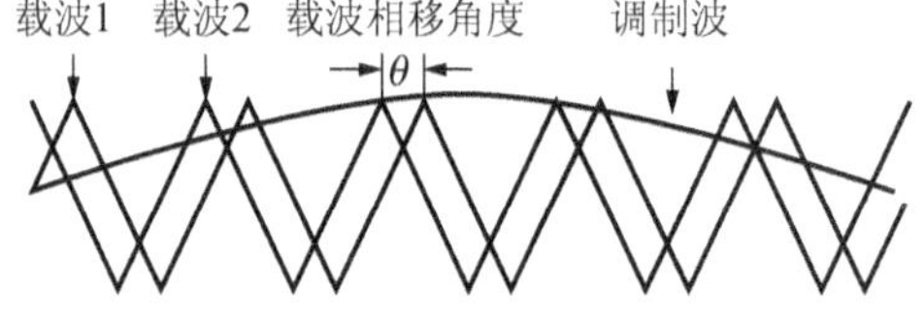

图 7-39　载波移相(CPS)PWM 技术原理

π/N 移相方式：等效载波频率为 $2Nf_c$，谐波主要为 $2Nkf_c$(k=1,2,3,…)附近的高频边带谐波，且边带谐波随着 k 的增大而逐次递减，更易于滤除。也就是说载波移相 PWM 技术可以在较低的器件开关频率下实现较高的开关频率的效果，且输出电压将不含有 $2Nf_c$+1 次以下的谐波。当级联数 N 为奇数时，输出相电压电平数为 $2N+1$，当级联数 N 为偶数时，π/N 方式输出电平数几乎没有变化，为 $2N+1$。输出波形质量较好。

$2\pi/N$ 移相方式：等效载波频率为 Nf_c，谐波主要为 $Nkf_c(k=1,2,3,\cdots)$ 附近的高频边带谐波，而且有时 $2\pi/N$ 方式的谐波失真率要大于 π/N 方式。当级联数 N 为奇数时，输出相电压电平数为 $2N+1$，而当级联数 N 为偶数时，由于单元输出波形的重叠，电平数减少，输出电平数一般为 $N+1$。例如，当 $N=4$ 时，π/N 方式输出电压电平数为 9，而 $2\pi/N$ 方式输出电压电平数为 5，且正弦度较低。又如，三电平 SPWM 的输出可以由 2 个二电平载波移相 180°相加得到。从谐波分析和输出波形质量看，π/N 方式更适合脉冲整流器多重化应用。

对于逆变器的多重化，载波移相技术可以减小输出的交流电压或电流的谐波(电压型逆变器输出串联，电流型逆变器输出并联)。

对于电压型脉冲整流器的多重化，载波移相技术利用 PWM 波形生成技术和多重化技术中的波形叠加结构得到梯形 PWM 波形，用于抑制多重化脉冲整流器的网侧电流高次谐波。例如，对于两重化整流器的三角载波信号相位相差 $\pi/2$，分别与相同调制波信号相比较，产生一系列 PWM 信号，用以控制脉冲整流器的 IGBT，产生网侧电流 i_{s1} 和 i_{s2}，其高次谐波的峰值和谷值相互错开，使叠加后产生的变压器一次侧电流更接近正弦，而且可以使直流环节纹波电压减小。例如，对于主要谐波成分包括 $2N\pm1$ 和 $2N\pm3$ 次（N 为载波比）的单极性调制的脉冲整流器，经重数为 K 的多重化后，输入电流的主要谐波次数变为 $2KN\pm1$ 和 $2KN\pm3$ 次，可以视为将一个单独的整流器的开关频率提高 K 倍，而且随着重数 K 的增大，其谐波次数迅速增大而幅值迅速减少，输入电流总谐波畸变率 THD_i 和等效干扰电流 J_P 也迅速减少，功率因数 λ 也能得到提高。从而在保持主电路结构和不提高整流器开关频率的前提下实现系统输出功率大、运行效率高、减小输出谐波含量、改善波形品质等目的。

对于脉冲整流器，多重化和载波移相技术还可以减小直流环节的电流、电压谐波。例如，对于相移角为 $\pi/2$ 的两重化的载波移相控制，从式(7-1)两个脉冲整流器直流环节电流可表示为

$$\Delta i_{\mathrm{dc1}}(t)=\sum_{m=2,4,6,\cdots}^{\infty}\ \sum_{n=0,\pm2,\pm4,\cdots}^{\pm\infty}A_{mn}\cos[(m\omega_{\mathrm{c}}+n\omega_{m})t-\delta_{mn}] \tag{7-2}$$

$$\Delta i_{\mathrm{dc2}}(t)=\sum_{m=2,4,6,\cdots}^{\infty}\ \sum_{n=0,\pm2,\pm4,\cdots}^{\pm\infty}A_{mn}\cos[(m\omega_{\mathrm{c}}+n\omega_{m})t-\delta_{mn}+\frac{\pi m}{2}] \tag{7-3}$$

则两重化后，脉冲整流器直流输出电流为

$$\Delta i_{\mathrm{dc}}(t)=\Delta i_{\mathrm{dc1}}(t)+\Delta i_{\mathrm{dc2}}(t)=\sum_{m=4k(k=1,2,3,\cdots)}^{\infty}\ \sum_{n=0,\pm2,\pm4,\cdots}^{\pm\infty}A_{mn}\cos[(m\omega_{\mathrm{c}}+n\omega_{m})t-\delta_{mn}] \tag{7-4}$$

由式(7-4)可看出，经载波移相控制的两重化后，2 倍开关频率处的高次谐波相互抵消，转化为幅值较小的 4 倍开关频率的偶次谐波，使直流环节电流纹波减小，基本上消除了直流环节的 2 倍开关频率处的谐波电压，进一步降低了输出电压纹波，有利于实现直流环节支撑电容的轻量化。

如图 7-40 所示，在 $\mathrm{CRH_1}$ 动车组的牵引传动系统中的脉冲整流器就采用了多重化和载波移相技术。图 7-41 中，主变压器 1 的脉冲整流器 $\mathrm{LCM_1}$ 的全桥 $\mathrm{Br_{11}}$ 对应有 1U 相和 1V 相桥臂，其触发脉冲错开 180°，见图 7-41 中的主变压器 1 中的桥 11P 和桥 11M，$\mathrm{LCM_1}$ 的桥 Br12P 与桥 Br11P 错开 90°。1 号变压器中第 2 个脉冲整流器 $\mathrm{LCM_2}$ 的两个变流器桥 $\mathrm{Br_{21}}$ 和 $\mathrm{Br_{22}}$ 与 $\mathrm{LCM_1}$ 一样，也错开 90°。$\mathrm{LCM_1}$ 和 $\mathrm{LCM_2}$ 综合后，Br21P 和 Br11P 相差 54°。图 7-41 中还

画出了 2 号、3 号变压器中 LCM 脉冲分配的情况，最终 3 个变压器 5 个 LCM 综合后的脉冲相移为 18°，如图 7-42 所示。

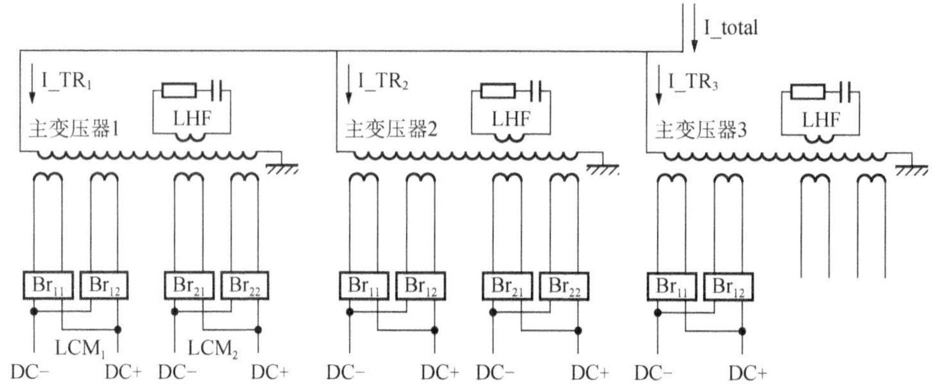

图 7-40　CRH_1 牵引供电电路简图

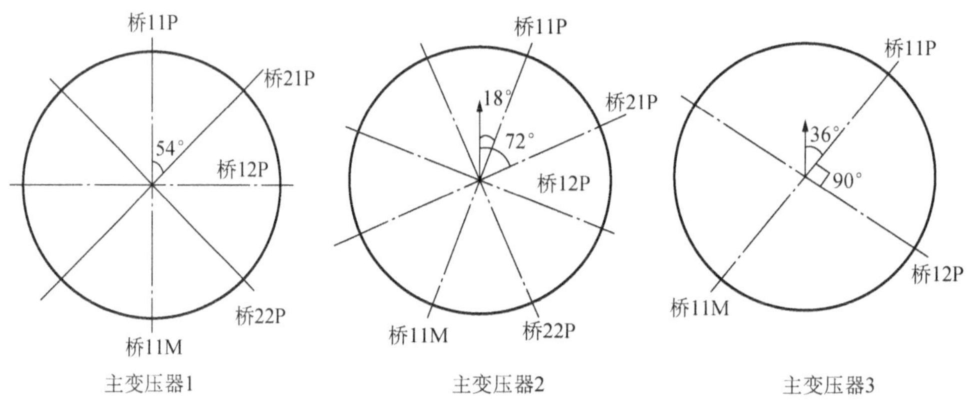

图 7-41　IGBT 触发脉冲移相

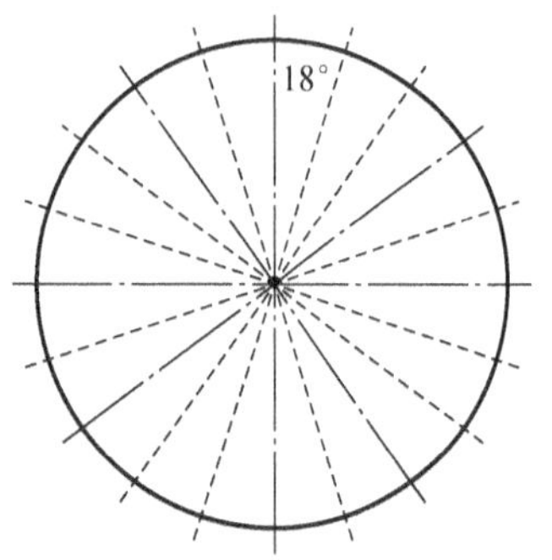

图 7-42　5 个牵引变流器错开 18°相移

IGBT 的 PWM 开关频率为 450Hz，因此每个桥将会产生频率 900Hz、1800Hz、2700Hz、3600Hz 等为中心的边频谐波。一个牵引变流器的一个 LCM 中按两重脉冲整流器移相调制模式控制，其 IGBT 的开或关将会交错开来。理想情况下，在网侧 900Hz、2700Hz 频率附近的谐波会互相抵消，因此最低次的谐波就是分布在 1800Hz 中心的边频，如 1650Hz、1750Hz、1850Hz、1950Hz 等。

CRH_1 的 5 个独立的牵引变流器可以进一步按载波移相技术进行控制，相互错开触发，这样，1800Hz 和 3600Hz 两边的谐波就会在网侧相互抵消，因此最低谐波频率为 5×1800Hz=20×450Hz =9000Hz，其振幅已经很低了。

CRH_{380A} 型动车组牵引传动系统是一台变压器带两台三电平脉冲整流器(一个牵引绕组带一个整流器)的两重化拓扑结构，脉冲整流器采用载波移相策略，每个单元的载波依次错开 $\pi/2$ 可基本消除了单个整流器产生的 2,6,10,…倍的谐波，而只有 4,8,…倍的谐波，使对网侧电能的谐波污染更少。

HXD_3电力机车为了减少谐波，6 组四象限脉冲整流器的调制波相位保持一致，但载波相位不一致，依次相差 30°,60°,…,180°，从而达到消除特定谐波的目的，保证等效干扰电流 $J_P \leqslant 2.5A$。

CRH_1、CRH_3、CRH_5普遍采用了二电平的两重化技术。HXD_{1C}、HXD_{1D}等电力机车采用了三重化的脉冲整流器。

总之，多重化和载波移相技术在动车组和 HXD 电力机车的脉冲整流器中应用非常普遍。

7.4.4　轨道车辆的接地故障检测问题

1. 轨道车辆的接地故障检测方法

接地故障检测方法一般分为电压法和电流法。图 7-43(a)为HXD_1接地故障检测原理图，采用电压法，具体电路与图 7-44 所示的CRH_3的接地故障检测电路相同。正常情况下检测的电压为$u_e = U_d R_2/(R_1 + R_2)$，实际$R_1 = 3R_2$，当发生接地故障时，被测电压就会发生变化。当$u_e$超过正常值的 32.5%或低于 17.5%时，就认为出现接地故障，如图 7-45 所示。图 7-43(b)为HXD_2接地故障检测原理图，采用电流法检测，当接地故障发生时，电流传感器检测到电流即进行保护，需要控制好保护延时时间，否则可能导致变流器烧损。图 7-43(c)为HXD_3接地故障检测原理图，采用电流法检测。正常情况下，HXD_3接地检测电流传感器检测的电流为 0。当发生接地故障时，接地电流大于 10A 以上且持续时间超过 1ms，则进行接地保护动作。HXD_1、HXD_3接地故障检测能对整个变流器的接地故障进行检测，如牵引绕组接地、中间直流环节正接地和负接地、牵引电机接地等。HXD_2接地故障出现直流环节负线接地时，会造成两点接地，极易损坏变流器，应在检测电路中串入电阻，避免出现两点接地的现象。

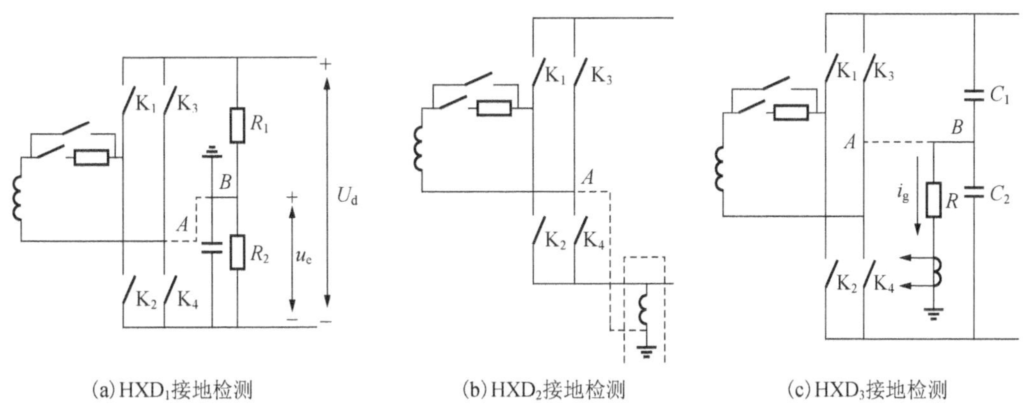

(a) HXD_1接地检测　(b) HXD_2接地检测　(c) HXD_3接地检测

图 7-43　HXD_1、HXD_2、HXD_3变流器接地检测原理

CRH_3的接地故障检测方法，属电压法检测，如图 7-44 所示。接地故障检测模块(ESE)用来检测系统的接地故障。接地故障检测由分压器、评估电路的差动放大器等部分构成。连续放电电阻分成 102kΩ、34kΩ两个部分。电阻器的中央抽头接地，一个滤波电容器并联到下部部件中。通过监测此电容的电压，在出现接地故障时，测量电压改变，从而相关的 TCU 指出接地故障。在额定运行期间，传感器值显示为直流环节电压的 1/4。当发生接地故障时，由于电容值的充电反向，测量电压发生改变，由此可以检测到接地故障。

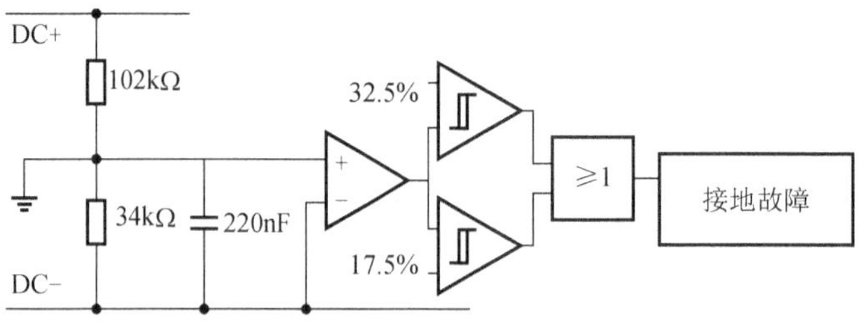

图 7-44　CRH_3 的接地故障检测

CRH_1 动车组的中点接地电路由 4 个电阻串联后与两个电容并联形成，如图 7-46 所示。两个稳压电容组成了中点接地单元，直流环节中点接地。这些稳压电容能够使直流环节对地电压更稳定，减少牵引电机上的电压降。直流环节中 DC+和 DC−对地电压分别为+825V 和−825V，对地电压减小一半。直流环节的正线和负线通过接地电阻对称接地。中点接地能限制下述导电部件的对地电压值：变流器、主变压器、牵引电机、辅助三相滤波器、辅助三相变压器。中点接地还具有灵敏的接地故障检测功能。

接地故障检测电路的两个串联电阻中点构成了一个电气中点。当该点与中点地(连接到中点接地电路的 4 个电阻中间)之间的电压达到一定值时，表明有接地故障发生，属电压法检测。这一故障通过继电器触点输出给 LCM 控制计算机，接地故障会导致 LCM 停机，其负载电路断开，DC 环节较大的瞬时纹波电压会造成接地保护电路动作，因此要求 DC 环节的滤波电容足够大。该电路可探测到 1650V 直流环节的任何接地故障，包括工作过程中的主变压器的牵引绕组接地、牵引电动机定子绕组接地、辅助变压器的原边绕组接地等。

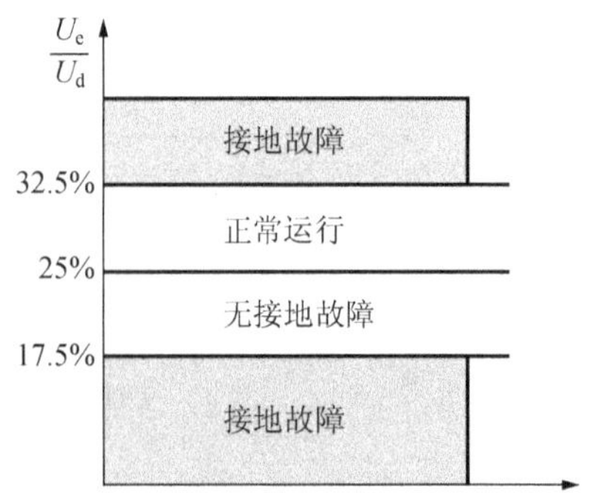

图 7-45　HXD_1 的接地故障检测范围

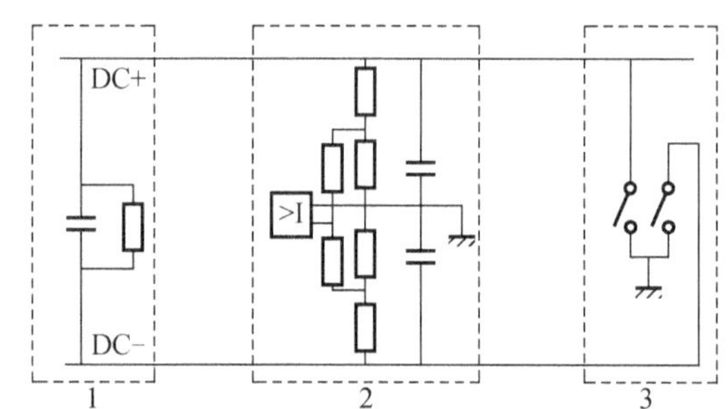

图 7-46　CRH_1 接地故障检测电路

1-直流环节电容；2-中点接地；3-接地开关

如果出现接地故障需将变流器隔离时，动车组司机必须首先将主断路器断开，并将被隔离的变流器断开，然后再次闭合主断路器。这样可以确保与该变压器连接的其他组件(如其他牵引变流器)及另一个牵引单元变压器上的组件继续操作。

CRH_2 的接地故障检测电路如图 7-47 中的方框部分所示，是电流法检测，能检测牵引变压器二次侧和直流环节的接地电流。如果接地电流超过允许值，过电压保护的晶闸管 OVTh 将开通，脉冲整流器和逆变器的门极驱动信号将封锁，牵引变流器 1 次侧电源接触器(K)断开。

接地保护电路由跨接在中间电路的 2 个串联电容、1 个电阻和 1 个电流传感器组成。如果有接地故障出现，电流传感器会检测到有电流，导致主断路器断开，切除故障变流器。有时如果确认只有一点接地，也可以通过开关 GS_1 将接地检测装置切除，列车满功率运行，回段后进行检修处理。

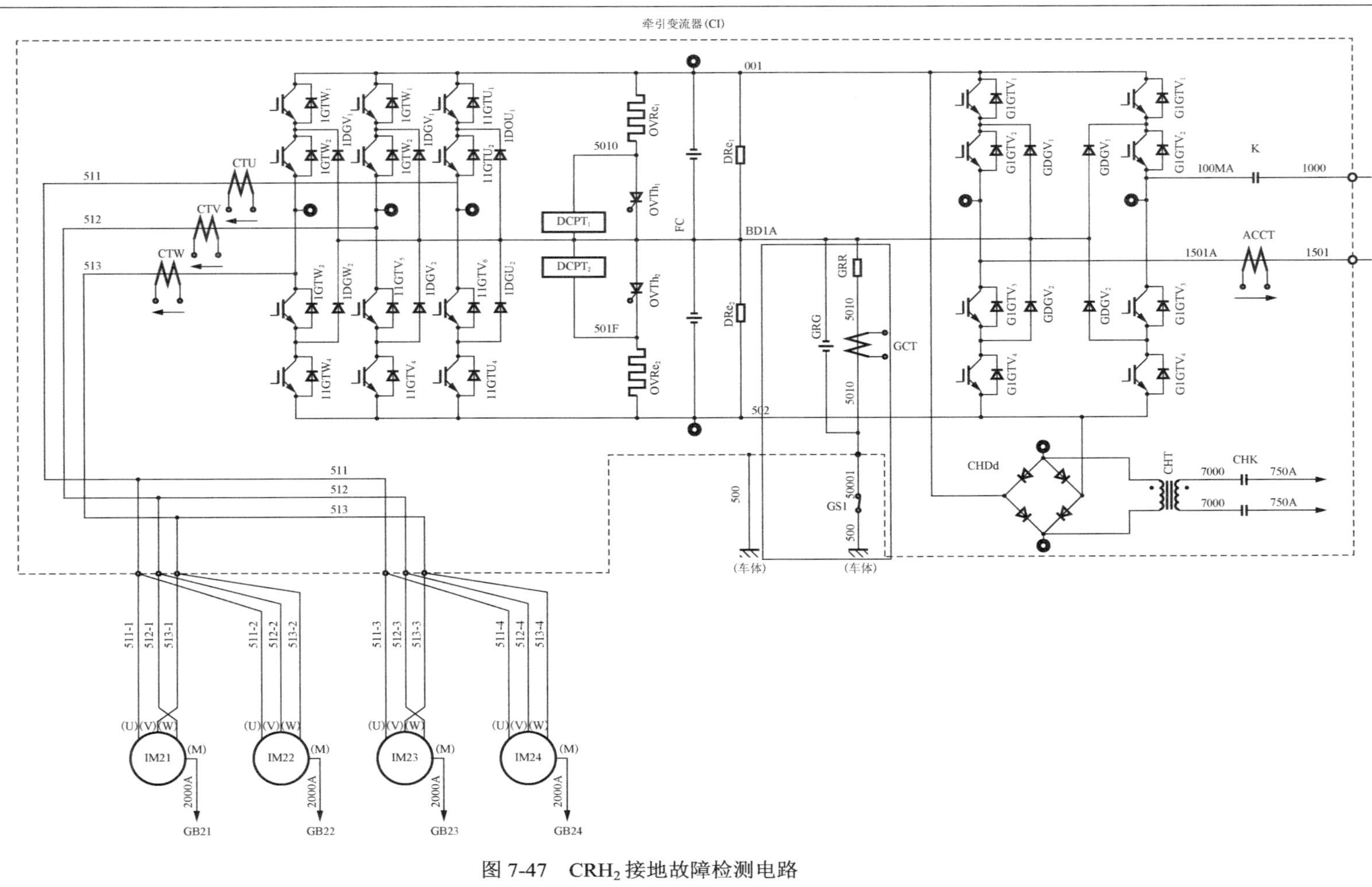

图 7-47　CRH$_2$接地故障检测电路

该电路可探测主变流器直流环节的任何接地故障，接地故障通常包括：①工作过程中主变压器的牵引绕组接地；②辅助变压器的原边绕组接地；③牵引电动机定子绕组接地；④直流环节正接地；⑤直流环节负接地。

2. 接地故障检测方法的对比

通常电流法接地故障检测有两种接法：直流环节中点接地和直流环节负端接地故障检测，如图 7-48 所示。

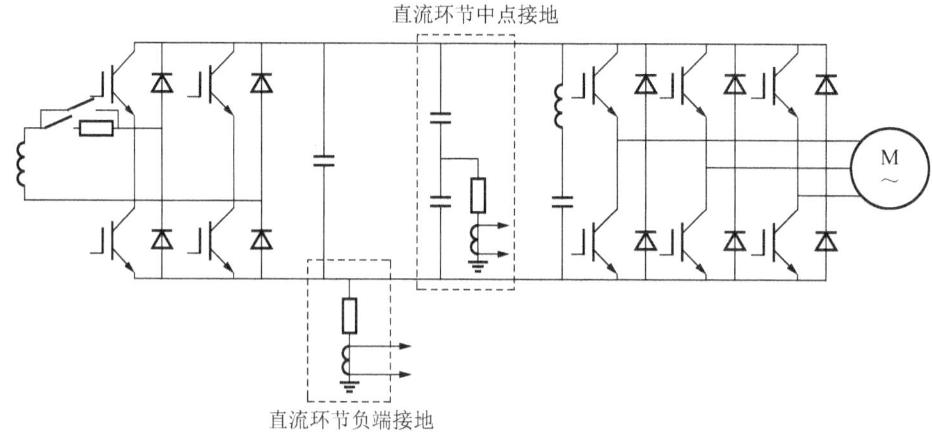

图 7-48　直流环节中点接地及负端接地两种接法

(1) 直流环节中点接地，如图 7-49(a) 所示。牵引绕组 A 点接地时，当 K_3 导通时，则接地电流为 $i_g=-\dfrac{U_{C1}}{R}$；当 K_4 导通时，$i_g=\dfrac{U_{C2}}{R}$；当该电流值大于一定值，并且持续一定时间时，保护装置动作，变流器被切除。当直流环节正端接地时，接地电流同样为 $i_g=-\dfrac{U_{C1}}{R}$；当直流环节负端接地时，接地电流为 $i_g=\dfrac{U_{C2}}{R}$。因此，采用直流环节中点接地的方式，接地故障①～⑤均能被检测，也不会发生短路现象。

(2) 直流环节负端接地，如图 7-49(b) 所示。牵引绕组 A 点接地，当 K_3 导通时，则接地电流为 $i_g=-\dfrac{2U_{C1}}{R}$；当 K_4 导通时，$i_g=0$。当直流环节正端接地时，接地电流同样为 $i_g=-\dfrac{2U_{C1}}{R}$；当直流环节负端接地时，接地电流为 $i_g=0$，无法检测。因此采用直流环节负端接地的方式，接地故障①～④均能被检测，不过接地短路电流较大，对直流环节支撑电容不利。接地故障⑤不能被检测。

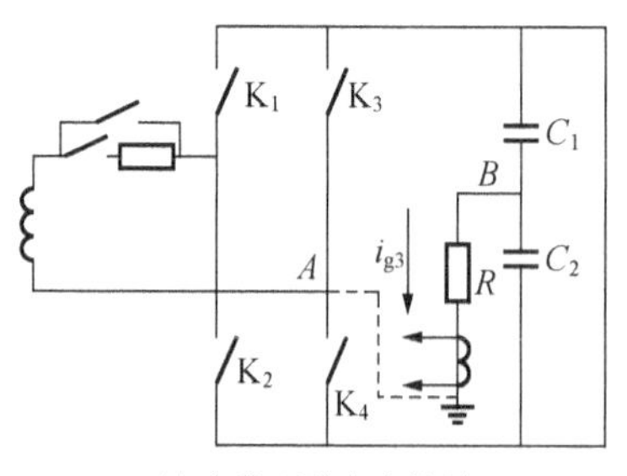

(a) 直流环节中点接地

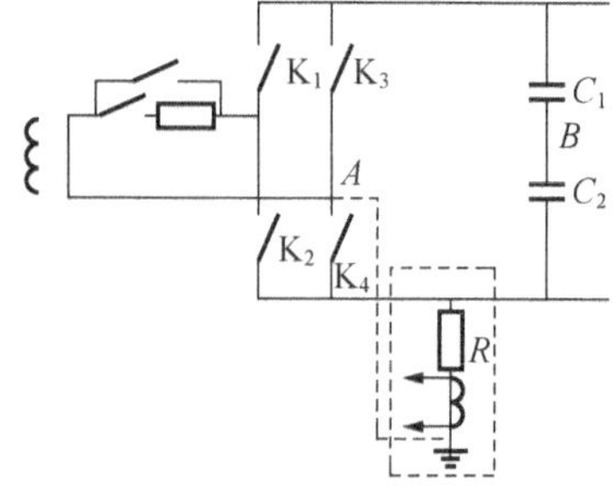

(b) 直流环节负端接地

图 7-49　直流环节接地方式

因此，通常直流环节中点接地要好于直流环节负端接地，动车组和电力机车上普遍采用直流环节中点接地故障检测电路。例如，对于 HXD_3 电力机车，采用的是直流环节中点接地故障检测电路；而 HXD_2 采用的是直流环节负端接地故障检测电路，而且没有接地故障检测电阻 R，当故障①～③发生接地属于 2 点接地，桥臂则会发生短路，如当牵引线圈 A 端接地，S_3 导通时，会发生短路。接地电流检测的保护时间是毫秒级，而 IGBT 的短路允许时间是微秒级，会使变流器的 IGBT 烧损。对于接地故障④，因无接地故障检测电阻 R，会使中间直流环节短路，损坏支撑电容等部件。对于接地故障⑤则无法检测。

此外，动车组的电池系统的接地保护经常采用负极是高阻值的接地，如图 7-50 所示。将电池系统高阻值接地的目的是使 110V/DC 负极线相对于车体呈高阻状态，防止回流从钢轨→车轮/车体 1→电池负极线→车轮/车体 2→钢轨进行回流，避免 110V/DC 负极线发热，特别是对于动车组的铝合金车体，车体电阻要远小于钢轨，经过车轮/车体的回流更大。另外，在发生单极接地故障时，检测到正极和车体(地)之间的单极接地故障，接地故障电流不至于过大，可将闸刀开关打到“中立位”，维持列车继续运行，回段后检修。通常将电阻串联到电流继电器检测此故障。缺点是将检测不到负极和车体(地)之间的单极接地故障，必须定期测试负极和地之间的电阻值。

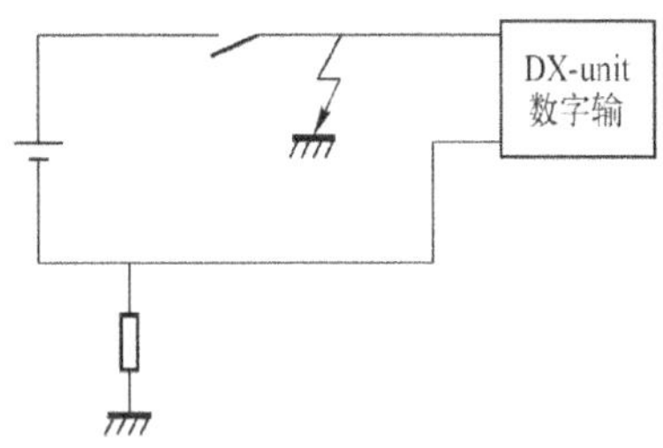

图 7-50　负极是高阻值的接地原理图

7.4.5　电磁兼容性及接地问题

1. 电磁兼容的基本概念

电磁兼容性(Electro Magnetic Compatibility，EMC)俗称抗干扰，是指干扰可以在不损害信息的前提下与有用信号共存。电力电子装置的电磁兼容性包括两个方面：一是不干扰其他设备的正常运行；二是自身不受其他设备的干扰，对于电磁兼容容许的干扰信号，装置能够正常工作。

所谓电磁兼容性，国家标准作了如下定义：“设备(分系统、系统)在共同的电磁环境中能一起执行各自功能的共存状态。即该设备不会由于受到处于同一电磁环境中的其他设备的电磁发射导致而遭受不允许的降级”。可见，电磁兼容性就是使处于同一电磁环境下的各种电气、电子设备或系统能够正常工作而互不干扰，达到所谓的“兼容”状态。

美国电气和电子工程师协会(IEEE)对电磁兼容性的定义是：“一个装置能在其所处的电磁环境中满意地工作，同时又不向该环境及同一环境中的其他装置排放超过允许范围的电磁扰动”。国际电工技术委员会(IEC)定义：“电磁兼容是设备的一种能力，它在其电磁环境中能完成它的功能，而不至于在其环境中产生不允许的干扰”。电磁兼容的基本任务是实现一个设备(或装置、系统)在其电磁环境中可靠地执行其功能，而又不向该环境中的任何实体引入不能允许的电磁扰动。

铁路上的电力机车、动车组等轨道车辆上有许多电力电子装置。电动机特别是动车组电气设备比普通电力机车要多很多，如动车组上使用的主变流器、辅助变流器、充电机、空调电源、电动机、电开水炉、继电器、接触器、主断路器等大量电力电子装置及开关。电力电子装置通常采用 PWM 控制，电力电子器件开关频率比较高，du/dt、di/dt 比较大，开关电压、电流均含有丰富的高次谐波，将严重影响周围系统的正常工作。此外，还有电网、受电弓、主断路器、避雷器、主变压器等高压电气设备，因此，动车组的电磁干扰和电磁兼容性问题尤为突出。而且电气问题与机械问题不同，往往在运行过程中才日益显现出来，刚从厂家生产出来，有些问题很难发现，许多问题在引进的原型车上根本就没发现。因此，与机械系统的问题不同，动车组电气系统需要维护，需要电气工程师始终对问题进行跟踪并解决。目前，电气系统大部分问题是系统集成的问题，其中电磁兼容的问题占绝大部分。EMC 问题的解决是需要电磁场理论、电力电子、信息电子技术、电机技术等方面的综合运用。

国际上，铁路装备电磁兼容依据的主要标准是：IEC 62236-3-1(铁路应用—电磁兼容—第 3-1 部分机车车辆列车和整车)和 IEC 62236-3-2(铁路应用—电磁兼容—第 3-2 部分机车车辆设备)，此外还有中华人民共和国国家标准与之等同，即 GB/T 24338.3—2009/IEC 62236-3-1(铁路应用—电磁兼容—第 3-1 部分：机车车辆列车和整车)和 GB/T 24338.4—2009/IEC62236-3-2(铁路应用—电磁兼容—第 3-2 部分：机车车辆设备》。

此外，还有欧洲标准 EN 50121-3-1(铁路应用—电磁兼容性第 3-1 部分车辆—列车和整车)：规定了各种类型车辆的电磁辐射和抗扰性要求，同时明确了试验程序和试验方法。标准对车辆的静态辐射极限和低速运行辐射极限做了要求，但由于没有整车抗干扰性测试手段，抗扰性极限不适用于整车。EN 50121-3-2(铁路应用—电磁兼容性车辆—设备仪表)：规定了铁路机车车辆上的电气和电子设备的电磁辐射和抗扰性要求，明确了电磁辐射的限制和测试方法，以及与传导和辐射干扰有关的抗扰性试验要求。还有国内铁路行业标准 TB/T 3034—2002(机车车辆电气设备电磁兼容性试验及其限值)：等效于欧洲标准 EN 50121-3-2(铁路应用—电磁兼容性第 3-1 部分车辆—设备仪表)，主要差异是合格标准等级和试验方法上的一些不同，对电池端口、信号和通信、过程测量和控制端口的辐射极限做了更严格的规定。例如，目前动车组的变流器采用的电磁兼容性标准为 EN 50121-3-2。

1) 电磁兼容的基本概念

在电磁兼容性中，通常用电磁分贝(dB)表示两个参量的倍率关系，它通常表示变化范围很大的数值关系。电磁兼容的基本单位为分贝(dB)，电磁分贝的定义如下。

功率的分贝单位表示为 $[\mathrm{dB}]=10\lg\left(\dfrac{P_1}{P_2}\right)$，其中，$P_1$ 为某一功率，P_2 为基准功率；因为 $P=U^2/R=I^2R$，所以电压、电流的分贝单位定义如下。

电压的分贝单位表示为 $[\mathrm{dB}]=20\lg\left(\dfrac{U_1}{U_2}\right)$，其中，$U_1$ 为某一电压，U_2 为基准电压。

电流的分贝单位表示为 $[\mathrm{dB}]=20\lg\left(\dfrac{I_1}{I_2}\right)$，其中，$I_1$ 为某一电流，I_2 为基准电流。

2) 电磁干扰的三要素

任何一个电磁干扰的发生，都要具有电磁干扰源、传播途径、接收体三个条件。

(1) 电磁干扰源。

电力电子装置、主断路器、接触器等的开关过程中会产生很大的 du/dt、di/dt。这些都会成为严重的干扰源。干扰源可以是人为干扰，也可以是自然干扰，如雷电等。干扰源又被分为传导干扰源和辐射干扰源。传导干扰源是通过导体传播的干扰；辐射干扰源是通过电磁波的形式在空间传播的干扰。传导干扰 EMI 按导通回路又分为差模 EMI 和共模 EMI。差模 EMI 是指由相线和中线构成回路的干扰信号；共模 EMI 是指相线或中线与地线之间构成回路的干扰信号。传导 EMI 以共模 EMI 为主。

电力电子装置的电磁噪声按其发生可分为以下 4 种：内部原件和导线的高频电位变动产生的发射噪声、静电感应噪声、电磁感应噪声、传导噪声。

电气化铁路的电磁干扰按波形分为正弦型和脉冲型两种。正弦型干扰信号主要是各种电网交流电压及其谐波，以及由固定的或移动的发送装置和无线电装置发出的无线电电压信号。脉冲型连续干扰信号，如从接触器、主断路器、电动机、变流器或高压电网上电晕或火花放电产生的信号，影响范围限于干扰源周围的几十米范围，主要依靠导线传播。

(2) 传播途径。

传播途径主要包括直接传导耦合(电导性耦合、电容性耦合和电感性耦合)、公共阻抗传导耦合(公共地阻抗耦合和公共电源阻抗耦合)、电磁场耦合(远场和近场耦合)。

(3) 接收体。

接收体主要是驱动电路、控制计算机、控制网络等弱电部分。

因此电磁兼容的控制技术通常从以下三个方面着手。

① 消除或抑制噪声干扰源：一般对噪声源可以采用滤波、阻尼、屏蔽、阻抗匹配、对称或平行配线以及电路去耦等措施。

② 切断或限制噪声干扰传播途径，可以采用屏蔽、隔离等方法。

③ 提高敏感设备的抗干扰能力：可以采用滤波、隔离、增加开关时间、提高功率等级等方法。

3) 电磁兼容设计规则

电磁兼容设计需要考虑系统级、设备级、元件级和印制电路板级 4 个方面。

(1) 系统级包括系统电气布局、机械设计、材料选择、系统抗干扰软件等。

(2) 设备级包括电缆布线、屏蔽、滤波、接地等。

(3) 元件级包括元件选择、参数、引脚、封装等。

(4) 印制电路板级。元件在 PCB 板上的位置、布线等。

电磁兼容性设计就是如何提高设备的抗干扰性和防止电磁泄漏，并且采用接地、屏蔽、滤波等一些技术手段，防止整个系统内部各个设备间的相互干扰。对动车组上的电磁兼容性设计时需要综合考虑这 4 个方面。对于电气设备的供货单位，主要关心的是电气设备内部的电磁兼容。而在动车组的制造厂家或维修单位，进行电气设计和维修时更侧重于设备级(电力电子装置)和系统级(整车)。

4) 电磁兼容的控制技术

总原则是抑制和消除干扰源、切断干扰对系统的耦合通道、降低系统干扰信号的敏感性。通常抑制电磁干扰的方法有主动式和被动式。具体方法包括滤波、屏蔽、隔离、搭接、合理布线、接地、接地故障检测等。

由于篇幅的原因，这里仅简单介绍轨道车辆的隔离问题和接地问题。

2. 隔离问题

电气隔离技术是避免电路中干扰传导的可靠方法。主变流器等主电路及功率开关元件属于强电范畴，而控制电路属于弱电范畴，强电的输出如果直接与弱电相连，弱电很容易被干扰，而不能正常运行。因此需要切断功率强电和信号弱电的电流环路，包括地环路，必须要进行电气隔离。常见的隔离措施有隔离变压器、光电隔离(光电耦合隔离和光纤隔离)两种方法。还有二极管隔离等其他隔离方法，如采用继电器隔离数字量输入信号，而小型继电器的线圈吸合电流为数十毫安，强电干扰信号通过电磁感应产生的能量一般不会使隔离用的继电器误动作。

1) 隔离变压器

利用电磁感应原理，一次绕组和二次绕组分别绕于磁心两侧，只有磁通的联系，而隔断电的通路，包括地线、电源线等。一般来说，隔离变压器的信号传递频率为 1kHz～1MHz，最高的频率要高于光耦的频率，通常用于隔离交流信号，也可以用在 SCR、GTR、MOSFET、IGBT 等功率器件的驱动控制隔离。CRH_1 动车组网侧高压互感器(AC 25kV/25V)不能直接接到计算机采集系统，必须经过隔离变压器(1∶1)进行隔离，才能与弱电系统相连。电流互感器同样需要进行二次变换。

图 7-51 所示为 CRH_{2A} 型车电茶炉引发的接地故障图。当电茶炉发生接地故障后，辅助变流器 APU 三相输出异常，电茶炉漏电保护跳开后，不能立即正常启动。分析原因如下。电茶炉漏电保护在跳开前形成接地电路，接地电流通过接地线(700F)对 APU 的三相电容器(ACC)发生接地的一相进行充电，使 APU 三相输出电压叠加了直流电压，ACC 残留电压使中性点发生偏移，使 APU 检测出电压异常而不能在出现故障后再正常启动。通过改造，在 APU 和电茶炉之间加上一个隔离变压器，当电茶炉发生接地故障而使漏电保护断开时，APU 仍能工作正常。因为加上隔离变压器使在发生接地故障时接地回路给三相 ACC 的充电回路断开，使其不会产生残留电压而使 APU 工作不正常。

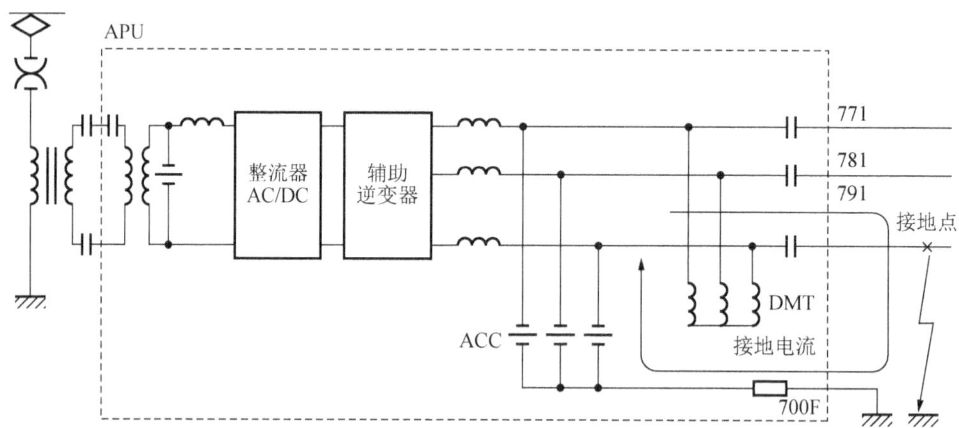

图 7-51　CRH_{2A} 辅助变流器接地电流

2) 光电隔离

光电隔离是采用光电耦合器件，输入和输出之间只有光的联系，完全切断了二者之间的电气联系，使抗干扰能力很强。有些元器件，如光控晶闸管(用在发电厂)，本身就有很好的电气隔离作用。

电力电子技术是弱电控制强电的技术，对于变流器的 IGBT 等开关元件属强电范畴，通常与门极驱动单元(GDU)紧密相连，距离比较近，通常采用双绞线相连；驱动控制单元(DCU)是控制计算机，属弱电范畴，为保证控制信号和反馈信号绝对可靠，如图 7-52 所示，CRH_1 动车组主变流器的驱动板(GDU)和控制板(DCU)之间通过光缆传输信号，进行光电隔离，最大限度地保证控制和反馈信号传输绝对安全。

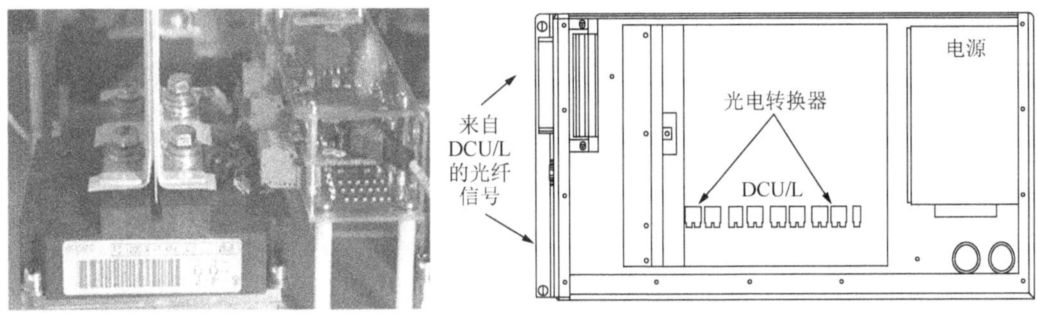

图 7-52　CRH_1 主变流器箱的门极驱动单元 GDU 和 IGBT 的连接电及与 DCU 的光电隔离

3) 其他隔离方法

例如，在前面介绍的二极管的隔离作用，在动车组蓄电池和 110V/DC 间经常有隔离二极管防止 110V/DC 给蓄电池充电；或充电机内部装有隔离二极管，防止断电时蓄电池经过充电器放电。图 7-53 所示为深圳地铁 1 号线（BST 生产）使用二极管隔离进行技术改造的原理。

图 7-53 为改造前后的外部风扇接触器控制原理图，改造前的牵引逆变器（DCU/M）和辅助逆变器（DCU/A）共用一个外部风扇来冷却，二者直接相连，无图中虚线框中的二极管，由于 DCU/A/M 的输出端 DO 采用 MOSFET 驱动，漏极 D 外加电源，栅极 G 为驱动端，源极 S 为输出端。当微型断路器 3F11 闭合时，漏极 D 上电压为 110V，源极 S 上输出电压为 110V；而当 3F11 断开时，漏极 D 上的 110 V 电压消失，此时若 DCU/M 输出高电平 110V，则 DCU/A 的源极 S 也输出 110V，由于 MOSFET 是反向，相当于一个二极管，无阻断能力，使漏极 D 也带 110V 电压，此 110V 可以串入其他电路或 DCU/A 外部低压电源，产生较大的漏电流，造成 DCU/M 数字输出单元短路保护，DCU/M 显示硬件故障而被隔离。为防止直接连接导致相互影响，需要在 DCU/M 和 DCU/A 连接处采用二极管进行隔离，如图 7-53 中的虚线框所示。

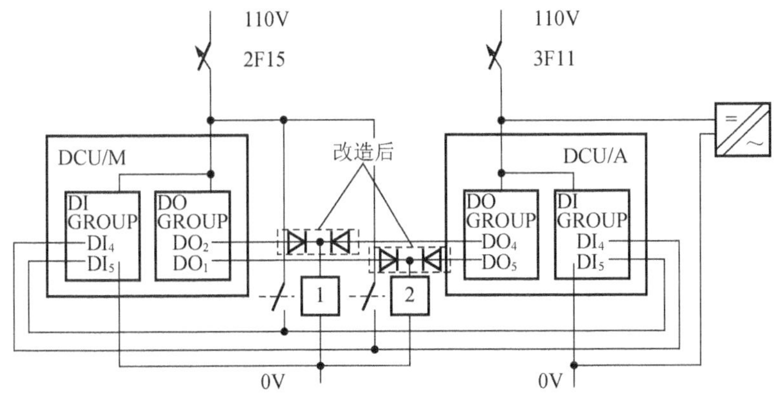

图 7-53　CRH_1 牵引控制单元（DCU）的二极管隔离

1-半速风扇接触器；2-全速风扇接触器；DI-数字输入；DO-数字输出

隔离方法在中断接地环流和耦合性干扰方面能起到很好的作用。在动车组的设计及技术改造中被大量使用，也取得了很好的效果。例如，在 CRH_2 中，由于车体和转向架不完全等电位，特别是在升降弓、过分相等主断切换过程中，由于耦合电容的作用，如图 7-54(a) 所示，容易产生浪涌电压，而转向架上速度传感器如果直接接到车体列控设备上，就有可能形成释放回路，在信号线上产生干扰。此时传感器绝缘性能如果下降到浪涌电压足以通过绝缘材料或空气进行放电，则浪涌电压将直接加到信号线上，会损坏列控设备。因此需要对 CRH_2 的技术改造，将传感器与列控设备进行电气隔离，并采用统一的参考电位进行屏蔽线的连接，增加列控设备可靠性。如图 7-54(b)所示，解决了 CRH_2 型动车组上列控设备烧损、非正常制动现象。此外，隔离方法还有继电器隔离、DC/DC 隔离等方法。

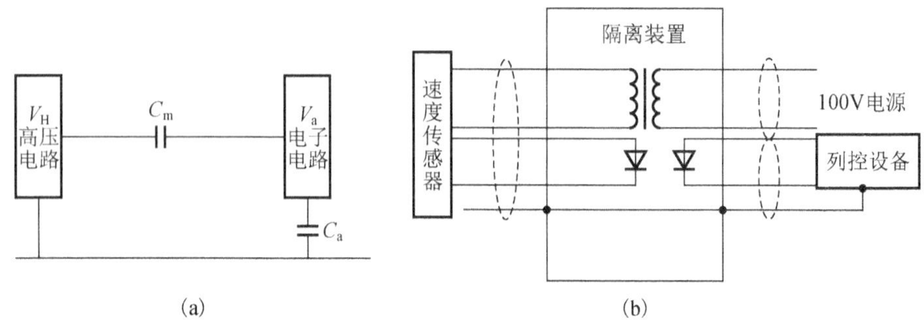

图 7-54　CRH_2 的传感器与列控设备的隔离

3. 接地问题

接地是防止电磁干扰，增加电磁兼容能力的重要方法之一，是电磁兼容问题中最重要的部分，地位也越来越重要，目前基本可以与电磁兼容地位并列。接地问题非常复杂，是一个很大的研究课题，80%以上的电磁兼容问题源于接地不良。电力电子装置的接地主要有两个目的：一是安全，如防设备漏电或防雷击的，称为保护接地或安全接地；另一个是为信号电压提供一个稳定的零电位参考点，成为系统接地或工作接地。工作接地又细分为电源地、信号接地、屏蔽接地、安全栅接地、功率地、数字地、模拟地等。一般电力电子装置都有保护接地和工作接地。

车辆接地通常可分为保护接地和工作接地两大类。对于保护接地，列车所有的传导部件如转向架、牵引电机外壳、变流器箱体等都通过低阻抗的接地连接与车体连接。车体本身通过接地电缆相互连接，确保所有电气部件等电位，都基本处于零电位。车体等电位连接可使整个通信、信号系统接地阻抗减小，并提供一个良好的参考面，防止屏蔽层内有电流流过而形成一个很大的干扰源。变流器箱体、高压箱、主变压器、电气控制柜等外壳接地，是保护接地，是为减小人身伤害的。金属外壳和车体等电位，还起到一个屏蔽的作用，减小了射频干扰。工作接地是为保证车辆的电力电子装置可靠工作，包括直流环节接地或 110V 直流接地、屏蔽线接地等。

通常电力电子装置中把各级电路和结构件按类又细分成信号地、控制地、电源地和安全接地等。为了避免出现接地环路，必要时还要采用隔离技术。同时，屏蔽、滤波和接地技术密切相关。接地的形式直接影响屏蔽的效果。

信号接地可以采用屏蔽层一点接地、两点接地或混合接地方式等。一点接地最简单，能消除公共阻抗耦合和低频地环流。电磁兼容理论表明，对于用屏蔽线传输的信号线，在频率低于 1MHz 时，屏蔽层用一点接地效果好；频率高于 1MHz 时，屏蔽层两点接地对电场和磁场都能起到很好的屏蔽作用。因此，在动车组上的屏蔽信号线的屏蔽层往往在靠近变流器或接收一端接地，另外一端接一个小电容(容抗为 $X_C=\dfrac{1}{\omega C}$)。图 7-55 所示为 CRH_1 动车组信号线接地方法，在低频时，屏蔽层相当于单端接地；在高频时相当于双端接地，这种混合接地方法能取得比较好的屏蔽效果。

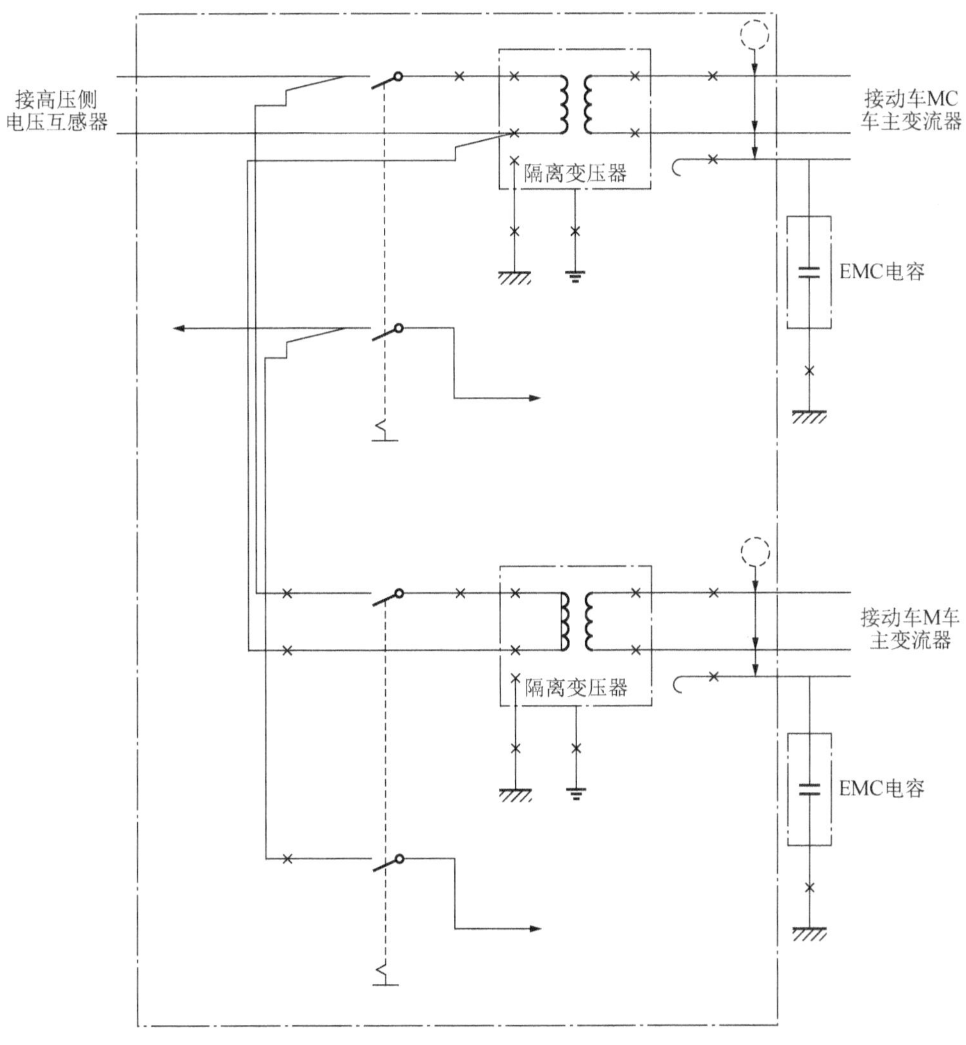

图 7-55　CRH_1 动车组屏蔽信号线屏蔽层的接地方法

屏蔽线通常在信号接收端屏蔽层接地。屏蔽线接地方式不同，参考电位也不同，影响输出信号的质量。图 7-56 所示为 CRH_2 的光电速度传感器(转向架上)与列控设备(车体)之间的电气连接。由于速度传感器以转向架为参考电压，列控设备以车体为参考电压。CRH_2 车体通过 0.5Ω电阻接到转向架的接地电刷，因此车体与转向架非等电位。电位不同直接导致在信号线上产生电压差。采用图 7-56(a)中的屏蔽线接地方式，由于转向架的传感器与车体间的电位不同，直接导致在信号线上产生电压差；而如果采用图 7-56(b)所示的屏蔽线接地方式，就不会产生电压差。

由于 CRH_2 车体与转向架非等电位，这带来了一系列问题。CRH_2 动车组采用了日系新干线动车组电气系统的特点，不同于欧系动车组(CRH_1、CRH_3 的设备浮地方式)。CRH_2 的信号设备地与车体地等电位，因信号电气设备地线直接连接在动车组车体上，所有低压电气设备的地线均回流经过车体，为电气设备带来了许多干扰问题。

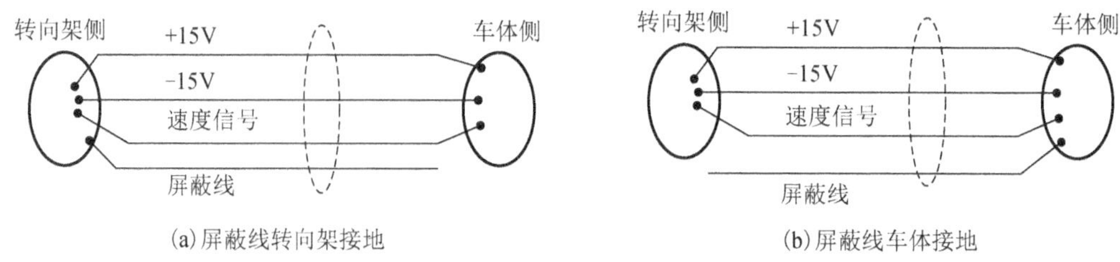

图 7-56　屏蔽线接地位置

如图 7-57 所示，$CRH_{2\text{-}300T}$型动车组为 6 动 2 拖方式，在动力车 4 和 6 车顶部安装有受电弓，在 4 和 6 车下安装有主变压器，车载 ATP 安装于两端的拖车 1 和 8 上，轴速度传感器经过速度传感器电缆与 ATP 相连，如图 7-58 所示。维修发现，动车组上的轴速度传感器经常有偶发的损坏问题，同时发现因速度传感器金属外壳直接安装于转向架上，与金属外壳相连的为降低电磁辐射对内部信号干扰的 EMC 电容存在过热烧蚀的现象。此速度传感器的金属外壳与内部电路的绝缘强度为 500～1500V，经过分析和测试发现了速度传感器损坏的原因。

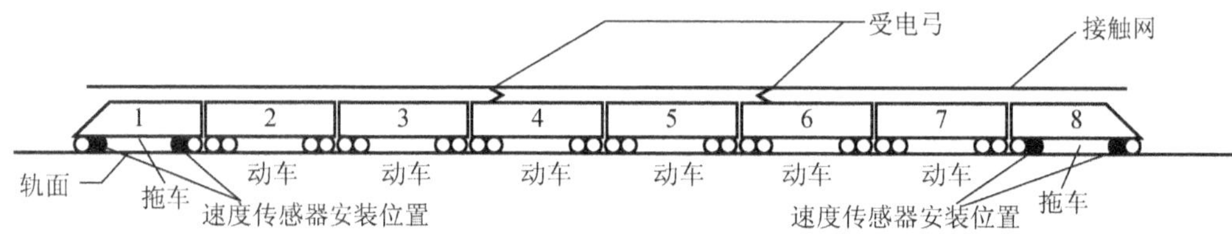

图 7-57　$CRH_{2\text{-}300T}$动车组动力编组方式示意图

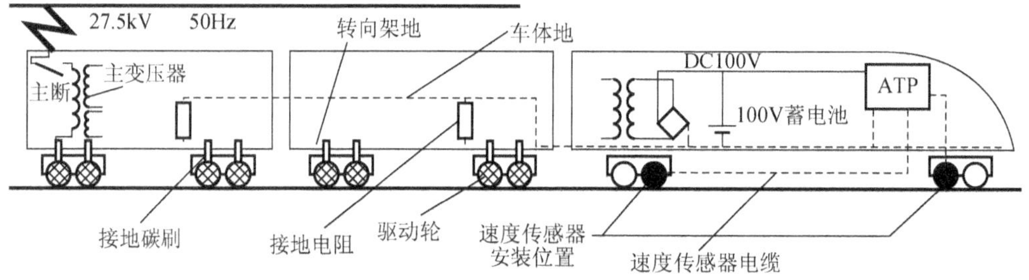

图 7-58　$CRH_{2\text{-}300T}$动车组接地系统示意图

如图 7-59(a)所示，动车车体经过小接地电阻 R_1 与转向架地相连，L_1 为主变压器原边等效电感，L_2 为车体与牵引电流回路的寄生电感，R_2 为动车与拖车车体地之间的接地电阻，C_1 是牵引电流回路与车体间的寄生电容。由于接地电阻的存在，车体地与转向架地不等电位；而拖车车体与拖车转向架两者之间则相对绝缘，经接地电缆、接地电阻(R_1、R_2)和钢轨回路间接相连，由于轮对与钢轨接触电阻的不确定性，动车轮对-轨面-拖车轮对可等效为骚扰信号源。当主断路器开关时，在动车的牵引回路上产生瞬间的高压和浪涌电流，在 L_2 上会感应出高幅值电压干扰；当受电弓离开和靠近接触网时(升弓、降弓或过分相区)，在空气间隙内也会发生瞬时的高幅值电压干扰，在 C_1 和 L_2 上也会感应出高幅值电压干扰。由于动车的车体地和转向架地间的电阻 R_1 很小，所以二者电压差不大；拖车的车体与转向架因相对绝缘，极端情况下，能产生高达几千伏的电压扰动。如图 7-59(b)所示，因速度传感器的外壳直接安装在拖车的转向架上，信号电缆的屏蔽层地与拖车车体地等电位，接收端经过光电隔离给 ATP 机柜。几千伏的干扰电压会加在传感器机壳与屏蔽层的 EMC 电容上，引起电容损坏。电容损坏后，高压将直接加到速度传感器内部的霍尔元件上，引起速度传感器的损坏。

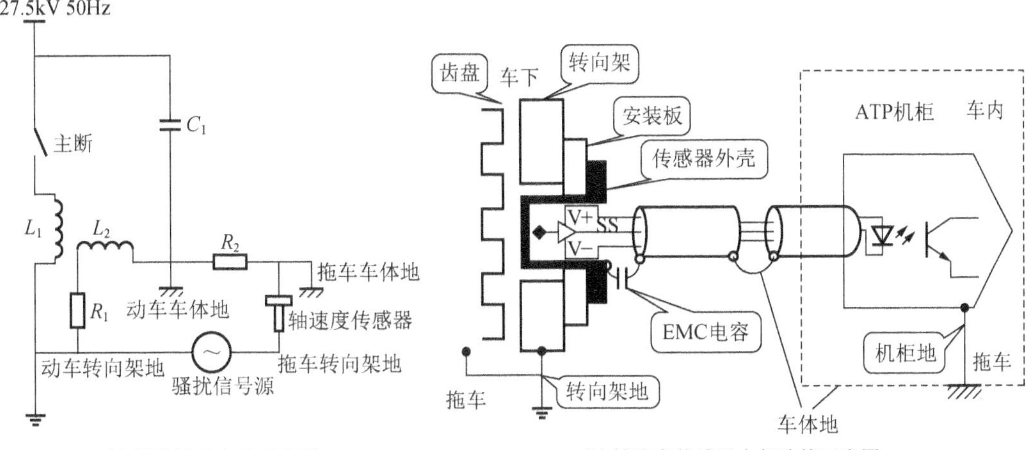

(a)周边等效电路示意图　(b)轴速度传感器电气连接示意图

图 7-59　CRH_2车载测速测距设备周边等效电路及对速度传感器的影响示意图

L_1-主变压器原边等效电感；L_2-车体与牵引电流回路的寄生电感；C_1-牵引电流回路与车体间的寄生电容；R_1-动车车体与转向架间的接地电阻；R_2-动车与拖车车体地间的接地电阻

根据以上分析，北京全路通信信号研究院从保护速度传感器出发，将速度传感器更换为具有更高耐压能力的速度传感器，在速度传感器外壳和转向架地之间安装绝缘板和耐压隔离盒等辅助耐压隔离装置，以及切除骚扰信号耦合途径等 EMC 措施。

青岛四方机车车辆股份有限公司的电气部门，从整车保护的角度出发，在拖车的转向架地和拖车车体地之间安装了击穿电压不超过 1000V 的雪崩二极管装置，防止了拖车转向架地和车体地的瞬时电压过高造成的其他危害。

与 CRH_2 接地方式不同，CRH_1 动车组在轴头(转向架地)和车体(车体地)之间采用了接地变压器，CRH_1 接地变压器的主要作用是减少轴承箱的电化学腐蚀，工作原理如图 7-60 所示。

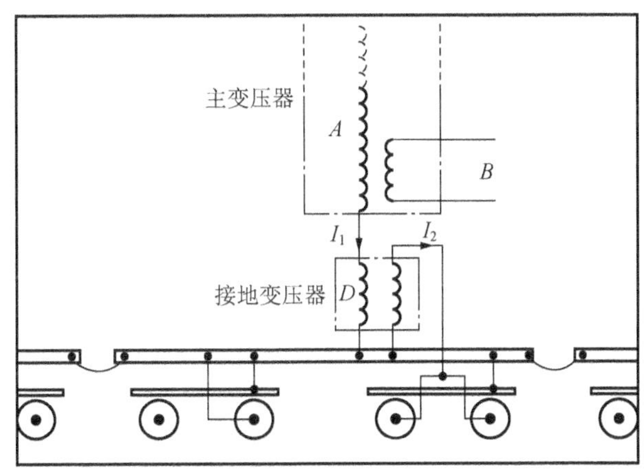

图 7-60　CRH_1 接地变压器工作原理

A-主变压器原边线圈；B-主变压器次边线圈；D-接地变压器

接地变压器的主要功能特点是：①接地变压器是一个互感元件；②接地变压器原边和次边的电流值相等；③主变压器原边电流通过特殊的电路接地；④保证车轴轴承上无漏电流；

⑤接地变压器匝数很少，因此压降很低。

接地变压器的作用如下。

(1)将主变压器的返回电流强制通过回流装置，否则电流将会通过轮轴的轴承。接地变压器可看作具有 1:1 变比的电压互感器，主变压器的原边电流 I_1 必然产生与其相等的次级电流 I_2。主变压器原边的回流通过以下电路：接地变压器的原边绕组连接到车体，接地变压器的次边绕组，连接接地电刷。目的是将所有流过主变压器的回流直接经过接地电刷。

(2)接地变压器的作用与变压器接地的消弧线圈比较类似。动车组在运行时，遇大雾、雨雪天气，当车顶高压设备故障(如绝缘子爬电(闪络))造成电网发生接地故障时，接地电流很大，电弧很难熄灭，可能发展成对地短路，易造成电网烧断。此时接地变压器可以限制短路电流、抑制电弧过电压。当电网发生接地故障时，接地变压器产生一个与接地容性电流相位相反的感性电流来抵消短路电流。与三相变压器接地的消弧线圈原理类似，可使短路电流减小，容易抑制电弧产生或使电弧容易熄灭。

(3)与 CRH_1 接地系统相比，CRH_2 主变压器直接连到接地电刷和轴头(转向架地)，电机和齿轮变速箱也直接接到轴头，主变流器 CI 等接到车体(车体地)，车体地与转向架地中间用 0.5Ω的电阻来保持各个车厢电位基本相等，并且阻止从铁轨流到铝合金车体的电流，因为铝合金的电阻远小于钢轨的电阻，但由此却产生了一系列电磁干扰问题。CRH_1 的接地变压器能产生隔离的作用，接地变压器次边线圈与接地电刷和轴头直接连接(转向架地)，接地变压器原边与车体连接(车体地)，能减少地回路的发生。

此外，CRH_3、CRH_5 等车型，接地方式也各不相同，各有特点。

轨道车辆电磁兼容技术从大的范围讲属于轨道车辆电气系统的可靠性技术。可靠性技术包括降额设计、冗余设计、电磁兼容设计和热设计。①降额设计是指零部件的实际工作应力要低于其额定应力，从轨道车辆主电路、辅助电路、控制电路到电力电子器件的选择普遍采用了降额设计。②冗余设计指轨道车辆电气系统中，通常采用两个或两个以上的部件、子系统组成的系统，互为冗余和备份，一个系统出故障可转换到另一个系统工作。例如，动车组的牵引系统、网络传输系统、辅助系统大量地采用了冗余技术。冗余技术是铁路机车车辆中经常采用的直接、有效的可靠性设计技术。③电磁兼容设计是通过接地、滤波、屏蔽、吸收、隔离等技术，使各个电气设备相互之间干扰最小，彼此兼容，并可靠工作，轨道车辆上所有电力电子设备均采用电磁兼容设计技术，包括电路、布线、安装等，着重对电磁干扰的传输通道进行抑制。④热设计主要是减小电力电子设备的发热量和加强散热，例如，主变压器的油循环强迫式风冷、主变流器的水循环强迫式风冷或沸腾冷却、制动电阻的风冷，牵引电动机的冷却及冷却风扇与温度传感器配合进行有级或无级调速等。

思　考　题

7-1　说明动车组 CRH_1 的 DCU/L 和 DCU/M 的基本结构和监控功能。

7-2　说明动车组 CRH_1 的过电压保护电路(OVP 或电阻制动)，过电压放电电阻(制动电阻)反并联二极管的原因。

7-3　动车组 CRH_1、CRH_2、CRH_3 和 CRH_5 主变流器分别采用几电平方式？各有何优点和缺点？

7-4　对比动车组 CRH_1、CRH_2、CRH_3 和 CRH_5 的 IGBT 的冷却方式有何不同？

7-5　试分析和对比 CRH_1、CRH_2、CRH_3 和 CRH_5 的主电路的牵引系统和辅助供电系统的电路的结构和功能。

7-6　举例说明动车组常见的电磁干扰(EMI)有哪些。

7-7　举例说明动车组常见的电磁兼容(EMC)的控制方法有哪些。

7-8　电气隔离的方法通常有哪些？举例说明轨道车辆上常用的隔离措施。

7-9　试分析和对比动车组 CRH_1、CRH_2、CRH_3 和 CRH_5 的接地故障检测方法。

7-10　试分析和对比动车组 HXD_1、HXD_2、HXD_3 的接地故障检测方法的差别。

7-11　试分析多重化和载波移相技术在脉冲整流上应用的工作原理和优点。

7-12　请查阅相关资料，试分析和对比动车组 CRH_1、CRH_2、CRH_3 和 CRH_5 的接地方式各有何特点。

7-13　轨道车辆的电气系统中的可靠性技术都包括哪些？

7-14　举一动车组电气系统故障实例，并分析故障原因。

参考文献

蔡仁钢．1997．电磁兼容原理、设计和预测技术．北京：北京航空航天大学出版社

曹立威，吴胜华，张承胜，等．2002．SPWM 谐波分析的一般方法．电力电子技术，36(4)：62-65

陈伯时．2005．电力拖动自动控制系统．北京：机械工业出版社

陈庆伶，朱锦洪，石红信，等．2007．IGBT 集成驱动电路的分析与选用．电子世界，(12)：13-14

成凌飞，蒋世用，李金格．2012．级联变频器输出性能与载波移相量关系研究．控制工程，19(2)：332-335

程维．2010．城轨车辆电磁兼容设计．技术与市场，17(5)：19-20

邓爱喜．2008．电力电子器件的发展与应用．科技经济市场，(5)：22-23

段婧婧，钱政．2012．高速动车组中 PWM 整流器谐波抑制方法研究．电测与仪表，49(6)：66-71

段炼．2009．ZVS PWM 大功率机车控制电源设计．企业技术开发，(5)：28-29

范建伟．1999．M57959L/M57962L 型 IGBT 厚膜驱动电路．国外电子元器件，(2)：8-9

冯晓云．2009．电力牵引交流传动及其控制系统．北京：高等教育出版社

葛兴来，冯晓云．2008．动车组牵引传动三电平逆变器 SVPWM 控制．西南交通大学学报，43(5)：566-572

顾强．2012．CRH_{2A}型动车组脉冲整流器的运用故障及分析．上海铁道科技，(1)：60-61

郭世明．2012．机车动车牵引交流传动技术．北京：机械工业出版社

郭世明，黄念慈．2002．电力电子技术．成都：西南交通大学出版社

韩姝莉，陶生桂．2006．电力电子在城轨电动车辆中的应用与发展．电气传动自动化，28(3)：1-5

何国军，王旭峰．2010．CRH_2动车组三电平 PWM 整流器仿真及谐波分析．电力学报，25(6)：455-457

胡俊达．2003．IGBT 的驱动与保护电路研究．电机电器技术，(6)：37-40

胡学芝．1999．IGBT 驱动模块分析比较与选用．黄石高等专科学校学报，15(4)：10-13

华伟，周文定．2003．现代电力电子器件及其应用．北京：北京交通大学出版社，清华大学出版社

华伟．1998．IGBT 驱动及短路保护电路 M57959L 研究．电力电子技术，(1)：88-91

黄采伦，何早红．1999．EXB 系列 IGBT 驱动模块及其应用．国外电子元器件，6：25-26

黄挚雄，李志勇，危韧勇．2002．智能功率模块 IGBT—IPM 及其应用．半导体技术，27(9)：53-56

贾华，王亚非，高嵩．2008．基于 SVPWM 的异步电动机控制系统的仿真研究，变频器世界，(4)：52-54

贾正春，马志源．2001．电力电子学．北京：中国电力出版社

江靖．2011．新一代高速动车组牵引系统参数匹配设计与研究．机车电传动，(3)：9-12

姜保军，孙力，孙亚秀，等．2006．电机驱动系统传导 EMI 的抑制方法．电气传动，36(5)：9-12

姜旭，肖湘宁，尹忠东，等．2005．基于载波移相 SPWM 级联式变换器输出谐波分析．电力电子技术，39(5)：57-59

蒋渭忠，徐维，张永春，等．2009．电力电子技术应用教程．北京：电子工业出版社

康明明，张彦林．2012．HXD1C 型大功率交流传动电力机车主电路．电力机车与城轨车辆，35(5)：35-38

雷斌．2002．浅析 IGBT 的门极驱动．电焊机，32(2)：16-18

李国锋．2010．零电流开关技术在机车辅助变流器中的应用．内燃机车，(6)：5-8

李宏，王崇武．2009．现代电力电子技术基础．北京：机械工业出版社

李宏，朱贵，刘昱．2004．可弥补 EXB841 及 M57962AL 缺陷的 IGBT 驱动器 HL402B．电工技术杂志，(7)：83-85

李明．2000．IGBT 特性曲线解读．电焊机，30(11)：21-25

李少波，魏毅力，张玉凤．2008．基于 3～1 变换的 SVPWM 原理及实现．内蒙古科技大学学报，27(2)：161-164

李伟，郭晓燕，张波．2010．“和谐”系列电力机车传动系统接地检测比较．机车电传动，(6)：67-69

李先允，陈刚．2007．电力电子技术习题集．北京：中国电力出版社

李序葆，赵永健．2003．电力电子器件．北京：机械工业出版社

李扬，王位．2009．电磁兼容技术在交流传动机车中的应用．机车电传动，(2)：17-20

李云，张小勇，刘福鑫，等．2010．机车车辆充电机用移相全桥ZVSPWM变换器的设计．大功率变流技术，(2)：19-25
李志宇．2009．智能功率模块IPM．科技创新导报，(28)：12-13
廖洪涛，彭新平．2004．可靠性技术在电力机车电系统设计中的运用．电力机车与城轨车辆，27(2)：11-14
林渭勋．2006．现代电力电子技术．北京：机械工业出版社
林忠岳．2007．现代电力电子技术应用技术．北京：科学出版社
刘虹．2010．IPM在电力机车大功率开关电源中的应用研究．现代电子技术，(20)：168-170
刘建强，郑琼林，杨其林．2013．高速列车牵引传动系统与牵引网谐振机理．电工技术学报，28(4)：221-227
刘润民，林文兵．2009．电力电子设备电磁干扰问题分析及防范措施．河北电力技术，28(4)：22-23
刘曙光．2004．电力机车部件接地技术的改进建议．电力机车与城轨车辆，27(1)：49-50
刘玉洁，盛彩飞，林飞，等．2010．高速动车组网侧电流谐波特性的研究．电气传动，40(1)：33-37
刘志刚．2009．电力电子学．北京：清华大学出版社，北京交通大学出版社
鲁莉，邹云屏，陈伟．2007．低压大电流直流开关电源电磁兼容设计研究．通信电源技术，24(3)：37-39
聂文艳，王仲根．2009．基于单片机变频调速技术在矿山架线电机车上的应用．煤矿机械，30(1)：203-204
钱照明，程肇基．2004．电力电子系统电磁兼容设计基础及干扰抑制技术．杭州：浙江大学出版社
秦方方，李华，李鹏．2012．几种主要的“和谐”型电力机车主变流器主电路对比．机车电传动，(2)：43-46
曲学基，曲敬铠，于明扬．2008．逆变技术基础与应用，北京：电子工业出版社
沙斐．1999．机电一体化系统的电磁兼容技术．北京：中国电力出版社
邵小桃．2009．电磁兼容与PCB设计．北京：清华大学出版社，北京交通大学出版社
申翔．2006．IGBT集成驱动模块的研究．电源技术应用，9(6)：49-53
沈浙，乔鸣忠，张晓锋，等．2009．SVPWM异步电动机矢量控制系统研究．船电技术，29(4)：1-4
宋飞，林桦．2005．基于SVPWM的三电平逆变器仿真研究．船电技术，(2)：33-35
宋雷明，吴鑫．2009．动车组传动与控制．北京：中国铁道出版社
苏军贵，张言安，钱曙杰．2010．CRH2型动车组列控设备的可靠性分析．机车电传动，(3)：72-73
索建国，黄志武．2003．电力机车的电磁干扰现象分析及对策．电力机车与城轨车辆，26(6)：10-13
王方，党怀东，杨有涛，等．2010．一种用于大功率IGBT的驱动电路．电气传动自动化，32(1)：27-30
王洪峰，关振宏，吴桢生，等．2009．牵引变流器共模干扰分析．电气开关，(4)：1-4
王健强，林一，胡超．2009．空间矢量PWM整流器的实现．东华电力，37(10)：1686-1688
王娜，宋文胜，冯晓云．2012．基于载波移相控制的脉冲整流器支流侧支撑电容电压谐波抑制研究．机车电传动，(2)：34-38
王书林，赵茜．2005．电力牵引控制系统．北京：中国电力出版社
王新宇．2006．深圳地铁1号线车辆PA箱逆变器外部风扇控制失败问题的解决．机车电传动，(6)：40-41
王兴，杨振强．2005．电压空间矢量的原理及其在DSP上的实现．机电工程技术，34(4)：30-33
王学奎，杨旭红，叶建华，等．2008．IGBT驱动模块的研究．上海电力学院学报，24(3)：295-298
王益民，余定华，蔡万银．2011．大功率交流传动电力机车电磁兼容的研究．机车电传动，(1)：62-65
王增福，李昶，魏永明．2007．软开关电源原理与应用．北京：电子工业出版社
王增福，李昶，魏永明．2009．电力电子软开关技术及实用电路．北京：电子工业出版社
王兆安，刘进军．2012．电力电子技术．北京：机械工业出版社
吴小华，李玉忍，杨军．2002．电力电子技术典型题解析及自测试题．西安：西北工业大学出版社
吴鑫．2013．动车组电力电子技术基础．北京：北京交通大学出版社
伍家驹，王文婷，李学勇，等．2008．单相SPWM逆变桥输出电压的谐波分析．电力自动化设备，28(4)：45-52
霰军宪．2011．一种新型智能功率模块(IPM)．现代电子技术，34(3)：171-175
邢岩，肖曦，王莉娜．2008．电力电子技术基础．北京：机械工业出版社
熊腊森，刘长友．2000．IGBT驱动保护电路EXB841与M57959L的研究．电焊机，30(11)：29-31

徐德鸿．2009．现代电力电子器件原理与应用技术．北京：机械工业出版社
徐德鸿，马皓，汪槱生．2006．电力电子技术．北京：科学出版社
阎民华，强生泽，扬贵恒，等．2010．电力电子装置的电磁兼容技术．电源世界，(7)：31-33
阳鸿钧，等．2008．IGBT 实用备查手册．北京：中国电力出版社
杨剑．2010．CRH_2 列控车载测速测距设备 EMC 实验及防护方法．铁路通信信号工程技术，7(5)：21-24
杨君，苑丰彪．2009．高速动车组电磁兼容性设计研究．机车电传动，(2)：13-17
杨四海．2009．CRH_{2A} 型动车组电茶炉接地故障原因分析及对策．上海铁道科技，(3)：51-52
于月森，姜小艳，符晓，等．三电平变换器 SVPWM 算法综述．变频器世界，(9)：35-40
余丹萍，周盛，江全元．2010．CRH_3 型动车组牵引传动系统的直接转矩控制研究．机电工程，27(10)：62-67
袁登科，陶生桂，龚熙国．2005．电压空间矢量脉宽调制技术的原理与特征分析．变频世界，(2)：38-40
张博，曹建刚，贺竹林．2012．动车组内电磁场对线缆耦合及抑制措施分析．信息通信，(1)：8-10
张大勇．2007．我国机车电传动技术的发展．机车电传动，(3)：1-4
张国兵，佟洁．2006．电力电子装置的 EMC 设计．电子质量，(12)：65-69
张凯．杭州地铁一号线车辆电气柜模块化设计的研究．铁道机车车辆工人，(10)：9-14
张琦，田永洙，张晓冬．2006．电力电子器件的发展及其在动车组中的应用．铁道车辆，44(11)：24-27
张青，康勇，陈坚．1994．IGBT 驱动模块 EXB841 剖析．电气传动，(4)：40-46
张庆华，赵晓明．2010．动车组运用检修中接触网接地放电烧损故障分析及改进措施．电力机车与城轨车辆，33(4)：52-53
张全庄，孟彦京．2005．SPWM 与 SVPWM 变频控制法分析与应用．变频世界，(3)：37-39
张润和．2008．电力电子技术及应用．北京：北京大学出版社
张申．2008．电压空间矢量脉宽调制原理及其在 DSP 上的实现．光电技术应用，23(1)：65-69
张石安，张炜．2008．电力电子技术基础．北京：电子工业出版社
张曙光．2008(a)．中国高速铁路技术丛书．和谐号 CRH 动车组技术系列：CRH_1 型动车组．北京：中国铁道出版社
张曙光．2008(b)．中国高速铁路技术丛书．和谐号 CRH 动车组技术系列：CRH_2 型动车组．北京：中国铁道出版社
张曙光．2008(c)．中国高速铁路技术丛书．和谐号 CRH 动车组技术系列：CRH_5 型动车组．北京：中国铁道出版社
张曙光．2009(a)．和谐型大功率交流传动机车技术丛书：HXD_1 型电力机车．北京：中国铁道出版社
张曙光．2009(b)．和谐型大功率交流传动机车技术丛书：HXD_2 型电力机车．北京：中国铁道出版社
张曙光．2009(c)．和谐型大功率交流传动机车技术丛书：HXD_3 型电力机车．北京：中国铁道出版社
张涛．2009．电力电子技术．2 版．北京：电子工业出版社
张伟先，谭常清，魏衍成．2004．高功率因数的 DC110V 机车控制电源．电力机车与城轨车辆，27(2)：32-33
张莹，杨利军．2005．交流传动电力机车发展的重要因素——新型电力电子器件．电气开关，(4)：6-9
张月梅，黄建国，张羽丰．2010．影响 IGBT 驱动电路性能参数的因素分析．电子元器件应用，12(12)：88-90
张珍敏，赵军红，吕永庆．2009．基于 SVPWM 的变频系统分析设计．电机与控制应用，36(8)：59-62
张志学．2006．单相电源 PWM 变流器的谐波分析．变流技术与电力牵引，(5)：17-22
赵慧杰，邝乃兴，崔彬．2007．三电平逆变器 IGBT 驱动电路电磁兼容研究．电源技术应用，10(2)：33-37
郑琼林，郝荣泰．2000．机车用 50kVA IGBT 逆变器的电磁兼容性设计．中国电机工程学报，20(5)：34-36
钟炎平，陈丹，赵真．2003．空间矢量脉宽调制原理及 DSP 实现方法．空军雷达学院学报，17(4)：55-57
周卫国，夏立，侯新国，等．2003．电力电子系统电磁干扰的抑制．中原工学院学报，14(S1)：141-144
周渊深．2005．电力电子技术与 MATLAB 仿真．北京：中国电力出版社
EN50121-3-1—2000．铁路应用—电磁兼容—车辆—列车和整车
Holmes D J. 1998．A general analytical method for determining the theoretical harmonic components of carrier based pwm strategies .IEEE Industry Applications Conference：1207-1214

附录　轨道车辆电力电子常用术语索引

Absorber Circuit	吸收电路
AC/AC Frequency Converter	交交变频器
AC Power Control	交流电力控制
AC Power Controller	交流调功电路
AC Power Electronic Switch	交流电力电子开关
AC Voltage Controller	交流调压电路
Asynchronous Modulation	异步调制
Auxiliary Converter Module（ACM）	辅助变流器
Baker Clamping Circuit	贝克钳位电路
Bi-Directional Triode Thyristor	双向晶闸管
Bipolar Junction Transistor（BJT）	双极结型晶体管
Boost-Buck Chopper，Step-up＆down Chopper	斩波电路
Boost Chopper，Step-up Chopper	升压斩波电路
Boost Converter	Boost 变换器
Bridge Reversible Chopper	桥式可逆斩波电路
Buck Chopper，Step-down Chopper	压降斩波器
Buck Converter	Buck 变换器
Carrier Phase Shifting（CPS）	载波移相
China Railways High-speed（CRH）	中国高速铁路
Commutation	换流
Conduction Angle	导通角
Constant Voltage Constant Frequency（CVCF）	恒压恒频
Continuous Conduction Mode（CCM）	（电流）连续模式
Control Circuit	控制电路
Converter	变流器
Converter Box（CB）	变流器箱
Cuk Chopper	Cuk 斩波电路
Current Hysteresis Band PWM（CHBPWM）	电流滞环跟踪 PWM
Current Reversible Chopper	电流可逆斩波电路
Current Source Inverter（CSI）	电流型逆变器
DC-AC-DC Converter	直交直换器
DC Chopper	直流斩波器
DC Chopping	直流斩波
DC Chopping Circuit	直流斩波电路
DC/DC Converter	直流直流变换器
DC-Link	直流环节
Device Commutation	器件换流
Direct Current Control	直接电流控制
Discontinuous Conduction Mode（DCM）	（电流）断续模式
Displacement Factor	位移因数
Drive Control Unit（DCU）	驱动控制单元
Drive Control Unit/ACM（DCU/A）	ACM 的驱动控制装置
Drive Control Unit/LCM（DCU/L）	LCM 的驱动控制装置
Drive Control Unit/MCM（DCU/M）	MCM 的驱动控制装置
Driving Circuit	驱动电路
Electrical Isolation	电气隔离

Electrical Multiple Unit (EMU)	动车组
Electro Magnetic Compatibility (EMC)	电磁兼容性
Electro Magnetic Interference (EMI)	电磁干扰
Electrostatic Discharge (ESD)	静电放电
Fast Acting Fuse	快速熔断器(快熔)
Fast Recovery Diode (FRD)	快恢复二极管
Fast Recovery Epitaxial Diodes (FRED)	快恢复外延二极管
Fast Switching Thyristor (FST)	快速晶闸管
Field Controlled Thyristor (FCT)	场控晶闸管
Filter Box (FB)	滤波器箱
Flyback Converter	反激变换器
Forced Commutation	强迫换流
Forward Converter	正激变换器
Four Quadrant Converter (4QC)	四象限变流器
Free-Wheeling Diode (FWD)	续流二极管
Frequency Converter	变频器
Full Bridge Converter	全桥变换器
Full Bridge Rectifier	全桥整流电路
Full Wave Rectifier	全波整流电路
Fundamental Factor	基波因数
Gate Drive Unit (GDU)	门极驱动单元
Gate Turn-off Thyristor (GTO)	可关断晶闸管
General Purpose Diode	普通二极管
Giant Transistor (GTR)	电力晶体管
Half Bridge Converter	半桥变换器
Hard Swithching	硬开关
Harmonic Ratio for I_n (HRI$_n$)	n 次谐波电流含有率
Harmonics	谐波
High Voltage IC (HVIC)	高压集成电路
HXD	和谐号电力机车
Hysteresis Comparison	滞环比较方式
Indirect Current Control	间接电流控制
Indirect DC-DC Converter	间接直直变换器
Insulated-Gate Bipolar Transistor (IGBT)	绝缘栅双极晶体管
Integrated Gate-Commutated Thyristor (IGCT)	集成门极换流晶闸管
Intelligent Power Module (IPM)	智能功率模块
Inversion	逆变
Inverter	逆变器
Input Parallel Output Parallel (IPOP)	输入并联输出并联
Input Parallel and Output Series (IPOS)	输入并联输出串联
Input Series Output Parallel (ISOP)	输入串联输出并联
Input Series Output Series (ISOS)	输入串联输出串联
Latching Effect	擎住效应
Leakage Inductance	漏感
Light Emitting Diodes (LED)	发光二极管
Light Triggered Thyristor (LTT)	光控晶闸管
Line Commutation	电网换流
Line Converter Module (LCM)	网侧变流器
Load Commutation	负载换流
Magnetic Core Reset	磁心复位
Main Circuit, Power Circuit	主电路
Main Transformer (MT)	主变压器

Matrix Frequency Converter	矩阵式变频变换器
MOS Controlled Thyristor (MCT MOS)	控制晶闸管
Motor Converter Module (MCM)	电机逆变器
Multi-Level Inverter	多电平逆变电路
Multiplex	多重化
Multiplex Inverter	多重逆变电路
Multi-Resonant Converters (MRC)	多谐振变换器
Natural Sampling Method	自然采样法
Neutral Point Clamped (NPC)	中点箝位
Non Punch Through IGBT (NPT-IGBT)	非穿通型 IGBT
off-State	断态(阻断状态)
on-State	通态(导通状态)
over Voltage Protection (OVP)	过电压保护
Parallel-Resonant Inverter	并联谐振式逆变电路
Phase Controlled	相控
Phase Shift Controlled Full Bridge Converter	移相全桥变换器
Power Conversion	电力变换
Power Conversion Technique	变流技术
Power Diode	电力二极管
Power Electronic Device	电力电子器件
Power Electronic System	电力电子系统
Power Electronics	电力电子学、电力电子技术
Power Electronic Technology	电力电子技术
Power Factor (PF)	功率因数
Power Factor Correction (PFC)	功率因数较正
Power Integrated Circuit (PIC)	功率集成电路
Power Module	功率模块
Power MOSFET	电力场效应晶体管
Power Semiconductor Device	电力半导体器件
Pulse-Width Modulation (PWM)	脉冲宽度调制
Punch through IGBT (PT-IGBT)	穿通型 IGBT
Push-Pull Converter	推挽变换器
PWM Rectifier	PWM 整流电路
PWM Tracking Control	PWM 跟踪控制
Quasi Resonant Converter (QRC)	准谐振变换器
Rectification	整流
Rectifier	整流电路
Rectifier Diode	整流二极管
Resonant Converter (RC)	谐振变换器
Resonant DC-Link	谐振直流环电路
Reverse Conducting Thyristor (RCT)	逆导晶闸管
Rule Sampling Method	规则采样法
Safe Operating Area (SOA)	安全工作区
Schottky Barrier Diode (SBD)	肖特基势垒二极管
Schottky Diode	肖特基二极管
Second Breakdown	二次击穿
Selected Harmonic Elimination PWM (SHEPWM)	特定谐波削去 PWM
Sepic Chopper	Sepic 斩波电路
Silicon Controlled Rectifier (SCR)	可控硅
Single End Converter	单端变换器
Single-Phase Full-Bridge Controlled Rectifier	单相桥式全控整流电路
Single-Phase Full-Bridge Inverter	单相全桥逆变电路

Single-Phase Full-Wave Controlled Rectifier	单相全波可控整流电路
Single-Phase Half-Bridge Inverter	单相半桥逆变电路
Single-Phase Half-Wave Controlled Rectifier	单相半波可控整流电路
Sinusoidal PWM (SPWM)	正弦 PWM
Smart Power IC (SPIC)	智能功率集成电路
Snubber Circuit	缓冲电路
Soft Switching	软开关
Static Induction Thyristor (SITH)	静电感应晶闸管
Static Induction Transistor (SIT)	静电感应晶体管
Static var Compensator (SVC)	静止无功补偿器
Space Vector PWM (SVPWM)	电压空间矢量 PWM
Switching Loss	开关损耗
Switching Mode Power Supply	开关电源
Switching Noise	开关噪声
Synchronous Modulation	同步调制
Synchronous Rectifier	同步整流电路
Three-Phase Full-Bridge Controlled Rectifier	三相桥式可控整流电路
Three-Phase Half-Wave Controlled Rectifier	三相半波可控整流电路
Thyristor	晶闸管
Thyristor Controlled Reactor (TCR)	晶闸管控制电抗器
Thyristor Switched Capacitor (TSC)	晶闸管投切电容器
Total Harmonic Distortion for i (THD_i)	电流谐波总畸变率
Total Harmonic Distortion for u (THD_u)	电压谐波总畸变率
Traction Converter (TC)	牵引变流器
Traction Control Unit (TCU)	牵引控制单元
Traction Inverter (TI)	牵引逆变器
Traction Motor (TMO)	牵引电动机
Trigger	触发
Trigger Angle	触发角
Trigger Delay Angle	触发延迟角
Triode AC Switch (TRIAC)	双向晶闸管
Turn-off	关断
Turn-on	开通
Uninterruptable Power Supply (UPS)	不间断电源
Variable Voltage Variable Frequency (VVVF)	变压变频
Voltage Source Inverter (VSI)	电压型逆变器
Zero Current	零电流
Zero Current Switching PWM Converter (ZCS PWM)	零电流开关 PWM 变换器
Zero Current Switching Quasi-Resonant Converter (ZCS QRC)	零电流开关准谐振变换器
Zero Current Transition PWM Converter (ZCT PWM)	零电流转换 PWM 变换器
Zero Switching	零开关
Zero Switching PWM Converter	零开关 PWM 变换器
Zero Transition	零转换
Zero Voltage	零电压
Zero Transition PWM Converter	零转换 PWM 变换器
Zero Voltage Switching PWM Converter (ZVS PWM)	零电压开关 PWM 变换器
Zero Voltage Switching Quasi-Resonant Converter (ZVS QRC)	零电压开关准谐振变换器
Zero Voltage Transition PWM Converter (ZVT PWM)	零电压转换 PWM 变换器
Zeta Chopper	Zeta 斩波电路